Tratado de Direito Internacional

Direito Internacional no Tempo de Hugo Grócio

Tratado de Direito Internacional

Direito Internacional no Tempo de Hugo Grócio

TOMO 7

2023 • 2ª Edição • Revista, Ampliada e Atualizada

Paulo Borba Casella

ALMEDINA

TRATADO DE DIREITO INTERNACIONAL
DIREITO INTERNACIONAL NO TEMPO DE HUGO GRÓCIO
TOMO 7

AUTOR: Paulo Borba Casella

DIRETOR ALMEDINA BRASIL: Rodrigo Mentz
EDITORA-CHEFE: Manuella Santos de Castro
EDITOR PLENO: Aurélio Cesar Nogueira
PRODUTORA EDITORIAL: Erika Alonso
ASSISTENTES EDITORIAIS: Letícia Gabriella Batista e Tacila da Silva Souza
ESTAGIÁRIA DE PRODUÇÃO: Natasha Oliveira

DIAGRAMAÇÃO: Almedina
DESIGN DE CAPA: FBA

ISBN: 9786556279961
Dezembro, 2023

Dados Internacionais de Catalogação na Publicação (CIP)
(Câmara Brasileira do Livro, SP, Brasil)

Casella, Paulo Borba
Tratado de direito internacional : direito internacional no tempo de Hugo Grócio : tomo 7 / Paulo Borba Casella. – 2. ed. rev., ampl. e atual – São Paulo : Almedina, 2023.

ISBN 978-65-5627-996-1

1. Direito internacional 2. Direito internacional – História 3. Grócio, Hugo, 1583-1645 4. Solução de conflitos (Direito) I. Título.

23-172896 CDU-341

Índices para catálogo sistemático:
1. Direito internacional 341
Eliane de Freitas Leite – Bibliotecária – CRB 8/8415

Este livro segue as regras do novo Acordo Ortográfico da Língua Portuguesa (1990).

EDITORA: Almedina Brasil
Rua José Maria Lisboa, 860, Conj.131 e 132, Jardim Paulista | 01423-001 São Paulo | Brasil
www.almedina.com.br

o direito das gentes é aquele cuja força vinculante aceitam todos os povos ou [ao menos] grande número deles.

H. GRÓCIO (1625)[1]

Uma história do direito das gentes poderia compreender a história da Humanidade inteira.

Ernest NYS (1894)[2]

A disciplina do direito internacional deve hoje ser capaz de assumir plenamente sua história sem a deformar ou a maltratar, ao sabor das circunstâncias e dos objetivos de cada um. Ela somente poderá tomar a cargo essa história se os internacionalistas desenvolverem uma reflexão rigorosa sobre seu passado. Esclarecer plenamente esse processo histórico, doutrinal e factual é, efetivamente, uma das condições necessárias para melhor pensar o direito internacional, diante de seus desafios contemporâneos. Para tanto, temos de retomar as disciplinas históricas e analisar a própria historiografia do

[1] Hugonis GROTII, **De iure belli ac pacis libri tres, in quibus ius naturale et gentium, item iuris publici praecipua explicantur** (orig. publ. 1625, várias edições nas referências bibliográficas, cit. I.I.14): "est jus gentium quod gentium omnium aut multorim voluntate vim obligandi accepi".

[2] Ernest NYS, **Les origines du droit international** (Bruxelles: Alfred Chastaigne / Paris: Thorin & Fils, 1894, '*introduction*', p. III-V): "Une histoire du droit des gens pourrait embrasser l'histoire de l'humanité toute entière." E prosseguia, na mesma passagem: "Consolante, du reste, est l'histoire du droit des gens. Des grands génies ont opposé à la mesquine théorie pessimiste leur foi absolue en la perfectibilité. La croyance dans le progrès s'affirme et se fortifie à l'étude du droit international."

direito internacional, que nos foi por vezes marcada por visão caricatural e falaciosa do passado.

Emmanuelle JOUANNET (s/d)[3]

Existe um direito da guerra. [...] Esse direito comporta as mesmas contradições que o direito de greve. Aparentemente, sujeitos de direito declaram a guerra para sancionar violências, cujos objetivos parecem naturais. [...] Mas, essa violência guerreira, que se assemelha ao banditismo fora da lei (*raubande Gewalt*), se exerce sempre no interior da juridicidade, com a qual esta parece romper. A ruptura da relação é aqui a relação.

Jacques DERRIDA (1994)[4]

Excepcionais, as crises revolucionárias ou as guerras constituem, em um sentido, 'crises totais'. Densa, modificando a própria natureza dos processos que lhe deram origem, qualquer crise de tal intensidade se torna o 'marco zero' de uma nova história e de uma nova ordem; ela impõe suas próprias balizas, no tempo e no espaço, reconfigura as relações sociais, como as de poder, e exige a formação de novas subjetividades. A ruptura que ela introduz, em relação ao passado, nunca é absoluta, nem impede uma reconfiguração *a posteriori* da

[3] Emmanuelle JOUANNET, *La critique de la pensée classique durant l'entre-deux-guerres: VATTEL et VAN VOLLENHOVEN – quelques réflexions sur le modèle classique du droit international* (Site personnel d'Emmanuelle Tourme-Jouannet, cit. 'Abstract' – document crée avec Win2pdf disponible à: http://www.win2pdf.com/fr – https:// etourmejouannet.files.wordpress.com vattel_et_van_vollen...): "La discipline du droit international doit être capable aujourd'hui d'assumer pleinement son histoire sans la déformer ou la malmener au gré des circonstances et des objectifs poursuivis par chacun. Elle ne pourra prendre en charge cette histoire que si les internationalistes développent une réflexion rigoureuse sur son passé. Éclairer pleinement ce processus historique doctrinal et factuel est en effet l'une des conditions nécessaires pour mieux penser le droit international face à ses défis contemporains. Pour ce faire il nous faut réinvestir les disciplines historiques et analyser la propre historiographie du droit international qui nous a parfois légué une vision caricaturale et fallacieuse du passé. On se propose d'illustrer cela par un exemple particulièrement éloquent: la déformation de la pensée classique d'Emer de VATTEL par C. VAN VOLLENHOVEN durant l'entre-deux-guerres".

[4] Jacques DERRIDA, **Force de la loi – le fondement 'mystique' de l'autorité** (Paris: Galilée, 1994, cit. p. 95): "Il y a un droit de la guerre. [...] Ce droit comporte les mêmes contradictions que le droit de grève. Apparemment, des sujets de droit déclarent la guerre pour sanctionner des violences dont les buts paraissent naturels. [...] Mais cette violence guerrière qui ressemble à du 'brigandage' hors la loi (*raubande Gewalt*) se déploie toujours à l'intérieur de la juridicité avec laquelle elle paraît rompre. La rupture du rapport est ici le rapport".

história, como observado em alguns contextos pós-revolucionários, mas as instituições, quer sejam públicas ou não, as organizações religiosas ou ainda os espaços de socialização ou de convivência somente podem sobreviver ao custo de múltiplos reajustes de função, de forma e de sentido.

Hamit BOZARSLAN (2019) [5]

[5] Hamit BOZARSLAN, **Crise, violence, dé-civilisation** – Essai sur les angles morts de la cité (Paris: Éd. CNRS, 2019, partie I, chap. 4 – Administrer la crise, p. 117-142. cit. p. 117): "Exceptionnelles, les crises révolutionnaires ou les guerres constituent en un sens des 'crises totales'. Dense, changeant la nature même des processus qui lui ont donné naissance, toute crise de cette intensité devient le 'point zéro' d'une nouvelle histoire et d'un nouvel ordre; elle impose ses propres repères dans le temps et dans l'espace, reconfigure les rapports sociaux comme de pouvoir et exige la formation de nouvelles subjectivités. La rupture qu'elle introduit avec le passé n'est jamais absolue, ni n'interdit une rétotalisation *a posteriori* de l'histoire observée dans certains contextes post-révolutionnaires, mais les institutions, qu'elles soient publiques ou non, les organisations religieuses ou encore les cercles de socialisation ou de camaraderie ne peuvent lui survivre qu'au prix de multiples réajustements de fonction, de formes et de sens."

ABREVIATURAS

a. C. – antes de Cristo
A.D. – anno Domini, para designar a cronologia a partir do nascimento (presumido) de Jesus Cristo, também designado como "d.C."
AFDI – Annuaire Français de Droit International (publicação do C.N.R.S., Paris)
AIEA – Agência Internacional de Energia Atômica (IAEA, em inglês) *AJIL – American Journal of International Law.*
ARSI – *Archivum Romanum Societatis Jesu – Arquivo romano da Companhia de Jesus*
Bol. SBDI ou *Boletim – Boletim da Sociedade Brasileira de Direito Internacional.*
BYBL – British Yearbook of International Law
© – copyright = indica a data de publicação original da obra citada
ca. – *circa*, por volta de
CBN – Comunidade Britânica de Nações (*British Commonwealth of Nations*)
CDI ou ILC – Comissão de Direito Internacional da Nações Unidas – International Law Commission of the United Nations
CEDIN – Centro de estudos de direito internacional, seguido de indicação da Universidade (Paris e outras)
cf. – conforme
cfr. – confira-se
CIJ – Corte Internacional de Justiça, Haia (1946-)
CPJI – Corte Permanente de Justiça Internacional
C.T.S. – Consolidated Treaty Series (1648-1918) (ed. by Clive Parry, 1969–, New York: Oceana) com indicação do volume e página
d. C. – depois de Cristo, para designar o calendário da era cristã (tb. AD)
DI – Direito internacional (público)
Difel – Editora Difusão Européia do Livro, São Paulo
DIPr – Direito internacional privado
DTV – Deutscher Taschenbuch Verlag, Munique
Edusp – Editora da Universidade de São Paulo, São Paulo
EJIL – European Journal of International Law
Encyclopedia of International Law – The Max Planck Encyclopedia of public international law (ed. by R. WOLFRUM, Oxford: Univ. Press, 2012, 11 vols.), com indicação do tomo e das páginas – edição anterior da Enclyclopedia coordenada por R. BERNHARDT (Dordrecht, 1981-1990, 12 vols.)
FAO – *Food and Agriculture Organization* (Organização para a Agricultura e Alimentação das Nações Unidas), Roma
FCE – *Fondo de cultura economica*, Cidade do México e outras cidades

FUNAG – Fundação Alexandre de Gusmão, Brasília
Fundamentos – P. B. CASELLA, Fundamentos do direito internacional pós-moderno (prólogo Hugo CAMINOS, São Paulo: Quartier Latin, 2008)
GYIL – German Yearbook of International Law i.a. – inter alia – dentre outros
ICLQ – *International and Comparative Law Quarterly*
IDI – Instituto de Direito internacional – *Institut de droit international*
IHLADI – Instituto Hispano-Luso-Americano de Direito Internacional
ISIAO – Istituto Italiano per l'Africa e l'Oriente, Roma
LCL – Loeb Classical Library (Greek and Latin series), Cambridge, Ma. / London, England: Harvard Univ. Press
Manual – H. ACCIOLY – G. E. do NASCIMENTO E SILVA – P. B. CASELLA, Manual de direito internacional público (com a colaboração de Arthur R. CAPELLA GIANNATTASIO, São Paulo: Saraiva, 26ª ed., 2023)
op. cit. – opus cit. – obra citada
orig. publ. – originalmente publicado em
PU – Presses Universitaires (com indicação da universidade / cidade)
SBDI – Sociedade brasileira para o direito internacional
SdN – Sociedade das Nações
SFDI – Sociedade francesa para o direito internacional
OESP – jornal "O Estado de São Paulo"
ONU – Organização das Nações Unidas
PUF – Presses Universitaires de France, Paris
RCADI – Recueil des Cours de l'Académie de Droit International de La Haye – Collected courses of the Hague Academy of International Law (Haia) – publicados desde 1923, com indicação do ano, volume e páginas
RDILC – Revue de droit international et de législation comparée
Restatement – American Law Institute, *Restatement of the law – The foreign relations law of the United States*, St. Paul, Minn., 1987, 2 v.)
RGDIP – Révue Générale de Droit International Public, Paris
tb. – também
Tratado / P. B. CASELLA, Tratado de direito internacional (São Paulo: Almedina, 2022-) com indicação do tomo e do capítulo ao qual se remete
Tratado ACCIOLY – Tratado de direito internacional de H. ACCIOLY (terceira edição, histórica, com pref. P. B. Casella, Brasília: FUNAG / São Paulo: Quartier Latin, 2009, 3 vols.)
UNTS – United Nations Treaty Series – com indicação do volume e página
Univ. – Universidade / University / Université
UP – ou Univ. Press – University Press (seguido da indicação do nome e/ou local da Universidade)
VRBEI – Vorträge, Reden und Berichte aus dem Europa-Institut – Sektion Rechtswissenschaft – Universität des Saarlandes, Saarbrücken
v. – vide – ver
v. tb. – ver também
YILC – *Yearbook of the International Law Commission*
ZEE – Zona Econômica Exclusiva

SUMÁRIO

INTRODUÇÃO

A natureza da sociedade humana, contudo, não permite que os atos da alma suficientemente manifestos fiquem sem efeito. Por isso, tudo o que foi dado a conhecer, por sinais suficientes é tomado como verdadeiro contra aquele que empregou estes sinais.
Não é conforme à natureza humana, que não pode conhecer os atos senão por sinais exteriores, atribuir força de direito aos simples atos interiores da vontade. Os atos puramente internos, pois, não são submetidos às leis humanas. Os sinais, que designam os atos da vontade, não têm senão uma certeza provável, pois os homens podem falar de maneira diversa do que querem e do que pensam e, mesmo, dissimular sua intenção por suas ações.

H. GRÓCIO (1625, ed. bras., 2004)[6]

O direito internacional no tempo se constrói como a vida individual e a das instituições humanas, somando aos grandes planos de mutações civilizacionais, na percepção que se consolida, aos poucos e de modo intuitivo, por meio de aspectos incidentais, ou que poderiam parecer meros detalhes. São grandes conjuntos, mas estes se exprimem por aspectos específicos e, muitas vezes, são apontados por percepções pessoais, a partir das quais pode ser apontado fenômeno característico de toda uma época, ou de determinado contexto civilizacional.

[6] H. GRÓCIO, **Direito da guerra e da paz** (1625, ed. bras., 2004, II.IV.III, p. 367).

Como se põe, aqui, em relação a esse marco da história moderna. Esta é tratada, na sua interação com a evolução do direito internacional, especificamente no tempo de Hugo GRÓCIO. Alternam-se aqui alguns grandes planos e o estudo específico da contribuição individual, de um dos mais destacados pensadores e juristas de toda a história do direito internacional.

Grandes planos civilizacionais e experiência individual são, desse modo, colocados em contexto mais amplo, aguçam percepções de tendências ou inovações conceituais, dão a medida na qual o trabalho de institucionalização progressiva da sociedade humana, avança ao longo dos séculos, graças ao direito internacional. Isso se deu especificamente na obra de GRÓCIO, como exprime a convicção deste a respeito da capacidade humana de aperfeiçoar-se. Essa visão tem prosseguido desde então, apesar de todos os percalços e das vozes contrárias, dos arautos da força e dos negadores de qualquer juridicidade da sociedade internacional.

Essa continuidade e esse encadeamento temático e institucional entre tempos e temas são vitalmente necessários, mas é, contudo, preciso ordenar o trabalho em partes, títulos, capítulos, itens e parágrafos: para que o conjunto exista e opere, como tal, é preciso fracioná-lo e compartimentá-lo. E, a seguir, voltar a enxergar o conjunto.[7]

Daí resultam extensas e difíceis controvérsias a respeito de qualquer tentativa de periodização da história. E isso, como visto, se dá também em relação ao direito internacional.[8]

A continuidade histórica e o encadeamento de temas são fundamentais para a compreensão da evolução do direito internacional no tempo. Nos quais se inscrevem VITORIA e SUAREZ, GENTILI e ZOUCH.[9] E, na continuidade direta destes, GRÓCIO.

O presente tomo considera o **Direito internacional no tempo de Hugo Grócio**. Aqui se alcançam as grandes linhas deste expoente do direito

[7] Nesse sentido, cf. **Tratado** (tomos 5 – **Direito internacional no tempo de Francisco de Vitória**, 6 – **Direito internacional no tempo de Suarez, Gentili e Zouch** e 8 – **Direito internacional além do paradigma vestfaliano**).

[8] Como examinado no **Tratado** (tomo 6 – **Direito internacional no tempo de Suarez, Gentili e Zouch**, introdução) com refs. à periodização da História, proposta por Christophorus CELLARIUS, **Historia universalis in antiquam et medii aevi ac novam divisa** (Jena, 1704-1708) e às reflexões a respeito por Reinhart KOSELLECK, **Vergangene Zukunft** – Zur Semantik geschichtlicher Zeiten (© 1979, Frankfurt: Suhrkamp, 1989).

[9] No **Tratado** (tomos 5 – **Direito internacional no tempo de Francisco de Vitória**, e 6 – **Direito internacional no tempo de Suarez, Gentili e Zouch**).

internacional moderno. Cuja presença se torna incontornável, em qualquer estudo do direito internacional, até os nossos tempos.

Especificamente no campo do direito internacional, pode ser apontado como marco a obra maior de Hugo GRÓCIO, seu **Direito da guerra e da paz** (1625). Cujas repercussões se estendem muito além de meados do século XVII, na altura da sua morte.[10]

O direito internacional é parte da história cultural, e como tal deve ser situado e compreendido. A matéria 'técnica' tem de se inscrever em conjunto mais amplo, para poder ser adequadamente estudada e apresentada.[11]

O amplo e complexo conjunto da 'era moderna' se mostra, no direito internacional, com grande riqueza e diversidade, da segunda metade do século XVI à primeira metade do século XVII, como visto. Depois deste período, com outros elementos, que tendem ao 'clássico', a partir da segunda metade do século XVII e florescem, notoriamente, no curso do século XVIII. A progressão geométrica é assustadora no desenvolvimento do sistema institucional e normativo internacional.[12]

Este tomo, no conjunto do exame do direito internacional no tempo tem o propósito de situar a evolução do fenômeno jurídico internacional no tempo e no contexto histórico – relativo ao **Direito internacional no tempo de Hugo Grócio** – conjunto que se completa com os preceden-

[10] Como examinado no **Tratado** (tomo 3 A – **Direito internacional no tempo antigo**, cap. 2 – tempo e discurso no direito internacional, especificamente item 2.1 – controvérsia entre Hugo GRÓCIO e Serafim de FREITAS). Trabalhar com foco no direito internacional significa – tautológica e simultaneamente – ser 'jurídico' e ser 'internacional', para manter a perspectiva no campo do direito, ao mesmo tempo, em que essa perspectiva jurídica, intrínseca e necessariamente, se ponha além e acima de visão estritamente nacional do fenômeno jurídico, no tocante ao foco do texto e ao tratamento das matérias. A isso se agregue a visão da história e do contexto cultural mais amplo, de modo a atentar para a contribuição de outras civilizações e outras culturas.

[11] Cf. **Tratado** (tomo 20 – **Direito internacional, história e cultura**). Como apontado, o dilema do direito internacional, mais do que em outros ramos jurídicos, está em que mesmo se estes dados extrajurídicos tem de ser levados em conta, necessariamente, para situar o direito internacional, além de suas estritas premissas, 'meramente' técnico-jurídicas, e estes dados não jurídicos são ao mesmo tempo necessários, estes, contudo, não são o foco central do trabalho, que se situa no direito, e agrega a dimensão internacional, e isto se constrói, enquanto sistema, e aqui se faz na consideração da sua evolução no tempo.

[12] Cf. **Tratado** (tomos 5 – **Direito internacional no tempo de Francisco de Vitória**, 6 – **Direito internacional no tempo de Suarez, Gentili e Zouch**, bem como 8 – **Direito internacional além do paradigma vestfaliano** e seguintes).

tes – a respeito das contribuições de VITÓRIA e SUAREZ, GENTILI e ZOUCH, para o direito internacional.[13]

Na esteira destes virão os expoentes da fase seguinte. E fazem a transição para o direito internacional clássico, como ilustram Samuel RACHEL e Samuel PUFENDORF em diante. Deste 'moderno' se passa ao direito internacional 'clássico' – com BYNKERSHOEK, WOLFF, VATTEL e VON MARTENS, dentre tantos.[14]

GRÓCIO viveu os dilemas de seu tempo, quando "a reforma protestante dividiu os homens, dentro de cada estado, e dividiu os estados na sociedade internacional".[15] Contexto também vivido por GENTILI, marca sua trajetória e se reflete em sua obra internacionalista.[16]

Ao mesmo tempo, a obra de GRÓCIO influiu sobre a realidade histórica e jurídica internacional.[17] Sintomaticamente, dois anos depois de publi-

[13] No **Tratado** (tomos 5 – **Direito internacional no tempo de Francisco de Vitória**, e 6 – **Direito internacional no tempo de Suarez, Gentili e Zouch**).

[14] Características da superação do modelo 'moderno' para o direito internacional 'clássico'. Como se examina no **Tratado** (tomos 9 – **Direito internacional no tempo de Samuel Pufendorf**, 10 – **Direito internacional no tempo de C. van Bynkershoek e Christian Wolff**, 11 – **Direito internacional no tempo do Iluminismo** e 12 – **Direito internacional no tempo de Vattel e von Martens**).

[15] Oscar PRZEWODOWSKI, **O século XVII no seu sentido jurídico internacional** – o advento do direito das gentes GROTIUS (Rio de Janeiro: Jornal do Commercio / Rodrigues & Cia., 1941, cit. p. 69): "Os heresiarcas implantaram a desarmonia em todos os povos: LUTERO, na Alemanha; CALVINO e ZWINGLIO, na França e na Suíça; João KNOX, na Escóssia; HENRIQUE VIII, na Inglaterra; Gustavo VASA, na Suécia, semearam a revolta no seio do catolicismo, no século XVI. Debalde CARLOS V tentou por um dique a esse oceano revolto. / Inutilmente os concílios se sucederam: Worms, Spira, Spira-Augsburgo. A igreja reuniu ainda o célebre e longo concílio de Trento, mas a separação, sempre crescente, ninguém mais pôde obstar. As guerras de religião ensanguentaram a França no século XVI, até que a habilidade de HENRIQUE IV promulgando o Edito de Nantes (1598) decretasse a liberdade de cultos".

[16] No **Tratado** (tomo 6 – **Direito internacional no tempo de Suarez, Gentili e Zouch**, cap. 16).

[17] O. PRZEWODOWSKI (op. cit., 1941, cit. p. 71): "O tratado de Vestfália, obra de MAZARINO, reconheceu a liberdade de cultos, a igualdade jurídica dos estados, independentemente de suas respectivas formas de governo, a independência da Holanda, adjudicou a Alsácia à França, deu autonomia aos príncipes germânicos contra o Império, fez do Mar Báltico o lago sueco, etc. etc. Ele foi bem o reflexo ou a objetivação do **De jure belli ac pacis**." [...] "Assim a Paz de Vestfália (24 de outubro de 1648) estendia o direito internacional a todos os povos cristãos. / Era a obra de GROTIUS que se generalizava. O século XVII deve ser considerado o grande pórtico do direito internacional. Caberia aos séculos porvindouros estendê-lo ao mundo civilizado".

cado o **De jure belli ac pacis** (1625), foi este, ao lado do **Apologeticus** e também das poesias[18] de Hugo GRÓCIO incluído no **Index** de livros proibidos, pela igreja católica.[19] Mas nem a condenação pela corte de Roma, nem a indiferença da coroa francesa,[20] impediram o sucesso e a repercussão da obra.[21] Ao lado de outros textos básicos do direito internacional, foi também GRÓCIO estigmatizado pela hierarquia católica como leitura proibida. Ao menos para aqueles que se subordinassem a tal restrição.

Profundas mudanças do contexto internacional se refletem no pensamento, político e filosófico e também no direito internacional, ao tempo de SUAREZ e GENTILI, ZOUCH e GRÓCIO, bem pelos que a eles se seguiram, na segunda metade do século XVII. Não serão menores as mudanças nos cem anos seguintes. Como ilustram Samuel RACHEL e Samuel PUFENDORF, já na segunda metade do século XVII.[22]

A herança de Hugo GRÓCIO se estende sobre todo o direito internacional, desde então e prossegue em nossos tempos:[23] como mencionado,

[18] A respeito da criação poética de Hugo GRÓCIO, como aponta A. C. G. M. EYFFINGER, **Grotius Poeta** – Aspecten van Hugo Grotius' dichterschap (Haia: s.i.e., 1981, Voorwoord, p. IX-XII, cit. p. IX): "Aan het dichterschap van Hugo de Groot is in ons land de afgelopen eeuw niet al te bijzondere aandacht besteed."

[19] Notava Hugo GRÓCIO em passagem de carta ao seu irmão, datada de 11 de setembro de 1627: "Romae lectio librorum meorum de jure belli cum permissa aliquandiu fuisset, subito interdicta est, et simul **Apologetici** et **Poematum**, excusantibus severitatem inquisitoriam Quiritibus, qui eum Cardinale BARBERINO litteratum amante fuerant, ac me viderant".

[20] Jules BASDEVANT, *Hugo Grotius* (in **Les fondateurs du droit international public**: leurs oeuvres, leurs doctrines, introduction de A. PILLET, Paris: V. Giard & E. Brière, 1904, p. 125-267, cit. p. 144): "A moins qu'on ait voulu frapper l'oeuvre à raison de la religion de l'auteur et sans considérer les opinions émises, les motifs de cette sentence ne nous apparaissent point".

[21] O rei GUSTAVO ADOLFO da Suécia teve em tão alta estima a obra de GRÓCIO que sonhava tê-lo a serviço de seu reino. Impedido de realizar o projeto, em razão do falecimento do rei, o chanceler OXENSTIERNA posteriormente veio a realizar esse propósito, ao oferecer a GRÓCIO as funções de embaixador da Suécia na França.

[22] Cf. **Tratado** (tomos 9 – **Direito internacional no tempo de Samuel Pufendorf**).

[23] Como apontado no **Tratado** (tomo 6 – **Direito internacional no tempo de Suarez, Gentili e Zouch**, introdução), embora cronologicamente pudesse GRÓCIO (1583-1646) ser referido antes de ZOUCH (1590-1660), a ordenação da matéria aqui se fez nesta ordem por questão metodológica, para enfatizar a continuidade entre GENTILI e ZOUCH, na mesma cátedra em Oxford. Desse modo se colocaram em paralelo SUAREZ – GENTILI – ZOUCH. Os dois primeiros, SUAREZ e GENTILI, são contemporâneos, e integram a mesma geração. Assim como, na geração seguinte, ZOUCH sete anos mais novo que GRÓCIO, e falecido quatorze anos depois, mas conceitualmente, não se deixa de colocar o mestre inglês como mais um, dentre os predecessores do grande internacionalista holandês.

o próprio ZOUCH (1650) nunca se furtou a reconhecer a importância de GRÓCIO e de GENTILI, que extensamente refere em sua obra mais relevante para o direito internacional.[24]

Mesmo se a atribuição de paternidade a GRÓCIO do direito internacional moderno pode ser descartada como simplista,[25] tanto mais à luz da herança de seus predecessores e contemporâneos, além de reducionista, diante da amplitude e da variedade de correntes e influências, que formam o direito internacional moderno, mas, como não se pode deixar de notar, com razão ou sem ela, para tanto, o direito internacional costuma ser dividido em *antes* e *depois* de Hugo GRÓCIO. Assim, importa avaliar o significado e o impacto da obra de certo autor, enquanto se esclarecem as suas limitações, em termos do período, região, e da cultura, na qual este se insere, e avaliar sua relevância e sua influência em seu próprio tempo.

Como se passa a considerar, no cap. 18, é inexorável concentrar a atenção em Hugo GRÓCIO.

[24] Como se examina no **Tratado** (tomo 6 – **Direito internacional no tempo de Suarez, Gentili e Zouch**, cap. 17); v. tb. R. ZOUCH (op. cit., 1650, ed. 1651, no prólogo, '*Ad lectorem*'): "*Albericum GENTILI et Hugonem GROTIUS pro corypheis habendo duxit*".

[25] Como referido no **Tratado** (tomo 6 – **Direito internacional no tempo de Suarez, Gentili e Zouch**, introdução); Yasuaki ONUMA (ed. by), **A normative approach to war**: peace, war and justice in Hugo Grotius (Oxford: Clarendon Press, 1993, *Introduction*, p. 1-10, cit. p. 1) adverte para a necessidade de contextualização e adequadamente situar a vida e a obra dos clássicos do direito internacional, inclusive GRÓCIO: "The fundamental problem is not whether GROTIUS is the father of international law. Such expressions are misleading and inappropriate."

CAPÍTULO 18
HUGO GRÓCIO (1583-1645)

Em toda esta obra me propus sobretudo três coisas: apresentar minhas razões de decidir, apresentando-as tão evidentes quanto possível, dispor em boa ordem as matérias que tinha a tratar, distinguir claramente as coisas que poderiam parecer as mesmas, se comparadas entre si, mas que na realidade não o são. [...]
Tomamos especial cuidado e indicamos as fontes de apreciação, pelas quais se tornaria fácil explicar, mesmo no caso em que algum detalhe fosse por nós omitido. [...] Em primeiro lugar, me preocupei em ligar as provas às coisas que dizem respeito ao direito da natureza, com noções tão seguras que ninguém as possa negar, a menos que se violente. De fato, os princípios desse direito, se for dada atenção, são claros e evidentes de per si, quase tão claros como as coisas que percebemos pelos sentidos externos, os quais não enganam se os órgãos da sensação estiverem bem conformados e se não carecem de tudo o que é necessário para a percepção.

Hugo GRÓCIO (1625, ed. bras. 2004)[26]

Com o começo do século XVII, chega esta ciência à sua verdadeira compreensão e preeminência, e Hugo GRÓCIO é o homem inesquecível, que como criador do direito internacional tem de ser reconhecido.

Dietrich Von OMPTEDA (1785, reed. 1963)[27]

[26] Hugo GRÓCIO, **O direito da guerra e da paz** (1625, intr. Antonio Manuel HESPANHA, trad. de Ciro MIORANZA, do original **De jure belli ac pacis**, col. clássicos do direito internacional, Ijuí: Ed. Unijuí, 2004, 2 vols., prolegômenos, § 56 e § 39).
[27] Dietrich Heinrich Ludwig Von OMPTEDA, **Literatur des gesamten natürlichen und positiven Völkerrechts** ("Neudruck der Ausgabe Regensburg 1785", Aalen: Scientia Verlag,

Algo decisivamente novo acontece com GRÓCIO

K. HAAKONSSEN (2003)[28]

Hugo GRÓCIO, muitas vezes referido na forma latinizada GROTIUS, do sobrenome DE GROOT, nasceu em Delft, em 10 de abril de 1583, onde seu pai, Johann de GROOT, era o prefeito da cidade. Desde cedo, mostrou grande inteligência, bem como enorme capacidade intelectual e de trabalho. Já escrevia, aos quinze anos, textos eruditos, e se tornou "doutor em direito" aos dezesseis.

Em 1600, era *adocatus fisci*, na Haia, e em 1607, *Fiscal* ou advogado geral da Holanda, Zelândia e Frísia ocidental. Nessa qualidade, escreveu, em 1608-9, seu **Mare liberum**.[29]

Frisava, desde o prólogo do **Mare liberum**,[30] tratar-se do próprio oceano, do direito de navegação e da liberdade de comércio – *de omni propre oceano, de jure navigandi, de libertate commerciorum* – e esclarecia: entre nós e os espanhóis ocorreu essa controvérsia: se o imenso e vasto mar pode ser

1963, I. Teil, III. Abschnitt, § 51, p. 171-173): "mit dem Anfange des 17ten. Jahrhunderts kommt diese Wissenschaft zum wahren Verstand und zum Vorschein, und Hugo GROTIUS ist der unvergessliche Mann, der als der Schöpfer der Völkerrechtswissenschaft anzusehen ist."

[28] Knud HAAKONSSEN, **Natural law and moral philosophy**: from Grotius to the Scottish Enlightenment (Cambridge: Univ. Press, 1st. publ., 1996, digital printing 2003, 1. Natural law in the seventeenth century, p. 15-62, cit. p. 15): "The sources reveal an extraordinary degree of continuity between scholastic natural law (not only AQUINA's) and the natural law doctrines that dominated Protestant Europe during the seventeenth and much of the eighteenth centuries. Yet it seemed to moral philosophers of these centuries, especially to the modern natural lawyers themselves, that something decisively new happened with GROTIUS. Protestant natural law was seen as a distinct school of moral philosophy, until the history of philosophy was redrawn by KANT and by others working in the light of his philosophy."

[29] Hvgonis GROTII, **Mare Liberum** Sive De Ivre Qvod Batavis competit ad Indicana commercia, dissertatio (originalmente publicado em 1609; esta edição: Lvgd. Batavorvm, Ex Officina Elzeviriana, 1633, contém ainda os textos: Paulus MERULA (1558-1607), **Dissertatio de Maribus**, p. 84-182; Marcus Zuerius BOXHORN (1612-1653), **Apologia pro navigationibus Hollandorum**, adversus Pontum Heuterum, p. 183-213; e o texto do tratado de paz, comércio e navegação, de 1495, entre HENRIQUE VII da Inglaterra e FELIPE da Áustria, ou **Tractatus pacis, mutui commercii, sive intercursus navigationum**, confirmatus Londini anno [1495], inter Henricum Septimum Angliae regem, & Philippum Archiducem Austriae, Burgundiae, &c., p. 214-267). Ver item 18.4 – **Mare liberum**.

[30] Hugo GRÓCIO [GROTIUS], **Mare liberum** (original Latin text, 1609, and modern English translation, ed. and annotated by R. FEENSTRA, Introduction J. VERVLIET, Leiden/Boston: Brill, 2009).

o reino de um, e com limitações de acesso – *sitne immensum et vastum mare regni unius nec maxime accessio*: [31]

> o direito que pedimos é tal que não deve ser negado por um rei aos súditos, nem por cristãos aos não-cristãos – *Ius autem quod petimus tale est, quod nec rex subditis negere debeat, neque Christianus non Christianis.* Ele decorre da natureza – *a natura enim oritur* –, da qual por equidade tudo nasce – *quae ex aequo omnium parens est.*[32]

O texto sobre a liberdade dos mares – seminal na história do direito internacional – faz parte de obra mais extensa de GRÓCIO, sobre o **De jure praedae** ou do **Direito de presas**. Mas esta somente foi publicada, integralmente, na segunda metade do século XIX.[33] A parte e o todo seguiram caminhos diferentes;[34] e curiosamente o conjunto se congrega, a partir da publicação integral tardia, porém ainda útil.

No texto de 1609, GRÓCIO – cujo nome então não aparece –[35] defendia a liberdade de navegação e de comércio,[36] dos holandeses nas

[31] H. GRÓCIO, **Mare liberum** (1609, ed. 1633, p. 5) e que pretender atribuir-se direitos sobre este seria manifesta injúria contra direito há muito estabelecido: *populone cuiquam jus sit volentes, populos prohibere ne vendant, ne permutent, ne denique comeent inter sese: potueritne quisquam quod suum numquam fuit elargiri, aut invenire quod jam erat alienum: an jus aliquod tribuat manifesta longi temporis iniuria.*

[32] H. GRÓCIO, **Mare liberum** (1609, ed. 1633, p. 6) completava: *in omnes munifica, cuius imperium in eos extenditur qui gentibus imperant, et apud eos sanctissimum est, qui in pietate plurimum professerunt.* E aduzia: conheceis assim as causas dos príncipes, conheceis as dos povos (*Cognoscite hand causam principes, cognoscite populi*); se postulamos coisa iníqua.

[33] H. GROTIUS, **De Jure Praedae Commentarius** (ca. 1604, orig. publ. 'ex Auctoris Codice descripsit et vulgavit' H. G. HAMAKER, Hagae: M. Nijhoff, 1868); ___, ___ (with translation by G. L. WILLIAMS and W. H. ZEYDEL, reprinted in Classics of International Law, Oxford, 1950, 2 vols.).

[34] Assinalava Jules BASDEVANT, *Hugo Grotius* (in **Les fondateurs du droit international public**: leurs oeuvres, leurs doctrines, introduction de A. PILLET, Paris: V. Giard & E. Brière, 1904, p. 125-267, cit. p. 133-134) ao ser destacado o cap. XII da obra **De jure praedae**, algumas alterações foram feitas no texto: "de très faibles modifications rendues indispensables par le fait même de l'apparition comme œuvre séparée."

[35] Ainda segundo J. BASDEVANT, *Hugo Grotius* (cit., 1904, p. 134): "L'ouvrage parut sans nom d'auteur et, dans une lettre à Daniel HENSIUS, GROTIUS déclare que cette publication fut faite à son insu."

[36] Contrariamente ao que mencionava GRÓCIO, que a publicação do **Mare liberum** teria sido feita sem o consentimento do autor, observava J. BASDEVANT (1904, p. 134-135): "Cette

Índias.[37] Inicialmente publicada sem o nome[38] do autor (Leiden, 1609 e 1611) passa a obra a ter a autoria nominada nas edições seguintes (Leiden, 1616; Amsterdã, 1632; Leiden, 1633; Frankfurt, 1669).[39]

Contribuiu para a celebridade do **Mare liberum** o fato de que, depois deste, a livre navegação dos oceanos praticamente teve de ser recolocada

affirmation est contredite par ce que notre auteur avance dans la **Maris liberi defensio adversus Welwodum**, opuscule acheté en même temps que le **De jure praedae** par la bibliothèque de Leyde: il y déclare avoir résolu lui-même, en 1609, de publier un chapitre détaché de l'oeuvre principale et il se vante d'avoir ainsi contribué à faire écarter les prétentions espagnoles".

[37] Ver **Tratado** (tomo 3 A – **Direito internacional no tempo antigo**, item 2.1 – a controvérsia entre Hugo GRÓCIO e Serafim de FREITAS). Dada a circunstância de ter sido a obra de GRÓCIO inicialmente publicada sem o nome do autor, Serafim de FREITAS, menciona o autor da tese adversária como "o Inominado", ao procurar rebater um a um os argumentos expendidos.

[38] Em sua tese de concurso a respeito de Hugo GRÓCIO, comentava Oscar PRZEWODOWSKI, **O século XVII no seu sentido jurídico internacional** – o advento do direito das gentes GROTIUS (Rio de Janeiro: Jornal do Commercio / Rodrigues & Cia., 1941, cit. p. 7): "para evitar o entrechoque das Nações marítimas surge o **Mare liberum** de GROTIUS, tão combatido, discutido e afinal aceito e admirado por aqueles mesmos que o discutiram e combateram porque o direito se impõe e domina, como a luz e o ar, tornando-se o ambiente do mundo." Mais adiante, PRZEWODOWSKI comete imprecisão – e injustiça – em relação à obra de Serafim de FREITAS, **De justo imperio lusitanorum asiatico** (1625): "Só em 1625 aparece o trabalho de F. Serafim de FREITAS, português de nascimento e professor da Universidade de Valladolid, na Espanha. / É uma obra reacionária e sem serenidade, verberando sem fundamento plausível a celebrada obra do 'Milagre de Holanda'. Para tudo dizer, o erudito monge luso-castelhano não lhe quis sequer citar o nome". A omissão em mencionar o nome de GRÓCIO não teria sido intencional por parte de FREITAS. Como considerado no **Tratado** (tomo 3 A – **Direito internacional no tempo antigo**, item 2.1 – a controvérsia entre Hugo GRÓCIO e Serafim de FREITAS), FREITAS ao retomar e rebater, item por item, os argumentos antes expendidos por GRÓCIO – a este sempre se refere como o 'Incógnito', porquanto o **Mare liberum** foi inicialmente publicado sem nome de autor (1608-9). Aparentemente teria FREITAS utilizado exemplar dessa primeira edição do **Mare liberum**, publicada sem o nome de autor, para construir a sua resposta.

[39] Von OMPTEDA (op. cit., 1785, reed. 1963, § 218, p. 521): "Hugo GROTIUS machte sich durch dieses Werk, dessen Hauptabsicht dahin gehet, den freyen Handel und Schiffahrt der Holländer nach Indien gegen die Portugiesen, welche sie davon ausschliessen wollten, zu vertheidigen, schon in frühen Jahren bekannt. Dasselbe wurde 1641 ins Holländische überstetzt. Der Leidenschen Edition von 1633 ist angehängt: 1) Pauli MERULAE **De maribus dissertatio**. 2) Marci Zuerii BOXHORNII **Apologia pro navigationibus Hollandorum, adversus Pontum Heuterum**. 3) Der Handlungstractat von 1495. zwischen Könige Heinrich VII. von Engelland und Philipp Erzherzog von Oesterreich als Herzog von Burgund."

em discussão.[40] Assim, também, muito se escreveu contra o trabalho e a tese de GRÓCIO.

Dentre tais adversários, nosso autor teve de contar com o escocês William WELWOOD.[41] Ao qual GRÓCIO esboçou resposta, em 1615, mas esta permaneceu inacabada e somente foi publicada no século XIX.[42]

Além da obra de Serafim de FREITAS, **De justo imperio lusitanorum asiatico** (1625), ainda viria a tese de GRÓCIO a ser contestada por John SELDEN, com o seu **Mare clausum** (1635).[43]

Na mesma linha de defesa da livre navegação e dos interesses holandeses se inscrevem seus contemporâneos, Paulus MERULA (1558-1607), com a sua dissertação sobre os mares, ou **Dissertatio de Maribus**, e também, Marcus Zuerius BOXHORN (1612-1653), com a sua defesa da nave-

[40] A matéria permaneceria objeto de controvérsias e debates, durante séculos, como ilustra, em meados do século XVIII, a obra de Cornelius van BYNKERSHOEK (1673-1743), cf. se examina no **Tratado** (tomo 10 – **Direito internacional no tempo de C. van Bynkershoek e Christian Wolff**, cap. 21)). Até ser regulada pela Convenção das Nações Unidas sobre o direito do mar (1982, em vigor internacionalmente desde 1994).

[41] Em resposta ao ataque de William WELWOOD (ativo entre 1578-1622), escreveu GRÓCIO, **Maris liberi defensio adversus Welwodum**. A respeito, J. BASDEVANT, *Hugo Grotius* (1904, p. 134-135); E. NYS, **Les origines du droit international** (op. cit., 1894, p. 385): "En 1613, l'écossais William WELWOOD avait protesté dans son **Abridgment of all Sea-Lawes** contre la théorie de GROTIUS et avait établi une distinction entre la liberté de la navigation et la liberté de la pêche. GROTIUS s'était préparé à refuter ces critiques. En 1615, William WELWOOD était revenu à la charge dans le **De dominio maris juribusque ad dominium precipue spectantibus assertio brevis ac methodica**". Ver William WELWOOD, **An abridgment of all sea-lawes** – gathered forth of all writings and monuments, which are to be found among any people or nation, upon the coasts of the Great Ocean and Mediterranean Sea. And specially ordered and disposed for the use of all benevolent sea-farers, within his Majesties dominions of Great Britain, Ireland, and the adjacent isles thereof (London: printed by [Thomas Harper for] the assignes of Ioane Man and Benjamin Fisher, 1636 – online Univ. of Michigan Library – http://name.umdl.umich.edu/A14929.0001.001); W. WELWOOD, **De dominio maris juribusque Ad dominium praecipue spectantibus assertio brevis ac methodica** (Hagae, 1653 – reprinted Kessinger Publ., 2010)

[42] GRÓCIO, **Maris liberi defensio adversus Welwodum** – ou **Defensio capitis quinti maris liberi oppugnati a Guilielmo Welwodo** (manuscript of 1615, remained unfinished, first published as an Appendix to the PhD thesis by S. MULLER Fzn., Amsterdam, 1872, refere R. FEENSTRA, **Mare liberum**, op. cit., 2009, cit. p. XXII).

[43] Cf. **Tratado** (tomo 3 A – **Direito internacional no tempo antigo**, item 2.1 – a controvérsia entre Hugo GRÓCIO e Serafim de FREITAS).

gação dos holandeses, ou **Apologia pro navigationibus Hollandorum**, adversus Pontum Heuterum.[44]

Na condição de defensor dos interesses holandeses, pela liberdade de navegação, GRÓCIO teria sido enviado e passado período na Inglaterra. Etapa inicial de sua variada atuação diplomática, ao longo da vida conturbada.

Não por acaso, escreveu GRÓCIO (1625): "A existência humana é tal que jamais haveremos de conquistar uma segurança completa".[45] Ele viveu essa precariedade intrínseca à condição humana. E, em outra passagem, faz eco: "nada há de humano que seja estranho ao homem".[46]

Em 1613, foi chamado para assumir o cargo de *Pensionarius* também chamado *Syndicus*, em Rotterdam, e se torna também membro do *Colegii*, ou Conselho da província da Holanda. Com essa condição, tinha igualmente direito de participar e votar nas sessões dos Estados-gerais.

Em meio às controvérsias teológicas e religiosas, que afetaram a Holanda e o conjunto das Províncias Unidas, no século XVII, [47] havia discussão entre a doutrina de ARMINIUS, a respeito da graça e a oposição a esta. De um lado estavam os Socinianos e GRÓCIO, que se aproximavam dos Arminianos ou Remonstrantes. Do outro lado, se colocavam os Gomarianos, também chamados *Contrarremonstrantes.*

Em 1614, é apresentada petição aos Estados-gerais da Holanda, por meio da qual era recomendada e se faria a aceitação da doutrina arminiana. O então *Staathouder* das Províncias Unidas, príncipe Moritz Von ORANIEN, serviu-se da confrontação político-religiosa, para se promover, junto ao povo, e aumentar o seu poder, em detrimento das liberdades do estado, e teve de se defrontar e derrubar do poder o então *Grande pensionário* OLDENBARNEVELD, e seus colegas, dentre os quais se contava também GRÓCIO.

[44] Texto dos ensaios de GRÓCIO, MERULA e BOXHORN reproduzidos (ed. cit., 1633, p. 84-182; e p. 183-213).

[45] H. GRÓCIO, **Direito da guerra e da paz** (op. cit., 1625, ed. 2004, II.IV.XVII, p. 305).

[46] GRÓCIO (op. cit., 1625, ed. 2004, I.V.II.2, p. 274). E a seguir (I.V.III, p. 275): "uma parte não é somente a parte de um todo, em virtude da mesma relação que faz com que esse todo é o todo dessa parte, mas ainda que ela depende do todo".

[47] A respeito, ver item 18.2 – GRÓCIO na evolução da identidade nacional; b/c Paul DIBON, **La philosophie néerlandaise au siècle d'or** (Paris/Amsterdam: Elsevier, 1954) e Simon SCHAMA, **The embarassment of riches** – An interpretation of Dutch Culture in the Golden Age (Berkeley/Los Angeles/London: Univ. of California Press, 1988).

Em meio às agitações então desencadeadas, e sob pressão do príncipe, que consegue apoio da maioria dos Estados-gerais, em 29 de agosto de 1618 são presos, na Haia, OLDENBARNEVELD, SOGERBEETS e também GRÓCIO, e acusados de traição à pátria. Nem os protestos dos Estados-gerais da província da Holanda, nem as gestões do rei da França tiveram qualquer efeito. O resultado foi: OLDENBARNEVELD depois de condenado, foi decapitado aos 71 anos de idade, enquanto SOGERBEETS e GRÓCIO foram condenados à prisão perpétua, em 18 de maio de 1619, com confiscação dos bens de ambos.

O debate não se colocou somente no plano teórico e teológico, mas suscitou paixões, entre a população. E logo se torna, também, objeto de violenta controvérsia entre facções políticas:[48]

> que fosso intransponível se tenha criado entre estas duas concepções, parece incompreensível para quem mantenha a plenitude da razão; mas, por conta destas questões, milhares foram terrivelmente perseguidos, estadista extraordinário como OLDENBARNEVELDT foi executado, e GRÓCIO condenado à prisão perpétua, da qual ele felizmente conseguiu escapar. Essas são as formas que as querelas teológicas podiam alcançar. Isso, mesmo nos Países Baixos, que eram então, com razão, considerados o país mais livre da Europa.[49]

Para cumprimento da pena, em 6 de junho do mesmo ano, ambos foram transferidos para o castelo Loevenstein. Lá permaneceu GRÓCIO até março de 1621, até ser resgatado por sua mulher, Maria Von REIGESBERG, que consegue retirá-lo da cadeia, escondido em uma caixa de livros.[50] Daí

[48] E. FRIEDELL, **Kulturgeschichte der Neuzeit** – Die Krise der Europäischer Seele von der Schwarzen Pest bis zum Ersten Weltkrieg (originalmente publicado, 1927-31, Munique: Beck, Sonderausgabe, 2007, Livro I – Renascença e Reforma – da Peste Negra até a Guerra dos Trinta Anos, cap. 7 – *Die Bartholomäusnacht*, p. 342-408, cit. p. 348): "A discussão tratou primeiro da predestinação, a respeito da qual Jakob ARMINIUS e os seus seguidores esclareciam, que esta se relacionava com a fé, na qual Deus, com sua onisciência, tinha previsto para cada um se este teria ou não a fé, enquanto os Gomarianos, na linha de Franz GOMARUS afirmavam, que a escolha vinha primeiro, e a fé era somente a manifestação desta". V. tb. Item 18.2, adiante.

[49] E. FRIEDELL (op. cit., 1927-31, ed. 2007, p. 348): "Solche Formen nahmen die theologische Zwistigkeiten selbst in den Niederlanden an, die damals mit Recht als das freieste Land Europas gerühmt wurden."

[50] Robert WARD, **An enquiry into the foundations and history of the Law of nations in Europe** – from the time of the Greeks and Romans to the age of Grotius (orig. publ. London:

segue-se cinematográfica fuga de ambos, via Gorcum, e através do Brabante, para Antuérpia, até conseguirem chegar à França.

Além de asilo e proteção, a coroa francesa também concede a GRÓCIO uma pensão de 3000 *libras*. Ele permanece dez anos na França, até 1631, e durante esse período escreve parte considerável de sua mais importante obra, sobretudo a sua magistral exposição sobre o direito da guerra e da paz, publicado em 1625.

Em 1631, com a devolução de seus bens, antes confiscados na Holanda, e a mudança das condições, na França, em razão do advento do cardeal de RICHELIEU, que era contrário a GRÓCIO, e causa, inclusive atrasos no pagamento e risco de interrupção de sua pensão, GRÓCIO volta a Holanda, e esperava poder, com o auxílio do novo *Staathouder*, o príncipe Frederico Henrique de ORANGE, e outros grandes personagens, promover a reforma da sua sentença de condenação.

GRÓCIO, contudo, não consegue interpor o recurso de revisão de sentença aos Estados-gerais. E, correndo o risco de ser novamente preso, se muda, em 1632, para Hamburgo. De lá, procura ele, em vários lugares, nova colocação, e foi procurado para prestar serviços, por várias potências. Dentre as alternativas possíveis, esperava ser chamado pelo rei GUSTAVO ADOLFO da Suécia, que tinha grande apreço e admiração por GRÓCIO. Mas este rei falece, repentinamente, na batalha de Lützen, nesse mesmo ano. O que põe termo às esperanças de GRÓCIO. Mas, o chanceler sueco, Axel OXENSTIERNA, [51] regente durante a minoridade da rainha CRIS-

A. Strahan and W. Woodfall, 1795, 2 vols., chap. XVIII – *the age of Grotius*, p. 606-628, cit. p. 617-618): "GROTIUS, as one of the most active of them, was condemned to be shut up for ever in such prison as the States should deem fit, and with this prospect before him, he entered the fortress of Loevenstein in the year 1619. – He was here, however, allowed the use of his library, and the company of his wife, a woman who seems to have been illustrious for various qualities, but for none more than those which peculiarly compose the province of female virtue. She was justly and eminently celebrated for resignation, fidelity, and conjugal tenderness, and at the same time for a vey noble firmness and address. It was by the exertions of these qualities that she procured the escape of her husband. Through her means, he was carried out in a chest by his own guards, and she remained herself for some time voluntarily exposed to the resentment and indignation of his enemies. – He was afterwards retired to France, where at Balagni, near Senlis, the house of the president of Mesmes, a man of high reputation in the law, he composed, in 1625, the most noble of his labours."

[51] Axel, conde de OXENSTIERNA (1583-1654) foi durante mais de quatro décadas o chanceler da Suécia e uma das grandes personalidades políticas do seu tempo, ao lado de OLIVARES e de RICHELIEU. Conselheiro do rei GUSTAVO ADOLFO, a partir de 1611, foi o negociador

TINA, chama GRÓCIO, em 1634, e o nomeia embaixador da Suécia junto à corte da França.

Nessa condição, GRÓCIO permanece até 1644. A oposição do todo poderoso regente da França e cardeal RICHELIEU, contra GRÓCIO não facilitou a atuação deste. Ademais, GRÓCIO não teria facilitado o andamento das coisas, como embaixador da Suécia, ao exprimir a sua opinião em relação a controvérsias doutrinárias e religiosas na França. De tal modo, não conseguiu levar a bom termo a negociação, em vista de celebrar o tratado de 1644, entre a Suécia e a França. O próprio chanceler OXENSTIERNA teve de se deslocar para a França, para conseguir a celebração do tratado.

RICHELIEU se valeu de sua condição de cardeal e de regente, para constranger GRÓCIO, em matéria de protocolo e de precedência, frente a outros representantes de potências estrangeiras, junto à corte da França. Isso acaba por ter reflexos sobre as relações comerciais entre os dois estados. Praticamente toda a corte francesa começa a se indispor com GRÓCIO; e chega a ser pedido o seu retorno à Suécia. O que acontece, em 1644. Depois da morte do cardeal RICHELIEU.

O incidente ficou registrado em cartas da rainha CRISTINA da Suécia: uma dirigida à regente da França, ANA DE ÁUSTRIA, mãe de LUÍS XIV;[52] e outra, da rainha CRISTINA, para GRÓCIO.[53]

de tratados de paz com a Dinamarca e com a Rússia. Depois da morte de seu rei, tornou-se tutor da filha, a rainha CRISTINA, e continuou a política sueca de aliança com a França, e de intervenção na Alemanha, em meio à guerra dos trinta anos, o que lhe permitiu impor aos dinamarqueses o tratado de paz de Brömsebro, em 1645, e de consolidar a supremacia sueca nos tratados de paz da Vestfália, em 1648.

52 « Madame ma Soeur – Je ne dois point rappeler Grotius, mon ambassadeur, sans vous en faire connaître le motif. / Ce grand homme après onze ans de travail et de peines dans les affaires politiques, se voit encore souvent contrecarré par des envieux et des esprits turbulents, qui traînent avec honte sa perte et la ruine de mes états. / Je ne parle point des tracassements particulières que le Cardinal lui a toujours suscitées malignement. / Grotius en louant le plus juste des rois, ne croyait point avoir offensé le ministre qui concourrait à la gloire de son maître. / Mais mon ambassadeur, dédiant son immortel ouvrage à Louis, avoit oublié de flatter la vanité avide de cet esprit altier. / Oxenstierna, qui avoit des vues aussi sages que celles de son maître, crut honorer la mémoire du Monarque en attirant Grotius à ma Cour. Un philosophe tel que lui était fait pour briller dans les plus hautes places; ainsi fut-il envoyé auprès de Louis, qui l'aimoit. [...] Depuis cette fatale époque, mon ambassadeur a joui auprès de Louis et surtout auprès de votre Majesté, de la liberté et des considérations qu'un homme sage peut recevoir et mériter dans une Cour brillante, dont vous faites l'ornement et

No trajeto, ele atravessa o território da Holanda, em triunfo, pois mesmo os seus inimigos tinham de respeitar a sua imunidade, como embaixador de potência estrangeira, até chegar de volta à Suécia. Mas, logo a seguir, ele abandona o serviço público da Suécia, em 1645.

Não se sabe exatamente para onde se destinaria GRÓCIO, a seguir: se passaria a ficar restrito aos interesses de sua vida particular, ou se assumiria novas funções. Mais um lance cinematográfico encerra a vida do grande internacionalista holandês: embarcado em navio, que o deveria conduzir para Lübeck, este é atingido por tempestade e arrastado para a costa. De lá, GRÓCIO, doente, é transportado para Rostock, onde morre alguns dias depois, em 28 de agosto de 1645, aos 62 anos de idade.[54] O seu corpo foi levado para Delft, para repousar junto aos seus antepassados.[55]

Na primeira metade do século XVII, com Hugo GRÓCIO, o direito internacional avança passo significativo, no sentido de aparecer, sob forma

la gloire. / Ne croyez donc pas, Madame, je vous en conjure que le rappel de Grotius vienne de quelque mécontentement de ma part, comme le Cardinal Mazarin a voulu malignement le faire entendre à votre Majesté. / Il m'en coûte beaucoup de souscrire à son rappel, mais il demande avec tant d'insistance que je suis désespérée de ne pouvoir différer plus longtemps [...] / Pour l'honneur de mon règne, pour l'amour et le bien de ma patrie, je voudrois pouvoir l'obliger de rester toute sa vie à votre Cour. Tout m'invite et me presse à conserver un trésor si précieux. Je regarde enfin ce ministre respectable comme le dieu tutélaire de mon pays et le plus riche présent que le ciel ait pu lui faire. Je ne finirais jamais, si je pouvois vous exprimer tout ce que je lui dois en mon particulier. »

53 « Monsieur Hughes Grotius, vous arriverez toujours trop tard pour le bien de royaume de Suède, mais toujours trop tôt pour moi en particulier, puisque j'aurai le malheur de vous perdre. / Il est bien juste que vous vous reposiez, après tant d'années employées au bonheur et à la gloire de mon pays. / Votre présence est utile à ce royaume, autant que celle de Dieu à la nature. Venez être le père, l'ami et le protecteur des malheureux. Chaque Suédois se fera une religion de vous servir et de vous témoigner son zèle et sa reconnaissance. / Dites à madame Grotius et à son aimable compagne, qu'elles n'ont qu'à désirer, je serai ravie de les combler de biens. J'envierois leur bonheur, se vous ne m'etiez pas aussi cher qu'à elles-mêmes. / Assurez-les que je les estime autant que je vous revêre. Adieu. Quittez cette Cour où vous avez essuyé tants dégoûts, que vous avez pourtant, clairée, qui vous a enfin admiré, et qui vous regrettera sans cesse. / Venez, donc, promptement dans votre nouvelle patrie goûter à loisir les doux charmes. »

54 Algumas fontes mencionam 1646, como ano de falecimento de GRÓCIO.

55 D. Von OMPTEDA (op. cit., 1785, reed., 1963, § 53, p. 174-182), a respeito da atuação de GRÓCIO como embaixador da Suécia na França observava que se teria esperado um pouco mais de perspicácia de tão grande homem. Ver tb. Sylvino Gurgel do AMARAL, **Ensaio sobre a vida e obras de Hugo de GROOT (GROTIUS)** (Paris/Rio de Janeiro: H. Garnier, 1903).

autônoma, e tender a ser sistematizado.[56] O próprio autor provavelmente não se teria atribuído tal papel. GRÓCIO via-se antes no perfazimento da tradição do direito da guerra,[57] mais que de inovador e criador de 'novo' direito, na evolução do direito internacional moderno:

> Ao dar a este tratado o título *Direito da guerra*, entendemos pesquisar primeiramente, como já foi dito, se há algum tipo de guerra justa e, a seguir, o que há de justo na guerra. A palavra *direito* nada significa mais aqui do que aquilo que é justo.[58]

A missão de GRÓCIO era tanto prática, quanto teórica: este, ao escrever a sua obra magna, **Direito da guerra e da paz**, tentava incutir conceitos éticos e parâmetros de conduta: "mesmo numa guerra justa, certos atos são desprovidos de justiça interior".[59] Aduz dever-se "distinguir entre os autores da guerra e aqueles que os seguem".[60]

[56] Favoravelmente, W. van der VLUGT, **L'oeuvre de Grotius et son influence sur le développement du droit international** (RCADI, 1925, t. 7, p. 395-510); contra essa assertiva se insurge C. BARCIA TRELLES, **Francisco de Vitória et l'école moderne du droit international** (RCADI, 1927, t. 17., p. 109-342, seconde partie, chap. IV – *de la souveraineté et les pactes, élections et protections*, p. 232-241, cit. p. 238): "Hugo GROTIUS dans le discours préliminaire de son ouvrage **De jure belli ac pacis** se flatte d'avoir été le premier à systématiser le droit international. Il écrit: 'beaucoup d'auteurs ont eu l'intention de réduire cette discipline à un système, mais personne autre que moi ne l'a réalisée'. Les auteurs auxquels il se réfère sont mentionnés par l'internationaliste de Delft, comme il suit: 'J'ai vu aussi quelques traités particuliers sur le droit de la guerre, composés par des théologiens comme ceux de François de VITORIA, Henri de GORCKUM, Guillaume MATHIEU, Jean de CARTAGÈNE, etc., mais tous ces auteurs ont dit bien peu de chose sur un si vaste problème et la plupart le traitent avec si peu d'ordre et si peu d'exactitude, qu'ils confondent et mêlent tout, le droit naturel, le droit divin, le droit des gens, le droit civil et le droit canonique'. Des deux observations de GROTIUS reproduites ici, la première est exacte, mais la mention qu'il fait de VITORIA est notoirement injuste, ainsi que la valeur qu'il attribue à sa contribution scientifique."

[57] H. GRÓCIO (op. cit., 1625, ed. 2004, II.I.II.1, p. 284): "Quantas forem as fontes de processo, tantas serão as causas de guerra, pois onde as vias da justiça fazem falta, a guerra começa". Para a contextualização da matéria, ver **Tratado** (tomo 4 – **Direito internacional no tempo medieval**, cap. 11 – tratadistas da guerra).

[58] H. GRÓCIO (op. cit., 1625, ed. 2004, I.I.III, p. 72-74): "Isso num sentido mais negativo que afirmativo, de modo que o direito transparece como aquilo que não é injusto. Ora, é injusto o que repugna à natureza da sociedade dos seres dotados de razão".

[59] H. GRÓCIO (op. cit., 1625, ed. 2004, III.XI.I, p. 1229-1230).

[60] H. GRÓCIO (op. cit., 1625, ed. 2004, III.XI.V, p. 1241-1242, e tb. III.XI.VI – *de acordo com os autores das guerras, deve-se distinguir entre as causas prováveis e as improváveis*, p. 1242-1244):

Depois de considerar, no livro I, quem são os que fazem as guerras, mostra GRÓCIO a seguir, no livro II, por quais causas é permitido guerrear. E passa a examinar, no livro III, quais coisas são permitidas na guerra, isso "segundo o direito de natureza em primeiro lugar, em seguida de acordo com o direito das gentes".[61] Esse é o grande plano do que concebeu GRÓCIO como o ***direito da guerra e da paz***.

Já se coloca a questão da linha divisória entre direito natural, direito das gentes e direito civil: "uma lei não se mistura com outra lei. Deve-se ir para onde se é conduzido. O direito das gentes não reconhece essas diferenças [como estipula o direito civil, caso a caso], quando não houver, bem entendido, outra esperança de obter o que nos é devido".[62]

Existe base de humanidade, subjacente à formulação de normas e procedimentos. Tem GRÓCIO por base sentimento de justiça: "é, se não da justiça, pelo menos da caridade, de nada empreender que possa ameaçar inocentes, salvo que não seja por razões de grande importância, e que tendem à salvação de grande número de pessoas".[63]

Estes parâmetros de humanidade e de justiça devem nortear condutas.[64] Mesmo em tempo de guerra:[65] "alega-se geralmente contra esses preceitos da equidade e do direito natural exceções que não são de todo

"A respeito dos próprios autores da guerra, deve-se distinguir as causas que os levaram a agir. Há de fato aquelas que seguramente não são justas, mas que no entanto são tais que podem enganar os espíritos não perversos".

[61] H. GRÓCIO (op. cit., 1625, ed. 2004, III.I.I, p. 1015): "até que ponto e de que maneira se apresentam".

[62] H. GRÓCIO (op. cit., 1625, ed. bras. 2004, III.XIX.XVI, p. 1371).

[63] H. GRÓCIO (op. cit., 1625, ed. 2004, III.XI.VIII, p. 1248) no mesmo sentido, tb. III.I.IV – *certas coisas podem ocorrer como consequência e sem injustiça, que não seriam permitidas em caso premeditado; a isso se acrescenta uma precaução a tomar* (p. 1017-1019).

[64] H. GRÓCIO (op. cit., 1625, ed. 2004, III.XI.IX, p. 1249-1252) aponta o dever de "*poupar sempre as crianças, as mulheres, salvo se cometeram algo grave, e os velhos*", bem como de "*poupar também os que se ocupam somente de coisas sagradas ou das letras*" (ver III.XI.X, p. 1252-1254). Assim também apontava o dever de poupar os trabalhadores (III.XI.XI, p. 1254), "*ainda os mercadores e seus similares*" (III.XI.XII, p. 1254-1255) e "*também os prisioneiros*" (III.XI.XIII, p. 1255-1257).

[65] H. GRÓCIO (op. cit., 1625, ed. 2004, III.XI.XIV, p. 1257-1258) "*deve-se acolher aqueles que querem se render sob condições razoáveis*", assim como "*deve-se poupar os que se renderam sem condição*" (III.XI.XV, p. 1259) e pondera a seguir "*isso é verdade, salvo se um grave atentado não tenha ocorrido antes; como entender isso*" (III.XI.XVI, p. 1260-1262). Tudo isso porque "*poupar os culpados é bom, por causa do seu grande número*" (III.XI.XVII, p. 1262-1263).

justas, a saber: a vontade de dar o troco, a necessidade de inspirar temor, a obstinação da resistência".[66]

> Quanto ao talião, a natureza só o admite contra aqueles que cometeram um delito, e não basta que se apresente sob a ideia de que todos os inimigos como um só corpo, por uma espécie de fingimento, como se pode compreender daquilo que foi desenvolvido por nós antes, no tocante à comunicação das penas.[67] [...]
> A utilidade que se espera do terror para o futuro não chega até o ponto de dar o direito de matar. Se o direito existe, pode ser encontrado entre as razões que podem impedir que se desconsidere esse direito.[68] Quanto ao zelo, por demais obstinado por seu partido se, contudo, a causa desse partido não é de todo desonesta, não merece o suplício.[69]

Devem ser observados parâmetros de humanidade e de justiça. Mesmo quando se trate de ato permitido:

> O inimigo, pois, que quisesse considerar não o que as leis humanas permitem, mas o que é de seu dever, o que é justo e honesto, pouparia mesmo o sangue inimigo e não daria à morte ninguém, a não ser para se preservar da morte, ou de alguma coisa semelhante à morte, ou por crimes pessoais que atingiam a medida da pena de morte.[70]

Reféns não devem ser mortos, "salvo se os próprios tiverem cometido um crime".[71] GRÓCIO volta à matéria, em outras passagens do **Direito da guerra e da paz** (1625):[72]

[66] H. GRÓCIO (op. cit., 1625, ed. 2004, III.XI.XVI.1, p. 1260) e ver tb. III.IV.

[67] H. GRÓCIO (op. cit., 1625, ed. 2004, III.XI.XVI.2, p. 1260) remete a II.XXI.XVIII.

[68] H. GRÓCIO (op. cit., 1625, ed. 2004, III.XI.XVI.3, p. 1261).

[69] H. GRÓCIO (op. cit., 1625, ed. 2004, III.XI.XVI.4, p. 1261).

[70] H. GRÓCIO (op. cit., 1625, ed. 2004, III.XI.VII, p. 1244-1248, cit. III.XI.VII.4, p. 1247): "Perdoará mesmo toda pena, ou da pena de morte, alguns daqueles que o teriam merecido, seja por um motivo de humanidade, seja por outras razões plausíveis".

[71] H. GRÓCIO (op. cit., 1625, ed. 2004, III.XI.XVIII, p. 1263-1264).

[72] H. GRÓCIO (op. cit., 1625, ed. bras., 2004, III.XX.LII – *pessoas que podem e devem ser dadas como reféns*, p. 1415, b/c III.XX.LIII – *o direito que se possui sobre os reféns*, p. 1415-1416; III.XX.LIV – *se é permitido ao refém fugir*, p. 1416; III.XX.LV – *se se pode legitimamente reter um refém por outro súdito*, p. 1416-1417; III.XX.LVI – *aquele para quem foi dado um refém, vindo a morrer, o refém fica*

> Deve-se acrescentar de leve que, por vezes, os reféns não são um acessório de obrigação, mas são na realidade a parte principal, como quando alguém promete em virtude de um contrato, um fato que não lhe é próprio e que, sendo obrigado a danos e interesses, em caso de inexecução, os reféns se obrigam em lugar dele.[73]

Ressalta GRÓCIO, "é preciso abster-se de todo combate inútil".[74] O que, cabe ponderar, vale não somente em tempo de guerra, mas também como lição de vida.

E sempre com necessidade de apontar distinções:

> bons autores conferiam muitas vezes a uma guerra a palavra justa, não em consideração da causa que a produz, nem, como isso ocorre às vezes, por causa da importância das operações que se fazem, mas por causa de certos efeitos de direito que lhe são peculiares.[75] [...] Basta observar somente aqui que, sob o exemplo do povo romano, se deve entender toda potência que tem o poder soberano num estado.[76]

livre, p. 1417; III.XX.LVII – *se um refém fica engajado quando o rei que deu o refém morreu*, p. 1418; III.XX.LVIII – *os reféns são por vezes obrigado de modo principal e que um não é responsável do fato do outro*, p. 1418; e ainda, III.IV.XIV – *estende-se também contra os reféns*, p. 1103-1104).

[73] H. GRÓCIO (op. cit., 1625, ed. bras., 2004, III.XX.LVIII – *os reféns são por vezes obrigado de modo principal e que um não é responsável do fato do outro*, p. 1418). Compare-se a lição de GRÓCIO (1625, em II.XV.XVIII).

[74] H. GRÓCIO (op. cit., 1625, ed. 2004, III.XI.XIX, p. 1265): "Deve-se, ainda, acrescentar que todos os combates que não servem para obter o que é devido ou para pôr fim a uma guerra, mas que não tendem senão a envaidecer-se de suas forças, isto é, como dizem os gregos, 'que não são senão uma ostentação de suas forças, antes que um combate contra os inimigos' [ARRIANO, **Expedit. Alexandri**, I,22], estão em oposição com o dever do homem cristão e com a própria humanidade. Por isso, os poderes superiores que prestarão contas do sangue inutilmente derramado àquele em nome do qual empunham a espada devem proibi-las seriamente". Ver ARRIANUS, **ARRIANOU ALEXANDROU ANABASEOS – Anabasis of Alexander** (with an English translation by P. A. BRUNT. Cambridge, Ma.: Harvard U.P. / LCL 236 – ARRIAN I, ed. by E. ROBSON, 1st publ. 1929, rev. text and translation with new introduction, notes and appendixes, 1976, books I-IV e Appendixes; LCL 269 – ARRIAN II, 1st publ. 1933, reprinted 2000, books V-VII).

[75] H. GRÓCIO (op. cit., 1625, ed. 2004, III.III – *Da guerra justa ou solene, segundo o direito das gentes. Trata-se também da declaração de guerra*, cit. III.III.I, p. 1069; e também se remete ao livro I, cap. III, n. 4).

[76] H. GRÓCIO (op. cit., 1625, ed. 2004, III.III.I.2, p. 1070). Aduzia (III.III.II – *Distinção entre um povo embora agindo injustamente e piratas e salteadores*, p. 1070-1073, cit. n. 1, p. 1070): "Uma

Fazia GRÓCIO paralelo entre o macrocosmo – ou seja, o 'estado' – e o microcosmo – ou seja, o 'corpo vivo' –, e situava o papel das instituições e do direito, especialmente do direito internacional:

> Um corpo doente é, contudo, um corpo e um estado, ainda que gravemente doente é um estado, enquanto subsistem leis, tribunais e as outras coisas necessárias para que os estrangeiros possam exigir que se devolva o que lhes é devido, como também os privados entre si. [...] A lei, aquela sobretudo que constitui o direito das gentes, está num estado como a alma num corpo humano e que, se supressa, de fato não há mais estado.[77]

Visava GRÓCIO formular parâmetros visando moderar os excessos que se cometiam no cenário da guerra então em curso. Excessos e violações inclusive em relação a neutros. O que, ao lado de GENTILI, o torna precursor também em relação ao tratamento desta matéria, em vista de sua regulação, em obra de direito das gentes.[78]

A lição de GRÓCIO a respeito dos neutros é muito clara: "não se deve tomar nada daqueles que são neutros, a não ser em extrema necessidade com restituição do preço": "para que a necessidade dê algum direito sobre o bem de outrem deve ser extrema; que é requerida a mais que uma necessidade igual não exista para o próprio proprietário".[79] Pondera GRÓCIO que

república ou um estado não cessam logo de ser o que são se cometem alguma coisa injusta mesmo em comum", isso porque "aqueles, mesmo que por vezes não sejam isentos de ações culpadas, se associaram contudo para gozar do direito e tratam com justiça os estrangeiros, se não em tudo segundo o direito de natureza que mostramos alhures (II.XV), como em parte apagado junto a muitos povos, ao menos segundo as convenções celebradas com cada um, ou segundo os costumes".

[77] H. GRÓCIO (op. cit., 1625, ed. 2004, III.III.II.2, p. 1072) acrescentava (III.III.II.3, p. 1073) existir "diferença entre um povo, por mais criminoso que seja, e aqueles que, não sendo um povo, se reúnem em vista do crime".

[78] Ver **Tratado** (tomo 6 – **Direito internacional no tempo de Suarez, Gentili e Zouch**, cap. 16 – Alberico GENTILI, bem como o tomo 8 – **Direito internacional além do paradigma vestfaliano**, o item sobre a *construção da neutralidade no direito internacional moderno e os tratados de NEWMAYR VON RAMSLA*); tb. o conjunto dos ensaios, no volume coordenado por Jean-François CHANET e Christian WINDLER, **Les ressources des faibles** – Neutralités, sauvegardes et accommodements en temps de guerre (XVIe-XVIIIe siècle) (Rennes: Presses universitaires de Rennes, 2009).

[79] H. GRÓCIO (op. cit., 1625, ed. 2004, III.XVII.I, p. 1339). Reporte-se também (II.II.X). Pondera GRÓCIO que por ocasião da guerra muitas coisas são ordinariamente empreendidas

por ocasião da guerra muitas coisas são ordinariamente empreendidas contra os neutros, sob pretexto de necessidade, sobretudo se forem vizinhos.

Daí a oportunidade das "considerações sobre aqueles que são neutros na guerra":[80] "Enfim é necessário que notemos que uma coisa pode ser feita, quando a queremos feita".[81] Em suma, aponta GRÓCIO:

> o dever daqueles que se mantém fora da guerra é de nada fazer que possa tornar mais forte aquele que sustenta uma causa injusta, ou que impeça os movimentos daquele que faz uma guerra justa. Em casos duvidosos ter uma conduta igual entre os dois.[82]

GRÓCIO põe normas para a guerra. Quem a pode declarar e como isso deve ser feito: "pela natureza da guerra solene é requerido que tenha por autor aquele que possui o soberano poder" e explicava "como isso deve ser entendido",[83] e "uma declaração também é requerida":[84]

> Para que a guerra seja legítima nesse sentido, não basta que seja feita de parte e outra entre os poderes soberanos. Torna-se necessário, como dissemos, que seja decretada publicamente e mesmo que seja decretada publicamente de tal maneira que a declaração seja feita por uma das partes à outra.[85]

contra os neutros, sob pretexto de necessidade, sobretudo se forem vizinhos. Daí a oportunidade das "considerações sobre aqueles que são neutros na guerra" (III.XVII, p. 1337-1346).

[80] H. GRÓCIO (op. cit., 1625, ed. 2004, III.XVII, p. 1337-1346).

[81] H. GRÓCIO (op. cit., 1625, ed. 2004, III.XVII.II.4, p. 1343) e remete a GUICCIARDINI, **Storia d'Italia** (livro XVI): "Assim pensa GUICHARDIN".

[82] H. GRÓCIO (op. cit., 1625, ed. 2004, III.XVII.III, p. 1345); ver tb. III.I.

[83] H. GRÓCIO (op. cit., 1625, ed. 2004, III.III.IV, p. 1074): "aqueles que não tem a soberania senão em parte fazem uma guerra legítima por essa parte".

[84] H. GRÓCIO (op. cit., 1625, ed. 2004, III.III.V, p. 1074-1075).

[85] H. GRÓCIO (op. cit., 1625, ed. 2004, III.III.V, p. 1074-1075) citava a lição de CÍCERO [**De officiis**, I.11.36]: 'A equidade que se deve observar na guerra foi muito religiosamente consignada no direito fecial do povo romano. É permitido concluir desse direito que não há guerra justa a não ser aquela que é feita após ter reclamado o que vos pertence ou quando foi anunciada antes e declarada'. Ver CÍCERO, **De officiis** (with an English translation by Walter MILLER, Cambridge, Ma. / London: Harvard UP / LCL 30, CICERO XXI, © 1913, reprinted 2005).

O que se deveria fazer observando o direito das gentes:[86]

Para bem entender estas passagens e outras semelhantes, onde se trata da promulgação da guerra, deve-se distinguir com cuidado o que é devido segundo o direito de natureza, as coisas que não são devidas naturalmente, mas que são honestas, as coisas que são requeridas pelo direito das gentes para produzir efeitos próprios ao direito das gentes e as coisas que, além disso, provém das instituições particulares de certos povos.[87]
Segundo o direito natural, quando se trata de repelir uma agressão ou de punir aquele mesmo que se tornou culpado, nenhuma declaração é requerida.[88]

A declaração de guerra,[89] segundo GRÓCIO, poderia ser "condicional" ou "pura e simples":[90] "condicional quando está agregada ao pedido das coisas que se reclama".[91] Por sua vez, a denúncia pura e simples é aquela que se chama especialmente de "declaração ou notificação pública e que ocorre quando a outra parte já praticou atos de hostilidade" ou, se "ela própria cometeu faltas que merecem uma punição".[92]

Especificamente teria em mente GRÓCIO o curso da então presente 'guerra dos trinta anos' (1618-1648).[93] Embora mister necessário, não por

[86] H. GRÓCIO (op. cit., 1625, ed. 2004, III.III.VI – *Explica-se de modo distinto o que na declaração é de direito natural e o que é próprio do direito das gentes*, p. 1075-1077).
[87] H. GRÓCIO (op. cit., 1625, ed. 2004, III.III.VI.1, p. 1075).
[88] H. GRÓCIO (op. cit., 1625, ed. 2004, III.III.VI.1, p. 1075) prosseguia: "ELIANO [**Tact.**, I] diz, segundo PLATÃO, que 'a guerra que é empreendida para rechaçar uma agressão não é declarada pelo arauto, mas pela natureza'.
[89] H. GRÓCIO (op. cit., 1625, ed. 2004, III.III.VIII – *Que coisas, nas declarações, são de direito civil e não do direito das gentes*, p. 1080-1081) e ressaltava que '*A guerra declarada a alguém é declarada ao mesmo tempo a seus súditos e a seus aliados, enquanto seguem seu partido*' (III.III.IX, p. 1081-1082): "A guerra declarada para aquele que tem o poder soberano sobre um povo é considerada declarada ao mesmo tempo não somente a todos os seus súditos, mas a todos aqueles que poderão se juntar a ele, na qualidade de aliados, como sendo uma dependência dele mesmo. Isso é o que dizem os juristas modernos que, quando o príncipe foi desafiado, seus aderentes são desafiados".
[90] H. GRÓCIO (op. cit., 1625, ed. 2004, III.III.VII, p. 1078-1080).
[91] H. GRÓCIO (op. cit., 1625, ed. 2004, III.III.VII.1, p. 1078).
[92] H. GRÓCIO (op. cit., 1625, ed. 2004, III.III.VII.1, p. 1079). Completava (III.III.VII.2, p. 1079): "Às vezes, a declaração pura e simples segue a declaração condicional, embora não seja necessária, mas que se caracteriza como intensificativa."
[93] Henry BOGDAN, **La guerre de trente ans 1618-16148** (Paris: Perrin-tempus, © 1997, ed. 2006, impr. 2010); Johannes BURKHARDT, **Der Dreissigjährige Krieg** (Frankfurt-Main:

isso deva ser glorificado ou exaltado: "a guerra não está entre as profissões, ao contrário, é uma coisa tão horrível que só mesmo uma extrema necessidade ou a verdadeira caridade podem torná-la honesta, como se pode compreender".[94]

Mesmo quando exista justa causa nem sempre a guerra deve ser empreendida:[95] "toda causa, embora justa, interessando a alguém, não obriga, contudo, sempre os governantes a fazer a guerra".[96] Admitia, contudo, GRÓCIO a possibilidade de lutar em defesa de direito de outrem:

> foi dito e demonstrado que, naturalmente, cada indivíduo não é somente o vingador de seu próprio direito, mas também daquele de outrem. Por isso, as mesmas causas, que são justas para aquele cujo interesse está em questão, também são justas para aqueles que prestam auxílio aos outros.[97]

Suhrkamp, 1992); Heinz Dieter KITTSTEINER (1942-2008), **Die Stabilisierungsmoderne** – Deutschland und Europa 1618-1715 (Munique: Carl Hanser, 2010); Dietmar PIEPER e Johannes SALTZWEDEL (Hg.), **Der Dreissigjährige Krieg** – Europa im Kampf um Glaube und Macht 1618-1648 (Munique: Deutsche Verlags-Anstalt, 2012), Bernd ROECK (hrsg. von), **Deutsche Geschichte in Quellen und Darstellung** Band 4 – **Gegenreformation und Dreissigjähriger Krieg 1555-1648** (Stuttgart: Reclam – Univ. Bibl. Nr. 17004, (c) 1996, impr. 2002); Friedrich SCHILLER, **Geschichte des dreissigjährigen Kriegs** (orig. publ. 1792, in F. SCHILLER, Werke in drei Bänden, unter Mitwirkung von Gerhard FRICKE, hrsg. von Herbert G. GÖPFERT, Munique: Carl Hanser, 1966, vol. II, p. 34-320); Fred E. SCHRADER, **L'Allemagne avant l'État-nation**: le 'corps germanique' (1648-1806) (Paris: PUF, 1998).

94 H. GRÓCIO (op. cit., 1625, ed. 2004, II.XXV.IX – *As alianças e as milícias mercenárias são injustas, se nisso se engajam sem distinção de causas*', p. 991-993, cit. n. 3, p. 993), se reporta ao precedente capítulo (II.XXIV – *Admoestações para não empreender temerariamente uma guerra, mesmo por causas justas*, p. 959-978) e cita também a lição de AGOSTINHO [**De Verbis Domini secundum Matthaeum**, citado em **Causas** XXXIII, quaestio 1]: "levar armas não é um delito, mas é um pecado fazer um serviço em vista do saque". A respeito da contribuição para a 'cristianização' do direito da guerra ver **Tratado** (tomo 4 – **Direito internacional no tempo medieval**, item 8.1).

95 H. GRÓCIO (op. cit., 1625, ed. 2004, II.XXV – *Das causas de empreender a guerra em favor dos outros*, p. 979-993).

96 H. GRÓCIO (op. cit., 1625, ed. 2004, II.XXV.II – *Não deve, contudo, ser empreendida sempre*, p. 982).

97 H. GRÓCIO (op. cit., 1625, ed. 2004, II.XXV.I – *A guerra é empreendida de modo justo em favor dos súditos*, p. 981).

> O cuidado das pessoas que vos estão submissas é o primeiro e o mais necessário de todos, estando elas sob o poder do chefe de família ou submissas ao poder político, pois elas fazem como que parte daquele que governa.[98] [...]
> Do mesmo modo, as guerras são empreendidas de maneira justa em favor de aliados iguais ou desiguais –[99] mas, com a ressalva tais convenções não podem se estender às guerras que não se apoiam numa justa causa.[100] [...]
> A causa, que vem em terceiro lugar, é aquela dos amigos, aos quais na verdade não se prometeu ajuda, mas aos quais contudo se deve por uma espécie de respeito pela amizade que se tem por eles, se esse socorro pode ser fornecido facilmente e sem inconveniente.[101] [...]
> A última causa e a que tem a mais ampla abrangência é a união dos homens entre si que basta mesmo só por ela para serem induzidos a prestar socorro.[102]

Sobremodo interessante a aceitação em GRÓCIO do que no direito internacional atual se inscreve sob a rubrica de direito de "intervenção humanitária" em favor de terceiros.[103] Afinal tinha ele inexoravelmente presente o quadro no qual os ingleses haviam ajudado os neerlandeses em luta contra a ocupação espanhola dos Países Baixos.[104]

Em caso de dúvida, no tocante à justiça da causa, GRÓCIO aconselhava: "a opção mais segura é de se abster da guerra".[105] E enfatizava[106] ser

98 H. GRÓCIO (op. cit., 1625, ed. 2004, II.XXV.I.2, p. 981-982) aduzia, na mesma passagem: "os próprios romanos que haviam recusado tomar as armas para simples aliados, julgaram necessário tomá-las pelos mesmos aliados depois que foram entregues a eles, isto é, que se tornaram seus súditos".

99 H. GRÓCIO (op. cit., 1625, ed. 2004, II.XXV.IV, p. 985-986).

100 H. GRÓCIO (op. cit., 1625, ed. 2004, II.XXV.IV, p. 985).

101 H. GRÓCIO (op. cit., 1625, ed. 2004, II.XXV.V – *E em favor dos amigos*, p. 986).

102 H. GRÓCIO (op. cit., 1625, ed. 2004, II.XXV.VI – *E ainda em favor de qualquer um*, p. 987).

103 H. GRÓCIO (op. cit., 1625, ed. 2004, II.XXVI – *Das causas justas pelas quais a guerra por aqueles que estão sob o domínio de outrem*, p. 995-1010) expunha (II.XXVI.III.5, p. 1002): "Outro tanto se deverá dizer se alguém está persuadido que aquilo que é ordenado é injusto. Aos seus olhos, essa coisa é tida como ilícita por todo o tempo até que não seja demovido do contrário, como isso resulta do que foi tratado anteriormente".

104 Ver tb. a seguir, o item 18.2 – *GRÓCIO na evolução da identidade nacional.*

105 H. GRÓCIO (op. cit., 1625, ed. 2004, II.XXVI.IV.4, p. 1005) e completava (II.XXVI.IV.5, p. 1005): "Não se deve, por outro lado, obstar que há perigo de desobediência. Um e outro sendo incertos, porquanto se a guerra é injusta não há nenhuma desobediência a evitar, aquele dos dois que for o menor está isento de culpa. A desobediência, nas coisas dessa espécie, é por sua natureza um mal menor que o homicídio, sobretudo de um grande número de inocentes".

106 H. GRÓCIO (op. cit., 1625, ed. 2004, III.III.XI – *Razão pela qual a declaração é exigida para certos efeitos*, p. 1083): "Quanto à razão pela qual as nações exigiram uma declaração para essa

esse o motivo pelo qual as "denúncias de guerras" – o que adiante chama, como hoje também diríamos *declaração de guerra* – "eram ordinariamente feitas de modo transparente e com a causa expressa, a fim de que todo o gênero humano, por assim dizer, pudesse conhecer a justiça da causa".[107]

Ao admitir a possibilidade de "intervenção de terceiro", GRÓCIO o fazia mesmo em extensão mais ampla do que se poderia alegar em defesa de interesse próprio do interveniente:

> Mesmo no caso de uma extrema necessidade, que os súditos não pudessem tomar legitimamente em armas [...] não se seguiria, contudo, que outros não pudessem tomá-las por eles.[108] [...] O impedimento que se opõe a que um indivíduo resista não vem de uma causa que fosse a mesma no súdito e no não súdito, mas de uma qualidade da pessoa que não passa a outras.[109]
> Também é ponto controverso, aquele de saber se é uma causa justa de guerra, tomar as armas pelos súditos de outro, a fim de rechaçar deles a opressão daquele que os governa.[110] [...] Esse direito da sociedade humana não será excluído por isso, quando a opressão é manifesta.[111]

O quadro era bastante conturbado, ao tempo de GRÓCIO como em nossa época. O que poderia se prestar a abusos, como advertia:[112] "sabemos, na verdade, pelas histórias antigas e novas que a ambição do bem de

guerra que dissemos ser legítima em virtude do direito das gentes, não foi aquela que alegam alguns autores, a saber, que era preciso impedir de agir clandestinamente ou por dolo. Isso, de fato, se relaciona mais à superioridade das forças que ao direito. Assim é que se lê que certas nações davam a conhecer de antemão o dia e o lugar do combate. Foi querido que fosse estabelecido de uma maneira certa que a guerra é feita não como um golpe de ousadia privado, mas pela vontade de um e de outro povo ou dos chefes do povo".

[107] H. GRÓCIO (op. cit., 1625, ed. 2004, II.XXVI.IV.7, p. 1007): "É que a prudência, como observou também ARISTÓTELES [**Política**, III,4], é uma virtude própria daquele que governa, mas a justiça é uma virtude do homem, enquanto homem".

[108] H. GRÓCIO (op. cit., 1625, ed. 2004, II.XXV.VIII.3, p. 990-991) e completava: "Todas as vezes que, numa ação, o obstáculo se origina da pessoa, não da coisa, o que não é permitido a um pode ser permitido a outro em seu lugar, contanto que o negócio seja tal que um possa ser útil a outro".

[109] H. GRÓCIO (op. cit., 1625, ed. 2004, II.XXV.VIII.3, p. 990-991).

[110] H. GRÓCIO (op. cit., 1625, ed. 2004, II.XXV.VIII.1, p. 989).

[111] H. GRÓCIO (op. cit., 1625, ed. 2004, II.XXV.VIII.2, p. 990).

[112] H. GRÓCIO (op. cit., 1625, ed. 2004, II.XXV.VIII – *Explica-se por uma distinção se a guerra é justa para defender os súditos de outrem*, p. 989-991).

outrem procura esses pretextos, mas se os maus abusam de uma coisa, o direito não cessa nem por isso de existir".[113]

O cenário há quatro séculos descrito por GRÓCIO não deixa de ser muito atual, em torno a questões como a da possibilidade de guerra dita 'preventiva', ante a iminência de ataque externo, todavia não ocorrido:

> Colocando-se em guarda contra o temor, os homens são os primeiros a se tornar temidos, e nós próprios fazemos aos outros a injúria que queríamos rechaçar, como se estivéssemos reduzidos à necessidade de fazê-la ou recebê-la.[114]

Em outra passagem, GRÓCIO ressalvava o papel da *necessidade*.[115] E o impacto desta sobre as leis humanas: "todas as leis humanas são de tal natureza que não obrigam em caso de extrema necessidade".[116] Considerava GRÓCIO que as leis humanas estão sujeitas à vontade humana – e, portanto, ao tempo – e isso tanto em razão de sua origem, como por sua duração.[117]

Ao tentar formular o seu sistema,[118] se punha GRÓCIO também diante do cenário de progressiva consolidação da identidade nacional holandesa, isso em meio ao fracionamento religioso e institucional, tanto nas Pro-

[113] H. GRÓCIO (op. cit., 1625, ed. 2004, II.XXV.VIII.4, p. 991).

[114] GRÓCIO (op. cit., 1625, ed. 2004, II.I.V.1, p. 290) citava TITO LÍVIO, **História de Roma** (III,65,11); ver TITO LÍVIO, **História de Roma** (introdução, tradução e notas de Paulo Matos PEIXOTO, São Paulo: Paumape, 1989, 6 vols.). Antes, na mesma passagem, citava TUCÍDIDES **História da guerra do Peloponeso** (III, 82), ao apontar, contar entre o número dos vícios, "o elogio que se fazia ao que, por primeiro, tivesse feito o mal que temia que um outro o fizesse".

[115] Cuja menção é pertinente para a compreensão da 'necessidade', na concepção de H. GRÓCIO (op. cit., 1625, ed. bras., 2004, II.XVIII.IV – *Contra os embaixadores que tramam projetos perigosos, a defesa é permitida, mas não a punição*, p. 732-737).

[116] H. GRÓCIO (op. cit., 1625, ed. bras., 2004, II.XVIII.IV, p. 736): "isso deve ter lugar também com relação à regra que torna a pessoa dos embaixadores sagrada. Seguramente, o ponto dessa necessidade não consiste em que é preciso punir, pois há outros casos em que o direito das gentes isenta de punição" [...] "Consiste muito menos em que as circunstâncias do lugar, do tempo e da maneira de punir exigem que se exerça a punição, do que na necessidade de se precaver contra um grande mal, sobretudo um mal público."

[117] H. GRÓCIO (op. cit., 1625, ed. bras., 2004, II.XX.XXIV, p. 830): "a natureza da lei humana é depender da vontade humana, não somente do ponto de vista da origem, mas sob aquele da duração".

[118] Ver adiante, especificamente, o item 18.3 – *sistema de direito internacional no* ***De jure belli ac pacis***.

víncias Unidas,[119] como no conjunto da Europa ocidental, naquela época, com sangrentas divisões entre católicos, as mais diversas seitas protestantes (luteranos, calvinistas e tantos mais), além da presença, na Europa, de não-cristãos, os judeus, espalhados pelo interior da Europa, e a ameaça constante dos muçulmanos, sobretudo do Império otomano. Mais distantes, mas também presentes, os seguidores das demais religiões asiáticas, das quais mais e mais vinham notícias e relatos, e se enviavam missões comerciais e evangelizadoras.[120] Diante de todo esse mundo dividido, obrou GRÓCIO de modo que se pudesse construir sistema institucional e normativo situado além e acima de tais diferenças confessionais.

Ele almejava que sua obra fosse resposta ao dilema e à selvageria da guerra. Mas cumpre frisar que GRÓCIO não descarta totalmente a ocorrência guerra nas relações humanas:

> Entre os princípios naturais primitivos não há um sequer que seja contrário à guerra. Mais ainda, eles são antes favoráveis, pois que sendo o objetivo da guerra assegurar a conservação da vida e do corpo, conservar ou adquirir as coisas úteis à existência, esse objetivo está em perfeita harmonia com os princípios primeiros da natureza. Se for necessário empregar a violência em vista desses resultados, nada há que se oponha a esses princípios primitivos, por-

[119] GRÓCIO (op. cit., 1625, ed. 2004, II.I.IX.2-3, p. 293-295): "VAZQUEZ alega como fundamento de sua teoria e de várias outras consequências decorrentes que toda autoridade tem por objetivo a vantagem, não daqueles que comandam, mas daqueles que obedecem, mesmo se isso fosse geralmente verdadeiro, nada acrescentaria à questão. [...] Quanto ao que ele acrescenta que a salvação da República só é desejada pelos privados no que atinge seus interesses e que, em decorrência, cada um deve preferir sua conservação pessoal à salvação do estado, este raciocínio não apresenta muita solidez. Com efeito, se quisermos a salvação da República em nosso próprio interesse, não o queremos somente para nós, mas também para os outros."

[120] Ver **Tratado** (tomo 3 B – **Gregos, romanos, chineses, indianos**, cap. 7) a respeito de alguns elementos de direito internacional nas antigas Índia e China. Mesmo se nem sempre se pautaram pela compreensão mútua, ocorrem processos de 'descoberta' e de interesse 'científico', como por parte dos europeus, a respeito da Ásia. Este movimento tem como precursor LEIBNIZ entre o final do século XVII e início do seguinte. A respeito, ver **Tratado** (tomo 10 – **Direito internacional no tempo de C. van Bynkershoek e Christian Wolff**, item 22.1 – direito segundo LEIBNIZ); tb. Hans POSER & LI Wenchao (Hg.), **Das Neueste über China** – G. W. LEIBNIZ **Novissima Sinica** von 1697 (Stuttgart: 2000); Jürgen OSTERHAMMEL, **Die Entzauberung Asiens** – Europa und die asiatischen Reiche im 18. Jahrhundert (orig. publ. 1998, Munique: Beck, 2010); e Paul A. Van DYKE, **Merchants of Canton and Macao** – Politics and Strategies in eighteenth-century Chinese trade (Hong Kong/Kyoto: HK Univ. Press/Kyoto Univ. Press, 2011).

quanto a natureza dotou cada animal de forças físicas que possam lhe bastar para se defender e para providenciar o de que tenha necessidade.[121]

GRÓCIO também admitia "a guerra para punir" como estratégia:[122]

Mostramos antes, e a história nos ensina em múltiplos lugares, que guerras são empreendidas para punir. Na maioria das vezes, essa causa está unida com aquela da reparação do dano, porquanto o mesmo ato foi viciado e causou na realidade um prejuízo: duas qualidades de que nascem duas diversas obrigações.[123]

Mas, advertia: "digo de uma vez, para não ter de repeti-lo muitas vezes, que as guerras que são empreendidas para punir são suspeitas de injustiça, a menos que os crimes não sejam muito atrozes e manifestos ou que alguma outra causa não concorra ao mesmo tempo".[124]

Poderia ser "uma tese a ser defendida",[125] considerar a "guerra como forma de recolocar em equilíbrio as civilizações".[126] Mesmo se sempre ocorreu, não se trata de fazer apologia da guerra.[127]

GRÓCIO se debruçava sobre a espinhosa questão de determinar se pode ser justa uma guerra preventiva.[128] Ele afastava a aplicação de considerações de utilidade.[129] E punha limites claramente expressos contra

[121] H. GRÓCIO (op. cit., 1625, ed. 2004, I.II.1.4, p. 101).

[122] H. GRÓCIO (op. cit., 1625, ed. bras., 2004, II.XX.XXXVIII, p. 847-848).

[123] H. GRÓCIO (op. cit., 1625, ed. bras., 2004, II.XX.XXXVIII, p. 847-848): "É bastante frequente que as guerras não devem ser empreendidas por qualquer delito, pois as próprias leis não ameaçam todas as faltas pela vingança correspondente que se exerce sem perigo e não atinge senão os culpados".

[124] H. GRÓCIO (op. cit., 1625, ed. bras., 2004, II.XX.XLIII – *Deve-se, no direito de natureza, separar as coisas manifestas daquelas que não o são*, p. 855-856, cit. n. 3, p. 856).

[125] Fernand BRAUDEL, **La méditerranée et le monde méditerranéen à l'époque de Philippe II** (orig. publ. 1949, Paris: Armand Colin, © 1966, 8e ed., 1987, 2 vols.).

[126] F. BRAUDEL (op. cit., 1949, ed., 1987, t. II, p. 135): "La guerre, remise en équilibre des civilisations: ce serait une thèse à soutenir".

[127] Ver **Tratado** (tomo 4 – **Direito internacional no tempo medieval**, cap. 11 – *tratadistas da guerra: Balthazar AYALA e Pierino BELLI*).

[128] H. GRÓCIO (op. cit., 1625, ed. bras., 2004, II.XX.XXXIX – *Explica-se, por uma distinção se a guerra é justa, quando tem por objeto punir crimes que não começaram*, p. 848-850).

[129] GRÓCIO (op. cit., 1625, ed. bras., 2004, II.XXII.VI – *A utilidade sem a necessidade*, p. 929): "A utilidade não dá tampouco o mesmo direito que a necessidade".

tais pretensões, que chamava de "certas causas que tem a falsa aparência da justiça":[130]

> Não se deve de modo algum aprovar a opinião daqueles que querem que seja uma justa causa de guerra, se um vizinho que não está impedido por algum tratado erga uma fortaleza em seu território ou qualquer outra fortificação que poderia algum dia causar um dano. Contra esses temores se deve opor de seu lado fortificações em seu próprio território e outros remédios semelhantes, se existirem, mas não recorrer às armas.[131] [...]
> Toda vontade perversa já manifestada por algum ato não dá lugar à pena. Se todas as faltas na verdade cometidas não são punidas, muito menos devem ser aquelas que não tem sido senão imaginadas ou começadas.[132]

Em certos momentos, poder-se-ia ver lado 'realista' na obra de GRÓCIO: "coisas são ditas permitidas aos reis porque são isentos das punições humanas".[133] O que não quer dizer sejam lícitas; simplesmente ficam sem ser punidas.[134] E, se advertia "os efeitos da guerra solene, considerados em sua generalidade, se relacionam ao que é permitido com impunidade",[135] logo a seguir, contudo, aduzia:

[130] GRÓCIO (op. cit., 1625, ed. bras., 2004, II.XXII.IV, p. 927-928): "Outros alegam causas quase justificativas que, ponderadas no peso da reta razão, são classificadas como injustas". [...] "A maioria dos reis, diz PLUTARCO [**Pirro**, 389 E] se servem dos dois nomes de paz e guerra, como se servem de moedas, não para o que é justo, mas para o que serve a seus interesses."
[131] GRÓCIO (op. cit., 1625, ed. bras., 2004, II.XXII.V – *Como seria um temor incerto*, p. 928-929).
[132] H. GRÓCIO (op. cit., 1625, ed. bras., 2004, II.XX.XXXIX.2, p. 849, e a seguir II.XX. XXXIX.4, p. 850): "Os delitos começados não devem pois ser punidos com as armas, salvo se a coisa já não seja grave, e que não se tenha chegado já ao ponto que tal ato já tenha tido por consequência um mal certo, embora não aquele que se propunha, ou ao menos um grande perigo, de modo que a punição seja então ligada à necessidade de se premunir contra um prejuízo futuro (de que trataremos no capítulo sobre a defesa) ou ainda que tenha por objeto a proteção da dignidade lesada, ou ainda que seja destinada a punir um exemplo pernicioso."
[133] H. GRÓCIO (op. cit., 1625, ed. bras., 2004, III.II.II.2, p. 1090) e tb. se reporte passagem anterior (I.IV.II), no mesmo sentido.
[134] H. GRÓCIO (op. cit., 1625, ed. bras., 2004, III.II.II – *A palavra 'permitir' se distingue entre o que tem lugar impunemente, não todavia sem que haja falta, e o que é isento de falta, mesmo se a abstenção desse fato fosse um ato de virtude*, p. 1087-1091).
[135] H. GRÓCIO (op. cit., 1625, ed. bras., 2004, III.II.III, p. 1091).

> querer definir entre dois povos sobre o direito da guerra seria perigoso para os outros povos que, por esse meio, se encontrariam implicados na guerra de outrem. [...] mesmo numa guerra legítima não é possível conhecer pelos indícios externos qual o justo limite para se defender, recuperar seu bem ou infligir um castigo.[136]

E não menos realista: "em muitos lugares, matar é chamado de direito da guerra".[137]

Em outra passagem, considerava GRÓCIO, "se reis e povos podem fazer de modo justo a guerra para vingar injúrias cometidas contra o direito de natureza, embora essas injúrias não se dirijam a eles, nem a seus súditos",[138] e "o cuidado geral da sociedade humana incumbe também aos reis, independentemente do cuidado particular do seu estado".[139] Nessa linha, GRÓCIO "rejeitava a opinião segundo a qual, de acordo com o direito natural, para infligir uma pena é requerido o direito de jurisdição":[140]

> os reis e aqueles que tem um poder igual ao dos reis tem o direito de infligir penas não somente por injúrias cometidas contra eles ou seus súditos, mas também por aquelas que não os tocam particularmente e que violam em excesso o direito de natureza ou das gentes a respeito de quem quer que seja.[141]

À questão "se a guerra pode ser movida por causa de crimes cometidos contra Deus",[142] contrariamente à opinião de Pedro de COVARRUBIAS, assim respondia GRÓCIO:

[136] H. GRÓCIO (op. cit., 1625, ed. bras., 2004, III.II.IV – *Por que tais efeitos foram introduzidos?* p. 1091).
[137] H. GRÓCIO (op. cit., 1625, ed. bras., 2004, III.II.V – *Testemunhos relativos a esses efeitos*, p. 1092-1094).
[138] H. GRÓCIO (op. cit., 1625, ed. bras., 2004, II.XX.XL, p. 851-854).
[139] H. GRÓCIO (op. cit., 1625, ed. bras., 2004, II.XX.XLIV – *Se a guerra pode ser movida por causa de crimes cometidos contra Deus*, p. 857-861).
[140] H. GRÓCIO (op. cit., 1625, ed. bras., 2004, II.XX.XL, p. 851).
[141] H. GRÓCIO (op. cit., 1625, ed. bras., 2004, II.XX.XL.1, p. 851): "A liberdade de prover por castigos aos interesses da sociedade humana que, no começo, como dissemos, pertencia aos privados, ficou, após o estabelecimento dos estados e das jurisdições, para os poderes soberanos, não propriamente porque eles mandam nos outros, mas porque não obedecem a ninguém. A dependência, de fato, tirou esse direito dos outros".
[142] H. GRÓCIO (op. cit., 1625, ed. bras., 2004, II.XX.XLIV, p. 857-861).

> A melhor razão em favor da opinião que nega que tais guerras sejam justas é aquela que Deus basta para punir as faltas que se cometem contra ele, de onde se tem o hábito de dizer que 'pertence aos deuses vingar as injúrias feitas aos deuses', e que 'basta que o perjúrio tenha Deus por vingador'.[143] [...]
> A religião, embora por ela mesma, sirva para obter o favor de Deus, não deixa de ter seus efeitos, e consideráveis, na sociedade humana.[144]
> A religião é mesmo de uma utilidade mais considerável nessa grande sociedade que numa sociedade civil, porque numa sociedade civil, as leis e a fácil execução das leis a substituem, enquanto que, ao contrário, nessa grande comunidade, a persecução do direito é muito difícil, não podendo ser feito senão pelas armas e sendo as leis em pequeno número.[145]

GRÓCIO procurava definir e contextualizar a *necessidade*, em relação ao direito e, para tanto, citava a lição de SÊNECA: "a necessidade que é a grande justificativa da fraqueza humana, aniquila toda lei. Entende-se, obviamente, toda lei humana ou feita ao modo dos homens".[146]

Aplica GRÓCIO tal conceito de necessidade ao curso da guerra:

> como é permitido ao que faz uma guerra justa ocupar um território situado numa região fora das hostilidades – e explica a extensão possível do exercício de tal 'prerrogativa' – isso pode ocorrer se houver perigo presumível, mas seguro, de que o inimigo invadiria essa área, causando-lhe danos irreparáveis. Subsiste a condição de não se apoderar de nada que não seja necessário à defesa.[147]

143 H. GRÓCIO (op. cit., 1625, ed. bras., 2004, II.XX.XLIV.1, p. 857).

144 H. GRÓCIO (op. cit., 1625, ed. bras., 2004, II.XX.XLIV.3, p. 858).

145 H. GRÓCIO (op. cit., 1625, ed. bras., 2004, II.XX.XLIV.6, p. 861): "Essas leis, a mais, não tem de maneira principal sua sanção senão pelo temor da divindade; por isso aqueles que pecam contra o direito das gentes são ditos em toda parte que estão violando o direito divino".

146 H. GRÓCIO (op. cit., 1625, ed. bras., 2004, II.II.VI.4, p. 320-321); SÊNECA, **Controversiae** (27,5). Ver tb. o inteiro volume do colóquio da Sociedade francesa de direito internacional sobre a necessidade em direito internacional: SOCIÉTÉ FRANÇAISE POUR LE DROIT INTERNATIONAL, **La nécessité en droit international** – colloque de Grenoble ("Actes du 40e. colloque de la SFDI qui s'est tenu à l'Université de Grenoble, du 8 au 10 juin 2006", Paris: Pedone, 2007).

147 H. GRÓCIO, **Direito da guerra e da paz** (1625, ed. bras., 2004, II.II.X, p. 323-324): "o primeiro dos direitos que resta dessa antiga comunidade de bens, depois do estabelecimento da propriedade, é, como acabamos de dizer, o direito de necessidade".

GRÓCIO afirmava não ser a guerra estranha ao que chama de "princípios naturais primitivos".[148] E frisava não somente a necessidade de "distinguir o direito de natureza dos costumes civis geralmente aceitos",[149] como "do direito divino voluntário que não é do conhecimento de todos".[150]

GRÓCIO juntava a 'reta razão' ao emprego da força:

> Quanto à reta razão e à natureza da sociedade, [...] não vedam todo o emprego da força, mas somente as vias de fato que se opõem à vida social, ou seja, que atentam contra o direito de outrem. De fato, o objetivo da sociedade é que cada um se mantenha naquilo que lhe pertence, como efeito de um concurso comum e da reunião das forças de todos.[151]

Esperava GRÓCIO escrever livro que fizesse diferença, que respaldasse o *jus ad bellum*, e pusesse limites ao *jus in bello*, que encorajasse estados e príncipes a solucionarem pacificamente as suas controvérsias, políticas e religiosas, eliminando, ou, ao menos, limitando as hipóteses de recurso à guerra.[152] E, mesmo quando esta viesse a ocorrer,[153] dado o estado das coisas,[154] frisava a necessidade de impor freios à própria guerra.[155]

[148] H. GRÓCIO (op. cit., 1625, ed. bras., 2004, II.II.X, p. 323-324).

[149] H. GRÓCIO (op. cit., 1625, ed. bras., 2004, II.XX.XLI, p. 854-855): "Deve-se ter presente, aqui, algumas precauções. A primeira, de não tomar os costumes civis, embora tomados não sem razão entre muitos povos pelo direito de natureza".

[150] H. GRÓCIO (op. cit., 1625, ed. bras., 2004, II.XX.XLII, p. 855); "A segunda, de não contar desconsideradamente entre as coisas proibidas pela natureza aquelas de que não se está bastante seguro e que são antes introduzidas por uma lei da vontade divina. Nessa classe é talvez permitido colocar as uniões carnais fora do casamento, algumas das quais são chamadas incestos, e a usura".

[151] H. GRÓCIO (op. cit., 1625, ed. 2004, I.II.1.5, p. 102-103): "É fácil entender que não seria assim, mesmo que o direito que ora chamamos 'propriedade' não tivesse sido criado, pois a vida, o corpo, a liberdade teriam sido sempre bens próprios de cada um, contra os quais não se poderia atentar sem injustiça."

[152] GRÓCIO (op. cit., 1625, ed. 2004, II.I – *Das causas da guerra e primeiramente da defesa de si mesmo e dos bens*, p. 279-306) e frisava (II.I.I.1, p. 281): "Vamos às causas das guerras. Refiro-me às causas justificativas. Há outras que nos impelem por um motivo de interesse e que diferem daquelas que nos levam a isso por um princípio de justiça". [...] "Ainda que a diferença entre essas coisas seja manifesta, tem-se no entanto, o costume de confundir os termos que as definem".

[153] GRÓCIO (op. cit., 1625, ed. 2004, II.I.II.1, p. 284): "onde as vias da justiça fazem falta, ocorrem as guerras".

[154] GRÓCIO (op. cit., 1625, ed. 2004, II.I.XVI – *Da defesa, numa guerra pública*, p. 304): "A guerra pública, porém, que surge somente quando os tribunais são supressos ou cessam de

Para que seja permitida a guerra, há de se tratar de "perigo presente e certo, não num pressuposto perigo".[156] De tal modo, é oportuno e necessário relembrar a lição de GRÓCIO,[157] em tempos de recorrentes menções a suposta necessidade de 'guerras preventivas', pelo efeito pernicioso de tais ações: "a maior parte das injúrias tem por origem o temor, como aquele que teme arquitetar um ato prejudicial contra seu semelhante pensando que, se não o puser em execução, ele próprio se tornaria vítima de algum dano".[158] Isso porque "a existência dos homens porém não é geralmente ameaçada por uma necessidade tão fatal e tão iminente que seja necessário dar o primeiro golpe, se a gente não quiser ser derrotado logo".[159]

Tinha consciência GRÓCIO e não deixava de apontar[160] que

> quando se delibera sobre a guerra, pode-se tomar esse fato em consideração, não como uma razão de justiça, mas como uma razão de interesse, de modo que se a guerra é justa por outro motivo, esta segunda razão faz ver que é também prudente empreendê-la.[161]

ter autoridade, se prolonga e se realimenta continuamente pela sucessão de novas culpas e novas injúrias".

155 GRÓCIO (op. cit., 1625, ed. 2004, II.I.II.2, p. 285): "A maioria dos autores assinala três causas legítimas às guerras: a defesa, a recuperação do que nos pertence e a punição".

156 GRÓCIO (op. cit., 1625, ed. 2004, II.I.V – *A guerra é permitida num perigo presente e certo, não num pressuposto perigo*, p. 288-291).

157 GRÓCIO (op. cit., 1625, ed. 2004, II.I.XVIII.1, p. 305): "Esse temor de uma coisa incerta não pode dar direito a executar atos de violência".

158 GRÓCIO (op. cit., 1625, ed. 2004, II.I.V.1, p. 289).

159 GRÓCIO (op. cit., 1625, ed. 2004, II.I.V.1, p. 289) citava AULO GÉLIO, **Noites áticas** (VI,3,31-32) que contrapunha a imagem do gladiador em combate, como exemplo de premência: "Quando um gladiador está sob as armas, a condição da luta é a seguinte: ele matará seu adversário, se lutar; sucumbirá, se deixar de lutar". Mas que tanto não se aplica a muitas outras situações, na vida dos homens e das sociedades humanas. E é preciso cautela em considerar a necessidade de reação, ante a suposta iminência de ataque externo. Ver AULUS GELLIUS (ca. 123-170 d.C.), **Noctes Atticae** (with an English translation by John C. ROLFE, Cambridge, Ma. / Londres: Harvard U. P., 3 vols., LCL 195 AULUS GELLIUS I, first publ., 1927, rev. and reprinted, 1946; LCL 200, AULUS GELLIUS II, first publ. 1927, reprinted 2006; LCL 212 AULUS GELLIUS III, first publ. 1927, rev. and reprinted 1952).

160 GRÓCIO (op. cit., 1625, ed. 2004, II.I.XVII – *A defesa não é permitida somente quando se pretende diminuir o poder de um vizinho*, p. 304-305).

161 GRÓCIO (op. cit., 1625, ed. 2004, II.I.XVII, cit. p. 305).

GRÓCIO, contudo, admitia: "o emprego da força, quando não viola o direito dos outros, não é injusto".[162] E prosseguia:

> Dizermos que toda guerra não é contrária ao direito natural, isso pode ser provado melhor ainda por meio da história sagrada.[163] [...] Deus ditou a seu povo regras gerais e perpétuas sobre o modo de fazer guerra,[164] mostrando com isso que uma guerra pode ser justa, sem ter sido especialmente ordenada por ele.[165]
> O que dissemos é provado pelo consenso unânime de todas as nações e principalmente pelo de todos os sábios.[166]

GRÓCIO afirma a sua intenção de trazer a guerra para o controle do direito. Tema clássico e recorrente na história do direito internacional, desde tempos remotos, até os nossos dias.

Ele pretendia inovar na matéria, ao fazer exame das causas das guerras, o que não corresponde inteiramente à verdade.[167]

No mesmo sentido, no final do século XIX, Ernest NYS considerava:[168] "GRÓCIO se engana no que diz respeito especificamente às causas da guerra, e se há uma objeção que seus precursores não deveriam sofrer, é justamente o fato de ter deixado no silêncio o estudo destas".[169]

[162] H. GRÓCIO (op. cit., 1625, ed. 2004, I.II.1.6, p. 103-104).

[163] H. GRÓCIO (op. cit., 1625, ed. 2004, I.II.II.1, p. 104): "Por isso, essas guerras são chamadas, nas Sagradas Escrituras, de guerras de Deus, tendo sido empreendidas sob a ordem de Deus e não por vontade dos homens."

[164] H. GRÓCIO (op. cit., 1625, ed. 2004, I.II.II.2, p. 105); Livro do **Deuteronômio** (XX, 10-15). Ver **Biblia Sacra** iuxta **Vulgatam Clementinam** (nova editio, logicis partionibus aliisque subsidiis ornata a A. COLUNGA et L. TURRADO, Madri: Biblioteca de autores cristianos, 1977 – esp. Liber Deuteronomii, p. 140-172, cap. XX – *Quomodo procedendum ad bellum* e *De Civitatem expugnatione*, p. 158-159).

[165] H. GRÓCIO (op. cit., 1625, ed. 2004, I.II.II.2, p. 105): "Como não se formula nenhum princípio sobre as causas legítimas da guerra, indica por isso mesmo que elas são naturalmente bastante conhecidas."

[166] H. GRÓCIO (op. cit., 1625, ed. 2004, I.II.III.1, p. 106).

[167] Ver a respeito **Tratado** (tomo 4 – **Direito internacional no tempo medieval**, cap. 11, sobre os tratadistas da guerra).

[168] Ernest NYS, **Les origines du droit international** (Bruxelles: Alfred Chastaigne / Paris: Thorin & Fils, 1894).

[169] E. NYS (op. cit., 1894, chap. VI – *Les causes de la guerre'*, p. 95-133, p. 95); tb. E. NYS, **Le droit de la guerre et les précurseurs de Grotius** (Bruxelles, 1882).

Tratar do 'direito da guerra' também exige situar o conceito direito. Este é tópico a ser retomado, tal como é apresentado, por GRÓCIO em suas várias acepções:

– primeiro, "direito nada significa mais aqui do que aquilo que é justo";[170]
– a seguir, "há um significado de direito, diferente do anterior, mas que dele decorre e se refere à pessoa";[171] e
– "um terceiro significado da palavra direito, segundo o qual o termo é sinônimo da palavra lei, tomado no sentido mais amplo e que indica uma regra das ações morais que obrigam a quem é honesto", [172] e ressaltava:
Dissemos que deveria haver obrigação ao que é honesto e não simplesmente ao que é justo, porque o direito, segundo a ideia que apresentamos aqui, não se limita somente aos deveres da justiça [...] mas abrange ainda o que é objeto das outras virtudes. O que é honesto, contudo, segundo esse direito, é chamado justo, tomando esta palavra em sentido mais amplo.[173]

Exprimia a sua convicção "na existência de direito comum entre as nações, que é válido tanto para a guerra como na guerra".[174] Este fenômeno da guerra já era conhecido e extensamente praticado, desde a mais remota Antiguidade; assim, muito antes de GRÓCIO, permanece presente

[170] H. GRÓCIO (op. cit., 1625, ed. 2004, I.I.III, p. 72).
[171] H. GRÓCIO (op. cit., 1625, ed. 2004, I.I.IV, p. 74).
[172] H. GRÓCIO (op. cit., 1625, ed. 2004, I.I.IX, p. 78): "Achamos que haja obrigação, pois os conselhos e todos os demais preceitos, tendo por objeto o honesto, mas não impondo nenhuma obrigação, não são compreendidos sob o nome de lei ou de direito".
[173] H. GRÓCIO (op. cit., 1625, ed. 2004, I.I.IX.1 e a seguir I.I.IX.2, ainda na p. 78): "A melhor divisão do direito, assim entendido, é a que se encontra em ARISTÓTELES [**Ética a Nicômaco**, V,10], segundo a qual há um direito natural e um direito voluntário, que ele chama direito legítimo, conferindo à palavra lei um sentido mais estrito. As vezes o designa também de direito estabelecido. Encontramos a mesma distinção entre os hebreus que, ao se exprimirem com exatidão, chamam o direito natural de *Mitsvoth*, o direito estabelecido de *Khukkim*, termos que os helenistas costumam traduzir como deveres, o primeiro, e mandamentos, o segundo".
[174] H. GRÓCIO (op. cit., 1625, ed. 2004, prolegômenos, § 28); a respeito, ver tb. o estudo sobre o direito da guerra e da paz de GRÓCIO, por Peter HAGGENMACHER, *Le droit de la guerre et de la paix de GROTIUS* (in **Le droit international** Archives de philosophie du droit, vol. 32, Paris: Sirey, 1987, p. 47-58); e do mesmo, tb. seu livro, **GROTIUS et la doctrine de la guerre juste** (Paris, 1983).

ao tempo deste e, até hoje, é o grande e mais controverso tema do direito internacional, e a sua maior dificuldade:[175]

> Consta de modo suficiente que o direito natural, que pode ser chamado também de direito das gentes (*jus gentium*), nao desaprova toda espécie de guerra.[176] Com relação, porém, ao *jus gentium* voluntário, a história, as leis e os costumes de todos os povos nos ensinam que também ele não condena a guerra.[177]

Sua obra maior tinha exatamente o título ***Hugonis GROTII*** **De iure belli ac pacis libri tres, in quibus ius naturale et gentium, item iuris publici praecipua explicantur** (1625) – o "direito da guerra e da paz, em três livros, nos quais se explicam o direito natural e das gentes, e também o direito público". Teve GRÓCIO o mérito de ser o primeiro a fazer exposição abrangente, embora nem sempre exatamente sistemática, do que viria a ser o conjunto da disciplina, o direito internacional. Mas ele ainda o faz na perspectiva da guerra.[178]

[175] Remeto às considerações feitas a respeito da correlação entre guerra e direito internacional, sobretudo na perspectiva das obras de Balthazar AYALA e Pierino BELLI no **Tratado** (tomo 4 – **Direito internacional no tempo medieval**, cap. 11 – *tratadistas da guerra* e também tomo 2 – **Direito internacional dos espaços**, item 29.3 – *dimensão humana do território como expressão da relação entre espacialidade e direitos fundamentais*).

[176] H. GRÓCIO (op. cit., 1625, ed. 2004, I.II.IV.1, p. 108).

[177] H. GRÓCIO (op. cit., 1625, ed. 2004, I.II.IV.2, p. 108): "é necessário, por isso, entender que o *jus gentium* estabeleceu certas formalidades, para colocar em ação a via das armas, que atribuem às guerras aceitas como tais efeitos particulares em virtude do *jus gentium*."

[178] De maneira surpreendente H. GRÓCIO (op. cit., 1625, ed. 2004, I.II.VII, p. 117-127) se empenhava em argumentar que "o direito de guerra não foi absolutamente abolido pela lei de Cristo" (I.II.VII.1, p. 117) e "não encontro a mais leve razão que seja capaz de inspirar um sentimento contrário em qualquer pessoa piedosa, ao ouvir essas palavras de Jesus Cristo" (I.II.VII.8, p.123). Ele prosseguia com a "solução dos argumentos tirados das Sagradas Escrituras para sustentar a afirmação" (I.II.VIII, p. 127-142). A seguir (I.II.IX, p. 143-147) examinava "o consenso dos antigos cristãos a respeito" e ponderava (I.II.IX.1, p. 143): "Todas as vezes que é preciso interpretar um escrito, geralmente tem grande peso o uso dele recebido e a autoridade de pessoas esclarecidas. É uma regra que se deve seguir, mesmo quando se trata do sentido das Sagradas Escrituras." E, assim (I.II.IX.1-2, p. 143): "aqueles que condenam as guerras costumam citar certas palavras dos antigos cristãos, sobre as quais tenho três coisas a dizer": primeiro – "tudo o que se pode concluir dessas passagens é que elas exprimiam a opinião particular de alguns cidadãos e não o sentimento público das igrejas"; segundo – "que muitas vezes os cristãos desaprovaram ou evitaram a profissão das armas, por causa das

E de um possível direito da guerra, que GRÓCIO busca colocar sob a égide do direito das gentes:

> o direito das gentes aceito, contudo, desde muito tempo, senão por todos os povos, ao menos pelos mais civilizados. [...] Esse acordo unânime surgiu da consideração da utilidade comum, para impedir que os perigos que começavam a ser frequentes nas guerras não se estendessem demasiado.[179] [...]
> Isso é também contrário ao direito das gentes, não universal, mas de todas as nações europeias e aquelas que se aproximam das mais civilizadas da Europa. [...] as regras do direito das gentes eram ordinariamente atribuídas à iniciativa dos deuses.[180]

O dado central da obra é justamente o 'direito da guerra e da paz' – e isso não pode ser esquecido, ao situar GRÓCIO no conjunto da evolução institucional e conceitual do direito internacional. Esta, em 1625, ainda se inscreve na passagem do contexto medieval para o direito internacional moderno, e deste, por sua vez, caminhará para o direito internacional clássico.[181] Com dever de observar determinadas formalidades:

circunstâncias da época, que permitiam exercer a arte da guerra, mas que arriscavam de se tornar culpados de certos atos, que se opunham à lei cristã" (I.II.IX.3, p. 145); e terceiro – "os cristãos dos primeiros tempos foram abrasados de tão grande ardor pela prática das coisas mais perfeitas, que muitas vezes eles tomaram conselhos divinos como regras rigorosas". E concluía a passagem (I.II.IX.4, p. 146-147): "Todas essas coisas são louváveis, excelentes, particularmente agradáveis a Deus, mas na realidade, elas não são exigidas de nós pela necessidade de lei alguma. Estas observações parecem suficientes para resolver as objeções que nos são feitas".

179 H. GRÓCIO (op. cit., 1625, ed. bras., 2004, III.IV.XV – *Em virtude do direito das gentes, é proibido levar à morte alguém por envenenamento*, p. 1104-1105) considerava não ser lícito o uso de veneno para matar inimigos: "É crível que essa proibição tenha vindo dos reis, cuja vida é protegida contra as armas mais que as dos outros homens, mas o é menos que a dos outros contra o veneno, a menos que não seja proibido por um certo respeito pela lei e pelo temor da infâmia".

180 H. GRÓCIO (op. cit., 1625, ed. bras., 2004, III.IV.XVI – *Proibido também infectar de veneno as armas ou as águas*, p. 1105-1106).

181 Como se considera no **Tratado** (tomo 5 – **Direito internacional no tempo de Francisco de Vitória**, esp. cap. 12 – *jus gentium, jus commune, jus europaeum – entre a teoria e a prática*, e tomo 12 – **Direito internacional no tempo de Vattel e von Martens**, esp. o item – *ensaio de balanço do direito internacional no século XVIII*); ver tb. Emmanuelle JOUANNET, **Le droit international libéral-providence**: une histoire du droit international (Bruxelles: Bruylant / Éd. de l'Univ. de Bruxelles, 2011, p. 119) a respeito da transição entre o direito internacional

> disso surge a distinção de que nos serviremos mais adiante, entre a guerra solene do *jus gentium*, que é dita também guerra legítima, isto é, completa, e a guerra não solene, que nem por isso deixa de ser uma guerra legítima, isto é, de conformidade com o direito. Isto porque, para as demais guerras, mesmo que a causa seja justa, o *jus gentium* não as apoia, mas também não é contra, como será posteriormente explicado.[182]

GRÓCIO fala em *jus gentium*, distinto do direito natural.[183] Onde encontrar este?

> Os preceitos do direito natural, sendo sempre os mesmos, podem facilmente ser reunidos em regras de arte, mas as disposições que procedem do direito positivo, mudando várias vezes e variando de acordo com os lugares, estão acima de todo sistema metódico, como as outras noções das coisas privadas.[184]

E, como afirmava GRÓCIO, em outra passagem: "No direito das gentes está incluído o direito de natureza".[185] Ao direito natural se agregariam as obrigações introduzidas pelo direito das gentes voluntário.[186]

Ao considerar "se é permitido, como privado, prejudicar o inimigo", GRÓCIO expunha a matéria "com distinção do direito natural, do direito das gentes e do direito civil".[187] Depois de apontar o direito das gentes,[188] aduzia o direito da natureza e o direito interno.[189]

'moderno' e o direito internacional 'clássico': "La compléxité intrinsèque du droit des gens des Modernes ne va plus être comprise au XIXe siècle à la fois en raison d'une perception simplifiée de la nature du droit, d'une logique binaire simplificatrice et d'un nouveau tropisme intellectuel qui accentue très nettement la dimension libérale du droit des gens moderne. Mais les dualismes juridiques de la pensée moderne du droit des gens ont eux-mêmes facilité, presque suscité, des lectures restrictives, radicales et unilatérales qui vont mutiler une partie de sa teneur et de sa portée."

182 H. GRÓCIO (op. cit., 1625, ed. 2004, I.II.IV.2, p. 108).

183 H. GRÓCIO (op. cit., 1625, ed. 2004, II.VIII – *Das aquisições popularmente ditas do jus gentium (direito das gentes)*, p. 487-511).

184 H. GRÓCIO (op. cit., 1625, ed. 2004, *Prolegômenos*, n. 30, p. 52).

185 H. GRÓCIO (op. cit., 1625, ed. bras., 2004, II.XVIII.IV – *Contra os embaixadores que tramam projetos perigosos, a defesa é permitida, mas não a punição*, p. 732-737, cit. p. 733).

186 Ver adiante, item 18.5 – *direito das gentes voluntário e direito de legação.*

187 H. GRÓCIO (op. cit., 1625, ed. bras., 2004, III.XVIII.I, p. 1349-1351; cf. tb. III.IV – *do direito de matar os inimigos na guerra solene e de outras violências contra o corpo*, op. cit., 1625, ed. 2004, p. 1084-114).

A seguir se põe a questão da determinação do direito natural, como exprime GRÓCIO, na tantas vezes mencionada passagem: "O direito natural nos é ditado pela reta razão".[190] E frisava: "ainda que as primeiras impressões nos reconduzam à reta razão, a reta razão deve ser mais cara a nós do que as coisas pelas quais aspiramos":[191]

> Essa verdade, sendo constante e tendo a favor dela o consenso de todos aqueles que tem o juízo são, sem que haja necessidade de qualquer outra demonstração, segue-se que sempre que se trate de examinar o que é de direito natural é preciso primeiramente ver o que convém a essas primeiras impressões da natureza e passar, em seguida, ao que, embora tendo nascido depois, é, contudo, melhor e deve ser não somente abraçado, se o tivermos, mas ainda ser procurado de todas as maneiras.[192]

Ele nos fala a respeito da "essência das coisas, desde que existam e da maneira que existem, não depende de mais nada, assim também as qualidades que são consequência necessária dessa essência".[193] Mas, ressalvava:

[188] H. GRÓCIO (op. cit., 1625, ed. bras., 2004, III.XVIII.I, p. 1349-1350): "Aqueles que pensam que isso vem do direito das gentes externo se enganam. Se for considerado esse direito, do mesmo modo que é permitido a todo indivíduo se apoderar da coisa inimiga, [...] assim também é permitido matar um inimigo, pois em virtude desse direito os inimigos não são obrigados a absolutamente nada".

[189] H. GRÓCIO (op. cit., 1625, ed. bras., 2004, III.XVIII.I.3, p. 1351): "Se observarmos o direito de natureza e o direito interno, parece que seja permitido a cada um fazer numa guerra justa e dentro do justo limite do exercício legítimo das hostilidades o que acredita poder ser vantajoso ao lado que é inocente, não contudo se apropriar das coisas tomadas, porque nada lhe é devido a ele mesmo, salvo talvez que não seja para infligir uma pena justa, em virtude do direito comum dos homens". Cfr. tb. II.XX.X.

[190] H. GRÓCIO (op. cit., 1625, ed. 2004, I.I.X, p. 79): "reta razão que nos leva a conhecer que uma ação, dependendo se é ou não conforme à natureza racional, é afetada por deformidade moral ou por necessidade moral e, que, em decorrência, Deus, o autor da natureza, a proíbe ou a ordena".

[191] H. GRÓCIO (op. cit., 1625, ed. 2004, I.II.1.2, p. 100).

[192] H. GRÓCIO (op. cit., 1625, ed. 2004, I.II.1.3, p. 100): "Em vista da diversidade da matéria, o que chamamos de honesto consiste, algumas vezes, num ponto por assim dizer indivisível, de modo que, por pouco que alguém se afaste dele, se inclina para o vício. Outras vezes abrange um raio mais amplo, de maneira que se nos conformarmos com ele, fazemos algo de louvável, mas que podemos, sem risco de cometer algo de desonesto, não nos conformar com ele ou mesmo agir de modo totalmente diverso."

[193] H. GRÓCIO (op. cit., 1625, ed. 2004, I.I.X.5, p. 81): "O direito natural é tão imutável, que não pode ser mudado nem pelo próprio Deus".

"é necessário notar, para entender o direito natural, que há certas coisas que atribuímos a esse direito de uma maneira imprópria".[194] Isso porque,

> às vezes ocorre, contudo, nos atos a respeito dos quais o direito natural prescreve algo, uma espécie de mudança que engana os desatentos, pois na realidade não é o direito natural que muda, sendo imutável, mas é a coisa, a respeito da qual o direito natural estatuiu, que sofre a mudança.[195]

GRÓCIO rejeita

> a distinção que existe nos livros de direito romano, entre um direito imutável comum aos animais e ao homem (que num sentido mais estrito os jurisconsultos de Roma chamam de direito de natureza) e um direito próprio da humanidade (que os mesmos jurisconsultos designam muitas vezes pelo nome de *jus gentium*) não tem praticamente qualquer uso, pois não há ser, propriamente falando, suscetível de direito, a não ser aquele que se regula por princípios gerais.[196]

A seguir, GRÓCIO aponta a existência de "outra espécie de direito": "é o direito voluntário que tem sua origem na vontade. Ele é humano ou divino".[197] O direito humano, segundo ele, "se divide em direito civil, em direito menos amplo que o civil, em direito mais amplo que o civil ou jus gentium".[198]

[194] H. GRÓCIO (op. cit., 1625, ed. 2004, I.I.X.3, p. 80): "o direiito natural não diz respeito somente às coisas que estão além da vontade dos homens, mas que tem por objeto também muitas coisas que são uma consequência de algum ato dessa vontade".

[195] H. GRÓCIO (op. cit., 1625, ed. 2004, I.I.X.6, p. 81, e a seguir, I.I.X.7, p. 82): "Há também coisas que são do direito natural, não pura e simplesmente, mas em razão de uma determinada situação".

[196] H. GRÓCIO (op. cit., 1625, ed. 2004, I.I.XI.1, p. 83): "Não falamos da existência de uma justiça para os cavalos, para os leões, escreve CÍCERO, no primeiro livro de sua obra **Dos deveres**" (I,16,50). [...] "Em todos os seres animados desprovidos de razão há uma natureza que cuida de si mesma". Ver CÍCERO, **De officiis** (with an English translation by Walter MILLER, Cambridge, Ma. / London: Harvard UP / LCL 30, CICERO XXI, © 1913, reprinted 2005).

[197] H. GRÓCIO (op. cit., 1625, ed. 2004, I.I.XIII – *Divisão do direito voluntário em direito humano e direito divino*, p. 87).

[198] H. GRÓCIO (op. cit., 1625, ed. 2004, I.I.XIV.1, p. 88): "O direito civil é aquele que emana do poder civil. O poder civil é aquele que está à frente do estado. O estado é uma união perfeita de homens livres associados para gozar da proteção das leis e para a sua utilidade comum. O direito mais restrito que o civil e que não emana do poder civil, ainda que lhe seja

E aí se inscreve o direito internacional,[199] e a sua distinção em relação ao direito natural:

> O direito mais amplo é o *jus gentium*, isto é, aquele que recebeu sua força obrigatória da vontade de todas as nações ou de grande número delas. Acrescentei 'de grande número', porque à exceção do direito natural, que costumamos chamar também *jus gentium* (direito das gentes), não encontramos praticamente direito que seja comum a todas as nações.[200]
> Este direito das gentes se prova da mesma maneira que o direito civil não escrito, por um uso continuado e pelo testemunho daqueles que se conhecem.[201] Por isso de grande préstimo nos foram outros ilustres estudiosos que compilaram anais a respeito.[202]

Assim, o direito internacional, por sua vez, é aquele "que anteriormente chamamos de direito voluntário das nações".[203] Enfatizava GRÓCIO a necessidade de distinguir: "o direito das gentes propriamente dito",[204] daquele que

submisso, é de diferentes espécies. Compreende as ordens de um pai, aquelas de um mestre e outras similares."

[199] Ver tb, adiante, item 18.5 – *direito das gentes voluntário e direito de legação.*

[200] H. GRÓCIO (op. cit., 1625, ed. 2004, I.I.XIV.1, p. 88): "Mais ainda, muitas vezes num ponto do universo, há um tipo de jus gentium que não existe em outro lugar, como o da catividade e o do postlimínio, como o descreveremos oportunamente".

[201] H. GRÓCIO (op. cit., 1625, ed. 2004, I.I.XIV.2, p. 88): "De fato ele é, como bem o faz notar DION CRISÓSTOMO, [**Orat.**, 76] 'obra do tempo e do uso'."

[202] H. GRÓCIO (op. cit., 1625, ed. 2004, I.I.XIV.2, p. 88). A seguir considera (I.I.XV) que *o direito divino se divide em direito universal e em direito específico para um só povo*, e (I.I.XVI) que *os estrangeiros nunca foram submetidos ao direito dos hebreus* e (I.I.XVI.2, p. 90) assim: "uma lei não obriga aqueles aos quais não foi dada". E por isso (I.I.XVI.7, p. 94): "Quanto a nós, estranhos à nação judia, o que ganhamos com a vinda de Cristo não foi o fato de nos termos livrado da lei de MOISÉS, mas de nos apoiar numa aliança formal, uma vez que não tínhamos antes senão uma esperança confusa na bondade de Deus, por um lado, e por outro, formar uma mesma igreja com os hebreus, filhos dos patriarcas, desde que sua lei, que nos separava deles como por uma barreira, foi abolida (**Efésios**, II, 14)."

[203] Ver tb, adiante, item 18.5, *direito das gentes voluntário e direito de legação.*

[204] H. GRÓCIO (op. cit., 1625, ed. 2004, II.VIII.I – *Muitas coisas definidas como do jus gentium propriamente falando não o são*, p. 489-490).

> de fato, não diz respeito à sociedade mútua das nações entre si, mas se relaciona apenas à tranquilidade de cada povo em particular. Disso decorre que pode ser mudado por um só povo, sem que outros fossem consultados, e pode ocorrer até que, em outros lugares e em outros tempos, tenha sido introduzido um uso comum de todo diverso, por conseguinte um direito das gentes impropriamente assim designado. Isso é o que vemos efetivamente ter acontecido depois que as nações germânicas invadiram quase toda a Europa.[205] [...] Fizemos essas observações a fim de que, quando se encontrar a palavra direito das gentes nos autores de direito romano, não se entenda com isso o direito que não pode ser mudado, mas que se distinga com cuidado os preceitos naturais daqueles que só o são em razão de certo estado de coisas e as leis comuns a diversos povos separadamente daquelas que formam o liame da sociedade humana.[206]

É preciso traçar a linha divisória entre esses distintos campos jurídicos: "essa última opinião é da lei das nações, não de todas, mas das melhores".[207] O que claramente delimita esse direito internacional como não universal, nem mesmo abrangendo todo o conjunto da Europa.

Exemplificava GRÓCIO com os acréscimos aluvionais de terreno, e traça distinção entre o direito romano antigo[208] e a norma vigente no contexto da Holanda, do seu tempo e do seu meio:

[205] H. GRÓCIO (op. cit., 1625, ed. 2004, II.VIII.I, n. 1 e 2, p. 489-490): "Como outrora as instituições gregas, as instituições germânicas foram recebidas então por toda parte e ainda estão em vigor".

[206] H. GRÓCIO (op. cit., 1625, ed. 2004, II.VIII.XXVI – *Uso a ser feito das coisas que acabam de ser descritas*, p. 511) e conclui: "se deve saber que, se algum modo de adquirir foi introduzido por esse direito impropriamente nomeado direito das gentes, ou mesmo pela lei de um só povo, sem distinção de cidadão e estrangeiro, decorre disso um direito em favor dos próprios estrangeiros. Se forem impedidos de gozar dele, isso constitui uma injúria que pode fornecer uma justa causa de guerra".

[207] H. GRÓCIO (op. cit., 1625, ed. bras., 2004, III.IV.XIX – *Se os estupros são contra o direito das gentes*, p. 1112-1114, cit. n. 1, p. 1112).

[208] Ver Benjamin STRAUMANN, **Roman Law in the state of nature** – the classical foundations of Hugo Grotius' natural law (Cambridge: Univ. Press, 2015) propõe nova interpretação dos fundamentos da teoria do direito natural, em GRÓCIO. Como se sabe, os textos da Antiguidade clássica, notadamente do direito romano e especificamente da concepção do estoicismo em CÍCERO, tiveram grande influência sobre GRÓCIO, na construção da sua teoria do direito natural.

acréscimos de terreno, produzidos pelos cursos de água e sobre os quais existem numerosas decisões dos jurisconsultos antigos e dos mais recentes, além de comentários inteiros dos juristas modernos. Tudo o que eles disseram sobre este assunto está fundado, em sua maior parte, sobre os costumes de algumas nações e nada sobre o direito de natureza, embora muitas vezes eles próprios façam passar sob esse nome suas decisões.[209] [...]

Na Holanda e nas regiões vizinhas, onde houve em todas as épocas frequentes disputas a respeito, por causa da depressão do solo, do tamanho dos rios e da vizinhança do mar, recebendo a aluvião num ponto, as barragens em outro, por efeito do fluxo e refluxo, sempre foi definido que as ilhas, verdadeiramente ilhas, são de domínio público, como também os leitos abandonados por inteiro do Reno e do Mosa, o que foi frequentemente julgado assim e se apoia numa razão excelente.[210] [...]

Na Holanda, se considera como abandonado o terreno que ficou submerso durante dez anos, se não houver sinais de continuação de posse. Admitimos entre nós, não sem razão, o que os jurisconsultos romanos rejeitam, que, se é impossível prová-la de outra forma, a posse é considerada retida, por exemplo, pelo exercício do direito de pesca.[211]

[209] H. GRÓCIO (op. cit., 1625, ed. 2004, II.VIII.VIII – *As normas do direito romano sobre as ilhas e as terras aluvionais não são conforme ao direito natural, nem ao jus gentium*, p. 495-496) conclui: "que tudo isso tenha podido ser introduzido por uma lei e que se possa justificá-lo pelo interesse de favorecer a conservação dos rios não o nego; mas que essas disposições sejam de direito natural, como parecem acreditar, não concordo em absoluto".

[210] H. GRÓCIO (op. cit., 1625, ed. 2004, II.VIII.IX – *Naturalmente, a ilha que se forma num rio e o leito seco desse rio pertencem ao proprietário desse rio, no todo ou em parte, isso é ao povo*, p. 496-498, e a seguir, II.VIII.XII – *Parecem, no entanto, concedidas àqueles cujas terras não possuem outra divisa senão o rio*, p. 501): "O que dissemos antes com relação aos estados, quando tratamos da maneira de se apoderar deles, ocorre também com relação às terras dos privados, mas com essa diferença que os estados, na dúvida, devem ser considerados arcifínios, porque é o que melhor convém à natureza de um território, enquanto as terras dos privados são consideradas melhor como limitadas ou encerradas dentro de certa medida, do que arcifínios, porque isso concorda melhor com a natureza das propriedades particulares". A respeito, ver **Tratado** (tomo I – **Direito internacional dos espaços**, caps. 4 – competências territoriais do estado, 5 – demarcação e delimitação de território e 6 – modos de aquisição e de perda do domínio do estado sobre o território).

[211] H. GRÓCIO (op. cit., 1625, ed. 2004, II.VIII.X – *Segundo o direito natural, a propriedade de terras cultiváveis não se perde por uma inundação*, p. 499-500).

O mérito do grande esforço de GRÓCIO em construir um sistema, abrangendo o conjunto da disciplina do direito internacional, talvez não tenha sido compreendido adequadamente, no seu tempo.[212] Ou talvez tenha sido sobrepujado pelo enfrentamento entre facções religiosas opostas, em curso na época, se levamos em conta o contexto do momento histórico, em meio à guerra dos trinta anos,[213] quando a obra foi publicada.

Logicamente, GRÓCIO viveu e estava inexoravelmente ligado ao contexto do tempo e do espaço de sua atuação – o que se reflete em sua obra, e em seu modo de tratar e de conduzir a fundamentação do direito internacional moderno. Mas existe, ao lado desta, sempre lembrada, outra faceta a ser ressaltada, em relação ao contexto específico de seu país natal.

GRÓCIO, além de seu papel na história do direito internacional moderno, é também personagem que desempenhou papel relevante na história de seu país – as Províncias Unidas – em fase crucial de formação e de consolidação deste.[214] Como ilustra a incursão na história antiga dos bata-

[212] TANAKA Tadashi, *Grotius's concept of law* (in Y. ONUMA (edited by), **A normative approach to war**: peace, war and justice in Hugo Grotius, Oxford: Clarendon Press, 1993, chapter 2, p. 32-56) afirma que GRÓCIO se afasta da doutrina medieval e antiga da "guerra justa" e se propõe construir a sua fundamentação a partir do exame de duas questões básicas para todo o ulterior desenvolvimento da sua obra: *o que guerra? e o que é direito?*, especialmente no **Direito da guerra e da paz** (livro I, cap. I).

[213] Ver **Tratado** (tomo 8 – **Direito internacional além do paradigma vestfaliano**, título II – *da construção de sistemas coesos: de Vestfália (1648) até a guerra dos sete anos (1756-1763)*). Alguns dados sobre a "guerra dos trinta anos" (1618-1648) e tb. referências específicas de fontes históricas e de análise do conflito, tais como os várias vezes referidos: Henry BOGDAN, **La guerre de trente ans 1618-16148** (Paris: Perrin-tempus, © 1997, ed. 2006, impr. 2010); Johannes BURKHARDT, **Der Dreissigjährige Krieg** (Frankfurt-Main: Suhrkamp, 1992); Heinz Dieter KITTSTEINER (1942-2008), **Die Stabilisierungsmoderne** – Deutschland und Europa 1618-1715 (Munique: Carl Hanser, 2010); Dietmar PIEPER e Johannes SALTZWEDEL (Hg.), **Der Dreissigjährige Krieg** – Europa im Kampf um Glaube und Macht 1618-1648 (Munique: Deutsche Verlags-Anstalt, 2012), Bernd ROECK (hrsg. von), **Deutsche Geschichte in Quellen und Darstellung** Band 4: **Gegenreformation und Dreissigjähriger Krieg 1555-1648** (Stuttgart: Reclam – Univ. Bibl. Nr. 17004, (c) 1996, impr. 2002); Friedrich SCHILLER, **Geschichte des dreissigjährigen Kriegs** (orig. publ. 1792, in F. SCHILLER, Werke in drei Bänden, unter Mitwirkung von Gerhard FRICKE, hrsg. von Herbert G. GÖPFERT, Munique: Carl Hanser, 1966, vol. II, p. 34-320); Fred E. SCHRADER, **L'Allemagne avant l'État-nation**: le 'corps germanique' (1648-1806) (Paris: PUF, 1998).

[214] Como se considera brevemente no item 18.2 – *papel de GRÓCIO na evolução da identidade nacional.*

vos, por Hugo GRÓCIO, em seu "livro sobre a antiguidade da república dos batavos", ou **Liber de Antiquitate Republicae Batavicorum** (1610).[215] Em sua vasta atuação intelectual, também escreveu GRÓCIO ensaio sobre a verdade da religião cristã, **De veritate religionis christianae,**[216] durante o tempo de sua reclusão no castelo de Loevenstein.[217]

Não obstante tenha enfrentado problemas nos conflitos entre facções na Holanda de sua época, que o levaram à prisão e ao exílio, a ele se atribui também papel formador na história da identidade nacional.[218]

Durante a maior parte do século XVII, a República esteve em guerra com a Espanha, com a Inglaterra, com a Suécia, ou com a França. Foi preciso alcançar grande coesão social e política para conseguir resistir a todos esses conflitos.

A pedra fundamental do novo prédio da administração municipal de Amsterdam, hoje Palácio real, foi colocada em 1648. No mesmo ano acontecem: a paz de Münster, que põe fim a oitenta anos de guerra com a

[215] GROTIUS, **De antiquitate reipublicae Batavae** (1610) ou **Liber de Antiquitate Republicae Batavicorum** (1610). Sem esquecer outra obra histórica de GRÓCIO, que foi em 1602 encarregado de escrever os **Annales et Historiae de rebus Belgicis, ab obito Philippi regis usque ad inducias anni 1609** – ou Anais e História das coisas belgas, da morte do rei Felipe até a trégua do ano 1609. Terminada em 1612, esta obra somente foi publicada em 1654, graças aos cuidados dos filhos do autor.

[216] GROTIUS, **De veritate religionis Christianae** (1623, in GROTIUS, **Opera omnia theologica**, Amsterdam, 1679, 3 vols., vol. III, p. 3-96).

[217] Oscar PRZEWODOWSKI, **O século XVII no seu sentido jurídico internacional** – o advento do direito das gentes GROTIUS (Rio de Janeiro: Jornal do Commercio / Rodrigues & Cia., 1941, cit. p. 81) a respeito da obra de GRÓCIO, **De veritate religionis christianae**: "que passa por ser um dos seus melhores trabalhos".

[218] Ver item 18.2 – *GRÓCIO na evolução da identidade nacional.* Ao lado da obra de Emmanuel van METEREN (1535-1612), **Belgische ofte Nederlantsche Historien van onser Tijden** (orig. publ. 1599, Jacob Cornelissz Vennecool, online: https://wellcomecollection.org/works/hu3uymr8 original in Koninklijke Bibliotheek, Nationale Bibliotheek van Nederland), voltada para o contexto da época, a obra histórica de GRÓCIO se volta para "a view of the Netherlanders was offered in which distinct political and cultural characteristics were retained through the centuries against all tyrants and usurpers" comenta S. SCHAMA (op. cit., 1988, p. 76). E, mais adiante (id., 1988, p. 115) a respeito das razões apontadas por GRÓCIO, para justificar a revolta contra a ocupação espanhola: "GROTIUS, who saw the legitimacy of the revolt resting on toleration, also tended to stress the continuity of customary law, self-governance and historical prescription. In this respect the unbroken epic of the Bataves, preserved from medieval feudalism and reemerging intact in communal and provincial liberties, served thir cause better than a freshly revealed Mosaic law."

Espanha,[219] e o início das obras do novo futuro palácio real. Não poderia ter sido mais sugestivo como símbolo de nova e auspiciosa fase da vida nacional, que então se inaugurava.

Ao mesmo tempo ocorriam grandes transformações na escala do mundo. E as Províncias Unidas tiveram de buscar a sua 'inserção internacional'.[220]

Nessa altura, a partir já de 1620 ou com certeza de 1650, o Mediterrâneo tivera o seu ocaso, como centro político e econômico do mundo europeu do início da era moderna. Dentre os elementos que assinalam a extensão da transformação então ocorrida,[221] se punham: a prática do corso – ou seja, da pirataria oficialmente chancelada, mediante licença do poder público, para os operadores – os entendimentos com Alger, e com o Império otomano, dos quais resultaram série de violências, de indelicadezas e de cumplicidades:

> o comércio e a indústria da Inglaterra e dos Países Baixos se alimentaram dos despojos e das riquezas acumuladas no velho Mediterrâneo. Houve conquista,

[219] A simbologia é muito importante, no sentido de abrir nova fase na vida das Províncias Unidas, e do papel central da Holanda, e da capital Amsterdam, na vida independente do país, a partir de então. Ver a respeito, i.a., Renee KISTEMAKER and Roelof VAN GELDER, **Amsterdam** – The Golden Age 1275-1795 (originalmente publicado em italiano, **Amsterdam 1275-1795, Buono governo e cultura in una metropoli di mercanti**, © 1982, transl. by Paul FOULKES, New York: Abbeville Press, 1983, p. 104-105): "Throughout most of the seventeenth century, the Republic was at war with Spain, England, Sweden or France. The enemy was constantly on the lookout for ships from Holland; in the channel, the sound, the Straits of Gibraltar, and important byways rightly called 'the strangling points of the Hollandish body', ships were particularly vulnerable." E a seguir (id., 1983, p. 109): "A college of accountants supervised the officials. All the colleges were housed in the medieval town hall, which had now become much too small, unsuitable for the administration of so big and mighty a city. In 1639, the administration bought some 60 properties around the old building and demolished them in order to build a new town hall. The foundation stone was laid in 1648, and, in the summer of 1655, a festive procession of the mayor, burgomasters, and other important officials crossed the Dam, in order to occupy the new offices, although the second story was not yet finished."

[220] Para paralelo a respeito do tema da '*busca da inserção internacional*' ver P. B. CASELLA, **BRIC** – uma perspectiva de cooperação internacional (São Paulo: Atlas, 2011) e tb. **BRIC – à l'heure d'un nouvel ordre juridique international** (Paris: Pedone, 2011, esp. chap. 1 – *Brésil, Russie, Inde, Chine et Afrique du Sud face à l'impératif de coopération internationale*, p. 11-28).

[221] Fernand BRAUDEL (direction de), **La méditerranée**: espace et histoire (Paris: Flammarion / Champs, 1ª ed., 1977, impr. 1985, *L'aube*, p. 83-123).

> pilhagem, roubo. E mesmo bloqueio de longa distância, quando os holandeses substituíram os portugueses na Insulíndia e no Oceano Índico.[222] [...] O Mediterrâneo não mais se encontra, além de 1620 ou 1650, no centro do mundo. Lá penetram o comércio dos outros e a guerra dos outros. Nessas trocas e nessas guerras, os mediterrâneos têm somente papeis secundários. Peões sobre o tabuleiro, são deslocados ao gosto das potências e vontades distantes. Como a da Holanda no século XVII. E no início do século XVIII, a primazia da Inglaterra se faz anunciar por um golpe de mestre: no curso da guerra da sucessão espanhola, o almirante inglês George ROOKE toma de surpresa Gibraltar, em 25 de agosto de 1704; franceses e espanhóis tentarão em vão recuperar essa praça forte em 1704, em 1727, em 1779, em 1782.[223]

A fase concomitante e posterior à luta pela independência foi crucial para a consolidação da identidade nacional neerlandesa. E esta se concentra em poucas décadas, com múltiplos sucessivos elementos, internos e internacionais, que se conjugam.

Essas mudanças internas se conjugam com a inserção das Províncias Unidas nas relações internacionais da época.[224] E intensas relações de comércio – como traço marcante da vida nacional, desse pequeno país, dotado de poucos recursos naturais, que então se transforma e, até hoje, se mantém como entreposto comercial relevante, em escala mundial.

Cumpre observar, que a despeito da guerra, o comércio com a Espanha jamais cessara:[225]

[222] F. BRAUDEL (op. cit., 1977, ed. 1985, p. 182): "Vers 1620, au témoignage des Marseillais, les épices et le poivre ne parviennent plus en Méditerrannée par les anciennes routes de la mer Rouge, ils vont y arriver par l'Atlantique et Gibraltar, sur des bateaux hollandais".

[223] E há mais de três séculos os ingleses conservam a posse de Gibraltar. Como notava F. BRAUDEL (op. cit., 1977, ed. 1985, p. 183): "Un destin est scellé: les Anglais sont aujourd'hui encore à Gibraltar. Ils sont ainsi depuis plus de deux siècles les portiers de la mer intérieure devenue, au XVIIIe siècle, un lac gardé à l'ouest et, depuis le XVIIe siècle, sans issue facile du coté du Levant".

[224] De certo modo, pode-se buscar inspiração grociana para as relações internacionais, como sugerem Hedley BULL, Benedict KINGSBURY and Adam ROBERTS (eds.), **Hugo Grotius and international relations** (Oxford: Clarendon Press, 1990).

[225] Paul ZUMTHOR, **A Holanda no tempo de Rembrandt** (do original **La vie quotidienne en Hollande au temps de Rembrandt**, © 1959, trad. Maria Lúcia MACHADO, São Paulo: Companhia das Letras, 1989).

> Cereais, madeira, peixe, numa direção; azeite, frutas, vinho, na outra: importante comércio de trânsito que, antes das grandes empresas coloniais, constituiu para os Países Baixos uma necessidade vital. [...] De resto, o contrabando sempre foi intenso nessas paragens, e atingiu até armas e munições.[226]

Em 1650, o "tratado de Marinha" concedeu à frota holandesa diversos privilégios, relativos ao transporte de certas mercadorias para a Espanha, Portugal e a América.

> O quase monopólio dos transportes comerciais, exercido pelos neerlandeses na Europa do norte e do oeste, provocou uma tensão internacional crescente, a partir da metade do século. Foi com a intenção de quebrá-la que CROMWELL publicou, em 1651, seu famoso "Ato de navegação". Seguiram-se as guerras de 1652 e 1655.
> Na França, a política econômica de COLBERT exigia a arrecadação da hipoteca neerlandesa. Daí, em parte, a guerra de 1672. A longo prazo, esses conflitos iriam provocar a recessão, depois a ruína do grande comércio neerlandês.[227]

O tratado de 'paz de Breda', que põe fim à guerra naval anglo-holandesa foi estipulado em termos bastante favoráveis aos Países Baixos. Mas, logo a seguir, nova catástrofe seria vivida pela jovem República, com a guerra de 1672.

Aliam-se, no tempo de GRÓCIO, aos conflitos internos entre as Províncias Unidas – por vezes bastante desunidas – onde os Estados gerais durante bom tempo, representaram pouco mais do que a reunião de embaixadores de cada uma das Províncias, e estes poucos poderes detinham –[228]

[226] P. ZUMTHOR (op. cit., 1959, ed. bras., 1989, p. 342): "pouco antes de 1648 iniciaram-se conversações tendo em vista estabelecer em Amsterdam o mercado da prata espanhola. Essas negociações chegaram a bom termo depois da paz de Vestfália".

[227] P. ZUMTHOR (op. cit., 1959, ed. bras., 1989, p. 343).

[228] P. ZUMTHOR (op. cit., 1959, ed. bras., 1989, *'Introdução'*, p. 15-21, cit. p. 19): "O governo central, com sede em Haia, e cujos Estados gerais constituíam o órgão essencial, emanação das províncias, não passava de uma reunião de embaixadores destas. [...] Os Estados gerais desempenhavam mais um papel de representantes da soberania provincial do que de conselho soberano. A União não existia senão em virtude do acordo de todos. Um choque de interesses mínimos podia recolocar o acordo em questão. Em 1648, a Zelândia se vê à beira da secessão. A unidade sempre acabaria por se refazer. Mas essas vicissitudes interditavam qualquer política de longo alcance."

e também pelas sucessivas guerras com várias potências europeias. Que impunham outras prioridades aos holandeses, na gestão de recursos escassos. Além das aventuras coloniais holandesas; dentre as quais as praticamente três décadas de presença no Brasil (18.1), como se passa a considerar.

Para ordenar o conteúdo do presente capítulo, serão, assim, examinados: os conflitos metropolitanos e aventuras coloniais holandesas: interlúdio no Brasil (18.1), a seguir, o papel de GRÓCIO na evolução da identidade nacional (18.2), o sistema de direito internacional no **De jure belli ac pacis** (18.3), o **Mare liberum** (18.4), o direito das gentes voluntário e direito de legação (18.5), a enorme presença de GRÓCIO no direito internacional moderno (18.6), a herança crítica e a repercussão da obra de GRÓCIO (18.7) e GRÓCIO e os limites do direito da guerra (18.8).

18. 1. Conflitos metropolitanos e aventuras coloniais holandesas: interlúdio no Brasil

> No que diz respeito aos fatos, considera-se como abandonado o que é rejeitado, a menos que não ocorra em circunstâncias tais que se deva considerar esse abandono como exigido pela necessidade do momento, com a intenção de recuperar a coisa rejeitada. [...] Assim é que, quando o proprietário de uma coisa, contrata conscientemente com aquele que a possui, de maneira que supõe que este último é o verdadeiro dono, é considerado justamente como tendo abandonado o seu direito. Sendo assim, não há razão para que o mesmo fato não possa ocorrer entre reis e povos livres.
>
> H. GRÓCIO (1625, ed. bras, 2004)[229]

Lançada sem muita convicção pelo Visconde de PORTO SEGURO, a ideia de que NASSAU foi o autor de um regime ou sistema de governo que tudo tinha de admirável, base do bem estar do povo e do revigoramento da economia, da produção e do comércio em regime de liberdade, veio ganhando amplitude e se consolidou finalmente, mas tudo em consequência de correlações inadequadas, de comparações entre dados incompatíveis: de um lado, noções mais ou menos vagas e incompletas, de fatos reais do regime português; de outro,

[229] H. GRÓCIO (op. cit., 1625, ed. bras, 2004, II.IV.IV, p. 367-368).

conceitos meramente subjetivos e racionalizados sobre a nova ordem político-social estabelecida em Pernambuco e nas demais capitanias conquistadas.

Mario NEME (1971)[230]

em **Mare liberum** é possível identificar as bases filosóficas que sustentam a aventura neerlandesa no ultramar, bem como a montagem de um império colonial articulado por duas companhias de comércio.

Heloísa Meireles GESTEIRA (2006)[231]

Somem-se aos conflitos metropolitanos, as incursões e as guerras travadas, para manter a presença e a operação colonial holandesa, tanto no Brasil, como nas Índias ocidentais[232] e também na Ásia. Parte do grande movimento de expansão europeia para a América[233] e para a Ásia.[234]

[230] Mário NEME, **Formas políticas no Brasil holandês** (São Paulo: Difel – Edusp, 1971, cit. p. 17).

[231] Heloísa Meireles GESTEIRA, *Da liberdade dos mares: guerra e comércio na expansão neerlandesa para o Atlântico* (São Paulo: USP – Revista História, 2006, n. 154, p. 221-249) expende o argumento que no **Mare liberum** de GRÓCIO podemos encontrar princípios que legitimam a expansão marítima neerlandesa na primeira metade do século XVII e que se opõem às expectativas ibéricas de manutenção do controle das rotas marítimas e das novas terras, descobertas no início da época moderna. Informa a autora ser este artigo parte da tese de doutoramento. Da mesma Heloisa Meireles GESTEIRA, **O teatro das coisas naturais do Brasil**: conhecimento e colonização neerlandesa na América, 1624-1654 (Niterói: Universidade Federal Fluminense, tese de doutoramento, 2001).

[232] Ver Jean CRUSOL, **Les îles à sucre** – de la colonisation à la mondialisation (Bécherel, França: Les Perséides, 2008, coll. 'Le monde atlantique'); Erik ORSENNA, **L'entreprise des Indes** (Paris: Stock-Fayard, 2010).

[233] Guillermo GIUCCI, **Viajantes do maravilhoso: o Novo mundo** (edição original © 1992, trad. Josely Vianna BAPTISTA, São Paulo: Companhia das Letras, 1992, p. 12): "A América passou por um período de revelação geográfica". [...] "não existiu uma conquista única, mas várias; tampouco uma só história, e sim uma árvore de histórias". E aduzia GIUCCI logo a seguir (p. 13) comparação entre a Ásia e a América, na perspectiva da expansão europeia: "A Ásia encarnou, com seus interiores ignotos, confins imaginários e impérios formidáveis, o reino dos prodígios para os europeus da baixa Idade média. [...] Do conjunto de elementos que o formou destacaram-se os metais preciosos, em particular o ouro e a prata. No Novo mundo prolongou-se – embora ao mesmo tempo se tenha complicado e esgotado – esta tradição milenar de projeções deslumbrantes que depositava tesouros inconcebíveis nos espaços inexplorados ou semiexplorados que se consideravam afastados do eixo referencial dos europeus. O modelo do portentoso remoto não mudou totalmente de signo na América, mas modificou-se ao adquirir nova vida e revestiu-se de características singulares em relação

Este processo de expansão da presença colonial holandesa por vezes encontrou oposição local, como se deu, no Brasil, quando depois de três décadas foram os holandeses expulsos. Vencidos os holandeses na América do norte, com a captura, pelos ingleses, de Nova Amsterdã, que passa a ser Nova York, estes passam a se concentrar no litoral norte da América do Sul – no Suriname – e no Oriente.

Nessa mesma época, aconteceu também em Taiwan, contra os holandeses, a resistência das forças locais, lideradas pelo "poderoso" KOXINGA – esta é a deformação ocidental do título chinês, *Guoxingye*, o senhor de nome imperial, do corsário sino-japonês, ZHENG Cheng Gong (1624-1662), leal à dinastia dos MING, que lutou contra os manchus de 1645 até 1660. Depois da derrota no sítio de Nanquim em 1658, este concentrou suas tropas na ilha de Taiwan, então ocupada pelos holandeses, que KOXINGA conseguiu expulsar, depois da tomada dos fortes de Zelandia e de Provintia, em 1662. Ele vem a morrer, antes dos quarenta anos, em decorrência de ferimentos recebidos nesses combates, reunindo todos os elementos necessários para a consolidação de figura histórica de alcance também mítico. A figura de KOXINGA tornou-se e continua a ser cultivada como símbolo, da luta contra os colonizadores europeus, na Ásia.

O caso brasileiro pode merecer menção à parte: se esta experiência teve efeitos do lado holandês,[235] também ficou como marca profunda na his-

à série de imagens de riquezas precedentes, pois as metas dos exploradores constituíram a expressão de um sincretismo cultural euro americano, mistura de heranças e de relatos indígenas. Em todo caso, e admitidas as exceções que confirmam a regra, o ouro e a prata foram seu componente irredutível: na América, o maravilhoso e a imagem das riquezas coincidiram. O fundo do maravilhoso americano foi, quase exclusivamente, econômico."

[234] François BELLEC, **Marchands au long cours** (Paris: Ed. du Chêne / Hachette, 2003).

[235] Roberto Cochrane SIMONSEN (1889-1948), **História econômica do Brasil** – 1500-1820 ("curso professado na Escola livre de sociologia e política de São Paulo", São Paulo: Ed. Nacional, 8ª ed., 1978, cap. V, '*o ciclo do açúcar*', p. 95-123, cit. p. 113 e 114): "pelas informações mais minuciosas que possuímos do Brasil holandês, verifica-se que, nas capitanias por eles ocupadas a exportação do açúcar, devido à paralisação e à destruição de vários engenhos, tenha baixado de 60.000 para 30.000 caixas, após 1630". [...] "A produção daquelas capitanias devia representar cerca de 50% da produção do açúcar do Brasil de então". [...] "WÄTJEN, em seus estudos sobre o Brasil holandês, divide o período da ocupação em três fases. Na primeira, 1629-1637, a produção declinou, devido às devastações produzidas pelas guerras; na segunda, de 1638 a 1645, cresceu consideravelmente pela sábia administração de Maurício de NASSAU. Na terceira, até 1651, caiu novamente. Atribui, porém, números bem inferiores aos dos demais que apreciaram a matéria. LIPPMANN alvitra a suposição de ter esse historiador se limitado

tória colonial brasileira.[236] Também pela qualidade e extensão do acervo documental e iconográfico gerado nessas décadas de presença holandesa no Nordeste brasileiro – caso único no continente americano, nesse tempo, com destaque para as obras de Franz POST e Albert ECKHOUT, dentre outros.[237]

aos números relativos a um só dos portos exportadores". [...] "Os grandes proventos que os holandeses auferiram do artigo [açúcar] explicavam o seu interesse em conservar o torrão de ouro, de que se tinham apossado. As narrativas da época exaltam o luxo e a riqueza que se ostentavam na Bahia e no Brasil holandês".

[236] Joaquim de Arruda FALCÃO Neto, *Brasil holandês: referência cultural* (in **Imagens do Brasil holandês**, texto de Evaldo Cabral de MELLO, Brasília: Ministério da Cultura – Fundação Pró-Memória, 1987, catálogo da exposição realizada no Paço Imperial do Rio de Janeiro, em maio de 1987 e a seguir na Fundação Maria Luisa e Oscar Americano, em São Paulo, cit. p. 9-10): "Para a formação de uma nação, a maior ou menor relevância de um acontecimento histórico é sempre uma questão em aberto. Na verdade, inexistem critérios objetivos e consensuais que justifiquem de forma permanente pinçar no *continuum* da história um determinado acontecimento para conceder-lhe relevância específica. Esta é sempre uma opção de valor, que varia de acordo com a época, e com os cidadãos, grupos e classes sociais. Mesmo para os historiadores, que focalizam a história como ciência, a relevância varia em função do próprio conceito de ciência adotado". / "O que não impede que determinados acontecimentos ganhem no correr das épocas uma relevância cultural distinta do problemático – 'relevância histórica'. Quer dizer: determinados acontecimentos passam a ser aceitos pelo senso comum como acontecimentos sínteses, simbolizando os ideais e valores permanentemente necessários para a formação da nação. São referências culturais. A experiência holandesa no nordeste do Brasil, que constitui o núcleo temático desta exposição, é uma referência cultural de nossa história".

[237] Como observam Jorge CALDEIRA, Flávio de CARVALHO, Cláudio MARCONDES e Sérgio Góes de PAULA, **História do Brasil** (São Paulo: Companhia das Letras, 1997, esp. p. 48-56, cit. p. 56): "Nem só fortalezas, edifícios e igrejas constavam dos planos de NASSAU. Os artistas que trouxe, sobretudo Franz POST e Albert ECKHOUT, produziram as primeiras imagens da natureza, cidades e pessoas da América. Naturalistas se debruçaram sobre plantas e animais como cientistas, e não apenas como interessados em comércio. Por toda a Europa, esses registros difundiram a imagem de exotismo e riqueza dos trópicos. Enquanto se reforçava a imagem de opulência do Brasil holandês, o Brasil dos portugueses sobrevivia a duras penas". Ver tb.: Jorge COUTO, **A construção do Brasil** (Lisboa: Edições Cosmos, 1995); Clarival do Prado VALLADARES e Luiz Emygdio de MELLO Filho, **Albert Eckhout** – a presença da Holanda no Brasil – século XVII (Rio de Janeiro: Alumbramento, 1989); Rebecca Parker BRIENEN, **Albert Eckhout – Visões do paraíso selvagem** – obra completa (do original **Visions of savage paradise: Albert Eckhout** – Court painter in colonial dutch Brazil, s/d, trad. Julio BANDEIRA, Rio de Janeiro: Capivara, 2010); Nelson AGUILAR (org.), **O olhar distante** – a paisagem brasileira vista pelos grandes artistas estrangeiros 1637-1998 (São Paulo: Fundação Bienal de São Paulo – Associação Brasil 500 anos artes visuais, 2000, esp. caps. *'Frans POST (1592-1680)'*, p. 76-109, e *'Albert ECKHOUT (1610-1665)'*, p. 110-111). Assinale-se, ainda,

Podem ser apontados impactos do "Brasil holandês": a caracterização da 'ocupação', tal como a considerava GRÓCIO,[238] e também a controvérsia a respeito das "formas políticas no Brasil holandês".[239]

De resto, observava GRÓCIO: "foi concordado entre as nações que seja considerado como tendo se apoderado de uma coisa aquele que a detém de tal modo que o outro tenha perdido a esperança provável de recuperá-la, ou que a coisa esteja ao abrigo de toda recuperação".[240]

> Segundo esse direito das gentes, a regra foi a mesma para o homem e para a coisa. De onde é fácil compreender [...] que as coisas tomadas se tornam logo propriedade daqueles que delas se apoderaram, deve se entender sob certa condição, a saber de continuar na posse delas. Parece seguir-se que no mar os navios e as outras coisas não são consideradas capturadas senão quando são conduzidas para os portos ou ao local em que se mantém toda a frota, pois então se começa a perder a esperança de recuperá-las.[241] [...]
> As terras não são consideradas tomadas logo que forem ocupadas, pois embora seja verdade que a parte de um território que um exército invadiu com grandes forças seja possuído por ele durante esse tempo, [...] contudo, uma posse qualquer não basta para efeito de que tratamos, mas é preciso uma posse duradoura.[242]

a exposição '*Albert Eckhout – volta ao Brasil 1644-2003*' (realizada em São Paulo: Pinacoteca do Estado, 14 de janeiro a 30 de março de 2003, acompanhada de ciclo de palestras).

238 Na passagem referida de H. GRÓCIO (op. cit., 1625, ed. bras, 2004, II.IV.IV, p. 367-368). E na seguinte (II.IV.V, p. 368-370): "Assim aquele que sabe que uma coisa lhe pertence está na posse de outrem e que não apresenta nenhuma reclamação por longo espaço de tempo, aquele, a menos que surgisse outra razão de modo manifesto, é considerado como não tendo agido desse modo porque não queria mais contar essa coisa no número das coisas que lhe pertencem."

239 Mário NEME, **Formas políticas no Brasil holandês** (op. cit., 1971) se empenha em contestar a tese da liberdade e do caráter inovador das formas políticas de gestão, implantadas no Brasil holandês. Como se depreende do trecho citado na epígrafe do presente item.

240 H. GRÓCIO (op. cit., 1625, ed. bras, 2004, III.VI – *Do direito de adquirir as coisas apreendidas na guerra*, p. 1125-1169) distingue entre '*Quando uma coisa mobiliária é considerada tomada em virtude do direito das gentes*' (no III.VI.III, p. 1132-33) e '*Quando as terras*' (III.VI.IV, p. 1133-1134).

241 H. GRÓCIO (op. cit., 1625, ed. bras, 2004, III.VI.III, p. 1133): "Vimos, porém, que foi introduzido por um direito das gentes mais recente entre os povos europeus que tais coisas sejam consideradas tomadas, quando tiverem estado em poder dos inimigos durante vinte e quatro horas".

242 H. GRÓCIO (op. cit., 1625, ed. bras, 2004, III.VI.IV – *Quando as terras*, p. 1133-1134).

O assim chamado "Brasil holandês"[243] abrange as três décadas de sucessivas implantações destes em território nacional: primeiramente, duas tentativas de curta duração, a primeira na Bahia (1624-1625), outra no arquipélago de Fernando de Noronha (1628-1629) e, depois, a terceira, que se estendeu por mais de duas décadas, e abrangeu vários estados do nordeste (1630-1654). Mesmo se este é considerado como provavelmente o mais bem documentado da História do Brasil colonial, podem, todavia, ser questionadas as razões do fim desta fase.

O fim do período holandês no Brasil pode ter correspondido, por parte dos batavos, sobretudo à análise da relação custo-benefício em se manter essa presença colonial na América do Sul.[244] Que ainda vieram a ser sobejamente indenizados por abrirem mão dessa implantação colonial sul americana.

Com certeza os astutos e eficientes capitalistas holandeses consideraram essa "aventura falida", onde os custos de manutenção de força de ocupação militar, contra os portugueses, em muito ultrapassavam os resultados econômicos,[245] que de tal presença poderiam ser auferidos.[246] Otimizaram os seus investimentos e ainda se fizeram indenizar.

[243] Evaldo Cabral de MELLO (org.), **O Brasil holandês 1630-1654** (seleção, introdução e notas de E. C. MELLO, São Paulo: Penguin Classics – Companhia das Letras, 2010, cit. p. 14): "O domínio holandês no Nordeste é seguramente o período mais bem documentado da história colonial do Brasil, tanto do ponto de vista do volume das fontes, bem como da variedade dos seus gêneros".

[244] Nesse sentido, pondera S. SCHAMA, **The embarrassment of riches**: an interpretation of Dutch culture in the Golden Age (Berkeley and Los Angeles: Univ. of California Press, 1988, p. 340-341) a respeito de MOUCHERON e outros investidores, que incorporam a Companhia das Índias Ocidentais: "they plunged into it with a recklessness and a fervor that their enemies thought irrationally uncommercial. MOUCHERON in particular, was stubborn in subsidizing the doomed venture in Brazil, where the costs of maintaining a force of military occupation against the Portuguese were out of proportion to the expected returns." O que se inscreve no contexto do capitalismo holandês da época: "Whether it was desirable or not in principle, in practice Dutch capitalism depended crucially on an elaborate and extensive system of protectionism." [...] "For all the bravura and exploratory ingenuity of the great mariners, navigators and colonizers, their work was firmly bound within the Dutch imperative of opportune force for minimum risk."

[245] Boris FAUSTO, **História concisa do Brasil** (São Paulo: Edusp – Imprensa oficial do estado, 2001, 1.6 – *União ibérica e seus reflexos no Brasil*, p. 44-48, cit. p. 46-47): "Uma série de circunstâncias complicou a situação dos invasores. A Companhia das Índias Ocidentais entrara em crise e ninguém queria mais investir nela seus recursos. Existia na Holanda um grupo favorável à paz com Portugal, sob a alegação de que o comércio de sal de Setúbal era

A expansão dos interesses comerciais neerlandeses acompanhou o esforço de guerra contra os espanhóis e proliferou, simultânea e posteriormente, em vários continentes. Primeiro com a Companhia das Índias Orientais. Em seguida, a medida em que ao sul, a linha comercial alcançava o Brasil, em 1621, os Estados gerais autorizaram a criação de uma Companhia das Índias Ocidentais, à qual atribuíram o monopólio do comércio nas costas ocidentais da África e nas costas orientais da América.

A história da ocupação flamenga é um claro exemplo das relações entre produção colonial e tráfico de escravos.[247]

> Tão logo conseguiram estabilizar razoavelmente a indústria açucareira no Nordeste, os holandeses trataram de garantir o suprimento de escravos, controlando suas fontes na África. Na verdade, houve duas frentes de combate, muito distantes geograficamente, mas interligadas. Vários pontos da Costa da Mina foram ocupados em 1637. Uma trégua,[248] estabelecida entre Portugal e Holanda logo após a restauração, foi rompida por NASSAU, com a ocupação de Luanda e Benguela em Angola (1641). Foram tropas luso-brasileiras, sob o comando de Salvador Correia de SÁ, as responsáveis pela retomada de Angola, em 1648.[249]

A respeito da implantação holandesa no Brasil, cabe notar a diferença do tom adotado, em fontes holandesas – "a má sorte perseguiu esse empreendimento":[250]

básico para a indústria pesqueira holandesa e de maior importância econômica do que os lucros duvidosos da colônia ultramarina. Por último, o início da guerra entre a Holanda e a Inglaterra, em 1652, tornou escassos os recursos para operações militares no Brasil."

246 Jorge CALDEIRA, **A nação mercantilista** (São Paulo: Ed. 34, 1999, esp. cap. 7 – *De Amadis ao deus do comércio*, p. 121-148, cit. p. 136) observa que, em 1644, "a Companhia [das Índias Ocidentais] fechou um balanço com um prejuízo de 38% de seu capital, somente no Brasil" [...] "momento aliás que coincidiu com a retirada de NASSAU".

247 Boris FAUSTO, **História concisa do Brasil** (São Paulo: Edusp – Imprensa oficial do estado, 2001, 1.6 – *União ibérica e seus reflexos no Brasil*, p. 44-48).

248 A respeito das tréguas ver a lição de H. GRÓCIO, **Direito da guerra e da paz** (1625, ed. 2004, II.XVI.XX e tb. III.XXI – *das convenções durante a guerra, em que se trata da trégua, do livre trânsito, do resgate de prisioneiros*).

249 Boris FAUSTO (op. cit., 2001, cit. p. 47). Ver tb. Fernando Augusto de Albuquerque MOURÃO, **Continuidades e descontinuidades de um processo colonial através de uma leitura de Luanda** – uma interpretação do desenho urbano (São Paulo: Terceira Margem, 2006).

250 Paul ZUMTHOR, **A Holanda no tempo de Rembrandt** (do original **La vie quotidienne en Hollande au temps de Rembrandt**, © 1959, trad. Maria Lúcia MACHADO, São Paulo: Companhia das Letras, 1989).

A vocação dos Países Baixos era, aparentemente, mais asiática do que americana. Os capitais, na maioria amsterdamenses, só afluíram lentamente. Foi preciso esperar dois anos antes de equipar o primeiro navio. Enfim, alguns escritórios comerciais puderam ser abertos no Brasil. Mas, a despeito das oitocentas embarcações que lançou no Atlântico em treze anos, foi só com a tomada da Frota do Prata, em 1628, que a companhia pôde distribuir os primeiros dividendos a seus acionistas.
Encorajada por esse sucesso, a companhia enviou João Maurício de NASSAU a Pernambuco, com o título de governador-geral. Durante os sete anos de seu governo, esse príncipe conseguiu dar um certo impulso às plantações e aos escritórios comerciais de Olinda, Pernambuco e Paraíba. Mas nos próprios Países Baixos reinava o desacordo a respeito dessas colônias. João Maurício reclamava tropas contra os portugueses. As tropas não chegavam. O empreendimento estava condenado. A partir de 1640, os holandeses recuaram. Em 1650, o chefe do exército de socorro, afinal enviado pelos Estados, abandonou seu comando em consequência de querelas com os agentes da companhia. Prenderam-no. Mas, em 1661, Haia revendeu aos portugueses, por oito milhões de florins, suas possessões brasileiras.[251]

Essa análise fria da relação entre custos e benefícios do empreendimento holandês no Brasil não se coaduna com o discurso ufanista, que cerca normalmente o exame da matéria. Como a afirmação de despertar de consciência nacional, em face de invasores estrangeiros. O que contém somente parte da verdade e dos elementos econômicos, que não podem deixar de ser levados em conta: porque as elites locais tinham vultosas dívidas com as autoridades holandesas, livrar-se destas seria a forma mais eficiente de se liberar de tais débitos.

O discurso de tom nacionalista-ufanista vem desde antes do início da ocupação, e se conserva, em séculos seguintes. Mas não deixa de acarretar distorções. E se deve atentar a estas, para tentar mais adequadamente situar o contexto.

[251] P. ZUMTHOR (op. cit., 1959, ed. bras., 1989, p. 348-349) situava o contexto: "Desde essa época, o grande comércio holandês estava em recessão. O desenvolvimento demasiadamente exclusivo do comércio aumentara de maneira insustentável a concorrência interna. A paz de Vestfália, devolvendo a trabalhos pacíficos os outros estados europeus, estrangulara vários mercados externos. Os mercados estavam saturados de produtos coloniais. Os preços caíram, enquanto os custos de exploração cresciam em consequência das guerras sustentadas para manter as posições da companhia".

Desde a segunda metade do século XVI, aparece tal discurso laudatório, com encômios à nova terra descoberta, já nos escritos de 1576, do contemporâneo de CAMÕES, Pedro de Magalhães GANDAVO.[252] Este mesmo tom passa, na primeira metade do século XVIII, pelo jesuíta italiano André João ANTONIL,

> Pelo que temos dito até agora, não haverá quem possa duvidar de ser hoje o Brasil a melhor e a mais útil conquista, assim para a Fazenda real como para o bem público, de quantas outras contas o reino de Portugal, atendendo ao muito que cada ano sai destes portos, que são minas certas e abundantemente rendosas.[253]

Este espírito ufanista prossegue, no início do século XIX, pela voz do padre Manuel AIRES DE CASAL, em 1817.[254] Além de tantos outros, nos quais se cogita a respeito das fabulosas riquezas[255] e das características

[252] A entrada de Pedro de Magalhães GANDAVO no Brasil deve ter coincidido com o governo de Mem de SÁ (1558-1572). Ver Pedro de Magalhães GANDAVO, **Tratado da terra do Brasil** – seguido de História da província Santa Cruz (Belo Horizonte: Itatiaia – São Paulo: Edusp, 1980, *Prólogo ao lector*, p. 22): "denunciar em breves palavras a fertilidade e abundancia da terra do Brasil, para que esta fama venha a noticia de muitas pessoas que nestes reinos vivem com pobreza, e não duvidem escolhe-la para seu remédio, por que a mesma terra he tam natural e favoravel aos estranhos que a todos agazalha e convida como remédio por pobres e desamparados que sejão. E assi cada vez se vai fazendo mais prospera."

[253] Originalmente publicado em 1711, André João ANTONIL (1649 ou 1650-1716) [João Antonio ANDREONI, S.J.], **Cultura e opulência do Brasil** por suas drogas e minas, com várias notícias curiosas do modo de fazer o Assucar, plantar & beneficiar o tabaco, tirar ouro das Minas & descubrir as da Prata, & dos grandes emolumentos que esta conquista da América meridional dá ao reino de Portugal ("texto confrontado com o da edição de 1711, com um estudo biobibliográfico por Affonso de E. TAUNAY, nota bibliográfica de Fernando SALES; vocabulário e índices antroponímico, toponímico e de assuntos de Leonardo ARROYO", Belo Horizonte: Itatiaia / São Paulo: Edusp, 1982, 3ª ed., 1997, quarta parte, capítulo último, p. 205): "Se os senhores de engenhos, e os lavradores do açúcar e do tabaco são os que mais promovem um lucro tão estimável, parece que merecem mais do que os outros preferir no favor e achar em todos os tribunais aquela pronta expedição que atalha as dilações dos requerimentos e o enfado e os gastos de prolongadas demandas."

[254] Manuel AIRES DE CASAL (1754?-1821?), **Corografia brasílica** ou relação histórico-geográfica do reino do Brasil (orig. publ. 1817, pref. M. Guimarães FERRI, Belo Horizonte: Itatiaia / São Paulo: Edusp, 1976).

[255] A. J. ANTONIL (op. cit., 1711, ed. 1997, primeira parte, livro III, cap. XII, p. 143-145): "É reparo singular dos que contemplam as coisas naturais ver que as que são de maior proveito ao gênero humano não se reduzem à sua perfeição sem passarem primeiro por notáveis apertos."

específicas do Brasil.[256] O que teria exercido contínuo fascínio e atração,[257] por parte de tantas nações estrangeiras,[258] como se deu desde a primeira metade do século XVI, com os franceses,[259] com a efêmera tentativa de

[256] A. J. ANTONIL (op. cit., 1711, ed. 1997, primeira parte, livro I, cap. XI, p. 94-95): "A hospitalidade é uma ação cortês e, também, virtude cristã, e no Brasil muito exercitada e louvada; porque, faltando fora da cidade as estalagens, vão necessariamente os passageiros a dar consigo nos engenhos, e todos ordinariamente acham de graça o que em outras terras custa dinheiro."

[257] Laura de MELLO E SOUZA, **O diabo e a terra de Santa Cruz** – feitiçaria e religiosidade popular no Brasil colonial (São Paulo: Companhia das Letras, 1986 – na ficha catalográfica / 1987 – na página de rosto) situa o contexto da "época em que se descobriu a América, a Europa mergulhava num período ambíguo, caracterizado pela alternância das luzes e das trevas. De um lado, o Renascimento, a retomada do crescimento econômico, o próspero comércio transoceânico; de outro, os manuais do inquisidor, a caça às bruxas, as fogueiras e a institucionalização da tortura. No imaginário europeu, o Brasil foi simultaneamente paraíso e inferno."

[258] Sérgio Buarque de HOLANDA, **Visão do paraíso**: os motivos edênicos no descobrimento e colonização do Brasil (São Paulo: Nacional / Secretaria da cultura, ciência e tecnologia, 3ª ed., 1977).

[259] P. B. CASELLA, **Livro dos ancestrais imaginados e outros ensaios pós-modernos** (Madri: Amaral Gurgel, 2007, cap. XXII – *O olhar do viajante, ou le regard du voyageur*, p. 217-231) a respeito de Jean de LÉRY (1534-1613), Blaise CENDRARS (1887-1961), André MAUROIS (1885-1967), Darius MILHAUD (1892-1974) e Gilles LAPOUGE. Ver tb.: Luiz AGASSIZ (1807-1873) e Elizabeth Cary AGASSIZ, **Viagem ao Brasil** 1865-1866 (trad. João ETIENNE Filho, apres. M. Guimarães FERRI, Belo Horizonte: Itatiaia / São Paulo: Edusp, 1975); Jean BOGHICI (org. & Instituto Cultural França-Brasil), **Missão artística francesa e pintores viajantes** (exposição) (Rio de Janeiro: Fundação Casa França Brasil, 1990); Mário CARELLI, **Cultures croisées**: Histoire des échanges culturels entre la France et le Brésil de la Découverte aux Temps modernes (préface de Gilbert DURAND, Paris: Nathan, 1993); M. CARELLI, **À la découverte de l'Amazonie**: les carnets du naturaliste Hercule Florence (Paris: Gallimard, 1992) / **A descoberta da Amazônia**: os diários do naturalista Hercule Florence apresentados por Mário Carelli (São Paulo: Marca d'Água, 1995); M. CARELLI, **Brasil-França**: cinco séculos de sedução / **France-Brésil**: cinq siècles de séduction (Rio de Janeiro: Espaço e Tempo, 1989); M. CARELLI, **Brésil**: épopée métisse (Paris: Gallimard, 1987); Jean-Baptiste DEBRET, **Viagem pitoresca e histórica ao Brasil**, (originalmente publicado **Voyage pittoresque et historique au Brésil**, Paris: Firmin Didot & Frères, 1834-39, Belo Horizonte: Itatiaia / São Paulo: EDUSP, 1989, 3 vols.); J.-B. DEBRET, **Rio de Janeiro, cidade mestiça**: nascimento da imagem de uma nação (ilustrações e comentários de Jean-Baptiste DEBRET, org. Patrick STRAUMANN, textos de Luiz Felipe de ALENCASTRO, Serge GRUZINSKI e Tierno MONÉNENBO, trad. Rosa Freire d'AGUIAR, São Paulo: Cia. das Letras, 2001); Gilles LAPOUGE, **Utopie et civilisations** (Paris: Flammarion – Champs, 1978); G. LAPOUGE, **Belém, Manaus, São Luís** : les capitales englouties (Paris: Hermé, 1996); G. LAPOUGE, **La mission des frontières** (Paris: Albin Michel, 2002); G. LAPOUGE, **En**

colonização na baia da Guanabara – a "França antártica" de 1555 a 1560 – como descreve André THEVET.[260] Dessa incursão, o único resquício toponímico que permaneceu é a denominação da 'ilha de Villegagnon'. Mas a aventura colonial francesa, comentada por THEVET, também inaugura tradição, que passa por Jean de LÉRY e Michel de MONTAIGNE, continua com LAHONTAN e LAFITAU, para culminar no tempo do Iluminismo, com o mito do 'bom selvagem', caro a DIDEROT, ROUSSEAU e ao Abade RAYNAL. Obviamente, além dos batavos, no século XVII.

Abandonar as implantações coloniais, no nordeste do Brasil,[261] pode ter sido decisão racional em escolha estratégica por parte dos holandeses.

étrange pays (Paris: Albin Michel, 2003); Claude LÉVY–STRAUSS, **Tristes tropiques** (Paris: Plon, 1955); ed. bras., **Tristes trópicos** (trad. Rosa Freire d'AGUIAR, São Paulo: Companhia das Letras, 1996 ; 3ª reimpr., 2000); C. LÉVY –STRAUSS, **Saudades de São Paulo**: album fotográfico (São Paulo: Companhia das Letras, 1995); Alcide d'ORBIGNY (1802-1875), **Viagem pitoresca através do Brasil** (trad. David JARDIM, apres. M. Guimarães FERRI, Belo Horizonte: Itatiaia / São Paulo: Edusp, 1976); Alcide d'ORBIGNY, **Voyage dans l'Amérique méridionale** (Paris: La Découvrance, 2007); Auguste de SAINT-HILAIRE, **Viagem ao Espírito Santo e rio doce** (do original **Voyage dans le district des diamans et sur le littoral du Brésil** Paris, 1833, caps. VII-XV, trad. de Milton AMADO, pref. Mário G. FERRI, Belo Horizonte: Itatiaia / São Paulo: EDUSP, 1974); Affonso de E. TAUNAY, **A missão artística francesa de 1816** (Brasília: Ed UnB, 1983); Aimé-Adrien TAUNAY, **Aquarelas e desenhos** (Expedição LANGSDORFF ao Brasil, 1821-1829, vol. 2, Rio de Janeiro: Alumbramento, 1988); Pierre VERGER, **O mensageiro**: fotografias 1932-1962 (« O mensageiro » de Jean Loup PIVIN / Pascal Martin SANT LEON, Salvador: Fundação Pierre Verger, 2002 / re-edição de **Le messager**: photographies 1932-1962, Paris: Editions Revue Noire, 1993); P. VERGER, **Orixás**: deuses Iorubá na África e no novo mundo (Salvador : Corrupio, 1981) / **Orisha**: les dieux Yoruba en Afrique et au Nouveau **Monde** (Paris: A-M Métailié, 1982); P. VERGER, **Bahia de tous les poètes** (Lausanne: Guilde du Livre, 1955); P. VERGER avec A. BON et M. GAUTHEROT, **Brésil** (Paris: Paul Hartman, 1951).

260 André THEVET, **Les singularitez de la France Antarctique autrement nominné Amérique et de Plusieurs terres et îles découvertes de notre temps** (orig. publ. em Paris, 1558); ver a edição **Le Brésil d'André Thevet** – Les singularités de la France Antarctique (1557) (éd. intégrale établie, présentée & annotée par Frank LESTRINGANT, Paris: Chandeigne, 1998, 2e. éd. revue et augmentée, 2011), apontado como "oeuvre-phare de la littérature de voyage au XVIe. siècle"; b/c André THEVET, **La Cosmographie universelle** (Paris: Pierre L'Huillier, 1575, dois tomos); André THEVET, **A cosmografia universal** (trad. Raul de Sá BARBOSA, intr. geral Ana Arruda CALLADO, Rio de Janeiro: Fundação Darcy Ribeiro, 2009).

261 Max Justo GUEDES, no volume, **A cartografia impressa do Brasil: 1506-1922** – os cem mapas mais influentes (Rio de Janeiro: Capivara, 2012, p. 118-121, mapa n. 35) reproduz exemplar conservado no Maritien Museum, de Roterdã, do grande mapa de George MARCGRAF,

Essa estratégia, ademais, se mostra consentânea com a 'política colonial' das Províncias Unidas, e a busca de sua otimização. Que os levaria, na América do Sul, a consolidar a implantação na Guiana holandesa – atual Suriname –, e no Extremo Oriente.

Dada a sua escassez de recursos humanos e a busca de alocação eficiente e rentável dos capitais, os neerlandeses teriam passado a rever a relação entre custos e benefícios da presença colonial em terras brasileiras. Depois de derrotados militarmente, e da 'capitulação', foram os colonizadores holandeses – longa e ricamente – indenizados por 'abandonarem' os seus interesses no Brasil. E, ainda por cima, coube ao Brasil pagar por considerável parcela disso.

Além de suportar a quase totalidade do esforço de guerra, para combater e expulsar os holandeses, coube aos brasileiros pagar pouco mais da metade da vultosa 'indenização de guerra' prometida pelos portugueses aos holandeses – e tudo isso, para conservar o jugo colonial português sobre os brasileiros. Para rematar, coube ainda ao Brasil custear o dote da infanta portuguesa, dada como noiva ao rei CARLOS II, da Inglaterra.[262]

"*Brasilia qua parte paret Belgis*", medindo 123x214 cm, gravado em metal por Johannes BLAEU, Amsterdã, 1646. A serviço da Companhia das Índias Ocidentais, MARCGRAF retrata o Nordeste brasileiro, quando de sua ocupação holandesa, mesclando elementos de cartografia usual e de história natural, com representações da flora e da fauna brasileiras, com vinhetas explicativas de Franz POST. Observa M. J. GUEDES: "O objetivo era legitimar e consolidar o controle de suas possessões" e opina "permanece como talvez o mais belo e ambicioso mapa do Brasil no século XVII". Ver tb. Paulo KNAUSS, Claudia RICCI, Maria Pace CHIAVARI, **Brasil** – uma cartografia (Rio de Janeiro: Casa da Palavra, 2010, esp. cap. 1 – *O Brasil a partir do Oceano: da disputa ao direito do mar*, p. 12-51, e cap. 2 – *O Brasil a partir da terra: da conquista dos sertões à soberania territorial*, p. 52-87).

[262] E. L. WOODWARD, **Uma história da Inglaterra** (do original **A History of England**, orig. publ. 1962, trad. Álvaro CABRAL, Rio de Janeiro: Zahar, 1964, cap. XII – *O reinado de Carlos II: a revolução de 1688: a guerra contra Luís XIV*, p. 138-149, cit. p. 138): "Se bem que a maioria das grandes medidas constitucionais e políticas do tempo de CROMWELL fosse anulada em 1660, a restauração de CARLOS II não foi uma contrarrevolução. Para a opinião contemporânea, olhando os acontecimentos mais de um ponto de vista legal do que histórico, o regresso da monarquia surgia, muito simplesmente, como uma reversão à forma de governo que existira anteriormente ao uso infeliz do poder real nas mãos de CARLOS I. Todavia a situação mudara num aspecto importante e CARLOS II dava-se bem conta dessa mudança. A monarquia fora derrotada uma vez e bem poderia voltar a sê-lo. Agora havia bem pouco perigo que fosse instaurado na Inglaterra um sistema de governo absolutista. O próprio Parlamento ganhara em experiência. As questões relativas à política externa, ao comércio e à religião já não mais eram alheias à sua competência". Ver tb. Alain MORVAN (études réunies par),

Contrariamente ao habitualmente propalado caráter heroico da 'reconquista' luso-brasileira, como apresentado por historiadores e outros autores nacionais, desde Francisco Adolfo de VARNHAGEN[263] e João CAPISTRANO DE ABREU,[264] passando por João Pandiá CALÓGERAS[265] e

Savoir et violence en Angleterre du XVIe au XIXe siècle (Lille: Publications de l'Université de Lille III – Travaux et recherches, 1987, *Préface*, p. 9-12, cit. p. 9): "Aux termes d'un discours non dépourvu de manichéisme, les deux concepts de savoir er de violence constitueraient un couple antithétique. Qui fortifie le premier chasserait du même coup la nécessité de la seconde. Cette idéologie optimiste est souvent démentie par les pesanteurs de la pensée et de l'histoire"; André MAUROIS, **História de Inglaterra** (do original **Histoire d'Angleterre**, s/d, trad. Maria Henriques OSSVALD, Lisboa: Aster, 1976, vol. II – Época moderna, livro V – O triunfo do Parlamento, p. 81-169).

[263] Francisco Adolfo de VARNHAGEN, Visconde de Porto Seguro (1816-1878), **História geral do Brasil** – antes de sua separação e independência de Portugal (São Paulo: Melhoramentos, 6ª ed. integral, 1959, tomo II, caps. XXVI a XXX, p. 139-332, e tomo III, caps. XXXI-XXXII, p. 11-128, cit. cap. XXXII, p. 90-91): "A capitulação foi assinada no dia 26 a noite, em vinte e sete artigos. Neles se estipulou o esquecimento do passado e a segurança da propriedade aos vencidos; consentindo-se a todos a demora de três meses para ultimarem seus negócios, podendo desse prazo em diante deixar a procuradores a incumbência de vender o que ainda lhes restasse. Igualmente se estipulou que durante quatro meses seriam respeitadas as embarcações holandesas que fossem chegando, que os dois governos das metrópoles se entenderiam acerca de quaisquer indemnizações, e que os holandeses que preferissem ficar no Brasil, em assuntos de religião seriam considerados como se residissem em Portugal." VARNHAGEN observava a seguir (op. cit., ed. cit., 1959, t. III, cap. XXXII, p. 97-98): "o perigo comum aumentou muito a tolerância dos povos de umas capitanias para as outras, e estabeleceu maior fraternidade; de modo que quase se pode assegurar que dessa guerra data o espírito público mais generalizado por todo o Brasil".

[264] João CAPISTRANO DE ABREU (1853-1927), **Capítulos de História colonial** (1500-1800) e **Os caminhos antigos e o povoamento do Brasil** (Brasília: Ed. UnB, 5ª ed., 1963, cap. 8 – *Guerras flamengas*, p. 99-120) assinalava o quadro de normalidade de relações comerciais entre Portugal e as Províncias Unidas, até o advento da união das coroas ibéricas (1580-1640): "quando a monarquia espanhola abarcou a península inteira e os inimigos de Castela passaram a ser os de Portugal", em 1585, "FELIPE II mandou confiscar os navios flamengos ancorados em seus portos, aprisionando-lhes as tripulações. O mesmo se fez em 90, 95, 99." Desse contexto de guerra, decorreram as investidas militares contra a colônia, e a implantação dos holandeses no Brasil, a partir de 1630. Depois da independência da Espanha, em 1. de dezembro de 1640, Portugal "tratou pactos de amizade com os adversários da monarquia espanhola" e "a 12 de junho de 1641 concluiu com a Holanda um tratado de aliança ofensiva e defensiva na Europa e nas colônias uma trégua de dez anos, que devia vigorar para os domínios da Companhia das Índias Orientais, um ano depois da ratificação do tratado, e nos da Companhia das Índias Ocidentais apenas a notícia de haver sido ratificado fosse transmitida oficialmente." CAPISTRANO DE ABREU descreve o fim do período (op. cit., ed. 1963, p. 118): "Um a um foram caindo os fortes holandeses; a 26 de janeiro de 1654 assinava-se a

Oscar PRZEWODOWSKI,[266] até chegar em José Honório RODRIGUES,[267] Hélio VIANNA,[268] Francisco IGLESIAS,[269] Miguel Augusto Gonçalves de

capitulação da Taborda, e terminava esta guerra, levada quase sem interrupções durante trinta anos." E conclui (op. cit., ed. 1963, p. 119 e 120: "Vencedores dos flamengos, que tinham vencido os espanhóis, algum tempo senhores de Portugal, os combatentes de Pernambuco sentiam-se um povo, e um povo de heróis." [...] "Passado o primeiro momento de entusiasmo, os reinóis quiseram reassumir a sua atitude de superioridade e proteção. Data daí a irreparável e irreprimível separação entre pernambucanos e portugueses."

[265] João Pandiá CALÓGERAS (1870-1934), **Formação histórica do Brasil** (orig. publ.1930, São Paulo: Nacional, 1972, *Lutas com a Holanda*, p. 17-18): "Em 1630, uma grande esquadra entrou em um porto da costa de Pernambuco e daí atacou as cidades principais da capitania: Olinda e Recife. Durante dois anos estiveram impossibilitados de alargar sua conquista, até que lograram obter o auxílio de um trânsfuga, Domingos Fernandes CALABAR. Com a cooperação desse valioso comparsa, ampliaram a área dominada à maior parte da costa dos hoje estados de Sergipe, Alagoas, Pernambuco, Paraíba, Rio Grande do Norte, Ceará, Piauí e Maranhão. Chegaram mesmo a atravessar o Atlântico, e apoderar-se de Loanda na África." Explica que ao tempo de união das coroas ibéricas, "Espanha não tinha tropas de reserva para remeter para a colônia americana contra os holandeses". E, depois da restauração da independência de Portugal, em 1640, "todas as energias do reino recém-liberto tinham de empregar-se na guerra contra Castela". De modo que "a colônia americana não poderia contar com auxílios quaisquer por parte da metrópole, e teriam de enfrentar, eles próprios, o peso da contenda." E desmancha-se em loas: "Venceram em toda a linha. Uma expedição naval zarpou do Rio, investiu Loanda e expugnou a guarnição holandesa dos fortes locais, forçando-a a embarcar de volta para os Países Baixos. Progressivamente, no Brasil, estavam os batavos sendo repelidos do interior para Olinda e Recife, até que, em 1654, tiveram de se render." A partir daí teria começado a percepção de identidade e de interesses próprios do Brasil: "A partir dessa fase começou o Brasil a pesar de mais em mais na política de Portugal. Na América, nasceu e iniciou seu desenvolvimento um sentimento nacional, a tomar consciência de sua valia."

[266] Oscar PRZEWODOWSKI, **O século XVII no seu sentido jurídico internacional** – o advento do direito das gentes GROTIUS (Rio de Janeiro: Jornal do Commercio / Rodrigues & Cia., 1941, cit. p. 65-66) reconhecia os méritos da administração do Conde João Maurício de NASSAU Sigen, no Recife: "A dominação holandesa no Brasil é um dos capítulos da longa e porfiada guerra pela posse ou pela liberdade dos mares, sustentada entre Espanha e Holanda. Do ponto de vista da unidade nacional foi-nos propícia, por certo, a vitória. Entretanto, tão extraordinária e tão liberal foi a administração de Maurício de NASSAU que não é descabido o preito de admiração que lhe rendeu a posteridade". E em relação ao Brasil, aduzia: "é indiscutível que a invasão holandesa, desenvolvendo nossa riqueza, fez apurar também o sentimento de nacionalidade" [...] "com a campanha holandesa também abrolhava entre nós inda que vago, o ideal de autonomia, que se incrementaria em todo o século XVIII, evidenciado surdamente em seus primórdios nos entrechoques dos Mascates e Emboabas, para ressurgir majestoso em TIRADENTES (1789), por outro lado, no campo internacional, as tendências monopolizadoras iam desaparecendo, a liberdade de comércio não tardaria a se impor, como um postulado da civilização, que já aceitara a liberdade dos mares / Realizou-se a profecia

de GROTIUS: *Si ita necesse, est, perge gens mari, invictissima, nec tuam tantum, sed humani generis libertatem audacter propugna* – se tanto for preciso, ela, gente ousada, perlustra os mares e luta, sem temor, não só pela tua liberdade mas pela da humanidade inteira". E conclui (op. cit., 1941, p. 100): "A invasão holandesa no Brasil, além de incentivar o desenvolvimento econômico do nosso país, despertou nele a ideia de autonomia, que jazia latente na alma da nacionalidade. A insurreição pernambucana que, de vitória em vitória, pôs termo à luta, revela, em pleno século XVII, a potencialidade de uma raça."

[267] José Honório RODRIGUES (1913-1987), **Civilização holandesa no Brasil** (São Paulo: Nacional, 1940, col. Brasiliana, vol. 180) teve o mérito de divulgar numerosas fontes holandesas, até então não utilizadas por outros historiadores brasileiros, que dada a barreira da língua, normalmente se valiam da obra clássica de NETSCHER, a respeito do tema, publicada em francês, em 1853. Ver tb. José Honório RODRIGUES, **Historiografia e bibiliografia do domínio holandês no Brasil** (Rio de Janeiro: Instituto Nacional do Livro, 1949).

[268] Hélio VIANNA (1908-1972), **História do Brasil** (rev. e atualizada por Américo J. LACOMBE, São Paulo: Melhoramentos – Edusp, 12ª ed., 1975, cap. XV – *Os holandeses no Brasil*, p. 139-162) na mesma linha de J. CAPISTRANO DE ABREU (op. cit., ed. cit., 1963) assinalava (p. 139) "mantinha Portugal uma política de paz com os países europeus, não se imiscuindo nas lutas que os separavam, notadamente as de religião". O quadro muda após a união das coroas ibéricas: "com ele passaram a ser inimigos desse país todos que o fossem da Espanha, ao contrário do que antes acontecia". E descreve o final do período (p. 160-161), com a celebração da Capitulação de 26 de janeiro de 1654, na campina do Taborda, próxima ao Forte das Cinco Pontas: "Completa era a vitória dos luso-brasileiros, duramente conseguida." E especifica os termos da referida 'rendição': "De acordo com os termos da rendição final, os vencedores comprometeram-se a respeitar as propriedades dos vencidos; concediam-lhes o prazo de três meses para que ultimassem os seus negócios no Brasil; teriam transporte para a Europa; entregariam todas as outras praças ainda em seu poder, com a respectiva artilharia e munições de guerra." E concluía H. VIANNA (op. cit., 12ª ed., 1975, p. 162): "Diminutas foram, portanto, as consequências materiais da tentativa de fixação no Brasil, durante um trintênio do século XVII sustentada pela holandesa Companhia privilegiada das Índias Ocidentais. Grandes foram, porém, as consequências morais dessa insólita invasão e empresa de corso, que jamais chegou a revestir-se das características de verdadeira colonização. Mostrou que os luso-brasileiros sabiam resistir às pretensões de aventureiras empresas estrangeiras, e que os descendentes de portugueses, aliados a negros e indígenas, já iam formando uma pátria, consciente de sua grandeza e unidade."

[269] Francisco IGLESIAS (1923-1999), **Trajetória política do Brasil** 1500-1964 (São Paulo: Companhia das Letras, © 1993, 4ª reimpr., 2001, parte I – Brasil português: 1500-1822, cap. 2 – O período filipino, esp. *Holandeses no Nordeste*, p. 40-44, cit. p. 43): "Pela primeira vez, o Brasil conhecia tamanha afronta. Daí o despertar dos brios portugueses e nativos: colonizadores e brasileiros, brancos, índios e negros uniram-se na defesa da terra. Como símbolo dessa solidariedade na resistência, ficaram o negro Henrique DIAS, o branco André VIDAL e o índio CAMARÃO. Empenharam-se antes em guerrilhas e emboscadas, pois o invasor era mais equipado militarmente. A grande insurreição começa em junho de 1645, tendo como principal figura o fazendeiro João Fernandes VIEIRA. O clima era mais favorável com a partida de NASSAU e novas direções sem a mesma eficiência e lucidez."

SOUZA,[270] Ronaldo VAINFAS,[271] Evaldo Cabral de MELLO,[272] Dante Martins TEIXEIRA,[273] ou ainda Adriana LOPEZ e Carlos Guilherme MOTA.[274] Com certa reserva, sopesa Boris FAUSTO.[275] Em certa medida, o mesmo tom se observa também por parte de historiadores estrangeiros, como Gottfried Heinrich HANDELMANN[276] e Charles Ralph BOXER.[277]

[270] Miguel Augusto Gonçalves de SOUZA (1926-), **O descobrimento e a colonização portuguesa no Brasil** (Belo Horizonte: Itatiaia, 2000, cap. IX – *Ameaças externas*, p. 375-425, item 9.3 – *Da Holanda*, p. 404-418, cit. p. 406, e a seguir, p. 416-417) menciona o "prospecto de autoria do comerciante Jan Andries MOERBECK, editado em 1624, na cidade de Amsterdã, sob a denominação de "Motivos porque a Companhia das Índias Ocidentais deve tentar tirar do rei da Espanha a terra do Brasil, e isto quanto antes', conhecendo-se, deste documento, tradução portuguesa publicada, no Rio de Janeiro, no ano de 1942, pelo Instituto brasileiro do açúcar e álcool". Em avaliação do conjunto dos enfrentamentos observa "Portugal, para preservar sua colônia sul americana – em verdade preservada pela obstinação dos habitantes da terra –, as possessões em África, e a sua integridade territorial, na Europa, arcou com elevado ônus consubstanciado em concessões no oriente, privilégios comerciais, e a soma de quatro milhões de cruzados, pagos em dezesseis anos, à razão de duzentos e cinquenta mil cruzados anuais, competindo ao Brasil o pagamento de cento e vinte mil cruzados, anualmente, acrescido do dote de mais 20.000 cruzados pagos para o casamento de sua infanta CATARINA, com o rei da Inglaterra, CARLOS II, a cuja vigorosa pressão deverá ser creditada, finalmente, a paz. / A vitória sobre os holandeses resultou da obstinada luta de todas as raças e classes, proprietários e campesinos, habitantes das cidades e das áreas rurais, brancos, índios, negros, mamelucos e mestiços de variadas origens, reinois, ilhéus e nativos, todos, na fase final da resistência, solidamente unidos contra o invasor". Ainda ensaia comparação entre os modelos coloniais então adotados: "A estrutura de comercialização a que estavam vinculados os holandeses, própria da nascente, dinâmica, calvinista e próspera sociedade capitalista e burguesa que predominava nos Países Baixos, não poderia se harmonizar com o sistema político, social e econômico estatal, burocrático, centralizador, partidário de privilégios e seguidor do ideário da Contrarreforma implantado, pelo estamento, em Portugal, e para aqui transplantado / Por isso mesmo é que foi possível, na luta final contra os neerlandeses, a partir de 1645, congregar, sob o comando das camadas dirigentes, civis, eclesiásticas e econômicas, a unanimidade dos segmentos da sociedade colonial, composta por brancos, índios e pretos".

[271] Ronaldo VAINFAS (1956-) (direção de), **Dicionário do Brasil colonial** 1500-1808 (Rio de Janeiro: Objetiva, 2000, *Maurício de NASSAU*, p. 385-386), a respeito do período NASSAU no governo do Brasil holandês (1636-1644): "Historiadores do século XIX consideraram seu período como *idade de ouro* do domínio holandês". [...] "O governo nassoviano promulgou leis devotadas à inserção dos luso-brasileiros no domínio holandês, impedindo injustiças contra os antigos moradores. Investiu na produção açucareira, confiscou e levou a leilão os engenhos abandonados. Conclamou os senhores de engenho a voltar para os engenhos e canaviais, e procurou também diversificar a produção, incentivando, principalmente, a lavoura de mantimentos". [...] "NASSAU promoveu reformas de caráter urbanístico e sanitarista, pioneiras na América do Sul. Ruas e praças de Recife receberam calçamento, permitindo a fácil

circulação de carroças pesadas. As construções mais inovadoras foram as duas enormes pontes entre Recife, Maurícia e o continente. As pontes e os palácios de Boa Vista e Vrijburg foram erguidos para aumentar o prestígio do governo holandês". [...] "Sob o patrocínio de NASSAU, uma missão composta de naturalistas e pintores dedicou-se a estudar e representar a natureza, a geografia e os ameríndios. Produziu um rico acervo iconográfico e documental caracterizado por aglutinar interesses científicos, comerciais e artísticos." [...] "A estabilidade da conquista dependia dessa comunidade que vivia acuada por dívidas e antagonismos religiosos" entre calvinistas, católicos e judeus, bem como cristãos-novos portugueses, muito divididos nesse período. E conclui: "a independência de Portugal, em 1640, tornou-se mais um problema para o domínio holandês. Os luso-brasileiros acreditavam no possível apoio da antiga metrópole lusitana, o que acirrou a resistência e inviabilizou o pacto com os holandeses".

[272] E. Cabral de MELLO (1936-) (org.), **O Brasil holandês 1630-1654** (op. cit., 2010); Evaldo Cabral de MELLO, **Olinda restaurada** – guerra e açúcar no Nordeste 1630-1654 (Rio de Janeiro/São Paulo: Forense / Edusp, 1975, p. 177-178): "A guerra não afetou em profundidade a escravidão como sistema nem a noção do escravo como objeto, passível de apropriação, inclusive pela violência e pelo roubo."

[273] Dante Martins TEIXEIRA, *O diário de viagem de Caspar Schmalkalden ao Novo Mundo (1642-1645)* (in **Brasil Holandês** – A viagem de Caspar Schmalkalden de Amsterdã para Pernambuco no Brasil, Rio de Janeiro: Ed. Index, 1998, vol. I, p. 9-17, cit. p. 10 e p. 13): "a invasão do nordeste do Brasil surge como um mero episódio na fulminante ofensiva da burguesia holandesa em todo o mundo, cuja expansão obedecia às regras básicas de um capital mercantil, que se revelava muito distinto do 'pacto colonial', empregado por Portugal e Espanha em relação aos seus domínios no ultramar." [...] "Profundamente marcada pelo fortalecimento de uma burguesia mercantilista, a Europa do século XVII assiste a uma modificação radical de velhos hábitos, onde a rigorosa ordem imposta pelas elites dominantes na defesa de seus privilégios resistia às mudanças de um mundo em rápida modificação após o colapso da sociedade feudal. Nesse quadro conturbado, a crescente expansão europeia abre novos horizontes para vastas camadas da população que procuravam fugir de uma realidade esmagadora e acalentavam a possibilidade de uma ascensão social sem precedentes, embalada pelos sonhos dos fabulosos tesouros a serem conquistados no além-mar."

[274] Adriana LOPEZ, **Guerra, açúcar e religião no Brasil dos holandeses** (São Paulo: Ed. Senac, 2002); Adriana LOPEZ e Carlos Guilherme MOTA, **História do Brasil** – uma interpretação (São Paulo: Ed. Senac, 2008, cap. 8 – *As guerras contra os holandeses*, p. 119-140, cit. p. 138): "Em 1648, numa expedição organizada por Salvador CORREIA DE SÁ E BENEVIDES, governador do Rio de Janeiro, os portugueses recuperaram Luanda, na África. Em 1654, os holandeses abandonaram Recife, expulsos pelas armas que as forças luso-brasileiras tinham adquirido dos próprios comerciantes holandeses".

[275] Boris FAUSTO (1930-2023), **História concisa do Brasil** (São Paulo: Edusp – Imprensa oficial do estado, 2001, 1.6 – *União ibérica e seus reflexos no Brasil*, p. 44-48, cit. p. 47) mostra a evolução do 'perfil' da guerra contra os holandeses: "Os recursos levantados localmente para a guerra no Nordeste representaram dois terços dos gastos na fase de resistência e a quase totalidade na luta de reconquista. Da mesma forma, enquanto na primeira fase da guerra tropas formadas por portugueses, castelhanos e mercenários napolitanos foram amplamente majoritárias, na segunda fase soldados da terra e, mais ainda, gente de Pernambuco tiveram

O Brasil pode ter sido considerado demasiadamente distante e custoso para ser mantido, no curso do século XVII. Depois da situação, criada pelas armas, com a expulsão dos holandeses, em 1654, não se negligencie esse dado: o fim do interlúdio holandês no Brasil,[278] veio a ser regiamente indenizado.

superioridade numérica. A mesma coisa ocorreu com relação ao comando militar. Foram esses homens os principais responsáveis pela tática de guerra volante, 'a guerra do Brasil' em oposição à 'guerra da Europa', de que resultaram vitórias decisivas sobre os holandeses". Mas ressalva, imediatamente a seguir: "Sublinhar o papel das forças locais não significa que elas constituíssem um exército democrático, um modelo da 'união das três raças'. [...] Na verdade, os holandeses contaram sempre com a juda de gente da terra, entre vários senhores de engenho e lavradores de cana ou entre grupos mal ou não integrados à ordem colonial portuguesa, como cristãos-novos, negros escravos, índios tapuias, mestiços pobres e miseráveis."

[276] Gottfried Heinrich HANDELMANN (1827-1891), **História do Brasil** (orig. publ. na Alemanha, em 1860, primeira edição brasileira, 1930, trad. Lucia Furquim LAHMEYER, anotada por Basílio de MAGALHÃES e Odilon Nogueira de MATOS, intr. Odilon N. de MATOS, Belo Horizonte: Itatiaia – São Paulo: Edusp. 4ª ed., 1982, 2 tomos, vol. I, cap. V – *Os holandeses no Brasil*, p. 167-198, esp. p. 193-194) observava as condições da colônia holandesa no Recife, e ao esforço de Maurício de NASSAU em fazer regressar a população de língua portuguesa, que tinha emigrado, em razão da conquista holandesa. Se isso, de um lado, deu novo impulso à agricultura, "por outro lado, porém, não deixou de ter seus inconvenientes, pois muitos portugueses que, por esse modo, obtiveram grandes propriedades, muito se endividando por isso perante o governo holandês, não almejaram outra coisa senão uma revolução, a fim de se libertarem ao mesmo tempo desse governo e do peso de sua dívida. / Não se pode em absoluto afirmar que a maioria dos brasileiros-portugueses assim pensassem; a origem régia, o cavalheirismo e a amável simplicidade do conde Moritz fizeram muito boa impressão sobre eles, e além disso percebiam que ele desejava seriamente atender tanto quanto possível aos melindres de sua nacionalidade e crença."

[277] Charles Ralph BOXER (1904-2000), **Salvador de Sá e a luta pelo Brasil e Angola** 1602-1686 (orig. publ. **Salvador de Sá and the struggle for Brazil and Angola** 1602-1686, em 1952, trad. Olivério M. de Oliveira PINTO, São Paulo: Nacional-Edusp, 1973, cit. p. 401): "O século da história brasileira que se inicia em 1580 com a tomada do trono português por FELIPE II, e encerra-se em 1680 com a fundação da colônia do Sacramento, na margem do Rio da Prata, bem pode ser chamado 'o século do açúcar'. Os revoltosos pernambucanos de 1645, com muita propriedade, fizeram do açúcar a sua senha, e os escravos teriam sido a contra-senha lógica de que eles necessitavam. O tráfico do açúcar e o tráfico negreiro, seu corolário, foram os dois pilares sobre os quais se construiu a sociedade da colônia em sua fase de gestação."

[278] Boris FAUSTO (op. cit., 2001, cit. p. 48): "A forma pela qual se deu a expulsão dos holandeses impulsionou o nativismo pernambucano. Ao longo de duzentos anos, até a Revolução Praieira (1848), Pernambuco tornou-se um centro de manifestações de autonomia, de independência e de revolta aberta. Até a Independência, o alvo principal era a metrópole portuguesa; depois dela, preponderou a afirmação de autonomia da província, muitas vezes colorida com tintas de reivindicação social. O nativismo teve conteúdos variados, ao longo dos anos, de acordo

Após seis décadas de união das coroas ibéricas (1580-1640), a revolta portuguesa contra a Espanha foi rápida e decisiva. As tropas espanholas foram expulsas e o duque de BRAGANÇA, bisneto de EDUARDO, o segundo filho do rei dom MANUEL, o venturoso, que, assim, descendia em linha direta da casa de AVIZ, tornou-se o rei JOÃO IV de Portugal. Isso não somente representou golpe considerável para as pretensões hegemônicas da Espanha,[279] no continente europeu, como também fez voltarem aos seus descobridores e ocupadores os imensos territórios coloniais lusitanos.[280]

Após a restauração da independência portuguesa, a seguir teriam lugar as negociações de paz entre Portugal e os Estados Gerais dos Países Baixos. Essas negociações, começadas já em 1641, somente terminariam vinte anos depois, em 1661. Contaram com a mediação inglesa, graças à aliança, resultante do casamento da infanta D. Catarina de Bragança, com CARLOS II da Inglaterra.

As disposições de paz foram estipuladas no tratado da Haia, de 1661. De acordo com suas disposições, desistiam os holandeses de suas pretensões a quaisquer pontos do Brasil, mediante o pagamento da vultosa indenização de quatro milhões de cruzados, pagos durante 16 anos, em prestações anuais de 250.00 cruzados. Destes, competiria ao Brasil pagar 120.000, a cada ano, por "sua libertação", mais 20.000 de contribuição para o dote da infanta.[281] Outras concessões, como a comerciarem e residirem os holan-

com as situações históricas específicas e os grupos sociais envolvidos. Mas se manteve como referência básica no imaginário social pernambucano".

[279] Gregorio MARAÑON, na sua biografia de **Olivares** – der Niedergang Spaniens als Weltmacht (do original **El Conde-Duque de Olivares – La pasión de mandar**, s/d, übersetzt und eingeleitet von Ludwig PFANDL, München: Hermann Rinn, s/d, *Published under Military Government Information Control License Nr. US-E-161,* cap. XVIII – *Die Aussenpolitik*, p. 299-319, cit. p. 318-319).

[280] Sobre a evolução da configuração do território brasileiro, à luz do direito internacional, ver **Tratado** (tomo 2 – **Direito internacional dos espaços**, caps. 27 – território brasileiro e direito internacional e 28 – fases da formação do território brasileiro: algumas lições de direito internacional, bem como tomo 20 – **Direito internacional, história e cultura**, cap. 2).

[281] H. VIANNA, **História do Brasil** (ed. cit., 1975, p. 160-161). Ver tb. F. IGLESIAS, **Trajetória política do Brasil** (ed. cit., 2001, p. 44): "Como é comum em tratados portugueses – econômicos ou políticos –, a Holanda cobrava alto, exigindo restituição de armas, liberdade religiosa, favores ao seu comércio e a elevada indenização de 4 milhões de cruzados. A ser paga em dezesseis anos, em prestações anuais de 250.000 cruzados, devendo o Brasil participar com 120.000 por ano".

deses em domínios portugueses, aqui não tiveram efeito. Muito poucos foram os que no Brasil permaneceram.[282]

Tanto mais custoso manter o empreendimento ultramarino brasileiro, enquanto as Províncias Unidas, como sabido, estavam engajadas em sucessivas guerras com a Espanha, a França, a Inglaterra e a Suécia. Outras prioridades se teriam colocado, também no extraordinário florescimento do surto ultramarino, em função do imperativo de aceder às fontes de comércio e de riqueza que os embargos opostos pela Espanha à navegação da Holanda lhes negava.

Nessa mesma altura, durante meio século, os holandeses também estiveram presentes na América do norte, na Nova Amsterdã, que hoje é a cidade de Nova York.[283] Em 1614, os holandeses construíram um forte no sul da ilha de Manhattan, e – no mesmo ano da publicação da obra maior de GRÓCIO, então no exílio em Paris – em 1625, estabeleceram a colônia da Nova Holanda, com a sua capital, Nova Amsterdã (*Nieuwe Amsterdam*). Em 1626, Peter MINUIT teria comprado dos índios a totalidade da ilha, em nome da Companhia Holandesa das Índias Ocidentais, supostamente dando em pagamento contas de vidro.

Em 1664, os ingleses tomam a antiga colônia holandesa, e esta passou a se chamar Nova York. Retomado o controle pelos holandeses, em 1673; foi por eles novamente perdida a cidade, no ano seguinte.

Uma das facetas, o processo colonizador teria sido um dos dados pelos quais a Holanda tornou-se, no umbral de seu século de ouro, a 'primeira

[282] Como mencionado acima, e cabe insistir, foi no mínimo curiosa a situação da 'libertação', porquanto tinham os luso-brasileiros desempenhado a maior parte do esforço de guerra contra os holandeses; mas, depois da expulsão destes, para o pagamento da indenização pactuada por Portugal, coube ao Brasil financiar a sua permanência sob o jugo colonial português – arcando com mais da metade da conta.

[283] Oficialmente *New York City*. Ver Patrick MASELIS, **Dos Açores ao Zaire** – todas as colônias belgas nos seis continentes (1451-1916) (orig. publ. **Van de Azoren tot de Zuidpool**, 2005, trad. Accolade Language Services Vichte, Roeselare, Bélgica: Roularta Books, 2005, cap. III – *A Nova Bélgica – Fundação de Nova Iorque por alguns valões (1623-1664)*, p. 36-49, cit. p. 41-42): "Em 1625, Pierre MINUIT de Ohain, Brabante da Valônia, foi nomeado governador de Nova Holanda. Foi ele quem, a 4 de maio de 1626, comprou a ilha de Manhattan, por 60 florins, aos índios Mohawk. / Por fim, em 1630, DE PAUW, natural de Gand, comprou Staten Island. / Daí em diante os nortenhos adquiriram cada vez mais poder. O que não significa que os neerlandeses do Sul não tenham igualmente desempenhado um papel importante. Por exemplo, o secretário do conhecido governador Peter STUYVESANT, dos Países Baixos do Norte, era um flamengo, Carel VAN BRUGGE".

economia moderna' e a principal potência marítima.[284] A partir da independência, abre-se o assim chamado "século de ouro holandês", no qual se exprimem as contradições entre a livre navegação – a célebre controvérsia em torno do *mare liberum* –[285] na teoria e na prática,[286] e também quanto aos elementos caracterizadores da identidade e do 'destino' nacional:

[284] E. Cabral de MELLO (op. cit., 2010, *Introdução*, p. 11-25, cit. p. 11): "a independência nacional e a expansão colonial marcharam de mãos dadas no decurso dos oitenta anos de guerra contra a Espanha (1568-1648)"; v. tb. Peter PADFIELD, **Maritime supremacy and the opening of the Western mind**: naval campaigns that shaped the modern world 1588-1782 (orig. publ. 1999, Londres: Random House, 2000, *Introduction*, p. 1-6, cit. p. 1) compreensivelmente traz seu tema como dado crucial para a supremacia marítima como a chave para a compreensão "de muitas se não de todas as grandes questões da história moderna, e certamente a questão de saber como e porque as democracias ocidentais são o que são" a ponto de afirmar sermos: "We are the heirs of maritime supremacy. Our civilization (if we can lay so large a claim), our beliefs, our dominance are products not of superior minds or bravery, cunning, greed or ruthlessness – common attributes of mankind – still less of the Christian religion, the 'Protestant work ethic' or blind chance, but of the particular configuration of seas and land masses that has given the advantage to powers able to use and command the seas. It has been an evolutionary process. In the unrelenting struggle of peoples, those ascendant at sea have, at least in the modern era, proved consistently successful either singly or in alliance against those with a territorial power base; hence it is the system of beliefs and of government associated with supreme maritime power that has prevailed".

[285] Como se examina no **Tratado** (tomo 3 A – **Direito internacional no tempo antigo**, item 2.1 – a controvérsia entre Hugo GRÓCIO e Serafim de FREITAS) e também neste tomo, item 18.4 – mare liberum; ver tb. C. H. ALEXANDROWICZ, **Treaty and diplomatic relations between European and South Asian powers in the seventeenth and eighteenth centuries** (RCADI, 1960, t. 100, pp. 203-322); ___, *Freitas versus Grotius* (orig. publ. 1959, in **The Law of Nations in global history**, ed. by D. ARMITAGE and J. PITTS, Oxford: Univ. Press, 2017, chap. 8, p. 121-139, cit. p. 137-138): "GROTIUS and FREITAS were not the only participants in the battle of wits around the freedom of the high seas and the problem of relations between European and Asian Powers. GENTILI (1552-1608) concerned himself with these questions earlier and it is interesting to note that his views were in many respects similar to those of FREITAS. [...] similarly to FREITAS but unlike GROTIUS, he envisages a state of affairs between Christian and Islamic Powers which reflected Jihad and the Christian counter-doctrine to a great extent formulated on the basis of Canon law. In the field of maritime law also there significant similarities between both writers. [...] Thus he comes near to FREITAS's conception of quasi-possession of the sea without attempting a more precise definition."

[286] P. PADFIELD (op. cit., 1999, ed. 2000, chap. 4 – *The Dutch Golden Age*, p. 68-86, cit. p. 83): "As for GROTIUS's argument for the freedom of the seas, it appears disingenuous or willfully blinkered. It was the natural position to take in European waters where Dutch ships were the universal carriers, in the former Portuguese stronghold on the West African coast, however in eastern seas and off Brazil, the WIC and VOC protected their monopoly spheres as forcibly

Em perspectiva universal, a área na qual a sociedade holandesa parecia mais de perto com a metáfora calvinista da humanidade perdida num labirinto do qual não há escapatória estava na atitude desta com o mundo natural. Os holandeses, logicamente, não eram os únicos a acreditar na primazia da humanidade. O catolicismo, tanto quanto o humanismo, punham o homem no pináculo da ordem natural, e os selvagens, tanto quanto os povos civilizados da Europa, exerciam domínio sem hesitar sobre as outras espécies, com as quais dividiam a terra.[287] [...]
Há muito eles tinham feito do Mar do Norte a sua reserva de pesca – *fishing grounds their own* –, e em meados do século, os seus navios baleeiros tinham se tornado predominantes nas águas do Norte, enquanto as implantações para processamento de baleias e reservatórios de óleo ocupavam ampla seção do noroeste de Amsterdam. Em terra, a criação seletiva tinha produzido carne e produtos lácteos de boa qualidade, bem como eram abundantes frangos, gansos e aves de caça, como demonstram pinturas e desenhos de cozinhas holandesas, carregadas até o teto. Como notado, as pessoas gozavam de dieta variada e abundante, que não podia ser encontrada em outras regiões, e apesar do preceito humanista de se encontrar a justa medida entre a frugalidade e o excesso de indulgência, se locupletavam em escala que deixava admirados os visitantes.[288]

as the Portuguese or Spanish ever had. And one of their most conspicuous violations of *mare liberum* was in their own border, where in order to preserve the primacy of Amsterdam they had forced the closure of the river Scheldt to trade."

287 P. PADFIELD (op. cit., 1999, ed. 2000, chap. 4 – *The Dutch Golden Age*, p. 68-86, cit. p. 84): "CALVIN's repudiation of hierarchy and the role of the intellect should, perhaps, have caused the Reformed church to moderate its teachings on man's superiority to 'lower animals'. The conceits of humanism are more apparent. In parallel with their exploitation of more weakly armed native peoples encountered around the world, the Dutch had reduced all creatures to commodities for the purposes of trade or consumption, sport, scientific inquiry or classification. In this they were no different from other Europeans having far greater capital resources, they were simply more successful over a wider range."

288 P. PADFIELD (op. cit., 2000, p. 84): "Normal as this undoubtedly was, it still seems remarkable that in this sanctum of free thought and free expression no one of influence appears to have raised a voice against the assumptions underlying such wholesale massacre, deeply embedded though they were in Old Testament and Christian doctrine that all creatures were provided by God for man's use, enjoyment and consumption."

Vive-se esse paradoxo entre a liberdade interna e a opressão colonialista, para extrair riquezas de outros povos 'mais fracos' ou 'menos organizados'. E canalizar grandes lucros para o mercado interno.[289]

No caso do "século de ouro" holandês, esse florescimento não representou somente dinheiro e intensa atividade mercantil, mas também se refletiu em civilização especificamente holandesa, como antes nunca tinha existido, e esta se exprime nas artes do período, como na pintura,[290] e nesta, em meio a tantos nomes relevantes, como Johannes VERMEER,[291] Franz HALS, Jan STEEN, Jacob VREL, cabe destaque absoluto para a expressão maior que foi o genial REMBRANDT.[292]

[289] A respeito, ver **Tratado** (tomos 14 a 17 – **Direito internacional no tempo do colonialismo**, os itens introdutórios – *colonialismo no tempo e no espaço,* bem como *direito internacional, colonialismo e suas contradições* e ainda *colonialismo e hipocrisia da suposta 'missão civilizadora do homem branco,* bem como no cap. 3 – a colonização holandesa).

[290] Bob HAAK, **The Golden Age** – Dutch Painters of the Seventeenth Century (translated from the Dutch and edited by Elizabeth WILLEMS-TREEMAN, Londres: Thames & Hudson, 1984, cit. p. 14): "The great flowering of the Northern Netherlands in the seventeenth century can be understood only in the light of the tremendous changes that took place during the sixteenth century in the political, economic, religious, social and cultural spheres."

[291] Arthur K. WHEELOCK Jr. (editor), **Johannes Vermeer** (Washington: National Gallery of Art / The Hague: Royal Cabinet of Paintings Mauritshuis, 1996).

[292] REMBRANDT Harmenszoon Van Rijn (1606-1669), pintor, gravador e desenhista holandês, um dos maiores artistas de todos os tempos, notabilizou-se pela expressão do mundo interior de seus personagens, através da pintura, utilizando poses despretensiosas em meio a penumbra, na qual faz fundir-se a sombra e a luz, por meio de sutis passagens, de cor e de luminosidade. Tem dimensão universal, ao mesmo tempo em que foi extremamente pessoal, no tratamento dos temas. Dentre enorme literatura disponível a respeito, veja-se: Svetlana ALPERS, **O projeto de Rembrandt** – o ateliê e o mercado (orig. publ. **Rembrandt's enterprise** – the studio and the market, 1988, trad. Vera PEREIRA, coord. Sérgio MICELI, São Paulo: Companhia das letras, 2010); Onno BLOM, **Young Rembrandt** – a biography (orig. publ. **De jonge Rembrandt**, 2019, translated by Beverley JACKSON, London: Pushkin Press – Nederlands letterenfonds / Dutch foundation for literature, 2019); Horst GERSON, **Rembrandt et son oeuvre** (texte français de Jean CARRÈRE et Jeanine CARLANDER, Fribourg: Medea Diffusion, orig. publ. 1968, impr. 1980); Eva Ornstein VAN SLOOTEN et al., **Rembrandt e a arte da gravura** (curadores Ed de HEER et al., Brasília / São Paulo: Centro Cultural Banco do Brasil, 2002); Sophie Renouard de BUSSIÈRE, **Rembrandt eaux-fortes** (Paris: Musée du Petit Palais / Musée des Beaux Arts de la ville de Paris, 2006-2007), e também a pouco convencional e instigante biografia, escrita por Simon SCHAMA, **Rembrandt's Eyes** (Londres: Penguin, orig. publ. 1999, impr. 2000).

Não por acaso, pensadores cruciais da era moderna viveram e trabalharam nos Países Baixos, como o francês René DESCARTES (1596-1650),[293] durante trinta anos,[294] e toda a vida de Benedito de ESPINOZA

[293] René DESCARTES, também referido como Renatus CARTESIUS, filósofo, matemático e naturalista francês, considerado um dos fundadores do Racionalismo da era moderna e 'pai da filosofia moderna' – não somente em fontes francesas, mas tb. por exemplo Wolfgang HILBER, **Lexikon der Philosophie** (Königswinter: Tandem, 2009, p. 85-87). Em sua formação humanista no colégio jesuíta de La Flèche, que frequentou de 1604 até 1614, confrontou-se com o pensamento escolástico, e teve também influência de Galileu GALILEI (1564-1642). A seguir, além de filosofia, estudou também direito, medicina e matemática, até 1616, em Poitiers. De 1616 a 1621 esteve no serviço militar da Baviera e de Nassau, que o fez conhecer considerável extensão da Europa. Depois do fim do seu serviço militar, prosseguiu com as viagens, que o fizeram encontrar muitos sábios europeus. A partir de 1621, estabeleceu-se nos Países Baixos, onde deu intensivo prosseguimento aos seus estudos filosóficos e de ciências naturais. Pouco antes de sua morte, DESCARTES atendeu a convite da rainha CRISTINA (1626-1689) da Suécia, para integrar a sua corte, onde logo depois veio a morrer, em razão de infecção pulmonar. DESCARTES parte da premissa de que todos os fenômenos da natureza podem ser compreendidos e explicados por meio da razão. Como fundamentos da sua doutrina, contam-se a dúvida e a superação desta. Como 'normas para a direção do espírito', enfatizava DESCARTES, *Règles pour la direction de l'esprit* (in **Oeuvres et lettres**, Paris: Gallimard-Pleiade, 1996, p. 53) a necessidade de distinguir as coisas mais simples das mais complicadas, e buscá-las com ordem: « Pour distinguer les choses les plus simples de celles qui sont compliquées et pour les chercher avec ordre, il faut, dans chaque série de choses où nous avons déduit directement quelques vérités d'autres vérités, voir quelle est la chose la plus simple, et comment toutes les autres en sont plus, ou moins, ou également éloignées. » Observava Paul ZUMTHOR, **A Holanda no tempo de Rembrandt** (do original **La vie quotidienne en Hollande au temps de Rembrandt**, © 1959, trad. Maria Lúcia MACHADO, São Paulo: Companhia das Letras, 1989, p. 140-141) a frequente ocorrência de estrangeiros na Universidade de Leiden, dentre os quais alemães, franceses, dinamarqueses, suecos, poloneses, húngaros, ingleses, E Guez de BALZAC, Théophile de VIAU e René DESCARTES contam-se entre os franceses que estudaram em Leiden. A Universidade de Franeker, "a despeito de sua situação geográfica afastada, apresentava atrativos suficientes para que DESCARTES nela se fizesse matricular em 1629" e ponderava: "Os estabelecimentos neerlandeses de ensino superior apresentavam, em relação a quase todos os do resto da Europa, a vantagem de sua novidade. Criados do nada, não estavam ligados a uma tradição medieval, difícil de ser rompida. Soprava neles um espírito novo". [...] "As ciências em que mais brilhavam as faculdades neerlandesas representavam as conquistas mais recentes do espírito: filologia greco-latina, estudo das línguas orientais, anatomia, astronomia, botânica e a química nascente, ramos de um humanismo moderno, fundado na linguística, na história e nas ciências da natureza".

[294] Paul ZUMTHOR, **A Holanda no tempo de Rembrandt** (do original **La vie quotidienne en Hollande au temps de Rembrandt**, © 1959, trad. Maria Lúcia MACHADO, São Paulo: Companhia das Letras, 1989, p. 308-309) comentava o caráter cosmopolita, sensível em todas as camadas da população das grandes cidades das Províncias Unidas, no século de ouro, desde operários, a estudantes provenientes de muitas partes da Europa, e também "aos sábios

(1632-1677).[295] Isso foi possível em razão da liberdade intelectual lá reinante,[296] em contraste com as restrições enfrentadas, na época, em outras regiões.[297] Cabe, ainda, assinalar:

estrangeiros aos quais as universidades ofereciam cátedras, e entre os quais os franceses sobretudo eram numerosos, outros vinham pedir aos Países Baixos simplesmente o asilo de sua paz. DESCARTES viveu trinta anos (de 1618 a 1619 e de 1620 a 1649) à sombra das escolas de Leiden, de Amsterdam e de Franeker, onde estabeleceu laços com tudo o que a República oferecia em matéria de espíritos eminentes ou curiosos."

[295] Baruch de SPINOZA, também referido como DESPINOZA e Benedictus de SPINOZA, filósofo holandês, considerado um dos mais expressivos representantes do panteísmo e do racionalismo da era moderna. Nascido em família judia, estudou além das escrituras também obras filosóficas, dentre as quais as de René DESCARTES (1596-1650) exerceram sobre ele grande influência – enfatizado não somente por fontes francesas, mas também Wolfgang HILBER, **Lexikon der Philosophie** (Königswinter: Tandem, 2009, p. 369-370): "seine unorthodoxe Weltanschaaung führte 1656 zu seiner Auschluss aus der jüdischen Gemeinde" – sua visão de mundo pouco ortodoxa levou-o a ser desligado da comunidade judaica, em 1656. A seguir SPINOZA trabalhou como polidor de lentes, bem como recebeu ajuda de alguns amigos, para se manter. Recusou SPINOZA uma cátedra de filosofia na Universidade de Heidelberg, para poder manter a sua liberdade de pensamento. Morreu na idade de 45 anos, de doença pulmonar. Durante a vida do autor, somente duas obras de SPINOZA foram publicadas: **Princípios filosóficos** (1663) e o **Tratado teológico político** (1670), que veio a ser proibido e impediu a publicação de sua obra principal, **Ética** demonstrada geometricamente (1674). SPINOZA relacionava a felicidade e a virtude com o desenvolvimento da razão, e seu pensamento teve enorme repercussão sobre o mundo moderno. Ver tb. Yirmiyahu YOVEL, **Spinoza et autres hérétiques** (do original **Spinoza and other heretics** © 1989, traduit de l'anglais par Éric BEAUMATIN et Jacqueline LAGRÉE, Paris: Seuil, 1991). B. de SPINOZA, **Éthique démontrée selon la méthode géometrique** (notice, trad., prés. et annotée par R. CAILLOIS, in **Oeuvres complètes**, Paris: Gallimard-Pleiade, © 1954, impr. 1992, p. 301/596); B. de SPINOZA, **Traité des autorités théologique et politique** (do original latino **Tractatus theologico-politicus** publ. 1670, notice par Madeleine FRANCÈS e Raymond MISRAHI, in **Oeuvres complètes**, Paris: Gallimard-Pleiade, © 1954, impr. 1992, p. 597/908); B. de SPINOZA, **Traité de l'autorité politique** (notices par Madeleine FRANCÈS, in **Oeuvres complètes**, Paris: Gallimard-Pleiade, © 1954, impr. 1992, p. 909/1044).

[296] Ainda P. PADFIELD (op. cit., 2000, p. 86): "The United Provinces of the mid seventeenth century was a great power, leading exploration and invention and the funding of new industries in every quarter. The citizens were justifiably proud of their success and the exceptional freedoms they enjoyed and the form of republican government that guaranteed them. Beyond this, however, they were consumed by a sense of moral superiority which in retrospect appears without foundation. At bottom, their wealth was built on the subjugation of materially weaker peoples and the exploitation of every defenseless species encountered in every quarter of the globe. They were merely human. [...] Just as the civilization they had built was the herald of modern Western society, so too was their humanist presumption."

[297] Cfr. **Tratado** (tomo 20 – **Direito internacional, história e cultura**, cap. 1 – direito internacional no tempo e seu papel na história); tb. **Fundamentos do direito internacional**

Ao longo do século, os Países Baixos tornaram-se pouco a pouco o lugar de refúgio por excelência da Europa. Perseguidos, suspeitos, intelectuais apaixonados por sua liberdade de expressão encontravam ali artesãos, comerciantes e sábios que haviam sido atraídos pela possibilidade – ou pela ilusão – de uma vida mais ampla e de perspectivas abertas.[298]

Arriscando incursão em matéria de história das ideias, talvez o fato de viver e atuar no ambiente intelectual neerlandês explique a origem e a fonte, e mesmo a orientação geral da filosofia de DESCARTES, voltada para fins práticos,[299] tais como a determinação da certeza do conhe-

pós-moderno (2008, item III – *direito internacional pós-moderno: entre técnica, espírito e utopia*, p. 297-379, cit. p. 378-379) convém evitar repetir a crítica, todavia frequentemente veiculada, na esteira da formulação de SPINOZA, quanto ao caráter primário do direito internacional. A crítica de SPINOZA se faz no sentido de ser primário o direito internacional, em razão da pouca vinculação que consegue exercer sobre a conduta dos estados, no plano internacional: a realidade do que existe, e não se deseja. Não nega o direito internacional, mas questiona a juridicidade deste, em razão do baixo nível de efetividade, em sua implementação. São patamares de efetividade e implantação, que estarão em discussão. Resposta ao anseio utópico de Thomas MORUS, a respeito das 'coisas que eu aspiro ver estabelecidas em nossas cidades' – e completava: 'aspiro, mais do que espero'. Ai justamente se inscreverá a especificidade do direito internacional pós-moderno: na perspectiva histórica e culturalmente mais abrangente que adote, para permitir a instauração de patamar mais adequado para o humanamente desejável, mais elevado e mais completo. Por ser primário enquanto sistema institucional e normativo, não haverá o direito internacional de ser rejeitado, mas sim aperfeiçoado, respondendo à crítica de SPINOZA, com a elevação do patamar de implementação. Essa dicotomia pode ser expressa entre estado de natureza e natureza do estado: inevitável, sempre estará presente. Permanecerá na medida em que os estados permaneçam, como ainda ocorre, ao mesmo tempo, legisladores, atores e juízes da aplicação do direito internacional. São os autores e os detratores das normas reguladoras da convivência entre si.

298 P. ZUMTHOR (op. cit., 1959, ed. 1989, p. 308): "A essas pessoas, a República oferecia vantagens consideráveis: a maior parte de suas cidades, Amsterdam em particular, eram consideradas inexpugnáveis; o fato de o poder político real estar nas mãos das municipalidades parecia-lhes, com ou sem razão, uma garantia contra qualquer tirania; a política comercial era, para a época, liberal; a liberdade de consciência, quase total; nada tolhia a importação de capitais, e o recém-chegado podia depositar sua fortuna nos porões do banco de Amsterdam. Enfim, os estados manifestavam sua vontade de garantir o direito de asilo: os embaixadores da França jamais puderam obter a extradição de um súdito francês fugitivo."

299 L. OLIVE, em seu estudo sobre *Wolff* (in **Les fondateurs du droit international**: leurs oeuvres, leurs doctrines, introduction A. PILLET, Paris: V. Giard & E. Brière, 1904, p. 447-479) enfatizava a influência que teria exercido a filosofia de DESCARTES sobre o sistema jus-filosófico de WOLFF. A respeito, ver **Tratado** (tomo 10 – **Direito internacional no tempo de C. van Bynkershoek e Christian Wolff**, cap. 22 – Christian WOLFF (1679-1754)). Por sua vez, Lawrence CAHONE (ed. by), **From Modernism to Postmodernism** – an Anthology

cimento. Filosofia que abre caminhos novos, para a trajetória intelectual do Ocidente, na medida em que afastou argumentos de 'autoridade' e de 'tradição', com base no espírito reinante à época nos Países Baixos, aberto para a descoberta do mundo, e a experimentação.

Como qualquer outra, essa identidade nacional 'holandesa' teve de ser construída.[300] E isso se fez a partir de elementos bastante díspares, cuja coerência como conjunto é mais fácil perceber e apontar *ex post facto*, depois de ter ocorrido, do que na altura em que se encontrava em curso o processo.

Quando se trata da contribuição de GRÓCIO, normalmente as análises se atém ao papel deste no direito internacional moderno, esquecendo ter sido GRÓCIO elo importante na evolução da identidade nacional (18.2). Autor inclusive de obra histórica sobre a antiguidade da república dos batavos, o **Liber de Antiquitate Republicae Batavicorum** (1610).[301] Este

(orig. publ., 1996, Oxford: Blackwell, 2nd expanded edition, 2003, reprinted 2004, p. 19-26) enfatiza o papel de DESCARTES como pensador inovador, característico da era 'moderna', que constrói a sua concepção intelectual e a certeza filosófica a partir de sua trajetória pessoal: "His aptly named **Meditations on first philosophy** (1641) is virtually a personal diary tracing his journey from the despair of doubt to the peace of certainty."

[300] P. ZUMTHOR (op. cit., 1959, ed. bras., 1989, p. 140-141): "O estado recém-nascido, que era a União, sentia a necessidade orgânica de criar uma cultura própria na medida de sua originalidade política e econômica. As qualidades fundamentais da inteligência neerlandesa agiam nesse sentido: gosto pelo concreto, preocupação com a experiência e a aplicação prática, realismo". [...] "As maiores mudanças de perspectiva não assustam os espíritos: desde 1630, DESCARTES constata que todos os sábios holandeses são definitivamente partidários das ideias copernicianas. Uma ampla tolerância religiosa contribui para vivificar a atmosfera das faculdades. Nem sequer se exige dos estudantes o juramento da profissão de fé". O que tampouco deve ser excessivamente idealizado: "É verdade que os espíritos e sua formação diferem. O estilo de certos ensinamentos pode ser enganoso. No entanto, o quadro da ciência tradicional se rompe: uma ótica, uma meteorologia se constituem; as matemáticas conquistam a sua autonomia. A medicina aproxima-se da física: lutar-se-á simultaneamente pelo doutoramento nessas duas matérias." Sobre a mutação do contexto dessa época, ver tb. **Tratado** (tomo 20 – **Direito internacional, história e cultura**, item 1.3 – do mundo fechado ao universo infinito); especificamente o já mencionado ensaio de A. KOYRÉ, **Do mundo fechado ao universo infinito** (orig. publ. **From the closed world to the infinite universe**, 1957, trad. bras. de Donald M. GARSCHAGEN, Rio de Janeiro: Forense Univ. / São Paulo: Edusp, 1979), assinala a "ruptura decisiva com toda uma tradição empirista e evolucionista, reinante no campo da história das ideias, das ciências e dos saberes", decorrente da conjugação de duas 'revoluções' científicas: a irrupção do heliocentrismo na astronomia e a fundação da física clássica.

[301] Hugo GROTIUS, **The Antiquity of the Batavian Republic** (with the notes by Petrus SCRIVERIUS, ed. and transl. by Jan WASZINK et al., Gorcum: Assen, 2000 – PDF online: academia.edu).

livro se inscreve na produção grociana logo depois, portanto, de seu **Mare liberum** (1609), e antes dos Anais e História das coisas belgas, da morte do rei Felipe até a trégua do ano 1609 – **Annales et Historiae de rebus Belgicis, ab obito Philippi regis usque ad inducias anni 1609.**[302]

18.2. GRÓCIO na evolução da identidade nacional

> Como há vários gêneros de vida, uns melhores que os outros, e que cada um é livre de escolher dentre todos eles o que lhe convém, de igual modo um povo pode fazer a escolha da forma de governo que quiser e não de acordo com a excelência de tal ou qual forma – questão que divide as opiniões – mas segundo a sua vontade é preciso medir a amplidão do direito.
>
> Hugo GRÓCIO (1625)[303]

Durante a vida deste grande homem, uma guerra civil tinha assolado as mais belas províncias de seu país e, como qualquer outra guerra civil, que se prolonga no tempo, tinha degenerado nos mais horríveis ódios pessoais e leviandade. Além disso, ele observou, pelo conjunto do mundo cristão, crueldade e injustiça, que segundo suas palavras, teriam envergonhado mesmo os bárbaros. Por causas fúteis, ou mesmo sem motivo, se corria às armas e, uma vez com estas nas mãos, não mais se observava qualquer respeito pelas leis humanas ou divinas, 'como se' diz ele, 'pela força de um édito, o furor se tivesse desencadeado sobre todos os crimes' [Prolegômenos, 28]. Em muitos filósofos, isso leva ao extremo oposto, e o cordato e erudito ERASMO, homem descrito como amante fervoroso da paz civil e religiosa – *pacis ecclesiasticae et civilis amantissimus*' –, se empenhou em provar que quaisquer guerras seriam ilegais entre os cristãos. GRÓCIO viu as desvantagens de ambos os extremos, e bem discerniu a total falta de ciência, nos tempos antigos e nos modernos, quanto aos métodos buscados para alcançar conhecimento dos deveres das nações. Ele assim decidiu empenhar seus esforços no aperfeiçoamento, ou mesmo

302 H. GROTII, **Annales et Historiae de rebus Belgicis, ab obito Philippi regis usque ad inducias anni 1609** (Amstelodami: ex typographia Joannis Blau, 1657 – edição in-4, publicada no mesmo ano da edição original in-folio).

303 Hugo GRÓCIO (op. cit., 1625, ed. 2004, I.IIIVIII.2, p. 177-178, e a seguir I.III.VIII.5, p. 179-180): "A situação dos negócios públicos é, algumas vezes, também tal que o estado parece não poder ser salvo senão sob a livre dominação de um só".

na criação de um código de leis, que pudesse ser a base das coisas, e prover fundamentos onde estes faziam falta, para praticamente todos os casos, que podem ocorrer, na conduta das nações.

Robert WARD (1795)[304]

A partir de dados bastante exíguos, GRÓCIO conseguiu reunir versão da história batava ao mesmo tempo suficientemente elogiosa e imediatamente reconhecível. Não surpreende fossem estes apontados como duros, frugais, trabalhadores, pios, bravos, hospitaleiros, e viciados em limpeza e liberdade. Seu estatuto inconquistável se demonstrava com a isenção da obrigação de pagar tributos a Roma, condição *sine qua non* para o espírito republicano holandês contemporâneo. Eles se recusavam a tolerar qualquer soberano absoluto, mas se governavam por meio de assembleias populares, que se reuniam periodicamente. GRÓCIO as chama de *Ordini Batavorum* – e na tradução holandesa de sua obra foram estas expressas com a palavra *staten* – o termo usado pelos órgãos soberanos das sete províncias.

Simon SCHAMA (1988)[305]

[304] Robert WARD, **An enquiry into the foundations and history of the Law of nations in Europe** – from the time of the Greeks and Romans to the age of Grotius (orig. publ. London: A. Strahan and W. Woodfall, 1795, 2 vols., chap. XVIII – *the age of Grotius*, p. 606-628, cit. p. 615): "During the life of this great man, a civil war had desolated the finest provinces of his country, and like other civil wars which are continued to any length, had degenerated into the most horrible licentiousness and personal hatred. He had besides this, observed throughout the Christian world, a cruelty and injustice of which, to use his own words, even barbarians might be ashamed. War was denounced upon the slightest, or without any cause at all, and arms once taken, all reverence for laws human or divine was laid aside; 'as if' says he, 'an edict had been published for the commission of every sort of crime' [GROTIUS, Prolegom. 28]. With many philosophers, this threw things into the other extreme, and the amiable and learned ERASMUS, a man who is described as '*Pacis ecclesiasticae et civilis amantissimus*', endeavoured to prove that all wars whatsoever, were illegal under the Christian dispensation. GROTIUS saw the disadvantages of the two extremes, and he had well discerned the total want of science both in ancient and modern times, in the methods pursued to obtain a knowledge of the duties of Nations. He therefore resolved to give his labours to the improvement, or rather to the invention of a code of laws, which might go to the bottom of things, and supply authorities where authorities were wanting, to almost every case in the conduct of nations which could happen."

[305] Simon SCHAMA, **The embarrassment of riches**: an interpretation of Dutch culture in the Golden Age (Berkeley and Los Angeles: Univ. of California Press, 1988, p. 78): "GROTIUS, SCRIVERIUS, GIJSIUS, HOOFT and VAN GOUDHOEVEN are all very severe with Latin

> A República Holandesa veio a existir menos em razão de plano preconcebido do que como consequência de uma inesperada combinação de eventos políticos.
>
> Eco Haitsma MULIER (1990)[306]

Cabe mencionar também o papel de GRÓCIO como historiador – e este teve sua atuação em fase crucial de consolidação da identidade nacional. Em 1602, os Estados gerais das Províncias Unidas o escolheram como historiógrafo, preferindo-o a vários outros sábios:[307] nessa qualidade, coube a GRÓCIO escrever os **Annales et Historiae de rebus Belgicis, ab obito Philippi regis usque ad inducias anni 1609** – ou Anais e História das coisas belgas, da morte do rei Felipe até a trégua do ano 1609. Terminada em 1612, a obra somente foi publicada em 1657, aos cuidados dos filhos do autor.[308]

Por vezes, GRÓCIO (1625) se detém para frisar precisões terminológicas: cuidadosamente, indica cautelas tais como "de não se afastar da propriedade das palavras, a não ser para evitar um absurdo, ou em virtude de alguma outra conjectura suficientemente certa da intenção e que, na dúvida, as palavras sejam interpretadas contra aquele de quem emana a lei".[309]

sources describing BRINIO or CIVILIS as king and stressing that any prince or his 'council' would have to obtain the assent of the 'assembly' before their decisions could be binding."

[306] Eco Haitsma MULIER, *The language of seventeenth century republicanism in the United Provinces: Dutch or European?* (in **The languages of political theory in early modern Europe**, edited by A. PAGDEN, Cambridge: Cambridge Univ. Press – Ideas in context, orig. publ. 1987, edition 1990, cap. 8, p. 179-195): "The Dutch Republic came into existence less as a result of a preconceived plan, than as a consequence of an unexpected combination of political events."

[307] Assinalava Jules BASDEVANT, *Hugo Grotius* (in **Les fondateurs du droit international public**: leurs oeuvres, leurs doctrines, introduction A. PILLET, Paris: V. Giard & E. Brière, 1904, p. 125-267, cit. p. 129-130): "Ces travaux divers plaisaient plus à GROTIUS que sa profession d'avocat, comme il atteste dans une lettre du 23 juillet 1603, adressée à Daniel HENSIUS: son esprit pacifique s'accorde mal aux procès et le temps qu'il y consacre serait pour lui mieux employé, pense-t-il, à faire de la philosophie, à cultiver les poètes et à étudier les mœurs anciennes. Et il se plaint aussi du peu de gloire qu'il en retire."

[308] H. GROTII, **Annales et Historiae de rebus Belgicis, ab obito Philippi regis usque ad inducias anni 1609** (Amstelodami: ex typographia Joannis Blau, 1657 – edição in-4, publicada no mesmo ano da edição original in-folio).

[309] GRÓCIO (op. cit., 1625, ed. 2004, III.XXIII.XI – *que interpretação se deve dar a convenções desse tipo*, p. 1462; ver tb. II.XVI.II – *os termos, na falta de outras conjecturas, devem ser entendidos segundo sua propriedade usual*, p. 680; II.XVI.III – *os termos da arte, segundo a arte*, p. 681-682; e ainda III. XX.XXVI – *na dúvida, a interpretação deve pender contra aquele que ditou as condições*, p. 1392-1393).

Ou, igualmente, em relação ao tratamento "dos nomes dos países",[310] esclarecendo que "os nomes dos países devem ser entendidos segundo o uso do tempo presente, não tanto de acordo com o uso popular, mas segundo o das pessoas esclarecidas, pois tais negócios costumam ser tratados por pessoas esclarecidas".[311]

GRÓCIO também indagava "como devem ser entendidas as palavras ir, vir, voltar",[312] e como determinar "da extensão dessas palavras às pessoas",[313] "se a concessão do direito de livre trânsito se extingue com a morte",[314] e ainda, como interpretar "se foi dado por tanto tempo quanto quis o que o concedeu?"[315] E indagava, "se a segurança é devida, mesmo fora do território".[316]

[310] GRÓCIO (op. cit., 1625, ed. bras. 2004, III.XX.XXIII, p. 1391).

[311] GRÓCIO (op. cit., 1625, ed. bras. 2004, III.XX.XXIII, p. 1391); ver também Francesco GUICCIARDINI, **Storia d'Italia** (a cura di Silvana Seidl MENCHI, saggio introduttivo di Felix GILBERT, Turim: Einaudi, © 1971, ristampa 2008, livro V, a respeito do litígio entre franceses e espanhóis).

[312] GRÓCIO (op. cit., 1625, ed. 2004, III.XXI.XVI, p. 1434-1435): "No ir também está estipulado o retorno e isso não pela força do termo, mas para evitar um absurdo. Um benefício não deve ser inútil. Um refúgio seguro deve ser entendido como: até que se tenha chegado a um lugar seguro". Mas ressalvava: "Quando foi permitido a alguém ir embora, não lhe é permitido retornar. Aquele a quem foi concedido vir não poderá voltar e vice-versa".

[313] GRÓCIO (op. cit., 1625, ed. 2004, III.XXI.XVII, p. 1435): "aquele que concede alguma coisa concede o que é necessário para tanto". No mesmo sentido, logo adiante (III.XXI.XIX, p. 1436) considerava *quem são aqueles que são compreendidos sob o designativo de séquito e de gente*, e esclarecia: "Quando se faz menção do séquito não se deve entender aqueles cuja causa é mais odiosa que a da pessoa para a segurança da qual se provê. Tais são os piratas, os bandidos, os trânsfugas, os desertores. O nome de uma nação empregada para indicar as pessoas do séquito mostra de modo suficiente que essa faculdade não se estende a outros".

[314] GRÓCIO (op. cit., 1625, ed. 2004, III.XXI.XX, p. 1436): "O direito de ir e vir emanado do poder não se extingue, na dúvida, pela morte daquele que o concedeu". Ver a lição de GRÓCIO, no mesmo sentido, em II.XIV.XI – *de que maneira os que sucedem ao trono são obrigados em virtude dos mesmos contratos*, e II.XIV.XII – *até que ponto?* (op. cit., 1625, ed. bras., 2004, p. 640-645).

[315] GRÓCIO (op. cit., 1625, ed. 2004, III.XXI.XXI, p. 1436-1437): "A opinião daqueles que pensam que tal benefício subsiste, mesmo quando não intervém ato novo de vontade, é a mais verdadeira porque, na dúvida, o que basta para produzir um efeito de direito é presumido durar".

[316] GRÓCIO (op. cit., 1625, ed. 2004, III.XXI.XXII, p. 1437): "A segurança do livre trânsito é devida àquele a quem foi concedida, mesmo fora do território daquele que o concedeu, pois ela é dada para derrogar o direito de guerra que, por si mesmo, não está encerrado num território". Compare-se a lição de GRÓCIO (op. cit., 1625, ed. bras. 2004, III.IV.VIII – *uma mudança pode, às vezes, sobrevir*, p. 1073).

GRÓCIO considerava, ainda, que extensão atribuir em relação aos bens.[317] E também, "como se deve tomar as palavras vida, vestuário, chegada, socorro".[318] E ainda, "de quem se pode falar que voltou para o inimigo".[319]

Após indagar "quais indivíduos são compreendidos sob o nome de soldados",[320] este respondia:

> o livre trânsito concedido aos soldados se estende não somente aos chefes intermediários, mas ainda aos generais, porque a propriedade da palavra admite esse significado, embora haja também um mais restrito. Assim é, que o bispo está compreendido sob a designação dos clérigos. Mesmo os que são marinheiros de uma frota são considerados soldados, como todos aqueles que tem de modo cabal prestado o juramento.[321]

GRÓCIO constrói a sua reflexão a partir de referências aos historiadores da Antiguidade, como TÁCITO, PLÍNIO e ESTRABÃO – e aplica a visão da história ao seu povo e ao contexto do seu tempo. Sua atuação foi tanto mais relevante porquanto se deu justamente em período crucial da formação e consolidação do país, como mencionado, quando a identidade nacional neerlandesa emergia como estado, sujeito de direito internacional, depois de oito décadas de luta pela independência.

Ao lado das lutas militares, os holandeses, entre as potências mais poderosas que os circundavam, como a Espanha, a França, a Inglaterra, a Suécia, a Rússia e outras da época, desenvolvem intensa e rentável atividade comercial. Logo passam a ser entrepostos para vários tipos de mercadorias, entre diferentes praças, produtoras e consumidoras, não somente da Europa.

[317] GRÓCIO (op. cit., 1625, ed. 2004, III.XXI.XVIII, p. 1436): "De igual modo, os bens não devem ser entendidos como todos e quaisquer bens, mas somente aqueles que costumeiramente se carrega numa viagem."

[318] GRÓCIO (op. cit., 1625, ed. 2004, III.XXIII.XII, p. 1463): "Aquele que estipulou a vida não tem ao mesmo tempo direito à liberdade. Sob o nome de vestuário, as armas não estão compreendidas, pois são coisas diferentes. Diz-se muito bem que um socorro chegou quando está ao alcance da vista, mesmo que não entre em ação, pois a própria presença tem seu efeito".

[319] GRÓCIO (op. cit., 1625, ed. 2004, III.XXIII.XIII, p. 1463): "não se deve entender que tenha retornado, senão quando se encontra de novo no poder dos inimigos".

[320] GRÓCIO (op. cit., 1625, ed. 2004, III.XXI.XV, p. 1434).

[321] GRÓCIO (op. cit., 1625, ed. 2004, III.XXI.XV, p. 1434).

Os holandeses do século XVII foram comparados ao que tinham sido os cartagineses na Antiguidade, no papel de transportadores, de intermediários, comprando aqui e vendendo adiante.[322] Os holandeses, como antes deles os cartagineses, tinham sabido defender suas posições e seus interesses, suas escalas marítimas, suas indústrias de luxo, um possante comércio atacadista de trigo.[323]

Foi, então, preciso determinar os elementos constitutivos dessa identidade nacional:

> Independentemente dessa associação, a mais natural de todas, há outras que são privadas ou públicas. Essas últimas são estabelecidas por um povo ou formadas de povos entre si. Todas elas têm em comum que nas coisas pelas quais a sociedade é estabelecida, o corpo inteiro ou a maioria em nome do corpo, obriga os particulares que fazem parte da sociedade. De fato, deve-se crer que a vontade daqueles que se associaram foi tal, a fim de encontrar algum meio de desenvolver os negócios.[324]

A posição de GRÓCIO em relação ao que hoje se chamaria de 'exercício do direito de secessão' se exprime de maneira bastante restritiva, e orientada no sentido de fazer prevalecer a conservação do conjunto.[325] Entrevê-se a preocupação com a conservação da integridade territorial do estado:

[322] Fernand BRAUDEL (direction de), **La méditerranée**: espace et histoire (Paris: Flammarion / Champs, 1ª ed., 1977, impr. 1985, *L'aube*, p. 83-123).

[323] F. BRAUDEL (op. cit., 1977, impr. 1985, cit. p. 113-114): "Les Hollandais, eux aussi rouliers des mers, maîtres de l'Europe au XVIIe siècle, n'agiront pas autrement, achetant ici, vendant là. Comme eux, les Carthaginois ont été des transporteurs, des intermédiaires, achetant d'une main, vendant de l'autre. Comme eux, ils ont su défendre leurs positions, en particulier leur monopole sur les mines d'Espagne (interdites aux Étrusques, aux Grecs, puis aux Romains), défendre leurs escales maritimes, leurs industries de luxe, un puissant commerce en gros du blé."

[324] H. GRÓCIO (op. cit., 1625, ed. bras, 2004, II.V.XVII, p. 413). Aduzia, mais adiante (II.V.XXI, p. 417): "A ordem natural entre associados é que cada um tome lugar de acordo com o tempo de sua entrada na sociedade".

[325] Como examina a CIJ, no parecer sobre a conformidade com o direito internacional na declaração unilateral de independência do Kosovo. Ver CIJ, **Accordance with international law of the unilateral declaration of independence in respect of Kosovo** (ICJ Reports, 2010, p. 403); tb. P. B. CASELLA, Secessão no direito internacional e o Parecer Consultivo da Corte Internacional de Justiça sobre o Kosovo de 22 de julho de 2010 (Boletim SBDI, ano XCVIII, ago.-dez. 2013, n. 119-124, p. 111-126).

> Para a alienação de uma parte do estado, se requer ainda alguma outra coisa a mais. É que a porção que se pretende alienar consinta nisso. Aqueles que se reúnem para formar um estado contratam uma espécie de associação, sem interrupção e eterna, com relação às partes que são ditas integrantes.[326] [...]
> A parte não tem o direito de se separar do corpo, a menos que não seja evidente que não possa se conservar de outra forma. Como dissemos,[327] em tudo o que é de uma instituição humana é preciso excetuar a extrema necessidade, que reconduz a coisa ao puro direito de natureza.[328] [...]
> O direito da parte para sua própria conservação é maior que aquele do corpo sobre a própria parte. Ocorre que a parte usa do direito que teve antes do estabelecimento da sociedade, quando sequer havia um corpo.[329] [...] Quanto à necessidade que reconduz ao direito de natureza, não pode ter lugar aqui porque, se esse direito de natureza compreendesse a faculdade de fazer uso das coisas, por exemplo de consumi-las, de as reter – atos que são naturais – não compreenderia o direito de aliená-las, direito introduzido por um fato humano, e que daí extrai sua extensão.[330]

Tudo isso se afigura bastante surpreendente por parte de quem tinha a memória viva das lutas neerlandesas contra a ocupação espanhola dos Países Baixos. Luta essa que se estendeu por oitenta anos.[331]

[326] H. GRÓCIO (op. cit., 1625, ed. bras, 2004, II.VI.IV, p. 433).

[327] H. GRÓCIO (op. cit., 1625, ed. bras, 2004, II.II.VI – *Os homens tem direito, em caso de necessidade, de usar coisas que se tornaram propriedade de outrem. De onde vem esse direito?*, p. 319-321). Compare-se H. GRÓCIO (op. cit., 1625, ed. bras., 2004, I.III.XII – *Demonstra-se que há soberanias de plena posse, isto é, com a faculdade de alienação*, p. 194-201, e I.III.XII – *E outras que não são de plena posse*, p. 201-202) sobre a necessidade e a utilidade pública, acerca da alienação de algumas partes do estado.

[328] H. GRÓCIO (op. cit., 1625, ed. bras, 2004, II.VI.V, p. 433-434).

[329] H. GRÓCIO (op. cit., 1625, ed. bras, 2004, II.VI.VI, p. 434): "Que não me venham dizer que a soberania reside no corpo como em seu sujeito, e que assim o corpo pode alienar, como alienaria uma coisa da qual seria proprietário. A soberania reside, de fato, no corpo do estado, como num sujeito que o preenche por inteiro e sem se dividir em vários corpos, da mesma maneira que a alma reside nos corpos perfeitos".

[330] H. GRÓCIO (op. cit., 1625, ed. bras, 2004, II.VI.VI, p. 434).

[331] O que explicaria, porém não justificaria a abordagem bastante conservadora, em relação a tema de interesse vital para as Províncias Unidas do seu tempo, seria o fato de se encontrar Hugo GRÓCIO sob o 'patrocínio' direto do rei da França, LUIS XIII, de quem ademais recebia pensão, quando da redação de parte considerável e subsequente publicação do **Direito da guerra e da paz** (1625), obra por GRÓCIO dedicada ao rei da França. Desse modo, GRÓCIO

Como escrevia GRÓCIO, "o patrimônio do povo é constituído, na verdade, em vista da soberania".[332] Soberania essa que se teria construído, ao longo da luta pela independência e afirmação da identidade nacional.[333]

É preciso situar o homem e a obra (1625) no seu contexto histórico: GRÓCIO, evadido da prisão perpétua no castelo de Loevenstein, em 1621 – segundo a tradição, escondido em uma caixa de livros – se encontrava exilado em Paris, e dependente de pensão outorgada pela coroa francesa. Independentemente das convicções e das preferências pessoais, que pudesse ter, se GRÓCIO tivesse condição de as manifestar, teria, antes, interesse em evitar a escancarada defesa de teses revolucionárias, e demonstrações públicas de simpatia por movimentos de libertação de povo, ocupado por potência estrangeira.

Essa identidade nacional 'neerlandesa' das Províncias Unidas dos Países Baixos em boa medida teve de ser construída. Nesse sentido, se ensaia o "discurso republicano nas Províncias Unidas, no século XVII".[334] Este surgiu e se ampliou na medida em que a revolta se difundiu e a Espanha respondeu, com crescente uso de força, fazendo que as lideranças da Holanda e da Zelândia se vissem compelidas a considerar, em termos gerais, a possibilidade de estado independente:

> mesmo depois da ruptura entre a coroa de FELIPE II e os Estados gerais, que declaram a independência em 1581, ainda foi preciso tempo bastante longo, para que as ideias não sistematizadas sobre a soberania e a natureza do novo estado viessem a receber algum claro delineamento. A teoria política conti-

deveria se conter ao externar o seu entendimento, em relação a temas como este. Como adiante referido, as circunstâncias da vida e da situação de GRÓCIO seriam justificativa possível, em relação à omissão quase total de referências a SUAREZ, na obra maior de GRÓCIO (1625), apesar de conhecer e ter levado em conta aspectos do tratado de SUAREZ **De Legibus** (1617), pelo fato de terem sido, este autor e a sua obra, objeto de condenação pública, tanto na França quanto na Inglaterra, por desagradarem aos soberanos absolutistas então reinantes em ambos os países.

332 H. GRÓCIO (op. cit., 1625, ed. bras, 2004, II.VI.XI, p. 438).

333 Curiosa a transformação dos neerlandeses – e dos belgas – passando de colonizados a colonizadores, como se examina no **Tratado** (tomos 14 a 17 – **Direito internacional no tempo do colonialismo**, cap. 3 – a colonização holandesa e cap. 4 – a colonização belga).

334 E. H. MULIER, *The language of seventeenth century republicanism in the United Provinces: Dutch or European?* (in **The languages of political theory in early modern Europe**, ed. by A. PAGDEN, Cambridge: Cambridge Univ. Press – Ideas in context, 1990, cap. 8, p. 179-195), já referido: "The Dutch Republic came into existence less as a result of a preconceived plan, than as a consequence of an unexpected combination of political events."

nuou a manter o foco nas considerações sobre vantagens e desvantagens do governo monárquico. A teoria republicana começou a ser formulada somente com muita relutância, e levou até a segunda metade do século XVII para vir a ser considerada alternativa efetiva.[335]

Na formação do republicanismo neerlandês do século XVII tiveram influência elementos bastante diversificados tais como: a história da república de Veneza, que naquela altura já se estendia por cerca de mil anos, ao lado da influência dos escritos de MAQUIAVEL – que encontram eco em escritores holandeses contemporâneos, como também em ESPINOZA – além dos eventos recentes na Inglaterra, combinados com ecos da obra de HOBBES.[336] E se pode concluir no sentido de que o republicanismo holandês, em sua inspiração, sob muitos aspectos, foi muito mais um fenômeno europeu do que especificamente holandês: "mais do que qualquer historiador holandês até aqui se dispõe a reconhecer".[337]

A violenta repressão espanhola ao movimento de independência dos Países Baixos se insere em contexto mais amplo, de confrontação entre duas tradições opostas: de um lado a tradição de independência, que remontaria aos batavos antigos, isso desde os tempos da oposição ao Império romano, na linha de argumentação de seus defensores; e, de outro lado, a coroa espanhola, cuja consolidação institucional e territorial ainda era bastante recente, com a vitória dos 'reis católicos' – FERNANDO de Aragão e ISABEL de Castela – sobre outras regiões e especialmente a tomada de Granada, em 1492, pondo fim a séculos de presença muçulmana, em vastas regiões da península ibérica. Com a visão da necessidade de sobrepor-se aos particularismos regionais, para manter a ilusão desse "império no qual o sol nunca se punha".[338]

[335] E. H. MULIER (cap. cit., 1990, cap. 8, p. 179): "The development of republicanism in the Netherlands during this period has not yet been adequately studied and what few studies there are suffer from an evil which has long plagued Dutch historiography: a nationalist insistence on the integrity of its own past, and an insufficient consideration of the influences at work in the rest of Europe. Before, and even after World War II the Dutch Republic was viewed as unique and deviant, so that scarcely any attempt has been made to notice similarities with developments elsewhere."

[336] Como se examina no **Tratado** (tomo 20 – **Direito internacional, história e cultura**, item 1.1 – o Leviatã e suas transformações).

[337] E. H. MULIER (cap. cit., 1990, cit. p. 195).

[338] Para a contextualização do império espanhol da época, ver **Tratado** (tomo 5 – **Direito internacional no tempo de Francisco de Vitória** e tomo 6 – **Direito internacional no tempo de Suarez, Gentili e Zouch**).

É preciso entender o que acontece nesse período: ainda durante as décadas de reinado de CARLOS V, até as abdicações deste, em 1555 e 1556, existia a ideia de operacionalidade desse conjunto de enorme amplitude, no qual se inseria a herança de séculos de reacomodações territoriais e dinásticas, englobando o assim chamado Sacro império romano germânico. CARLOS V (1500-1558) era aí apontado como um novo CARLOS MAGNO, mas ainda mais poderoso do que o imperador carolíngio.[339]

Após as renúncias de CARLOS V, dá-se a divisão entre o Império, legado ao irmão mais novo deste, FERNANDO; enquanto a Espanha, a Borgonha, os Países Baixos e o vasto império ultramarino, na América e na Ásia, são transmitidos para o filho, que se torna o rei FELIPE II da Espanha. Ocorre ruptura entre os dois blocos, que passam a ser governados em separado, e tomam rumos cada vez mais distintos.

O rumo tomado pelos entendimentos dinásticos, que fazem ser atribuídos esses territórios à condição de acessórios externos da coroa espanhola terão consequências desastrosas. Não somente naquelas mesmas regiões, tais como o Franco Condado, Flandres e outras áreas, terão ainda consequências em grandes extensões da Europa.

Consequências essas que se encadearão em sucessivas e destruidoras guerras. Estas serão ainda agravadas pela confrontação generalizada na Europa, entre poderes católicos e protestantes, nas assim chamadas guerras de religião.

No Franco Condado,[340] como também ocorreu nos Países Baixos, podia ter havido identificação com a figura do governante, enquanto este foi

[339] Cf. **Tratado** (tomo 8 – **Direito internacional além do paradigma vestfaliano**); de vasta bibliografia, ver: François FEJTÖ, **Réquiem pour un Empire défunt**: Histoire de la destruction de l'Autriche-Hongrie (Paris: Lieu commun, 1988); Béatrice NICOLLIER, **Le Saint Empire romain germanique (1495-1648)** (Paris: Ellipses, 2012); Peter WILSON, **The Holy Roman Empire** – a thousand years of Europe's History (orig. publ. 2016, Londres: Penguin, 2017); observava Francis RAPP, **Le Saint Empire romain germanique**: d'Otton le grand à Charles Quint (Paris: Tallandier, 2000, impr. 2003, p. 356): "le petit fils de MAXIMILIEN, roi d'Espagne depuis trois ans seulement, était avant tout 'bourguignon'; il massacrait l'allemand quand il consentait à le parler, mais son nom faisait de lui la réincarnation de CHARLEMAGNE; cet *alter Karolus* sauverait l'honneur de la nation germanique."

[340] Como mostrava Lucien FEBVRE, em seu extenso e clássico estudo sobre "o Franco Condado sob FELIPE II", **Philippe II et la Franche-Comté** (orig. publ. 1912, préface de Fernand BRAUDEL, Paris: Flammarions-Champs, 1970, p. 468-469): "Rien d'étonnant à ce que ce soit faussé le délicat mécanisme des institutions comtoises".

CARLOS V. Não somente era natural da região, como culturalmente se manteve integrado às suas origens.

Mas tanto borguinhões quanto flamengos passam a se sentir dominados por poder estrangeiro, com o advento de FELIPE II. Este rei, sequer falava flamengo e mal falava francês, sempre foi visto como rei, mas da Espanha, que estendia a sua dominação sobre a região.[341]

O quadro de descontentamento e de revolta se tornou ainda pior com a atuação violenta dos representantes de FELIPE II, no Franco Condado e nos Países Baixos.[342] O mais notório destes famigerados representantes da coroa espanhola foi o duque de ALBA, que promove tão sangrenta repressão dos 'insurretos belgas', que a '*fúria espanhola*' teve como resposta a guerra, da qual viria a resultar a independência das Províncias Unidas. Guerra esta de independência que a historiografia holandesa considera ter durado oito décadas.

Foi preciso conferir legitimidade a essas tentativas de rebelião contra a coroa espanhola. Nesse sentido, o mais poderoso expoente foi Johannes ALTHUSIUS, calvinista alemão, radicado em Emden, cuja obra sobre a Política exposta metodicamente – **Politica methodice digesta** –[343] argumentava em favor do direito do cidadão de resistir à tirania. Também defendia a até então forma incerta de estado, que tinha tomado forma em

[341] Para situar o contexto da consolidação do estado borguinhão, ou Ducado da Borgonha, ver, dentre tantos: Bertrand SCHNERB, **Armagnacs et bourguignons** – la maudite guerre 1407-1435 (Paris: Perrin, col. tempus vol. 282, 1988, nova ed. 2009); tb. B. SCHNERB, **L'état bourguignon** 1363-1477 (Paris: Perrin, col. tempus vol. 105, 1999, nova ed. 2005, cap. 17 – *Les armées du duc de Bourgogne*, p. 262-274, cit. p. 262): "L'apparition d'un 'état bourguignon' ne se manifesta pas seulement par le développement d'institutions judiciaires, financières et administratives, par l'essor d'une société politique et l'élaboration d'une idéologie, mais aussi par l'existence d'une force armée et d'une société militaire dévouées au prince et à la 'chose publique'."

[342] Além da biografia do conde-duque de OLIVARES, também quadro da decadência da Espanha como potência mundial a partir dessa época é apresentado por Gregorio MARAÑON, **Olivares** – der Niedergang Spaniens als Weltmacht (do original **El Conde-Duque de Olivares – La pasión de mandar**, s/d, übersetzt und eingeleitet von Ludwig PFANDL, München. Hermann Rinn, s/d, *Published under Military Government Information Control License Nr. US-E-161*).

[343] Johannes ALTHUSIUS, **Política** (orig. publ. **Politica methodice digesta**, 1603-1614, ed., trad para o inglês e intr. Frederick S. CARNEY, pref. Daniel J. ALAZAR, trad. Joubert de Oliveira BRÍZIDA, Rio de Janeiro: Topbooks – Liberty Fund, 2003).

resultado desta rebelião, levando as Províncias Unidas a se consolidarem como estado independente na Europa.

Na verdade, a revolta pouco alterara as formas políticas na região: cada uma das sete Províncias, tal como se tinham aliado, nos termos da União de Utrecht, em 1579, contava com os seus Estados provinciais, integrados por representantes da aristocracia e das cidades, e essas relações eram muito diferentes em cada uma das províncias. Delegados das províncias regularmente se reuniam nos Estados gerais, nos quais decisões importantes tinham de ser adotadas por unanimidade.

Cabe ressaltar que "todos esses órgãos de governo permaneceram com os mesmos formatos, após a revolta, embora o papel e a autoridade destes tivessem substancialmente mudado".[344] O mesmo aconteceu com o Conselho de estado, que tinha escassos poderes: o *stadhouder* era nomeado pelas províncias, separadamente, embora quase sempre fosse o mesmo príncipe da casa de ORANGE. Este tinha originalmente como propósito atuar como substituto do soberano.

Depois da independência, a condição do *stadhouder* se torna muito ambígua. Os Estados provinciais passaram a se considerar como poderes soberanos, e viam o *stadhouder* como o primeiro dentre os servidores públicos.[345]

Na relação entre estes elementos da política, da sociedade e da cultura holandesa, que levam ao século de ouro, se pode ver como se dão, de maneira bastante aleatória e progressiva, o surgimento e a construção dos elementos de uma identidade nacional.[346] Que era necessário consolidar.

Em vários momentos, se vê o uso de nomenclatura latina mais abrangente para designar o país – como se fez no **De rebus belgicis** de GRÓCIO, pois "era imperativo que os batavos fossem nitidamente diferenciados dos povos adjacentes com os quais se confundiam, tais como os belgas,

344 Eco H. MULIER (cap. cit., 1990, p. 180); Catherine DENYS e Isabelle PARESYS, **Les anciens Pays_bas à l'époque moderne (1404-1815)** – Belgique, France du Nord, Pays-Bas (Paris: Ellipses, 2007, chap. 3 – De la rébellion à la scission des Dix-Sept provinces, p. 55-78).

345 Eco H. MULIER (cap. cit., 1990, p. 180-181): "The extent to which he was able to create his own centre of power depended wholly upon the person of the prince, and the support he could muster for his ambitions. It is also significant in the present context that a clearly defined republicanism only developed in a number of provinces, most notably Holland, which decided not to elect a *stadhouder* in the period 1650-1672".

346 De Simon SCHAMA, além do já citado **The embarrassment of riches**: an interpretation of Dutch culture in the Golden Age (Berkeley and Los Angeles: Univ. of California Press, 1988), ver tb. S. SCHAMA, **Rembrandt's Eyes** (Londres: Penguin, orig. publ. 1999, impr. 2000).

gauleses e frísios – todos os quais, em um momento, ou em outro, tinham sucumbido ao jugo romano".[347]

GRÓCIO chega a arriscar descrição dos costumes e comportamentos dos batavos da Antiguidade, tanto no **Liber de Antiquitate Republicae Batavicorum**,[348] quanto nos Anais e História das coisas belgas, da morte do rei Felipe até a trégua do ano 1609 – **Annales et Historiae de rebus Belgicis, ab obito Philippi regis usque ad inducias anni 1609**.[349] Segundo GRÓCIO, os homens deixavam seus cabelos e barbas crescerem livremente, para se distinguirem claramente dos romanos e dos romanizados.[350]

> A semelhança com os contemporâneos era ulteriormente enfatizada pelo argumento de GRÓCIO de que [as batavas] conservavam a posse de seu dote, mesmo depois das núpcias, e viúvas, conservavam a livre disposição de seus bens dotais, como arranjo especificamente holandês.[351]

Por que respeitar precedentes, indagava GRÓCIO retoricamente? Por estarmos imbuídos neles, desde o nascimento, de respeitar os antepassados, e ser natural para nós observar as leis, costumes e usos de antiga autoridade e tradição.

GRÓCIO considera os elementos para a caracterização de 'costume',[352] e que "interessa à sociedade humana que o poder seja estabelecido de uma

[347] S. SCHAMA (op. cit., 1988, p. 78): "It was, however, permissible to refer to their alternative name of Caninenfates in describing their geographically indeterminate origins somewhere below the Rhine. Once removed to their oceanic, insular northern fastness, however, Batavians they became and forever remained."

[348] Hugo GROTIUS, **The Antiquity of the Batavian Republic** (with the notes by Petrus SCRIVERIUS, ed. and transl. by Jan WASZINK et al., Gorcum: Assen, 2000 – PDF online: academia.edu).

[349] H. GROTII, **Annales et Historiae de rebus Belgicis, ab obito Philippi regis usque ad inducias anni 1609** (Amstelodami: ex typographia Joannis Blau, 1657 – edição in-4, publicada no mesmo ano da edição original in-folio).

[350] S. SCHAMA (op. cit., 1988, p. 78): "They drank an ale of malted corn, and wore loose-fitting, plain-colored garments".

[351] S. SCHAMA (op. cit., 1988, p. 79) ressalva: "This extended exercise in verisimilitude was not without snags. Both the paganism of the Batavians and their service with Roman legions (recorded in all the major Latin sources) sat awkwardly with this group portrait of an indomitable and pious folk".

[352] H. GRÓCIO (op. cit., 1625, ed. bras, 2004, II.IV.V.2, p. 370) no estabelecimento de um costume: "excetuando-se as leis civis que só o admitem após certo tempo e de certa maneira,

maneira segura e colocado ao abrigo das rivalidades. Tudo o que se presume possa ser de utilidade a essa sociedade deve ser visto como favorável".[353]

Os traços peculiarmente holandeses do contexto específico eram acentuados, em tempos medievais:

> As restrições da soberania eram defendidas pelos holandeses e aceitas por seus governantes nominais. HOOFT, VAN METEREN, VAN GOUDHOEVEN, GIJSIUS e GRÓCIO, todos insistem que os condes da Holanda tinham subscrito os limites tradicionais de sua soberania, e que somente com os ambiciosos duques da Borgonha, no século XV, tinha havido algum sinal de ilegítima concentração de poder dinástico. GRÓCIO teve a preocupação em mostrar que a autoridade dos condes, em sua própria área de jurisdição, era assinalada pelos imperadores do Sacro Império românico da nação alemã, como *imperium in imperio*, livre de qualquer arbitragem superior.[354]

GRÓCIO, no **De jure belli ac pacis** (1625), considera a questão da soberania, inclusive quanto à possível divisibilidade desta,[355] bem como conceito de império.[356] Trata dessas matérias sob ponto de vista consentâneo com a realidade: "em matéria de governo civil nada há que seja totalmente

um povo súdito pode introduzi-lo pelo fato mesmo que aquele que possui a soberania tolera. Quanto ao tempo necessário para que esse costume tenha algum efeito de direito, não é limitado, mas arbitrário e deve ser bastante longo para que se atinja um consenso".

353 H. GRÓCIO (op. cit., 1625, ed. bras, 2004, II.IV.VIII, p. 372-374, cit. n. 3, p. 373), prosseguia (II.IV.VIII.4, p. 374): "se poderia, no entanto, opor à presunção que cada um pende a querer conservar o que lhe pertence, essa outra presunção mais forte que não é de acreditar que alguém deixe correr um longo espaço de tempo sem apresentar nenhum indício suficiente de sua vontade".

354 S. SCHAMA (op. cit., 1988, p. 80): "The 'discovery' of a national genealogy, complete with Batavian ethnology and even archeology, must have been reassuring in a world where to be new was more frightening than invigorating".

355 H. GRÓCIO (op. cit., 1625, ed. 2004, I.III.XVII – *De como às vezes se divide a soberania em partes ditas subjetivas ou em partes potenciais*, p. 207-209): "embora a soberania seja uma coisa em si mesma única e indivisível, composta de partes que enumeramos anteriormente, compreendendo a superioridade, isto é a independência perfeita, ocorre, no entanto, às vezes, que é dividida em partes chamadas potenciais e em partes subjetivas". [...] "Pode ocorrer também que um povo, ao escolher um rei, se reserve certos atos da soberania e lhe confira o resto de pleno direito".

356 H. GRÓCIO (op. cit., 1625, ed. 2004, II.IX – *Quando cessa a soberania ou a propriedade*, p. 513-529). Ver tb. **Tratado** (tomo 3 A – **Direito internacional no tempo antigo**, item 3.2 – conceito jurídico de império: I – da Antiguidade rumo à Idade média; e tomo 5 – **Direito**

isento de defeitos, e se deve medir o direito não segundo o que parece ser melhor para tal indivíduo ou tal outro, mas segundo a vontade daquele que deu origem a esse direito".[357]

> Para as coisas que não são da essência da soberania e que não estão ligadas a ela como propriedades naturais, mas que podem ser comunicadas a outrem, estão de todo submissas às leis civis de cada povo, sobre o usucapião e a prescrição. É assim que vemos súditos, que conquistaram por prescrição, o direito de julgar sem apelo. Isso, contudo, não significa que não seja possível prevenir-se contra suas decisões, por via de súplica ou de alguma outra maneira. O direito absoluto de julgar em última instância não é compatível com a condição do súdito. Pertence, por conseguinte, à soberania, ou a alguma de suas partes, e não se pode adquiri-lo senão seguindo as regras do direito natural, ao qual os soberanos estão submissos.[358]

GRÓCIO considerava a seguir a "refutação da opinião segundo a qual os súditos podem sempre retomar a posse de sua liberdade":[359] "em que limites é preciso aceitar o que alguns dizem",[360] no sentido que "seria sempre permitido aos súditos retomar, se puderem, a posse de sua liberdade, entendendo-se obviamente a liberdade pública".[361] E fazia três ponderações:

> – o poder que, segundo eles, é o fruto da violência, pode ser rompido pela violência, e quanto ao que foi deferido voluntariamente é permitido arrepender-se dele e mudar de vontade. Os poderes que tiverem sido, em seu começo, fruto da violência, podem pelo efeito de uma vontade tácita, receber confirmação;

internacional no tempo de Francisco de Vitória, item 12.2 – conceito jurídico de império: II – da Idade média à era moderna).

[357] H. GRÓCIO (op. cit., 1625, ed. 2004, I.III.XVII.2, p. 208).

[358] H. GRÓCIO (op. cit., 1625, ed. bras, 2004, II.IV.XIII, p. 379).

[359] H. GRÓCIO (op. cit., 1625, ed. bras, 2004, II.IV.XIV, p. 380-381).

[360] H. GRÓCIO (op. cit., 1625, ed. bras, 2004, II.IV.XIV.1, p. 380) reportava o entendimento de VAZQUEZ, **Controversias ilustres** (II, cap. LXXXII, n. 3). A respeito de VAZQUEZ DE MENCHACA ver **Tratado** (tomo 6 – **Direito internacional no tempo de Suarez, Gentili e Zouch**, item – outras vozes no direito internacional: Domingo de SOTO e VAZQUEZ DE MENCHACA).

[361] H. GRÓCIO (op. cit., 1625, ed. bras, 2004, II.IV.XIV.1, p. 380).

– a vontade pode ter sido tal na origem do estabelecimento do poder, ou ter-se tornado tal por fatos ulteriores, de modo que o direito conferido por ela não será mais a seguir dependente da vontade;[362]
– penso que não se deve nunca duvidar que, da parte de um rei, uma longa tolerância, como a que descrevemos anteriormente, não possa ser suficiente ao povo, para tornar a viver sua liberdade pública, fundando-se sobre uma presunção de abandono do poder.[363]

Põe GRÓCIO limites estreitos para a "dimensão popular da soberania". E limita as hipóteses de revolta popular contra a expressão desta, pelo soberano.[364] Embora ressalvasse entender "as coisas que são de mera faculdade não podem ser perdidas por nenhum espaço de tempo".[365]

Entendia GRÓCIO ser necessário manter o foco em relação ao conteúdo da soberania – diversamente da "opinião de outros autores que escreveram sobre a política e que consideram como mais conveniente deter-se na forma exterior do governo e à maneira pela qual os negócios são administrados ordinariamente, do que estudar a própria natureza da soberania":[366] "um povo é livre quando não é submetido à dominação de nenhuma outra nação".[367]

Também cuidou GRÓCIO de tais assuntos em sua obra, de 1614, sobre o poder, **Tratado do poder do magistrado político sobre as coisas sagradas** – no original **De imperio summarum potestatum circa sacra**. Esta obra teve trajetória complicada.[368]

362 H. GRÓCIO (op. cit., 1625, ed. bras, 2004, II.IV.XIV.1, p. 380-381).
363 H. GRÓCIO (op. cit., 1625, ed. bras, 2004, II.IV.XIV.2, p. 381).
364 Como observado, no **Tratado** (tomo 6 – **Direito internacional no tempo de Suarez, Gentili e Zouch**, cap. 15 – Francisco SUAREZ (1548-1617)), os limites que este punha para a soberania popular eram mais amplos que os estipulados por GRÓCIO. Como se pode depreender do cotejo entre as opiniões de ambos a respeito do tema.
365 H. GRÓCIO (op. cit., 1625, ed. bras, 2004, II.IV.XV, p. 381): "esses direitos não se perdem a não ser a partir do momento em que surgir uma proibição ou uma obrigação à qual nos submetemos com uma suficiente indicação de consentimento".
366 H. GRÓCIO (op. cit., 1625, ed. 2004, I.III.XIX, p. 210).
367 H. GRÓCIO (op. cit., 1625, ed. 2004, I.III.XXI.2, p. 219) e completava, na mesma frase: "mesmo se fosse expresso num tratado de aliança que esse povo deveria prestar seus bons serviços para manter a majestade de outro estado. Se, portanto, o povo obrigado por semelhante aliança fica livre, se não fica submetido ao poderio de outro, segue-se que conserva sua soberania. É preciso dizer a mesma coisa de um rei".
368 Publicada anonimamente uma tradução francesa, em Paris, em 1751, com falsa menção a 'Londres', como praça de publicação, na página de rosto. Ver Hugo GROTIUS, **Traité**

Ponderava GRÓCIO (1625): "o corpo perece seja pela destruição simultânea das partes sem as quais o corpo não pode subsistir, seja pela supressão dos vínculos que constituíam um corpo".[369] E frisava: "se ocorrer que dois povos se unem, seus direitos não serão perdidos, mas se tornarão comuns".[370]

A célebre – e velha – questão da 'trasladação do império' ainda era considerada por GRÓCIO: "saber a quem pertencem agora os direitos que dependiam do império romano",[371] e ponderava: "digo que o povo romano é o mesmo que foi outrora, embora tenha sido misturado pela junção de estrangeiros, e que o império ficou, como num corpo em que residia e vivia".[372] E, por isso:

> Os súditos do império romano adquiriram por essa constituição os direitos que possuíam outrora as colônias, os municípios, as províncias, para onde se levava a toga. A participação às dignidades, o exercício do direito quiritário, mas não que a fonte do império tivesse sido colocada nos outros povos, como o era no povo da cidade de Roma.[373] [...]

du pouvoir du magistrat politique sur les choses sacrées suivi du latin **De imperio summarum potestatum circa sacra**, édition de Londres, 1751, trad. de Charles Armand L'Escalopier de NOURAR, présentation de Vincent GUILLAUME, Caen: Publications de l'Univ. de Caen, 1991).

369 H. GRÓCIO (op. cit., 1625, ed. 2004, II.IX. IV, p. 519-520): "Que decidir se sobrar de tal povo um número tão pequeno de pessoas que não possam mais constituir um povo? O direito de propriedade que o povo possui ao modo dos privados poderia subsistir: não o que competiria ao povo como povo; é o que se deveria também decidir a respeito de uma comunidade."

370 H. GRÓCIO (op. cit., 1625, ed. 2004, II.IX.IX, p. 523-524).

371 H. GRÓCIO (op. cit., 1625, ed. 2004, II.IX.XI, p. 525-529, cit. n. 1, p. 525): "Muitos querem que pertença hoje ao Reino, como era chamado antigamente, ou ao Império da Alemanha, qualquer nome que se lhe dê, isso não importa à questão. Não saberia qual substituição imaginam entre o primeiro e o segundo, uma vez que é suficientemente conhecido que a grande Germânia, aquela que se encontra além do Reno, esteve por inteira, na maior parte do tempo, fora das fronteiras do império romano. Uma mudança ou um traslado de direito não me parece dever ser presumido, a menos que não seja provado por sinais certos."

372 H. GRÓCIO (op. cit., 1625, ed. 2004, II.IX.XI.1, p. 525). A questão da possível 'trasladação do império' e como teria esta ocorrido perpassa o conjunto da Idade média, como se examina no **Tratado** (tomo 4 – **Direito internacional no tempo medieval** e ver tb. Tomo 3 B – **Gregos, romanos, chineses, indianos**, item 6.3 – duradoura contribuição do *jus gentium* para o direito internacional).

373 H. GRÓCIO (op. cit., 1625, ed. 2004, II.IX.XI.2, p. 526-7) e isso se conservaria intato, mesmo depois da transferência da sede do poder imperial para Constantinopla: "que os imperadores a

> Essa eleição foi pessoal, com relação a CARLOS MAGNO e alguns de seus sucessores, [na medida em] que eles próprios distinguiram cuidadosamente o direito de soberania que possuíam, sobre os francos e os lombardos, daqueles que possuíam sobre os romanos, como tendo-o adquirido por um título novo.[374]

GRÓCIO tendia a rejeitar o "título de soberania universal, que alguns atribuem ao imperador":[375]

> Não perderia tempo em acrescentar que o título atribuído por alguns ao imperador romano e segundo o qual ele teria o direito de comandar os povos mais distantes, mesmo aqueles que são desconhecidos até o presente, é ridículo, se BARTOLO, que por muito tempo foi considerado como o príncipe dos jurisconsultos, não tivesse ousado declarar herético aquele que o negasse.[376] [...] Não há porque se deixar abalar pelos argumentos de DANTE, por meio dos quais se esforça em provar que um direito similar pertence ao imperador, porque é vantajoso para o gênero humano. As vantagens que alega são compensadas pelos inconvenientes que as acompanham.[377] [...] Mesmo concedendo que isso seja vantajoso, o direito de comandar não se segue, uma vez que esse direito não pode nascer a não ser de um consenso ou de uma punição. O imperador romano não tem mais direito agora sobre todas as coisas que pertenceram outrora ao povo romano.[378]

seguir preferiram habitar em Constantinopla que em Roma, isso não diminui em nada o direito do povo romano" e "por isso, todo o direito que os habitantes de Constantinopla podiam ter para eleger o imperador romano dependia da vontade do povo romano".

374 H. GRÓCIO (op. cit., 1625, ed. 2004, II.IX.XI.2, p. 527).

375 GRÓCIO (op. cit., 1625, ed. bras., 2004, II.XXII.XIII, p. 932-934).

376 GRÓCIO (op. cit., 1625, ed. bras., 2004, II.XXII.XIII.1, p. 932); cita BARTOLO de SASSOFERRATO, **Ad Legem** (24), **Hostes, Dig.**, **De Captivis**.

377 GRÓCIO (op. cit., 1625, ed. bras., 2004, II.XXII.XIII.1, p. 933); cita DANTE ALIGHIERI, **De Monarchia** (II). A respeito da relação entre DANTE e o direito internacional medieval, ver **Tratado** (tomo 4 – **Direito internacional no tempo medieval**, esp. cap. 10 – TOMÁS DE AQUINO e DANTE ALIGHIERI).

378 GRÓCIO (op. cit., 1625, ed. bras., 2004, II.XXII.XIII.2, p. 933-934): "Muitas coisas, de fato, que haviam sido adquiridas pela guerra foram perdidas de igual modo pela guerra. Outras o foram por tratados, outras por desleixo passaram ao poder de outras nações ou reis. Certos estados mesmo, outrora completamente submissos, começaram a seguir a não ser dependentes senão em parte somente ou a não estar unidos senão por uma aliança desigual.

> Houve também pessoas que atribuíram à igreja esse direito de comando, mesmo sobre os povos da parte do universo desconhecido até o presente, embora o próprio apóstolo PAULO (I Coríntios V, 12) tenha dito abertamente que não havia o direito de julgar aqueles que estão fora do cristianismo.[379]

Essas velhas questões ainda ressurgiam,[380] ao tempo de GRÓCIO. E o fato de serem por ele suscitadas no seu tratado sobre o poder,[381] serve para mostrar como tiveram circulação ainda entre autores do seu tempo, e com reflexos no direito internacional moderno:

> Daria também um aviso que não seria inútil, porque, comparando os fatos recentes com os acontecimentos antigos, prevejo um grande mal, se não se tomar cuidado. É que a esperança que se poderia conceber a respeito da explicação de algumas predições divinas, não conferem um justo motivo de guerra.[382]

Todas essas maneiras de perder ou de modificar o direito de comandar tem lugar com relação ao imperador romano, bem como com relação às outras potências".

379 GRÓCIO (op. cit., 1625, ed. bras., 2004, II.XXII.XIV – *Outros, o atribuem à igreja, o que também é refutado,* p. 934-937, cit. n. 1, p. 934) e a seguir (II.XXII.XIV.3, p. 936): "Disso resulta suficientemente que os bispos, como tais, não tem nenhum direito de reinar sobre os homens segundo o uso humano".

380 A respeito da grande controvérsia sobre a possibilidade de alianças entre cristãos e não-cristãos, bem como, posteriormente, em relação ao exercício de jurisdição e dominação sobre os 'povos recentemente descobertos' no continente americano, ver **Tratado** (tomo 5 – **Direito internacional no tempo de Franciso de Vitória**, item – relação entre comunidades cristãs e não-cristãs no contexto medieval e tomo 6 – **Direito internacional no tempo de Suarez, Gentili e Zouch**, item – outras vozes no direito internacional: Domingo de SOTO e VAZQUEZ DE MENCHACA). Debates que ainda estão implícitos no impulso colonialista dos séculos XIX e XX, cfr. **Tratado** (tomos 14 a 17 – **Direito internacional no tempo do colonialismo**).

381 Vários aspectos de tais questões de competência da jurisdição civil e eclesiástica são tratadas por GRÓCIO na sua obra sobre o poder do magistrado civil nas coisas religiosas. GRÓCIO, **Traité du pouvoir du magistrat politique sur les choses sacrées** (1617, orig. publ. em Paris, 1647, sob o título **De imperio summarum potestatum circa sacra**, edição facsimilar da publicada anonimamente em Paris, em 1751, com falsa menção a Londres, na página de rosto, trad. de Charles Armand L'Escalopier de NOURAR, Caen: Publications de l'Univ. de Caen, 1991).

382 GRÓCIO (op. cit., 1625, ed. bras., 2004, II.XXII.XV – *De igual modo, a vontade de cumprir profecias sem um mandato de Deus,* p. 937-938): "Além de ser quase impossível interpretar com segurança os oráculos que ainda não se cumpriram, se não se tiver inspiração profética, os tempos, mesmo coisas certas, podem nos ser ocultados. Enfim, uma predição, sem um expresso

Esta reflexão de GRÓCIO não discrepa das considerações que, algumas décadas antes, GENTILI expendia sobre o tema, ao ressaltar que não se devem invocar causas antigas, para novas guerras.[383]

Como especificidade do contexto holandês, no século XVII, a afluência do assim chamado 'século de ouro', onde "as riquezas pareciam provocar o seu próprio desconforto, e a afluência coabitava com a ansiedade".[384] Passadas as décadas do longo e penoso processo de independência da Espanha, ingressam as "Províncias Unidas" em fase de extraordinário desenvolvimento material e intelectual,[385] e esse mesmo período, normalmente referido como o "século de ouro", também foi crucial para se consolidar uma identidade nacional.

A prosperidade material e a riqueza intelectual se combinaram naquela época rumo à afirmação de especificidades da experiência nacional.[386] E a busca de destino nacional a ser cumprido:

> um sentido da nacionalidade, fortemente desenvolvido, foi o resultado, não a causa, da revolta contra a Espanha. Em 1609, quando foi assinada a trégua, que deu à República doze anos de pausa, ainda estava longe de ficar definido onde exatamente a pátria – *Fatherland* – se situava. [...] Fazia falta até mesmo uma nomenclatura de uso corrente: as crônicas históricas holandesas, que se referem constantemente aos *patriotten* são quase estudadamente vagas no tocante à exata definição da pátria. 'Terras das Províncias Unidas dos Países Baixos' foi utilizado em tratados e documentos formais, para significar as pro-

mandamento de Deus, não dá nenhum direito, pois muitas vezes Deus permite que o que predisse se execute por homens perversos ou se cumpra por más ações".

383 A. GENTILI, **O direito de guerra** (orig. publ. **De iure belli libri tres**, ed. bras. 2005, livro I, caps. VIII – *as causas divinas de guerra* e IX – *se é justo mover guerra por causa religiosa*, esp. livro I, cap. XXII – *como não devem ser reavivadas causas antigas*, p. 183-192, cit. p. 183) e afirma: "Penso que não possam ser evocadas". A respeito, ver **Tratado** (tomo 6 – **Direito internacional no tempo de Suarez, Gentili e Zouch**, cap. 16).

384 S. SCHAMA (op. cit., 1988, p. 326): "riches seemed to provoke their own discomfort, and affluence cohabited with anxiety."

385 S. SCHAMA (op. cit., 1988, p. 124): "Wealth, then, so far from being the reassuring symptom of the predestined Elect, as WEBER argued, acted on contemporary consciences as a moral agitator. Without it the Republic would collapse; with it, the Dutch could fall prey to false goods, Mammon and Baal, and engineer their own downfall."

386 S. SCHAMA (op. cit., 1988, p. 45): "It also helped the Dutch to come to terms with their vulnerable position in Europe and their conspicuously anomalous position as a mercantile republic squeezed between absolute monarchies."

víncias signatárias da União de Utrecht, em 1579, mas o título era puramente formal. GRÓCIO se refere mais de uma vez a República – *Republicq* –, e este – *republiek* –, era o termo de uso corrente ao tempo da Paz de Vestfália, em 1648, mas os desencontros quanto à denominação persistiam, especialmente na linguagem e nos escritos estrangeiros.[387] [...] Os próprios holandeses fizeram uso deliberadamente provisório a respeito de seus próprios limites territoriais, especialmente na primeira parte do século XVII.[388]

Ao ser celebrada a trégua de 1609,[389] o partido pragmático, liderado por OLDENBARNEVELD, não renuncia à possibilidade de reconquistar Flandres e o Brabante, embora admitisse a possibilidade de que as linhas fixadas naquela altura poderiam se fixar como fronteira *de facto*. Em que medida os interesses da nova e vulnerável nação seriam melhor servidos pela paz do que pela guerra era opinião não compartilhada, por amplos setores do patriciado governante das cidades holandesas, e especialmente não em Amsterdam.[390]

De campos intensamente divididos de opinião e com latente suspeitas a respeito das intenções da Espanha, os militantes calvinistas e os círculos

[387] S. SCHAMA (op. cit., 1988, p. 54-55): "*The United Provinces* that customarily appears on English maps misleads by implying that what were in fact seven virtually sovereign states federated for common defense were provincial dependencies of some higher national authority. The French usage of Low Countries (*Pays Bas*) was applied indiscriminately to the Netherlands east and west of the Scheldt and Maas, and the habit of subsuming the entire country within the single province of Holland (however indispensable to its preservation) did most violence of all to accurate description". Em sentido semelhante, C. DENYS e I. PARESYS, **Les anciens Pays-Bas à l'époque modern (1404-1815)** (Paris: Ellipses, 2007, Introduction, p. 3-6) na primeira página de texto do volume explicam: "l'histoire des anciens Pays-Bas est présentée pour l'ensemble de ceux-ci qui correspondent aujourd'hui à ce que l'on appelle le Benelux (Belgique, Pays-Bas, Luxembourg), mais aussi au département du Nord de la France et à une partie de celui du Pas-de-Calais."

[388] S. SCHAMA (op. cit., 1988, p. 55): "Borders were, of course, a prime subject of dispute between contending parties".

[389] Como menciona Hugo GRÓCIO sobre as tréguas: "A trégua é uma convenção pela qual, durante a guerra, se deve abster-se por um tempo de atos de hostilidade". Ver a lição de H. GRÓCIO, **Direito da guerra e da paz** (1625, ed. 2004, II.XVI.XX e tb. III.XXI – *das convenções durante a guerra, em que se trata da trégua, do livre trânsito, do resgate de prisioneiros*, cit. supra III. XXI.I.1, p. 1423).

[390] S. SCHAMA (op. cit., 1988, p. 56): "The distinctively Flemish or Brabanter character of the southern diaspora was, by the 1630s and 1640s, beginning to melt into a broader, and different northern Dutch identity".

militares, em torno do *Stathouder* MAURÍCIO e sua corte, reuniram forças suficientes para remover OLDENBARNEVELD e reverter as suas políticas, tanto em matéria de religião, como de diplomacia.[391] Assim, a assertividade belicosa prevaleceu, e culminou na retomada da guerra em 1621, concentrando-se especialmente naqueles setores do sul e do oeste, que pareciam ser a chave para as 'províncias perdidas':[392]

> Passou-se, assim, quase um século, antes que 'a pátria' se tornasse assim exclusivamente associada, nas mentes holandesas, com as sete províncias, e seus territórios, diretamente governados, em Flandres, no Brabante e no Limburg.[393]

No século XVIII, se voltou a colocar a ênfase na especificidade do legado holandês, que se exprimia na herança de costumes, língua e mesmo hábitos alimentares. E a preocupação se estes poderiam sobreviver, em contexto de crescente presença de hábitos estrangeiros, que pareciam ter colonizado tanto as classes mais altas como as populares, sobretudo nas cidades.[394]

[391] Interessante comparar o tratamento dado por ZOUCH aos temas da diplomacia, da proteção diplomática e dos limites das imunidades, como se considerou no **Tratado** (tomo 6 – **Direito internacional no tempo de Suarez, Gentili e Zouch**, cap. 17). Ver Rich. ZOUCHAEI, **Solutio quaestionis veteris et novae sive de legati delinquentis judice competente dissertatio in qua Hug. Grotii de ea re. sententia explicatur expenditur et assertitur** – cum notis & animadversionibus Christiani HENELII (Colonia: Impensis Rupert Völckeri, 1669).

[392] S. SCHAMA (op. cit., 1988, p. 56): "From the middle of the seventeenth century, concern about the south was more likely to be directed against French aggrandizement than profiting from Spanish weakness".

[393] S. SCHAMA (op. cit., 1988, p. 56): "Even then, there remained some groups in the population, by no means all Calvinist, who yearned for a 'reunion' across the river barriers. Dutch Catholics, who constituted over a third of the population, stood to gain most from such a reunification, not of course through force of arms but through some sort of accommodation that might permit mutual and open tolerance of faiths in both north and south".

[394] S. SCHAMA (op. cit., 1988, p. 600): "A Republic which employed foreign mercenaries in its army, foreign sailors in its navy, used French in its intellectual assemblies, aped English manners of dress, clumsily adopted foreign norms of artistic refinement (in painting, architecture and the theater), that even diluted its religion with modish cosmopolitan libertinism, that aggravated this by exporting the flower of their youth to the Indies, notorious for corrupting sound bodies and vulnerable souls – such a place was fast becoming indistinguishable from every other dung heap of urban Europe."

Outro momento em que esta 'identidade nacional' será posta à prova,[395] ocorre em 1830, depois da traumática humilhação da revolução belga. Nessa altura, "lembranças da identidade peculiar dos Países Baixos, protestantes, e do norte, foram urgentemente necessárias para confortar a autoestima nacional".[396]

Somente em meados do século XVII o cânone da língua nacional se fixou.[397] Nessa mesma altura, as fronteiras políticas e culturais começam a ter consistência:

> Se as fronteiras arbitrariamente se abriam em meandros, acompanhando as linhas de batalhas, e as fronteiras culturais se pautavam pela incoerência linguística, era a jovem República, ao menos, unificada pela fé? Aqui, também, a realidade histórica não se conforma com as simplificações do determinismo do século XIX, segundo o qual a República era a expressão política de comunidade desafiadora, composta de [homens] livres e devotos. Pois, em muitos, se não em quase todos os aspectos, é enganador acreditar que a República holandesa e o calvinismo ortodoxo poderiam ser tomados como sinônimos. O calvinismo era, certamente, a denominação religiosa oficial e privilegiada, mas nunca conseguiu se tornar a igreja de estado, menos ainda o padrão da filiação patriótica. Os próprios números se colocam contra qualquer possibilidade de tal ordem.[398]

Estima-se que, no início do século XVII, na altura em que a República se formava, não mais do que dez por cento da população eram calvinistas engajados.[399] Mesmo se tais números podem ser questionados, o número

395 S. SCHAMA (op. cit., 1988, p. 28): "There were other times when ordeal was invoked to reconsecrate the separateness of their history."

396 S. SCHAMA (op. cit., 1988, p. 28). A respeito, ver **Tratado** (tomo 13 – **Direito internacional no tempo do concerto europeu**, item 27.1 – do Congresso de Viena à 'primavera dos povos' (1815-1848) esp. 27.1.5 – Congresso de Londres (1830-1833)).

397 S. SCHAMA (op. cit., 1988, p. 58): "It was only in 1650 that VONDEL could write with revealing satisfaction that the language had come of age, for 'our speech is now spoken in the council of state at The Hague and in Amsterdam, the mightiest commercial city of the world, by merchants who exclude all un-Dutch terms'." V. tb. A. C. G. M. EYFFINGER, **Grotius Poeta** – Aspecten van Hugo Grotius' dichterschap (Haia: s.i.e., 1981).

398 S. SCHAMA (op. cit., 1988, p. 59).

399 S. SCHAMA (op. cit., 1988, p. 59): "Contrary to the stock wisdom that theirs was the faith of the common people and petty burghers, resolute Calvinists could be found in strength

máximo, de cerca de 55%, para a maior parte da história da República não pode ser questionado: "temos, assim, substancial minoria da população, a maioria dos quais se sentiam ligados à pátria, como membros da igreja católica, não reformada, ou diferentes – e, em muitos casos, hostis – denominações, dentre os protestantes".[400]

Observadores estrangeiros se admiravam diante da diversidade religiosa das Províncias, pintadas como área aberta, na qual proliferavam sem entraves as religiões.[401] O contexto oscilava entre tolerância passiva e pluralismo confessional, embora essa 'tolerância passiva' tenha sido ameaçada por claras inclinações intolerantes,[402] em determinados períodos: o início da

(especially in the south) among virtually all classes of the population including the nobility".

[400] S. SCHAMA (op. cit., 1988, p. 59): "Arithmetic is not everything, of course. It is certainly true that if Calvinists alone could not have made the Republic, the Republic would certainly not have been made without Calvinists. It was their militant iconoclasm in 1566 that first bunched a fist in the face of Counter-reformation Spain".

[401] C. DENYS e I. PARESYS, **Les anciens Pays-Bas à l'époque moderne (1404-1815)** – Belgique, France du Nord, Pays-Bas (Paris: Ellipses, 2007, chap. 5 – Les Pays-Bas du Nord: l'expérience républicaine (1581-1702), esp. item II – La diversité religieuse des Provinces-Unies, p. 102-107, cit. P. 102): "Jean-Baptiste STOUPPE, un Suisse catholique au service de LOUIS XIV, publie en 1673 un opuscule dans cette veine, **la Religion des Hollandais**. Il présente les Provinces comme l'espace le plus tolérant d'Europe, mais pour le critiquer car il y voit le résultat de l'indifférence des régents et l'agent d'une société fragmentée et des pires excès. Se pose donc la question de la nature de cette tolérance religieuse si remarquée qu'elle occulte souvent le fait que seule l'église réformée calviniste est publique". Algo diversa a apresentação de Jean-Baptiste STOUPPE (1623-1692), "a Hughenot of Italian origin who in the 1650s moved to England and was employed by Oliver CROMWELL in important diplomatic / espionage missions. Passing into the service of LOUIS XIV as a soldier, he published some pro-French propaganda works aimed at Protestants, including a famous description of Dutch religious life, published in 1673, notorious for its negative portrayal of SPINOZA's philosophy. While presenting himself as a defender of Protestant orthodoxy, STOUPPE was in fact a libertine with magical-alchemical interests. An unscrupulous and ambiguous figure, his intellectual trajectory is clearly inserted into what has been defined as the crisis of the European conscience" por Stefano VILL, *A man of intrigue but of no virtue* – Jean-Baptiste Stouppe (1623-1692), a Libertine between raison d'état and religion (Church History and Religious Culture, 101 (2-3), 306-323, https://doi.org/10.1163/18712428-bja10026, online publ. date 21 July 2021). Texto de Jean-Baptiste STOUPPE, **La Religion des Hollandais** – "representée en plusieurs lettres écrites par un officier de l'armée du Roy, à un pasteur & professeur en théologie de Berne" (orig. publ. Paris, 1673 – online books.google.com.br – print on demand Kessinger Publ., 2009).

[402] Como aponta Paul ARBLASTER, em seu **A history of the Low Countries** (orig. publ. 2006, New York: Palgrave Macmillan, 2012, chap. 4 – From Delftware to Porcelain, 1609-1780, p. 131-166, cit. p. 146-147): "One important reason for Dutch pre-eminence in the intellectual

independência – anos 1580-1590 – foram momento de grande debate sobre a tolerância. Houve rejeição da liberdade religiosa total – de consciência e de culto – e a ideia de que a liberdade de consciência acarretaria a liberdade de culto foi rejeitada,[403] pelos Estados gerais da Holanda, em 1579.

> Foi, a seguir, em tempos de desespero – e estes foram muitos –, durante os oitenta anos de guerra pela independência, que os heterodoxos se reuniram em torno dos mais engajados defensores da fé. [...] Mas, na medida em que os teatros de guerra se tornaram mais remotos, no Brabante ou no Brasil, o calvinismo, como fé das emergências patrióticas, perdeu o seu poder de controle – *lost its grip* – em país pouco adequado para a uniformidade teocrática. Paradoxalmente, as mesmas circunstâncias institucionais que deram ao calvinismo a sua oportunidade, também limitaram o seu domínio.[404]

O mesmo caráter, institucionalmente difuso, da República trabalhou contra os calvinistas se tornarem sinônimo de uma religião de estado para os holandeses, o que também refreou outros impulsos rumo à unificação nacional.[405] A igreja reformada calvinista somente no curso do século XVII se torna majoritária e, mesmo assim, convive com muitas divisões.[406]

life of seventeenth-century Europe was the relative tolerance and freedom of thought in the Republic. Just how relative this was can be seen from cases like that of Adriaan KOERBAGH, an atheist condemned to ten years hard labour after a heresy trial. He died with broken health in 1669, before completing his sentence. An earlier victim of intolerance was Hugo GROTIUS, the Arminian pensionary of Rotterdam who fled to France in 1621. Banished from his own country, he was from 1631 Swedish ambassador in Paris. His standing as a jurist had once led the magistrates of Amsterdam to seek his advice when considering whether, and on what terms, to give formal permission for Jewish residence in the city: the measures taken were essentially those which GROTIUS had proposed."

403 C. DENYS e I. PARESYS (op. cit., 2007, p. 103). Mesmo os regentes mais liberais, partidários da liberdade de consciência, se recusam a aceitar a liberdade de culto, para os não-calvinistas. Eles a consideram pouco viável, como fonte de instabilidade.

404 S. SCHAMA (op. cit., 1988, p. 59): "The stubborn localism that made Habsburg centralization impossible was no more encouraging to Calvinist uniformity. In keeping with its pronounced federalism, the thirteenth article of the Union of Utrecht upheld the right of each province to regulate its own religious establishment".

405 S. SCHAMA (op. cit., 1988, p. 62): "Indeed *national unification* in the case of the Dutch is a contradiction in terms since they had come into being as a nation expressly to avoid becoming a state."

406 C. DENYS e I. PARESYS (op. cit., 2007, 2 – L'église réformée et ses divisions, p. 105-107). No final do século XVI, a situação confessional é muito mais complexa do que a separação

Divisões na igreja reformada calvinista não somente suscitam numerosas controvérsias – como entre gomaristas e arminianos – se transforma em cisma.[407] Estas terão impacto direto sobre a vida de GRÓCIO que, alinhado com a facção derrotada, se viu julgado e condenado a prisão perpétua, no castelo de Loevenstein.[408]

> O mundo talvez deva às desventuras deste homem maravilhoso o tratado **De jure belli ac pacis**. Pois, tendo acaloradamente ingressado nas disputas teológicas entre arminianos e gomaristas, que surgiram nessa época, ele se envolveu na bem conhecida supressão dos arminianos e do *Grande pensionário* OLDENBARNEVELD, pelo príncipe de ORANGE. Demonstrando os gomaristas muita disposição para tumultos e insurreições, OLDENBARNEVELD promulgou decreto dos Estados-gerais, mediante o qual aos magistrados de diferentes cidades se permitia convocar tropas para sua proteção, sob autoridade destes. Isso alarmou o príncipe, que entendeu terem sido violadas as suas prerrogativas como comandante geral e, tendo previamente observado a

entre católicos e calvinistas. A maioria da população não mostra alinhamento confessional. O duque de BUZANVAL, embaixador da França, deplora a situação que, segundo ele seguia 'o libertinismo, ou seja, se acomoda com qualquer sapato' – *le libertinisme, c'est-à-dire s'accomode à toute chaussure.*

407 C. DENYS e I. PARESYS (op. cit., 2007, p. 106-107): A partir de 1605, a controvérsia religiosa entre arminianos – *remonstrants-arminiens* – e gomaristas – *contre-remonstrants-gomaristes* – se confunde com as cisões políticas, que separam os republicanos dos partidários da casa de Orange, os orangistas. "Les *remonstrants* suivent la théologie plus libérale de Jacob ARMINIUS (1560-1609)", que contesta a doutrina calvinista da predestinação absoluta, segundo a qual somente Deus predestina, por sua graça, à salvação ou à danação. ARMINIUS propõe uma teoria da eleição pela salvação, na qual a vontade do indivíduo não é totalmente negada, na medida em que esta depende da decisão individual em crer. Seu adversário, Francisco GOMARUS (1563-1641), um refugiado flamengo, "taxe cette conception de catholicisme". Essa controvérsia suscita grande agitação entre os arminianos – "*remonstrants parce que leurs pasteurs ont adressé une remontrance aux États de Hollande et de Frise*" – e os gomaristas. A controvérsia é encerrada pelo Sínodo nacional de Dordrecht, em 1618-1619, convocado pelos Estados-gerais, para encerrar o debate, com a vitória dos gomaristas. Expulsos da igreja pública, os arminianos fundam uma igreja dissidente. Depois de breve período de perseguição, nos anos 1620, estes passam a viver sob o mesmo regime de tolerância passiva, como os demais outros protestantes das Províncias Unidas.

408 P. ARBLASTER, **A history of the Low Countries** (ed. 2012, chap. 4, cit. p. 140): "Hugo GROTIUS, pensionary of Rotterdam, was sentenced to life imprisonment in the castle of Loevenstein, the usual place for detention of prisoners of state, but in 1621 he was smuggled out in a book-chest and escaped to France."

ferrenha oposição de OLDENBARNEVELD a todas as suas ambições, decidiu-se pela destruição deste. Assim, anulou tais convocações e, alinhando-se com os gomaristas, conseguiu alcançar a execução do *Grande pensionário* e a destruição do seu partido.[409]

Esse tempo de consolidação da identidade nacional e da pátria foi também tempo de perplexidades.[410] Curiosamente, ao mesmo tempo em que inovavam como modelo político, a República e seus defensores pretendiam se opor à coroa espanhola, acusando que esta teria iniciado ruptura radical com a tradição.[411] E seria a tradição,[412] que justamente os defensores da pátria alegavam procurar manter:

[409] Robert WARD, **An enquiry into the foundations and history of the Law of nations in Europe** – from the time of the Greeks and Romans to the age of Grotius (orig. publ. London: A. Strahan and W. Woodfall, 1795, 2 vols., reprint Clark: The Lawbook Exchange, 2005, chap. XVIII – *The age of Grotius*, p. 606-628, cit. p. 616-617).

[410] S. SCHAMA (op. cit., 1988, p. 63): "it is fair to say that the mess of complicated uncertainties to which the Dutch revolt has now been reduced by current historiography authentically recovers the anxieties of the contemporaries who lived through it."

[411] S. SCHAMA (op. cit., 1988, p. 72) mostra o papel desempenhado por obra de CORNELIUS AURELIUS, **Cronyke van Hollandt, Zeelandt ende Vriesland**, também chamada simplesmente **Divisiekroniek** – inicialmente publicada em 1517, teve extraordinariamente longa trajetória, como manual de história, contando 53 edições de 1538 até 1802, reunia dados a respeito dos antigos batavos, desde leitura superficial da obra **Germania**, do historiador romano TÁCITO, passando por fontes medievais tardias, folclore e literatura, como a primeira cronologia da história holandesa, da Antiguidade ao século XVI. Ver CORNELIUS AURELIUS, **Cronyke van Hollandt, Zeelandt ende Vriesland**, beter bekend als **Divisiekroniek**, orig. publ. Jan Severz, 1517 – online https://link.springer.com). De maneira desabusada, nota a respeito SCHAMA (op. cit., 1988, loc. cit.): "The popularity and durability of the **Divisiekroniek** lay precisely in its free mingling of fact and fancy, fable and documented history. In its early form, it did little to supply a distinctive character to the Dutch past if only because Netherlandish late medieval romances hardly varied from the standard figures of Gallic, Teutonic and Latin lore."

[412] S. SCHAMA (op. cit., 1988, p. 75-76) aponta mutação nos livros de história holandesa, a partir da conscientização de identidade nacional, indo além de "eclectic dabbling in oral and chronicle sources, much too haphazard for the first nationally minded generation of historians at the end of the sixteenth century", e o papel desempenhado por autores como Justus LIPSIUS e Hugo GRÓCIO: "Writing from the scholarly center of Leiden University, they were concerned to create a usable national past based on firmer documentary foundations than folklore and fable". Forma-se novo *corpus* histórico, com "a succession of more austere and critical histories, beginning with the work of the Janus DOUSAS, father and son, and including contributions from VAN LEEUWEN, BUCHELIUS and GROTIUS, stayed close to TACITUS and other dependable Roman sources like PLINY and STRABO to relate the history

> Ao menos até 1789, os legados de movimento revolucionário sempre invocavam a conservação de leis e costumes, prescritos desde tempos imemoriais, justificando a resistência contra poder impropriamente inovador. Mas no caso holandês, esse argumento muito cauteloso, de mentalidade jurídica e caráter conservador, expresso por exemplo, por GRÓCIO e outros [...] permaneceu elemento de destaque na legitimação da revolta. Mas também significava ser mais fácil abjurar o alinhamento com FELIPE II, do que decidir a quem ou a qual soberania deveria ser este transferido.[413]

A República das Províncias Unidas se configura como um regime político original:[414] quando ocorre o ato de abjuração – *Plakkart van Verlatinghe* – em 26 de julho de 1581, os Estados-gerais declaram o fim da soberania de FELIPE II sobre os Países-Baixos. Naquela altura, sequer se cogitava o fim do regime monárquico. A ideia desse ato levou meses para se consolidar, entre os revoltados.[415] GUILHERME DE ORANGE acaba por se alinhar com essa corrente, depois de declarado fora da lei por FELIPE II.[416]

of the Batavians and their undefeated war against Roman imperial tyranny." Menciona o papel desempenhado pela obra histórica de Hugo GRÓCIO, **Liber de Antiquitate Republicae Batavicorum** (1610).

413 S. SCHAMA (op. cit., 1988, p. 64): "If the Dutch finally espoused independence, they did so with the lowest possible profile. The Union of Utrecht which is conventionally taken to be the 'founding document' of the Republic was emphatically not a constitution. It was rather a treaty of common defense between the signatory states, each of which remained sovereign within the federation – *bondgenotschaap* – so formed. It made provisions for no common institutions of government; the States general being empowered to enact only what had been previously assented to in the separate assemblies of the separate states".

414 C. DENYS e I. PARESYS, **Les anciens Pays-Bas à l'époque moderne (1404-1815)** – Belgique, France du Nord, Pays-Bas (Paris: Ellipses, 2007, chap. 5 – Les Pays-Bas du Nord: l'expérience républicaine (1581-1702), esp. Item I – La république des Provinces-Unies, un régime politique original, p. 97-102): "Contrairement à la république de Venise, beaucoup plus ancienne, dirigée par un duc (le doge) et par l'aristocratie, les Provinces-Unies sont basées sur la souveraineté collective. Pourtant, cette idée ne s'impose pas immédiatement aux révoltés. Elle l'emporte après quelques années de vaine recherche d'un prince souverain."

415 C. DENYS e I. PARESYS (op. cit., 2007, p. 97-98): "Fin 1580, dans son **Apologie ou défense de monseigneur le prince d'Orange**, il avait reconnu comme unique pouvoir celui des États-généraux et avait accusé le roi d'Espagne d'avoir trahi le contrat qui le liait à ses sujets, traités arbitrairement. En rejetant PHILIPPE II en 1581, les révoltés s'inspirent des idées monarchomaques en vigueur chez les théoriciens huguenots français dans les années 1570. Selon celles-ci, le peuple, représenté par les États-généraux, peut retirer au monarque la souveraineté qu'il lui a déléguée en vertu d'un contrat originel, si le prince devient tyran.

Entre 1581 e 1588, os Estados-gerais se engajam na busca de um príncipe para as novas Províncias Unidas. Depois de desencontros com outros candidatos, tais como um outro HABSBURGO – hipótese logo descartada –, ou o arquiduque MATHIAS – que desiste, por falta de apoio, se demite do cargo de Governador-geral e abandona a região –, a experiência com FRANCISCO DE ANJOU, foi breve e desastrosa. Provido, a partir de setembro de 1580, do título de "príncipe e senhor" dos Países Baixos, nos termos do tratado de Plessis-les-Tours, o duque se mostra pouco fiável.[417] Inclusive com fracassada tentativa de instaurar o poder absoluto.

O príncipe de ORANGE, que tinha sido nomeado governador-geral das Províncias Unidas, pelos Estados-gerais, em setembro de 1583, passa

Cette remise en question du principe de droit divin s'inspire de l'ouvrage de Philippe DUPLESSIS-MORNAY, **Vindiciae contra tyrannos**, publié en 1579. L'acte de 1581 est donc révolutionnaire". Ver Philippe DUPLESSIS-MORNAY, **Vindiciae contra tyrannos** – o direito de resistir (orig. publ. 1579, sob o pseudônimo 'Stephen Junius Brutus', autoria atribuível a Hubert de LANGUET ou P. DUPLESSIS-MORNAY, trad., comentários e edição de Frank Viana CARVALHO, pref. Milton Meira do NASCIMENTO, São Paulo: Discurso editorial – USP, 2ª ed., 2019).

416 GUILLAUME DE NASSAU, Prince d'Orange, **Apologie ou défense de très illustre prince Guillaume par la grâce de Dieu prince d'Orange, conte de Nassau** (édition critique Béatrice NICOLLIER DE WECK, Genève: Droz – Cahiers d'humanisme et renaissance, vol. 183, https://humanisme-renaissance.droz.org/book/9782600063531). Tendo se tornado o líder incontestável da revolta, GUILHERME DE ORANGE foi objeto de proscrição, emitida pelo rei da Espanha FELIPE II, prometendo recompensas a quem o matasse. A Apologia é a resposta original, em francês, ao gesto que o injuriou e o atingiu na sua honra, na sua dinastia, na sua família, na sua descendência e nos seus bens. Como observa Béatrice NICOLLIER DE WECK: "é um texto político, mas também um texto muito pessoal, cheio de emoção, gesto raro na pluma de um grande senhor".

417 C. DENYS e I. PARESYS (op. cit., 2007, p. 98). Desejoso de alcançar uma coroa, a qualquer preço, não podendo alcançar a coroa da França, pouco se preocupava com a causa dos holandeses, que ele abandona em duas ocasiões – em 1578 e em 1581 – desta vez, para tentar se casar com ELIZABETH I da Inglaterra. Os calvinistas desconfiam desse príncipe católico, que reclama a paz religiosa – *Religievrede* – para seus correligionários, que se queixam de sua não-aplicação, como por exemplo, em Antuérpia. O apoio da França se faz esperar. GUILHERME o taciturno faz todos os esforços para fazer entronizar FRANCISCO como duque de Brabante e conde de Flandres, em fevereiro e julho de 1582.
"Mais le prince élevé en France, dans l'idéologie du pouvoir absolu, s'offusque de ne pas porter le titre de souverain et d'être bridé par les États-généraux auxquels appartient la réalité du pouvoir."
Sua tentativa de golpe de estado em Antuérpia, em 17 de janeiro de 1583 põe termo à sua carreira nos Países Baixos.

a ser o foco das atenções. Ele aceita os títulos de conde da Holanda e da Zelândia, mas é assassinado em Delft, em 10 de julho de 1584, depois de sofrer vários atentados.

Com Antuérpia sitiada por tropas de FARNESE, os Estados-gerais se voltam para ELIZABETH I, da Inglaterra. Esta declina a coroa proposta, mas nos termos do tratado de Nonsuch, de agosto de 1585, envia aos Países Baixos um batalhão inglês, chefiado por seu favorito, Robert DUDLEY, conde de Leicester, promovido a governador-geral das Províncias neerlandesas (1585-1587). Este se vê confrontado pela hostilidade da Holanda, governada pela oligarquia mercantil dos regentes, encarniçados defensores das particularidades locais e da nascente hegemonia daquela província. Em contraposição à autoridade central forte, que o inglês tentava instaurar. Além disso, LEICESTER era partidário de calvinismo radical e engajada política contra a Espanha, que pouco seduz os regentes, muito mais tolerantes e desejosos de negociar a paz.[418] Finalmente, no verão de 1587, o governador-geral se engaja em fracassada tentativa de se impor pela força, contra as cidades de Leiden e de Amsterdã, para enquadrar a província, perdendo toda credibilidade e sendo obrigado a retornar à Inglaterra.

Depois de várias tentativas, os Estados-gerais, em 1588, proclamam a república. O rei da Espanha, FELIPE IV, somente em 1648 reconhece a existência desta, por meio do tratado de Münster, paz separada com a Espanha, que encerra a participação das Províncias Unidas na guerra dos Trinta anos, como na guerra de oitenta anos, contra a antiga potência ocupante.[419]

Considerava-se inconcebível que a República devesse tomar forma como emanação de uma dinastia, como a de NASSAU-ORANGE. O que veio, contudo, a acontecer.

[418] C. DENYS e I. PARESYS (op. cit., 2007, p. 99). Além disso, LEICESTER descontenta os mercadores holandeses e a população, depois de impor embargo ao comércio com os Países Baixos espanhóis, provocando assim uma espiral de aumentos de preços.

[419] C. DENYS e I. PARESYS (op. cit., 2007, p. 99): "L'allié français, sur lequel celles-ci se sont appuyées pendant le conflit, est désormais trop dangereux pour la république". V. tb. C. DENYS e I. PARESYS (op. cit., 2007, chap. 4 – Les Pays-Bas, enjeu international (1609-1713), item II – 1667-1713: le temps de l'expansion française aux Pays-Bas, p. 83-89).

A matéria era situada por GRÓCIO:

> Quanto aos estados que se tornaram hereditários pelo consentimento livre do povo, são deferidos segundo a vontade presumida do povo. O povo, presume-se, deve ter querido o que era mais vantajoso para ele.[420]

mas, contudo, "que um rei frente a outro rei, que um povo livre frente a outro povo livre podem adquirir um direito em virtude de um consentimento formal" e "o podem mesmo por um abandono e pela tomada de posse que o segue ou por nova força que deriva dessa posse":[421]

> De modo semelhante, o verdadeiro rei de um povo pode perder sua coroa e tornar-se súdito de seu povo. Aquele que não era rei na realidade, mas era apenas príncipe, poderá tornar-se rei com um poder absoluto e a soberania que estava por inteiro nas mãos do povo ou do rei poderá ser dividida entre eles. [...] O povo poderia, no momento em que deferisse a soberania, expressar sua vontade a respeito e dizer de que maneira e depois de que espaço de tempo se poderia perder essa soberania pela falta de uso. Essa vontade deveria ser seguida, sem dúvida alguma, e não poderia ser rompida pelo rei, mesmo que investido de um poder absoluto, porque isso não se relacionaria com o próprio poder, mas com a maneira de possuí-lo.[422]

420 H. GRÓCIO (op. cit., 1625, ed. bras, 2004, II.VII.XIV – *Na dúvida, o estado hereditário pelo consentimento do povo é indivisível*, p. 464-465). Aduzia (II.VII.XVII – *Os homens têm preferência sobre as mulheres no mesmo grau*, p. 467): "os homens são considerados mais aptos que as mulheres para a guerra e para outras funções do poder".

421 H. GRÓCIO (op. cit., 1625, ed. bras, 2004, II.IV.XI, p. 377) a seguir considerava (II.IV.XII) se "aquele que possui o poder soberano se aplica igualmente à própria soberania e a suas partes essenciais". E isso porque (II.IV.XII.1, p. 378): "a soberania não é da mesma ordem que as outras coisas. Longe disso. Ela as excede em muito por causa da excelência de sua natureza". GRÓCIO remetia às considerações anteriormente expendidas sobre a soberania e as componentes desta (I.III.VII).

422 H. GRÓCIO (op. cit., 1625, ed. bras, 2004, II.IV.XII.3, p. 379). Exemplificava (II.IV.XIII): "Para as coisas que não são da essência da soberania e que não estão ligadas a ela como propriedades naturais, mas que podem ser comunicadas a outrem, estão de todo submissas às leis civis de cada povo, sobre o usucapião e a prescrição. É assim que vemos súditos que conquistaram por prescrição o direito de julgar sem apelo. Isso, contudo, não significa que não seja possível prevenir-se contra suas decisões por via de súplica ou de alguma outra maneira. O direito absoluto de julgar em última instância não é compatível com a condição do súdito.

A consolidação de identidade e de poder nacional em torno de uma dinastia se produzira em outros casos: a Moscóvia medieval se organiza rumo à Rússia moderna, sob a hegemonia formativa dos czares,[423] ou, inversamente, o Sacro Império românico da nação alemã, se dissolvera progressivamente, no curso do século XVII, como espaço que passou a ser controlado pela dinastia HABSBURGO, em função dos interesses desta.[424]

O esvaziamento do poder central da Europa ocidental também contou com o duradouro interesse e ação engajada da política externa francesa durante boa parte do século XVII.[425] Sobretudo com a ação dos cardeais e ministros de estado RICHELIEU[426] e MAZARINO.[427] Estes foram antes astutos homens políticos que da igreja.

Pertence, por conseguinte, à soberania, ou a alguma de suas partes e não se pode adquiri-lo senão seguindo as regras do direito natural, ao qual os soberanos estão submissos".

423 Ver, por ex., Hans-Joachim TORKE (hg.), **Die russische Zaren 1547-1917** (orig. publ., 1995, Munique: Beck, 4a. ed., 2012) e Hans-Heinrich NOLTE, **Geschichte Russlands** (© 1998, Stuttgart: Reclam Universal Bibliothek, Nr. 18960, 3a. ed., 2012).

424 Como se considera no **Tratado** (tomo 8 – **Direito internacional além do paradigma vestfaliano**); e tb.: François FEJTÖ, **Réquiem pour un Empire défunt**: Histoire de la destruction de l'Autriche-Hongrie (Paris: Lieu commun, 1988); Béatrice NICOLLIER, **Le Saint Empire romain germanique (1495-1648)** (Paris: Ellipses, 2012); Francis RAPP, **Le Saint Empire romain germanique**: d'Otton le grand à Charles Quint (Paris: Tallandier, 2000, impr. 2003); Peter WILSON, **The Holy Roman Empire** – a thousand years of Europe's History (orig. publ. 2016, Londres: Penguin, 2017).

425 Lucien BÉLY, **La France au XVIIe siècle** – puissance de l'état, contrôle de la société (Paris: PUF, 2009, esp. 2e partie – *La construction d'une puissance européenne*, p. 113-332); Lucien BÉLY, **Les relations internationales de l'Europe** – XVIIe – XVIIIe siècles (orig. publ. 1992, Paris: PUF, 4e éd., 2013); Lucien BÉLY, **L'art de la paix en Europe** – naissance de la diplomatie moderne XVIe – XVIIIe siècle (Paris: PUF, 2023); Françoise AUTRAND, L. BÉLY, P. CONTAMINE e T. LENTZ, **Histoire de la diplomatie française** I. Du Moyen Âge à l'Empire (présentation de Dominique de VILLEPIN, Paris: Perrin – tempus, ed. orig. 2005, reimpr. 2007, esp. 2e. partie – *Les temps modernes (1515-1789)*, par L. BÉLY, p. 179-470).

426 Armand Jean du PLESSIS, cardeal de RICHELIEU (1585-1642) dedicou-se longamente ao enfraquecimento do império germânico, em decorrência da visão deste como "instrumento da monarquia espanhola e das ambições de hegemonia mundial que a esta se atribuíam", nota Stephan SKALWEIT, na edição dos "papeis de Richelieu", destacando os quatro tomos dedicados às questões do império (**Les papiers de Richelieu** – Section politique extérieure – Correspondance et papiers d'état: **Empire allemand** – tome I (1616-1629) (par Adolf WILD, Paris: Pedone, 1982, cit. p. XII-XIII).

427 Giulio Raimondo MAZZARINO (1602-1661), natural de Pescina, Itália, afrancesado para Jules MAZARIN, cardeal e homem político, foi o primeiro ministro na França, de 1642 até sua morte, sucedendo ao seu mentor, o cardeal de RICHELIEU. A respeito da atuação de

O cardeal RICHELIEU em meio à guerra dos trinta anos,[428] considerou estrategicamente mais relevante combater os HABSBURGO, apesar de católicos, e favorecer os príncipes protestantes, primeiro com dinheiro, e depois com tropas e engajamento direto no conflito armado, com receio de ver consolidada, de um lado a hegemonia do Sacro Império romano germânico,[429] e do outro lado, os HABSBURGO da Espanha.[430]

MAZARINO, na altura da morte deste, e início do reino pessoal de LUÍS XIV, observa L. BÉLY (op. cit., 2009, p. 332): "Après les traités de Westphalie et celui des Pyrenées, le cardinal [MAZARIN] laisse à LOUIS XIV une situation nouvelle sur la scène internationale. Ayant contraint la maison d'Autriche à négocier, la branche de Vienne en 1648 et celle de Madrid en 1659, la maison de France semble l'emporter définitivement sur sa rivale, et le roi de France a bientôt le souci d'obtenir la reconnaissance de cette incontestable primauté."

428 Bernd ROECK (hrsg. von), **Deutsche Geschichte in Quellen und Darstellung** Band 4: **Gegenreformation und Dreissigjähriger Krieg 1555-1648** (Stuttgart: Reclam – Univ. Bibl. Nr. 17004, (c) 1996, impr. 2002); Henry BOGDAN, **La guerre de trente ans 1618-16148** (Paris: Perrin-tempus, © 1997, ed. 2006, impr. 2010); Johannes BURKHARDT, **Der Dreissigjährige Krieg** (Frankfurt-Main: Suhrkamp, 1992); Heinz Dieter KITTSTEINER (1942-2008), **Die Stabilisierungsmoderne** – Deutschland und Europa 1618-1715 (Munique: Carl Hanser, 2010); Dietmar PIEPER e Johannes SALTZWEDEL (Hg.), **Der Dreissigjährige Krieg** – Europa im Kampf um Glaube und Macht 1618-1648 (Munique: Deutsche Verlags-Anstalt, 2012); Friedrich SCHILLER, **Geschichte des dreissigjährigen Kriegs** (orig. publ. 1792, in F. SCHILLER, Werke in drei Bänden, unter Mitwirkung von Gerhard FRICKE, hrsg. von Herbert G. GÖPFERT, Munique: Carl Hanser, 1966, vol. II, p. 34-320); Fred E. SCHRADER, **L'Allemagne avant l'État-nation**: le 'corps germanique' (1648-1806) (Paris: PUF, 1998).

429 Francis RAPP, **Le saint empire romain germanique** – d'OTTON le grand à CHARLES QUINT (Paris: Tallandier, 2000, impr. 2003); Fred E. SCHRADER, **L'Allemagne avant l'État-nation**: le 'corps germanique' (1648-1806) (Paris: PUF, 1998). Ver **Tratado** (tomo 8 – **Direito internacional além do paradigma vestfaliano**, título II – *da construção de sistemas coesos: de Vestfália (1648) até a guerra dos sete anos (1756-1763)*); Henry BOGDAN, **Histoire des Habsbourg** – des origines à nos jours (Paris: Perrin-tempus, 2002, impr. 2005); H. BOGDAN, **Histoire de l'Allemagne** – de la Germanie à nos jours (orig. publ. 1999, Paris: Perrin-tempus, 2003, impr. 2010); Michel KERAUTRET, **Histoire de la Prusse** (Paris: Seuil, 2005); Joseph ROVAN (1918-2004), **Geschichte der Deutschen** – Von ihren Ursprungen bis heute (do original **Histoire de l'Allemagne** – des origines à nos jours, © 1994, aus dem Französischen von Enrico HEINEMANN, Reiner PFLEIDERER u. Reinhard TIFFERT, Munique: DTV, 3. Auflage, 2001; ___, **Histoire de l'Allemagne** – des origines à nos jours ('édition revue et augmentée par l'auteur', Paris: Seuil, 1999).

430 Fonte de relevância considerável para o conhecimento da história europeia da primeira metade do século XVII, os papeis de RICHELIEU: Armand Jean du PLESSIS, cardeal de RICHELIEU, **Les papiers de Richelieu** – section politique extérieure / correspondance et papiers d'état (**Empire allemand** tome I (1616-1629), par Adolf WILD, préf. Stephan SKALWEIT, Paris: Pedone, 1982; **Empire allemand** tome II (1630-1635), par Anja Victorine HARTMANN, préfaces Hermann WEBER et Klaus MALETTKE, Paris: Pedone, 1997,

A luta de RICHELIEU por estado unitário, forte e centralizado na França, encontra antagonista de igual estatura, e imbuído de igual propósito no conde-duque de OLIVARES, na Espanha. O estado nacional espanhol unificado e forte foi a tônica central da política interna e externa deste:[431] "seu mais alto propósito era a unificação de todos os pedaços do reino, e a consolidação de império espanhol, fechado e cujo poder se tornasse impossível de ser enfrentado, com fundamento cristão, que em nome e por conta do todo poderoso conduzisse a luta, contra todos os demais, que não estivessem inspirados dos mesmos propósitos".[432]

Parte dessa política de OLIVARES se fez como confrontação direta com os desígnios do cardeal RICHELIEU. A sua concepção de centralização

Empire allemand tome III (1636-1642), par Anja Victorine HARTMANN, préfaces Hermann WEBER et Klaus MALETTKE, Paris: Pedone, 1999; Index des tomes I, II et III **Empire allemand** (1616-1642) par Aurélia BERGER, Paris: Pedone, 2003); ver tb. Armand Jean du PLESSIS, cardeal de RICHELIEU, **Les papiers de Richelieu** – section politique intérieure / correspondance et papiers d'état (par Pierre GRILLON, préf. Roland MOUSNIER, tome I (1624-1626), Paris: Pedone, 1975; tome II (1627), Paris: Pedone, 1977, tome III (1628), Paris: Pedone, 1979; tome IV (1629), Paris: Pedone, 1980; tome V (1630), Paris: Pedone, 1982; tome VI (1631), Paris: Pedone, 1985; Index des tomes I, II et III – corrections et additions (1624-1628) par Pierre GRILLON, Paris: Pedone, 1980; Index des tomes IV, V et VI – corrections et additions (1629-1631) par Marie-Catherine VIGNAL avec la collab. d'Eric de LABRIOLLE, Paris: Pedone, 1997).

431 Don Gaspar de GUZMÁN, conde-duque de OLIVARES (1587-1645), como principal ministro de FELIPE IV, exerceu o poder de 1621 a 1643. Este não somente lutou contra a corrupção e tentou sanear as finanças do estado espanhol, como foi, durante certo período, mecenas de artistas como RUBENS, VELAZQUEZ, MURILLO e LOPE DE VEGA, mas também lançou a Espanha em ousadas empreitadas internacionais: retomou, com sucesso, a guerra 'colonial' desta contra as Províncias Unidas, depois da trégua, bem como lançou a Espanha na guerra dos trinta anos, a partir de 1636. Essas políticas bélicas tornaram necessárias medidas fiscais opressoras, que provocaram graves revoltas internas e acabaram por levar à queda e banimento de OLIVARES. A biografia deste, escrita pelo médico espanhol, Gregório MARAÑON, **Olivares** – Der Niedergang Spaniens als Weltmacht (do original **El Conde-duque de Olivares** – La pasión de mandar, s/d, übersetzt und eingeleitet von Ludwig PFANDL, Munique: Hermann Rinn, s/d, esp. cap. VII – *Die treibende Kräfte*, p. 132-136, e cap. XVIII – *Die Aussenpolitik*, p. 299-319) pode, como referido, ser útil, para caracterizar o personagem e seus propósitos. Para situar o conjunto do mundo mediterrâneo e a extensão do poderio espanhol no período, e as grandes transformações ocorridas no mundo, em poucas décadas, entre a segunda metade do século XVI e o início do século XVII, ver Fernand BRAUDEL, **La méditerranée et le monde méditerranéen à l'époque de Philippe II** (Paris: Armand Colin, 8ª ed., 1987, 2 vols.).

432 G. MARAÑON (op. cit., ed. cit., p. 132-133).

do poder imperial era, nos seus fundamentos, a mesma que tinha para a França o propósito de aplicar o cardeal: muitas das pretendidas reformas de modernização econômica, concebidas por OLIVARES, que nem sempre conseguiu aplicar, tinham em vista projetos franceses equivalentes, tais como a ideia de tornar navegável o rio Tejo, o Jarama e o Manzanares. O equivalente tinha sido conseguido, pelos franceses, com a construção do canal do Languedoc.

A amarga guerra franco-espanhola, de 1635 a 1642, em muitas das suas ações e episódios não foi mais do que a confrontação pessoal e a luta pelo poder dos dois ministros reais, que de maneira trágica, arrastaram consigo os seus dois povos. A diferença entre ambos teria sido que OLIVARES teria feito as coisas de maneira mais impulsiva, enquanto RICHELIEU teria agido sempre de maneira mais fria e calculada.[433]

Sucessor de RICHELIEU, o cardeal MAZARINO, por sua vez, além de sua atuação na política interna francesa, teve muita importância na construção dos tratados da paz de Vestfália. Este, supostamente, no **Breviarium politicorum secundum rubricas Mazarinicas** (1683) –[434] cuja autoria pode ser questionada – delineava a política muito mais como relação de *interesses*, do que de *princípios*.

Com relação ao caso holandês, nesse mesmo período, "a independência da República holandesa foi unicamente o produto de contingências e circunstâncias históricas – que de forma alguma predeterminaram a sua futura configuração".[435] Movimento inverso ao ocorrido nestas outras experiências europeias de consolidação de estados modernos: uma Repú-

[433] G. MARAÑON (op. cit., ed. cit., p. 134-135).

[434] Embora seja contestada a autoria do texto, as ideias bem poderiam corresponder ao Cardeal MAZARINO, **Breviário dos políticos** (trad. do francês e apresentado por Roberto Aurélio Lustosa COSTA, Brasília: Alhambra, s/d). O manuscrito **Breviarium politicorum secundum rubricas Mazarinicas** de 1683, conservado na biblioteca da Universidade de Bolonha, é a base para diversas edições antigas e contemporâneas, dentre as quais a de Florence DUPONT, **Bréviaire des politiciens** (Langres: Café-clima éditeur, 1984).

[435] S. SCHAMA (op. cit., 1988, p. 67): "Once freed from imperial authority, it was left to make itself up without any of the self-evident markers of territory, tribe, language or dynasty that were customarily held to be the criteria for national self-consciousness. Into the vacuum left by the collapse of monarchy poured the contending (though not mutually exclusive) influences of Calvinism, humanism and commercial pragmatism." [...] "The most extraordinary invention of a country that was to become famous for its ingenuity was its own culture. From ingredients drawn from earlier incarnations, the Dutch created a fresh identity."

blica, em lugar de estado monárquico absolutista, com cidadãos, em lugar de súditos.

E neste espaço e tempo, a construção de identidade nacional, de povo, e de tradições características: "o que se pode classificar como habitualmente holandês não surge por geração espontânea, mas como invenção consciente".[436]

GRÓCIO seria um dos "projetores do imaginário nacional", os quais conferiram "forma, perspectiva e significado para o amontoado de experiência histórica com o qual se viram postos os Países Baixos":

> estes foram, de certa forma, os inventores da inevitabilidade patriótica: a noção de que um peculiar destino holandês estava imanente, bloqueado na crosta da história europeia, esperando que alguma erupção previamente ordenada o libertasse de seu antigo e inabitual meio. Esta foi potente mitologia, com certeza. Mas esta teria sido efêmera, se tivesse permanecido somente a concepção servida por e para uns poucos intelectuais humanistas e grandes personalidades. Sua força resultou da magia do autorreconhecimento. Para serem livres e merecerem apoio divino, foi dito aos holandeses, eles deveriam simplesmente ser eles mesmos e permanecerem fieis a eles mesmos.[437]

Dado interessante da trajetória nacional holandesa é o fato de que esta, com suas características específicas, nos obriga a nos afastar da usual linha divisória entre cultura 'popular' e da 'elite', o que pressuporia divisão segundo linhas de diferenciação social. E, se essa "visão é algo idealista, a visão oposta é frequentemente excessivamente materialista".[438]

[436] S. SCHAMA (op. cit., 1988, Part Four – *Watersheds*, p. 563-608, cit. p. 567): "and that the inventors belonged by and large to the educated, propertied nation".

[437] S. SCHAMA (op. cit., 1988, p. 567): "VAN BEVERWIJK, CATS, GROTIUS and many of the other projectors of the national imagination were not, by any account, men of the common herd. And it was they who gave shape, perspective and meaning to the rush of historical experience with which the Netherlands were beset. They were, in a sense, the inventors of patriotic inevitability: the notion that a peculiar Dutch destiny lay immanent, locked in the crust of European history, waiting for some preordained eruption to blow it free of its ancient and unusual containment. This was potent mythology, to be sure. But it would have been ephemeral, had it been just the self-serving fancy of a few humanist intellectuals and grandees. Its robustness, in fact, lay in the spell of self-recognition. To be free and to deserve godly succor, the Dutch were told, they had merely to be themselves and to remain true to themselves."

[438] S. SCHAMA (op. cit., 1988, p. 567); v. tb. C. DENYS e I. PARESYS (op. cit., 2007, chap. 6 – L'âge d'or des Provinces-Unies au XVIIe siècle, esp. II – La culture néerlandaise du Siècle d'or

É preciso compreender que as 'elites', intelectual e social, das Províncias Unidas na época tiveram papel crucial na formação dessa identidade nacional. Inclusive em relação ao que se poderia considerar 'popular', como cultura e como identidade, como modo de ser nacional, e que tal divisão simplesmente não faz sentido em relação aos Países Baixos do século XVII.

Tampouco faz sentido a aplicação do termo 'burguês', para o caso holandês do século de ouro: "em outros lugares da Europa, o termo abrange tão poucos tipos sociais, que a sua força descritiva pode ser bastante nítida. Nos Países Baixos, é de tal modo abrangente, a ponto de se tornar inútil". Isso porque,[439]

> o termo, em suma, pertence ao vocabulário classificatório das ciências sociais materialistas dos séculos XIX e XX, que pressupunham serem sistemas de crenças apêndices do poder social. Esses parâmetros de análise cultural são notoriamente reducionistas, por sua insistência em contínuo social, que se estende da divisão do trabalho ao destino das almas.[440] [...] Eu esperaria libertar a descrição de uma cultura do início da idade moderna do seu aprisionamento em terminologia do século XIX.[441]
>
> O sentimento predominante de riqueza comum (*common wealth*) me parece desafiar, ou mais propriamente, transcender as efetivas divisões em termos de propriedade e mesmo de educação.[442]

e III – L'âge d'or de la peinture holandaise, p. 125-139); Bernd EBERT, Cécile TAINTURIER, Quentin BUVELOT (dir. de), **Jacobus Vrel** – peintre du mystère (Catalogue raisonné et commenté, Munique: Hirmer / Bayerische Staatsgemälde-sammlungen, Paris: Fondation Custodia – Coll. Frits Lugt, La Haye: Mauritshuis, 2021).

439 S. SCHAMA (op. cit., 1988, p. 568).

440 S. SCHAMA (op. cit., 1988, p. 568): "And so a lazy tautology has settled itself, like intellectual verdigris, on cultural descriptions that begin (and all too often, end, as well) by invoking the 'bourgeois' ethos".

441 S. SCHAMA (op. cit., 1988, p. 568): "If 'bourgeois' is translated into *burgerlijk*, more is altered than the linguistic form. 'Proto-capitalist' becomes instead 'civic'. That seems altogether more appropriate. For the sensibility that joined Dutch men and women in a common feeling for family, nation, freedom and material comfort was civic in the classically republican sense, replenished through their own historical circumstances."

442 S. SCHAMA (op. cit., 1988, p. 569): "the culture is most helpfully thought of as a kind of social church – and a more elastic one than the formally predominant religious denomination".

A construção da identidade e da riqueza nacionais tiveram como corolário a estrita defesa dos interesses constituídos. A propriedade e a boa-fé eram valores a serem preservados, pela sociedade e pelas instituições.[443]

O extraordinário sucesso neerlandês se explica pela conjunção de condições naturais desigualmente favoráveis e de um caráter humano particularmente próprio para delas tirar partido.[444] E, como se pode notar, "o individualismo culmina no gosto pelo risco. A prudência tempera-o e canaliza-o em associações audaciosas – as companhias –, muito diferentes das velhas comunidades medievais":

> A guerra contra os espanhóis, iniciada por razões políticas e religiosas, deslizara pouco a pouco para o plano econômico. No começo do século XVII, as exigências dessa luta haviam lançado os holandeses para mares distantes. Mas ao mesmo tempo haviam feito nascer nesse povo um amor novo pelo dinheiro e uma nostalgia da paz.[445]

A respeito do direito penal da época, que punia com rigor implacável, sobretudos delitos tais como o roubo, a violação de domicílio, a falsificação de letras, e onde a justiça demonstrava crueldade por vezes atroz, GRÓCIO "justificava essa crueldade, pela necessidade de amedrontar os possíveis criminosos".[446]

Situar algumas das linhas principais da sociedade de seu tempo é útil para entender o fenômeno que representou GRÓCIO. Este não somente por sua importância no direito internacional moderno, como tantas vezes é exaustivamente repetido, mas também o fato de ter sido GRÓCIO um

[443] Como exprime o cuidado de H. GRÓCIO em tratar de temas como promessas, contratos e juramentos (op. cit., 1625, ed. bras. 2004, II.XI – *Das promessas*, p. 545-568; II.XII – *Dos contratos*, p. 569-598; II.XIII – *Do juramento*, p. 599-629; II.XIV – *Das promessas, dos contratos e dos juramentos daqueles que detém a soberania*, p. 631-646; II.XV – *Dos tratados (das alianças) e das garantias*, p. 647-675).

[444] Paul ZUMTHOR, **A Holanda no tempo de Rembrandt** (orig. publ. **La vie quotidienne en Hollande au temps de Rembrandt**, 1959, trad. Maria Lúcia MACHADO, São Paulo: Companhia das Letras, 1989).

[445] P. ZUMTHOR (op. cit., 1959, ed. bras., 1989, p. 328).

[446] P. ZUMTHOR (op. cit., 1959, ed. bras., 1989, p. 297): "Na verdade, ela se explica por uma certa rudeza de sensibilidade, comum a toda a Europa de então. Contudo, a incoerência do direito penal neerlandês a agravava. Leis e costumes diferiam de província a província, se não de cidade a cidade, e toda tentativa de unificação chocava-se com a hostilidade dos tribunais locais. Nesse caos jurídico, o crime não estava de modo algum definido".

dos agentes relevantes para a consolidação da identidade nacional, nessa fase crucial da história das Províncias Unidas. Esta faceta pode ser menos conhecida, mas nem por isso menos relevante, mostra GRÓCIO como historiador, e como defensor da identidade nacional neerlandesa.

Cabe passar ao exame do sistema de direito internacional na obra de GRÓCIO (18.3).

18.3. Sistema de direito internacional na obra de GRÓCIO

> Se as leis humanas podem dispor muitas vezes além do que ordena a natureza, não deveriam estabelecer nada contra a natureza.[447] [...]
> A natureza da lei humana é depender da vontade humana, não somente do ponto de vista da origem, mas sob aquele da duração.[448] [...]
> Muitas coisas, de fato, tanto no direito quanto no fato de onde surge o direito escapam ordinariamente aos homens.[449]
>
> H. GRÓCIO (1625, ed. 2004)

O método que ele aplicou para produzir a obra que, embora feita por um particular, deveria ter o peso de código de leis junto aos príncipes, ele mesmo nos expõe com grande clareza no prefácio. Ele considerou necessário chegar a alguns determinados princípios fixos, que deveriam ser reconhecidos como

[447] H. GRÓCIO (op. cit., 1625, ed. bras. 2004, II.III.VI – *Em qual direito se apoia a propriedade das crianças e dos loucos*, p. 344), na mesma passagem, as frases imediatamente precedentes ao trecho em epígrafe: "É preciso notar também que, se considerarmos somente o direito natural, a propriedade só pode pertencer ao que é dotado de razão. O direito das gentes, em vista da utilidade comum, introduziu que as crianças e os loucos poderiam receber e conservar a propriedade, tendo por assim dizer o gênero humano como seu representante enquanto perdurar esse estado". – Donde se depreende que o conceito de 'direito das gentes' com o qual trabalhava GRÓCIO seria muito amplo e abrangente que o conceito corrente do mesmo, no contexto pós-moderno. Na concepção de GRÓCIO incluiria base comum, de valores e de princípios, compartilhada por todos, tendo "por assim dizer o gênero humano como seu representante". Existe razão de humanidade, para nortear essa concepção que GRÓCIO fazia ser abrangida pelo direito das gentes: "estende-se ao direito de possuir, mas não ao direito de ter por si mesmo o uso daquilo que se possui. A alienação e qualquer outro ato semelhante supõem por sua própria natureza a ação de uma vontade esclarecida pela razão."

[448] H. GRÓCIO (op. cit., 1625, ed. bras., 2004, II.XX.XXIV – *E mesmo após o estabelecimento da lei penal*, p. 830-831).

[449] GRÓCIO (op. cit., 1625, ed. bras. 2004, II.XXIII.XIII – *Explica-se, por várias distinções, se pode haver uma guerra justa de parte e de outra*, p. 956-958, cit. n. 2, p. 957).

tais, por todos que os lessem. Para tanto, ele foi obrigado a examinar todos os códigos de moralidade e de direito geral conhecidos; ele penetrou em todas as ciências, entre as quais e a sua, pudesse descobrir alguma analogia; e examinou as opiniões de todos os grandes homens de todas as classes, das quais pudesse extrair alguma coisa como uma comunidade de sentimentos. Isso, adequadamente ordenado, sob diferentes títulos, com vastos acréscimos do seu próprio conhecimento, e o concurso de todos que pudessem ser tirados da história, à guisa de precedentes, ele se aventurou na nobre missão de imaginar que poderia ser recebido pelo mundo, como a norma para seus deveres, nos mais críticos preceitos. O resultado alcançou todas as suas expectativas!

Robert WARD (1795) [450]

Concordamos, facilmente, que é pesada a polissemia do termo 'direito', e quando se trata de 'direito natural', diversos significados, muitas vezes, se sobrepõem e se emaranham. Essa dificuldade era assinalada por GRÓCIO, com admirável clareza, no início do **De jure belli ac pacis**; PUFENDORF e BURLAMAQUI, por sua vez, também fazem menção.

S. GOYARD-FABRE (2002)[451]

[450] Robert WARD, **An enquiry into the foundations and history of the Law of nations in Europe** – from the time of the Greeks and Romans to the age of Grotius (orig. publ. London: A. Strahan and W. Woodfall, 1795, 2 vols., chap. XVIII – *the age of Grotius*, p. 606-628, cit. p. 618-619): "The method which he pursued in order to produce a work, which, although coming from a private man, should have the weight of a code of law with Princes, he has himself expounded to us with great clearness in the preface. He found it necessary to get at some certain fixed principles which should be acknowledged to be such by all who read them. In order to do this, he was obliged to survey all the codes of morality and of general law which had ever been known; he penetrated into all the sciences between which and his own, he could discover any analogy; and he examined the opinions of all great men of whatsoever class, from which he could extract any thing like a community of sentiment. This, being properly arranged under its different heads, together with the vast additions of his own learning, and the support of all that could be drawn from history by way of precedent, he ventured, with very noble ambition to imagine might be received by the world as the rule for their duty in the most critical predicaments. The event answered all his expectations!"

[451] Simone GOYARD-FABRE, **Les embarras philosophiques du droit naturel** (Paris: Vrin, 2002, Introduction, p. 7-18, cit. p. 10 e nota 4); GROTIUS, **De jure belli ac pacis** (1625), livro I, cap. I; PUFENDORF, **De jure naturae et gentium** (1672), livro I, cap. I, § 20); J.-J. BURLAMAQUI, **Principes du droit naturel** (publ. posthume, 1775, ed. Paris: Janet et Cotelle, 1821, ed. facsimilar Caen: Centre de philosophie politique et juridique, 1989, cit. p. 309-312).

Entre o cinismo de EUFEMO e o idealismo de ERASMO, elaborando teoria de contrato social baseada na autoridade dos soberanos – noção aceita pelos seguidores cínicos de EUFEMO – e na santidade dos contratos – noção aceita pelos seguidores idealistas de ERASMO –, GRÓCIO argumentava que os soberanos tinham a prerrogativa moral e legal de criar normas, tanto em âmbito doméstico quanto internacional, mas que os próprios soberanos estavam legal e moralmente obrigados a respeitas as normas que tinham criado. Que houvesse qualquer coisa de transitório, ou mesmo hipócrita nos compromissos assumidos em conformidade com o direito internacional parecia totalmente estranho a GRÓCIO.

M. W. JANIS (2004)[452]

Na construção da sua obra e das premissas de seu 'sistema' de direito internacional, não por acaso, situa conceitos da Antiguidade clássica e preceitos bíblicos, ao lado de temas 'modernos'. GRÓCIO buscava dados para a composição de tratamento do direito internacional de seu tempo, tanto quanto possível, de maneira sistematizada e abrangente.[453] Parte da matriz medieval e do início da era moderna, dos tratados sobre o direito da guerra – como exprime a denominação, por ele adotada – direito da guerra e da paz – mas transcende esse modelo, para se tornar uma referência incontornável na evolução do direito internacional, nos últimos quatro séculos.

Muitas vezes, entende GRÓCIO o direito das gentes – *jus gentium* – como conjunto de normas, cuja aceitação é compartilhada por diversas sociedades, mesmo que sejam estas regidas por diferentes autoridades

[452] Mark W. JANIS, *Religion and the literature of International Law: some standard texts* (in **Religion and International Law**, ed. by M. W. JANIS & C. EVANS, Leiden/Boston: M. Nijhoff, © 1999, nova ed., 2004, chap. 7, p. 121-143, cit. p. 123): "His theory of a law of nations based on the consent of sovereigns was meant to be more or less religiously neutral. However, from a reading of his text, it is doubtful that GROTIUS meant to be or was irreligious or secular".

[453] Ver tb., neste capítulo, o item 18.7 – *herança crítica e repercussão da obra de GRÓCIO*. Ver GRÓCIO (op. cit., 1625, Prolegômenos 40 a 56). Como apontava R. WARD (op. cit., 1795, p. 619): "The work of GROTIUS, therefore, has for its support, all that the philosophers, the poets, the orators, and the critics of Antiquity or of modern times can furnish. It is aided by all the lights which can be drawn from the famous civil and canon laws, cleared from its defects and the false glosses which had been put upon it by corrupt or ignorant interpreters; above all, it is finally corrected and stampt with authority, by the indications of the divine will, as collected from the inspired writers of the Old and New Testaments, from the comment of the Hebrew divines, and the authority of the fathers".

políticas, soberanas e independentes entre si, e apliquem direito civil distinto, próprio de cada sociedade organizada. Assim, por exemplo, mencionava: "tal como é o direito precário em relação à propriedade da coisa e o direito dos privados com relação ao domínio eminente que tem o estado, em vista da utilidade pública".[454] Aí se pode considerar tratar-se antes de direito 'compartilhado', do que direito internacional, propriamente dito.[455]

Esboça, também, GRÓCIO o que se denomina de responsabilidade internacional do estado, quando formulava "como os súditos participam dos delitos dos governantes ou do delito da comunidade, aqueles que são membros dela":[456]

> a falta passa dos súditos, antigos ou recém-chegados, aos governantes. De modo recíproco, a falta passará do poder soberano aos súditos, se os súditos consentirem no crime ou se fizeram, segundo a ordem ou o conselho do poder soberano, alguma coisa que não pudessem fazer sem crime.[457]

Dentre conceitos basilares do direito internacional, de todos os tempos, se inscreve, por exemplo, o instituto do 'refúgio'. A respeito do qual GRÓCIO assim se exprimia: "não se deve mesmo recusar uma moradia fixa a estrangeiros que, expulsos de sua pátria, buscam um refúgio, desde que se submetam ao governo estabelecido e que observem todas as prescrições necessárias para prevenir sedições".[458]

É habitualmente lembrada a premissa de obrigação de cooperação entre soberanos em relação a crimes 'transnacionais' e referida a formulação de GRÓCIO a respeito do dever de "ou punir, ou entregar".[459] Como decor-

[454] GRÓCIO (op. cit., 1625, ed. bras., 2004, II.XXI.XI.3, p. 909-910).

[455] Cabe o paralelo com a construção antes feita por SUAREZ, a respeito de direito comum a vários povos, um direito entre os povos – *jus inter gentes* – não necessariamente direito internacional – *jus gentium*. Como se examina no **Tratado** (tomo 6 – **Direito internacional no tempo de Suarez, Gentili e Zouch**, cap. 15).

[456] GRÓCIO (op. cit., 1625, ed. bras., 2004, II.XXI.VII, p. 903-904).

[457] GRÓCIO (op. cit., 1625, ed. bras., 2004, II.XXI.VII.1, p. 903).

[458] GRÓCIO (op. cit., 1625, ed. bras., 2004, II.II.XVI – *Direito de residência aos que foram expulsos de sua pátria, contanto que se submetam às leis do país*, p. 333): "Segundo AMBRÓSIO [**De officiis ministrorum**, III, cap. 7], aqueles que impedem os estrangeiros de se estabelecer em sua cidade não devem ser apoiados de forma alguma".Ver AMBROSIUS, **De officiis ministrorum** (ed. by M. TESTARD, Turnhout, Be: Brepols – Corpus Christianorum, 2001).

[459] GRÓCIO (op. cit., 1625, ed. bras., 2004, II.XXI.IV – *A menos que o punam ou o entreguem*, p. 890-895).

rência lógica do interesse comum dos estados na boa administração da justiça, e também como necessidade operacional, para manter a boa convivência entre estados:

> Como os estados não tem o costume de permitir que outro estado avance em armas para dentro de suas fronteiras, para exercer o direito de punir, e que isso não é conveniente, segue-se que o estado junto ao qual vive aquele que foi condenado por sua falta deve fazer uma dessas duas coisas: se requerido, ele próprio punir o culpado, segundo merece, ou remetê-lo incondicionalmente ao requerente. Este é, com efeito, o fato de entregar que se encontra muitas vezes na história.[460] [...]
> Tudo isso, contudo, deve ser entendido como que um povo ou um rei não são obrigados estritamente a entregar, mas, como dissemos, a entregar ou a punir.[461]

Como se vê, está alinhada a lição de GRÓCIO com o direito internacional vigente. Em relação a vários aspectos: (i) ao dever geral de cooperação entre estados em matéria penal; (ii) à condenação de exercício abusivo de extraterritorialidade – subtração de pessoas de território de outro estado;[462] e (iii) o princípio da subsidiariedade, tal como adota, por exemplo, o **Estatuto de Roma** do Tribunal penal internacional, quando aponta "um povo ou um rei não são obrigados estritamente a entregar, mas, como dissemos, a entregar ou a punir".[463]

> Entre os males que surgem das discórdias dos estados, DION CRISÓSTOMO [**Orat.**, XXXVIII] coloca igualmente isso em seu discurso aos habitantes de

[460] GRÓCIO (op. cit., 1625, ed. bras., 2004, II.XXI.IV.1, p. 890-891).
[461] GRÓCIO (op. cit., 1625, ed. bras., 2004, II.XXI.IV.3, p. 892-893).
[462] Ver **Tratado** (tomo 20 – **Direito internacional, história e cultura**, cap. 2 – territorialidade e extraterritorialidade: o espaço no direito internacional pós-moderno, esp. item 2.2 – os avatares da noção de extraterritorialidade no direito internacional pós-moderno).
[463] Estatuto de Roma do Tribunal penal internacional, art. 1º – o Tribunal: [...] "será complementar às jurisdições penais nacionais". No Brasil, Dec. 4388, de 25 de setembro de 2002, planalto.gov.br. A característica da subsidiariedade no Tribunal penal internacional tem por base três critérios, que delimitam sua aplicação: a ocorrência de coisa julgada, a vontade e a disposição de punir, por parte do próprio estado e a gravidade dos crimes cometidos. Ver tb. Supremo Tribunal Federal – Informativo STF, Brasília, 3 a 7 de agosto de 2009, No. 554 – disponível para download – ref. Estatuto de Roma – Tribunal penal internacional – Prisão de chefe de estado estrangeiro (Pet. 4625 / República do Sudão).

> Nicomédia: 'que seja permitido aos que ofenderam em estado, de se refugiar em outro'.[464] [...]
> O fato de entregar, do qual tratamos aqui, não é outra coisa que o de remeter um cidadão ao poder de outro povo, para que este decida a seu respeito o que bem entender. Essa remessa não dá ou não tira nenhum direito. Ela suprime somente o obstáculo da execução.[465] [...]
> O que dissemos a respeito dos culpados a entregar ou punir não se relaciona somente com os indivíduos que foram sempre súditos daquele junto ao qual se encontram atualmente, mas mesmo aqueles que, após ter cometido em outro local o crime, se refugiaram no país.[466] [...]
> Esse direito de que falamos, de reclamar para punir aqueles que fugiram para fora do território não é praticado neste século como nos últimos séculos, e na maior parte da Europa, a não ser em matéria somente daqueles crimes que atingem os negócios públicos ou daqueles que tem o caráter de um raro ato celerado.[467] [...]
> Deve-se saber também que os salteadores e piratas que cresceram tanto até tornar-se formidáveis podem ser recolhidos e certamente entregues, no tocante à pena, porque é do interesse do gênero humano que sejam afastados de seus crimes pela confiança da impunidade, se não podem sê-lo de outra forma, e qualquer povo ou qualquer chefe de povo pode gerir esse interesse.[468]

Com sua preocupação de humanidade, GRÓCIO formulava lição que permanece atual e útil. Como fazia, ao distinguir "os direitos dos suplicantes dizem respeito aos infelizes, não aos culpados":[469]

> Os direitos tão cantados dos suplicantes e os exemplos de asilos não põem obstáculo a isso. Não servem, de fato, senão para aqueles que são vítimas de um ódio imerecido e não para aqueles que cometeram alguma coisa de prejudicial à sociedade humana ou aos outros homens.[470]

464 GRÓCIO (op. cit., 1625, ed. bras., 2004, II.XXI.IV.6, p. 894). Ver DION CRISÓSTOMO [DIO CHRYSOSTOMUS], **Orationes** LXXX (apposita est in extremo libro varietas lectionum, cum orationam índice, Venetiis: apud Federicum Turrisanum, 1551).

465 GRÓCIO (op. cit., 1625, ed. bras., 2004, II.XXI.IV.7, p. 894-895).

466 GRÓCIO (op. cit., 1625, ed. bras., 2004, II.XXI.IV.8, p. 895).

467 GRÓCIO (op. cit., 1625, ed. bras., 2004, II.XXI.V.5, p. 901).

468 GRÓCIO (op. cit., 1625, ed. bras., 2004, II.XXI.V.5, p. 901).

469 GRÓCIO (op. cit., 1625, ed. bras., 2004, II.XXI.V, p. 895-901).

470 GRÓCIO (op. cit., 1625, ed. bras., 2004, II.XXI.V.1, p. 895).

Diversamente de outras matérias, nas quais a lição de GRÓCIO antecipou o que se mantém como orientação válida, isso contudo, não se põe na evolução do direito internacional em relação a tema como o de 'direito de ocupação'.[471] A evolução posterior tomou rumos diversos.[472] Contraponha-se a lição de Richard ZOUCH (1650),[473] que também trata da questão. Quando se descreve "o início e o fim da aplicação do direito de ocupação" fica claro tratar-se de algo temporal e contextualmente condicionado.[474]

GRÓCIO dispunha a respeito: "Se não pertencer a ninguém, essa aquisição se relaciona à ocupação. Se é um bem de outrem não pode mais ser adquirido por nós".[475]

> O que temos a falar da ocupação, como único meio natural e original de adquirir, se refere somente aos tempos primitivos. A respeito do que não pertence propriamente a ninguém, há duas coisas suscetíveis de ocupação: a soberania e a propriedade, enquanto esta se distingue da soberania. [...] 'A região pertence ao estado; mas cada um não deixa de possuir nela o que é dele'.[476] Nos lugares já ocupados do ponto de vista da soberania o direito de adquirir por ocupação as coisas mobiliárias pode ser previsto pela lei civil.[477] [...]

[471] GRÓCIO (op. cit., 1625, ed. bras., 2004, II.II.XVII – *Direito de se apoderar de locais desertos; como se deve entender isso*, p. 334) citava também, na frase final do trecho em epígrafe, a lição de DION CRISÓSTOMO, **Orat.** (XXXI).

[472] GRÓCIO (op. cit., 1625, ed. bras., 2004, II.II.XVII, p. 334): "Se no território de um povo se encontra alguma região deserta e árida deve-se concedê-la aos estrangeiros que a pedem. Podem mesmo ocupá-la de modo válido, uma vez que não se deve considerar como possuído o que não é cultivado. Há reserva apenas com relação à jurisdição, que fica sob controle total do antigo povo".

[473] Cuida da matéria R. ZOUCH, **Juris et judicii fecialis sive juris inter gentes** (1650, ed. 1651, II.VIII). A respeito de ZOUCH ver **Tratado** (tomo 6 – **Direito internacional no tempo de Suarez, Gentili e Zouch**, cap. 17).

[474] V. **Tratado** (tomo 1 – **Direito internacional dos espaços**, item 6.1 – ocupação); Vaios KOUTROULIS, **Le début et la fin de l'application du droit de l'occupation** (Paris: Pedone, 2010).

[475] GRÓCIO (op. cit., 1625, ed. bras. 2004, II.III.III – *A especificação*, p. 341): "Como nada se faz sem provir naturalmente de uma matéria preexistente, se essa matéria é nossa, será a continuação de nossa propriedade, após a introdução de uma espécie nova."

[476] GRÓCIO (op. cit., 1625, ed. bras. 2004, II.III.IV – *A ocupação é de dois tipos: tem por objeto a soberania ou a propriedade*, p. 342-343).

[477] GRÓCIO (op. cit., 1625, ed. bras. 2004, II.III.V – *A ocupação das coisas mobiliárias pode ser prevista pela lei*, p. 343) completava, ao final da mesma passagem: "Há muitas outras coisas que os juristas dizem ser do direito das gentes, quando tratam da divisão das coisas e da aquisição da propriedade".

> É iníquo reivindicar para si, a título de descoberta, coisas que são ocupadas por outro, [...] pois a descoberta não ocorre senão com relação a coisas que não pertencem a ninguém.[478]

Neste tópico do "direito de ocupação", GRÓCIO ficou superado pela evolução posterior. Tanto mais pela consolidação de conceitos como o "patrimônio comum da humanidade" e o "interesse comum da humanidade", em relação a espaços insuscetíveis de apropriação.[479]

Considerava GRÓCIO que "os rios podem ser ocupados",[480] e especificava como entendia a questão:

> Os rios podem ser tomados por ocupação, desde que sua nascente ou sua foz não se encontrem compreendidas num território e que se possua somente uma parte da água que vem de cima e da que corre abaixo ou até o mar. Basta, de fato, que a maior parte do rio estando com seus lados fechados por margens para que, em comparação com as terras, o rio seja apenas um ponto pouco extenso.[481]

De maneira consentânea com a afirmação precedente, responde à indagação se "o mar pode ser ocupado?"[482]

> De acordo com esse exemplo, parece que o mar possa também ser ocupado por aquele que possui as terras situadas dos dois lados, mesmo que esse mar seja aberto pelo alto como um golfo ou pelo alto e embaixo em forma de estreito, uma vez que essa parte de mar não seja de tal extensão que, comparada à terra firme, não possa ser considerada como dela fazendo parte.[483] [...]

[478] GRÓCIO (op. cit., 1625, ed. bras., 2004, II.XXII.IX – *A descoberta de coisas ocupadas por outros*, p. 930). Algo distinta a posição de GRÓCIO em relação a aceitação da anterioridade da presença dos navegadores portugueses na Ásia, argumentando a necessidade de efetividade desta presença, como se examina no **Tratado** (tomo 3 A – **Direito internacional no tempo antigo**, item 2.1 – a controvérsia entre Hugo GRÓCIO e Serafim de FREITAS).

[479] Como considerado no **Tratado** (tomo 2 – **Direito internacional dos espaços**, cap. 20 – espaços internacionais: de res nullius a patrimônio comum da humanidade).

[480] GRÓCIO (op. cit., 1625, ed. bras. 2004, II.III.VII – *Os rios podem ser ocupados*, p. 344).

[481] GRÓCIO (op. cit., 1625, ed. bras. 2004, II.III.VII, cit. p. 344).

[482] GRÓCIO (op. cit., 1625, ed. bras. 2004, II.III.VIII – *O mar pode ser ocupado?*, p. 345).

[483] GRÓCIO (op. cit., 1625, ed. bras. 2004, II.III.VIII, cit. p. 345) completava a exposição de seu entendimento, em relação a dois ou mais ocupantes: "O que é permitido, em tal caso,

Em todas as partes conhecidas do universo conhecidas do império romano, desde os primeiros tempos até JUSTINIANO, era máxima do *jus gentium* que o mar não poderia jamais ser ocupado pelos povos, mesmo em relação ao direito de pesca.[484] [...]

É, contudo, em virtude de instituição arbitrária e não por efeito da razão natural que o mar não é ocupado ou não pode sê-lo legitimamente. [...] Trata-se, de fato, do direito de usufruir que nasce de uma causa pública.[485]

E traçava linha divisória relevante:

> Muitas coisas que a natureza permite, porém, o direito das gentes pode proibi-lo, em virtude de um certo consenso geral. Por isso, nos lugares em que tal direito das gentes esteve em vigor, sem que tenha sido ab-rogado por um consenso geral, uma porção de mar, por mais exígua que seja, e ainda que encravada por margens em sua maior parte, não poderá se tornar propriedade de nenhum povo. [486]

a um povo ou a um rei pode, parece, ser também permitido a dois ou a três, se quiserem se tornar ao mesmo tempo donos de um mar assim encravado. Assim é que os rios que correm entre dois povos foram ocupados por um e outro e a seguir partilhados".

484 GRÓCIO (op. cit., 1625, ed. bras. 2004, II.III.IX – *Outrora, nos países que faziam parte do Império romano, não era permitido*, p. 345-347), com a ressalva em relação à extensão de tal entendimento: "Não se deve seguir a opinião daqueles que acreditam que, ao se dizer no direito romano, que o mar é comum a todos, se deve entender que é comum a todos os cidadãos romanos. [...] os termos são de tal modo gerais que não comportam essa restrição".

485 GRÓCIO (op. cit., 1625, ed. bras. 2004, II.III.X – *O direito de natureza, contudo, não se opõe em relação a um braço de mar que avança terra adentro*, p. 347-349) aduzia (II.III.X.2, p. 348-349): "Se um certo espaço de mar pode ser acrescido aos terrenos de particulares, desde que esteja encravado neles e seja de tão pequena extensão que possa ser considerado como parte do terreno; se por outro lado, nada há de contrário ao direito natural, por que uma porção de mar encravada nas margens não pertence a um povo ou aos povos aos quais pertencem essas margens, uma vez que essa parte de mar, comparada ao território, não seja mais que o braço de mar comparado à extensão do terreno de um particular?" Cfr. **Tratado** (tomo 2 – **Direito internacional dos espaços**, cap. 20 – espaços internacionais: de res nullius a patrimônio comum da humanidade).

486 GRÓCIO (op. cit., 1625, ed. bras. 2004, II.III.X.3, p. 349).

Insistia GRÓCIO na tese, em que se confrontavam os interesses holandeses[487] com os de Portugal: [488]

> Deve-se observar, contudo, nos lugares em que o direito das gentes relativo ao mar não tiver subsistido ou tiver sido ab-rogado, não se poderia inferir que o mar tivesse sido adquirido por ocupação pelo simples fato de um povo ter ocupado as terras. Um fato intelectual não basta, mas é necessário um ato exterior, do qual possa claramente resultar a ocupação. Deve-se notar, ainda, que se a posse surgida com a ocupação for abandonada, o mar retorna a seu antigo estado, isto é, ao uso comum.[489] [...]
> É certo que aquele que se tivesse apoderado do mar por ocupação não poderia impedir uma navegação pacífica e inofensiva, porquanto tal passagem não pode ser vetada, mesmo por terra, embora seja menos frequente e menos perigosa.[490] [...]
> Mais fácil, contudo, tem sido apoderar-se por ocupação apenas da jurisdição sobre uma parte do mar, sem nenhum direito de propriedade. Não creio que o direito das gentes, do qual falamos, se oponha a isso.[491] [...]
> Isso não mostra, porém, que alguém seja dono do mar ou estabelece direitos de navegar. Os povos podem, de fato, como os privados, abrandar suas convenções, não somente no que tange ao direito do que lhes pertence como

[487] GRÓCIO (op. cit., 1625, ed. bras. 2004, II.III.XI – *Como se processa uma ocupação dessas e quanto dura*, p. 349). Ver tb. **Tratado** (tomo 3 A – **Direito internacional no tempo antigo**, item 2.1 – a controvérsia entre Hugo GRÓCIO e Serafim de FREITAS).

[488] GRÓCIO (op. cit., 1625, ed. bras. 2004, II.III.XIX – *As coisas abandonadas pertencem ao primeiro ocupante, a menos que o povo não tenha adquirido por ocupação um certo direito geral de propriedade*, p. 360-361) prosseguia no exame da questão: "O que merece ser considerado também é que se deve considerar como original a aquisição de coisas que tiveram um dono, mas que cessaram de tê-lo, seja porque foram abandonadas, seja porque não há mais ninguém daqueles que poderia ter sobre elas um direito de propriedade. Teriam, pois, retornado ao estado em que as coisas se encontravam no início".

[489] GRÓCIO (op. cit., 1625, ed. bras. 2004, II.III.XI, p. 349).

[490] GRÓCIO (op. cit., 1625, ed. bras. 2004, II.III.XII, p. 350).

[491] GRÓCIO (op. cit., 1625, ed. bras. 2004, II.III.XIII – *Pode-se adquirir a soberania por ocupação sobre uma parte do mar; de que maneira isso se dá*, p. 350-353). Especificava a seguir (II.III.XIV, p. 353-354) que *um tributo pode ser imposto, em casos determinados, aos que navegam por mar*, e em que termos: "Por isso não age contra o direito da natureza e das gentes aquele que, aceitando o encargo de proteger e de ajudar a navegação instalando fogos noturnos ou balizas que indicam os escolhos, recolhe um imposto razoável dos navegadores."

propriedade, mas também no que lhes é comum com todos os homens, em favor daquele que nisso tem interesse.[492]

Na perspectiva de tratamento sistematizado do direito internacional, GRÓCIO enfatizava o papel de promessas, contratos, juramentos, das obrigações dos soberanos, dos tratados, das alianças e das garantias, e ainda, a respeito da interpretação das obrigações, no livro II, capítulos XI a XVI.[493] A criação de vínculos é relevante entre os homens, individualmente, como também entre sociedades politicamente organizadas.

São estas manifestações da vontade e da expressão de compromisso apontadas como dados centrais para o estabelecimento de ordem jurídica vinculante, no interior de cada sociedade, e também entre poderes políticos, soberanos e independentes.[494] Da mesma forma como ocorre também nas relações entre os homens.

GRÓCIO afirma:

> Não se deve de modo algum admitir o raciocínio de BODIN,[495] que os tratados não passam aos sucessores dos reis, porque a força do juramento não sai da pessoa.[496] [...] Com efeito, o que ele pretende não é verdade, que os tratados se apoiam sobre o juramento como sobre uma base, pois na maior parte do tempo há bastante eficácia na própria promessa, à qual o juramento é acrescentado para que seja mais respeitado.[497] [...] Um tratado celebrado com um

[492] GRÓCIO (op. cit., 1625, ed. bras. 2004, II.III.XV – *Tratados que proíbem a determinado povo navegar além de limites fixados*, p. 354-356, cit. supra, n.2, p. 356, e a seguir n. 1, p. 354): "Encontram-se exemplos de tratados pelos quais um povo se obriga para com outro de não navegar além de certo limite".

[493] H. GRÓCIO (op. cit., 1625, ed. bras. 2004, II.XI – *Das promessas*, p. 545-568; II.XII – *Dos contratos*, p. 569-598; II.XIII – *Do juramento*, p. 599-629; II.XIV – *Das promessas, dos contratos e dos juramentos daqueles que detém a soberania*, p. 631-646; II.XV – *Dos tratados (das alianças) e das garantias*, p. 647-675; II.XVI – *Da interpretação*, p. 677-710).

[494] GRÓCIO (op. cit., 1625, ed. bras., 2004, livro II, caps. XI a XVI, p. 545-710) antes referidos.

[495] Jean BODIN, **Les six livres de la République** (orig. publ. em Paris: Jacques Du Puys, 1576, edição cf. a 10ª ed., publicada em Lyon: Gabriel Cartier, em 1593, reimpressa em 1594, Corpus des œuvres de philosophie en langue française, Paris: Fayard, 1986, 6 vols., cit. livro V, cap. 6 – *De la seureté des alliances et traictez entre les Princes*, p. 165-230).

[496] GRÓCIO (op. cit., 1625, ed. bras., 2004, II.XVI.XVI.4, p. 695) prossegue na mesma passagem: "A obrigação do juramento pode sem dúvida ligar somente a pessoa que o faz e a própria promessa obrigar o herdeiro".

[497] GRÓCIO (op. cit., 1625, ed. bras., 2004, II.XVI.XVI.5, p. 695).

rei subsiste, mesmo quando esse rei ou seu sucessor é exonerado do trono pelos súditos. De qualquer maneira que tenha perdido a posse do reino o direito permanece sempre.[498]

Em tendência de certo modo equiparável ao que apontava BODIN,[499] até hoje existem vozes, no sentido de minimizar o caráter jurídico institucional do direito internacional. Algumas delas são chamadas de análises 'realistas' das relações internacionais.[500]

Nessas roupagens atualizadas de linha dura das relações internacionais, intenta-se perpetuar o trabalho de solapar as bases institucionais do sistema normativo internacional, em detrimento do papel que este tem a cumprir, no sentido da pacificação e da institucionalização dos mecanismos de convivência organizada e de solução pacífica de controvérsias.[501] É preciso ter consciência do que representam e das consequências de tais linhas de ação e de 'pensamento'.

Em outra passagem, livro II, capítulo XX, sobre "as penas", GRÓCIO tampouco acolhe favoravelmente a concepção de BODIN (1576, ed. 1986):[502] "A grandeza da pena não é somente considerada pura e simplesmente, mas com relação ao paciente". [...] "Sobre esse fundamento é que BODIN instituiu a sua proporção harmoniosa".[503]

Embora o argumento tivesse por base o direito romano, considerava GRÓCIO: "muitas vezes, na lei romana, isso não se faz sem acepção de pessoas, isto é, sem ter muito cuidado com as pessoas e com as qualidades

[498] GRÓCIO (op. cit., 1625, ed. bras., 2004, II.XVI.XVII, p. 696).

[499] A respeito, ver **Tratado** (tomo 5 – **Direito internacional no tempo de Francisco de Vitória**, cap. 13 – estado como sujeito de direito internacional: a contribuição de MAQUIAVEL e BODIN, item 2 – Jean BODIN (1530-1596)).

[500] Como na frase, atribuída ao general DE GAULLE, de que os tratados seriam como a virgindade: duram quanto duram. Ver **Fundamentos** (item XII – *direito e relações internacionais: coexistência pacífica?*); tb. Hedley BULL, Benedict KINGSBURY & Adam ROBERTS (eds.), **Hugo Grotius and international relations** (Oxford: Clarendon Press, 1990).

[501] A respeito de defensores e negacionistas do direito internacional moderno, e rumo ao clássico, ver **Tratado** (tomo 6 – **Direito internacional no tempo de Suarez, Gentili e Zouch**, item – existência e conteúdo do direito internacional moderno).

[502] J. BODIN (op. cit., 1576, ed. cit., 1986, livro VI, cap. 6 – *De la justice distributive, commutative et harmonique, et quelle proportion y-a d'icelles à l'estat Royal, Aristocratique et Populaire*, p. 251-312).

[503] H. GRÓCIO (op. cit., 1625, ed. bras., 2004, II.XX.XXXIII – *A opinião que defende uma proporção harmônica nas leis é rejeitada*, p. 843).

que não se relacionam com o fato, o que é um defeito". O que era, segundo GRÓCIO, cuidadosamente evitado pela lei mosaica. Insistia, ainda, no sentido de que deva ocorrer "a apreciação intrínseca da pena".[504]

A respeito da "obrigação que surge das promessas", refutava GRÓCIO a opinião:[505]

> de que segundo o direito da natureza e das gentes, as convenções que não contém nada de sinalagmático não produzem nenhuma obrigação. Seria, contudo, honesto cumpri-las, se a coisa fosse tal que executá-la, mesmo independente de toda promessa, fosse uma ação louvável e conforme a alguma virtude.[506] [...]
> No tocante à matéria da promessa, é preciso que esteja ou possa estar ao alcance do promitente, a fim de que a promessa seja eficaz. Por isso é que, em primeiro lugar, as promessas de um fato, ilícito em si mesmo, não são válidas porque ninguém tem o direito a isso nem poderá tê-lo. A promessa, como o dissemos antes, recebe sua força do direito do promitente e não se estende mais além.[507] [...]
> Quanto à maneira de prometer, como dissemos com relação à transferência da propriedade, ela exige um ato externo, isto é, um sinal suficiente de vontade, como poderia ser às vezes um gesto, mas de modo mais frequente a voz ou o escrito.[508] [...]
> As promessas cuja causa não é expressa não são por isso naturalmente sem efeito, como não o são também as doações de coisas.[509]

504 H. GRÓCIO (op. cit., 1625, ed. bras., 2004, II.XX.XXXIII, p. 843).

505 GRÓCIO (op. cit., 1625, ed. bras., 2004, II.XI.I – *Refuta-se a opinião segundo a qual não decorre naturalmente um direito das promessas*, p. 547-550).

506 GRÓCIO (op. cit., 1625, ed. bras., 2004, II.XI.I.1, p. 547): "é honesto deixar alguma coisa à honestidade de cada um e não reduzir tudo à necessidade da obrigação; que é vergonhoso não cumprir as promessas, não que haja nisso injustiça, mas porque isso põe a descoberto a leviandade da promessa".

507 GRÓCIO (op. cit., 1625, ed. bras., 2004, II.XI.VIII.1, p. 558).

508 GRÓCIO (op. cit., 1625, ed. bras., 2004, II.XI.XI – *Maneira de prometer de modo válido para nós mesmos*, p. 560).

509 GRÓCIO (op. cit., 1625, ed. bras., 2004, II.XI.XXI – *As promessas sem causa não são naturalmente nulas*, p. 567).

A respeito dos contratos,[510] apontava a abrangência:

> Os contratos chamados não nomeados não são menos naturais nem menos antigos.[511] [...] Todos os atos proporcionando utilidade aos outros, à exceção daqueles que são de pura benevolência, são chamados pelo nome de contratos.[512] [...]
>
> A natureza manda observar a igualdade nos contratos até o ponto em que da desigualdade deva surgir um direito em proveito daquele que obteve menos. Essa igualdade deve ser observada em parte nos atos, em parte na própria coisa de que se trata.[513] [...]
>
> Todas essas coisas são, na verdade, conformes às leis romanas. Elas, contudo, não extraem delas sua origem primeira. Elas provêm da equidade natural. Por isso são encontradas as mesmas decisões em outras nações. Entre outros, deve-se lembrar o hebreu Moisés MAIMÔNIDES. Teve isso em vista SÊNECA, quando disse que 'uns devem sua palavra, outros sua tutela'. Sobre essa regra se deve também julgar os outros contratos.[514] [...]
>
> Qualquer que seja a opinião que se tenha a respeito, a lei dada por Deus aos hebreus deve bastar.[515] [...]

[510] GRÓCIO (op. cit., 1625, ed. bras., 2004, II.XII – *Dos contratos*, p. 569-598).

[511] GRÓCIO (op. cit., 1625, ed. bras., 2004, II.XII.III.3, p. 573).

[512] GRÓCIO (op. cit., 1625, ed. bras., 2004, II.XII.VII – *Quais os atos chamados contratos*, p. 576).

[513] GRÓCIO (op. cit., 1625, ed. bras., 2004, II.XII.VIII – *A igualdade é requerida nos contratos, primeiro com relação aos atos que precedem*, p. 576): "Nos atos, seja naqueles que precedem o compromisso, como naqueles que o acompanham".

[514] GRÓCIO (op. cit., 1625, ed. bras., 2004, II.XII.XIII.2, p. 582). Ver tb. Charles LEBEN, *Hebrew sources in the doctrine of the law of nature and nations in Early modern Europe* (The European Journal of International Law, 2016, vol. 27, no. 1, p. 79-106) argumenta "it incontrovertibly confirms the importance of Jewish sources in the general intellectual education of the founding fathers of international law and in their general political philosophy while limiting their role with respect to the construction of international law in the strict and contemporaneous sense of the term", com remissões em matéria de direito do mar – com GRÓCIO e SELDEN, direito diplomático – GENTILI, direito da guerra – AYALA, GENTILI, GRÓCIO, RACHEL and ZOUCH e ainda em obras a respeito do direito natural e das gentes – *de jure naturae et gentium* – PUFENDORF, RACHEL e SELDEN.

[515] GRÓCIO (op. cit., 1625, ed. bras., 2004, II.XII.XX.3, p. 590).

A respeito do juramento,[516] ressaltava: "entre todos os povos de todos os tempos, a força do juramento sempre foi considerável nas policitações, nas promessas e nos contratos".[517]

> Ainda que nas outras promessas se subentenda facilmente alguma condição tácita que descompromete o promitente, isso contudo não deve ser admitido no juramento.[518] [...] duas coisas marcam a imutabilidade: a promessa porque dá o direito e o juramento porque rechaça as condições tácitas e de algum modo latentes.[519] [...]
>
> O sentido dos termos do juramento não deve, contudo, ser estendido além do que habitualmente condiz com a linguagem.[520] [...]
>
> Para que o juramento seja válido, é preciso que a obrigação seja lícita.[521] [...]
>
> Mesmo quando a coisa que é prometida não é ilícita se, contudo, impede um bem moral maior, o juramento não será tampouco válido.[522] [...]
>
> Não é necessário falar das coisas impossíveis. De fato, é absolutamente manifesto que ninguém está obrigado ao que é absolutamente impossível.[523]
>
> A respeito do que não é impossível senão no momento ou por suposição, a obrigação é suspensa, de modo que aquele que jurou por suposição deve se empenhar com todo o cuidado que está em seu poder para tornar possível o que jurou.[524]

[516] GRÓCIO (op. cit., 1625, ed. bras., 2004, II.XIII – *Do juramento*, p. 599-629).

[517] GRÓCIO (op. cit., 1625, ed. bras., 2004, II.XIII.I – *A profunda força do juramento, mesmo segundo a opinião dos pagãos*, p. 601-602).

[518] GRÓCIO (op. cit., 1625, ed. bras., 2004, II.XIII.III.3, p. 605).

[519] GRÓCIO (op. cit., 1625, ed. bras., 2004, II.XIII.III.5, p. 606).

[520] GRÓCIO (op. cit., 1625, ed. bras., 2004, II.XIII.V – *Os termos do juramento não devem ser ampliados para além do sentido que o uso lhes confere*, p. 608-609).

[521] GRÓCIO (op. cit., 1625, ed. bras., 2004, II.XIII.VI – *O juramento feito sobre coisa ilícita não obriga*, p. 609-610): "Por isso, a promessa feita com juramento de uma coisa que é ilícita, seja naturalmente, seja em virtude de uma interdição divina ou mesmo humana não tem nenhuma força."

[522] GRÓCIO (op. cit., 1625, ed. bras., 2004, II.XIIIVII – *Nem obriga aquele que impede um bem moral maior*, p. 610-611): "Os doutores dos hebreus, maus intérpretes a esse respeito da lei divina, pensavam que um voto ao qual se havia acrescentado a pena da consagração era completamente válido, mesmo se tivesse sido feito contra os pais". E termina a mesma passagem: "Mesmo que esse juramento tivesse sido feito contra outras pessoas, diremos com razão que não obriga porque, como o dissemos, é contrário ao progresso no bem."

[523] GRÓCIO (op. cit., 1625, ed. bras., 2004, II.XIII.VIII – *Nem aquele que é feito por uma coisa impossível*, p. 612).

[524] GRÓCIO (op. cit., 1625, ed. bras., 2004, II.XIII.IX – *Que decidir se a impossibilidade subsiste somente por certo tempo?*, p. 612).

> A forma do juramento varia quanto aos termos como por seu conteúdo.[525] [...] O efeito principal do juramento é cortar rente as contestações.[526]

Afirma GRÓCIO que o juramento obriga quem o faz, em relação a si mesmo, como perante Deus, quer neste se invoque expressamente o nome de Deus,[527] ou que se "jure em nome de outras coisas, referindo-se a Deus",[528] e considera exista "juramento, mesmo quando se jura por falsos deuses".[529] E ressaltava: "mesmo se alguém jurou pelos falsos deuses será obrigado porque, ainda que seja sob uma falsa etiqueta, tem, contudo, em vista na generalidade de seu pensamento a divindade".[530] Ou mesmo em relação a um homem:

> Se a matéria é tal e se os termos são concebidos de tal maneira que se relacionam não somente a Deus mas também a um homem, um direito sem dúvida será imputado a esse homem, em virtude do próprio juramento, como se fosse em virtude de uma promessa ou de um contrato que deve ser entendido do modo mais simples possível.[531] [...] Cada um deve absolutamente manter o que ele próprio jurou.[532] [...]

525 GRÓCIO (op. cit., 1625, ed. bras., 2004, II.XIII.X – *Jurar em nome de Deus; em que sentido*, p. 612-613): "Deve, de fato, ter o sentido de uma invocação a Deus".

526 GRÓCIO (op. cit., 1625, ed. bras., 2004, II.XIII.XIII – *Efeitos do juramento. De onde, uma dupla obrigação surge do juramento: no momento do juramento e depois*, p. 616): "Aquele que jura deve, pois, duas coisas. A primeira, fazer de modo que as palavras respondam ao pensamento, o que CRISIPO chama de 'jurar na verdade'. A segunda, que o fato responda às palavras, o que o mesmo chama de 'jurar religiosamente'. Aquele que não inclui a primeira é dito 'jurar falso' e o que não inclui a segunda é dito 'perjurar', segundo o mesmo CRISIPO, que distingue bastante bem entre essas coisas, embora sejam costumeiramente confundidas".

527 GRÓCIO (op. cit., 1625, ed. bras., 2004, II.XIII.X – *Jurar em nome de Deus; em que sentido*, p. 612-613).

528 GRÓCIO (op. cit., 1625, ed. bras., 2004, II.XIII.XI – *Jurar em nome de outras coisas, referindo-se a Deus*, p. 613-615): "Os doutores hebreus desse tempo estimavam, porém, que os homens não eram ligados pelos juramentos feitos em nome das coisas criadas, a menos que uma pena não fosse acrescentada, como se fosse consagrada a Deus a coisa sobre a qual se jurava".

529 GRÓCIO (op. cit., 1625, ed. bras., 2004, II.XIII.XII – *Há juramento, mesmo quando se jura por falsos deuses*, p. 615).

530 GRÓCIO (op. cit., 1625, ed. bras., 2004, II.XIII.XII, *loc. cit.*).

531 GRÓCIO (op. cit., 1625, ed. bras., 2004, II.XIII.XIV – *Quando, por efeito do juramento, um direito é conferido ao homem e a Deus, quando somente a Deus*, p. 617): "Se as palavras não se relacionam ao indivíduo, conferindo-lhe um direito, ou se elas a ele se relacionam, na verdade, mas se há alguma coisa que possa lhe ser oposta, então o efeito do juramento será que esse

> As palavras de CRISTO provam a mesma coisa: '*Que vosso discurso seja sim, sim, não, não*'. [...] O primeiro sim e o primeiro não significam a promessa; o segundo, o cumprimento. [...] Essas palavras indicam o fato daquele que responde a uma estipulação.[533]

A ênfase na 'santidade' e na obrigação de cumprir a palavra dada, tanto mais quando feita sob a forma solene de juramento, contém premissa basilar para a ordenação de qualquer convivência humana – o princípio *pacta sunt servanda* segundo o qual a palavra dada deve ser cumprida – e isso se exprime como necessário tanto entre particulares, como entre soberanos. O interesse público deve ser preservado: "se a coisa pública sofre algum dano pela escolha de um indigno, será obrigado a repará-lo".[534]

É para GRÓCIO inerente à condição da vida humana em sociedade, quer se aplique ao âmbito público como privado:

> O que pertence ao homem pela natureza é a vida, da qual é dono não para destruí-la, mas para conservá-la, e isso inclui o corpo, os membros, a reputação, a honra, as próprias ações. [...] Cada um pode ter alguma coisa que lhe pertence, em virtude do direito de propriedade e das convenções.[535]

homem não adquire direito algum e que tampouco aquele que jurou será obrigado para com Deus a ficar fiel a seu juramento". Na seção seguinte (II.XIII.XV – *refuta-se a opinião segundo a qual quem jurou a um pirata ou a um tirano não é obrigado perante Deus*, p. 618-619) GRÓCIO argumenta: "Não é somente a pessoa a quem se jura que é considerada, mas Deus, por quem se jura, e que basta para dar origem a uma obrigação". Isso porque: "As palavras, no juramento, devem ser entendidas em relação a Deus, de modo mais simples e sobretudo de modo a ter um efeito".

532 GRÓCIO (op. cit., 1625, ed. bras., 2004, II.XIII.XVI – *Se aquele que jurou a um pérfido deve cumprir a sua promessa*, p. 619620): "quando interveio um juramento, embora não se deva nada ou que se deva pouco à pessoa, é preciso manter o que se prometeu a Deus".

533 GRÓCIO (op. cit., 1625, ed. bras., 2004, II.XIII.XXI – *A que juramento se relacionam propriamente as admoestações de Cristo sobre o dever de não jurar*, p. 624-627): "Ao contrário, diz-se daqueles cujos atos não estão de acordo com as palavras que neles há sim e não, isto é que seu sim é não e que seu não é sim".

534 GRÓCIO (op. cit., 1625, ed. bras., 2004, II.XVII.III, p. 715).

535 GRÓCIO (op. cit., 1625, ed. bras., 2004, II.XVII.II – *O que se entende por prejuízo, o que é contrário ao direito estritamente dito*, p. 713).

A respeito das obrigações dos soberanos:[536]

As promessas, os contratos e os juramentos dos reis e de outros que, semelhantes a eles, são revestidos do poder soberano num estado, oferecem questões particulares a respeito do que lhes é permitido, com relação a seus próprios atos, a seus súditos e a seus sucessores. [...] Nós pensamos que se deve também distinguir aqui, como fizemos a distinção alhures, entre os atos do rei que são reais e os atos privados do mesmo. Para os atos reais que o rei executa, deve-se considerá-los como se fosse o corpo do estado que os tivesse feito. Como as leis feitas pelo corpo do próprio estado não teriam nenhum efeito sobre tais atos, porque o corpo do estado não é superior a si mesmo, o mesmo ocorre com as leis que o rei faz.[537] [...]
Quanto aos atos privados do rei, devem ser considerados não como ato do corpo do estado, mas como feitos por um membro e, em decorrência, com a intenção de seguir a regra comum das leis.[538] [...]
É de todo absurdo e contrário à natureza do juramento jurar na condição de que não serias obrigado a não ser que assim o quisesses tu mesmo.[539] [...]
[...] as promessas plenas, absolutas e aceitas transferem naturalmente um direito, e que, de igual modo, se aplica aos reis como às demais pessoas. Deve-se, portanto, desaprovar, ao menos nesse sentido, a opinião daqueles que negam que um rei possa alguma vez ser obrigado a coisas que prometeu sem motivo.[540] [...]
Dizemos, pois, que de uma promessa e de um contrato concluído pelo rei com seus súditos nasce uma obrigação verdadeira e propriamente dita que dá um direito aos próprios súditos. Tal é a natureza das promessas e dos contratos, mesmo entre Deus e o homem.[541] [...]

[536] GRÓCIO (op. cit., 1625, ed. bras., 2004, II.XIV – *Das promessas, dos contratos e dos juramentos daqueles que detém a soberania*, p. 631-646).
[537] GRÓCIO (op. cit., 1625, ed. bras., 2004, II.XIV.I – *Refuta-se a opinião segundo a qual as restituições por inteiro provenientes do direito civil se aplicam aos atos dos reis como tal e que um rei não é obrigado em virtude de um juramento*, p. 633-634).
[538] GRÓCIO (op. cit., 1625, ed. bras., 2004, II.XIV.II – *A quais atos dos reis se aplicam as leis*, p. 634-635).
[539] GRÓCIO (op. cit., 1625, ed. bras., 2004, II.XIV.III – *Quando um rei é obrigado ou não por um juramento*, p. 635).
[540] GRÓCIO (op. cit., 1625, ed. bras., 2004, II.XIV.IV – *Até que ponto um rei é obrigado a coisas que prometeu sem motivo*, p. 635).
[541] GRÓCIO (op. cit., 1625, ed. bras., 2004, II.XIV.III – *Em que sentido se pode dizer que um rei é obrigado para com os súditos, só naturalmente ou naturalmente ou civilmente*, p. 636-638).

Deve-se ainda saber que mesmo um direito adquirido pode ser tirado dos súditos pelo rei, de duas maneiras: como punição ou em virtude do domínio eminente. Para que isso ocorra, porém, em virtude do domínio eminente, a utilidade pública é primeiramente requerida.[542] [...]
Um direito surge das promessas e dos contratos.[543] [...]
Toda e qualquer reunião de homens tem, não menos que as pessoas individualmente, o direito de se obrigar por si mesma ou pela maior parte de seus membros. Esse direito, ela pode transferi-lo, seja de modo expresso, seja por uma consequência necessária, por exemplo transferindo a soberania, pois em matéria de coisas morais, aquele que dá o fim dá os meios que a ele conduzem.[544] [...]
Os contratos dos governantes obrigam aos súditos, se tem um motivo plausível, o que, na dúvida deve ser presumido, por causa da autoridade daqueles que governam.[545] [...] Segundo as leis, o rei pode alienar para o bem público. Aqui também se deve fazer a mesma distinção e ver se houve um motivo plausível de dar ou de alienar de outra forma.[546]

"A soberania exercida por um rei não cessa de ser soberania de um povo",[547] enfatizava GRÓCIO, porquanto "mesmo que a forma do estado tenha mudado, o tratado será mantido porque o mesmo corpo subsiste, embora tenha mudado de cabeça".[548] Mesmo se punha limites estreitos à expressão dessa soberania popular. Excetuava o caso em que "a causa do tratado tenha sido apropriada a essa forma de governo", quando cidades livres celebram uma aliança para defender a sua liberdade.[549]

542 GRÓCIO (op. cit., 1625, ed. bras., 2004, II.XIV.VII – *Como pode ser tirado do súdito um direito legitimamente adquirido*, p. 638-639).
543 GRÓCIO (op. cit., 1625, ed. bras., 2004, II.XIV.IX – *Os contratos dos reis são leis? Quando?*, p. 639-640).
544 GRÓCIO (op. cit., 1625, ed. bras., 2004, II.XIV.XI – *De que maneira os que sucedem ao trono são obrigados em virtude dos mesmos contratos*, p. 640-641).
545 GRÓCIO (op. cit., 1625, ed. bras., 2004, II.XIV.XII – *Até que ponto?*, p. 641-645, n. 2, p. 642).
546 GRÓCIO (op. cit., 1625, ed. bras., 2004, II.XIV.XII, n. 5, p. 645).
547 GRÓCIO (op. cit., 1625, ed. bras., 2004, II.XVI,XVI – *Quais convenções devem ser consideradas como pessoais e quais como reais*, n. 1, p. 693).
548 GRÓCIO antes considerara a matéria (op. cit., 1625, ed. bras., 2004, II.IX – *Quando cessa a soberania ou a propriedade*, p. 513-529, esp. n. VIII, p. 522-523), onde ponderava: "Pouco importa como esse povo é governado, seja pelo governo real, pelo de vários ou pela multidão. O povo romano é o mesmo, sob os reis, os cônsules, os imperadores." [...] "A autoridade soberana que reside no rei, no povo permanece, como no todo, cujo chefe é uma parte".
549 GRÓCIO (op. cit., 1625, ed. bras., 2004, II.XVI.XVI – *Quais convenções devem ser consideradas como pessoais e quais como reais*, p. 693, e a seguir, n. 2, p. 693-694): "Se foi celebrado com um rei

No que diz respeito aos tratados, às alianças e às garantias, [550] GRÓCIO ressalta que enquanto se trata de convenções públicas, tais como tratados, garantias e outros pactos, devem estas ser distinguidas das convenções em geral, em razão do interesse público, que as reveste. Nesse sentido, citava TITO LÍVIO (59 a.C.-27 d.C.),[551] e distinguia:

– tratados são aqueles que se fazem por ordem do poder soberano;
– há, porém, garantia quando aqueles que não tem mandato para isso do poder soberano prometem alguma coisa que a toca propriamente.[552]

Depois de rejeitar a classificação dos tratados, tal como formulara MENIPPUS,[553] GRÓCIO propunha a seguinte classificação:[554]

não se deve a seguir considerar o tratado como pessoal." [...] "Se foi acrescentado no tratado que deva ser perpétuo ou que foi feito para o bem do reino ou que foi concluído com o estipulador e seus sucessores, como se costuma fazer, diz LIBÂNIO, na defesa de DEMÓSTENES, inserindo essa cláusula no tratado 'e para seus descendentes', ou se foi estipulado para durar um tempo determinado, será suficientemente claro que o tratado é real". E como regra de interpretação quando ao caráter real ou pessoal dos tratados, aduzia (II.XVI.XVI.3): "Se as conjecturas são iguais de parte e outra, resta a considerar os tratados favoráveis como reais e os odiosos como pessoais. Os tratados concluídos em vista da paz ou do comércio são favoráveis. Aqueles que dizem respeito à guerra não são todos odiosos, como alguns pensam, mas as alianças de auxílio, isto é, aquelas que se fazem em vista da defesa, se aproximam mais do favor e as alianças de ataque, das cláusulas onerosas. A isso se acrescenta a consideração que num tratado, em vista de qualquer guerra, se presume que se tenha tido cuidado com a prudência e a probidade daquele com quem se trata, e que não se o tenha considerado capaz de empreender não só injustamente mas temerariamente uma guerra."

550 GRÓCIO (op. cit., 1625, ed. bras., 2004, II.XV – *Dos tratados (das alianças) e das garantias*, p. 647-675).

551 TITO LÍVIO, **História de Roma** (introdução, tradução e notas de Paulo Matos PEIXOTO, São Paulo: Paumape, 1989, 6 volumes, cit. livro IX).

552 GRÓCIO (op. cit., 1625, ed. bras., 2004, II.XV.III – *Diferenças entre tratados e garantias e a que as garantias obrigam*, p. 649-651).

553 GRÓCIO (op. cit., 1625, ed. bras., 2004, II.XV.IV – *A divisão dos tratados feita por Menippus é rejeitada*, p. 651): "MENIPPUS, embaixador do rei ANTÍOCO junto aos romanos dividiu os tratados, segundo o relato de TITO LÍVIO [**História de Roma**, XXXIV.57, ver ed. cit., 1989], antes em vista de seu uso particular do que em conformidade com as regras da arte, dizendo que há três tipos de tratados que os reis e os estados podem concluir entre si. Um, quando as leis são ditadas aos vencidos na guerra. Nesse tipo de tratado, depende do vencedor decidir o que quer que o vencido conserve, o castigo que ele quer lhe infligir. O segundo, quando partes tem vantagem igual na guerra, celebram a paz e a amizade por uma aliança igual. As coisas são então reivindicadas e restituídas em virtude da convenção e se a posse dessas coisas foi

entre os tratados alguns estabelecem a mesma coisa que o que é de direito natural. Outros acrescentam alguma coisa a mais. Os tratados da primeira espécie não se fazem somente de modo usual entre inimigos que se retiram da guerra, mas outrora eram feitos seguidamente e eram de algum modo necessários entre aqueles que nada tinham contratado juntos antes.[555] [...]
Compreendo também, sob essa espécie, os tratados pelos quais se provê que, de parte e outra, haja direito de hospitalidade, direito de comércio, enquanto esses direitos estão encerrados no direito natural.[556] [...]
As convenções que acrescentam alguma coisa a mais ao direito de natureza são iguais ou desiguais. As convenções iguais são aquelas que de parte a parte se comportam da mesma maneira, 'que são iguais e comuns a cada uma das partes'.[557] [...] Uns e outros desses tratados se celebram em vista da paz ou em vista de alguma aliança. [...] As convenções iguais relativas ao comércio podem ser variadas. [...]
De igual modo, na aliança de guerra, se concorda em fornecer socorro igual em cavaleiros, soldados de infantaria, navios para todo tipo de guerra [...] que TUCÍDIDES explica por 'ter os mesmos amigos e os mesmos inimigos', expressão que se encontra com frequência em TITO LÍVIO.[558] O mesmo valia também somente para proteger as fronteiras.[559] [...]

perturbada pela guerra são restabelecidas segundo os termos do antigo direito ou segundo a comodidade de ambas as partes. O terceiro tipo, quando aqueles que nunca foram inimigos se unem para estabelecer amizade entre eles por um tratado de aliança e então nenhum dos dois dá ou recebe leis."

554 GRÓCIO (op. cit., 1625, ed. bras., 2004, II.XV.V – *Divisão dos tratados enquanto estabelecem a mesma coisa que o direito de natureza e qual sua origem*, p. 652-654).

555 GRÓCIO (op. cit., 1625, ed. bras., 2004, II.XV.V – *Divisão dos tratados enquanto estabelecem a mesma coisa que o direito de natureza e qual sua origem*, p. 652-654, cit. n. 1, p. 652): "Isso proveio de que essa regra do direito natural, ou seja, existe um certo parentesco criado pela natureza entre os homens e, por conseguinte, é um crime que um seja lesado pelo outro".

556 GRÓCIO (op. cit., 1625, ed. bras., 2004, II.XV.V – *Divisão dos tratados enquanto estabelecem a mesma coisa que o direito de natureza e qual sua origem*, p. 652-654, cit. n. 3, p. 653).

557 GRÓCIO (op. cit., 1625, ed. bras., 2004, II.XV.VI – *E em que acrescentam algo a mais. Em que são iguais*, p. 654-656, n. 1, p. 654) cita ISÓCRATES (436?-338? a.C.), **Panegírico** (47). Ver ISOCRATES, **To Demonicus – To Nicocles – Nicocles or the Cyprians – Panegyricus – To Philip – Archidamus** (with an English translation by George NORLIN, Cambridge, Ma.: Harvard Univ. Press – LCL 209 – ISOCRATES I, 1989).

558 TITO LÍVIO, **História de Roma** (introdução, tradução e notas de Paulo Matos PEIXOTO, São Paulo: Paumape, 1989, 6 volumes).

559 GRÓCIO (op. cit., 1625, ed. bras., 2004, II.XV.VI – *E em que acrescentam algo a mais. Em que são iguais*, p. 654-656, n. 3, p. 655) cita TUCÍDIDES (465?–395? a.C.), **História da guerra**

Um tratado igual pode se referir também, como dissemos, a outros objetos. Por exemplo proibir que um dos contratantes possua fortalezas nas fronteiras do outro, que um proteja os súditos do outro, que um conceda passagem[560] ao inimigo do outro.[561]

A partir dos tratados iguais, considerava GRÓCIO,[562]

É fácil entender através dos tratados iguais quais são os tratados desiguais. As coisas desiguais são prometidas do lado da parte mais eminente em dignidade ou do lado da menos qualificada. Do lado da parte mais eminente em dignidade, por exemplo, quando uma parte promete auxílio sem estipular a reciprocidade ou quando promete auxílio mais consistente que a outra. Do lado da menos qualificada, as convenções desiguais, [...] 'aqueles que exigem dos outros além do que é justo' [...] ocorrem com uma diminuição da soberania ou sem diminuição.[563]
Com diminuição da soberania [...] pode-se acrescentar a essa espécie uma submissão sob condição, salvo que essa submissão contenha não uma diminuição, mas uma translação da soberania inteira [...]. TITO LÍVIO chama em diferentes lugares tal convenção com o nome de tratado.[564]

do Peloponeso (III,75). E especificava (II.XV.VI.3): "Ainda para uma guerra determinada ou contra inimigos determinados, ou contra todos na verdade, mas excetuando-se os aliados de parte e outra".

560 GRÓCIO (op. cit., 1625, ed. bras., 2004, II.II.XIII.4, p. 328) em outro capítulo caracterizara as condições para o exercício do direito de passagem: "basta que a passagem seja solicitada de boa-fé, pelo local mais próximo e mais cômodo". Este direito de passagem inclui a liberdade de comércio (II.II.XIII.5, p. 328-330): "a passagem não é devida somente aos indivíduos, mas também às mercadorias". E isto se exprime de maneira bastante ampla, porquanto "Deus não concedeu todas as coisas a todas as partes da terra, mas distribuiu seus dons para diferentes países, a fim de que os homens, necessitados uns dos outros, estreitassem entre si laços sociais".

561 GRÓCIO (op. cit., 1625, ed. bras., 2004, II.XV.VI.3).

562 GRÓCIO (op. cit., 1625, ed. bras., 2004, II.XV.VII – *Os desiguais e nova divisão*).

563 GRÓCIO (op. cit., 1625, ed. bras., 2004, II.XV.VII.1), cita novamente ISÓCRATES, no mencionado **Panegírico** (47). Cfr. ISOCRATES, **To Demonicus – To Nicocles – Nicocles or the Cyprians – Panegyricus – To Philip – Archidamus** (with an English translation by George NORLIN, Cambridge, Ma.: Harvard Univ. Press – LCL 209 – ISOCRATES I, 1989).

564 GRÓCIO (op. cit., 1625, ed. bras., 2004, II.XV.VII.2), cita novamente TITO LÍVIO, **História de Roma** (introdução, tradução e notas de Paulo Matos PEIXOTO, São Paulo: Paumape, 1989, 6 vols., cit. IX.20.7).

> As condições onerosas, sem diminuição da soberania, são transitórias ou permanentes. As transitórias são relativas à obrigação de pagar subsídios, de arrasar fortificações, de se afastar de certos lugares, de dar reféns, elefantes, navios. As permanentes são, por exemplo, de respeitar a soberania e de respeitar a majestade da outra parte.[565]

A respeito do clássico tema da celebração de "tratados com aqueles que são estranhos à verdadeira religião" considerava GRÓCIO que estes "são lícitos de acordo com o direito de natureza".[566] GRÓCIO frisava que tais pactos, ademais, "não são geralmente proibidos pela lei hebraica".[567] E aduzia: "nem pela lei cristã".[568]

Afirmava GRÓCIO, em outra passagem qual seja a verdadeira religião,

> que é comum a todas as idades, se apoia principalmente sobre quatro proposições: a primeira é que Deus existe e que é um só; a segunda, que Deus nada é do que se vê, mas alguma coisa de mais elevado; a terceira, que Deus cuida das coisas humanas e que pronuncia sobre elas julgamentos muito justos; a quarta, que esse mesmo Deus é o artífice de todas as coisas que estão fora dele.[569] [...]

[565] GRÓCIO (op. cit., 1625, ed. bras., 2004, II.XV.VII.3). Acrescentava a seguir (II.XV.VII.4): "De resto, os tratados desiguais se celebram, não somente entre vencedores e vencidos, como MENIPPUS pensava, mas ainda entre mais poderosos e menos poderosos, mesmo que não se tenham movido guerra."

[566] GRÓCIO (op. cit., 1625, ed. bras., 2004, II.XV.VIII): "A propósito dos tratados, pergunta-se com frequência se é lícito celebrá-los com aqueles que são estranhos à verdadeira religião. Essa questão no direito de natureza, não oferece dúvida. O direito de tratar é de tal modo comum a todos os homens que não admite diferença de religião".

[567] GRÓCIO (op. cit., 1625, ed. bras., 2004, II.XV.IX), mencionava (II.XV.IX.9) "casos em que as alianças são censuradas por causa do vício da intenção de onde procediam". Ver **Tratado** (tomo 5 – **Direito internacional no tempo de Francisco de Vitória**, item – relação entre comunidades cristãs e não-cristãs no contexto medieval).

[568] GRÓCIO (op. cit., 1625, ed. bras., 2004, II.XV.X) e especificava (II.XV.X.1): "A lei do Evangelho nada mudou a respeito. Mais, é antes favorável aos tratados pelos quais aqueles que são estranhos à religião são contemplados numa causa justa, porque não somente deixou livre e manteve como coisa louvável o exercício da beneficência para com todos os homens, mas ainda fez dele um preceito."

[569] GRÓCIO (op. cit., 1625, ed. bras., 2004, II.XX.XLV – *Quais são as ideias mais gerais a respeito de Deus e como elas estão contidas nos primeiros mandamentos do Decálogo*, p. 861-864, cit. n. 1, p. 861): "Essas quatro proposições são explicadas por outros tantos preceitos do Decálogo". E completava (II.XX.XLV.2, p. 863): "O mundo criado por Deus indica tacitamente sua bondade,

> Essas noções de que existe uma divindade (uma ou várias, coloco isso à parte), e que esta cuida das coisas dos homens, são gerais em seu mais alto grau e absolutamente necessárias para o estabelecimento de uma religião, seja verdadeira ou falsa.[570] [...] Por isso é que, por efeito de uma espécie de necessidade, essas duas noções tem sido conservadas junto a quase todos os povos que conhecemos, durante já muitos séculos.[571]

Afirmava GRÓCIO, textualmente, que "as guerras não podem ser feitas de modo justo contra aqueles que recusam abraçar a religião cristã":[572]

> Que diremos dessas armas que são apontadas contra alguns povos, pela razão que eles não querem abraçar a religião cristã que lhes é proposta? Não questiono no momento se ela é proposta tal qual deve ser e da maneira que deve ser. Concordemos que seja assim.[573]
>
> Dizemos que há duas coisas a observar. Primeiro é que a verdade da religião cristã, enquanto acrescenta muitas coisas à religião natural e primitiva, não pode ser completamente demonstrada por argumentos naturais, mas se

bem como sua sabedoria, sua identidade e seu poder". E mais (II.XX.XLV.3, p. 863): "As coisas feitas nos conduzem de modo absoluto a alguma coisa que não foi feita".

570 GRÓCIO (op. cit., 1625, ed. bras., 2004, II.XX.XLVI – *Aqueles que por primeiro violam essas noções podem ser punidos*, p. 865-867, cit. n. 1, p. 865).

571 GRÓCIO (op. cit., 1625, ed. bras., 2004, II.XX.XLVI.3, p. 866). E aduzia (II.XX.XLVII.3, p. 869): "a respeito dos outros povos, ele dissimulou o tempo de ignorância com relação ao culto de falsas divindades (Atos, XVII, 38). Como foi dito com razão por FÍLON [**De Legat. ad Caium**, 36] é que cada um considera sua religião como a melhor porque se julga na maior parte do tempo não pela razão, mas pela ligação que se tem por ela, pensamento do qual não se afasta muito essa passagem de CÍCERO [**Academica**, II, 3, 8], que ninguém aprova outra seita de filósofos senão aquela que ele próprio segue. Acrescenta que a maioria se encontra ligada antes de ter podido julgar qual era o melhor partido a seguir". Ver: FÍLON de Alexandria [PHILO], ***De legatione ad Gaium* / The embassy to Gaius** (with an English translation by F. H. COLSON, Cambridge, Ma. / London: Harvard UP, LCL 379 – PHILON X, © 1962, reprinted 1991); CÍCERO, **De natura deorum / Academica** (with an English translation by H. RACKHAM, Cambridge, Ma. / London: Harvard UP / LCL 268, 1979).

572 GRÓCIO (op. cit., 1625, ed. bras., 2004, II.XX.XLVIII, p. 870-872). Anteriormente, na mesma linha se manifestava GENTILI, como se examina no **Tratado** (tomo 6 – **Direito internacional no tempo de Suarez, Gentili e Zouch**, cap. 16); compare-se a controvérsia entre Bartolomé de LAS CASAS e os defensores do uso da força, na Espanha de CARLOS V, como se refere no **Tratado** (no mesmo tomo 6 – item outras vozes no direito internacional: Domingo de SOTO e VAZQUEZ DE MENCHACA).

573 GRÓCIO (op. cit., 1625, ed. bras., 2004, II.XX.XLVIII.1, p. 870).

apoia na história, tanto da ressurreição de Cristo, como dos milagres feitos por ele mesmo e pelos apóstolos, o que é uma coisa de fato, provada outrora, de modo que se trata de uma questão de fato e de um fato já muito antigo. Disso resulta que essa doutrina pode, com tanto maior dificuldade, penetrar profundamente no espírito daqueles que ouvem dela falar pela primeira vez, a menos que intervenha algum auxílio interior de Deus.[574] [...]
A segunda coisa a observar é que Cristo, autor da nova lei, não quis em absoluto que ninguém fosse levado a receber sua lei pelas penas desta vida ou pelo temor dessas penas.[575]

Enfatizava GRÓCIO a iniquidade da perseguição aos cristãos:[576]

Quanto aos que submetem a penas as pessoas que ensinam ou professam o cristianismo e por esse motivo agem sem dúvida alguma contra a própria razão, porquanto nada há na disciplina cristã (considero-a aqui nela mesma e não enquanto alguma coisa de impuro se possa a ela misturar) que prejudique a sociedade humana. Mais ainda, nada há que não lhe seja vantajoso. A coisa é clara por si e aqueles que são estranhos a essa religião são forçados a reconhecê-lo.[577] [...]
Agem com a maior iniquidade aqueles que empregam os suplícios contra as pessoas que seguem a lei de Cristo como verdadeira, mas que duvidam ou erram em alguns pontos, seja fora da lei, seja que pareçam ter na lei algum sentido ambíguo, e não explicados pelos antigos cristãos da mesma maneira.[578]

574 GRÓCIO (op. cit., 1625, ed. bras., 2004, II.XX.XLVIII.1, p. 870-871): "Isso é que tem em vista um cânon do Concílio de Toledo [*Cap 5, De Judaeis,* distinct. 45]: 'O santo sínodo ordena que no futuro não se fará violência a ninguém para levá-lo a crer. Deus tem compaixão de quem ele quer e ele endurece quem ele quer.' De fato, é costume dos livros sagrados atribuir por causa a vontade divina aos efeitos cujas causas são ocultas".
575 GRÓCIO (op. cit., 1625, ed. bras., 2004, II.XX.XLVIII.2, p. 871).
576 GRÓCIO (op. cit., 1625, ed. bras., 2004, II.XX.XLIX – *Elas podem ser feitas de modo justo contra aqueles que tratam com crueldade os cristãos, somente por causa da religião,* p. 873-874).
577 GRÓCIO (op. cit., 1625, ed. bras., 2004, II.XX.XLIX.1, p. 873).
578 GRÓCIO (op. cit., 1625, ed. bras., 2004, II.XX.L – *Não contra aqueles que tem falsas opiniões sobre o sentido da lei divina, o que é esclarecido pelas autoridades e por exemplos,* p. 874-878, cit. n. 1, p. 874).

Não esqueçamos ter sido o próprio GRÓCIO vítima da intolerância entre confissões cristãs. Tanto mais, no caso deste, condenado a prisão perpétua, por diferenças menores, entre duas correntes calvinistas.[579]

> É em Paris que encontra refúgio o famoso legista do direito natural, calvinista arminiano – ou seja, liberal em matéria de teologia – o holandês Hugo GRÓCIO, escapado da prisão, onde o tinham encerrado os calvinistas fundamentalistas, seus compatriotas, que se torna hóspede frequente dos DUPUY, e embaixador de CRISTINA da Suécia, em Paris.[580]

No tocante às "precauções com relação aos tratados",[581] ponderava: "isso não é uma coisa que seja intrínseca ou geralmente má, mas se deve julgar de acordo com as circunstâncias". Enfatizava, contudo, GRÓCIO, "todos os cristãos são obrigados a formar uma aliança contra os inimigos do cristianismo",[582] e "da mesma maneira que esse preceito se refere a cidadãos privados, se refere também aos povos como povos e aos reis como reis".[583]

Acerca da interpretação das obrigações:[584]

> A medida de uma reta interpretação é a indução da vontade, tirada dos sinais mais prováveis. Esses sinais são de dois tipos: as palavras e as outras conjecturas.[585]
>
> Se não houver nenhuma conjectura que conduza a outro sentido, as palavras devem ser entendidas no sentido que lhes é próprio, não segundo a gramática, agarrando-se à sua origem, mas segundo o uso popular.[586] [...]

579 Cf. se examina no precedente item 18.2 – GRÓCIO na evolução da identidade nacional.

580 Marc FUMAROLI, **Dans ma bibliothèque – la guerre et la paix** (Paris: Gallimard – tel, 2023, *La République des Lettres*, p. 23-26, cit. p. 24).

581 GRÓCIO (op. cit., 1625, ed. bras., 2004, II.XV.XI).

582 GRÓCIO (op. cit., 1625, ed. bras., 2004, II.XV.XII).

583 GRÓCIO (op. cit., 1625, ed. bras., 2004, II.XV.XII.1): "os reis e povos não podem cumprir esse dever se, ao deparar-se com um inimigo ímpio que executa suas devastações pelas armas, não se prestem auxílio uns aos outros, o que não pode ser feito com eficácia se uma aliança não for celebrada com esse objetivo".

584 GRÓCIO (op. cit., 1625, ed. bras., 2004, II.XVI – *Da interpretação*, p. 677-710).

585 GRÓCIO (op. cit., 1625, ed. bras., 2004, II.XVI.I.2).

586 GRÓCIO (op. cit., 1625, ed. bras., 2004, II.XVI.II – *Os termos, na falta de outras conjecturas, devem ser entendidos segundo sua propriedade usual*, p. 680).

> No que diz respeito aos termos particulares das artes, que o povo quase não entende, deve-se adotar a definição dada pelos peritos em cada arte.[587] [...]
> Há necessidade de recorrer às conjecturas quando as palavras ou o conjunto das palavras significam várias coisas, isto é, recebem vários significados. [...]
> Há necessidade, igualmente, de conjecturas todas as vezes que nas convenções há uma certa aparência de contradição. Então, de fato, é preciso procurar as conjecturas que conciliem os artigos, uns com os outros se pode ser feito.[588]

Como ponderava GRÓCIO, "as conjecturas são tiradas da matéria":[589]

> As conjecturas são tiradas do efeito, principalmente quando a palavra, tomada no sentido mais usual, arrastaria após si um efeito que chocaria a razão. Em matéria de palavra ambígua deve-se aceitar de preferência a interpretação que não encerra nada de viciado.[590] [...]
> Há ligação pela origem ou mesmo pelo lugar. São ligadas entre si pela origem as coisas que partem da mesma vontade, mesmo se tivesse sido expressa em outro local e em outra ocasião.[591] [...]
> Entre as coisas que tem ligação entre elas pelo lugar, a que tem mais peso é a razão da lei, que muitos confundem com a intenção da lei, enquanto ela não é senão um dos indícios que ajuda a descobrir essa intenção.[592] [...]
> Muitas palavras têm vários significados, um mais estrito, outro mais amplo, o que provém de muitas causas.[593] [...] Entre as coisas que são prometidas, umas

587 GRÓCIO (op. cit., 1625, ed. bras., 2004, II.XVI.III – *Os termos de arte, segundo a arte*, p. 681-682).

588 GRÓCIO (op. cit., 1625, ed. bras., 2004, II.XVI.IV – *Deve-se recorrer às conjecturas quando há ambiguidade nas palavras ou parecem se contradizer ou porque se superpõem*, p. 682-683) comentava "a obscuridade evidente dos termos força recorrer às conjecturas", mas ressalvava: "Algumas vezes, porém, as próprias conjecturas são tão evidentes que se apresentam espontaneamente, mesmo contra o significado mais usual das palavras".

589 GRÓCIO (op. cit., 1625, ed. bras., 2004, II.XVI.V – *Como provém da matéria*, p. 683-684).

590 GRÓCIO (op. cit., 1625, ed. bras., 2004, II.XVI.VI – *Do efeito*, p. 684).

591 GRÓCIO (op. cit., 1625, ed. bras., 2004, II.XVI.VII – *Da ligação em razão da origem ou mesmo do lugar*, p. 684-685).

592 GRÓCIO (op. cit., 1625, ed. bras., 2004, II.XVI.VIII – *A isso se refere a conjectura tirada do motivo que levou a fazer o que se fez. Quando e como ocorre*, p. 685) ainda ponderava: "Muitas vezes as razões são múltiplas. Às vezes, também, independentemente de toda razão, a vontade se determina em virtude de sua liberdade própria, o que basta para produzir uma obrigação".

593 GRÓCIO (op. cit., 1625, ed. bras., 2004, II.XVI.IX – *Distinção dos significados em amplos e restritos*, p. 686).

> são favoráveis, outras são odiosas e outras são mistas ou médias. São favoráveis aquelas que encerram em si a igualdade e que tem por objeto a utilidade comum. Maior essa utilidade, mais ela se estende ao longo, maior é o favor da promessa. [...] As coisas odiosas são aquelas que oprimem uma só das partes, ou que oprimem uma mais que a outra, aquelas que contém nelas uma pena, aquelas que tornam os atos nulos, aquelas que trazem alguma mudança às coisas já concordadas. Se uma coisa é mista, como na verdade mudando o que havia anteriormente, mas em vista da paz, essa coisa será, segundo a extensão da vantagem ou da mudança, considerada ora favorável, ora odiosa, de tal modo contudo que, todas as outras coisas sendo iguais, prevalece o favorável.[594]

A distinção dos atos de boa-fé e de direito estrito, enquanto estabelecida pelo direito romano, não pertence ao *jus gentium*, segundo GRÓCIO. Pode, contudo, ser aplicada aqui, num certo sentido.[595]

> As regras seguintes devem ser guardadas. Nas coisas não odiosas, os termos devem ser tomados segundo todo significado próprio que tem no uso ordinário. Se houver vários sentidos, aquele que é mais amplo.[596] [...] Nas coisas mais favoráveis, se aquele que fala compreende o direito ou se emprega o conselho dos peritos em direito, os termos devem ser tomados num sentido mais amplo, de maneira mesmo a encerrar o significado técnico ou que a lei lhes deu.[597] [...]

[594] GRÓCIO (op. cit., 1625, ed. bras., 2004, II.XVI.X – *Distinção das coisas prometidas em favoráveis, odiosas, mistas e médias*, p. 686-687).

[595] GRÓCIO (op. cit., 1625, ed. bras., 2004, II.XVI.XI – *Rejeição com relação aos atos dos povos ou dos reis da diferença entre contratos de boa-fé e de direito estrito*, p. 687) prosseguia, na mesma passagem: "Por exemplo, se em algumas regiões certos atos tem uma forma comum, essa forma, contanto que não tenha sido mudada, é considerada como encerrada em tal ato. Para os outros atos, porém, que são por si mesmo indeterminados, como é a doação e a promessa gratuita, deve-se antes ater-se às palavras".

[596] GRÓCIO (op. cit., 1625, ed. bras., 2004, II.XVI.XII – *As regras de interpretação são estabelecidas sobre as mencionadas distinções dos significados e das coisas prometidas*, p. 687-688).

[597] GRÓCIO (op. cit., 1625, ed. bras., 2004, II.XVI.XII.2, p. 688): "Não se deve recorrer a significados de todo impróprios, a menos que sem isso não se seguisse alguma coisa de absurdo ou a inutilidade da convenção. As palavras, ao contrário, deverão ser tomadas num sentido mesmo mais estrito que comporta seu significado próprio, se é necessário para evitar uma iniquidade ou um absurdo; mesmo sem essa necessidade, se for encontrada evidentemente equidade e utilidade nessa restrição, há que manter-se nos limites mais estreitos do significado próprio, a menos que as circunstâncias não aconselhem outra coisa".

Depois de afirmar que "a interpretação que amplia tem lugar mais dificilmente. Aquela que restringe, mais facilmente",[598] formula GRÓCIO alguns critérios de interpretação, a partir de lições de CÍCERO:[599]

> Isso leva a notar que CÍCERO falou de modo muito geral quando disse que as promessas não devem ser mantidas sempre que são inúteis para aqueles a quem foram feitas, nem quando são mais prejudiciais do que poderiam ser proveitosas para aquele a quem foi prometido. Aquele que promete não deve julgar se uma coisa seria útil para aquele a quem foi prometida [...] Para que a promessa não obrigue o prometedor não basta que tenha qualquer prejuízo, mas é preciso que o prejuízo seja tal que deva ser presumido como excetuado em razão da natureza do ato.[600] [...]
> Quanto à questão de saber qual é das cláusulas de um texto que deve prevalecer quando há um conflito proveniente de um caso imprevisto, CÍCERO colocou,[601] segundo antigos autores, certas regras que não devem de nenhum modo ser desprezadas, mas que não me parecem ter sido colocadas em sua ordem. Nós as organizamos da maneira seguinte:
> Que aquele que permite ceda ao que ordena, porque aquele que permite alguma coisa, parece não permiti-la se não houver outro obstáculo que aquele de que se trata; por isso é que [...] a sanção prevalece sobre a permissão.
> Que se prefira ao que deve ser feito em determinado tempo o que pode ser feito em qualquer tempo. Daí se segue que, no mais das vezes, a convenção que proíbe prevalece sobre aquela que ordena, porque a convenção que proíbe obriga por qualquer tempo, o que não ocorre com aquela que ordena, a menos que o tempo não seja expresso, ou que a ordem não contenha uma proibição tácita.
> Entre as convenções iguais entre si pelas qualidades acima mencionadas, que se prefira o que é mais particular e o que aproxima mais à coisa. O que é especial é ordinariamente mais eficaz do que aquilo que é geral.

[598] GRÓCIO (op. cit., 1625, ed. bras., 2004, II.XVI.XX.1, p. 698): "Do mesmo modo que em todas as coisas, para que um efeito não seja produzido, basta que uma das causas falte e que para que se produza é preciso que todas as causas concorram, de igual modo, em matéria de obrigação, a conjectura que amplia a obrigação não deve ser admitida temerariamente."

[599] CÍCERO, **De officiis** (with an English translation by Walter MILLER, Cambridge, Ma. / London: Harvard UP / LCL 30, CICERO, vol. XXI, © 1913, reprinted 2005).

[600] GRÓCIO (op. cit., 1625, ed. bras., 2004, II.XVI.XXVII.2, p. 705-706).

[601] CÍCERO, **De inventione** (with an English translation by H. M. HUBBELL, Cambridge, Ma. / London: Harvard UP / LCL 386, CICERO, vol. II, © 1949, reprinted 2006).

Em matéria de proibições também, aquela à qual é acrescida uma pena seja preferida àquela em que não, e que aquela que ameaça com maior pena o seja àquela que ameaça com um castigo menor.
E ainda, que o que tem razões mais honestas ou mais úteis prevaleça. Enfim, que o que foi dito em último lugar prevaleça.[602]

A busca da adequada determinação do conteúdo dos termos e de critérios de interpretação, desenvolvida por GRÓCIO, em sua obra maior (1625), se insere na sua tentativa de construção de patamar legal e conceitual, de alcance supra confessional, para as relações internacionais. Poder-se-ia dizer, tinha GRÓCIO em vista o estabelecimento de normas vinculando todas as crenças e todos os homens, porém, esse propósito, nem naquele tempo, nem em nosso tempo, parecem facilmente alcançáveis ou mesmo aceitáveis.

Os intolerantes e os fundamentalistas continuam presentes e atuantes, sob as mais diversas roupagens. E a definição de quem se possa considerar 'aliado' não é mera tecnicalidade.[603]

Na mesma linha que as obras de outros internacionalistas, como Alberico GENTILI,[604] também a obra de GRÓCIO (1625), já dois anos depois, em 1627, encontra condenação[605] e foi incluída no **Index expurgatorio**, dentre os livros proibidos.[606] Isso reflete o contexto da época, de acirrada

[602] GRÓCIO (op. cit., 1625, ed. bras., 2004, II.XVI.XXIX.1, p. 707-708). E completava (II.XVI.XXIX.2, p. 709): "a natureza dos pactos confirmados, segundo o significado mais acatado pelo uso, requer que se rejeite de modo absoluto toda espécie de reservas tácitas, que segundo a natureza da coisa não seriam indispensavelmente necessárias".

[603] GRÓCIO (op. cit., 1625, ed. bras., 2004, II.XVI.XIII – *Se sob a designação de aliados são compreendidos aqueles que o serão e até que ponto*, p. 689-692): "Questão célebre é a de saber se, sob o nome de aliados, se incluem somente aqueles que o eram no tempo do tratado ou também aqueles que se tornarão no futuro".

[604] A respeito de Alberico GENTILI, ver **Tratado** (tomo 6 – **Direito internacional no tempo de Suarez, Gentili e Zouch**, cap. 16).

[605] Como anotava Hugo GRÓCIO em passagem de carta ao seu irmão, datada de 11 de setembro de 1627: "Romae lectio librorum meorum de jure belli cum permissa aliquandiu fuisset, subito interdicta est, et simul **Apologetici** et **Poematum**, excusantibus severitatem inquisitoriam Quiritibus, qui eum Cardinale BARBERINO litteratum amante fuerant, ac me viderant". A respeito, também no **Tratado** (tomo 5 – **Direito internacional no tempo de Francisco de Vitória**).

[606] **Index librorum prohibitorum** cum regulis confectis per Patres a Tridentina Synodo delectos, auctoritate Sanctiss. D. N. PII IIII, Pont. Max. Comprobatus (Venetiis, MDLXIIII)

confrontação entre as confissões cristãs no meio da guerra dos trinta anos, então em curso.[607] Mas não deixa de ser sintomático, do ponto de vista da liberdade ou ausência de liberdade de expressão, em relação ao desenvolvimento futuro de algumas regiões do mundo – inclusive na Europa –, mais rapidamente ou em detrimento de outras.

GRÓCIO mostra, desde os 'prolegômenos' do Direito da guerra e da paz, o conceito e a utilidade do direito internacional. Ensina ser, o mais das vezes, o direito das gentes, aquele que obriga, em decorrência da vontade de todo o gênero humano, ou ao menos de muitos – *jus gentium, idest quod gentium omnium aut multorum voluntate vim obbligandi accepit*.[608] Frise-se este dado, da consensualidade do gênero humano como todo, formulado por GRÓCIO como base para a edificação de sistema institucional e normativo internacional, na primeira metade do século XVII.

Essa fundamentação não discrepa do que, antes de GRÓCIO, tinham afirmado VITÓRIA,[609] e também SUAREZ. A distinção, já apontada por SUAREZ, no sentido de que a formação do costume, ou da norma internacional, em geral, não precisa necessariamente do concurso de todas as nações. Mas, se faça, ao menos, sem a oposição, daqueles que da formação desta participaram, ou, ao menos, poderiam ter participado.[610]

– https://upload.wikimedia.org/v.... online Index_librorum_prohibitorum_... última edição, 1948, somente abolido, em 1966, pelo papa PAULO VI.

607 Jules BASDEVANT, *Hugo Grotius* (in **Les fondateurs du droit international public**: leurs oeuvres, leurs doctrines, introduction de A. PILLET, Paris: V. Giard & E. Brière, 1904, p. 125-267, cit. p. 144): "A moins qu'on ait voulu frapper l'œuvre à raison de la religion de l'auteur et sans considérer les opinions émises, les motifs de cette sentence ne nous apparaissent point".

608 Hugo GRÓCIO, **De jure belli ac pacis** (I. 1, 15): "Latius autem patens est jus gentium, idest quod gentium omnium aut multorum voluntate vim obbligandi accepit. Multorum addidi, quia vix ullum jus repetitur extra jus naturale, quod ipsum quoque gentium dici solet omnibus gentium commune. Imo soepe in una parte orbis terrarum est jus gentium quod alibi non est, ut de captivitate ac postliminio suo loco dicemus."

609 O que, todavia, não discrepa da conceituação que fazia do direito internacional, um século antes, Francisco de VITÓRIA, na terceira parte de sua **Relectio de Indis**: *quod naturalis ratio inter omnes gentes constituit vocatur ius gentium* – o que a razão natural entre todos os povos constituiu, chama-se direito das gentes. Ver F. VITÓRIA, **De Indis noviter inventis** & **De jure bellis hispanorum in barbaros** (ed. by Ernest NYS, translated by John P. BATE, Washington: Carnegie Institution, 1917 – Classics of International Law, reprinted, 1963). Cfr. **Tratado** (tomo 5 – **Direito internacional no tempo de Francisco de Vitória**, cap. 14).

610 Ver **Tratado** (tomo 6 – **Direito internacional no tempo de Suarez, Gentili e Zouch**, cap. 15, sobre Francisco SUAREZ).

Frise-se este dado, da consensualidade do gênero humano, como todo, formulado por GRÓCIO ou, ao menos boa parte do gênero humano – sem oposição dos demais, seguindo SUAREZ, como base para a edificação de sistema institucional e normativo internacional, na primeira metade do século XVII.

Tais lições não discrepam do que, antes deles, afirmara VITÓRIA. E, ademais, configuram direito internacional no sentido moderno do termo. Apesar de interpretações negacionistas, em relação aos três, quando se pretende que concepções 'atuais' do direito internacional somente teriam surgido, com WOLFF ou VATTEL,[611] no direito internacional clássico.

GRÓCIO retoma e renova a concepção de direito natural: "a melhor divisão assim entendido é a que se encontra em ARISTÓTELES, segundo a qual há um direito natural e um direito voluntário, que ele chama direito legítimo, conferindo à palavra um sentido mais estrito".[612]

Esse fio condutor de sua exposição,[613] na síntese elaborada por GRÓCIO – tende ao humanismo racionalista, em contraposição ao volunta-

[611] Ver a respeito **Tratado** (tomo 12 – **Direito internacional no tempo de Vattel e von Martens**, esp. cap. 24 – Emer de VATTEL) e tb. E. JOUANNET, **Emer de Vattel et l'émergence doctrinale du droit international classique** (Paris: Pedone, 1998), para situar o papel de VATTEL na "emergência doutrinal do direito internacional clássico". No mesmo sentido, Paulo Emílio V. B. de MACEDO, **O nascimento do direito internacional** (São Leopoldo: Unisinos, 2009, Introdução, p. 20-21): "Nem SUAREZ nem GRÓCIO escreveram livros de direito internacional. [...] Eles se inserem em outras tradições ideológicas. O *jus gentium* dos dois não coincide com aquilo que hoje se entende como direito internacional. Os juristas espanhol e holandês ainda ignoravam a noção de estado; eles não conceberam um domínio propriamente internacional, mas sim 'extranacional': o direito das gentes não se aplica entre estados soberanos, mas entre povos, seres humanos".

[612] GRÓCIO, **De jure belli** (op. cit., 1625, ed. 2004, Prolegômenos, § 40, 41-42; tb. I.I.IX.2, p. 78-79): "Às vezes o designa também de direito estabelecido. Encontramos a mesma distinção entre os hebreus que, ao se exprimirem com exatidão, chamam o direito natural de *Mitsvoth*, o direito estabelecido de *Khukkim*, termos que os helenistas costumam traduzir como deveres, o primeiro, e mandamentos, o segundo."

[613] TANAKA Tadashi, *Grotius's concept of law* (in Y. ONUMA (ed. by), **A normative approach to war**: peace, war and justice in Hugo Grotius, Oxford: Clarendon Press, 1993, chap. 2, p. 32-56, cit. p. 33): "By adopting a negative definition – that which is not 'unjust' is 'just' – GROTIUS distances himself from the theological just war doctrine, which had regarded as 'just' only acts of which God would positively approve. While GROTIUS's understanding of what is 'just' and 'unjust' allows him to brand as unlawful those acts which are clearly contrary to the social nature of man, it is also likely to function as a rationale for approving much of the existing order."

rismo divino, de seu discípulo Samuel PUFENDORF – manifesta uma embaraçosa ambivalência.[614]

Afirma GRÓCIO – como se sabe e frequentemente se refere – a existência de três sentidos para o termo direito:[615]

– primeiro, o direito é definido como atributo particular de atos – *attributum actionis* –, ou seja a justiça de determinado ato. GRÓCIO usa o termo 'justo' em seu sentido mais amplo – explica ser 'justo' o que não é 'injusto', e que não seja contrário à natureza social do homem, como ser dotado de razão;[616]
– segundo, o direito – *jus* – é considerado como qualidade moral da pessoa – *qualitas moralis personae* – que permite a este fazer ou ter algo, de modo justo – aí se inscreve dimensão subjetiva, pois o direito é definido do ponto de vista do sujeito, e nesse sentido se aplica somente aos seres humanos: que algo seja 'justo' ou 'injusto' é julgamento sobre seres humanos, quer envolva direitos reais – *jus in rem* – ou direitos relativos a pessoas – *jus in personas* –; distingue o direito – *jus* – entre o que é perfeito e o que é imperfeito, na sua qualidade moral: utiliza faculdade – *facultas* – para designar direito perfeito,[617] e apti-

[614] Ver **Tratado** (tomo 9 – **Direito internacional no tempo de Samuel Pufendorf**,cap. 20); S. GOYARD-FABRE, **Les embarras philosophiques du droit naturel** (Paris: Vrin, 2002, I Partie, chap. III – le droit naturel et la raison humaine, esp. 1 – la rationalité du droit naturel et l'étonnante bifurcation de la doctrine, p. 80-97, cit. p. 80-81): "si l'histoire de la pensée supporte mal un découpage en périodes aux arêtes vives, il est, sur son cours, des dates qui, comme des phares, en éclairent l'itinéraire. [...] Voyons en particulier comment le traité **De jure belli ac pacis** de Hugo GROTIUS qui prolonge sur bien des points l'œuvre de la Scolastique espagnole tardive, inaugure néanmoins, dès le début du XVIIe siècle, une philosophie rationaliste du droit naturel dont les échos, plus ou moins perturbateurs, hanteront longtemps la doctrine également tentée par le volontarisme de PUFENDORF."

[615] GRÓCIO, **De jure belli** (livro I, cap. I).

[616] GRÓCIO, **De jure belli** (livro I, cap. I, 3), no sentido *jus*, pode se dar entre iguais (*jus aequatorium*), bem como também entre os que governam e os que são governados (*jus rectorium*).

[617] GRÓCIO (op. cit. 1625, livro I, cap. I, 4 e 5) A categoria de direito perfeito (*facultas*) por sua vez se subdivide em: poder (*potestas*), propriedade (*dominium*) e direitos contratuais (*credita*). Poder sobre si mesmo é chamado liberdade (*libertas*); poder sobre outros inclui o do chefe de família (*potestas patria*) ou do mestre sobre seus escravos (*potestas dominica*). O direito de propriedade (*dominium*), por sua vez, inclui o usufruto e o direito de onerar o bem (*jus pignoris*), além do pleno direito (*dominium plenum*). Quando existe direito contratual, também existe a correspondente obrigação (*debitum*). O direito perfeito (*facultas*) por sua vez, pode se dividir em comum (*vulgaris*) ou superior ou eminente (*eminens*) – o que se poderia conceituar como o "interesse público", que pode se sobrepor ao direito individual, ainda que este seja legalmente perfeito: pode ser exercido pela comunidade sobre os seus membros, e

dão – *aptitudo* – para direito imperfeito –[618] e essa distinção tem consequência prática direta: a violação de direito perfeito – *facultas* – pode consistir em causa justa para desencadear uma guerra; mas não a de direito imperfeito – *aptitudo*;[619]

– terceiro é o direito – *jus* – definido como regra – *regula* –, e sinônimo de lei – *lex*: conjunto normativo, que obriga o homem, em relação ao que é certo – *rectus* – ou, em outras palavras, corpo de normas objetivas, indicativas de justiça, e o direito – *jus* –, nesse sentido, denota obrigação – *obligatio* –, e não inclui exigências que sejam somente recomendações.[620]

Argumentava GRÓCIO ter o *jus* dois aspectos: simultaneamente, 'lei objetiva' e 'direito subjetivo' – e ambos compartilham a mesma base, que é a justiça. De modo que, ao reconhecer a diferença entre as três acepções do termo *jus*, GRÓCIO não faz distinção estrita entre os mesmos, mas os considera como integrantes de todo inseparável: e nesse sentido o 'direito da guerra' – *de jure belli* –, tem os três sentidos correlacionados: o caráter justo da guerra; o direito de fazer guerra; e o direito na guerra.[621]

A explanação de GRÓCIO a respeito do que seja 'justo' nem sempre parece clara. Ele afirma que,

os respectivos direitos, pelo bem comum – e este seria o sentido do *dominium eminens*, que o soberano pode exercer sobre os bens dos seus súditos, como categoria que se sobrepõe à propriedade privada (*dominium privatum*). Além disso, a obrigação do súdito para com o estado, precede obrigação deste em relação a outro credor privado. Ver tb.: T. TANAKA (cit., 1993, in ONUMA, op. cit., 1993, p. 33-34); e R. FEENSTRA, *Grotius et le droit privé européen* (in RCADI, 1983, t. 182, p. 453-469).

618 GRÓCIO (op. cit. 1625, livro I, cap. I, 6, 7 e 8): a *aptitudo* designa 'o valor daquilo que vale alguma coisa'; diz ser a preocupação da justiça distributiva. É assim incorreto chamar *aptitudo* de 'direito': o mero fato de algo ser conveniente ou apropriado para uma pessoa, não significa que possa este reclamar a propriedade sobre tal bem, por esse motivo. É, assim, necessário distinguir entre e *aptitudo* e direito, quando ambos coexistem em relação ao mesmo e único objeto. Ver tb. GRÓCIO (op. cit. 1625, livro II, cap. XVII, 2-3).

619 GRÓCIO (op. cit., 1625, I.I.VII).

620 GRÓCIO (op. cit. 1625, I.I.IX). TANAKA (cit., 1993, in ONUMA, op. cit., 1993, p. 35) ressalva: "There is nothing new in GROTIUS's three-part definition of *jus*; however, his arrangement is suggestive in placing the concept of *jus* within the wider tradition of legal thought."

621 GRÓCIO (op. cit. 1625, livro I, cap. I, 2 e 3); tb. TANAKA (cit., 1993, in ONUMA, op. cit., 1993, p. 35).

– no terceiro sentido, como conjunto normativo, o direito – *jus* – é equivalente a lei – *lex* –, no sentido mais amplo de impor obrigação, com respeito ao que seja correto – *rectus*. A lei diz respeito não somente à justiça, em sentido estrito, mas também a outras virtudes, "e embora aquilo que seja conforme à lei seja correto, em sentido mais amplo é chamado de justo";[622]
– no segundo sentido de direito – *jus* –, como prerrogativa ou faculdade – *facultas* –, é "o objeto da justiça expletiva – *justitia expletrix* –, ao qual se confere o nome de justiça, propriamente ou estritamente assim chamada";[623]
– quanto ao primeiro sentido, 'justo', o que não é 'injusto', ou seja, não é contrário à natureza social do homem, é chamado justo.[624]

Assim se pode deduzir que GRÓCIO concebe o que é justo em três níveis distintos: como *justitia expletrix*, como legalidade, daquilo que é conforme à lei, e aquilo que não é injusto.

A visão do que é justo, permite duas interpretações do conceito de guerra justa: uma é que para uma guerra ser justa, é preciso que observe as exigências da *justitia expletrix*; e não é o bastante que seja justa, somente em relação ao segundo e ao terceiro sentidos. Essa interpretação tende a restringir a guerra de modo mais rigoroso. E além disso, mesmo se a guerra não for conforme à *justitia expletrix*, mesmo assim esta pode ser justa, se for legal em sentido formal, ou mesmo, ainda, que uma guerra seja justa, se não for claramente injusta. Nessa última interpretação, fica negada a intenção de GRÓCIO de submeter a guerra ao direito em sua maior extensão possível.[625]

Dentre os filósofos, GRÓCIO preza sobretudo ARISTÓTELES. Mas não o segue, cegamente.[626] À maneira de ARISTÓTELES, também GRÓ-

[622] GRÓCIO (op. cit., 1625, I.I.IX).

[623] GRÓCIO (op. cit., 1625, I.I.VIII – *da justiça expletiva ou cumulativa e atributiva*, '. p. 76-77): "ARISTÓTELES a designa de justiça dos contratos, expressão, aliás, muito limitada" e aduz: "o mesmo filósofo a designou, com maior propriedade, de corretiva."

[624] GRÓCIO (op. cit., 1625, ed. 2004, I.I.III, p. 72).

[625] Ver **Tratado** (tomo 3 B – **Gregos, romanos, chineses, indianos**, item 6.3 – *duradoura contribuição do 'jus gentium' para o direito internaciojal*, tomo 4 – **Direito internacional no tempo medieval**, itens 8.1 – *Agostinho de Hipona*, 11.1 – *cristianizar a guerra?* e 11.2 – *guerra justa e guerra santa: entre 'jihad' e as cruzadas*); TANAKA (cit., 1993, in ONUMA, 1993, p. 38).

[626] GRÓCIO, **De jure belli** (Prolegômenos, § 42-43, cit. 42): "Entre os filósofos, ARISTÓTELES ocupa sem dúvida o lugar mais destacado, considerando tanto a ordem que ele confere às matérias, a fineza de suas distinções ou o peso de suas razões Graças a Deus, essa

CIO divide o direito – *jus* –, no terceiro sentido, em direito natural e voluntário.[627]

O direito natural – *jus naturae, jus naturale* – é, acima de tudo, ditado da reta razão – *recta ratio* –, que indica se determinado ato é consistente com a sua natureza racional:

> O direito natural nos é ditado pela reta razão que nos leva a conhecer que uma ação, dependendo se é ou não conforme à natureza racional, é afetada por deformidade moral ou por necessidade moral e que, em decorrência, Deus, o autor da natureza, a proíbe ou ordena.[628]

Por sua vez, o ato contrário à natureza racional tem qualidade moral baixa – *turpitudo* –, e consequentemente é proibido por Deus, autor da natureza. O ato em conformidade com a natureza racional tem qualidade moral de 'necessidade', e consequentemente é impulsionado, ou ao menos aprovado por Deus.

Quando existe ditado da reta razão em relação a determinado ato, este é ou obrigatório ou ilegal, e assim, aprovado ou proibido por Deus. Nesse sentido, o direito natural se distingue nitidamente do direito voluntário, humano ou divino.

Como as normas do direito natural derivam quer da conformidade, quer da contradição com a natureza racional, estas são imutáveis, e assim, não podem ser alteradas nem mesmo por Deus: "pois mesmo Deus, assim, como não pode fazer que duas vezes dois não seja quatro, tampouco Ele pode fazer que o intrinsecamente mal deixe de o ser".[629]

O direito natural é imutável porque deriva diretamente da natureza racional e social do homem. Mas isso somente se aplica em relação ao direito natural propriamente dito, ou seja, ao direito natural obrigatório.

superioridade não foi transformada em tirania depois de algum tempo, a ponto de a verdade à qual ARISTÓTELES consagrou fielmente seus cuidados não encontrar mais opressor que no próprio ARISTÓTELES."

[627] GRÓCIO (op. cit., 1625, ed. 2004, I.I.IX – *o direito é definido como regra e se divide em direito natural e direito voluntário*, p. 78-79).

[628] H. GRÓCIO (op. cit., 1625, ed. 2004, I.I.X – *definição de direito natural, divisão e distinção das coisas a que se dá esse nome impropriamente*, p. 79-82, cit I.I.X.1).

[629] GRÓCIO (op. cit., 1625, I.I.X).

Às vezes ocorre, contudo, nos atos a respeito dos quais o direito natural prescreveu algo, uma espécie de mudança que engana os desatentos, pois que, na realidade não é o direito natural que muda, sendo imutável, mas é a coisa, a respeito da qual o direito natural estatuiu, que sofre a mudança.[630]

Apesar de ser a natureza do direito natural estável e rígida, GRÓCIO a flexibiliza em quatro aspectos:

– primeiro, em relação à existência de coisas, além das aprovadas ou proibidas pelo direito natural, que são por este permitidas – GRÓCIO considera tais coisas integram o direito natural "por redução", ou seja, não estão em conflito com o direito natural;[631] nenhuma obrigação estrita é imposta segundo o direito natural, em relação a coisas que sejam, segundo este, simplesmente permitidas; estritamente falando, esse domínio permissivo está fora da esfera do direito natural,[632] e assim somente sujeito a regulação pelo direito voluntário;[633]
GRÓCIO divide a permissão, concedida pelo direito, em perfeita e menos que perfeita – segundo a perfeita, se concede o direito a qualquer um, de fazer qualquer coisa, e segundo a menos que perfeita, somente torna o ato livre de punição humana, ou seja, o direito de não interferência por outros – na primeira, o que o direito voluntário estipula não é contrário ao direito natural, enquanto pode ser em relação à última.[634]
Desse modo, GRÓCIO contempla quatro modalidades de permissibilidade: (a) o que é permitido, por ser moralmente justo em si, embora algo possa ser mais digno de louvor;[635]

630 H. GRÓCIO (op. cit., 1625, ed. 2004, I.I.X – *definição de direito natural, divisão e distinção das coisas a que se dá esse nome impropriamente*, p. 79-82, cit I.I.X.6).

631 GRÓCIO (op. cit., 1625, I.I.X..3): "É necessário notar, para entender o direito natural, que há certas coisas que atribuímos a esse direito de uma maneira imprópria, mas, segundo a expressão predileta dos escolásticos, por redução, às quais o direito natural não é formalmente contrário. Por isso dissemos há pouco que se tem como justas coisas isentas de injustiça. Às vezes relacionamos também como abuso ao direito natural coisas que a razão pode entender como honestas ou como melhores daquelas que lhe são opostas, muito embora não sejam obrigatórias."

632 GRÓCIO (op. cit., 1625, I.I.IX e I.II.V).

633 GRÓCIO (op. cit., 1625, I.II.V; II.I.X; II.III.V; e tb. II.V.II).

634 GRÓCIO (op. cit., 1625, I.I.XVII – *que provas os cristãos podem extrair da lei dos hebreus e de que maneira?* e tb. III.IV.II).

635 GRÓCIO (op. cit., 1625, III.IV.II).

(b) o que é moralmente neutro, ou seja, nem justo nem injusto em si;[636]
(c) o que não é moralmente aprovado, embora possa ser feito com impunidade entre os homens, em relação ao que direito limitado de não interferência dos outros é acordado;[637]
(d) aquilo que é moralmente mal e não permitido, e direito somente amparado pela impunidade.[638]
– o segundo nível de flexibilização é introduzido pelo conceito da "natureza da instituição" e GRÓCIO declara:
o direito natural cuida não somente das coisas que estão fora do âmbito da vontade humana, mas com muitas coisas que também resultam de ato da vontade humana. Assim, a propriedade, tal como se pratica, foi introduzida pela vontade humana; mas, uma vez introduzida, o direito natural assinala ser errado que tome, sem o consentimento do outro, aquilo que está sujeito à sua propriedade.[639]
Assim GRÓCIO escreve a respeito da "natureza do *summum imperium*",[640] da "natureza da guerra",[641] e da "natureza do contrato".[642] Dado que "essas normas são deduzidas de instituições, introduzidas pela vontade humana, são, assim, consideradas inerentes à instituição, a elas é acordada a condição (*status*) de direito natural".[643] GRÓCIO utiliza frequentemente a expressão 'naturalmente' – *naturaliter* – para normas derivadas de tais instituições.[644]
– o terceiro nível envolve a manipulação da imutabilidade do direito natural: GRÓCIO afirma que ao surgir mudança no que determina a lei natural, não é a lei que mudou, mas a coisa, em relação à qual a lei se aplica;[645]
– o quarto nível de flexibilidade é introduzido pelo conceito de "direito natural em relação a certo estado das coisas" – *pro certo rerum statu* –[646] e antes do

636 GRÓCIO (op. cit., 1625, II.I.X).
637 GRÓCIO (op. cit., 1625, II.V.XII e II.V.XIII).
638 GRÓCIO (op. cit., 1625, II.XII.XXII), como por exemplo os juros que ultrapassam a compensação razoável.
639 GRÓCIO (op. cit., 1625, I.I.X.4).
640 GRÓCIO (op. cit., 1625, II.IV.XIII).
641 GRÓCIO (op. cit., 1625, III.IV.I).
642 GRÓCIO (op. cit., 1625, II.XII.IX).
643 TANAKA (cit., 1993, in ONUMA, 1993, p. 40-41).
644 GRÓCIO (op. cit., 1625, II.V.XXIV; II.XI.VI; II.XII.VIII).
645 GRÓCIO (op. cit., 1625, I.I.X.6) e serve como argumento para justificar a aplicação da pena capital, ou a execução de inimigos em tempo de guerra.
646 GRÓCIO (op. cit., 1625, I.I.X.7): "Há também coisas que são do direito natural, não pura e simplesmente, mas em razão de uma determinada situação."

direito de propriedade ser estabelecido, pode-se conceber que predominava a comunidade primitiva dos bens, como uso natural, e antes da introdução do direito positivo, existia o direito de auto defesa; e essa concepção é invocada para justificar a liberdade dos mares,[647] e mesmo o direito de guerra privada defensiva, em caso de risco de ataque iminente.

Por meio destes quatro mecanismos de flexibilização, incluindo a 'interpretação' de normas e instituições, GRÓCIO torna o direito natural suficientemente maleável, para acomodar praticamente qualquer situação. Ainda que correndo o risco de transformar direito natural, lastreado na justiça, em mero nome.

Com relação ao direito voluntário, enraizado diretamente na vontade de Deus ou do homem, GRÓCIO aponta origem diversa daquela atribuída ao direito natural.[648] Em três categorias:

– o direito humano voluntário: pode ser direito interno – *jus civile* –, pode ser direito mais restrito que o direito interno e pode ser direito mais amplo que o direito interno, ou seja o direito das gentes – *jus gentium*.[649] O direito interno emana do poder do estado – *potestas civilis*. O direito mais restrito que o direito

[647] Para situar o contexto da questão da liberdade de navegação, ver o item 18.4 – **Mare liberum** e **Tratado** (tomo 3 A – **Direito internacional no tempo antigo**, item 2.1 – *a controvérsia entre Hugo GRÓCIO e Serafim de FREITAS*); H. GRÓCIO, **De Mari Libero** et P. MERULA, **De Maribvs** (Lvgd. Batavorvm: Ex Officina Elzeviriana, 1633 – contém esta edição quatro textos: 1- Hvgonis Grotii Mare Liberum Sive De Ivre Qvod Batavis competit ad Indicana commercia, dissertatio (1609), p. 1-83; 2- Paulus MERULA (1558-1607), Dissertatio de Maribus, p. 84-182; 3- Marcus Zuerius BOXHORN (1612-1653), **Apologia pro navigationibus Hollandorum, adversus Pontum Heuterum**, p. 183-213; 4- « Tractatus pacis, mutui commercii, sive intercursus navigationum, confirmatus Londini anno [1495], inter Henricum Septimum Angliae regem, & Philippum Archiducem Austriae, Burgundiae, &c. », p. 214-267).

[648] GRÓCIO (op. cit., 1625, I.I.XIII – *divisão do direito voluntário em direito humano e direito divino*, I.I.XIV., I.I.XV); T. TANAKA, *Grotius's concept of law* (in ONUMA, op. cit., 1993, chap. 2, esp. p. 43-47).

[649] H. GRÓCIO (op. cit., 1625, ed. 2004, I.I.XIV – *o direito humano se divide em direito civil, em direito menos amplo que o civil, em direito mais amplo que o civil ou jus gentium. Explicação desse direito e como se prova*): "O direito mais amplo é o *jus gentium*, isto é, aquele que recebeu sua força obrigatória da vontade de todas as nações, ou de grande número delas. Acrescentei 'de grande número' porque, à exceção do direito natural, que costumamos chamá-lo também *jus gentium* (direito das gentes), não encontramos praticamente direito que seja comum a todas as nações."

interno inclui, por exemplo, o comando do pai sobre os filhos, e outras categorias equivalentes, subsumidas ao direito interno.[650]

O direito mais amplo que os direitos internos é o direito das gentes, que deriva da vontade de todas as nações, ou ao menos de muitas dentre elas. E como o direito interno não escrito, se comprova por meio do costume, bem como pelos registros dos mais qualificados juristas, tais como os romanos, e também pelos historiadores.[651]

GRÓCIO, na sua obra de comentários sobre o direito de presas, **De jure praedae commentarius**,[652] distinguia entre direito natural primário – *jus naturae primarius* – e direito natural secundário – *jus naturae secundarium*. O primeiro, sendo comum a todos os seres vivos, enquanto o segundo, aplicável somente aos seres humanos, dotados de razão.

Este direito natural secundário era por GRÓCIO apresentado como equivalente ao direito das gentes primário – *jus gentium primarium*. Em seguida, estabelecia ulterior distinção, esta entre o direito das gentes primário e o direito das gentes secundário – *jus gentium secundarium* –, baseado no consenso das nações.

Em consonância com a mudança de visão a respeito do direito natural, com a negação do conceito de direito natural, que seria comum a todos os seres vivos, GRÓCIO abandonava, em 1604, no **De Jure Praedae Commentarius**, o conceito de direito das gentes primário; tal como o formulará, em 1625, no **Direito da guerra e da paz**. Onde trata o direito das gentes como puro direito humano voluntário.[653] Ao mesmo tempo em que

[650] GRÓCIO (op. cit., 1625, II.V.XXVII) embora o argumento expendido pudesse servir também para justificar a ocorrência de escravidão, GRÓCIO deplora a desumanidade da prática e a degradação da condição humana, daí resultante.

[651] GRÓCIO (op. cit., 1625, I.I.14); ver tb. Peter HAGGENMACHER, *Le droit de la guerre et de la paix de GROTIUS* (in **Le droit international** Archives de philosophie du droit, vol. 32, Paris: Sirey, 1987, p. 47-58).

[652] GROTIUS, **De Jure Praedae Commentarius**, escrita por volta de 1604, foi integralmente publicada somente em 1868, ___, **De Jure Praedae Commentarius** ('ex Auctoris Codice descripsit et vulgavit' H. G. HAMAKER, Hagae: M. Nijhoff, 1868); tb. ___ (translation by G. L. WILLIAMS and W. H. ZEYDEL, reprinted in Classics of International Law, Oxford, 1950, 2 vols.).

[653] GRÓCIO, **De Jure Praedae** (1604, ed. 1868, esp. 12.26); ver tb. Peter HAGGENMACHER, *Le droit de la guerre et de la paix de GROTIUS* (in **Le droit international** Archives de philosophie du droit, vol. 32, Paris: Sirey, 1987, p. 47-58); ___, **Grotius et la doctrine de la guerre juste** (Paris: PUF / Genève: Publications de l'Institut de hautes études internationales, 1983); T.

enfatiza a razão de ser do direito das gentes, como o interesse da grande sociedade das nações,[654] e os vínculos da sociedade humana.[655]

Desse modo,

> colocando o direito das gentes no domínio do puro dircito voluntário, GRÓCIO foi capaz de confirmar o caráter básico do direito natural, como sistema evidente, deduzido de princípios evidentes. Mas a distinção entre direito natural e direito das gentes, com o último subordinado ao primeiro, suscitou dificuldades sobre como justificar o direito das gentes, especialmente em relação ao direito da guerra.[656]

Da história, GRÓCIO extrai exemplos e testemunhos, sobretudo por servirem para demonstrar a efetiva aplicação de certos usos, no direito internacional.[657] E confessa a sua predileção pelos exemplos da história antiga, grega e romana. Do extenso uso que faz das sagradas Escrituras, tem o cuidado de distinguir entre os exemplos tirados do novo e do velho Testamento.[658] De poetas e prosadores traz passagens, antes como ornamentos, do que como provas.[659]

TANAKA (in ONUMA, op. cit., 1993, p. 44-45): "The prevailing view is that GROTIUS was influenced by SUAREZ to regard the law of nations as pure volitional law, in contrast to natural law which is based on the rational and social nature of man". Mas este observa que GRÓCIO cita SUAREZ somente em quatro passagens do **De jure belli ac pacis**, menos frequentemente do que cita VITÓRIA ou VAZQUEZ, e – eu acrescento, talvez apressadamente – considere duvidoso tenha GRÓCIO sido influenciado por SUAREZ. Conclui TANAKA, a respeito da mudança de posição de GRÓCIO, entre o **De jure praedae** (1604) e o **De jure belli ac pacis** (1625): "the categorical distinction between natural law and the law of nations, when compared with **De jure praedae commentarius**, probably resulted from his desire to distance himself from any particular sect of Christianity, after his bitter involvement in political struggle and imprisonment". O que é uma interpretação plausível, mas parece ter pouca fundamentação.

654 GRÓCIO (op. cit., 1625, Prolegômenos, 17 e tb. III.XXV.I).

655 GRÓCIO (op. cit., 1625, II.VIII.XXVI).

656 TANAKA (cit., 1993, in ONUMA, 1993, cit. p. 45): "Thus GROTIUS had to distinguish between two types of the law of nations: that which is true law in every respect, and that which only provides some kinds of act with external effect."

657 GRÓCIO, **De jure belli** (Prolegômenos, § 47).

658 GRÓCIO, **De jure belli** (Prolegômenos, § 49-53).

659 GRÓCIO, **De jure belli** (prolegômenos, § 48). Ver tb. A. C. G. M. EYFFINGER, **Grotius Poeta** – Aspecten van Hugo Grotius' dichterschap (Haia: s.i.e., 1981).

GRÓCIO situa a categoria do direito divino voluntário – não por serem determinadas coisas justas Deus as quer, mas algumas coisas se tornam justas e obrigatórias, porque teriam sido assim desejadas por Deus –[660] e distingue, a seguir, o direito voluntário, dirigido à humanidade, como um todo, e aquele dirigido a determinada nação em particular.[661] O primeiro ocorrido em três momentos: quando da criação do mundo, após o dilúvio, e quando CRISTO veio. E este vincula todos os povos, na medida em que seja suficientemente revelado a estes.[662]

Como direito divino voluntário, dirigido a nação determinada, GRÓCIO foca no direito hebraico. Em geral, as leis vinculam aqueles para os quais foram promulgadas.[663]

Dentre os escritos dos juristas GRÓCIO busca sobretudo aqueles que procuraram estudar e compreender as leis dos antigos romanos. Que, muitas vezes, mesclam as questões de direito romano, de direito natural e de direito internacional.[664]

Lição de GRÓCIO para os assim chamados 'realistas'. Este afirmava cuidadosamente evitar mesclar o direito internacional com coisas da política, diversamente do feito, por exemplo, "em BODIN, a política se confunde com o direito de que nos ocupamos aqui".[665]

É sempre lembrado e repetido que GRÓCIO define o direito natural como o ditado da reta razão. Mas, com base em CÍCERO, ele intro-

[660] GRÓCIO (op. cit., 1625, I.I.X; I.I.XV; II.XX.XLII). L. LE FUR (op. cit., 1927, 299-306) considera de pouca relevância essa distinção na argumentação.

[661] GRÓCIO (op. cit., 1625, I.I.XV – *o direito divino se divide em 'direito universal' e em 'direito específico' para um só povo*, cit. I.I.XV.1): "Compreendemos de modo suficiente, através dos próprios termos que o definem, o que seja o direito voluntário divino. É aquele que tem sua origem na vontade de Deus. Isso é que o distingue do direito natural, que podemos chamar também direito divino, como já dissemos. A propósito desse direito podermos colocar o que ANAXARCO [ver PLUTARCO, **Vidas paralelas**, Vida de Anaxarco, 695 A] dizia de uma maneira por demais geral, que Deus não ordena tal coisa porque é justa, mas é justa, ou seja, obrigatória, porque Deus a quis."

[662] GRÓCIO (op. cit., 1625, I.I.XV.2). Observa TANAKA (1993, in ONUMA, op. cit., 1993, p. 46): "He thus sets a limit on the scope and validity of special divine volitional law, distinguishing it from general divine volitional law, and both from natural law."

[663] GRÓCIO (op. cit., 1625, I.I.XVI – *os estrangeiros nunca foram submetidos ao direito dos hebreus*).

[664] GRÓCIO, **De jure belli** (Prolegômenos, § 54-57).

[665] GRÓCIO, **De jure belli** (Prolegômenos, § 57) completa: "Em algumas partes, no entanto, eu mencionei o útil, mas brevemente, mais para distingui-lo claramente da questão do justo."

duz o conceito dos primeiros princípios da natureza – *prima naturae* –,[666] tal como a autopreservação, como o primeiro dever do homem. Tanto CÍCERO,[667] quanto ULPIANO,[668] tinham aceitado o conceito de direito natural, comum aos animais e ao homem, e os primeiros princípios da natureza se relacionam a tal.[669]

GRÓCIO evita a contradição, diferencia a conformidade das coisas com a razão e os primeiros princípios da natureza: embora de origem mais recente, os primeiros são superiores, e prevalecem sobre os últimos.[670] Desse modo, os primeiros princípios da natureza não são, como tais, incluídos no direito natural. Contudo, o conteúdo de ambos pode coincidir – como exemplifica GRÓCIO ao mencionar que assiste a qualquer um o direito de autodefesa, para afastar ataque.[671]

GRÓCIO retoma e renova a concepção de direito natural de ALTHUSIUS,[672] e de teorias do contrato social, como bases para o direito das gentes.[673] GRÓCIO afirma que o estado tem por missão satisfazer, de

666 GRÓCIO (op. cit., 1625, I.II.1).

667 CÍCERO, **De officiis** (with an English translation by Walter MILLER, Cambridge, Ma. / London: Harvard UP / LCL 30, CICERO XXI, © 1913, reprinted 2005, cit., I.IV.11).

668 **Digesto** (I.I.I.2-3). Vide **Corpus Iuris Civilis** – vol. primum – **Institutiones** (recognovit P. KRUGER), **Digesta** (recognovit T. MOMMSEN, retractavit P. KRUGER, Dublin / Zürich: Weidmann, 23ª ed., 1973).

669 T. TANAKA (in ONUMA, op. cit., 1993, p. 47, e nota 92): "In JBP [I.I.11] GROTIUS denies the existence of a natural law common to animals and man, yet quotes without qualification, CICERO's explanation that the first principles of nature are common to animals and man". E completa: "In **De iure praedae commentarius**, the law common to all living creatures is regarded as the first natural law (*jus naturae primarium*). [...] On this point, there is also a shift in JBP."

670 GRÓCIO (op. cit., 1625, I.II.I – *prova-se por diversas razões que o direito de natureza não é contrário à guerra*).

671 GRÓCIO (op. cit., 1625, I.IV.2).

672 Johannes ALTHUSIUS, **Política** (orig. publ. **Politica methodice digesta**, 1603-1614, ed., trad para o ingles e intr. Frederick S. CARNEY, pref. Daniel J. ALAZAR, trad. Joubert de Oliveira BRÍZIDA, Rio de Janeiro: Topbooks – Liberty Fund, 2003).

673 Breves considerações sobre ALTHUSIUS, ver **Tratado** (tomo 5 – **Direito internacional no tempo de Francisco de Vitória**, item 13.3 – *estado soberano e direito internacional*); tb. E. BLOCH (1885-1977), **Vorlesungen zur Philosophie der Renaissance** (Frankfurt: Suhrkamp 1972), em francês, **La philosophie de la Renaissance** (Paris: Payot, 1974, reimpr. 1994, chap. 9 – Remarques sur la philosophie du droit et de l'état dans la bourgeoisie montante, p. 143-163, cit. p. 162): "essa doutrina que parte da ideia de uma transferência inicial de direitos individuais a uma sociedade organizada agiu sobre a Revolução francesa, pelo canal do "contrato social" de

maneira ordenada, os impulsos sociais do homem – impulsos considerados como benéficos – *appetitus socialis*.[674] Com ecos do pensamento de HOBBES.[675]

O direito natural é, assim, uma vez mais apresentado como a doutrina dos direitos inalienáveis dos homens, direitos dos quais o estado deve ser o curador.[676] O direito verdadeiro decorre da intenção dos contratantes,

Jean-Jacques ROUSSEAU." Veja-se, tb., Bruno HUISMAN e François RIBES, **Les philosophes et le droit** (Paris: Bordas, 1988).

674 Compare-se a lição de Thomas HOBBES, **Leviathan** (1651, ed. by Richard TUCK, Cambridge: Univ. Press – col. Cambridge Texts in the History of Political Thought, 1991) ou na ed. bras., **Leviatã** (trad. de João Paulo MONTEIRO e Maria Beatriz Nizza da SILVA, São Paulo: Abril cult. – Os pensadores vol. XIV, 1974). Esse modelo sofrerá importantes transformações com outro teórico do direito natural, Thomas HOBBES, para quem o contrato social não é um pacto de aliança, mas de submissão, tornada necessária pela natureza pervertida do homem. O conceito de estado em HOBBES é mais austero e provavelmente mais realista que o de GRÓCIO, que não leva em conta nem o egoísmo, nem a agressividade dos homens. Como premissa, GRÓCIO parece acreditar na perfectibilidade dos homens e das sociedades humanas. E boas leis e bons vínculos poderiam, assim, contribuir para o progresso humano. Comentava E. BLOCH (op. cit., 1972, ed. 1994, p. 163): "Conservemos, da doutrina do contrato social de GRÓCIO, um ponto particularmente importante: o impulso fundamental não pertence à ordem histórica, mas a impulso fictício, que teria dado lugar a 'contrato', não histórico, mas igualmente fictício, impulso benéfico que GRÓCIO chama *appetitus socialis*."

675 Robert WARD, **An enquiry into the foundations and history of the Law of nations in Europe** – from the time of the Greeks and Romans to the age of Grotius (orig. publ. London: A. Strahan and W. Woodfall, 1795, 2 vols., reprint Clark: The Lawbook Exchange, 2005, chap. XVIII – *The age of Grotius*, p. 606-628, cit. p. 611): "*Every independent Commonwealth*, says this philosopher [HOBBES], *has a right to do what it pleases to other Commonwealths. And withal they live in the condition of a perpetual war, and upon the confines of battle, with their frontiers armed and cannons planted against their neighbours round about* [**De Cive**, chap. 2]. HOBBES's book appeared but a little time before the Treatise of GROTIUS, and we may suppose how calculated such a maxim was, to improve the intercourse of nations."

676 Richard TUCK, *The 'modern' theory of natural law* (in **The languages of political theory in early modern Europe**, edited by A. PAGDEN, Cambridge: Univ. Press – Ideas in context, © 1987, edition 1990, cap. 5, p. 99-119, cit. p. 100): "In this history, the first modern writer is MONTAIGNE, closely followed by Pierre CHARRON, for they were undogmatic investigators, though they lacked the ability to put together a new and persuasive system. That honour fell to Hugo GROTIUS who was the main hero of BRUCKER's account – a hero both because in his **De jure belli ac pacis** (1625) he produced a genuinely new system of ethics, which was not simply a defence of one of the ethical theories of antiquity, and because of his open eclecticism. [...] GROTIUS was followed closely by John SELDEN, Thomas HOBBES and above all by Samuel PUFENDORF, with whose **De jure naturae et gentium** (1672) BRUCKER ends his story, disclaiming any intention of carrying it down to his own time". Ver tb. Johann Jacob BRUCKER (1696-1770) [Iacobi BRUCKERI], **Historia critica philosophiae** a mundi

portanto dos indivíduos, e daqueles que foram encarregados pelos primeiros de configurar uma sociedade organizada.

Qual era, assim, a vontade dos contratantes? Indaga GRÓCIO. Qual era a vontade, codificada pelo contrato? Em resposta, ele acredita poder definir o direito, autêntico e original, que pode se afastar, consideravelmente, do direito escrito, o direito vigente em determinado lugar e determinada época.

O direito original decorre das intenções dos homens da pré-história, que celebraram o contrato social e criaram o 'estado'. Isso na medida em que se possa adaptar o termo ao contexto pré-histórico! E que se possa, de algum modo, sustentar as teorias contratualistas,[677] para explicar a origem das sociedades e da convivência internacional.[678]

Apesar de suas ressalvas, a teoria do contrato social, tal como exposta por GRÓCIO, contém argumentos em favor das subsequentes revoluções inglesa e francesa: a ideia do contrato social implica a possibilidade de rescisão, caso uma das partes não respeite os termos acordados. Se a autoridade não se comporta, em conformidade com as cláusulas do contrato, celebrado nos primeiros tempos da humanidade, os homens não mais estarão pelos termos deste vinculados, em relação à autoridade:

> Questiona-se se é permitido aos cidadãos se separar do estado do qual fazem parte, sem ter obtido a autorização para tanto. Sabemos que há povos em que isso não é permitido, os moscovitas, por exemplo. Não negamos tampouco

incunabulis ad nostram usque aetatem deducta (orig. publ., Lepizig, 1742-67, 6 vols. traduzida para o inglês por William ENFIELD, **The History of Philosophy from the earliest periods: drawn from BRUCKER's *Historia critica philosophiae***, Londres: printed for P. Wogan, 1791, reprinted 1819, – online https://philarchive.org> ENFTHO, cit. p. 469) onde observa sobre o declarado ecletismo de GRÓCIO: "His eclectic spirit clearly appears, in the general maxim which he lays down concerning ancient systems; that 'as there never was any sect so enlightened, as to be entirely destitute of truth'."

[677] H. GRÓCIO, **Direito da guerra e da paz** (1625, ed. bras., 2004, II.II.II.5, p. 314): "resultado de uma convenção, seja expressa através de partilha, seja tácita através, por exemplo, de ocupação. Deve-se presumir que a partir do momento em que a comunidade dos bens passou a desagradar, sem resultar em partilha, todos chegaram a um acordo pelo qual o que cada um ocupasse seria de sua propriedade".

[678] H. GRÓCIO (op. cit., 1625, ed. 2004, I.I.VIII, p. 76-77): "o contrato de sociedade se cumpre numa proporção de comparação e que, se não houver um só indivíduo capaz de um emprego público, basta uma simples proporção para que lhe seja conferido".

> que uma associação civil possa ser formada sob essa condição, e que o uso que dela seria feito recebesse a força de uma convenção.[679] [...]
> Falamos daqueles que saem não de uma parte do estado, mas de todo o estado ou daquilo que está compreendido dentro dos limites de uma mesma soberania.[680]

Fascinante paralelo pode ser feito em relação à ideia de mandato celeste do imperador da China para com os súditos deste: a missão do imperador era assegurar a paz e a estabilidade, tanto internamente como nas relações do Império do meio com as ordens adjacentes.[681] A 'falha' no desempenho da missão imperial, evidenciada pela ocorrência de tensões e conflitos, era sinal indicador do 'fim' de tal mandato divino e poderia levar à derrubada da dinastia, em tempos de mudança, dos quais poderia resultar a instauração de nova dinastia e nova ordem, sucedendo à anterior, tornada caduca. Não obstante a distância geográfica e as especificidades de cada contexto, simultaneamente ocorrem as aplicações e os desdobramentos de ambos os conceitos, com elementos paralelos entre ambos.

Quanto à comprovação da conformidade de determinada coisa em relação ao direito natural, pode ser feita *a priori* ou *a posteriori*. A prova *a priori* consiste em demonstrar a inevitável concordância da norma, com a natureza racional e social do homem. A prova *a posteriori* conclui estar em conformidade com o direito natural, tal como compreendido por todas as nações, ou ao menos pelas nações integradas na civilização.[682] A última é

679 H. GRÓCIO (op. cit., 1625, ed. bras, 2004, II.V.XXIV.1, p. 419).

680 H. GRÓCIO (op. cit., 1625, ed. bras, 2004, II.V.XXIV.2, p. 419) completava a seguir (II.V.XXIV.3, p. 420): "deve-se crer que os povos consintam na livre saída dos cidadãos para que eles não sintam pelo efeito dessa liberdade uma vantagem menor em outro lugar".

681 A respeito, ver **Tratado** (tomo 3 B – **Gregos, romanos, chineses, indianos**, esp. item 7.2).

682 Daí a crítica ao 'eurocentrismo' da concepção de GRÓCIO, apontada por ONUMA e colaboradores, esp. no já mencionado texto de Y. ONUMA, *Eurocentrism in the History of International Law* (in **A normative approach to war**: peace, war and justice in Hugo Grotius, ed. by Y. ONUMA, Oxford: Clarendon Press, 1993, *Appendix*, p. 371-386). A crítica não cabe somente em relação a GRÓCIO, mas reflete contexto de todo o continente, durante tempo considerável. Ver **Tratado** (tomos 14 a 17 – **Direito internacional no tempo do colonialismo**); A. BECKER LORCA, *Eurocentrism in the history of international law* (in **The Oxford Handbook of the History of International Law**, ed. by B. FASSBENDER e A. PETERS, Oxford: Univ. Press, 2012, chap. 43, p. 1034-1057), e C. G. F. CASTAÑON, **Les problèmes coloniaux et les classiques espagnols du droit des gens** (RCADI, 1954, t. 86, p. 557-700).

menos exata e certa que a primeira, mas tem suficiente probabilidade,[683] porque um efeito universal exige uma causa universal, e a causa de tal opinião universal somente pode ser o bom senso – *sensus communis*.[684]

Não há diferença metodológica entre prova a posteriori do direito natural e prova do direito internacional. Somente a evidência pode servir como padrão para distinguir entre ambas: mas logicamente, ao conferir o nome de 'direito natural' ao que lhe parecia evidente ou 'natural', GRÓCIO o fazia segundo o seu sentido de justiça e da razão.[685]

> Sem dúvida ele se empenhou em evitar a interferência de seus preconceitos, confiante que seus argumentos coincidiriam com a opinião de outros, baseado na razão humana compartilhada, e assim teria forte poder de persuasão. Mas ele não podia se livrar de sua formação europeia – *he could not rid himself of his European background* –, como evidencia o uso da expressão 'nações mais avançadas na civilização', que se refere somente às nações cristãs europeias. [686] Mais tarde, PUFENDORF baniu para o domínio da história, aqueles elementos do assim chamado direito das gentes, que não poderiam ser enquadrados no direito natural, e assim integrados em teoria sistemática do direito natural, onde supostamente somente normas de validade universal estariam incluídas.[687] Essa construção paradoxalmente permitiu a PUFENDORF tratar normas jurídicas específicas e instituições como direito natural propriamente dito. O que tampouco o livrou de seus condicionamentos europeus.

683 TANAKA (cit., 1993, in ONUMA, 1993, p. 42): "The great number of quotations in **De jure belli ac pacis** suggests that GROTIUS relies mainly on this method of proof. This makes it possible for GROTIUS to develop his theory of natural law in a specific and detailed manner. But the question arises how to distinguish between proof a posteriori of natural law and proof of the law of nations based on the common testimony of many writers."

684 GRÓCIO (op. cit., 1625, I.I.XII – *como se prova o direito natural*).

685 GRÓCIO (op. cit., 1625, II.XX.43) mesmo no campo do direito natural distingue entre princípios gerais, outros princípios similarmente evidentes e inferências que não podem ser consideradas como evidentes. Assim, TANAKA (cit., 1993, in ONUMA, 1993, p. 43, nota 60): "even self-evidence is not necessarily a workable criterion."

686 TANAKA (cit., 1993, in ONUMA, 1993, p. 43): "This methodological weakness is left unresolved throughout **De jure belli ac pacis**."

687 S. PUFENDORF, **De jure naturae et gentium libri octo** (Latin text – da ed. 1688 – and English translation by C. H. and W. A. OLDFATHER, na col. The Classics of International Law, Oxford, 1934, II.III.5-12, 20). A respeito, ver **Tratado** (tomo 9 – **Direito internacional no tempo de Samuel Pufendorf**).

> Mas a sua metodologia se fez com base na sucessão crítica de GRÓCIO, com perfeita consciência das fraquezas metodológicas deste.[688]

GRÓCIO afirma não haver maior erro do que considerar que os homens não estavam vinculados entre si por conjunto de obrigações. E não somente por favores. E que estas obrigações se estendiam ao conjunto dos povos, em suas relações, uns com os outros.[689] E que a este direito, justamente, se dá o nome de direito internacional (direito das gentes).

Mesmo na guerra deve se encontrar a justiça, que decorre da observância dos preceitos do direito internacional, e da plena aplicação deste. Nenhuma guerra deve ser começada sem justa causa, nem tampouco deve ser levada adiante sem igual motivo.[690]

Como referido, GRÓCIO afirma estar convencido da existência de "um direito comum a todos os povos, e que serve para a guerra e na guerra":[691]

> do momento em que diversos indivíduos, em lugares e tempos diferentes, afirmam a mesma coisa como certa, deve-se conectar esta coisa a uma causa universal. Essa causa, nas questões que nos ocupam, só pode ser uma justa conseqüência procedente dos princípios da natureza ou um consenso comum. A primeira nos revela o direito da natureza, o segundo, o direito das gentes. A diferença que existe entre ambos [...] deve ser entendida através da qualidade da matéria. De fato, quando através de princípios certos uma coisa não

688 TANAKA (cit., 1993, in ONUMA, 1993, p. 43).

689 GRÓCIO, **De jure belli** (Prolegômenos, § 5-17) sobre a existência de 'direito' e especificamente de 'direito natural'. Cuja existência considera acima de controvérsias. O direito natural decorreria da sociabilidade natural dos homens – como também apontavam VITÓRIA e SUAREZ – e que se coaduna, exatamente, com as prescrições divinas a respeito da convivência dos homens, que são a fonte de outra considerável parte do direito, a saber, compõem o direito divino. A respeito, ver **Tratado** (tomo 5 – **Direito internacional no tempo de Francisco de Vitória**, cap. 14 e tomo 6 – **Direito internacional no tempo de Suarez, Gentili e Zouch**, cap. 15).

690 GRÓCIO, **De jure belli** (prolegômenos, § 26-29). Por isso, a sua obra se dividia em três partes: na primeira, considerava a origem dos diversos direitos, e da justiça da guerra, que situava por meio da distinção entre guerras públicas e prvadas (prolegômenos, § 34). Na segunda parte cuidava da guerra, em suas várias manifestações e modos de ser conduzida (prolegômenos, § 35). Na terceira parte, finalmente, buscava o que na guerra se permite (Prolegômenos, § 36). Compare-se, a respeito, o entendimento de Alberico GENTILI, como se examina no **Tratado** (tomo 6 – **Direito internacional no tempo de Suarez, Gentili e Zouch**, cap. 16).

691 GRÓCIO, **De jure belli** (Prolegômenos, § 28).

pode ser deduzida por um raciocínio correto e, contudo, parece ser observada em todos os lugares, segue-se que ela deve ter sua origem na vontade livre dos homens.[692]

GRÓCIO conhecia as teorias do positivismo jurídico moderno, segundo as quais a justiça é determinada pela opinião e pelo costume.[693] Mas execrava essa doutrina como "a mais pestilencial das heresias".

GRÓCIO muitas vezes menciona o amor – *caritas, delectio* –, o direito do amor – *lex caritatis, lex dilectionis* –, ou as leis do amor – *caritatis regulae* –,[694] como normas mais abrangentes que o direito natural.[695] Mesmo se GRÓCIO não nos dá explicação geral sobre as fontes e o conteúdo desta "lei do amor", pode ser compreendida como virtude de ordem mais alta, e que transcende o direito em sentido estrito. Ele se vale dessa noção em dois contextos:

– primeiro ao argumentar que se deve evitar o recurso à guerra, mesmo se permissível, segundo o direito, em sentido estrito, segundo o direito do amor, que deveria ser observado, mesmo em relação ao inimigo;[696]
– segundo, quando afirma que as leis humanas podem levar ao que somente se contém na lei do amor, e foi instado por esta,[697] ou que o direito dos **Evangelhos** obrigue o homem a fazer, o que o próprio amor não exigiria.[698]

692 GRÓCIO, **De jure belli** (Prolegômenos, § 40 e prossegue, § 41): "Por isso sempre tive o particular cuidado de separar esses dois direitos, tanto um do outro, como do direito civil. Mas, no direito das gentes, distingui o que é verdadeiramente e sob todos os aspectos da essência desse direito e o que produz somente um efeito externo, à maneira desse direito primitivo".
693 Louis Érasme LE FUR, **La théorie du droit naturel depuis le XVIIe siècle et la doctrine moderne** (RCADI, 1927, t. 18, p. 259-442, cit. p. 323-324): Ao lado do direito positivo (*jus voluntarium*), cuja existência deriva da vontade dos estados, GRÓCIO coloca o direito natural, que o domina, por ser eterno e imutável. Não é para ele simples direito teórico; é um direito obrigatório para os estados; não se distingue do direito positivo, se não por sua fonte. Decorre da razão. E é a aplicação, aos estados, da mesma lei divina, que rege os indivíduos. Feitas algumas reservas ao caráter imutável do direito natural, e também ao que LE FUR denomina "algumas confusões entre obrigação moral e jurídica", avaliava que "os desenvolvimentos de GRÓCIO podem ainda ser admitidos, em suas grandes linhas".
694 GRÓCIO (op. cit., 1625, II.XII.XVI) também utiliza a expressão "*norma caritatis*".
695 GRÓCIO (op. cit., 1625, II.I.XI; III.XIII.IV).
696 GRÓCIO (op. cit., 1625, II.XXIV.II e II.XXIV.III). Tb. em relação ao que GRÓCIO denomina *temperamenta* (op. cit., 1625, III.XI.II; III.XIII.IV).
697 GRÓCIO (op. cit., 1625, I.IV.VII).
698 GRÓCIO (op. cit., 1625, II.I.X).

A relação entre direito e obrigação, ou dever, é situada por GRÓCIO em três conceitos: *obligatio, debitum, officium*. GRÓCIO menciona a obrigação como elemento essencial do direito, ao explicar o terceiro sentido de *jus*. Mas emprega os termos *debitus* e *debeo*, como formas adjetivas do *debitum*, de maneira quase indiferente, para designar o fato de estar sujeito a determinada obrigação. Como explicita em relação ao segundo sentido de *jus*, o *debitum* se diz corresponder ao *creditum*.[699]

Em outra passagem, ele distingue o dever – *debitum* – em obrigação em sentido estrito, imposta pela *justitia expletrix*, e aquilo que não pode ser negligenciado, relacionado com a honra, embora não imposto pela justiça.[700] Assim *debitum* tem sentido mais amplo do que *obligatio*. *Debitum* é usado em três sentidos, enquanto a *obligatio* se situa em sentido estrito.

Dever – *officium* – diz respeito ao que é mais tênue do que a obrigação – *obligatio*. O dever também inclui o que é devido, em decorrência de ordem mais alta.

Quando GRÓCIO escreve ser o dever mais alto do homem assegurar a própria sobrevivência, nas mesmas condições em que o criou a natureza,[701] isso não necessariamente designa o que é exigido em razão de ordem superior. Quando menciona o dever – *officium* – do subordinado em relação ao superior,[702] também inclui a obrigação de não resistir – *obligatio*.

Assim, obrigação – *obligatio* –, débito – *debitum* – e dever – *officium* – formam progressão contínua. Embora, originalmente, tivessem escopo ou abrangência distintos.

GRÓCIO parece formular direito, especialmente direito natural, principalmente do ponto de vista de obrigação ou dever, reconhecendo a existência dos direitos correspondentes,[703] nos casos que considera abrangidos pela justiça expletiva – *justitia expletrix*. Como ilustra a obrigação decorrente do direito de propriedade – *dominium*,[704] ou do dever de autopreservação.[705] Aduz que seus conceitos de obrigação – *obligatio* –, débito – *debitum* – e dever – *officium* – tenham amplitude maior do que 'direitos'.

[699] GRÓCIO (op. cit., 1625, I.I.IX; I.I.X e I.I.XV).

[700] GRÓCIO (op. cit., 1625, II.VII.IV).

[701] GRÓCIO (op. cit., 1625, I.II.1).

[702] GRÓCIO (op. cit., 1625, ed. 2004, Prolegômenos, 33).

[703] TANAKA (in ONUMA, 1993, p. 51 e nota 129): "GROTIUS has not yet reached the stage of development where laws are treated from the point of view of rights."

[704] GRÓCIO (op. cit., 1625, II.X; e tb. II.XVII.2).

[705] GRÓCIO (op. cit., 1625, I.II.1).

A noção de direito natural, exposta por LOCKE ou HOBBES –[706] quando este faz a enumeração das *natural lawes* e das *lawes of nature* –,[707] nunca ocorreu a GRÓCIO. Ele esteve longe de desenvolver teoria que tivesse impacto verdadeiramente revolucionário.[708] GRÓCIO não teria pretendido ser teoricamente 'revolucionário',[709] porque tinha diante de si tarefa prática enorme:[710]

> Esse direito das gentes achamos que seja de outra natureza que aquele que consiste na só impunidade, ou no efeito externo dos julgamentos. Do mesmo modo que aquele com quem se tratou adquire por nosso consentimento particular um direito não somente externo, mas interno sobre o que nos pertence, assim também adquire por efeito do consenso geral que contém em si, por uma espécie de virtude, o consentimento de cada um dos privados, no mesmo sentido que uma lei é chamada uma convenção comum do estado. E é tanto mais crível que, nesse tipo de negócio, as nações tenham assim ficado de acordo, porque essa lei das nações não foi somente introduzida para evitar um mal maior, mas também para dar lugar a cada um recuperar o seu direito.[711]

[706] TANAKA (in ONUMA, 1993, loc. cit.): "In this respect, HOBBES's theory is the turning point. [...] Although strongly influenced by HOBBES, PUFENDORF constructed his system of natural law as a system of duties (*officia*)"

[707] Thomas HOBBES, **Leviathan** (1651, ed. by R. TUCK, Cambridge: Univ. Press – col. Cambridge Texts in the History of Political Thought, 1991); ed. bras., **Leviatã** (trad. de J. P. MONTEIRO e M. B. Nizza da SILVA, São Paulo: Abril – Os pensadores, vol. XIV, 1974) na parte I, caps. 14 e 15.

[708] TANAKA (cit., 1993, in ONUMA, 1993, p. 51); Alessandro Passerin D'ENTREVES, **Natural law – an Introduction to legal philosophy** (New York: Routledge, 3rd ed., 1994, with a new introduction by Cary J. NEDERMANN; eBook publ. 2017 DOI https://doi.org/10.4324/9781315125138).

[709] A crítica feita por ONUMA (1993) e seus colaboradores parece esquecer o quadro de selvagem realidade, no qual se inscrevem a vida e a obra de GRÓCIO, bem como o esforço deste em formular a sua teoria da guerra justa e da necessidade de limites para os danos causados, mesmo em tempo de guerra.

[710] GRÓCIO (op. cit., 1625, ed. 2004, III.XIII – *considerações sobre as coisas apreendidas*, p. 1287-1293) insistia que '*os bens dos súditos dos inimigos apreendidos na guerra são retidos na medida do que é devido*', e que "a apreensão dos bens pertencentes ao inimigo, numa guerra justa, não deve ser considerada como isenta de pecado ou dispensada da obrigação de restituir".

[711] GRÓCIO (op. cit., 1625, ed. 2004, III.XIII.I.2, p. 1289-1290).

Quando GRÓCIO escreve sobre "essa lei das nações não foi somente introduzida para evitar um mal maior", devemos ter em mente o quadro de matança e guerra generalizada entre cristãos, em meio à guerra dos trinta anos, onde a confrontação de forças políticas se cristalizara e se polarizava como guerra 'santa' entre católicos e protestantes; e isso nas Províncias Unidas se punha como a guerra 'nacional' dos patriotas neerlandeses, contra a ocupação estrangeira, agravada pelo duque de ALBA, como a luta espanhola, em defesa da fé católica, contra os heréticos protestantes – ou seja, "também para dar lugar a cada um recuperar o seu direito". Situar no tempo histórico e no contexto cultural permite compreender que tudo isso somente contribuiu para a irreversível exacerbação das coisas.[712]

Não se deve, contudo, esquecer quanto o **Direito da guerra e da paz** de GRÓCIO pode ter influenciado HOBBES, desde seus **Elementos de direito natural e político**, escritos somente por volta de 1640, e circulavam em cópias manuscritas, antes de publicados.[713]

Mesmo em meio à guerra, "o que se pode impor justamente aos vencidos se pode também exigir legitimamente por uma guerra".[714] Assinalava GRÓCIO:[715]

> Uma coisa, de fato, é dever punir, outra coisa dever ou poder ser punido, embora um seja geralmente a sequência da recusa do outro, mas de tal modo que um é a causa distinta e o outro é o efeito. Os bens dos inimigos portanto não poderão ser tomados a título de punição, mas somente os bens daqueles que se tornaram eles próprios culpados de um crime, nos números dos quais se incluem também os magistrados que não punem os crimes cometidos.[716]

[712] Ver tb., adiante, neste capítulo, o item 18.6 – *a enorme presença de GRÓCIO no direito internacional moderno.*

[713] Ver Bernard GERT, **Hobbes** (Cambridge, UK: Polity, 2010, chap. 1 – *Hobbes's Life, Times and General Philosophical Views*, p. 1-29, cit. p. 3): "Although GROTIUS was born only five years before HOBBES, on 10 April 1583, his influential book, **On the law of war and peace** (1625) was published 15 years before HOBBES wrote the first draft of a book on moral and political philosophy. That draft, **The Elements of Law Natural and Politic**, which was clearly influenced by GROTIUS's book, was not written until 1640. Although HOBBES circulated in in manuscript, he realized that it had serious problems and did not have it published".

[714] GRÓCIO (op. cit., 1625, ed. 2004, III.XIII.III, p. 1291).

[715] GRÓCIO (op. cit., 1625, ed. 2004, III.XIII – *considerações sobre as coisas apreendidas*, p. 1287-1293).

[716] GRÓCIO (op. cit., 1625, ed. 2004, III.XIII.II, p. 1290).

Pode-se questionar se, e em que extensão GRÓCIO teria formulado sistema coerente e completo de direito internacional, no seu **Direito da guerra e da paz**. Isso tem de ser medido e avaliado em relação às circunstâncias do seu tempo: até onde foi possível desenvolver um direito internacional sistemático, naquele tempo e contexto. E naquela altura da evolução da disciplina.

Sobretudo, enfatizava GRÓCIO a dimensão de humanidade do direito internacional, quando, por exemplo, escrevia que "as regras da caridade se estendem mais além que as do direito":[717]

> É porque a bondade o exige que se deixa aos que não são culpados pela guerra e que não são tidos como obrigados sob outro título que não seja o de caução, as coisas que podemos passar facilmente sem elas, sobretudo se houver uma aparência suficiente que não recuperarão da parte de seu estado o que tiverem perdido dessa maneira.[718]

A seguir se pode passar ao exame da questão da liberdade de navegação em GRÓCIO, tal como este a tratou no **Mare liberum** (18.4). Nesta, que foi uma das grandes controvérsias da era moderna,[719] a contribuição de GRÓCIO foi marcante: verdadeiramente um divisor de águas, no tratamento do tema.

18.4. O 'Mare liberum'

> A questão de que se trata é todo o Oceano, do direito de navegar e da liberdade do comércio.
>
> H. GRÓCIO, **Mare liberum sive de jure Batavis competit ad Indiana commercia dissertatio** (1609)[720]

[717] GRÓCIO (op. cit., 1625, ed. 2004, III.XIII.IV.1, p. 1291-1292): "Aquele que tem abundância de riquezas será culpado de dureza de coração, se despoja seu devedor pobre de todos os seus parcos recursos, retirando-lhe até a última moeda".

[718] GRÓCIO (op. cit., 1625, ed. 2004, III.XIII.IV.2, p. 1292).

[719] Ver **Tratado** (tomo 3 A – **Direito internacional no tempo antigo**, item 2.1 – *a controvérsia entre Hugo GRÓCIO e Serafim de FREITAS*).

[720] H. GRÓCIO, **Mare liberum** (original Latin text, 1609, and modern English translation, ed. and annotated by R. FEENSTRA, Introduction J. VERVLIET, Leiden/Boston: Brill, 2009); ___, **Mare Liberum** Sive De Ivre Qvod Batavis competit ad Indicana commercia,

O mar, considerado em sua totalidade ou em suas partes principais, não é suscetível de apropriação.

H. GRÓCIO, **De jure belli ac pacis** (1625, ed. bras. 2004)[721]

O 'Mare Liberum' [...] não é certamente a obra mais perfeita do volumoso conjunto dos escritos de GRÓCIO; apesar da ilustração que encerra, exposta com notável eloquência, não marca o ponto culminante das manifestações intelectuais do sábio, mas sua análise é interessante porque serviu de justo e eficaz protesto contra as tendências privativas dos portugueses, ricos então nas Índias de terras e de mares de que se assenhoreavam pela ousadia épica dos seus navegadores, e nos quais pretendiam ter fruição exclusiva, como possuidores únicos de elemento tão imenso.

S. GURGEL DO AMARAL (1903)[722]

O século XVI assistiu ao estabelecimento de relações entre a Espanha e a América, como entre Portugal e a Índia. Quando os holandeses vieram a contestar a hegemonia portuguesa na Índia e no Oriente, GRÓCIO apoiou

dissertatio / **The freedom of the seas** or the right which belongs to the Dutch to take part in the East Indian trade – a dissertation (translated with a revision of the Latin text of 1633 by Ralph Van Deman MAGOFFIN, ed. with an introductory note by James Brown SCOTT, New York: Oxford Univ. Press – Carnegie Endownment for International Peace, 1916); ___, **De Mari Libero** et P. MERULA, **De Maribvs** (Lvgd. Batavorvm: Ex Officina Elzeviriana, 1633). Prosseguia GRÓCIO, **Mare liberum** (1609, ed. cit., 1990, p. 664): "Entre nós e os Espanhois existem controvérsias sobre os pontos seguintes: o imenso e vasto mar é a dependência de um único reino, e este que sequer é o maior de todos? É o direito de um povo qualquer impedir os povos que o queiram, de vender, de fazer escambo, em suma, de se comunicarem entre eles? Alguém pôde dar o que nunca lhe pertenceu, ou apropriar-se a título de inventor, do que já era a propriedade de outro? A injustiça de longo tempo confere algum direito sobre essas matérias?"

[721] H. GRÓCIO, **Direito da guerra e da paz** (1625, ed. bras., 2004, II.II.III – *Certas coisas não podem se tornar nossa propriedade, como o mar tomado em sua totalidade ou em suas principais partes e por qual razão*, p. 315-317).

[722] Sylvino Gurgel do AMARAL, **Ensaio sobre a vida e obras de Hugo de GROOT (GROTIUS)** (Paris/Rio de Janeiro: H. Garnier, 1903, primeira parte, cap. 2 – *a composição do Mare Liberum*, cit. p. 23) prosseguia: "É verdade que estas pretensões não eram formuladas somente pelos portugueses, porque idênticas e também exclusivas possuía a Grã-Bretanha". Aduzia S. GURGEL DO AMARAL, logo mais adiante, no mesmo capítulo (p. 26): "O **Mare Liberum** é muito frequentemente citado, mas muito pouco conhecido. É citado de oitiva, uns reportando-se às opiniões de outros".

com seu **Mare liberum** as pretensões da Companhia holandesa das Índias Orientais, baseado nos princípios de liberdade de comércio e do alto-mar, e deu forma literária ao direito das gentes em desenvolvimento, tal como tinha sido concebido pela escola espanhola. É notável que o direito das gentes se tornou um produto direto das conexões comerciais, estabelecidas pelos exploradores europeus, em busca de especiarias no Oriente e de ouro no Ocidente. Inicialmente, levaram a fé cristã em troca, e dela fizeram um pretexto para a expansão.

C. H. ALEXANDROWICZ (1954, ed. 2017)[723]

Além da obra-prima sobre o **Direito da guerra e da paz**, na qual também escreveu sobre o "mar não ser suscetível de apropriação",[724] GRÓCIO escreveu sobre várias outras matérias, e igualmente marcou presença,[725]

[723] C. H. ALEXANDROWICZ, *Grotius and India* (orig. publ. 1954, in **The Law of Nations in global history**, ed. by D. ARMITAGE and J. PITTS, Oxford: Univ. Press, 2017, chap. 7, p. 113-120, cit. p. 114): "The XVI century witnessed the establishment of relations between Spain and America and between Portugal and India. When the Dutch later challenged Portuguese hegemony in India and in the East, GROTIUS supported in his **Mare liberum** the claims of the Dutch East India Company, based on the principles of freedom of trade and of the high seas, and gave literary form to the developing law of nations as conceived by the Spanish school. It is notable that the law of nations became a direct product of the trade connections established by European explorers who were in search of spices in the East and of gold in the West. At first they brought the Christian faith in exchange and made it a pretext for expansion."

[724] H. GRÓCIO, **Direito da guerra e da paz** (1625, ed. bras., 2004, II.II.III.1, p. 315) a respeito do mar não ser suscetível de apropriação: "Este princípio [...] o provamos em primeiro lugar por uma razão moral, pois neste caso a causa pela qual o homem renunciou à comunidade dos bens não encontra aplicação. A extensão do mar é, com efeito, tal, que basta a todos os povos e para qualquer uso para extrair água, para a pesca, a navegação. Poderia ser dito outro tanto do ar, se fosse possível empregá-lo em algum uso diverso pelo qual não fosse necessário servir-se da terra, como o homem se serve da terra, por exemplo, na caça dos pássaros. Por isso, esse tipo de caça depende daquele que é dono do terreno".

[725] S. GURGEL DO AMARAL (op. cit., 1903, p. 23-24): "O **Mare Liberum** veio levantar uma revolução, e as ideias que pregou serviram grandemente para debelar os desígnios exagerados de Portugal, inebriado pela sua glória, e forçou a Inglaterra, com a oposição formal e decidida que lhe fez, a emitir francamente a sua opinião sobre assunto tão momentoso, e que tão de perto se prendia à grandeza do seu futuro". Mais adiante, S. GURGEL DO AMARAL (op. cit., 1903, p. 64-78) dedica inteiro capítulo à questão do '*mare liberum*', onde observava (p. 77-78) a respeito da obra de FREITAS, de maneira quase condescendente: "A impressão geral é a que a doutrina de GRÓCIO prevaleceu, enquanto os argumentos dos seus opositores ficaram

no contexto do direito internacional,[726] já em seu tempo,[727] e ainda muito jovem, com o seu sucinto estudo sobre a liberdade de navegação, o **Mare liberum**, originalmente publicado em 1609.[728] Este tema[729] foi objeto

arquivados e são de escassa consulta, como esforços infrutíferos, repugnantes à razão e ao bom senso. Não há dúvida que o **De justo imperio** é um grito de patriotismo melindrado, o sentimento é louvável, mas não será a rebusca de argumentos a prova de fraqueza de sua tese, um esforço contra a boa-fé, uma ilusão ao bom senso". Ver **Tratado** (tomo 3 A – **Direito internacional no tempo antigo**, item 2.1 – *a controvérsia entre Hugo GRÓCIO e Serafim de FREITAS*). As por vezes fortes críticas de Sylvino GURGEL DO AMARAL (1903) contra as então formuladas pretensões portuguesas de domínio sobre o mar explicam, mas não justificam, os severos reparos que contra a obra deste assacava Marcelo CAETANO, no seu estudo introdutório à obra de Serafim de FREITAS, **De justo imperio lusitanorum asiatico** (orig. publ. em Valladolid: Tipografia de Jerônimo Morillo, 1625; tradução port., **Do justo império dos portugueses na Ásia**, intr. de Marcelo CAETANO, trad. Miguel Pinto de MENESES, Lisboa: Instituto Nacional de Investigação Científica, 1983, reimpressão, 2 vols.).

726 H. ACCIOLY, **Tratado de direito internacional** (ed. 2009, vol. I, cap. II – desenvolvimento histórico das relações internacionais e do direito internacional público, esp. nota 1), já mencionava "sobre GRÓCIO, a bibliografia existente é muito extensa", referia o capítulo de J. BASDEVANT sobre GRÓCIO (in A. PILLET, **Les fondateurs**, 1904), o livro de Sylvino GURGEL DO AMARAL, **Ensaio sobre a vida e obras de Hugo de GROOT** (Rio de Janeiro, 1903) e C. van VOLLENHOVEN em "Grotius and Geneva" no tomo VI da *Bibl. Visseriana*, 1926, p. 12). Deste último refere os comentários quanto a ter sido o **De jure belli ac pacis** obra muito ousada, mas ao mesmo tempo, prudente e razoável. Acrescenta que foi a obra de um idealista e também de um realista, e não a de um visionário. A respeito de algumas distorções conceituais na análise de VOLLENHOVEN, ver E. JOUANNET, *La critique de la pensée classique durant l'entre-deux-guerres: VATTEL et VAN VOLLENHOVEN – quelques réflexions sur le modèle classique du droit international* (Site personnel d'Emmanuelle Tourme-Jouannet, cit. 'Abstract' – document crée avec Win2pdf disponible à: http://www.win2pdf.com/fr – https://etourmejouannet.files.wordpress.com vattel_et_van_vollen...).

727 J. BASDEVANT, *Hugo Grotius* (in **Les fondateurs du droit international public**: leurs œuvres, leurs doctrines, introduction de A. PILLET, Paris: V. Giard & E. Brière, 1904, p. 125-267, cit. p. 135-136): "Ce qui contribua à la célébrité du **Mare liberum** c'est que, dans la suite, la question de la liberté des mers se posa pratiquement à nouveau. Aussi écrivit-on contre l'ouvrage de GROTIUS. [...] En 1625, cependant, paraissait à Valladolid un ouvrage de François Séraphim de FREITAS, intitulé **De justo imperio lusitanorum asiatico**. Tous ces écrits se trouvèrent eclipsés par le fameux **Mare clausum**, de l'anglais SELDEN, imprimé en 1635, à tel point que, de nos jours encore, deux noms caractérisent souvent les deux thèses adverses et ce sont ceux de GROTIUS et de SELDEN."

728 H. GRÓCIO, **Mare liberum** (original Latin text, 1609, and modern English translation, ed. and annotated by R. FEENSTRA, Introduction J. VERVLIET, Leiden/Boston: Brill, 2009); a edição de Leiden, de 1633, H. GRÓCIO, **De Mari Libero** et P. MERULA, **De Maribvs** (Lvgd. Batavorvm: Ex Officina Elzeviriana, MDCXXXIII – contém esta edição quatro textos: 1- Hvgonis Grotii Mare Liberum Sive De Ivre Qvod Batavis competit ad Indicana commercia,

de longa e complexa controvérsia no contexto internacional da época,[730] além de GRÓCIO, e ainda prosseguiu[731] com os defensores do 'mare clausum', tais como Serafim de FREITAS, em 1625,[732] e John SELDEN, em

dissertatio (1609), p. 1-83; 2- Paulus MERULA (1558-1607), Dissertatio de Maribus, p. 84-182; 3- Marcus Zuerius BOXHORN (1612-1653), **Apologia pro navigationibus Hollandorum, adversus Pontum Heuterum**, p. 183-213; 4- « Tractatus pacis, mutui commercii, sive intercursus navigationum, confirmatus Londini anno [1495], inter Henricum Septimum Angliae regem, & Philippum Archiducem Austriae, Burgundiae, &c. », p. 214-267); e ___, **Mare liberum / De la liberté des mers** (1609, ed. facsimilar da tradução de Antoine de COURTIN, 1703, "Dissertation d'Hughes GROTIUS pour la liberté des mers, au soutien du droit qu'ont les Hollandais de participer au commerce de l'Inde", Caen: Publications de l'Univ. de Caen, 1990).

729 H. GRÓCIO, **Mari libero** (1609, ed. 1633, Caput I): Nosso propósito é o de brevemente apresentar e demonstrar de maneira clara, o direito dos Batavos, ou seja, a ordem federal dos súditos belgo-germanos, de navegar até a Índia, e com estes exercer comércio (*Propositum est nobis breviter ac dilucide demonstrare, jus esse Batavis, hoc est, Ordinum Foederatorum Belgicogermaniae subditis, ad Indos, ita ut navigant navigare, cumque ipsis commercia collere*).

730 Como se aponta no **Tratado** (tomo 3 A – **Direito internacional no tempo antigo**, cap. 2 – *tempo e discurso no direito internacional*, item 2.1 – *a controvérsia entre Hugo GRÓCIO e Serafim de FREITAS*). Observa Karl-Heinz ZIEGLER, **Völkerrechtsgeschichte** (orig. publ. 1994, München: C. H. Beck, 2a. ed., 2007, 7. Kap. – Spanisches Zeitalter, V – Seeherrschaft und Meeresfreiheit, Nr. 2, p. 124): "Den Anspruch der Niederlande auf freien Zugang ihrer Handelsschiffe zu den ostindischen Gebieten zu begründen war Zweck der berühmten Streitschrift des Hugo GROTIUS, des **Mare liberum** von 1609. Die Gegenposition in der Grundsatzfrage vertrat interessanterweise auch England, das im Übrigen mit den Niederlanden einig war, gegenüber Spanien/Portugal die freie Schifffahrt auf den Weltmeeren durchzusetzen. Die 1618 im Auftrag der britischen Krone verfasste (erst 1635 publizierte) Schrift **Mare clausum** des Engländers John SELDEN diente der Rechtfertigung eines *Oceanus Britannicus* und der Abgrenzung der britischen Küstengewässer von der Hohen See."

731 S. GURGEL DO AMARAL (op. cit., 1903, p. 64): "Os argumentos concludentes do **Mare liberum** não conseguiram pôr termo à cegueira das opiniões, umas produzidas por louvável amor pátrio, outras exigidas pelo serviço de um monarca poderoso. O **Mare liberum** passou quase desapercebido a princípio, não sendo por isso logo combatido, mas por maior conformidade que tivessem com a razão humana as doutrinas que ele sustentava não faltou, passados alguns anos, quem se erguesse, opondo a raciocínios de tão grande força persuasiva, sutilezas de argumentação e arrazoados apoiados em sofismas, que não puderam destruir a obra do bem e do acerto, mas que conseguiram permanecer na história bibliográfica como belos exemplos do quanto podem desgraçadamente às vezes o talento e profundos conhecimentos a serviço de uma causa ruim".

732 Cfr. **Tratado** (tomo 3 A – **Direito internacional no tempo antigo**, item 2.1 – *a controvérsia entre Hugo GRÓCIO e Serafim de FREITAS*); a respeito, observava S. GURGEL DO AMARAL (op. cit., 1903, p. 66): "A obra do frade português é um pesado monumento de erudição, e um atestado das boas intenções de um combatente leal. Ressente-se, é verdade, de mal

1636,[733] dentre outros.[734] Ainda se ocuparia desse mesmo tema, no século XVIII, BYNKERSHOEK.[735]

Em 1625, GRÓCIO considerava existir "uma razão natural que se opõe a que o mar, considerado, como vimos, seja tomado como propriedade pessoal por alguém: é que a ocupação só tem lugar em matéria de coisas limitadas".[736] E aduzia, em outra passagem, a respeito de 'que decidir quanto às coisas encontradas nos navios inimigos':[737]

> Se costuma dizer que as coisas encontradas nos navios dos inimigos são consideradas como pertencentes aos inimigos; na verdade, isso deve ser aceito como sendo uma regra bem fundada do direito das gentes, mas como indicando uma espécie de presunção que, contudo, pode ser destruída pelas for-

disfarçado rancor, quando ataca as ideias de um 'mascarado', de um 'holandês', de um 'anônimo', 'incógnito' etc." GURGEL DO AMARAL parece não levar em conta – quiçá desconhecer – o fato de ter Serafim de FREITAS elaborado o seu **Do justo imperio lusitano na Ásia** (1625) em resposta e com base na primeira edição do **Mare liberum** de GRÓCIO, edição essa que foi anonimamente publicada. Desse modo, que FREITAS não faça menção ao nome de GRÓCIO, não se deve a omissão deliberada de FREITAS, no seu **De justo imperio lusitanorum asiatico**, mas decorreria da primeira edição do **Mare liberum** sem nome do autor.

733 Ioh. SELDENI, **Mare clausum, sive de dominio maris Libri II** *Primo*, mare ex iure naturae sive gentium omnium hominum non esse commune, sed dominii privati sive proprietaris capax pariter ac tellurem esse demonstratur; *Secundo* Serenissimum Magnae Britanniae Regem maris circumstui ut individuae atque perpetuae Imperii Britannici appendicis dominum esse, asseritur (Lond. 1635; 1636; Lugd. Bat. 1637; 1665; tb. publicado nas obras de SELDEN, **Oper.**, tom. II. Lond. 1726).

734 S. GURGEL DO AMARAL (op. cit., 1903, p. 71): "A obra de SELDEN, o **Mare clausum**, como já vimos, publicada onze anos depois da de FREITAS, é de outros moldes. Uma refutação, por assim dizer, indireta do livro de GRÓCIO. O fim principal de SELDEN não era opor-se às doutrinas do jovem sábio, mas combatê-las por serem contrárias às vistas da Inglaterra. SELDEN, como GRÓCIO, condena as pretensões dos portugueses, mas, segundo diz ORTOLAN, 'o autor inglês queria que o mar tivesse um dono e esse dono o rei da Inglaterra'."

735 Ver **Tratado** (tomo 10 – **Direito internacional no tempo de C. van Bynkershoek e Christian Wolff**, cap. 21 – Cornelius van BYNKERSHOEK); tb. P. B. CASELLA, *Desenvolvimento do direito internacional na concepção de Cornelius van BYNKERSHOEK* (Rev. FDUSP, vol. 103, 2008, p. 563-592).

736 H. GRÓCIO, **Direito da guerra e da paz** (1625, ed. bras., 2004, II.II.III.2, p. 316): "O mar, porém, não é contido pela terra: é igual ou maior que ela. Por isso, os antigos diziam que a terra é contida pelo mar".

737 H. GRÓCIO (op. cit., 1625, ed. bras, 2004, III.VI.VI, p. 1135) ponderara no item precedente (III.VI.V, p. 1134-1135) que *'as coisas que não pertencem aos inimigos não são adquiridas pela guerra'.*

> tes provas em sentido contrário. Assim é que já outrora, na nossa Holanda, no ano de 1338, durante o fogo da guerra com as cidades hanseáticas, encontro que isso foi julgado em pleno senado e que de coisa julgada passou a lei.[738]

GRÓCIO, apresenta de modo muito claro a sua concepção da justiça: inicialmente, no **Mare liberum**, apresenta a justiça como decorrente diretamente da fonte divina; de tal modo que nem mesmo os soberanos têm poder sobre ela; posteriormente, nos *Prolegômenos* do **De jure belli ac pacis**, apresenta a doutrina de ARISTÓTELES, tal como desenvolvida pelos escolásticos: não se pode fazer derivar a justiça do direito positivo, mas antes o contrário, pois o direito positivo deve refletir a justiça.

Não são as condições da existência humana que criam uma justiça eminentemente variável. Estas devem se curvar, diante da noção absoluta e eterna da justiça, como provenientes da sabedoria e da vontade divinas. Daí a famosa formulação de GRÓCIO: "o direito natural é o ditado da justa razão".[739]

GRÓCIO, em 1625, comentava a prática, habitual em seu tempo, que causou muitas controvérsias:

> Recordo-me que os chefes de nossa pátria concederam a grande número de cidadãos, por comissão, o poder de fazer no mar capturas do inimigo. Alguns desses armadores se apoderaram das coisas pertencentes a amigos, abandonaram o país e se puseram a percorrer o mar, não tendo mais retornado embora fossem chamados. Por causa disso, foi perguntado se nossos chefes eram obrigados por se terem servido de gente de má-fé ou por não ter exigido deles uma caução. Eu disse que não estavam obrigados a nada mais que puni-los ou entregar os culpados se pudessem ser encontrados. Além disso, a fazer justiça com os bens dos saqueadores. Eles não tinham sido a causa dessa injusta

[738] H. GRÓCIO (op. cit., 1625, ed. bras, 2004, III.VI.VI, p. 1135) e completava, no item seguinte (III.VI.VII – *as coisas que nossos inimigos haviam tirado de outros na guerra se tornam nossas pelo direito das gentes, o que é provado por testemunhos*, p. 1136-1138), afirmando categoricamente: "Isso está fora de toda controvérsia se considerarmos o direito das gentes, isto é, que as coisas que foram tiradas por nós de nossos inimigos, não podem ser reivindicadas por aqueles que as haviam possuído antes de nossos inimigos e as haviam perdido pela guerra, porque o direito das gentes tornou proprietários, quanto à propriedade exterior, primeiramente os inimigos e nós a seguir."

[739] H. GRÓCIO (op. cit., 1625, livro I, cap. I, § 10): "Jus naturale est dictatum rectae rationis."

> pirataria e em nada haviam participado. Não estavam obrigados por nenhum direito a exigir uma caução, porquanto podiam conceder o poder a todos os súditos, mesmo sem comissão, de despojar o inimigo, o que havia sido feito outrora. Tal permissão não foi a causa do dano feito aos aliados, porquanto os cidadãos privados podiam mesmo sem uma permissão similar armar navios e aventurar-se pelos mares. Não tinham conseguido prever, por outro lado, que esses armadores fossem uns miseráveis e não é possível, ainda, evitar de empregar os serviços de desonestos, caso contrário, não se conseguiria reunir nenhum exército.[740]

Dada a importância do caso, que suscitou o estudo sobre a liberdade de navegação, contido no 'parecer', **Mare liberum**, e as repercussões que teve, justifica-se breve histórico, para situar o contexto, no qual se enceta a controvérsia.[741]

Em 25 de junho de 1603, no estreito de Málaca,[742] uma nau portuguesa, o Santa Catarina, transportava rico carregamento de porcelanas e de sedas da China, foi abordada e capturada pelo almirante Van HEEMSKERRCK, a serviço da Companhia das Índias Orientais. A presa foi conduzida até porto nos Países Baixos. O evento foi suficientemente grave para provocar dois processos sucessivos, o primeiro dos quais entre a Companhia das Índias, e os credores lesados pela presa holandesa da nau portuguesa,

[740] H. GRÓCIO (op. cit., 1625, ed. bras., 2004, II.XVII.XX.1, p. 722-723). Aduzia (II.XVII.XX.2, p. 723): "Se os soldados de terra ou de mar haviam prejudicado em alguma coisa seus amigos, contrariamente às ordens dadas, os reis não seriam responsáveis por isso, o que é provado pelo testemunho da França e também da Inglaterra. Que alguém seja obrigado, sem que tenha culpa, pelos atos daqueles que empregar, não é uma regra do direito das gentes, segundo a qual essa questão deveria ter sido tratada, mas do direito civil".

[741] Para situar o contexto da questão da liberdade de navegação, ver além de H. GRÓCIO, **De Mari Libero** (1609, ed. cit., 1633), também, na mesma linha, P. MERULA, **De Maribvs** (Lvgd. Batavorvm: Ex Officina Elzeviriana, 1633). Comentava S. GURGEL DO AMARAL (op. cit., 1903, p. 24): "A tendência portuguesa de afastar os povos do comércio e da navegação sobre estes e aqueles oceanos e praias foi especialmente combatida por GRÓCIO porque na ocasião os portugueses eram os únicos que persistiam no erro contra a natureza, tentando vedar aos outros povos do mundo, e particularmente ao holandês, a navegação e o comércio das Índias. O erro não foi corrigido de um modo tão satisfatório, porque devemos recordar que posteriormente, no último quartel do século XVIII, os mesmos holandeses, tão ciosos antes do mar livre, pretenderam estorvar aos espanhóis o caminho das Filipinas pelo Cabo da boa esperança."

[742] Ver **Tratado** (tomo I – **Direito internacional dos espaços**, item 15.1.6 – *estreito de Málaca*).

e disse respeito, sobretudo, à validade dessa presa; em seguida, depois da adjudicação da referida presa, os membros da Companhia holandesa, tendo "inquietudes de honestidade", solicitam a GRÓCIO expor os argumentos, que seriam suscetíveis de apaziguar as suas consciências. De onde nasceu o **De jure praedae commentarius**, em 1604-1605.[743]

Sobre o qual antes se falou. E ao qual voltaria GRÓCIO, em 1625.[744]

Em carta datada de Lisboa, em 28 de novembro de 1606, o rei FELIPE III da Espanha, que era também FELIPE II, rei de Portugal, se dirige ao vice-rei da Índia, para determinar a proibição de comércio e de residência de estrangeiros nas Índias: "proíbo o comércio dos estrangeiros e viverem nessas partes da Índia e nas mais ultramarinas".[745]

Em 1609, enquanto os Países Baixos desejavam celebrar trégua com a Espanha,[746] encontravam obstáculo no problema da livre navegação, sobretudo no Oceano Índico. Nessa altura, para atender ao pedido de parecer sobre a matéria, GRÓCIO destacou o capítulo XII do seu **De jure**

[743] GROTIUS, **De Jure Praedae Commentarius** (ca. 1604, with translation by G. L. WILLIAMS and W. H. ZEYDEL, reprinted in Classics of International Law, Oxford, 1950, 2 vols.).

[744] GRÓCIO, **O direito da guerra e da paz** (1625, ed. bras., 2004, III.VI.XXVI – *Se as coisas tomadas fora do território de uma e de outra das partes beligerantes são adquiridas pelo direito de guerra*, p. 1168-1169) depois de retomar as considerações a respeito das "coisas que não pertencem aos inimigos, mesmo que sejam encontradas em poder deles [...] não se tornam propriedade daqueles que as tomam" (como GRÓCIO tratara, op. cit., 1625, em III.IV.7 e III.VI.5) o que "não é conforme ao direito natural nem foi instituído pelo direito das gentes" e completava (III.VI.XXVI.2): "Pergunta-se também geralmente se as coisas tomadas fora do território de uma e de outra partes beligerantes se tornam propriedade daqueles que as tomaram. Isso é posto em questão, tanto a respeito das coisas, como a respeito das pessoas. Se considerarmos somente o direito das gentes, penso que aqui o lugar não foi tomado em consideração, do mesmo modo que dissemos que um inimigo pode ser legitimamente morto em qualquer lugar que seja". Aqui, nesta passagem da grande obra (1625) parece haver eco da célebre questão da nau portuguesa Santa Catarina, apresada pelos holandeses, e que motiva o 'parecer' de GRÓCIO sobre o **Mare liberum**.

[745] H. GRÓCIO, **Mare liberum** (1609, ed. cit., 1633, cit. p. 80-83) "*cum sub hoc tempus plurimae Reges Hispaniarum literae in manos nostra venissent*" – reproduz o texto das duas cartas do rei da Espanha, datadas, a primeira, acima referida, de Lisboa, em 28 de novembro de 1606, e a segunda, no mesmo teor, datada de Madri, 27 de janeiro de 1607, proibindo aos estrangeiros o comércio dos estrangeiros nas Índias.

[746] Sobre as tréguas, a já mencionada lição de Hugo GRÓCIO: "A trégua é uma convenção pela qual, durante a guerra, se deve abster-se por um tempo de atos de hostilidade". Ver o **Direito da guerra e da paz** (1625, ed. 2004, II.XVI.XX e tb. III.XXI – *das convenções durante a guerra, em que se trata da trégua, do livre trânsito, do resgate de prisioneiros*, cit. supra III.XXI.I.1, p. 1423).

praedae,[747] e o publicou com o título **Mare liberum sive de jure Batavis competit ad Indiana commercia dissertatio**, em 1609.[748]

Explica os seus propósitos o próprio GRÓCIO, na proclamação inicial do **Mare liberum**:

> Entre nós e os hispanos está em controvérsia se o acesso ao imenso e vasto mar pode ser reservado a um só reino, que por sinal não é o maior de todos; se um povo pode ter o direito de proibir outros, desejosos de o fazer, de entre si comprarem, venderem, permutarem e comunicarem; se alguém pode fazer concessões daquilo que nunca foi seu ou adquirir o que já era de outros; e se uma injustiça prolongada pode prolongar um direito.[749]

Neste seu famoso capítulo sobre a livre navegação – *mare liberum* – trata da licitude do direito de presas, e, mais amplamente, do direito de guerra.[750] É o trabalho de GRÓCIO evidentemente tributário da conjuntura

[747] Em edição integral, o **De Jure Praedae Commentarius** (1604) de GRÓCIO somente será publicado em 1868.

[748] H. GRÓCIO, **De Mari Libero** et P. MERULA, **De Maribvs** (Lvgd. Batavorvm: Ex Officina Elzeviriana, 1633).

[749] H. GRÓCIO (ed. cit., proclamação inicial "aos príncipes e povos livres da Cristandade") anuncia que apelará na discussão para os próprios mestres hispânicos do direito divino e humano e para as próprias leis de Espanha. Na verdade, são frequentes na sua dissertação as citações de VITÓRIA, COVARRUBIAS, AYALA, VAZQUEZ MENCHACA e Afonso DE CASTRO. O único português citado é D. Jerônimo OSÓRIO, mas somente como historiador. A respeito ver **Tratado** (tomo 3 A – **Direito internacional no tempo antigo**, esp. 2.1 – *a controvérsia entre Hugo GRÓCIO e Serafim de FREITAS*); Sérgio Buarque de HOLANDA, **Visão do paraíso**: os motivos edênicos no descobrimento e colonização do Brasil (originalmente tese de titularidade em história na USP, 1958; 1ª ed., 1959; 2ª ed., 1968; São Paulo: Nacional / Secretaria da cultura, ciência e tecnologia, 3ª ed., 1977, cap. XII – América portuguesa e Índias de Castela, p. 304-323); Jorge COUTO, *A gênese do Brasil* (in **Viagem incompleta**: a experiência brasileira 1500-2000 Formação Histórias, org. Carlos Guilherme MOTA, São Paulo: SENAC, 2ª ed., 2000, p. 45-68). E logicamente, a obra de Frei Serafim de FREITAS, **De justo imperio lusitanorum asiatico** (orig. publ. em Valladolid: Tipografia de Jerônimo Morillo, 1625; tradução port., **Do justo império dos portugueses na Ásia**, intr. de Marcelo CAETANO, trad. Miguel Pinto de MENESES, Lisboa: Instituto Nacional de Investigação Científica, 1983, reimpressão, 2 vols.), cujo conteúdo foi examinado no **Tratado** (tomo 3 A – **Direito internacional no tempo antigo**, item 2.1, já mencionado).

[750] Simone GOYARD-FABRE, *Avant-propos* (in **Mare liberum / De la liberté des mers**, 1609, trad. Antoine de COURTIN, 1703, "Dissertation d'Hughes GROTIUS pour la liberté des mers, au soutien du droit qu'ont les Hollandais de participer au commerce de l'Inde", Caen: Publications de l'Univ. de Caen, 1990, p. 3-4) não faz qualquer menção a Serafim de FREITAS:

do momento, ao tempo em que se desenrolavam as negociações entre a Espanha e as Províncias Unidas, razão pela qual também foi o texto inicialmente publicado sem o nome do autor. Para não atrapalhar as negociações da trégua entre os holandeses e os espanhóis.

Nesse meio tempo, também o rei da Inglaterra não hesitava em proclamar suas pretensões sobre o domínio dos mares, principalmente sobre o Mar do Norte, do qual tinham necessidade os Países Baixos, para que as suas embarcações pudessem aceder ao Oceano. Rivalidade essa que suscitaria sucessivas guerras entre as Províncias Unidas e a Inglaterra.

> Assim como em cada ser humano existem certas qualidades que este tem em comum com todos, e outras pelas quais cada um se distingue de todos os demais; assim, das coisas que a natureza produziu para uso do homem, esta quis que umas permanecessem comuns, enquanto outras se tornassem o próprio de cada um, fruto do trabalho e da indústria, dando-lhes respectivamente tais leis, de modo que todos usassem dos bens comuns sem prejuízo para ninguém, e que em relação ao resto, cada um se contentasse com o que lhe tivesse cabido, e se abstivesse dos bens de outrem.[751]

Convém não esquecer: este "opúsculo sobre os negócios da Índia" – como o próprio GRÓCIO o descrevia – constituía somente um capítulo de obra maior,[752] sobre o direito das presas marítimas, **De jure praedae com-**

"GROTIUS, contre la thèse anglaise de la fermeture des mers soutenue par SELDEN dans son **Mare clausum**, fit triompher la cause néerlandaise et défendit la liberté des mers. Son ouvrage, qui est un écrit de jeunesse, est fortement influencé par ses lectures de VITORIA e de VAZQUEZ et l'argument selon lequel, à raison de sa nature même, la mer échappe aux particularismes étatiques et, en tant que communauté primitive, appartient tout entière à tous, se rattache à la théorie du *jus communicationis* développée par VITORIA. Ainsi s'explique que le **Mare liberum** n'ait point suffi à faire la notoriété de GROTIUS. Mais il constitue un jalon important sur la voie du droit des gens, que suivront, au XVIIe siècle, les plus célèbres d'entre les jurisconsultes d'Europe. Il est remarquable que l'argumentation qu'il déploie soit celle d'un moraliste et d'un philosophe qui, déjà, s'interroge sur les droits fondamentaux qui appartiennent, naturellement, donc de manière intangible, à l'humanité."

751 H. GRÓCIO, **Mare liberum** (1609, ed. cit., 1990, p. 663).

752 H. ACCIOLY, **Tratado** (2009, vol. I, cap. II, par. 81): "O **Mare liberum** discutia a questão da liberdade dos mares, para mostrar que apesar das pretensões em contrário, o mar alto não podia ser propriedade de nenhum estado. O estudo tinha, principalmente, por intuito, a defesa do comércio da Holanda, nos mares da Índia; e suscitou várias contraditas. No número dos opositores citam-se, entre outros, um autor português, Frei Serafim de FREITAS, na obra

mentarius escrito em 1604-1605,[753] mas o conjunto da obra somente redescoberto em 1864, foi integralmente publicado, em 1868, pela primeira vez.

Paradoxos da vida e da história, a publicação dessa obra de GRÓCIO, escrita por volta de 1604-1605, somente na segunda metade do século XIX, viria responder a objeções,[754] levantadas contra a obra de 1625, **De jure belli ac pacis**, por parte de contemporâneos de GRÓCIO, e por opositores da geração seguinte.[755]

Em seu célebre opúsculo, GRÓCIO, depois de mencionar que "a questão de que se trata é todo o Oceano, do direito de navegar e da liberdade do comércio",[756] ponderava:

intitulada **De justo imperio lusitanorum asiatico**, editada em Valladolid e aparecida em 1625, e, sobretudo, o escritor inglês SELDEN, que, em 1636, publicou o célebre **Mare clausum**."

[753] GROTIUS, **De Jure Praedae Commentarius** (ca. 1604, with translation by G. L. WILLIAMS and W. H. ZEYDEL, reprinted in Classics of International Law, Oxford, 1950, 2 vols.).

[754] Celso D. de A. MELLO (op. cit., ed. cit., loc. cit.): "O **De jure praedae** trata, como seu nome indica, do direito de presa. Surgiu de uma consulta da diretoria da Companhia das Índias, que versava sobre a legitimidade do apresamento de um navio português, o *Santa Catarina*, no estreito de Málaca. Os escrúpulos da Companhia se prendiam ao fato de que a Reforma, no seu puritanismo, considerava ímpio qualquer ato de hostilidade. Essa obra não foi impressa porque foi um parecer destinado a ter circulação interna na Companhia, em que GRÓCIO defendeu a legalidade da presa. Os seus originais foram encontrados em um leilão na Holanda, em 1864 e publicados pela primeira vez em 1868". S. GOYARD-FABRE, *Avant-Propos* (cit., 1990, p. 3) observa: "Un mémoire rédigé dès 1605 sous le titre **De jure praedae commentarius** apporte un précieux éclairage sur la formation et l'évolution de la pensée juridique de GROTIUS. On ignora l'existence de ce mémoire – 163 feuillets manuscrits – jusqu'à sa découverte fortuite en 1864; il fut édité à la Haye en 1868."

[755] Richard TUCK, *The 'modern' theory of natural law* (in **The languages of political theory in early modern Europe**, ed. by A. PAGDEN, Cambridge: Univ. Press, © 1987, edition 1990, p. 99-119, cit. p. 112): "like PUFENDORF later, he believed that we can determine what it is that God wills for mankind, not by consulting Scripture, but by considering what must be done if a man, made as God has made him, is to be preserved from his fellow men. The **De jure praedae** would in fact have met many of the objections which PUFENDORF and BARBEYRAC levelled at the **De jure belli ac pacis**; ironically, it remained locked away in the house of the DE GROOT family, and was not made public until 1864."

[756] H. GRÓCIO, **Mare liberum** (1609, ed. cit., 1990, p. 664): "Entre nós e os Espanhóis existem controvérsias sobre os pontos seguintes: o imenso e vasto mar é a dependência de um único reino, e este que sequer é o maior de todos? É o direito de um povo qualquer impedir os povos que o queiram, de vender, de fazer escambo, em suma, de se comunicarem entre eles? Alguém pôde dar o que nunca lhe pertenceu, ou apropriar-se a título de inventor, do que já era a propriedade de outro? A injustiça de longo tempo confere algum direito sobre essas matérias?"

> Nós não suscitamos questão árdua nem complicada; não tratamos desses tópicos ambíguos de religião, que parecem ser os mais obscuros, que foram debatidos, durante tão longo tempo, e por tão grandes espíritos; deixaram entre os sábios a quase certeza que em parte alguma se encontra menos a verdade e a certeza, que onde se trata de crenças e de obrigações.[757] [...]
> A lei, segundo os preceitos da qual compete, aqui, julgar, não é difícil de encontrar pois é a mesma, em todos; esta é fácil de compreender, pois é inata, e reside na alma de cada um. O direito que reclamamos é tal, que nem um rei o pode negar aos seus súditos, nem um cristão, mesmo àqueles que não são cristãos. Esta deriva, com efeito, da natureza, que é igualmente a mãe de todos, cujo império se estende sobre todos os que comandam as nações, e é tanto mais sagrada, quanto mais se avança na piedade.[758]
> E se ainda hoje se desse crédito ao uso de que os homens não considerassem como estranhos qualquer dos interesses da humanidade, gozaríamos, com certeza, de muito mais paz no mundo; pois a ousadia de muitos seria contida, e aqueles que negligenciam a justiça em favor da utilidade, desaprenderiam a injustiça, para seu dano.[759]

Discutiu-se, durante séculos, tanto na teoria, como na prática, quanto pode um estado pretender direitos sobre o mar, e em qual extensão.[760] Mas, cumpre notar, mesmo dentre os campeões da liberdade dos mares, como Hugo GRÓCIO e, em menor grau, Cornélio van BYNKERSHOEK,[761] não criam, em relação a essa matéria, qualquer nova construção de princípio da soberania territorial, enquanto tal.[762] Observe-se, que ambos incor-

[757] H. GRÓCIO, **Mare liberum** (1609, ed. cit., 1990, p. 664-665): "A dificuldade que apresentamos nada tem em comum [com as questões de crenças], não exige qualquer pesquisa penosa, não depende nem de explicação dos livros santos, nos quais há tantas coisas, que tanta gente não compreende, nem conhecimentos, restritos a único povo, e justamente estranhos aos demais."

[758] H. GRÓCIO, **Mare liberum** (1609, ed. cit., 1990, p. 665): "Julgai esta causa, príncipes e povos; julgai se vos pedimos alguma coisa de injusto."

[759] H. GRÓCIO, **Mare liberum** (1609, ed. cit., 1990, p. 666).

[760] A respeito cfr. **Tratado** (tomo 1 – **Direito internacional dos espaços**, título I – domínio marítimo, cap. 9 – *domínio marítimo: evolução conceitual*, e tomo 3 A – **Direito internacional no tempo antigo**, item 2.1 – *a controvérsia entre Hugo GRÓCIO e Serafim de FREITAS*).

[761] Ver P. B. CASELLA, *Desenvolvimento do direito internacional na concepção de Cornelius van BYNKERSHOEK* (Rev. FDUSP, vol. 103, 2008, p. 563-592); e **Tratado** (tomo 10 – **Direito internacional no tempo de C. van Bynkershoek e Christian Wolff**, cap. 21).

[762] Certamente, ao menos em teoria, se faz a distinção entre *imperium* e *dominium*, como de *proprietas*. Mas, enquanto se trata da dominação exercida sobre o território do estado, essa

poram partes do mar ao território de seu estado e, sobretudo BYNKERSHOEK, considera possível, em certa medida, a ocupação[763] do mar ou de parte deste.[764]

O desenvolvimento da argumentação de GRÓCIO, em 1609, foi espelhado por Serafim de FREITAS, em 1625.[765] Para ser seguida a ordem, na

dominação é sempre interpretada como tendo o caráter de direito real. V. **Tratado** (tomo 2 – **Direito internacional dos espaços**, cap. 21 – alto mar) e tb. A. CASSESE, **International Law** (Oxford: University Press, 2nd ed., 2005, chap. 5 – the spatial dimension of state activities, p. 81-97, esp. p. 82) enfatiza a considerável extensão na qual, na luta pelo controle econômico, científico ou militar sobre os novos recursos, quase todas as noções foram inspiradas por interesses específicos e impulsionadas por competição entre estados. O surgimento dos novos conceitos teria sido pouco idealista, e quase nada haveria no sentido de enfatizar o interesse comum, além dos limites das respectivas jurisdições nacionais. Mesmo a noção de herança comum da humanidade (*common heritage of mankind*) mostrou-se pouco viável, do ponto de vista de sua implementação.

763 O uso do termo 'ocupação' talvez mereça reparo, cfr. analisa Vaios KOUTROULIS, em seu **Le début et la fin de l'application du droit de l'occupation** (Paris: Pédone, 2010).

764 W. SCHOENBORN, **La nature juridique du territoire** (RCADI, 1929, t. 30, p. 81-190, cit. p. 140): "Le principe de BYNKERSHOEK ne peut plus être mis au profit. Au lieu de fixer l'étendue de la mer côtière suivant un principe juridique, il ne restera pas d'autre moyen que de la déterminer d'après les besoins pratiques des états côtiers, besoins qu'il faut reconnaître internationalement. Il en résultera que cette étendue ne doit être fixée de façon uniforme ni pour toutes les parties de la côte – que l'on songe par exemple aux détroits ou aux baies – ni pour les différents buts particuliers."

765 Cf. **Tratado** (tomo 3 A – **Direito internacional no tempo antigo**, item 2.1 – *a controvérsia entre Hugo GRÓCIO e Serafim de FREITAS*), enumerava FREITAS, **De justo imperio** (op. cit., 1625, ed. cit., 1983, vol. I, p. 99) os "capítulos da dissertação do Incógnito sobre o mar livre" – porque o **Mare liberum** foi, como mencionado, inicialmente publicado sem nome do autor: Cap. 1. que pelo direito das gentes é livre a todos a navegação para qualquer parte; Cap. 2. que os portugueses não tem, por título de descobrimento, nenhum direito de domínio sobre os índios, para cujas praias os holandeses navegam; Cap. 3. que os portugueses não tem, por título de doação pontifícia, o direito de domínio sobre os índios; Cap. 4. que os portugueses não tem, por título de guerra, o direito de domínio sobre os índios; Cap. 5. que o mar que leva aos índios, ou o direito de nele navegar, não é propriedade dos portugueses, por título de ocupação; Cap. 6. que o mar, ou o direito de navegar, não é propriedade dos portugueses por título de doação pontifícia; Cap. 7. que o mar, ou o direito de navegar, não é propriedade dos portugueses por título de prescrição ou costume; Cap. 8. que pelo direito das gentes o comércio é livre entre quem quer que seja; Cap. 9. que o comércio com os índios não é propriedade dos portugueses por título de ocupação; Cap. 10. que o comércio com os índios não é propriedade dos portugueses por título de doação pontifícia; Cap. 11. que o comércio com os índios não é propriedade dos portugueses pelo direito de prescrição ou costume; Cap. 12. que os portugueses proibindo o comércio, não se apoiam em base alguma de equidade; Cap. 13. que aos holandeses cumpre manter o direito de comércio com a Índia, quer pela paz, quer pelas tréguas, quer pela guerra.

qual os capítulos são apresentados por GRÓCIO. E, nessa mesma ordem, FREITAS os procurava rebater, item por item.[766]

A exortação de GRÓCIO, logo na abertura do **Mare liberum**, é sobremodo expressiva:

> É um erro tão antigo quanto nefasto, aquele pelo qual muitos homens, e sobretudo os que mais favorecidos são pelo poder e pela riqueza, se persuadirem ou procurarem persuadir-se de que o justo e o injusto não se distinguem por sua própria natureza, mas sim por uma opinião vã dos homens e pelo hábito que tomaram de segui-la.[767]

Essa advertência que GRÓCIO formulava, há mais de quatro séculos, continua oportuna e necessária. Sobretudo para ser lembrada pelos poderosos do momento – de que o justo e o injusto se distinguem por sua natureza, e não somente por questão de opinião.

[766] Os principais argumentos de Frei Serafim de FREITAS, **De justo imperio lusitanorum asiatico** (1625, ed. 1983, vol. I) foram examinados no **Direito internacional no tempo antigo** (2012, item 2.1), onde se enumeram os "capítulos da réplica de Serafim de Freitas sobre o justo império dos portugueses na Ásia": Cap. 1. se, pelo direito das gentes, é livre a todos a navegação para qualquer parte; Cap. 2. do direito de viajar para províncias alheias; Cap. 3. se os portugueses tem, por título de descobrimento, direito de domínio sobre os índios, para cujas praias os holandeses navegam; Cap. 4. se os portugueses foram os primeiros a navegar para a Índia pelo Oceano Antártico; Cap. 5. das navegações de Hanão e Eudoxo; Cap. 6. do poder do pontífice romano nas coisas temporais; Cap. 7. se os portugueses tem, por título de doação pontifícia, o direito de domínio sobre os índios; Cap. 8. do direito de preferência de viajar para as Índias que compete aos portugueses por título do sumo pontífice; Cap. 9. se os portugueses tem o direito de domínio sobre os índios, por título de guerra; Cap. 10. se o mar que leva aos índios, ou o direito de nele navegar, são propriedade dos portugueses, por título de ocupação; Cap. 11. resposta aos argumentos do Incógnito contra a resolução do capítulo precedente; Cap. 12. se o mar, ou o direito de navegar, é propriedade dos portugueses por título de doação pontifícia; Cap. 13. se o mar, ou o direito de nele navegar, é propriedade dos portugueses por título de prescrição ou costume; Cap. 14. resposta aos argumentos do Incógnito contra as resoluções do capítulo precedente; Cap. 15. da fidelidade e verdade dos portugueses; Cap. 16. das riquezas dos portugueses antes da navegação para a Índia; cap. 17. do lucro que advém aos portugueses do comércio da Índia; Cap. 18. da religião dos portugueses na Índia oriental."

[767] H. GRÓCIO, **Mare liberum** (1609, ed. cit., 1633, *'Ad principes populosque liberos orbes christiani'*, cit. p. 1): "Error est non minus vetus quam pestilens, quo multi mortales, ii austero maxime qui pluririmum vi atque optibus valent, persuadent sibi, aut, quod verius puto, persuadere conantur, justum atque injustum non suapte natura, sed hominum inani quadam opinione atque consuetudine distingui".

GRÓCIO ordenava a sua exposição sobre o **Mare liberum**, nos seguintes capítulos:

– *que pelo direito das gentes é livre a todos a navegação para qualquer parte:*[768]
Nos propomos demonstrar, breve e claramente, que é um direito para os holandeses, ou seja, para os súditos das Províncias Unidas belgo-germânicas, de navegar, como o fazem, entre os indianos, e de manter comércio com estes. Colocamos como base dessa regra certa do direito das gentes chamado *primário*, cujo sentido é claro e imutável, a saber: que é permitido a toda e qualquer nação abordar qualquer outra nação e fazer comércio com ela.[769]
Os que rejeitam tal princípio abolem essa sociedade tão louvável do gênero humano, banem as ocasiões de se prestarem mutuamente serviço, e violam, enfim, a própria natureza. Pois o Oceano, navegável em todos os sentidos, com o qual Deus circundou as terras, o sopro regular ou irregular dos ventos, que não vem sempre da mesma região e passam alternadamente sobre cada uma, não significam justamente o bastante, que a natureza concedeu a cada povo o acesso a todos os demais povos?[770] – de onde deriva o direito tão santo da hospitalidade.[771]

[768] H. GRÓCIO, **Mare liberum** (1609, ed. cit., 1633, Caput I – *Jure gentium quibusvis ad quosvis liberam esse navigationen*, p. 1-5): "*Fundamentum struemus hanc juris Gentium, quod primarium vocant, regulam certissimam, cujus perspicua atque immutabilis est ratio*".

[769] H. GRÓCIO, **Mare liberum** (1609, ed. cit., 1990, p. 666).

[770] H. GRÓCIO, **Mare liberum** (1609, ed. cit., 1990, p. 667), cita a seguir SÊNECA, **Questões naturais** (3,4) que considerava como grande bem da natureza, que, com a ajuda do vento, tivesse ela reunido as nações dispersas, e que ela tivesse repartido, de tal modo, suas produções sobre a terra, que o comércio seja necessário entre os homens. Sim, esse direito pertence a todos os povos; é o que jurisconsultos muito distintos levam ao ponto de negar, que nenhum estado, e nenhum príncipe, possa proibir a outros o acesso junto a seus súditos, nem o direito de negociar com estes – dentre outros refere GENTILI, **De jure belli** (liv. I, cap. XIX). Ver SÊNECA, Lucius Annaeus, **Naturales quaestiones** (with an English translation by Thomas CORCORAN, Cambridge Ma.: Harvard U.P., LCL – SENECA vols. VII-X, 1st. publ. 1972, reprinted 2004).

[771] H. GRÓCIO, **Mare liberum** (1609, ed. cit., 1990, p. 668): "VITORIA pensa que as causas mais justas e mais prováveis da guerra dos Espanhóis contra os Americanos foram que estes os impediam de passar e de viajar entre eles, os excluíam das coisas que são comuns, em virtude do direito das gentes ou dos costumes, e, em suma, não os admitiam a qualquer comércio." Cita a seguir precedentes bíblicos, patrísticos e gregos: a história de MOISÉS (**Livro dos números**, cap. XX), Santo AGOSTINHO, e o combate de Hércules contra o rei de Orkomene, e os gregos sob Agamêmnon, contra o rei de Mísia. Ver **Biblia Sacra** iuxta **Vulgatam Clementinam**

– *que os portugueses não tem, por título de descobrimento, nenhum direito de domínio sobre os índios, para cujas praias os holandeses navegam:*[772]

É por argumento certo que provamos que os portugueses não são donos dos países aos quais se destinam os holandeses, como Java, Taprobana, e a maior parte das Ilhas Molucas, pois ninguém pode se dizer dono de coisa, que jamais tenha possuído, e ninguém jamais possuiu, em seu nome.[773] As ilhas das quais falamos tem e tiveram sempre os seus reis, os seus interesses públicos, suas legislações e seus direitos. O comércio aí é concedido aos portugueses, como a outras nações. Por isso mesmo é que pagam tributos, por isso solicitam dos príncipes o direito de comerciar, reconhecem assim não serem donos de tais regiões, e que aí vem como estrangeiros, e onde somente residem a título precário.[774]

Se pretendem [os portugueses] que essas terras lhes pertencem em recompensa da descoberta – *inventionis* – que estes fizeram, não falam nem segundo o direito nem segundo a verdade. Descobrir, com efeito, não consiste somente em usurpar somente com os olhos, mas, na realidade, apreender. [...] Assim, a razão natural, os termos precisos das leis, e a interpretação dos sábios mostram que a descoberta que basta para fazer adquirir título de propriedade é aquela à qual se vem juntar a posse, de tal modo que, quando se trata de [bens] móveis, estes sejam apreendidos, e quando se trata de [bens] imóveis, estes sejam cercados de limites e guardados; do que não se podem, no caso, prevalecer; pois os portugueses nunca lá fizeram guarnição.[775] [...]

(nova editio, logicis partionibus aliisque subsidiis ornata a A. COLUNGA et L. TURRADO, Madri: Biblioteca de autores cristianos, 1977 – esp. Numeri, p. 105-140).

772 H. GRÓCIO, **Mare liberum** (1609, ed. cit., 1633, Caput II – *Lusitanos nullum habere jus dominii in eos Indos ad quos Batavi navigant titulo inventionis*, p. 5-8).

773 H. GRÓCIO, **Mare liberum** (1609, ed. cit., 1633, Caput II, p. 5): "*Non esse autem Lusitanos earum partium dominos ad quos Batavi accedunt, puta Iavae, Taprobanae, partis maxime Moluccarum, certissimo argumento colligimus, quia dominus nemo est eius rei quam nec ipse unquam nec alter ipsius nominem possedit*". Antigamente chamado Taprobana, depois Ceilão, atual Sri Lanka.

774 H. GRÓCIO, **Mare liberum** (1609, ed. cit., 1990, p. 669): "E embora um título não baste para aquele que se pretenda proprietário, se a este não se junta a posse (uma coisa é ter um bem, outra é ter o direito de o obter)."

775 H. GRÓCIO, **Mare liberum** (1609, ed. cit., 1990, p. 670), questiona a seguir como podem alegar os Portugueses a descoberta das Índias, se desde a Antiguidade os autores a ela se referiam, tais como HORÁCIO e PLÍNIO, e de tal modo: "Os Romanos descreveram com exatidão a maior parte da ilha da Taprobana (Ceilão)" – hoje Sri Lanka. A seguir, aduz: "Não somente os Persas e os Árabes, seus vizinhos, mas também os Europeus, sobretudo os Venezianos, tinham conhecido essa ilha, e muitos outros mais, bem antes dos Portugueses."

De tal modo que a descoberta somente pode conferir título a coisas que anteriormente não pertenciam a ninguém.[776] [...] VITORIA, **De Indis** (parte 2, n. 4, 5, 6, 7 e 19) diz com muita sabedoria que essa diferença de religião não deu aos espanhóis mais direitos sobre as Índias, do que os indianos teriam sobre a Espanha, se alguns dentre eles lá tivessem chegado primeiro.[777]

– que os portugueses não tem, por título de doação pontifícia, o direito de domínio sobre os índios:[778]

Para quem se vale da divisão feita pelo papa ALEXANDRE VI, cabe perguntar, antes de tudo, se o soberano pontífice tinha somente desejado terminar as discussões pendentes entre os portugueses e os espanhóis, o que teria certamente o direito de fazer, enquanto árbitro, escolhido por estes [...] ou se o papa pretendeu dar a duas nações quase dois terços do mundo – *an vero prope singulos Mundi trientes duobus populis donare.* E nisso, mesmo que tivesse ele tido a vontade e o poder, daí não decorreria, contudo, imediatamente, que os portugueses fossem os donos de tais países. Pois não é a doação que torna dono – *donatio dominum non faciat, sed secuta traditio* –, mas sim a tradição ou a entrega,

[776] H. GRÓCIO, **Mare liberum** (1609, ed. cit., 1990, p. 670) argumenta que os indianos, em parte idólatras e em parte muçulmanos, "conspurcados, consequentemente, por graves erros, mesmo assim tinham a perfeita propriedade de seus bens e demais posses, propriedade que não lhes poderia ser tolhida sem justa causa". Cita COVARRUBIAS; e VITORIA, em seu tratado sobre o Poder civil (2ª. parte, n. 9): "Não podem – diz ele – os cristãos, sejam leigos ou eclesiásticos, despojar os infiéis de seu poder civil e de sua soberania, pelo único motivo de serem infiéis, exceto se tiverem deles recebido outra injúria. A fé, com efeito, como observa Santo TOMÁS (**Summa**, 2ª parte, 2ª div., qu. 10 a 12) nada tira do direito natural ou humano, do qual deriva o domínio temporal". Ver TOMÁS DE AQUINO [THOMAE AQUINATIS, O.P.], **Suma teológica** (escrita entre 1268 e 1273, trad. Alexandre CORREIA, Campinas: Ecclesiae, 5 vols., 2016).

[777] H. GRÓCIO, **Mare liberum** (1609, ed. cit., 1990, p. 671; ed. 1633, p. 7): "*Ita certissimis rationibus post alios auctores maximis nominis concludit Hispanos VICTORIA [**De potest. civili**, parte I, numero 9]:* Non possunt, *inquit*, Christiani seculares aut Ecclesiastici potestate civili & principatu privare infideles, eo duntaxat titulo, quia infideles sunt, nisi ab eis alia injuria profecta sit." Ver Francisco de VITÓRIA, **De potestate civili** (1528, in **Political writings**, ed. by A. PAGDEN e J. LAWRANCE, Cambridge: Univ. Press – Cambridge texts in the history of political thought, 1991, p. 1-44).

[778] H. GRÓCIO, **Mare liberum** (1609, ed. cit., 1633, Caput III – *Lusitanos in Indos non habere ius dominii titulo donationes Pontificiae*, p. 9-11) esclarece tratar-se-ia de *res inter alios acta*, coisa pactuada entre terceiros, e, como tal, não teria qualquer efeito vinculante sobre os demais povos e estados (*ad caeteras gentes non pertinebit*).

que se perfaz. De tal modo, a esse próprio título de propriedade, deveria vir se juntar a posse – *quare et huic causae possessio deberet accedere.*

Se se quiser prescrutar os princípios do direito, tanto humano quanto divino, em lugar de se regular somente por seu próprio interesse, compreender-se-á, facilmente, que doação dessa ordem não tem qualquer valor sendo dom de coisa que pertence a outrem;[779] e que jamais se tenha invocado tal título.[780]

– *que os portugueses não tem, por título de guerra, o direito de domínio sobre os índios:*[781]

Como escreve VITORIA, *De Indis*, parte I, n. 31), os espanhóis, ao se deslocarem para tais terras distantes – *ad terras remotiores* –, não levaram consigo nenhum direito de usurpar tais províncias, somente restando assim o título de guerra, que, se fosse justo, não poderia servir para fundar o direito de propriedade, se não por direito de conquista, ou seja, depois da ocupação. Ora, se é de tal modo necessário que os Portugueses tivessem ocupado esses domínios, estes não teriam, nessa época, nenhuma guerra, com as nações frequentadas pelos holandeses. Ora, os portugueses obtiveram dos indianos a liberdade de comércio, de tal modo a não terem qualquer queixa a fazer nesse tópico; e quanto ao outro pretexto, ele não é mais justo que o dos gregos em relação

779 H. GRÓCIO, **Mare liberum** (1609, ed. cit., 1633, p. 9): *facile deprehendet donationem ejusmodi ut rei alienae nullius esse momenti*; (id., ed. cit., 1990, p. 671): "Não vou aqui encetar discussão sobre o poder do soberano pontífice, ou seja do bispo da Igreja romana" e que mesmo que este tivesse recebido o seu poder do CRISTO, e que este tivesse abdicado de todo poder terreno (São Lucas, XII, 24; São João, XVIII, 36) "que seguramente não tivera, enquanto homem, o domínio de toda a terra, e que mesmo que o tivesse tido, esse direito não se teria podido transmitir por qualquer título, seja a São Pedro, seja à Igreja romana, como dependente de seu vicariato".

780 H. GRÓCIO, **Mare liberum** (1609, ed. cit., 1633, Caput III, p. 11): "Que a doação das Índias pelo papa não é coisa que se possa opor aos seus habitantes, como se este tivesse sido o mestre absoluto com poder de dispor delas, e que não se pode tirar-lhes, sob o pretexto de não reconhecerem a autoridade do soberano pontífice". Nem tampouco para despojar os sarracenos – *atque adeo ne Sarracenos quidem isto titulo unquam spoliatos.*

781 H. GRÓCIO, **Mare liberum** (1609, ed. cit., 1633, Caput IV – *Lusitanos in Indos non habere ius dominii titulo belli*, p. 11-15) "Nenhum direito pode, assim, lhes ter decorrido, pois se tivessem sofrido alguma injustiça, por parte dos indianos, teria esta, a justo título, sido remida por longa paz e relações amistosas. Além disso, eles não tiveram qualquer motivo para lhes fazer a guerra. Pois os que fazem guerra aos bárbaros, como fizeram os espanhóis com os americanos, tem costume de colocar dois pretextos: ou que foram, por estes, afastados do comércio, ou que tais bárbaros não querem reconhecer a doutrina da verdadeira religião."

aos bárbaros.[782] ao qual fazia alusão BOÉCIO (524 AD), no quarto livro do seu tratado sobre **a consolação pela filosofia**:

Que o distanciamento e a diversidade dos costumes
que suscitaram esses injustos exércitos
por quem tantos males e mortes foram semeados
Não; não é absolutamente o bastante para tais fúrias.

Segue-se extensa argumentação,[783] para concluir que "faltam a posse e qualquer título que se pudesse obter", porquanto "os bens e riquezas dos indianos não podem ser considerados nem como sendo sem dono, nem (a partir do momento que lhes pertencem) como tendo podido ser capturados por outros com justiça", de modo que "as populações indianas de que falamos não perderam a propriedade em favor dos portugueses, mas que aquelas são livres e gozam do pleno exercício de seus direitos".[784]
Contraponha-se o que expunha o próprio GRÓCIO (1625), no sentido de que: "as coisas que não são de ninguém se tornam na verdade a propriedade daqueles que as tomam, tanto por intermédio dos outros, como por si mesmos".[785]

– *que o mar que leva aos índios, ou o direito de nele navegar, não é propriedade dos portugueses, por título de ocupação*:[786]
Se os portugueses não adquiriram nenhum direito sobre os povos, o território e as riquezas da Índia, vejamos se eles puderam submeter ao seu domínio

[782] ANICII MANLII SEVERINI BOETHII, **Philosophiae Consolationis** (ou **Consolation de la philosophie,** edição bilingue, traduction nouvelle en prose et en vers avec le texte en regard par Louis Judicis de MIRANDOL, Paris: Guy Trédaniel/Ed. de la Maisnie, 1981); tb. edição, BOÈCE, **La consolation de la philosophie / Philosophiae consolationis** (traduction nouvelle avec une introduction et des notes par Aristide BOCOGNANO, Paris: Garnier, 1937). Liber IV, Metrum IV: "An distant quia dissendentque mores, / Iniustas acies et fera bella movent / Alternisque volunt perire telis? / Non est justa satis saevitiae ratio."
[783] H. GRÓCIO, **Mare liberum** (1609, ed. cit., 1990, p. 673); idem (ed. 1633, p. 11-15), com referências ao "doutor angélico, e ao concílio de Toledo, a São Gregório, aos teólogos, canonistas e quase todos os jurisconsultos".
[784] H. GRÓCIO, **Mare liberum** (1609, ed. cit., 1990, p. 675); idem (ed. 1633, p. 15): "*de quo ipsi doctores Hispani non dubitant*". É o que, ademais, não colocam em dúvida os próprios doutores espanhóis. Cita VITÓRIA, *in fine part. 2, 1 relect. de Indis.*
[785] H. GRÓCIO, **De jure belli ac pacis** (op. cit., 1625, ed. bras, 2004, III.VI.IX – *A posse e a propriedade podem naturalmente ser adquiridas pelo intermédio de outro*, p. 1139-1140).
[786] H. GRÓCIO, **Mare liberum** (1609, ed. cit., 1633, Caput V – *Mare ad Indos aut jus eo navigandi non esse proprium Lusitanorum titulo occupationis*, p. 16-43).

exclusivo o mar e a navegação, ou o comércio marítimo.[787] A natureza, com efeito, não pode estabelecer proprietários distintos.[788]

O mar, assim, não pode, absolutamente, tornar-se próprio de quem quer que seja, porquanto a natureza não se limita a permitir mas ordena que seja comum [..] e que se uma parte dessas coisas é, por sua natureza, suscetível de ocupação, esta se torne própria do ocupante na medida em que o uso comum não seja prejudicado.[789]

Obviamente, como holandês, GRÓCIO ressalva a distinção entre o mar e as costas, "pois o mar não se presta facilmente a construções e a cercas, exceto em pequenos espaços, e que o contrário não poderia ser aceito, sem que resultasse considerável prejuízo para o uso comum. Se, contudo, uma pequena parte é suscetível de ser ocupada dessa forma, esta é concedida ao ocupante".[790] Afinal, já se faziam, naquela altura, diques e moinhos, que transformavam antigas áreas de mar em novos terrenos, para uso e ocupação pelas populações dos Países Baixos.

O mar conta-se, assim, dentre as coisas que não estão no comércio, ou seja, que não se pode tornar propriedade privada;[791] de onde decorre que nenhuma parte do mar pode se tornar parte do território de um povo.[792]

[787] H. GRÓCIO, **Mare liberum** (1609, ed. cit., 1990, p. 676): "Consideremos, assim, primeiro o mar, que foi indiferentemente chamada de coisa sem dono (*res nullius*), ou bem comum (*res communis*), ou bem público, segundo o direito das gentes, explicar-se-á convenientemente o sentido de tais expressões. [...] E não nos será seguramente imputado estar em erro se, na explicação de direito derivado da natureza, nós nos sirvamos da autoridade e das palavras daqueles cujo julgamento natural foi o mais estimado."

[788] H. GRÓCIO, **Mare liberum** (1609, ed. cit., 1990, p. 677, e a seguir, p. 681): "E nesse sentido dizemos que todas as coisas foram comuns, nos primeiros tempos do mundo, reproduzindo assim o testemunho dos poetas, que dizem que os primeiros homens tiveram tudo em comum, e que a justiça mantinha essa comunidade por meio de inviolável aliança entre eles." [...] "Estas são as coisas que os jurisconsultos romanos chamam de comuns a todos, em virtude do direito natural, ou que dissemos ser a mesma coisa, públicas, segundo o direito das gentes; assim, chama-se o seu uso tanto comum quanto público."

[789] H. GRÓCIO, **Mare liberum** (1609, ed. cit., 1990, p. 682).

[790] H. GRÓCIO, **Mare liberum** (1609, ed. cit., 1990, p. 683-684): "Ficou, assim, demonstrado que nem um particular, nem um povo qualquer, podem atribuir-se domínio sobre o mar (com exceção, como dissemos, de canais ou reservatórios), pois nem a natureza, nem a razão de utilidade pública o permitem."

[791] H. GRÓCIO, **Mare liberum** (1609, ed. cit., 1990, p. 686 ss.) distingue entre a ocupação do mar, que ele nega e a ocupação de um rio, pelas populações ribeirinhas, ou também em relação a ilhas.

O mar, sendo insuscetível de apropriação, como o ar, não pode ser acrescido aos domínios de qualquer povo.[793] [...] Assim, o desejo dos holandeses se apoia no direito comum, pois, como todos admitem, cada um é livre de navegar pelo mar, mesmo sem obtido a prévia permissão de qualquer príncipe. É o que as leis da Espanha, ademais, admitem, muito claramente.[794]

– *que o mar, ou o direito de navegar, não é propriedade dos portugueses por título de doação pontifícia,*[795] porquanto "o mar ou o direito de nele navegar não podem ser próprios de qualquer homem".[796]

– *que o mar, ou o direito de navegar, não é propriedade dos portugueses por título de prescrição ou costume:*[797]
Para GRÓCIO, o último meio do qual se vale uma injusta pretensão é a prescrição ou o costume. Assim os portugueses a tanto recorreram. Mas as mais sólidas razões jurídicas do direito lhes tolhem também esse apoio.[798] [...] Con-

[792] H. GRÓCIO, **Mare liberum** (1609, ed. cit., 1990, p. 688): "Suscitamos toda essa discussão, perseguimos todos esses argumentos, a fim de deixar bem reconhecido que os portugueses não puderam submeter ao seu domínio exclusivo o mar, pelo qual se chega às Índias; pois as duas razões que se opõem a que o mar seja propriedade de qualquer um são infinitamente mais fortes nesta causa, que em todas as demais."
[793] H. GRÓCIO, **Mare liberum** (1609, ed. cit., 1990, p. 690): "Que se os portugueses chamam *ocupar* o fato de terem navegado antes de outros e de terem, de certa forma, aberto o caminho, o que há de mais ridículo? Pois, se não existe parte alguma do mar, na qual alguém tenha sido o primeiro a entrar, daí decorre que, muito tempo depois, toda a navegação terá sido ocupada por alguém."
[794] H. GRÓCIO, **Mare liberum** (1609, ed. cit., 1990, p. 694).
[795] H. GRÓCIO, **Mare liberum** (1609, ed. cit., 1633, Caput VI – *Mare aut jus navigandi proprium non esse Lusitanorum titulo donationes pontificiae* , p. 44-45).
[796] H. GRÓCIO, **Mare liberum** (1609, ed. cit., 1990, p. 694-695): "A doação do papa ALEXANDRE, na falta de título de descobrimento, somente pode ser invocada, em segundo lugar, pelos portugueses, ao reivindicarem para si o exclusivo domínio do mar, ou o direito de nele navegar, ficou suficientemente convencido de sua vacuidade, pelo que ficou dito acima. Uma doação é, com efeito, sem valor, se diz respeito a coisas colocadas fora do comércio dos homens. [...] De onde se segue que este não pode ser dado pelo soberano pontífice, nem aceito pelos portugueses."
[797] H. GRÓCIO, **Mare liberum** (1609, ed. cit., 1633, Caput VII – *Mare aut jus navigandi proprium non esse Lusitanorum titulo prescriptionis aut consuetudinis,* p. 46-62).
[798] H. GRÓCIO, **Mare liberum** (1609, ed. cit., 1990, p. 695): "A prescrição é de direito civil; de onde resulta que esta não possa ter lugar entre reis nem entre povos livres (VASQUEZ, c. 51); tem ela ainda menos força no que diz respeito ao direito natural ou das gentes". E segue-se catadupa de argumentos de autoridade.

cluímos, assim, que os portugueses não tem qualquer direito de proibir, a qualquer nação que seja, a navegação rumo à Índia, através do Oceano.[799]

– *que pelo direito das gentes o comércio é livre entre quem quer que seja:*[800]
Se agora os portugueses afirmam ter o direito exclusivo e próprio de negociar com a Índia, quase todos os mesmos argumentos servirão para os refutar.[801] É princípio do direito das gentes que a faculdade de negociar seja livre a todos os homens, e não lhes possa ser tirada por ninguém.[802]

799 H. GRÓCIO, **Mare liberum** (1609, ed. cit., 1990, p. 704-705): "Quanto à necessidade que a posse remonte a tempo imemorial, não basta, como o demonstram os melhores comentadores, provar que ela existiu no curso de um século; deve permanecer constante, e a tradição dos ancestrais a esse respeito é tal, que não existe quem tenha dito o contrário. Ora, os portugueses (v. OSORIO, liv. primeiro) começaram, sob o rei JOÃO, por ocasião das guerras da África, a levar as suas descobertas às partes mais recônditas do Oceano, por volta do ano da graça de 1477. Vinte anos depois, sob o reino de dom MANUEL, dobraram o Cabo da boa esperança e chegaram, muito depois, a Málaga e às ilhas mais afastadas, nas quais os holandeses começaram a navegar no ano de 1595, ou seja sem qualquer dúvida, menos de cem anos, depois de sua descoberta [pelos europeus]. Mas já nesse intervalo de tempo, a usurpação de uns sobre os outros, ainda que feita em detrimento de todos, tinha interrompido a prescrição. Os espanhóis, desde o ano 1519, tornaram muito incerta a posse do mar das Molucas pelos portugueses. Os franceses e ingleses, sem o deixarem de saber, se precipitaram na nova via que lhes tinha sido aberta. E mais ainda, os habitantes de toda a costa da África, bem como os asiáticos, constantemente ocuparam, por meio da navegação e da pesca, as partes do mar da qual são vizinhos, sem que os portugueses nunca se opusessem a tanto."

800 H. GRÓCIO, **Mare liberum** (1609, ed. cit., 1633, Caput VIII – *Iure gentium inter quos vis liberam esse mercaturam*, p. 63-66).

801 H. GRÓCIO, **Mare liberum** (1609, ed. cit., 1990, p. 705-706): "O que se pode explicar como segue: a natureza, tendo tudo concedido em comum aos homens; mas a distância dos lugares proibindo-lhes o uso de muitas coisas desejáveis para a vida, pois, como dissemos, nem todas as produções se encontram em todos os países, foi necessário operar o deslocamento ou o transporte, sem contudo, que isso fosse já uma troca; somente se serviam reciprocamente, cada um a seu gosto, do que se encontrava junto aos outros."

802 H. GRÓCIO, **Mare liberum** (1609, ed. cit., 1990, p. 707). "Esse princípio, que se tornou necessário logo depois da distinção das propriedades, pode assim ser considerado como remontando à mais antiga origem." [...] "A liberdade de comércio faz parte do direito das gentes dito primitivo, o qual procede de causa natural e perpétua. Assim, não pode esta ser destruída, ou pelo menos, não poderia, exceto mediante consentimento unânime dos povos; de tal modo, um destes se pode opor, com justiça, a que outros dois contratem juntos, conforme a sua vontade."

– *que o comércio com os índios não é propriedade dos portugueses por título de ocupação;*[803]
Vimos que não cabe pretender fazer valer a descoberta, nem tampouco invocar a ocupação, pois o direito de comerciar não é coisa corpórea, que possa ser capturada e controlada.[804]

– *que o comércio com os índios não é propriedade dos portugueses por título de doação pontifícia:*[805]
Ninguém lhes concedeu tal direito, se não o soberano pontífice, que não tinha tal poder.[806] Ninguém pode dar o que não lhe pertence.[807]

[803] H. GRÓCIO, **Mare liberum** (1609, ed. cit., 1633, Caput IX – *Mercatura com Indis propriam non esse Lusitanorum titulo occupationis*, p. 66-67).
[804] H. GRÓCIO, **Mare liberum** (1609, ed. cit., 1633, Caput IX, p. 66-67): "*Primum inventio aut occupatio hic locum non habet, quia jus mercandi non est aliquid corporale, quo possit apprehendi*". Expunha H. GRÓCIO, **Mare liberum** (1609, ed. cit., 1990, p. 707-708): "Assim, de nada serviria aos portugueses terem sido os primeiros homens [europeus] a terem feito comércio com a Índia, o que, ademais, não deixa de ser completamente falso. [...] Se algum direito de manter exclusivo comércio com a Índia pertence aos portugueses, este deve, como outras servidões, decorrer de concessão expressa; ou, ao menos de concessão tácita, ou seja, da prescrição. Não pode ser de outro modo."
[805] H. GRÓCIO, **Mare liberum** (1609, ed. cit., 1633, Caput X – *Mercatura com Indis propriam non esse Lusitanorum titulo donationes pontificiae*, p. 67-68), remete aos argumentos expostos nos precedentes capítulos 3 e 6, *supra*.
[806] H. GRÓCIO, **Mare liberum** (1609, ed. cit., 1990, p. 708): "Ora, o papa, exceto se fosse senhor temporal de todo o mundo, o que negam as pessoas sábias, não poderia dizer que o direito universal de comércio lhe pertença; tanto menos por se tratar de comércio em vista de interesse puramente material, sem qualquer relação com o governo espiritual dos povos, fora do qual, segundo todos admitem, cessa o poder pontifício. Além disso, se o papa quisesse atribuir tal direito somente aos portugueses, tirando-o do resto dos homens, cometeria dupla injustiça. Primeiro, seria injusto em relação aos Indianos, que, colocados fora da igreja, não são, sob hipótese alguma, seus súditos. Não podendo lhes tirar nada que é deles, ele não pôde tampouco lhes tirar o direito de comerciar com quem quisessem. Em segundo lugar, seria injusto em relação a todos os outros homens, cristãos ou não, a quem ele não pode tirar esse direito sem motivos."
[807] H. GRÓCIO, **Mare liberum** (1609, ed. cit., 1990, p. 708): "Não foi demonstrado acima, por meio da razão e das autoridades, que mesmo os soberanos temporais não podem proibir, em seus estados, a liberdade de comércio? E não devemos concluir, e reconhecer como evidente que a autoridade do soberano pontífice não tem qualquer força contra o direito eterno da natureza e das gentes, de onde nasceu essa liberdade que não pode ser extinguida?"

- *que o comércio com os índios não é propriedade dos portugueses pelo direito de prescrição ou costume:*[808]

Resta a prescrição, ou se preferirem, o costume – *restat praescriptio, seu consuetudinem mavis dicere.*[809] Mas, pondera GRÓCIO, demonstramos com VAZQUEZ – *cum Vasquio ostendimus* –,[810] que nem uma nem o outro tem qualquer força entre povos livres, no que concerne o direito das gentes primitivo.[811]

Se, de um lado, a quase-posse da faculdade de comércio não parece decorrer de direito próprio e exclusivo, mas do direito comum, que pertence igualmente a todos; por outro lado, não se deve, por terem outras nações negligenciado o comércio com as Índias, presumir que tenham assim agido em favor dos portugueses.[812]

Assim, para se assegurarem a prescrição do comércio das Índias, seria necessário que os portugueses provassem ter exercido sobre os outros povos tal controle e coerção, que seriam, por si mesmas, contrárias à lei da natureza, e nocivas a todo o gênero humano, o que não poderia servir para fundar um direito.[813] Seria, ademais, necessário que essas tivessem durado por tempo imemorial; e falta de tal modo essa condição, que há menos de cem anos todo o comércio da Índia,[814] pertencia aos venezianos,[815] pela rota de Alexandria.[816]

[808] H. GRÓCIO, **Mare liberum** (1609, ed. cit., 1633, Caput XI – *Mercatura com Indis non esse Lusitanorum propriam jure praescriptionis aut consuetudinis*, p. 68-71).

[809] H. GRÓCIO, **Mare liberum** (1609, ed. cit., 1990, p. 708); idem (ed. 1633, Caput XI, p. 68, nota 1) remete ao Caput 7 acima: "*Vide argumenta Caput 7*".

[810] H. GRÓCIO, **Mare liberum** (1609, ed. cit., 1990, p. 708); idem (ed. 1633, Caput XI, p. 69; a seguir, p. 70): "Idem Vasquius et illud rectissime" [...].

[811] H. GRÓCIO, **Mare liberum** (1609, ed. cit., 1990, p. 708-709): "Não se pode fazer que, por algum lapso de tempo, o direito de comércio, que, por sua natureza em nada participa do direito de propriedade, caia sob algum domínio. Não se pode, consequentemente, invocar, aqui, nem título, nem boa-fé; e quando manifestamente falta a boa-fé, a prescrição, segundo os cânones, não mais é um direito, mas constituiria injustiça."

[812] H. GRÓCIO, **Mare liberum** (1609, ed. cit., 1990, p. 709): "Pode-se, simplesmente, concluir que eles acreditaram ser tal conduta conforme aos seus interesses, e o que a isso não se opõe, com base em conselhos diversos, a respeito desses mesmos interesses, não passassem a fazer, o que não tinham feito anteriormente."

[813] H. GRÓCIO, **Mare liberum** (1609, ed. cit., 1633, p. 70): "*probanda itaque Lusitanis foret coactio quae tamen ipsa cum hac in re juri naturae sit contraria, & omni hominum generi noxia, jus facere non possit.*"

[814] Sobre alguns aspectos das relações entre a Índia e a Europa, ver: **Tratado** (tomo 3 B – **Gregos, romanos, chineses, indianos**, item 7.1); P. B. CASELLA, **BRIC** – uma perspectiva de cooperação internacional (São Paulo: Atlas, 2011, esp. cap. 5 – *doce sabor da Índia entre tradição e inovação*, p. 73-79); idem, na ed. francesa (Paris: Pedone, 2011, p. 100-110); Rosa Maria CIMINO

– *que os portugueses proibindo o comércio, não se apoiam em base alguma de equidade*:[817] Vimos, pelo que ficou dito, quanto é cega a cupidez daqueles que, por não admitirem que ninguém partilhe os ganhos que o comércio proporciona, se esforçam em apaziguar a sua consciência, com argumentos que os doutores

(ed. by), **Ancient Rome and India** – Commercial and cultural contacts between the Roman world and India (New Delhi: Italian Embassy Cultural Centre – India/ Istituto Italiano per il Medio et Estremo Oriente, 1994); Christine MAILLARD, **L'Inde vue d'Europe** – Histoire d'une rencontre (Paris: Albin Michel, 2008); Bernard DE GIVE, **Les rapports de l'Inde et de l'Occident** (Paris: Les Indes Savantes, 2005).

815 H. GRÓCIO, **Mare liberum** (1609, ed. cit., 1990, p. 709-710); cita também Francesco GUICCIARDINI, **Storia d'Italia** (a cura di Silvana Seidl MENCHI, saggio introduttivo di Felix GILBERT, Turim: Einaudi, © 1971, ristampa 2008, livro XIX, vol. III, p. 1927-2034). A respeito das transformações do comércio mediterrâneo, e do papel de Veneza neste, veja-se: Jean-Claude BARREAU, **Un capitalisme à visage humain** – Le modele vénitien (Paris: Fayard, 2011); Christian BEC, **Histoire de Venise** (Paris: PUF, © 1993, 3ª ed., 2005); Fernand BRAUDEL, **O modelo italiano** (do original **Le modèle italien**, publicado em 1989, trad. Franklin de MATTOS, São Paulo: Cia das Letras, 2007); F. BRAUDEL, **La méditerranée et le monde méditerranéen à l'époque de Philippe II** (Paris: Armand Colin, © 1966, impr. 1987, 2 vols., esp. 2e Partie, 1.3 – *Peut-on construire le 'modèle' de l'économie méditerranéenne ?*, p. 383-419); F. BRAUDEL (coord.), **La méditerranée**: espace et histoire (Paris: Flammarion/ Champs, 1a ed., 1977, impr. 1985); F. BRAUDEL e Georges DUBY (coord.), **La méditerranée**: les hommes et l'héritage (Paris: Flammarion/Champs, 1a ed., 1977, impr. 1986); F. BRAUDEL, **Civilisation matérielle, économie et capitalisme XVe-XVIIIe siècle** volume I: **Les structures du quotidien: le possible et l'impossible** (Paris: Armand Colin 1979) volume II: **Les jeux de l'échange**, Paris: Armand Colin, 1979) volume III: **Le temps du monde**, (Paris: Armand Colin, 1979); Jacob BURCKHARDT, **The civilization of the Renaissance in Italy**: an essay (do original alemão, **Die Kultur der Renaissance in Italien**: ein Versuch, publicado em 1860, trad. C. S. G. MIDDLEMORE, de 1878, da segunda edição em alemão, "introduction" by Hajo HOLBORN, New York: The Modern Library, © 1954, reimpressão sem data); É. CROUZET-PAVAN, **Renaissances italiennes 1380-1500** (Paris: Albin Michel, 2007); W. V. HARRIS, **Rethinking the Mediterranean** (« Papers from a Conference organized by the Columbia Univ. Center for the Ancient Mediterranean, September 21-22, 2001 » Oxford : Univ. Press, 2005); Paolo MALANIMA, *L'economia* (in **Storia degli antichi stati italiani**, a cura di Gaetano GRECO e Mario ROSA, Roma-Bari: Laterza, 1996, cap. VI, p. 249-295); Alvise ZORZI, **Histoire de Venise** (do original **La Repubblica del Leone – Storia di Venezia**, © 1979 Paris: Perrin-tempus, 2005).

816 H. GRÓCIO, **Mare liberum** (1609, ed. cit., 1990, p. 709-710): "Além disso, a coerção deveria ser de tal ordem, que não lhe tivesse sido oposta qualquer resistência. Ora, os franceses, os ingleses e outros resistiram. Enfim, não basta que alguns sejam coarctados; é preciso que todos o sejam; pois na falta de controle sobre um único indivíduo, o gozo da liberdade de comércio seria conservado por todos. Ora, os árabes e os chineses, há muitos séculos, tem mantido o comércio com a Índia. A usurpação pelos portugueses, assim, de nada lhes serve, para obter prescrição em favor destes."

817 H. GRÓCIO, **Mare liberum** (1609, ed. cit., 1633, Caput XII – *Nulla aequitate nisi Lusitanos in prohibendo commercio*, p. 71-74).

espanhóis, apesar de interessados na mesma causa, consideram manifestamente vãos. Esses doutores indicam bastante claramente que todos os pretextos invocados nas questões da Índia, não passam de injustos assaltos, que os inimigos da verdade podem desencadear, tanto quanto queiram, e acrescentam que jamais o exame sério dos teólogos reconheceu tais pretensões como fundadas. O que existe de mais injusto que os portugueses se queixarem que os seus lucros lhes foram tirados, sem qualquer licença, por poder tão geralmente concedido aos demais povos?[818]

– *que aos holandeses cumpre manter o direito de comércio com a Índia, quer pela paz, quer pelas tréguas, quer pela guerra, contra os que se lhes opuserem:*[819]
Assim, como o direito e a equidade querem que o comércio com a Índia nos seja livre, para todos, como para cada um, daí decorre que devemos manter em sua plenitude essa liberdade, que nos vem da natureza, quer façamos paz ou trégua com os povos da Espanha, quer nos obriguem a continuar contra eles a guerra.[820] Pois, no que diz respeito à paz, sabe-se que esta é de duas espécies, segundo seja feita, ou não, em pé de igualdade. Sendo que "uma é feita por homens de coração; a outra só pode convir a almas servis".[821]
Que se somos obrigados à guerra, pela injustiça de nossos inimigos, a justiça de nossa causa deve nos inspirar a esperança e a confiança de sermos bem sucedidos.[822]

818 H. GRÓCIO, **Mare liberum** (1609, ed. cit., 1990, p. 710, e a seguir, p. 712): "Que os portugueses gritem assim tanto e pelo tempo que desejarem: mas vocês nos reduzem os lucros! Os holandeses responderão: nós zelamos por nos assegurar vantagens legítimas. Não se indignem, que venhamos aqui convosco, compartilhar os ventos e o mar? Eh! Quem vos prometeu que tais lucros permaneceriam? O que vos resta, será sempre seguro, e é com isso que nos contentamos."

819 H. GRÓCIO, **Mare liberum** (1609, ed. cit., 1633, Caput XIII – *Batavis jus commercii Indicani qua pace, qua induciis, qua bello retinendum*, p. 75-80).

820 Mencionava GRÓCIO sobre as tréguas: "A trégua é uma convenção pela qual, durante a guerra, se deve abster-se por um tempo de atos de hostilidade". Ver GRÓCIO, **Direito da guerra e da paz** (1625, ed. 2004, II.XVI.XX e tb. III.XXI – *das convenções durante a guerra, em que se trata da trégua, do livre trânsito, do resgate de prisioneiros*, cit. supra III.XXI.I.1, p. 1423).

821 H. GRÓCIO, **Mare liberum** (1609, ed. cit., 1990, p. 712-713): "No tocante às tréguas, por sua própria natureza indica que, pela sua duração, a condição de qualquer das partes não deva sofrer dano adicional, pois são, de certo modo, nas relações entre os povos, o que proíbe o *uti possidetis* nas relações entre os particulares."

822 H. GRÓCIO, **Mare liberum** (1609, ed. cit., 1990, p. 713), cita DEMÓSTENES, ALEXANDRE, PROPÉRCIO e Santo AGOSTINHO. E conclui (p. 715): "Pois se é assim,

Terminava GRÓCIO com não menos oportuna admoestação:

> Não se deve assim recear, que Deus secunde os esforços dos que violam o direito mais certo da natureza, direito que Ele instituiu, nem que se deixe de punir aqueles que só tendo em vista os seus próprios interesses, não hesitam em combater a utilidade comum do gênero humano.[823]

No pensamento de GRÓCIO, "o mar é indefinido porque realmente não suporta limites, é um elemento móvel desobediente a toda prisão, a menos que essa prisão não seja a beirada das praias de todos os continentes do globo":[824]

> GRÓCIO não achou impossível traçar-se uma linha sobre as águas, mas sim que se limites imaginários davam direito de propriedade, então os geômetras se haviam apoderado da terra, e os astrônomos se assenhoreado da abóbada celeste. Com efeito, as linhas imaginárias de limites devem ser traçadas de tal sorte que materialmente também possam ser traçadas de novo. Quando se negocia uma demarcação de fronteiras, é sobre o mapa, miniatura do mundo, que se desenha a linha de separação; em muitos momentos essa linha é puramente imaginária, porque nem sempre os dados geográficos que presidiram às conferências são de rigorosa exação. Depois de fixados os limites sobre o papel, é que vão engenheiros, canteiros e pedreiros executar materialmente o que ficou disposto em virtude de uma linha estendida no espaço. Houve, pois, a exequibilidade. Mas seria a mesma coisa no mar? Certamente não. O auxílio dos meridianos e paralelos certamente não é indefectível.[825]

não temamos, meus concidadãos! que Deus secunde os esforços daqueles que violam o direito mais certo da natureza, por ele mesmo estabelecido, nem que os homens deixem sem punição aqueles que, em vista de seus únicos interesses, combatem a utilidade comum do gênero humano."

823 H. GRÓCIO, **Mare liberum** (1609, ed. cit., 1633, cit. p. 80): "Quae cum ita sint, minime verendum est, ne aut Deus eorum conatus secundet, qui ab ipso institutum jus naturae certissimum violant, aut homines ipsi eos inultos patiantur, qui solo quaestus sui respectu communem humani generis utilitatem oppugnant".

824 S. GURGEL DO AMARAL (op. cit., 1903, p. 72) contrapõe a esta de GRÓCIO, acima mencionada, a concepção de SELDEN: "Quem ler com atenção o **Mare clausum** não pode concordar com a doutrina dos seus dizeres, baseada como é no sofisma e nas evasivas."

825 S. GURGEL DO AMARAL (op. cit., 1903, p. 72-73).

Os argumentos expendidos por SELDEN, no seu **Mare clausum**, em 1636, nada provam.[826] Este pode ser considerado "um notável monumento dos esforços de que a imaginação é suscetível quando o amor próprio e o patriotismo exagerado ou assalariado a aguçam".[827]

A relação pessoal entre GRÓCIO e SELDEN, apesar da confrontação das respectivas concepções, parece se ter pautado pela cordialidade:

> A crença mais ordinariamente espalhada quando se ouve falar em 'mare liberum' e em 'mare clausum', é que se deu uma terrível guerra de opiniões, parecendo que os dois combatentes se detestaram mutuamente. Entretanto, nada seria mais infiel à história. GRÓCIO considerava SELDEN a glória da Inglaterra, e SELDEN, combatendo o 'mare liberum', jamais perdeu o respeito que devia ao seu autor.[828]
>
> A diferença mais frisante entre as obras do holandês e do inglês está em ser curta a primeira e em formar a segunda um volumoso amontoado de raciocínios destros, tirados de extraordinária erudição. GRÓCIO deu pouco desenvolvimento à sua dissertação porque, baseando-se no direito natural, a verdade lhe parecia absolutamente incontestável.[829] [...] Não é para admirar. O **Mare liberum** não foi uma obra para a qual GRÓCIO guardasse o seu fôlego de argumentador.[830]

[826] Ioh. SELDENI, **Mare clausum, sive de dominio maris Libri II** *Primo*, mare ex iure naturae sive gentium omnium hominum non esse commune, sed dominii privati sive proprietaris capax pariter ac tellurem esse demonstratur; *Secundo* Serenissimum Magnae Britanniae Regem maris circumstui ut individuae atque perpetuae Imperii Britannici appendicis dominum esse, asseritur (Lond. 1635; 1636; Lugd. Bat. 1637; 1665; tb. publicado nas obras de SELDEN, **Oper.**, tom. II. Lond. 1726).

[827] S. GURGEL DO AMARAL (op. cit., 1903, p. 73).

[828] S. GURGEL DO AMARAL (op. cit., 1903, p. 73).

[829] S. GURGEL DO AMARAL (op. cit., 1903, p. 74) mencionava a apreciação positiva de Ernest NYS sobre a obra de Serafim de FREITAS, a respeito de quem ponderara que mesmo se a causa fosse ruim, tinha sabido FREITAS, como autor, buscar os melhores argumentos para a defesa desta sua causa.

[830] S. GURGEL DO AMARAL (op. cit., 1903, p. 74-75): "Só nos nossos dias, muito recentemente, soube-se que o livro da liberdade dos mares nada mais era do que um capítulo de um escrito que GRÓCIO não publicou senão depois englobadamente com o célebre **De jure belli ac pacis**. Esse manuscrito, o **De jure praedae commentarius**, só foi conhecido em 1864, quando a biblioteca da Universidade de Leiden o adquiriu em uma venda dos livreiros e editores NIJHOFF da Haia, que por sua vez, em 1868, o imprimiu e publicou em livro. Assim,

> A questão da liberdade ou restrição era velha. [...] Era, porém, novo o processo por onde decidi-la, desde que se apelava não para as armas, mas para a arena da argumentação e da lógica. [...] O princípio da liberdade do mar triunfou, desde que a razão e a conveniência geral o aceitaram e a prática se encarregou de lhe dar sanção, reconhecendo-o como uma verdade incontestável, e como sendo destinado a servir de base onde deviam assentar todas as transações consentidas pelo direito natural, ou derivadas do direito secundário, em todas as convenções ou códigos internacionais de direito marítimo.[831]

A tese de SELDEN, no **Mare clausum**, em 1635 e 1636, era ruim;[832] mas a sua capacidade de argumentação não deixa de ser admirável: dividiu o seu assunto de acordo com o ponto de vista do direito e dos fatos. O primeiro consiste em averiguar se o mar pode legitimamente tornar-se um domínio particular. O ponto de fato tende a provar que houve sempre alguma espécie de ocupação ou posse, desde tempos imemoriais, e investindo o rei da Inglaterra e os seus predecessores do domínio legítimo do mar.

> SELDEN conduzia a sua pena com tão grande habilidade, que conseguiu fazer aceitar em frase suave e insinuante o princípio de que uma convenção ajustada entre duas nações é obrigatória para as demais, porque, diz ele, desde que é impossível supor a existência de convenções entre todos os povos da terra, devemos unicamente ligar ao direito das gentes a ideia de algumas convenções estabelecidas entre algumas nações. É mesmo esta uma das bases do seu sistema, que compreende indefinidamente todos os mares que banham a Grã-Bretanha e as suas ilhas, de tal forma que as águas setentrionais, o Atlântico, o mar do Norte, e muito especialmente o canal da Mancha, estão sob a dominação inglesa.[833]

o estudo de GRÓCIO, capítulo de uma obra feita, que em vida ele não quis dar ao público, mereceu ataques de tratados completos, exaustivos da erudição dos seus autores".

831 S. GURGEL DO AMARAL (op. cit., 1903, p. 75).

832 Ioh. SELDENI, **Mare clausum, sive de dominio maris Libri II** *Primo*, mare ex iure naturae sive gentium omnium hominum non esse commune, sed dominii privati sive proprietaris capax pariter ac tellurem esse demonstratur; *Secundo* Serenissimum Magnae Britanniae Regem maris circumstui ut individuae atque perpetuae Imperii Britannici appendicis dominum esse, asseritur (Lond. 1635; 1636; Lugd. Bat. 1637; 1665; tb. publicado nas obras de SELDEN, **Oper.**, tom. II. Lond. 1726).

833 S. GURGEL DO AMARAL (op. cit., 1903, p. 76, e a seguir p. 77) a respeito do **Mare clausum** considerava tratar-se de "patentear a sem razão que ditou esse monumento da

As pretensões da Inglaterra[834] foram sempre combatidas,[835] principalmente pelos franceses. LUIS XIV mostrou-se um dos mais enérgicos defensores da liberdade dos mares. Ele inscreveu a criação e o fortalecimento de uma nova marinha de guerra dentre as grandes ações do seu longo e conturbado reinado.[836]

Como categoria legal, de ordem conceitual, o caráter de direito real dessa alegada soberania sobre o mar é enfatizado: precisamente quando se declara, por exemplo, que este, por sua natureza, não é passível de apropriação – *Eigentumsumfähig*.[837] Faz-se, ao menos em teoria, a distinção entre *imperium*, *dominium* e *proprietas*.

Mas enquanto se trate do domínio, exercido pelo estado, sobre o território, esta é sempre interpretada como revestida de caráter de direito real

agilidade ousada de um grande escritor jurista". As pretensões da Inglaterra foram sempre combatidas, principalmente pelos franceses.

834 S. GURGEL DO AMARAL (op. cit., 1903, p. 77): "O princípio já não admite discussão e seria improfícuo e inútil hoje qualquer debate sobre um assunto de interesse puramente histórico. As tentativas de FREITAS e de SELDEN nenhuma fixação tiveram na jurisprudência internacional".

835 Peter PADFIELD, **Maritime supremacy and the opening of the Western mind**: naval campaigns that shaped the modern world 1588-1782 (orig. publ. 1999, Londres: Random House, 2000).

836 Lucien BÉLY, **La France au XVIIe siècle** – Puissance de l'état, contrôle de la société (Paris: PUF, 2009, 2e partie – *La construction d'une puissance européenne*, p. 113-332, e *une nouvelle marine française*, p. 619-624) observa: "La navigation suppose des traditions et un savoir qui évoluent lentement", mas ter havido grande esforço por parte de LUIS XIV, trabalhando com COLBERT, para dotar a França de uma marinha de guerra: "La marine se trouve donc au centre du programme de COLBERT [...] La marine doit favoriser l'essor industriel, colonial, commercial. Ce doit être un laboratoire de gestion, où une nouvelle approche se dessine, sans recours au clientélisme, et où la compétence l'emporte sur la protection". Ver tb. Lucien BÉLY, **Les relations internationales de l'Europe** – XVIIe – XVIIIe siècles (orig. publ. 1992, Paris: PUF, 4e éd., 2013); Lucien BÉLY, **L'art de la paix en Europe** – naissance de la diplomatie moderne XVIe – XVIIIe siècle (Paris: PUF, 2023); Françoise AUTRAND, L. BÉLY, P. CONTAMINE e T. LENTZ, **Histoire de la diplomatie française** I. Du Moyen Âge à l'Empire (présentation de Dominique de VILLEPIN, Paris: Perrin – tempus, ed. orig. 2005, reimpr. 2007, esp. 2e. partie – *Les temps modernes (1515-1789)*, par L. BÉLY, p. 179-470); Guy SAUPIN, **La France à l'époque moderne** (orig. publ. 2000, Paris: Armand Colin, 2004).

837 W. SCHOENBORN, **La nature juridique du territoire** (RCADI, 1929, t. 30, p. 81-190, cit. p. 141): "L'idée de propriété portant sur des parties de la surface océanique qui physiquement ne sont pas détachées de la mer dite libre, ne s'accorde que difficilement avec les notions généralement reçues sur la propriété, même si l'on considère seulement celles du droit des gens."

– *sachenrechtlich Herrschaft.*[838] Se GRÓCIO, PUFENDORF e WOLFF distinguem "estados usufrutuários", reconhece-se, claramente, a concepção fundamental como a do equivalente a um direito real.

Nesse sentido, GRÓCIO mencionava o assim chamado 'domínio eminente', que deteria a coletividade, em função da destinação pública do bem – *dominium eminens quod civitas habet in cives et res civium ad usum publicum.*[839] Também admitia a divisibilidade e a possibilidade de transferência de parcelas da soberania, contrariamente ao que até hoje pretendem sustentar as mais empedernidas visões desta:[840]

> Como outras coisas, soberanias – *imperium*, é o termo utilizado – podem também ser alienadas, por aquele que as tem em seu domínio; pelo rei, se tem o império como seu patrimônio; como também pelo povo, em caso contrário, com o consentimento do rei; que detenha qualquer direito, como se fosse usufrutuário.[841]

Assim, se pode constatar, já GRÓCIO, na primeira metade do século XVII admitia o caráter instrumental da soberania. Este o afirmava de modo bastante claro. Surpreendentemente, ainda há quem o conteste, e queira

[838] W. SCHOENBORN (op. cit., 1929, p. 102).

[839] H. GRÓCIO (ed. cit., 2004, livro I, cap. III – divisão da guerra em pública e privada. explicação da soberania, § 6 – em que consiste o poder civil, e § 7 – o que é o poder soberano, p. 174-176).

[840] H. GRÓCIO (ed. cit., 2004, livro segundo, cap. VI – da aquisição derivada daquilo que é feito pelo homem, onde se trata da alienação da soberania e dos bens da soberania, § 3 – a soberania pode ser alienada às vezes pelo rei, outras vezes pelo povo, p. 432): "Como isso ocorre para as outras coisas, as soberanias podem também ser alienadas, por aquele em cujo patrimônio se encontram, de modo verdadeiro, isto é, como mostramos antes (livro I, cap. III, § 12), pelo rei se possui seu estado como simples patrimônio. Caso contrário, elas podem sê-lo pelo povo, mas com o consentimento do rei, porque esse último tem também algum direito a esse respeito, que se assemelha ao de um usufruidor [usufrutuário?] e que não se deve tirá-lo dele, apesar do próprio. O que acaba de ser dito se relaciona com a soberania considerada em toda a sua extensão."

[841] Minha tradução do trecho citado difere levemente da referida passagem na tradução brasileira (2004) na nota anterior. Por isso, segue o texto original latino de GRÓCIO, da mesma passagem. H. GRÓCIO (op. cit., loc. cit.): "*sicut autem res aliae, ita et imperi alienari possunt ab eo cujus* in dominio *vere sunt id est, ut supra ostendimus, a rege, si imperio in patrimonio habeat, alioquin a populo, sed accendente regis consensu quia is quoque jus aliquod habet quale usufructuarius quod invito auferri non debet*".

ver, na soberania, a expressão de valor absoluto, e dado central para a configuração do estado.[842]

A questão do conteúdo da soberania e das relações entre estados pode, a seguir, ser considerada na obra de GRÓCIO, sob o ponto de vista do direito das gentes voluntário e direito de legação (18.5).

18.5. Direito das gentes voluntário e direito de legação

> Em toda parte, com efeito, lemos: 'o caráter sagrado das embaixadas', 'a inviolabilidade dos embaixadores', 'o direito das gentes deve ser observado a seu respeito', 'o direito divino e o direito humano lhes é devido', 'o direito das embaixadas é santo entre as nações', 'os tratados são santos para as nações', 'é a aliança do gênero humano', 'as pessoas dos embaixadores são santas', 'esse nome foi santo para os povos através dos séculos'.[843] [...]
> As convenções feitas com os inimigos são válidas segundo o direito das gentes.[844]
>
> H. GRÓCIO (1625, ed. 2004)

Ao lado de direito da natureza, ou direito natural, ditado pela razão – conforme a célebre formulação da 'justa' ou 'reta' razão –[845] como expressão de conceitos comuns ao conjunto das sociedades humanas, haveria, por sua vez, como desenvolvimento ulterior, segundo GRÓCIO, o direito das gentes:

> Passemos às coisas que provém do direito das gentes. Elas se relacionam em parte a toda e qualquer guerra, em parte a um certo tipo de guerra. Comecemos pelas gerais. Segundo o direito de natureza, ninguém é obrigado pelo fato de outrem, a não ser que ocorra nos bens.[846]

[842] A respeito, ver **Tratado** (tomo 5 – **Direito internacional no tempo de Francisco de Vitória**, cap. 13 – *estado como sujeito de direito internacional*).

[843] H. GRÓCIO, **Direito da guerra e da paz** (1625, ed. bras., 2004, II.XVIII.I – *Certas obrigações decorrem do direito das gentes como o direito de embaixada*, p. 727-728).

[844] H. GRÓCIO (op. cit., 1625, ed. bras., 2004, III.IX.VIII, p. 1203) e tb. em outra passagem (III.XIX – *Da manutenção da palavra entre inimigos*, p. 1355-1374).

[845] H. GRÓCIO (op. cit., 1625, I.I.10): "Jus naturale est dictatum rectae rationis."

[846] H. GRÓCIO (op. cit., 1625, ed. 2004, III.II.I.1, p. 1055): "Foi estabelecido, de fato, ao mesmo tempo que a propriedade das coisas, que os bens lhe passariam com os encargos".

Abrangeria este direito das gentes, GRÓCIO esclarecia em outra passagem, "tanto o que foi aceito por cada nação, sem obrigação mútua, quanto o que contém em si uma mútua obrigação", e aduzia: "as palavras, pois, e os gestos os sinais de que falamos, foram inventados para significar certas coisas com uma mútua obrigação, o que ARISTÓTELES chamou de 'um acordo comum'."[847]

Mais adiante, frisava: "de fato, é bem verdade que não há absolutamente nenhuma palavra que não possa ter um sentido ambíguo, porquanto todas, além do significado que se chama de primeira noção, tem um outro de segunda, e que varia segundo as diferentes artes".[848] Se a ambiguidade ainda poderia ser considerada nas relações entre inimigos, enfatizava GRÓCIO o dever de se abster de falsidade nas promessas, dado que:

> por efeito da promessa, um direito especial e novo é conferido para aquele a quem a promessa é feita. Mostraremos que isso ocorre mesmo entre inimigos, sem nenhuma distinção de hostilidade já existente, não somente nas promessas expressas, mas também nas tácitas.[849]

No direito das gentes, GRÓCIO situava conjunto de normas criadas para reger as relações humanas, no plano das coletividades. E isso poderia se manifestar tanto internamente – o que em boa parte, seria direito civil – como em suas projeções internacionais, resultante da vontade e do consenso entre os homens, aí como direito das gentes voluntário:

E aduzia (III.II.II.1, p. 1056): "Mesmo que essas coisas sejam verdadeiras, contudo, pode ter sido introduzido pelo direito voluntário das gentes".

[847] H. GRÓCIO (op. cit., 1625, ed. 2004, III.I.VIII, p. 1029) citava ARISTÓTELES [**De interpret.**, 4].

[848] H. GRÓCIO (op. cit., 1625, ed. 2004, III.I.XVII.4, p. 1046) e tb. antes (I.III.X, – *Todo emprego de um termo que se sabe que pode ser tomado em outro sentido não é ilícito*, p. 1034-1037, cit. n. 1, p. 1034): "O que damos a entender primeira e imediatamente pelas palavras e outros sinais semelhantes, são as concepções do espírito".

[849] H. GRÓCIO (op. cit., 1625, ed. 2004, III.I.XVIII, p. 1047), e igualmente em relação aos juramentos (III.I.XIX, p. 1047-1048): "no juramento, todas as interpretações de termos não completamente inusitados não são admitidos, como em outro discurso, para nos eximir da mentira, mas que a verdade é absolutamente requerida".

não menos nessa matéria que nas outras, deve-se tomar cuidado de não confundir as coisas que são propriamente do direito das gentes e aquelas que são estabelecidas pelo direito civil ou pelas convenções dos povos.[850]

Exemplos desse direito das gentes voluntário seriam, por exemplo o direito de legação, ou "direito das embaixadas", como ainda GRÓCIO o chamava. E também o que chamou de "direito de sepultura".[851] Note-se que a matéria, ademais, ainda era tratada, exatamente sob a mesma rubrica, por exemplo, pelo tratado de Versalhes, em 1919.[852]

Abordava GRÓCIO, em outra passagem, o postlimínio.[853] E as modalidades de exercício deste, entre os seus contemporâneos.[854] Como se considerará aqui. Mas cabe antes situar o contexto mais amplo da concepção grociana do direito das gentes voluntário.

Como linha básica de sua concepção, GRÓCIO insistia na natureza útil do direito internacional:

é o direito das gentes voluntário que introduziu essa lei, que uma posse imemorial e ininterrupta, nem turbada por um apelo a árbitros, operaria trans-

850 H. GRÓCIO (op. cit., 1625, ed. 2004, III.II.VII – *Distinção do que é de direito civil neste assunto e do que é de direito das gentes*, p. 1064-1065, cit. n. 1, p. 1064) especificava a linha divisória entre direito das gentes e direito civil, em matéria de represálias (III.II.VII.2 e III.II.VII.3): "Segundo o direito das gentes, todos os súditos daquele que comete a injustiça, daqueles que são tais a título permanente, autóctones ou vindos de outros lugares, são submissos ao direito de represália". [...] "Pelo direito civil dos povos, as mulheres e crianças são ordinariamente excetuadas e mesmo os objetos daqueles que se ocupam de estudos e daqueles que participam de feiras. Segundo o direito das gentes, o direito de apreensão pertence a cada um, como em Atenas na Ανδροληψια. Segundo o direito civil de muitos países, esse direito é ordinariamente impetrado à autoridade soberana ou aos juízes. Segundo o direito das nações, a propriedade das coisas capturadas é adquirida pelo fato mesmo, até a liquidação da dívida e das despesas, sabendo-se que o eventual excedente deve ser restituído. De acordo com o direito civil, costuma-se citar os interessados para vender ou adjurar os pertences por autoridade pública para aqueles que tem interesse. Esses detalhes e outros devem ser pedidos aos que tratam das leis civis e nomeadamente, nessa matéria, a BARTOLO que escreveu sobre as represálias".

851 H. GRÓCIO (op. cit., 1625, ed. bras., 2004, II.XIX – *Do direito de sepultura*, p. 747-767).

852 Tratado de paz entre as potências aliadas e associadas e a Alemanha, assinado em Versalhes, aos 28 de junho de 1919, parte VI, arts. 225 e 226. Ver texto e comentário em P. B. CASELLA, **Tratado de Versalhes na história do direito internacional** (São Paulo: Quartier Latin, 2007).

853 H. GRÓCIO (op. cit., 1625, ed. bras., 2004, III.IX – *Do postlimínio*, p. 1193-1216).

854 H. GRÓCIO (op. cit., 1625, ed. bras., 2004, III.IX.XIX – *Quando isso pode ocorrer hoje?*, p. 1216).

> lação plena e inteira da propriedade. Deve-se crer, de fato, que as nações entraram em acordo nesse ponto, pois era uma coisa que interessava muitíssimo à paz comum.[855]

Mas existem questões conceituais a ser situadas. Como sabiamente advertia GRÓCIO,

> nas coisas morais, as circunstâncias, mesmo as mínimas, diversificam a matéria e as formas de que se trata, tem ordinariamente um meio, que tem alguma extensão, de modo que ora se aproxima mais de uma das extremidades, ora mais da outra. Assim é que, de fato, entre o que deve ser feito e o que é proibido fazer, há um meio, o que é permitido. Esse meio ora está mais próximo de um dos lados, ora mais do outro. Disso resulta muitas vezes incerteza, como no crepúsculo, ou na água fria que começa a esquentar.[856]

Reportava GRÓCIO a lição "o que ARISTÓTELES escreveu[857] é verdade, que em matéria de coisas morais não se encontra a mesma certeza que nas ciências matemáticas".[858] O que é espelhado até nossos dias.[859]

Inscrevia GRÓCIO como critério norteador, que "nada deve ser feito contra a voz da consciência, embora errônea".[860] E também quanto ao "julgamento ser dirigido de lado a outro por argumentos extraídos das

[855] H. GRÓCIO (op. cit., 1625, ed. bras, 2004, II.IV.IX, p. 374-375).

[856] H. GRÓCIO (op. cit., 1625, ed. bras, 2004, II.XXIII.I – *De onde procedem as causas para duvidar, em matéria de coisas morais*, p. 943).

[857] ARISTOTLE, **The Nicomachean Ethics** (original grego com tradução em inglês de H. RACKHAM, edição originalmente publicada em 1926, Cambridge, Ma.: Harvard UP, Loeb Classical Library, ARISTOTLE vol. XIX, reprinted 2003, cit. I.1).

[858] H. GRÓCIO (op. cit., 1625, ed. bras, 2004, II.XXIII.I – *De onde procedem as causas para duvidar, em matéria de coisas morais* – , p. 943).

[859] Como escreve Slobodan JOVALEKIC, poeta, ensaísta e tradutor do Montenegro, nascido em 1942, no poema *Matemática*: "Matemática não é como a ética / ela resolve tudo // diga-me senhor professor / como encontrar o diâmetro da esperança? / O quê, o senhor não sabe, / a lousa fica vermelha de vergonha / quantas vezes a sua mão não me esganou com o diâmetro do círculo" (in **Les poètes de la Méditerranée** – anthologie – "édition en français et dans toutes les langues originales", préface d'Yves BONNEFOY, édition d'Eglal ERRERA, Paris: Gallimard, 2010, p. 874-879).

[860] H. GRÓCIO (op. cit., 1625, ed. bras, 2004, II.XXIII.II, p. 943-944): "mesmo quando uma coisa é justa em si mesma, se é feita por uma pessoa que, tudo bem examinado, a considera como injusta, o ato é viciado".

coisas",[861] ou "pela autoridade".[862] E aduzia, "se houver dúvida de parte e outra, em matéria grave, se for o caso de escolher uma saída, deve-se escolher a mais segura".[863]

Especificamente nas "causas duvidosas", apontava GRÓCIO que "se segue que em caso semelhante é preciso abster-se da guerra":[864]

> A guerra é da mais alta importância, como sendo a fonte de onde decorrem ordinariamente numerosos males, mesmo para os inocentes. Por isso, quando as opiniões são codivididas, deve-se pender para a paz.[865]

Daí decorre, para todos, o dever de evitar a guerra. Segundo GRÓCIO, seriam três os caminhos para evitar que as controvérsias eclodam em guerra:[866]

> – o primeiro é entrar em contato,[867] como na lição de TITO LÍVIO,[868] "para evitar chegar à hostilidade, os homens fazem voluntariamente muitas concessões que não obteriam pela força das armas";

[861] H. GRÓCIO (op. cit., 1625, ed. bras, 2004, II.XXIII.III, p. 945): "nas coisas duvidosas, após algum exame, o espírito não está mais indeciso, mas se deixa conduzir para tal ou qual partido, por argumentos extraídos da coisa ou pela opinião que tem dos outros homens dando seu palpite sobre essa coisa".

[862] H. GRÓCIO (op. cit., 1625, ed. bras, 2004, II.XXIII.IV, p. 945-946): "entre diferentes opiniões, se deve seguir aquelas que se apoiam nas mais numerosas e eminentes autoridades".

[863] H. GRÓCIO (op. cit., 1625, ed. bras, 2004, II.XXIII.V, p. 946-947): "Pode ocorrer, em muitas questões controversas, que argumentos prováveis surjam de parte e outra, seja intrínsecos, seja tirados da autoridade dos outros. Quando isso ocorrer, se as coisas de que se trata são de pouca importância, a escolha, para qualquer parte que seja feita, parece poder estar isenta de vício. Se se trata de uma coisa de grande importância, como a pena capital de um homem, deve-se então, por causa da diferença considerável que há entre as coisas sobre as quais se tem de escolher, preferir o partido mais seguro" [...] "Por isso, é preferível absolver um culpado que condenar um inocente".

[864] H. GRÓCIO (op. cit., 1625, ed. bras, 2004, II.XXIII.VI, p. 947-948).

[865] H. GRÓCIO (op. cit., 1625, ed. bras, 2004, II.XXIII.VI, p. 947).

[866] H. GRÓCIO (op. cit., 1625, ed. bras, 2004, II.XXIII.VI, p. 948).

[867] H. GRÓCIO (op. cit., 1625, ed. bras, 2004, II.XXIII.VII – *Que pode ser evitada por um colóquio ou diálogo*, p. 948-949).

[868] TITO LÍVIO, **História de Roma** (introdução, tradução e notas de Paulo Matos PEIXOTO, São Paulo: Paumape, 1989, 6 vols., cit. XXXV.45.4).

– o segundo meio,[869] "entre aqueles que não tem nenhum juiz comum, é o compromisso",[870] e frisava: "os reis e os estados cristãos são obrigados sobretudo a entrar nessa via para evitar o emprego das armas";[871] ou
– "mesmo pelo acaso", o "terceiro meio é a via da sorte".[872]

E, em caso de dúvida, "a condição do possuidor é melhor":[873]

Embora em causa duvidosa as duas partes sejam igualmente obrigadas a procurar os meios para evitar a guerra, aquele contudo que pede é obrigado com maior razão do que aquele que possui. Que numa causa igual a condição daquele que possui seja melhor é um princípio que convém não somente ao direito civil, mas ainda ao direito natural.[874]

[869] H. GRÓCIO (op. cit., 1625, ed. bras, 2004, II.XXIII.VIII – *Ou por uma arbitragem. Subsiste aí a questão do dever dos reis cristãos com relação às partes beligerantes*, p. 950-953).
[870] H. GRÓCIO (op. cit., 1625, ed. bras, 2004, II.XXIII.VIII.1, p. 950) cita a lição de TUCÍDIDES [**História da guerra do Peloponeso**, I,85]: "é um crime tratar como inimigo aquele que está pronto a aceitar um árbitro".
[871] H. GRÓCIO (op. cit., 1625, ed. bras, 2004, II.XXIII.VIII.3, p. 952).
[872] H. GRÓCIO (op. cit., 1625, ed. bras, 2004, II.XXIII.IX, p. 953). E como exemplo, equiparável à sorte, apontava (II.XXIII.X – *Se o combate individual pode ser permitido para evitar a guerra*, p. 953-955): "o combate individual é alguma coisa que se aproxima da sorte, e parece que seu uso não deva em absoluto ser rejeitado, se dois adversários, cujas contendas arrastariam de outra forma povos inteiros a infortúnios consideráveis, estão dispostos a resolver entre si sua divergência pelas armas", e ponderava, na mesma passagem: "Parece, de fato, que embora isso não seja elogiável da parte dos próprios adversários, os estados não menos possam aceitar esse partido, como sendo um mal menor".
[873] H. GRÓCIO (op. cit., 1625, ed. bras, 2004, II.XXIII.XI, p. 955). E (II.XXIII.XII – *Se um e outro não tem posse, numa dúvida igual, a coisa deve ser repartida*, p. 956): "Quando o direito é duvidoso de parte e outra, e nenhuma das partes tem posse ou possuem ambas de modo igual, deve ser considerada injusta aquela que recusa a partilha que lhe é oferecida da coisa contestada". Daí advém a questão de poder determinar se a guerra pode ser justa para ambos os lados (II.XXIII.XIII – *Explica-se, por várias distinções, se pode haver uma guerra justa de parte e de outra*, p. 956-958): "Por aquilo que dissemos, pode-se resolver essa questão que vários suscitaram, de saber se a guerra, com relação aos que são os principais autores, pode ser justa de ambos os lados". Ele asseverava (II.XXIII.XIII.2, p. 957): "a guerra não pode ser justa dos dois lados, tampouco num processo, porque uma faculdade moral concernente dois contrários, como por exemplo, fazer e impedir de fazer não é dada pela própria natureza da coisa".
[874] H. GRÓCIO (op. cit., 1625, ed. bras, 2004, II.XXIII.XI, p. 955): "A isso se deve ainda acrescentar que a guerra não pode ser licitamente feita por aquele que tem consciência da justiça de sua causa, mas que não possui títulos suficientes para convencer o possuidor da injustiça de sua posse, porque não tem o direito de forçar o outro a se desfazer da posse".

A contribuição de GRÓCIO para o que este chamou de "direito das embaixadas" e hoje se denominaria "direito de legação", como conjunto das normas de direito diplomático e consular, reflete a evolução da matéria,[875] nos quatro séculos transcorridos desde a publicação do **Direito da guerra e da paz**. É importante situar os conceitos por ele apontados, primeiramente em relação à matéria intrínseca – no capítulo XVIII do livro II, de sua obra – não somente pelo papel e importância deste assunto nas relações internacionais,[876] como também por exprimir a compreensão grociana a respeito da relação entre o que chamava de "direito natural" e direito das gentes voluntário".[877]

GRÓCIO situava o direito de legação no que classificava como "direito das gentes voluntário", ou seja, não decorreria da 'natureza' das coisas, mas de convenção entre os povos; decorrente da necessidade de organizar a convivência entre as nações: "Até aqui falamos das coisas que nos são devidas segundo o direito de natureza, não tendo misturado com isso senão poucas observações sobre o direito das gentes voluntário, enquanto acresce alguma coisa ao direito de natureza".[878]

O "direito das embaixadas" segundo GRÓCIO se inscreve dentre as "obrigações introduzidas por esse direito das gentes que chamamos de voluntário".[879] Ser 'voluntário' não significa teria esse direito das gentes maior ou menor relevância, mas por sua origem, existiria somente em decorrência de pacto entre os homens – é conveniente e necessário que existam normas a respeito das embaixadas, e que estas se interpretem e se apliquem de modo uniforme.

[875] Para situar o conjunto e estado atual da matéria, e também para jurisprudência recente e bibliografia específica dessa temática, de modo a evitar retomar o mesmo aqui, veja-se G. E. do NASCIMENTO E SILVA, P. B. CASELLA e O. de O. BITTENCOURT Neto, **Direito internacional diplomático** – a Convenção de Viena sobre relações diplomáticas, 1961, na teoria e na prática (São Paulo: Saraiva, 4ª ed., 2012); R. P. BARSTON, **Modern diplomacy** (orig. publ. 1988, Harlow, England: Pearson Longman. 3ª ed., 2006); clássico que conserva sabor original e lições úteis, ver: Ernest SATOW (1843-1929), **Diplomatic practice** (ed. by Sir Ivor ROBERTS, Oxford: Univ. Press, 6th ed., 2009, reprinted 2011).

[876] Para situar o papel de GRÓCIO em matéria de relações internacionais, ver Hedley BULL, Benedict KINGSBURY and Adam ROBERTS (eds.), **Hugo Grotius and international relations**, Oxford: Clarendon Press, 1990).

[877] H. GRÓCIO (op. cit., 1625, II.XIX) inclui, igualmente, no direito internacional voluntário o que denomina "direito de sepultura".

[878] H. GRÓCIO (op. cit., 1625, ed. bras., 2004, II.XVIII.I, p. 727):

[879] H. GRÓCIO (op. cit., 1625, ed. bras., 2004, II.XVIII.I, p. 727).

E "entre as obrigações dessa espécie, o que há de mais considerável, é o que se refere ao direito das embaixadas",[880] acrescentava GRÓCIO: por isso, concluía, com apoio em numerosos excertos de autores antigos, "é que violá-lo não é somente injusto, mas ainda ímpio".[881] Considerava GRÓCIO, em outra passagem, "se se deve declarar guerra a quem violou o direito de embaixada".[882]

O direito de embaixada é exercitado por "aqueles que estão de posse da soberania".[883] E assim se conecta a matéria específica do direito de legação ao conjunto do direito internacional: este configura a expressão de um dos atributos do estado soberano – a capacidade de enviar e de receber representantes diplomáticos.

Inscrito no legado civilizacional do Ocidente, como continuidade intelectual e filosófica, GRÓCIO, como de hábito, reportava lições de autores antigos, como no caso, a passagem tirada de TITO LÍVIO:[884] "um embaixador se classifica como mensageiro público do povo romano".[885] E previa, ainda: "Aqueles que estão unidos por uma aliança desigual, não deixando de ser donos de si mesmos, tem o direito de embaixada".[886]

Interessante o tratamento dispensado por GRÓCIO ao exercício do direito de legação, em meio, por exemplo, a situação de guerra civil – "nessa ocorrência, uma só nação é considerada como que formando duas nações por um tempo" –[887] e por necessidade prática: "nas guerras civis, a necessidade dá algumas vezes lugar a esse direito, contra a regra". Divi-

[880] H. GRÓCIO (op. cit., 1625, ed. bras., 2004, II.XVIII.I, p. 727).

[881] H. GRÓCIO (op. cit., 1625, ed. bras., 2004, II.XVIII.I, p. 728).

[882] H. GRÓCIO (op. cit., 1625, ed. 2004, III.III.XIV, p. 1084): "Se é o próprio direito dos embaixadores que foi violado, não será uma razão, contudo, para que não seja necessária uma declaração, em vista dos efeitos de que falo, mas basta que seja feita com segurança, isto é, por cartas. Do mesmo modo, a mais, porque as citações e denúncias são habitualmente feitas em lugares pouco seguros".

[883] H. GRÓCIO (op. cit., 1625, ėd. bras., 2004, II.XVIII.II, p. 728).

[884] TITO LÍVIO, **História de Roma** (introdução, tradução e notas de Paulo Matos PEIXOTO, São Paulo: Paumape, 1989, 6 vols., cit. I.XXXII.6).

[885] H. GRÓCIO (op. cit., 1625, ed. bras., 2004, II.XVIII.II.1, p. 729); TITO LÍVIO, **História de Roma** (I.XXXII.6, ed. cit., 1989).

[886] H. GRÓCIO (op. cit., 1625, ed. bras., 2004, II.XVIII.II.2, p. 729): "Mesmo aqueles que em parte são súditos e em parte não o são, pela parte em relação à qual não são súditos. Os reis que foram vencidos numa guerra solene e despojados de seu reino perderam, com as outras vantagens da soberania, o direito de enviar embaixadores".

[887] H. GRÓCIO (op. cit., 1625, ed. bras., 2004, II.XVIII.II.3, p. 729-730).

dida, mas a nação, mesmo durante conflito civil, precisa se manter inserta nas relações internacionais.

Como a experiência pode ter ensinado, o próprio GRÓCIO estivera em missões diplomáticas das Províncias Unidas, mesmo durante o curso da guerra de independência, contra a ocupação espanhola: em abril e depois em maio de 1613, os Estados-gerais conferem a GRÓCIO chefiar duas missões diplomáticas na Inglaterra, para solucionar controvérsias entre os dois estados a respeito de direitos de pesca no Atlântico norte.[888]

Ensinava GRÓCIO: "quando, por exemplo, o povo está dividido em partidos quase iguais, de tal modo que não se sabe de que lado se encontra o poder soberano ou quando dois pretendentes disputam a sucessão ao trono com um direito plenamente controverso".[889]

A condição dos embaixadores, segundo o direito das gentes, na visão de GRÓCIO, diz respeito, primeiro que sejam admitidos e, depois, que não se use de violência alguma contra eles.[890] E conclui: "isso não deve, contudo, ser admitido de modo tão cru, pois o direito das gentes não prescreve que todos sejam admitidos, mas proíbe que sejam rejeitados sem causa". E especificava: "a causa pode provir daquele que envia, daquele que é enviado, ou do negócio pelo qual é enviado".[891]

[888] Vincent GUILLAUME na apresentação da edição de GRÓCIO, **Traité du pouvoir du magistrat politique sur les choses sacrées** (1617, originalmente publicado em Paris, em 1647, sob o título **De imperio summarum potestatum circa sacra**, edição facsimilar da publicada anonimamente em Paris, em 1751, com falsa menção a Londres, na página de rosto, trad. de Charles Armand L'Escalopier de NOURAR, Caen: Publications de l'Univ. de Caen, 1991, Présentation, p. 1-9, cit. p. 4): "On sait que GROTIUS, au cours de la seconde de ces ambassades, avait pour mission secrete d'évoquer les questions religieuses avec JACQUES Ier et ses conseillers. Isaac CASAUBON, dans une lettre au président J. A. de THOU datée du 20 avril 1613, evoque plusieurs longs entretiens avec GROTIUS sur ces sujets. Dans une autre lettre de la fin mai, il indique que le roi fut enchanté de ses conversations avec GROTIUS qui dut réussir à lever ses préventions contre la politique des états en matière religieuse. De retour en Hollande, sans doute à cause de ses succès diplomatiques, GROTIUS se vit confier par les états le soin de rédiger une défense de leur attitude dans la querelle".

[889] H. GRÓCIO (op. cit., 1625, ed. bras., 2004, II.XVIII.II.3, p. 730): "Os piratas e os salteadores que não formam um estado não podem se apoiar no direito das gentes".

[890] H. GRÓCIO (op. cit., 1625, ed. bras., 2004, II.XVIII.III – *Se uma embaixada deve sempre ser admitida*, p. 730-732).

[891] H. GRÓCIO (op. cit., 1625, ed. bras., 2004, II.XVIII.III – *Se uma embaixada deve sempre ser admitida*, p. 730-732).

São, assim, apontadas por GRÓCIO três causas, pelas quais pode ser recusada uma embaixada. Convém retomá-las:

– a primeira causa é a que provém "daquele que envia" – como motivo para rejeitar uma embaixada, pode resultar seja "mandado para fora das fronteiras do território", por vir de inimigo que esteja com as armas em punho, ou enviado por potência estrangeira, que esteja com seu exército no território, ao qual envia a missão diplomática. A linha divisória entre as relações pacíficas e o estado de guerra entre estados pode ser, por vezes, tênue;
– a segunda causa é a que provém "daquele que é enviado" – diz respeito à pessoa ou à condição do representante – "a outros que se haviam tornado odiosos por alguma razão particular". Por isso a escolha do chefe da missão e do pessoal desta até hoje deve ser feita com criterioso cuidado, para ensejar bom canal de comunicação, entre quem envia e quem recebe a embaixada, e não venha esta, em si, constituir 'interferência' adicional, que perturbe ou mesmo possa pôr termo a esse canal de diálogo entre poderes soberanos;
– a terceira causa é a que "tem lugar quando o membro da embaixada é suspeito" – em caso de, por exemplo, de "enviado para sublevar o povo ou quando a embaixada não responde à dignidade daquele a quem é enviada ou que vem a contratempo". Não basta a escolha do chefe e dos integrantes da missão, antes de serem enviados, mas devem estar conscientes e manterem comportamento adequado durante todo o exercício de suas atribuições.[892]

GRÓCIO, ademais, criticava a prática – iniciada na Itália, na segunda metade do século XV –[893] e que já se tornara comum ao seu tempo, e muito mais se fez desde então, de se enviar e se manterem embaixadas permanentes. Prática, em relação à qual GRÓCIO não esconde certas dúvidas, quanto à utilidade:

[892] H. GRÓCIO (op. cit., 1625, ed. bras., 2004, II.XVIII.III – *Se uma embaixada deve sempre ser admitida*, p. 730-732).
[893] Como considerado no item – *Embaixadores residentes a partir do século XV na Itália* (in G. E. do NASCIMENTO E SILVA, P. B. CASELLA e O. BITTENCOURT Neto, **Direito internacional diplomático** op. cit., 2012, p. 26-33). Para quadro rico sobre as transformações da Itália renascentista, veja-se a obra de Francesco GUICCIARDINI, **Storia d'Italia** (a cura di Silvana Seidl MENCHI, saggio introduttivo di Felix GILBERT, Turim: Einaudi, © 1971, ristampa 2008, 3 vols.).

> Tudo isso está, de resto, fundado precisamente no direito para recusar admitir as missões permanentes, que hoje são costumeiras, e cuja pouca utilidade está demonstrada pela prática dos tempos antigos, aos quais eram desconhecidas.[894]

A determinação da extensão das imunidades diplomáticas, ocupava GRÓCIO,[895] e se mantém até hoje objeto relevante da disciplina: "com relação ao fato de não cometer violências contra os embaixadores a questão é mais difícil e foi tratada de modo diverso por ilustres mentes deste século".[896] Caberia, sucessivamente, considerar: a pessoa do embaixador, as pessoas do seu séquito, e o regime aplicável aos bens móveis.

Em primeiro lugar, com relação à pessoa do embaixador GRÓCIO apontava controvérsias, decorrentes da diversidade da extensão da imunidade a ser reconhecida:

> alguns são de opinião que, em virtude do direito das gentes, os corpos dos embaixadores não são colocados ao abrigo senão de uma violência injusta. De fato, pensam que os privilégios devem ser interpretados de acordo com o direito comum. Outros pensam que a violência não pode ser praticada contra um embaixador por todo tipo de indivíduos, mas somente se o direito das gentes for violado por ele, pois no direito das gentes está incluído o direito de natureza; desse modo, o embaixador poderia ser punido por toda espécie de delito, à exceção daqueles que se originam do puro direito civil. Outros restringem isso às coisas que são feitas contra a instituição do estado ou contra a dignidade daquele ao qual o embaixador é enviado.[897] [...]
> As razões que cada um alega não concluem nada de preciso, porque esse direito não nasce, como o direito de natureza, de uma maneira certa de princípios certos, mas recebe sua regra da vontade das nações.[898] [...] Vemos

[894] H. GRÓCIO (op. cit., 1625, ed. bras., 2004, II.XVIII.III.2, p. 732).
[895] H. GRÓCIO (op. cit., 1625, ed. bras., 2004, II.XVIII.IV – *Contra os embaixadores que tramam projetos perigosos, a defesa é permitida, mas não a punição*, p. 732-737).
[896] H. GRÓCIO (op. cit., 1625, ed. bras., 2004, II.XVIII.IV.1, p. 732).
[897] H. GRÓCIO (op. cit., 1625, ed. bras., 2004, II.XVIII.IV.1, p. 732-733).
[898] H. GRÓCIO (op. cit., 1625, ed. bras., 2004, II.XVIII.IV.2, p. 733): "As nações puderam garantir completamente os embaixadores ou fazê-lo com certas exceções, pois de um lado há a utilidade do castigo reservado aos que cometem graves delitos e do outro, a utilidade das embaixadas, das quais se facilita com grande vantagem o envio, concedendo-lhes a maior segurança possível. Deve-se pois considerar até que ponto as nações consentiram, o que não

> nisso que o direito das gentes se estende até os que cometem atos de hostilidade.[899] [...]
> O castigo pode ser infligido por aquele que enviou o embaixador, se o quiser; se não o quiser, pode-se exigi-lo dele pela guerra, como se tivesse aprovado o crime. [...] Se aquele que enviou o embaixador aprova seu ato, a pena do embaixador não nos livraria da guerra. De outro lado, a salvação dos embaixadores é colocada numa situação bem crítica, se devem prestar contas de seus atos a outro que não seja aquele por quem foram enviados.[900] [...]
> Por isso, creio plenamente que é do agrado das nações que o costume comum que submete à lei do lugar qualquer um que se encontre no território de outrem, seja alterado em função dos embaixadores. Como uma espécie de exceção, são tomados como pessoas daqueles que os enviam. [...] Do mesmo modo, por uma suposição similar, deveriam ser considerados também como estando fora do território, decorrendo disso que não seriam regidos pelo direito civil do povo no meio do qual vivem.[901]

A exata compreensão do fenômeno está no critério funcional – ou seja, as imunidades e o tratamento privilegiado, concedido aos representantes diplomáticos se explicam e se justificam como meios para assegurar a liberdade de atuação profissional dos representantes oficiais estrangeiros, são decorrência de razões de exercício da função – ou seja, não tem acepção de pessoa – e, ademais, são habitualmente regidas pela reciprocidade: cada país dispensará, em seu território, aos representantes diplomático estrangeiros lá sediados – o 'corpo diplomático' – o tratamento equivalente ao dado pelo estado estrangeiro aos seus representantes lá sediados.

Por esse motivo, também, "aquele a quem o embaixador não é enviado não é obrigado pelo direito de embaixada",[902] isso se daria "obrigando

pode ser demonstrado só pelos exemplos. De fato, existe um número bastante grande de prós e contras. Deve-se, pois, recorrer ao julgamento de pessoas sábias ou a conjecturas".

[899] H. GRÓCIO (op. cit., 1625, ed. bras., 2004, II.XVIII.IV.3, p. 733-734): "A justiça e a equidade, isto é, o direito puro de natureza, sofrem quando se inflige um castigo, quando o que se tornou culpado é encontrado, mas o direito das gentes excetua os embaixadores e aqueles que, como eles, vem sob a proteção da fé pública. Por isso é que é contrário ao direito das gentes, pelo qual muitas coisas são proibidas, mas que o direito de natureza permite que os embaixadores sejam objeto de acusação".

[900] H. GRÓCIO (op. cit., 1625, ed. bras., 2004, II.XVIII.IV.4, p. 734-735).

[901] H. GRÓCIO (op. cit., 1625, ed. bras., 2004, II.XVIII.IV.5, p. 735-736).

[902] H. GRÓCIO (op. cit., 1625, ed. bras., 2004, II.XVIII.V, p. 737-739).

aquele a quem a embaixada foi enviada e somente se ele a recebeu, como se uma convenção tácita tivesse ocorrido a respeito, a partir desse momento". Como esclarecia GRÓCIO: "se nada disso ocorrer e se os embaixadores são maltratados não é o direito das gentes de que tratamos, mas é a amizade e a dignidade daquele que os enviou ou daquele para o qual se dirigem que são consideradas violadas".[903]

Ressaltava GRÓCIO:[904] "uma embaixada recebida tem mesmo entre inimigos públicos e com maior razão entre inimigos privados a salvaguarda do direito das gentes".[905] Mais uma vez, reportava a lição antiga: "TÁCITO chama o direito de que falamos 'o direito dos inimigos, a santidade das embaixadas, o direito das gentes'.[906]

Em suma,[907] "o direito das gentes predispõe não somente sobre a dignidade daquele que envia, mas também a segurança daquele que é enviado".[908] Isso não somente por questão de reciprocidade, mas pela essência dos princípios que regem o direito diplomático.

Com relação às pessoas do séquito do embaixador, ponderava GRÓCIO, "o direito dos embaixadores se estende também às pessoas de seu séquito, se os embaixadores o quiserem":[909]

> Essas pessoas e essas coisas são santas só acessoriamente e por conseguinte enquanto forem do agrado do embaixador. Por isso é que se as pessoas do séquito cometeram algum grave delito, se poderá pedir ao embaixador para entregá-las. De fato, não se poderá tomá-las à força [...] Se o embaixador não quiser entregá-los, deverão ser tomadas as mesmas providências que acabamos de falar a propósito do embaixador.[910]

[903] H. GRÓCIO (op. cit., 1625, ed. bras., 2004, II.XVIII.V, p. 739).
[904] H. GRÓCIO (op. cit., 1625, ed. bras., 2004, II.XVIII.VI – *O inimigo a quem foi enviado um embaixador é obrigado*, p. 739-740).
[905] H. GRÓCIO (op. cit., 1625, ed. bras., 2004, II.XVIII.VI, p. 739).
[906] H. GRÓCIO (op. cit., 1625, ed. bras., 2004, II.XVIII.VI, p. 740).
[907] H. GRÓCIO (op. cit., 1625, ed. bras., 2004, II.XVIII.VII – *O direito de talião não pode se opor*, p. 741).
[908] H. GRÓCIO (op. cit., 1625, ed. bras., 2004, II.XVIII.VII, p. 741): "Por isso é que se contrata também com esse último de maneira tácita. Uma injúria é cometida contra ele, mesmo se não houver nenhuma cometida contra aquele que o enviou".
[909] H. GRÓCIO (op. cit., 1625, ed. bras., 2004, II.XVIII.VIII, p. 742-743).
[910] H. GRÓCIO (op. cit., 1625, ed. bras., 2004, II.XVIII.VIII.1, p. 742).

Aduzia GRÓCIO comentário a respeito de matéria que continua atual e objeto de controvérsia, como ilustram casos recentes, em curso até os nossos dias:

> Saber se o próprio embaixador tem um direito de jurisdição sobre sua família e um direito de asilo em sua morada, em favor de quem quer que aí se tenha refugiado, isso depende da boa vontade daquele junto a quem ele vive. Não é, de fato, do direito das gentes.[911]

Enfatizava GRÓCIO em outra passagem: o direito das gentes querer "que os suplicantes sejam acolhidos e protegidos diz respeito somente àqueles que cedem diante da má sorte, não diante do crime".[912]

E, em terceiro lugar, expunha GRÓCIO, o regime aplicável aos bens móveis:[913]

> A opinião melhor fundada é que os bens móveis do embaixador e aqueles que por conseguinte são considerados como ligados à sua pessoa não podem ser tomados a título de penhor ou para o pagamento de uma dívida, nem por ordem da justiça, nem como querem alguns pela mão do rei, pois toda coação deve ser afastada do embaixador, tanto com relação às coisas que lhe são necessárias, quanto com relação à sua pessoa, a fim de que a segurança seja completa para ele.[914]

A necessidade de assegurar regime legal de imunidade de execução em relação a embaixador estrangeiro, ponderava a seguir GRÓCIO, "não se deve temer o que alguns pensam que, se foi posto como norma de direito, não se encontrará ninguém que queira fazer contratos com um

[911] H. GRÓCIO (op. cit., 1625, ed. bras., 2004, II.XVIII.VIII.2, p. 743).

[912] H. GRÓCIO (op. cit., 1625, ed. 2004, III.II.III.3, p. 1060) remetia a passagem anterior (II.XXI.5) e completava logo a seguir (III.II.III.4, p. 1060): "há paridade de direito entre aqueles junto aos quais o crime foi cometido e aqueles que recusam punir ou entregar o culpado".

[913] H. GRÓCIO (op. cit., 1625, ed. bras., 2004, II.XVIII.IX – *Também aos bens móveis*, p. 743).

[914] H. GRÓCIO (op. cit., 1625, ed. bras., 2004, II.XVIII.IX, p. 743) explica o regime que deve ser aplicado a tais casos de execução de dívida contraída por embaixador estrangeiro, em território de exercício de missão: "se empregarão os meios que ordinariamente são utilizados contra os devedores que estão fora do território".

embaixador".[915] E comparava "os reis, que não podem ser coagidos, não deixam de ter credores".[916]

Terminava GRÓCIO o seu capítulo sobre o direito de legação enfatizando a importância da matéria:[917] "a história profana está cheia de guerras empreendidas por causa de maus tratos infligidos aos embaixadores".[918] E aduzia conservarem os livros sagrados a memória da guerra conduzida, por esse motivo, por DAVI, contra os Amonitas – *bellum in Ammonitas et in Syros.*[919]

No tocante à "obrigação a respeito dos penhores",[920] comenta GRÓCIO:

> Os penhores têm certas coisas comuns com os reféns e certas coisas que lhes são próprias. O que tem de comum é que são retidos em razão de qualquer outra dívida, salvo que a palavra dada ponha obstáculo. O que tem de próprio é que a cláusula que se refere a eles não é tomada de maneira tão estrita como aquela relativa aos reféns, pois a matéria não é igualmente odiosa. As coisas, de fato, nasceram para ser possuídas, mas não os homens.[921]
>
> Nenhum lapso de tempo pode impedir que o descompromisso do penhor não ocorra, se for executado aquilo pelo qual o penhor foi dado. Um ato que tem uma causa antiga e conhecida não é considerado proceder de uma causa nova.[922]

[915] H. GRÓCIO (op. cit., 1625, ed. bras., 2004, II.XVIII.X – *Exemplos de obrigação sem direito de coagir*, p. 743-745).
[916] H. GRÓCIO (op. cit., 1625, ed. bras., 2004, II.XVIII.X.1, p. 743), ressalvava logo a seguir (II.XVIII.X.2, p. 745): "As coisas que são alegadas contra essa opinião, tiradas do direito romano, não dizem respeito aos embaixadores, mas aos enviados provinciais e municipais."
[917] H. GRÓCIO (op. cit., 1625, ed. bras., 2004, II.XVIII.XI – *Importância desse direito de embaixada*, p. 745).
[918] H. GRÓCIO (op. cit., 1625, ed. bras., 2004, II.XVIII.XI, p. 745): "CÍCERO [**Pro lege Manilia**, 5,11] não encontra causa mais justa contra MITRIDATES". Ver CÍCERO, **Pro lege Manilia – Pro Caecina – Pro Cluentio – Pro rabirio perduellionis** (with an English translation by H. GROSE HODGE, Cambridge, Ma. / London: Harvard UP / LCL 198, CICERO IX, © 1927, reprinted 2000).
[919] II Samuel (cap. X). **Biblia Sacra** iuxta **Vulgatam Clementinam** (nova editio, logicis partionibus aliisque subsidiis ornata a A. COLUNGA et L. TURRADO, Madri: Biblioteca de autores cristianos, 1977, II Samuelis (II Regum), p. 247-270, cap. X, p. 255).
[920] H. GRÓCIO (op. cit., 1625, ed. bras., 2004, III.XX.LIX – *qual é a obrigação a respeito dos penhores?* e III.XX.LX – *quando se perde o direito de retirá-los*, p. 1418-1419). Compare-se a lição de GRÓCIO (1625, em II.IV.XV).
[921] H. GRÓCIO (op. cit., 1625, ed. bras., 2004, III.XX.LIX – *qual é a obrigação a respeito dos penhores?*, p. 1418-1419).
[922] H. GRÓCIO (op. cit., 1625, ed. bras., 2004, III.XX.LX – *quando se perde o direito de retirá-los*, p. 1419).

Em outra passagem, considerava GRÓCIO o papel dos reféns em convenções:[923]

> na maioria das vezes são um acessório do ato principal, mas que contudo pode também ser concordado que a obrigação seja disjuntiva, isto é que se execute uma certa coisa, ou que os reféns sejam retidos. Na dúvida, deve-se observar o que é mais natural, isto é que sejam considerados somente como um acessório.[924]

Ainda no direito das gentes voluntário, inscrevia GRÓCIO, em 1625, como mencionado, igualmente o "direito de sepultura":[925] "a sepultura dos mortos é devida também em virtude do direito das gentes que extrai sua origem da vontade".[926] Indaga GRÓCIO a origem dessas práticas e discorre extensamente a respeito de precedentes antigos: "o dever da sepultura não é prestado ao homem, isto é, à pessoa, mas à humanidade, isto é, à natureza humana".[927]

Seria esse "direito devido mesmo aos inimigos públicos".[928] E também em estado de guerra. E isso: "pode-se ler em toda parte, na história, que se havia obtido a faculdade de retirar os mortos".[929]

Embora GRÓCIO admitisse a apropriação mesmo das coisas ditas 'sagradas' e 'religiosas' pelos vencedores de guerra solene – "o que dissemos das coisas sagradas se deve entender de igual modo das coisas religiosas. Estas últimas também não pertencem aos mortos, mas aos vivos, seja a algum povo, seja a uma família" –[930] contudo aduzia a respeito d'*as coisas*

[923] GRÓCIO (op. cit., 1625, ed. 2004, III.XXIII.XVI – *dos reféns nesse tipo de* convenções, p. 1464).

[924] GRÓCIO (op. cit., 1625, ed. 2004, III.XXIII.XVI, p. 1464).

[925] H. GRÓCIO (op. cit., 1625, ed. bras., 2004, II.XIX – *do direito de sepultura*, p. 747-767).

[926] H. GRÓCIO (op. cit., 1625, ed. bras., 2004, II.XIX.I – *o direito de inumar os mortos decorre do mesmo jus gentium*, p. 749-753, cit. n. 2, p. 750): "Como os antigos, para quem esses tipos de leis comuns aos homens disciplinados parecessem mais respeitáveis foram atribuídos aos deuses, vemos em toda parte que faziam também considerar os deuses como os autores do direito de sepultura, do mesmo modo que o direito de embaixada".

[927] H. GRÓCIO (op. cit., 1625, ed. bras., 2004, II.XIX.II – *Qual é a sua origem?*, p. 753-758, cit. n. 6, p. 757).

[928] H. GRÓCIO (op. cit., 1625, ed. bras., 2004, II.XIX.III, p. 758-760): "todos são de opinião que a sepultura é devida também aos inimigos públicos".

[929] H. GRÓCIO (op. cit., 1625, ed. bras., 2004, II.XIX.III.2, p. 760).

[930] H. GRÓCIO (op. cit., 1625, ed. 2004, III.V.II – *Mesmo as coisas sagradas; em que sentido se deve entendê-lo*, p. 1118-1123).

religiosas com uma precaução', ressalvando: "que os próprios corpos dos mortos não sejam maltratados, pois isso é contra o direito das sepulturas, que demonstramos,[931] como tendo sido introduzido pelo direito das gentes".[932]

Encerrava GRÓCIO, em 1625, o capítulo XIX do livro II com menção[933] a outras coisas, que considerava devidas em virtude do direito voluntário das gentes:[934]

> Ainda que todas essas coisas tomem até certo ponto sua origem no direito de natureza, elas recebem, contudo, da lei humana, uma espécie de consistência, seja contra as incertezas da conjectura, seja contra certas exceções que a razão natural parece sugerir por outro lado.[935]

Algumas vezes, tem de reconhecer GRÓCIO que "esse direito não esteve sempre em uso em todas as nações".[936] Como, por exemplo:

> Deve-se saber que esse direito das gentes, relativo aos prisioneiros, não foi acatado sempre, nem junto a todas as nações, embora os jurisconsultos romanos falem dele geralmente, designando nisso a parte mais conhecida pelo nome do todo.[937] [...] Os usos da maioria das nações dão um direito sobre essas pessoas ao estado ou a seu chefe.[938]

[931] H. GRÓCIO (op. cit., 1625, ed. bras., 2004, livro II, cap. XII, § I, 1).

[932] H. GRÓCIO (op. cit., 1625, ed. 2004, III.V.III – *E as coisas religiosas com uma precaução*, p. 1124).

[933] H. GRÓCIO (op. cit., 1625, ed. bras., 2004, II.XIX.VI – *Outras coisas devidas em virtude do direito das gentes*, p. 767).

[934] H. GRÓCIO (op. cit., 1625, ed. bras., 2004, II.XIX.VI, p. 767) exemplificava matérias que não seriam estritamente parte do direito internacional pós-moderno: "como as coisas possuídas durante longo tempo, as sucessões *ab intestato* e aquelas que provém de um contrato, por mais desigual que seja".

[935] H. GRÓCIO (op. cit., 1625, ed. bras., 2004, II.XIX.VI, p. 767): "como isso demonstrado antes, com extrema brevidade, quando tratamos do direito de natureza".

[936] H. GRÓCIO (op. cit., 1625, ed. bras., 2004, III.VII.VIII, p. 1181-1182).

[937] H. GRÓCIO (op. cit., 1625, ed. bras., 2004, III.VII.VIII, p. 1181-1182) e acrescentava (III.VII.IX, p. 1182-1183, cit. III.VII.IX.1): "Os cristãos, porém, estão em geral de acordo que, surgindo a guerra entre eles, os prisioneiros não se tornariam escravos" e completava (III.VII.IX.2): "o que os cristãos praticam a esse respeito, os maometanos o observam de modo similar entre eles", mas ressalvava, contudo, na mesma passagem (III.VII.IX.2, p. 1183) a prática ainda existente a seu tempo de reter prisioneiros de guerra até pagamento de resgate: "O costume foi, contudo, conservado mesmo entre os cristãos, de reter os prisioneiros até que tenham

Em outro capítulo, GRÓCIO desenvolvia "considerações sobre os prisioneiros".[939] Depois de retomar a lição de autores gregos e romanos, além de referências bíblicas sobre a escravidão, ponderava GRÓCIO "o que deve ser feito onde não existe o costume de escravizar os prisioneiros".[940]

Considerara GRÓCIO, na obra de 1625, a questão "da soberania sobre os vencidos":[941]

> Não há nada de espantoso que aquele que pode, em seu proveito, sujeitar cidadãos privados a uma servidão pessoal possa também se tornar chefe de um conjunto de cidadãos, que sejam constituídos num estado ou numa parte de um estado, impondo-lhes uma dependência puramente civil ou puramente despótica ou que tenha elementos de uma e de outra.[942]

Deste modo,

> a soberania pode ser adquirida pela vitória, enquanto reside num rei ou em outro soberano. Então, se sucede somente a seu direito e nada mais. Pode também sê-lo, mesmo enquanto reside no povo, nesse caso o vencedor possui a soberania de tal maneira que pode aliená-la, do mesmo modo que o povo poderia.[943] [...]

pago o preço de seu resgate, cuja estimativa é deixada à discrição do vencedor, a menos que não se tenha concordado algo de determinado".

938 H. GRÓCIO (op. cit., 1625, ed. bras., 2004, III.VII.IX.2, p. 1183).

939 GRÓCIO (op. cit., 1625, ed. 2004, III.XIV, p. 1295-1311).

940 GRÓCIO (op. cit., 1625, ed. 2004, III.XIV.IX, p. 1310-1311): "Nas nações em que esse direito de escravidão provindo da guerra não está em uso, o melhor seria trocar os prisioneiros. O melhor, a seguir, mandá-los de volta por um preço razoável."

941 H. GRÓCIO (op. cit., 1625, ed. bras., 2004, III.VIII, p. 1185-1192).

942 H. GRÓCIO (op. cit., 1625, ed. bras., 2004, III.VIII.I – *Adquire-se também pela guerra o poder civil, residindo ele no rei ou no povo; efeitos dessa aquisição*, p. 1187-1189) – a tradução da passagem parece pouco clara em português; ver tb. trad. francesa, **Le droit de la guerre et de la paix** (trad. Jean BARBEYRAC, 1724, ed. cit., 1984, III.VIII.I, p. 829): "Si l'on peut réduire à un esclavage personnel chaque particulier du parti de l'ennemi, qui est tombé entre nos mains, comme nous venons de le faire voir dans le chapitre précédent; il n'y a pas lieu de s'étonner que l'on puisse aussi imposer à tout le corps des ennemis, soit qu'il fasse un état entier, ou seulement partie de l'état, une sujétion ou purement civile, ou purement despotique ou qui tienne de l'une et de l'autre."

943 H. GRÓCIO (op. cit., 1625, ed. bras., 2004, III.VIII.I.3, p. 1189) completava a passagem e se reportava a outra passagem (I.III.11) – cuja referência está truncada na edição brasileira: "Dissemos em outro local que é assim que surgiu a existência de certos reinos patrimoniais".

mesmo que se deixe a um povo vencido o direito de existir como estado, pode-se tomar para si certos direitos que haviam pertencido a esse estado. Depende, de fato, do vencedor em conferir tais limites, conforme sua liberalidade.[944]

Mais adiante, no mesmo livro, GRÓCIO ainda trazia outro capítulo dc "considerações sobre a conquista da soberania":[945]

> Se a equidade é exigida ou a bondade é elogiada nos cidadãos privados, muito mais devem sê-lo com relação a povos ou partes de povos, até porque a justiça e a benevolência exercidas com relação a grande número de pessoas são mais notadas. Como outras coisas podem ser adquiridas por uma guerra justa, do mesmo modo se pode adquirir o direito daquele que reina sobre um povo e o direito que o próprio povo tem com relação à soberania, mas bem entendido quanto o comporta a medida do castigo decorrente do delito ou a de outra dívida qualquer. A isso se deve acrescentar o objetivo de evitar um grande perigo. Essa razão, que na maioria das vezes é misturada com as outras, deve ser, contudo, ela própria tomada particularmente em consideração e nas condições da paz e no uso da vitória. Em relação a todas as outras coisas se pode fazer uso do próprio direito de compaixão. Num perigo público, a segurança que ultrapassa os limites é a dureza de coração.[946]

Isso em vista do objetivo maior: "o fim da guerra é de afastar o que perturba a paz".[947] Depois de vitória, pode-se exprimir o propósito de pacificação seja acolhendo na cidade os antigos inimigos, como nos exemplos romanos que GRÓCIO refere;[948] ou "seja deixando a soberania aos que a possuíam",[949] ou "às vezes, dispondo guarnições",[950] "ou mesmo impondo tributos e outros ônus similares".[951] Isso "indica a vantagem resultante

[944] H. GRÓCIO (op. cit., 1625, ed. bras., 2004, III.VIII.IV.3, p. 1192).
[945] GRÓCIO (op. cit., 1625, ed. 2004, III.XV, p. 1313-1326).
[946] GRÓCIO (op. cit., 1625, ed. 2004, III.XV.I – *até que ponto a justiça interna permite que a soberania seja adquirida*, p. 1315).
[947] GRÓCIO (op. cit., 1625, ed. 2004, III.XV.II.2, p. 1316).
[948] GRÓCIO (op. cit., 1625, ed. 2004, III.XV.III – *seja misturando-os aos vencedores*, p. 1317-1318).
[949] GRÓCIO (op. cit., 1625, ed. 2004, III.XV.V, p. 1319).
[950] GRÓCIO (op. cit., 1625, ed. 2004, III.XV, p. 1313-1326): "Algumas vezes, com a concessão da soberania, se provê ao mesmo tempo a segurança dos vencidos".
[951] GRÓCIO (op. cit., 1625, ed. 2004, III.XV.VI, p. 1320): "Muitas vezes também a imposição de tributos não diz respeito tanto ao reembolso das despesas feitas senão à segurança para o

dessa moderação" porque, em suma: "que a soberania seja deixada aos vencidos não é somente um ato de humanidade, mas muitas vezes é também um ato de prudência".[952]

GRÓCIO ainda assinalava que "se for preciso apoderar-se da soberania convém deixar uma parte aos vencidos",[953] ou seja, mais uma vez, este concebe a divisibilidade da soberania:

> Se for menos seguro se abster de toda dominação sobre os vencidos, a coisa pode, contudo, ser moderada, de modo que alguma porção de soberania seja deixada a eles mesmos ou a seus reis. TÁCITO faz menção ao hábito do povo romano de ter mesmo 'reis como instrumentos de sua dominação'.[954]

Relacionado com esse tema, GRÓCIO considera "as maneiras de misturar a soberania".[955] Ou "ao menos uma espécie de liberdade":[956] porquanto "mesmo que toda a soberania seja tirada aos vencidos, suas leis, seus costumes, seus magistrados podem ser deixados a eles, no que tange a seus negócios particulares e aos negócios públicos de pouca importância.[957]

Isso se aplicaria "principalmente com relação à religião":[958]

> Uma faceta dessa indulgência é não tirar aos vencidos o exercício da religião de seus antepassados, a menos que sejam convertidos, o que muito agrada

futuro, tanto do vencedor como do vencido". Cabe o paralelo com o que assinalara GRÓCIO a respeito das alianças desiguais (op. cit., 1625, II.XV.VII) como entregar as armas, a frota, os elefantes, o fato de não ter fortalezas, exército.

952 GRÓCIO (op. cit., 1625, ed. 2004, III.XV.VII, p. 1320-1322) e a seguir (III.XV.VIII, p. 1322-1323) apontava "exemplos e sobre a mudança da forma de governo para os vencidos".

953 GRÓCIO (op. cit., 1625, ed. 2004, III.XV.IX, p. 1323-1324).

954 GRÓCIO (op. cit., 1625, ed. 2004, III.XV.IX, p. 1323); ver CORNELIUS TACITUS, **Agricola** (14, edição bilingue com trad. para o inglês de M. HUTTON, rev. R. M. OGILVIE, seguido de **Germania**, trad. M. HUTTON, rev. E. H. WARMINGTON e **Dialogus**, trad. W. PETERSON, rev. M. WINTERBOTTOM, Cambridge Ma.: Harvard U.P., LCL 35, TACITUS I, 1st. publ., 1914, reprinted 2006).

955 GRÓCIO (op. cit., 1625, ed. 2004, I.III.XVII e também II.VIII.III, além de retornar ao tema em III.XV.IX).

956 GRÓCIO (op. cit., 1625, ed. 2004, III.XV.X, p. 1324).

957 GRÓCIO (op. cit., 1625, ed. 2004, III.XV.X, p. 1324): "Os godos deixaram as leis romanas aos romanos vencidos".

958 GRÓCIO (op. cit., 1625, ed. 2004, III.XV.XI, p. 1325).

aos vencidos e não acarreta mal algum ao vencedor.[959] [...] Se houver nos vencidos uma religião falsa, o vencedor tomará legitimamente medidas para que a religião verdadeira não seja oprimida.[960]

Mesmo na dominação mais completa, advertia GRÓCIO deverem ser tratados os vencidos com clemência, "de tal modo que seus interesses estejam ligados aos interesses do vencedor":[961] "na matéria da soberania sobre os vencidos, inscreve-se a questão do *postlimínio*: é um direito que nasce do retorno ao limite, isto é, às fronteiras públicas".[962]

Em conformidade com a razão, as nações têm, por um consenso comum, estendido esse direito e concordaram que o postlimínio ocorreria se um indivíduo ou se uma coisa do tipo daquelas às quais fosse conveniente tornar o postlimínio aplicável, tinham vindo em direção a nossos amigos.[963] [...]
É recuperado pelo postlimínio aquele que, homem livre, retorna ao estado que havia deixado para se dirigir a outro país, conformando-se ao direito estabelecido pelo postlimínio.[964]

O conteúdo do conceito, advertia GRÓCIO, poderia ficar menos claro:

Aqueles que, nos últimos séculos, fizeram profissão de conhecer o direito, nada deixaram de razoável com relação às coisas que são tomadas dos inimigos, do mesmo modo que sobre o direito de postlimínio. Essa matéria foi tra-

959 GRÓCIO (op. cit., 1625, ed. 2004, III.XV.XI, p. 1325) lembra que tanto FLAVIO JOSEFO como o imperador TITO teriam objetado aos rebeldes de Jerusalém que "por benefício dos romanos, gozavam de um direito tão amplo para o exercício de seu culto, que podiam expulsar do templo os estrangeiros, mesmo sob pena da vida".

960 GRÓCIO (op. cit., 1625, ed. 2004, III.XV.XI, p. 1325): "Foi o que CONSTANTINO fez depois de ter esmagado o partido de LICÍNIO e o que fizeram depois dele os reis francos e outros reis".

961 GRÓCIO (op. cit., 1625, ed. 2004, III.XV.XII, p. 1325-1326).

962 H. GRÓCIO (op. cit., 1625, ed. bras., 2004, III.IX – *Do postlimínio*, p. 1193-1216).

963 H. GRÓCIO (op. cit., 1625, ed. bras., 2004, III.IX.II – *Em que lugares se exerce o postlimínio*, p. 1196-1197) esclarecia: "Nessas passagens, por amigos ou aliados deve-se entender não aqueles com os quais se está simplesmente em paz, mas aqueles que, na guerra, seguem o mesmo partido".

964 H. GRÓCIO (op. cit., 1625, ed. bras., 2004, III.IX.III – *Pelo postlimínio certas coisas retornam, outras são recuperadas*, p. 1197-1198): "Os cavalos, os burros, os navios estão compreendidos nesse direito de postlimínio".

> tada como mais cuidado pelos antigos romanos, mas a seguir de maneira por demais confusa, de modo que o leitor não podia distinguir o que pretendiam que fosse de competência do direito das gentes ou do direito civil romano.[965]

GRÓCIO ainda cogitava a respeito das modalidades de exercício deste: "na paz, a menos que se tenha concordado diversamente, existe para aqueles que não foram presos com as armas na mão, mas que por seu azar, foram surpreendidos".[966] Aduzia: "esta razão particular não pode constituir o direito das gentes, mas pode subsistir entre as causas pelas quais os romanos teriam adotado também esse direito introduzido pelas outras nações".[967]

Considerava, contudo:

> Mais fundada é essa razão, isto é, que os reis ou os povos que empreendiam uma guerra queriam que se acreditasse que tinham causas justas para fazê-lo e que ao contrário aqueles que empunhavam as armas contra eles pretendiam atacá-las. Ora, como uma e outra das partes queriam que isso fosse difundido como verdade e que não seria seguro para aqueles que desejassem conservar a paz envolver-se nessa contenda, os povos neutros nada puderam fazer de melhor do que aceitar por direito o que poderia acontecer e assim considerar aqueles que teriam sido presos com as armas na mão, como presos em virtude de uma causa justa.[968] [...]
> Terminada a guerra, nada podia ser alegado para colocar obstáculo a sua liberação. Por isso se chegou a um acordo sobre esse ponto, que tais prisioneiros obteriam sempre a liberdade na paz, como sendo inocentes, com a concordância das partes, mas que, como os outros, cada um usaria do direito que seria reconhecido para eles, exceto quando as convenções prescrevessem alguma coisa determinada.[969]

965 H. GRÓCIO (op. cit., 1625, ed. bras., 2004, III.IX.I, p. 1195).

966 H. GRÓCIO (op. cit., 1625, ed. bras., 2004, III.IX.IV – *O direito de postlimínio ocorre na paz e na guerra: que decidir quando dele não se fala na paz?*, p. 1198-1201).

967 H. GRÓCIO (op. cit., 1625, ed. bras., 2004, III.IX.IV.2, p. 1199).

968 H. GRÓCIO (op. cit., 1625, ed. bras., 2004, III.IX.IV.2, p. 1199-1200). Ver Tratado (tomo 8 – Direito internacional além do paradigma vestfaliano, item '*construção da neutralidade no direito internacional moderno e os tratados de NEWMAYR VON RAMSLA*').

969 H. GRÓCIO (op. cit., 1625, ed. bras., 2004, III.IX.IV.3, p. 1200)

Pela mesma causa, esclarecia GRÓCIO, as coisas tomadas na guerra não são devolvidas quando houver paz, a menos que isso tenha sido estipulado em convenção: "porque o vencedor quer que se acredite que tinha o direito de obter essas coisas e que, contradizê-lo seria dar origem a novas guerras eclodindo de outras guerras".[970]

GRÓCIO situava a extensão de aplicação do postliminio, "os direitos são restabelecidos também com relação a ele próprio", entre os quais: "do mesmo modo que os direitos voltam para aquele que retorna pelo postliminio, assim também os direitos que se possuía contra ele mesmo são restituídos e considerados [...] como se jamais tivesse estado em poder dos inimigos".[971]

E ao considerar "quando um povo tem direito ao postlimínio", expunha GRÓCIO: "o que dissemos dos indivíduos, penso que se possa dizer também dos povos, de modo que aqueles que eram livres recuperam sua liberdade".[972] Isso porque:

> Se a multidão que havia constituído o estado for dissolvida, penso por mais verdadeiro que não deve ser considerado o mesmo povo e que seus bens não lhe serão mais restituídos pelo postlimínio, em virtude do direito das gentes, porque um povo, como um navio, perece inteiramente pela dissolução de suas partes, consistindo toda sua natureza em sua união perpétua.[973]

GRÓCIO finalmente expunha a possível aplicação do postlimínio, entre os seus contemporâneos:[974]

> Em nossos tempos, não somente entre os cristãos, mas ainda entre a maioria dos maometanos, o direito de postlimínio foi abolido, como aquele de capti-

[970] H. GRÓCIO (op. cit., 1625, ed. bras., 2004, III.IX.IV.3, p. 1200) e a seguir (III.IX.IV.4, p. 1201): "Na guerra retornam pelo postlimínio as pessoas que, antes de serem presas, estavam livres; são recuperados os escravos e certas outras coisas".

[971] H. GRÓCIO (op. cit., 1625, ed. bras., 2004, III.IX.VII, p. 1202). Esclarecia a seguir, com base na lição do jurisconsulto romano PAULO (III.IX.VIII – *Por que os que se rendem não tem direito ao postlimínio?*, p. 1203): "são privados do postlimínio aqueles que, vencidos pelas armas, se haviam rendido aos inimigos. A razão é que as convenções feitas com os inimigos são válidas segundo o direito das gentes [...] e que não há contra elas postlimínio".

[972] H. GRÓCIO (op. cit., 1625, ed. bras., 2004, III.IX.IX, p. 1203-1204).

[973] H. GRÓCIO (op. cit., 1625, ed. bras., 2004, III.IX.IX, p. 1203-1204).

[974] H. GRÓCIO (op. cit., 1625, ed. bras., 2004, III.IX.XIX – *Quando isso pode ocorrer hoje?*, p. 1216).

> vidade, fora da guerra. A necessidade de um e de outro foi supressa, por causa do restabelecimento desse senso de parentesco que a natureza quis estabelecer entre os homens.[975]
> Esse antigo direito das gentes poderia, contudo, ocorrer, se tivermos negócios com uma nação de tal modo bárbara que tenha por legítimo tratar de modo hostil todos os estrangeiros e seus bens, sem declaração ou sem motivo.[976]

Considerava GRÓCIO, ainda, em outro capítulo, "sobre as coisas que segundo o direito das gentes, são desprovidas de postliminio".[977] Reporta-se ao anteriormente tratado,[978] a respeito de "até que ponto, numa guerra, os bens se tornam propriedade daqueles que os tomaram, de quais bens devem ser deduzidos aqueles que se recuperam pelo direito de postliminio. Esses bens, de fato são como se não tivessem sido tomados".[979]

Que as coisas obtidas numa guerra injusta devem ser devolvidas, já antes GRÓCIO o tinha afirmado,[980] e que "uma guerra injusta não difere em nada do latrocínio".[981] E faz paralelo "se coisa semelhante tiver chegado às mãos de alguém pelo comércio, poderia pagar àquele a quem a coisa foi subtraída o preço por ele pago?"[982]

[975] H. GRÓCIO (op. cit., 1625, ed. bras., 2004, III.IX.XIX.1, p. 1216).

[976] H. GRÓCIO (op. cit., 1625, ed. bras., 2004, III.IX.XIX.2, p. 1216): "Sob este princípio, enquanto escrevo estas coisas, foi julgado no alto Parlamento de Paris, sob a presidência de NICOLAS DE VERDUN, que os bens que haviam pertencido a cidadãos franceses e que haviam sido tomados pelos argelinos, povo habituado a exercer pirataria marítima em todas as terras, haviam mudado de dono pelo direito da guerra e que, por conseguinte, se fossem retomados por outros, se tornariam propriedade daqueles que os tivessem retomado. No mesmo processo foi também julgado que, o que dissemos há pouco, os navios, hoje, não estão entre as coisas que são recuperadas pelo postliminio".

[977] GRÓCIO (op. cit., 1625, ed. 2004, III.XVI, p. 1327-1336).

[978] GRÓCIO (op. cit., 1625, ed. 2004, III.VI).

[979] GRÓCIO (op. cit., 1625, ed. 2004, III.XVI.I – *a justiça interna exige que as coisas que nosso inimigo tirou de outro numa guerra injusta sejam devolvidas*, p. 1329-1330).

[980] GRÓCIO (op. cit., 1625, ed. 2004, III.X.IV).

[981] GRÓCIO (op. cit., 1625, ed. 2004, III.XVI.I.2, p. 1330).

[982] GRÓCIO (op. cit., 1625, ed. 2004, III.XVI.III – *se alguma coisa pode ser deduzida*, p. 1333-1334). Ver tb. GRÓCIO (op. cit., 1625, II.X.IX). Ponderava GRÓCIO (III.XVI.III): "esse preço pode ser levado em conta para o montante do que poderia ter custado ao que havia perdido a coisa, a recuperação da posse do que dava por perdido". E desse modo, "se semelhantes desembolsos podem ser recuperados, por que não se recuperaria a estimativa do trabalho e do perigo, do mesmo modo que se alguém tivesse retirado, mergulhando, uma coisa de outrem, perdida no mar?"

Desse modo,

> devem ser restituídas não somente por aqueles que as tomaram, mas ainda pelos terceiros, nas mãos dos quais essas coisas foram parar, de que maneira tenha sido, pois ninguém pode transferir a outro direito que não lhe pertence, dizem os autores do direito romano.[983]

De igual forma, "mesmo povos submetidos ou partes de povos devem ser devolvidas a quem pertenciam, se foram injustamente conquistadas pelo inimigo".[984] E ainda procura critério para determinar "em quanto tempo expira a obrigação de devolver",[985] questão que "deve ser decidida entre cidadãos do mesmo estado, segundo suas próprias leis", pois "entre aqueles que são estrangeiros uns para com os outros, deve-se julgar segundo a única conjectura de abandono".[986]

Reconhecia GRÓCIO não existir norma de direito internacional determinando prazo temporal preciso, para a caracterização da prescrição, no contexto internacional, fora dos parâmetros estipulados pelos direitos internos. O que permanece verdadeiro em nossos tempos. E concluía, com orientação a respeito do "que fazer em casos duvidosos".[987]

Agora se pode passar a considerar o que eu aqui chamaria "a enorme presença" de GRÓCIO, que se projetou sobre o conjunto do direito internacional moderno (18.6). E, de certo modo, repercute até nossos dias, como mostram todas as indagações sobre a obra e os conceitos basilares da obra de GRÓCIO, na sequência se consideram, a "herança crítica e repercus-

983 GRÓCIO (op. cit., 1625, ed. 2004, III.XVI.I, p. 1329).

984 GRÓCIO (op. cit., 1625, ed. 2004, III.XVI.IV, p. 1334-1335): "Do mesmo modo que os bens devem ser restituídos a seu proprietário, assim também os povos e as partes de povos devem sê-lo aos que haviam tido um direito de soberania ou mesmo ser restituídos aos próprios, se eram independentes antes da violência injusta".

985 GRÓCIO (op. cit., 1625, ed. 2004, III.XVI.V, p. 1335).

986 GRÓCIO (op. cit., 1625, ed. 2004, III.XVI.V; ver tb. II.IV).

987 GRÓCIO (op. cit., 1625, ed. 2004, III.XVI.VI, p. 1336): "Se a justiça da guerra é realmente duvidosa, o melhor seria seguir o conselho de ARATUS DE SICYO [cf. reporta CÍCERO, **De officiis**, II, 23, 82] que, de um lado, persuadiu aos novos proprietários a preferir receber dinheiro e abandonar o que possuíam, e de outro, aconselhou aos antigos proprietários considerar como mais vantajoso receber em espécie o valor de seu bem, do que recuperar a posse dele". Ver CÍCERO, **De officiis** (with an English translation by Walter MILLER, Cambridge, Ma. / London: Harvard UP / LCL 30, CICERO XXI, © 1913, reprinted 2005).

são da obra de GRÓCIO" (18.7) e, ainda, "GRÓCIO e os limites do direito da guerra" (18.8).

18.6. A enorme presença de GRÓCIO no direito internacional moderno

A sociedade humana está interessada em tudo o que é permitido.

H. GRÓCIO (1625, ed. 2004)[988]

Foi em meio à incerteza em relação aos verdadeiros princípios, e à carência de adequados fundamentos, que o filósofo de Delft se levanta como uma estrela em meio à escuridão circundante, e com habilidade e felicidade que lhe são peculiares, teve ao mesmo tempo a honra de encontrar e trazer à perfeição esse sistema: pois ele deu ao mundo um Tratado que resistiu ao teste do tempo.

R. WARD (1795)[989]

O **Direito da guerra e da paz** é a mais famosa obra no campo do direito internacional, e foi lugar comum considerar GRÓCIO como o 'pai do direito internacional'.

Y. ONUMA (1993)[990]

988 H. GRÓCIO, **Direito da guerra e da paz** (1625, ed. bras., 2004, II.II.XIII.5, p. 328): "A ninguém é permitido impedir uma nação de exercer o comércio com qualquer outra nação distante".

989 Robert WARD, **An enquiry into the foundations and history of the Law of nations in Europe** – from the time of the Greeks and Romans to the age of Grotius (orig. publ. London: A. Strahan and W. Woodfall, 1795, 2 vols., chap. XVIII – *the age of Grotius*, p. 606-628, cit. p. 614-615): "It was in the midst of this uncertainty about true principles, and this dearth of proper authorities, that the philosopher of Delft rose like a star amid the surrounding darkness, and with an ability and happiness peculiar to himself, had at once the honour of inventing and bringing his system to perfection: for he gave to the world a Treatise which has stood the test of time".

990 Y. ONUMA, *Conclusion: Law dancing to the accompaniment of Love and Calculation* (in **A normative approach to war**: peace, war and justice in Hugo Grotius, ed. by Y. ONUMA, Oxford: Clarendon Press, 1993, chap. 11, p. 333-370, cit. p. 358): "JBP is the most famous work in the field of international law, and it was a commonplace to regard GROTIUS as the 'father of international law'."

GRÓCIO imprimiu sua forma ao direito das gentes.

J. HUIZINGA (1925, ed. 2005)[991]

Avaliava J. HUIZINGA: os efeitos de um livro são, sempre, incalculá veis.[992] E, o pensamento ordenador de GRÓCIO apresentou, aos olhos do mundo, a imagem de uma comunidade justa de estados. O mundo seguiu seu curso cruel. Mas aquela imagem jamais chegou a apagar-se inteiramente de sua vista.[993]

O nome de Hugo GRÓCIO aparece e reaparece continuamente e adquire maior ressonância, à medida que passa o tempo.[994] Ainda que não fosse mais que um símbolo, ao qual rende, hoje, homenagem unânime o mundo culto, Hugo de GROOT não teria vivido nem escrito em vão.[995]

Igualmente A. VERDROSS (1929)[996] lembrava o papel desempenhado pela obra de GRÓCIO, no seu tempo, e durante mais de século – como a influência preponderante, ao lado da obra de VATTEL, surgida na segunda metade do século XVIII – e as "suas ideias penetraram o direito positivo, seja por intermédio da jurisprudência emanada dos tribunais arbitrais, que os reconheceu como autoridades, seja diretamente pela influência que exerceram sobre homens de estado".[997]

[991] Johan HUIZINGA, em duas conferências: *Hugo Grócio y su tiempo* ("discurso pronunciado en La Haya, ante la Universidad Popular y la Asociación pro Sociedad de Naciones y Paz, el 16 de junio de 1925, en la ceremonia de inauguración de la exposición Hugo Grócio") e *Hugo Grócio en la historia del espíritu humano* ("discurso pronunciado en Gante, en la sesión extraordinaria de la Real Academia flamenca, el 23 de diciembre de 1925") in J. HUIZINGA, **El concepto de la historia y otros ensayos** (trad. Wenceslao ROCES, México: FCE, 1946, 5ª reimpr., 2005, p. 342-360 e 360-369, cit. p. 360): "Hugo de GROOT imprimió su forma al derecho de gentes."

[992] J. HUIZINGA, **El concepto de la historia y otros ensayos** (ed. cit., 2005, p. 342-360 e 360-369).

[993] J. HUIZINGA (1925, ed. 2005, p. 360): "Los efectos de un libro son siempre incalculables".

[994] A respeito, ver a seguir, o item 18.7 – *herança crítica e repercussão da obra de GRÓCIO.* E tb. Sylvino Gurgel do AMARAL, **Ensaio sobre a vida e obras de Hugo de GROOT (GROTIUS)** (Paris/Rio de Janeiro: H. Garnier, 1903).

[995] J. HUIZINGA (op. cit., loc. cit.) refere ainda: "El libro de 1625 era uno de los que GUSTAVO ADOLFO tenía en su tienda de campaña cerca de Lützen."

[996] A.VERDROSS, **Règles générales du droit international de la paix** (RCADI, 1929, t. 30, p. 271-518).

[997] A. VERDROSS (op. cit., 1929, p. 284-285): "le mérite original de Hugo GROTIUS c'est d'abord qu'il a été le premier (...) qui ait développé notre science dans toute son étendue et

> Ao mesmo tempo, a inveja dos eruditos foi igual ao mérito do escritor. Partidos se formaram entre estes, para o ataque e para a defesa do código, e aqueles que a defendiam foram estigmatizados, sendo chamados *grocianos*. Tudo isso não era incomum; mas quais serão as ideias daqueles versados nesse excelente Tratado, quando são informados, com base na autoridade de BARBEYRAC [no prefácio de sua tradução de GRÓCIO], que tal era o preconceito contra ele, que se supunha calculado para aniquilar os três grandes princípios do direito romano: *honeste vivere, nemine laedere; suum cuique tribuere*. A tal altura de erro podem nos levar o preconceito e os velhos hábitos.[998]

Curiosamente pode ocorrer oscilação considerável a respeito de tema como a influência religiosa ou o predomínio do espírito laico em GRÓCIO. Com enormes diferenças de interpretação entre autores que se debruçaram sobre a obra do internacionalista holandês do século XVII. Por exemplo, para Louis LE FUR, em 1927,[999]

> GRÓCIO, depois de outros – na linha de GENTILI –[1000] não era partidário de separação total entre a concepção teórica dos predecessores, VITORIA e SUAREZ, do que fora construção teórica, e tendia a se tornar realidade. Com mais medida, mas também com mais precisão e espírito científico, tenta realizar essa distinção entre as leis naturais e as leis divinas.

sous forme de système. C'est en outre d'avoir inspiré à notre science un esprit très pratique, de manière que ses idées purent faire époque. (...) On sait par exemple que GUSTAVE ADOLPHE était un grand admirateur de GROTIUS, dont les idées adoucirent les usages barbares de la guerre de trente ans. (...) Le traité de paix de Münster et d'Osnabrück (1648) qui reconnut le principe moderne de l'égalité et de la coordination des états indépendamment de la religion de leurs chefs en est la preuve."

[998] R. WARD (op. cit., 1795, p. 620-621) prosseguia: "The sound strength of GROTIUS, however, soon overcame such puny opposition and he had the satisfaction of observing the progressive reputation of his code." [...] "And in about sixty years from the time of publication, it was universally established in Christendom as the true fountain-head of the European Law of Nations."

[999] Louis Érasme LE FUR, **La théorie du droit naturel depuis le XVIIe siècle et la doctrine moderne** (RCADI, 1927, t. 18, p. 259-442).

[1000] Veja-se Peter HAGGENMACHER, *Grotius and Gentili – a Reassessment of Thomas E. HOLLAND's inaugural lecture* (in Hedley BULL, Benedict KINGSBURY and Adam ROBERTS (eds.), **Hugo Grotius and international relations**, Oxford: Clarendon Press, 1990, p. 133-176).

> No máximo, se pode criticar GRÓCIO por certos exageros, não quanto ao fundamento da sua doutrina, mas no tocante às suas aplicações.[1001]
> Se GRÓCIO, na prática, cai por vezes, nos inconvenientes da doutrina que vê no homem um fim em si mesmo – como mais tarde dirá KANT –[1002] este não a defende em teoria: GRÓCIO sustenta meritória luta em favor da submissão do homem à sabedoria divina. É somente depois de ter colocado essa primeira base, que afirma a existência de direito conforme à natureza do homem, tendo como fundamento a sua sociabilidade, e como regra a conveniência ou inconveniência de cada ato, à luz da natureza razoável e social do homem. O princípio primeiro de seu direito humano é, assim, a dignidade do homem; a justiça será assim o respeito dessa dignidade pelos outros; e o respeito do direito do outro.[1003]

GRÓCIO simplesmente teria colocado o princípio da distinção entre a religião e a moral de um lado, e o direito do outro. E esta distinção é necessária para fundar o direito internacional, no contexto posterior ao fim da unidade religiosa da Europa ocidental, mas não vai até a separação total do direito e da religião, que era a consequência mais ou menos inexorável da reforma.

Teria GRÓCIO o propósito de escrever obra neutra do ponto de vista religioso, e que se fundamentasse em concepção intermediária de ponto de vista doutrinal.[1004] Com sua sólida formação também em exegese bíblica,[1005] GRÓCIO trouxe sem constrangimentos a **Bíblia** para o direito das gentes:[1006]

[1001] L. LE FUR (op. cit., 1927, p. 301 e 303).

[1002] Até que ponto KANT estaria de acordo com a interpretação que dele fazia LE FUR é questionável. Veja-se, por exemplo, afirmar o próprio I. KANT, **Grundlegung zur Metaphysik der Sitten** (herausgegeben von Theodor VALENTINE, Stuttgart: Reclam Univ. Bibl. Nr. 4507, © 1961, 2008, impr. 2011, p. 79) que a natureza das coisas não se altera em razão das relações destas [umas com as outras]: "Das Wesen der Dinge ändert sich durch ihre äussere Verhältnisse nicht."

[1003] L. LE FUR (op. cit., 1927, p. 305-306).

[1004] Mark W. JANIS, *Religion and the literature of International Law: some standard texts* (in **Religion and International Law**, edited by Mark W. JANIS & Carolyn EVANS, Leiden/Boston: M. Nijhoff, © 1999, nova ed., 2004, chap. 7, p. 121-143).

[1005] Comentava Arnaldo MOMIGLIANO, **As raízes clássicas da historiografia moderna** (orig. publ. **The classical foundations of modern historiography**, 1990, trad. Maria Beatriz BORBA FLORENZANO, Bauru: Edusc, 2004, cap. 1 – a historiografia persa, a historiografia grega, a historiografia judaica, p. 21-51, cit. p. 29) que no contexto do século XVII "a cidadela da tradicional exegese bíblica começava a ruir sob os ataques de críticos como Hugo GROTIUS."

> é importante notar que GRÓCIO trouxe a religião para a disciplina [do direito internacional] não para excluir outros grupos religiosos (fossem estes calvinistas, católicos, judeus ou muçulmanos), mas para mostrar que a sua religião, uma fé universal e liberal, provava que o direito das gentes se destinava a incluir todos os povos.
>
> Considerando seu universalismo liberal arminiano, é fácil entender porque GRÓCIO escrevendo em tempo de guerras religiosas entre confissões ferozmente conservadoras, poderia ser considerado como 'fora' da religião comum. A dele era fé mais compassiva, mas confissão mesmo assim, que podia tolerar a diversidade religiosa. GRÓCIO empregou essa religião liberal como fonte crítica para provar princípios jurídicos que poderiam tolerar tanto a diversidade religiosa quanto a política, entre as nações. Como tais, seus princípios foram especialmente valiosos em era na qual os europeus buscavam meios de legitimar e estruturar sociedade na qual tinham de coexistir instituições religiosas e políticas em competição. Embora as referências bíblicas de GRÓCIO fossem familiares, foram elas usadas para fim último, a tolerância, o que era inabitual no início do século XVII.[1007]

Esse modelo seria válido ao menos para os povos cristãos da Europa ocidental da época. Aos exemplos históricos gregos e romanos antigos, GRÓCIO muitas vezes contrapõe precedentes da história bíblica, como por exemplo em matéria de devastação.[1008]

No exame do antigo costume dos povos das Índias, junto aos quais, como fala DIODORO DA SICÍLIA, reporta Hugo GRÓCIO,

> os trabalhadores são invioláveis como sagrados; mais ainda, junto aos acampamentos e aos exércitos, se dirigem ao seu trabalho ao abrigo do perigo. Acrescenta: "Nem queimam os campos dos inimigos nem cortam as árvores". E depois: "Nenhum inimigo causa dano a um trabalhador; esse tipo de homens, sendo benfeitores de todos, é posto a coberto de todas as agressões".[1009]

[1006] M. JANIS (op. cit., 2004, p. 125): "examples of religious references and proofs could be supplied from almost any part of **De jure belli ac pacis**. Trained and famed as a theologian as well as a jurist, GROTIUS unashamedly brought the Bible to the law of nations".

[1007] M. JANIS (op. cit., 2004, p. 125-126).

[1008] H. GRÓCIO, **O direito da guerra e da paz** (1625, ed. bras., 2004, III.XII.VIII.IV, p. 1286).

[1009] H. GRÓCIO (op. cit., 1625, ed. bras., 2004, III.XII.IV.2, p. 1276) cita DIODORO DA SICÍLIA (livro II, 36). Ver DIODORUS SICULUS, **Library of History** (with an English

De muitos séculos da longa e rica história indiana, com consolidação de identidades e culturas, em meio a universo rico e complexo, a eficácia e a crueldade da guerra dos indo-europeus contra os antigos povoadores da Índia,[1010] são narradas com imagens expressivas de batalhas no **Mahabharata**. Este pode ser cognominado de "investigação sobre a condição humana".[1011]

Em matéria de devastação, em meio à guerra, GRÓCIO enfatiza os padrões a serem observados, sobretudo entre os povos cristãos. Esse protestante também lembra o direito canônico: "os cânones que ensinam a humanidade propõem essa maneira de agir a ser imitada dos cristãos, como devendo e professando uma humanidade superior àquela do resto dos homens".[1012]

GRÓCIO assim conclui seu capítulo sobre a matéria – "considerações sobre a devastação e outras coisas similares":[1013]

translation by C. H. OLDFATHER, Cambridge, Ma.: Harvard U. P. – LCL 279 – DIODORUS SICULUS I – Books 1-2.34, 1933; LCL 303 – II – Books 2.35-4.58; LCL 340 – III – Books 4.59-8; LCL 375 – IV – Books 9-12.40; LCL 384 – V – Books 12.41-13; LCL 399 – VI – Books 14-15.19; LCL 389 – VII – Books 15.20-16.55; LCL 422 – VIII – Books 16.66-17; LCL 377 – IX – Books 18-19.65; LCL 390 – X – Books 19.66-20; LCL 409 – XI – Books 21-32; LCL 423 – XII – Books 33-40 and Index).

1010 Luigi Luca CAVALLI-SFORZA, **Genes, povos e línguas** (do original **Geni, popoli e lingue** © 2000 e da trad. inglesa de Mark SEIELSTAD, trad. Carlos A. MALFERRARI, São Paulo: Companhia das Letras, 2003, cit. p. 207): O principal grupo de línguas *dravídicas* residuais é falado, como se sabe, no sul da Índia. [...] é razoável supor que essa família foi removida do seu local de origem com a chegada de populações de línguas indo-europeias ao Paquistão e ao Norte da Índia entre 3,5 mil e 4 mil anos atrás."

1011 Chaturvedi BADRINATH, **Mahabharata** – an inquiry in the human condition (Hyderabad, India: Orient Longman P.L., 2007, p. ix) observa ter começado o estudo sistemático da obra com o propósito: "to write on dharma as the key to understanding the history of the Western encounter with Indian civilization. That encounter took place in the form of Western Christianity, Liberalism, Modern Science and Marxism, each of those forces trying to change India from its own perspective. My journeys in that history showed that each one of them had perceived the foundations of Indian civilization wrongly. That led me to dharma, upon which those foundations were laid, and dharma led me to the **Mahabharata**, opening an entirely new universe to the knowledge of the self and of the other in relationship, individually and collectively. My journey changed from studying a history of wrong understandings and misunderstandings, to studying the **Mahabharata**'s inquiry into those universal questions of human existence that every human being asks practically at every turn of his or her life."

1012 H. GRÓCIO, **O direito da guerra e da paz** (1625, ed. bras., 2004, III.XII.IV.4, p. 1277).

1013 H. GRÓCIO, **O direito da guerra e da paz** (1625, ed. bras., 2004, III.XII, p. 1267-1286).

> Tenho por verdadeiro o que foi observado por alguns teólogos, que é do dever dos poderes superiores e dos chefes que querem passar por cristãos, diante de Deus e diante dos homens, prevenir essas violentas pilhagens de cidades e todo excesso similar, que não podem terminar sem causar males muito cruéis a grande número de inocentes, além de trazerem muito pouco proveito para o objetivo principal da guerra, de modo que a bondade cristã, quase sempre e a justiça também, na maioria das vezes, o rechaçam com horror.[1014]

O direcionamento por ele imprimido suscita críticas quanto à falta de 'universalidade' da concepção de GRÓCIO, segundo o entendimento de ONUMA. Sobretudo em relação a outras civilizações.[1015]

É, contudo, necessário ser justo com GRÓCIO. O que se pode alcançar inserindo-o no seu contexto: "que na guerra o castigo não chegue ao infinito, mas que vá até o ponto em que os crimes sejam expiados numa justa medida. Essas razões de fato, e nesses limites únicos, fazem com que não haja nisso injustiça".[1016] E também por razões práticas: "salvo uma razão de utilidade que o aconselhe, é uma estupidez prejudicar a outrem sem que disso resulte nenhum bem para si próprio".[1017]

Ao escrever seu 'direito da guerra e da paz', em 1625, não esqueçamos que GRÓCIO o fazia em meio às atrocidades da guerra dos trinta anos,[1018] que grassava[1019] entre católicos e protestantes. A este quadro geral, somem-se

1014 H. GRÓCIO, **O direito da guerra e da paz** (1625, ed. bras., 2004, III.XII.VIII.4, p. 1286).

1015 Aí se inscreve a crítica de ONUMA e seu grupo de pesquisadores, extensamente referidos neste capítulo. **A normative approach to war**: peace, war and justice in Hugo Grotius, ed. by Y. ONUMA (Oxford: Clarendon Press, 1993).

1016 H. GRÓCIO, **O direito da guerra e da paz** (1625, ed. bras., 2004, III.XII.I.1, p. 1269), cita POLÍBIO, **História** (livro V, 1) – "é também o que POLÍBIO percebeu".

1017 H. GRÓCIO, **O direito da guerra e da paz** (1625, ed. bras., 2004, III.XII.I.2, p. 1277).

1018 Henry BOGDAN, **La guerre de trente ans 1618-16148** (Paris: Perrin-tempus, © 1997, ed. 2006, impr. 2010); Johannes BURKHARDT, **Der Dreissigjährige Krieg** (Frankfurt-Main: Suhrkamp, 1992); Heinz Dieter KITTSTEINER (1942-2008), **Die Stabilisierungsmoderne** – Deutschland und Europa 1618-1715 (Munique: Carl Hanser, 2010); Dietmar PIEPER e Johannes SALTZWEDEL (Hg.), **Der Dreissigjährige Krieg** – Europa im Kampf um Glaube und Macht 1618-1648 (Munique: Deutsche Verlags-Anstalt, 2012), Bernd ROECK (herausgegeben von), **Deutsche Geschichte in Quellen und Darstellung** Band 4: **Gegenreformation und Dreissigjähriger Krieg 1555-1648** (Stuttgart: Reclam – Univ. Bibl. Nr. 17004, (c) 1996, impr. 2002).

1019 Francis RAPP, **Le saint empire romain germanique** – d'OTTON le grand à CHARLES QUINT (Paris: Tallandier, 2000, impr. 2003); Fred E. SCHRADER, **L'Allemagne avant**

as circunstâncias específicas das Províncias Unidas: engajadas nas oito décadas de luta contra a presença e a ocupação espanholas. Se isso também pode ser visto como parte dessa confrontação entre católicos e protestantes, era também uma "guerra de libertação nacional" – para usar expressão não corrente entre os contemporâneos. Ao mesmo tempo em que conflitos políticos e confessionais dividiam a sociedade neerlandesa da época – como a violenta confrontação entre arminianos e gomaristas – na qual GRÓCIO se viu envolvido, e pagou com a prisão e confisco de bens, o seu alinhamento, com o grupo que se viu alijado do poder.

Em meio a tão candentes temas e situações, como o quadro da época lhe mostrava, não estava entre as preocupações e as prioridades de GRÓCIO fornecer modelo comparativo entre todas as civilizações – enquanto católicos e protestantes se matavam em meio à guerra dos trinta anos, e se confrontavam, nas Províncias Unidas, diferentes seitas calvinistas – a prioridade era fazer lembrar serem estes, uns e outros, todos cristãos, e que entre cristãos deveriam observar padrão de humanidade e de civilidade, ainda que inimigos, em tempo de guerra. Além dos exemplos da história antiga, grega, romana e bíblica, GRÓCIO também trazia precedentes de outras civilizações, como o exemplo da antiga Índia, apenas referido.[1020]

Cabe lembrar, que "a concepção inicial de moderna ordem jurídica internacional se apresenta com o perfil de ordem da família de povos cristãos ocidentais".[1021] Se já antes da reforma, se mostravam mudanças da con-

l'État-nation: le 'corps germanique' (1648-1806) (Paris: PUF, 1998). Ver **Tratado** (tomo 8 – **Direito internacional além do paradigma vestfaliano**, título II – *da construção de sistemas coesos: de Vestfália (1648) até a guerra dos sete anos (1756-1763)*). Ainda a respeito, Henry BOGDAN, **Histoire des Habsbourg** – des origines à nos jours (Paris: Perrin-tempus, 2002, impr. 2005); Henry BOGDAN, **Histoire de l'Allemagne** – de la Germanie à nos jours (orig. publ. 1999, Paris: Perrin-tempus, 2003, impr. 2010); Michel KERAUTRET, **Histoire de la Prusse** (Paris: Seuil, 2005); Joseph ROVAN (1918-2004), **Geschichte der Deutschen** – Von ihren Ursprungen bis heute (do original **Histoire de l'Allemagne** – des origines à nos jours, © 1994, aus dem Französischen von Enrico HEINEMANN, Reiner PFLEIDERER u. Reinhard TIFFERT, Munique: DTV, 3. Auflage, 2001) e tb. a edição original, Joseph ROVAN, **Histoire de l'Allemagne** – des origines à nos jours ('édition revue et augmentée par l'auteur', Paris: Seuil, 1999).

1020 H. GRÓCIO, **O direito da guerra e da paz** (1625, ed. bras., 2004, III.XII.IV.4, p. 1277).

1021 Ver **Tratado** (tomo 5 – **Direito internacional no tempo de Francisco de Vitória**, cap. 12 – *jus gentium, jus commune, jus europaeum*: entre a teoria e a prática); Wilhelm GREWE, **Epochen der Völkerrechtsgeschichte** (Baden-Baden: Nomos, 1984, cit. p. 168).

cepção regimental do *corpus christianum*, rumo a uma concepção federativa da cristandade – *fraternitas sanctae cruciatae* – por exemplo nas ligas,[1022] para combate aos turcos, no início do século XVI, isso somente se acentua depois da reforma: "a reforma leva ao fim do *corpus christianum*, como sacerdócio sacramental, e à aniquilação de uma concepção hierárquica da igreja, em favor de uma liga de caráter federativo" entre iguais.[1023]

Essa consciência de uma família de povos europeus não excluía uma dura relação com povos e poderes fora dessa mesma família de povos – sobretudo em relação aos não europeus –[1024] – e nesse quadro se modelaram as relações de direito internacional da época.[1025] O que transparece tanto nos preâmbulos dos grandes tratados de paz do século XVII, como nas obras dos teóricos do direito internacional desse tempo é, em ambas as facetas do fenômeno internacional, como a consciência de comunidade, onde a sociedade europeia de estados da época ainda vive, como antes, baseada nessa substância religiosa cristã. Mas esta já tinha mudado em sua substância.[1026]

Fora desse grupo de estados cristãos e ocidentais dificilmente se viam as relações internacionais como estabelecidas entre 'iguais';[1027] e isso por vezes se fez de maneira extremamente violenta, como nas conquistas coloniais americanas, arrasando as civilizações locais anteriores. Mesmo entre

[1022] Em 1517, o papa LEAO X faz proposição de uma *Liga para combate ao perigo turco*, na qual se utiliza a expressão de uma fraternidade de estados (*fraternitas*). O mesmo termo tinha sido empregado no famoso *Plano de conclamação à cruzada* do rei da Boêmia, Georg PODIEBRAD, em 1460. A respeito, ver P. B. CASELLA, **União Europeia** – instituições e ordenamento jurídico (São Paulo: LTr, 2002, esp. item 1.2 – *projetos e experiências de união europeia: antecedentes históricos*, p. 54-71; sobre a proposta de "tratado de união federativa entre o rei Luís XI, o rei George da Boêmia e o Alto conselho de Veneza, para enfrentar os turcos", p. 56-57).

[1023] W. GREWE (op. cit., 1984, p. 169).

[1024] Os mecanismos de conquista colonial chegam a ter caráter de genocídio no caso das grandes civilizações autóctones na América, com CORTEZ no México, e PIZARRO no Peru. Como se considera no **Tratado** (tomo 5 – **Direito internacional no tempo de Francisco de Vitória**, cap. 14 – *Francisco de VITORIA*, e nos tomos 14 a 17 – **Direito internacional no tempo do colonialismo**).

[1025] W. GREWE (op. cit., 1984, p. 168).

[1026] W. GREWE (op. cit., 1984, p. 169): "Der Gemeinschaftsbewusstsein der europäischen Staatengesellschaft dieser Epoche lebt nach wie vor aus christlich-religiöser Substanz. Aber es hat sich in seinen Wesen verändert".

[1027] Ver **Tratado** (tomo 5 – **Direito internacional no tempo de Francisco de Vitória**, item – *relação entre comunidades cristãs e não-cristãs no contexto medieval*).

esses mesmos povos e poderes europeus, inúmeros argumentos e alegações poderiam ser suscitados para respaldar pretensões de precedência.[1028]

O cristianismo não mais era o sistema fechado, no qual o conjunto unido na mesma fé, se ordenava conforme a disciplina eclesiástica, sob a autoridade do papa e do imperador, que, como tal, vinculara a comunidade cristã ocidental medieval.[1029] Essa antiga unidade de fé dera lugar a violentas e amargas divisões confessionais, que também marcam as diferenças e conflitos políticos, ao menos até a metade do século XVII.

A antiga unidade do mundo cristão europeu ocidental – o ideal da *respublica christiana* –, que se mantivera ao menos como anseio de unidade e de conjunto deu lugar à 'cristandade aflita' – *christianitas afflicta*. Apesar da reforma e da contrarreforma, acima de todas as confrontações então existentes, ainda remanescia ao menos como ideal, a percepção de comunidade cristã de povos. Mesmo reformadores, como LUTERO e CALVINO, não questionam essa unidade. Mas as confrontações entre confissões cristãs conferem novo formato às relações entre igrejas e ordens estatais modernas.

A 'escola protestante' do século XVII é apresentada como autora de direito natural novo, laicizado. Mas apesar dessa propaganda engajada, a autoria dessa contribuição é sobremodo duvidosa. A especificidade dessa contribuição pode e deve ser questionada. Para que se possa construir direito internacional que supere tais dicotomias de cunho ideológico-confessional.

A noção de ordem natural, como a de direito natural, estariam muito mais distantes da doutrina rígida do protestantismo de então do que da contemporânea corrente católica. Basta considerar alguns dados.

Na época, no sistema protestante de então, a hipótese de moral natural e direito divino natural eram, no fundo, incompatíveis com a doutrina da corrupção total da humanidade pelo pecado original. Como uma teologia, convencida de não existir se não pecado, fora da ação redentora da graça divina, poderia vincular, por qualquer laço, as ideias e as tradições morais de uma humanidade decaída, ao reino da moral evangélica de uma humanidade renovada? Havia aí antinomia, que somente poderia ser superada,

1028 Ver **Tratado** (tomo 8 – **Direito internacional além do paradigma vestfaliano**, item – *sobre dignidade e precedência entre estados e povos*).

1029 Como se considerou no **Tratado** (tomo 5 – **Direito internacional no tempo de Francisco de Vitória**, título I – *multipolarização da Europa na era moderna e advento do direito internacional como sistema*).

em relação à igreja e à sua doutrina, levando a uma liberação completa entre a esfera social e a verdade revelada.

Não surpreenderia que a laicização do direito se tivesse produzido, primeiro, na esfera protestante. E sido Hugo GRÓCIO a desencadear esse movimento inelutável:

> É fácil compreender, de fato, que se a natureza do homem está irremediavelmente viciada, não mais existem para ele moral ou direito natural, aptos a fornecer norma, para a vida em sociedade. Uns se refugiam então no plano divino, e isso será teocracia de CALVINO; enquanto outros, chegam naturalmente à anarquia, e este será o caso de LUTERO, no começo; até se dar conta, apavorado, das consequências de sua doutrina, e recorrer ao absolutismo do poder civil; como é o caso de LUTERO, na segunda fase, e dos príncipes protestantes, que aguilhoam a Alemanha do século XVII, na via do despotismo absoluto, mesmo em matéria religiosa. Com a famosa máxima do *cujus regio, hujus religio,* cada súdito tem forçosamente a religião do seu príncipe.[1030]

Há quem argumente em sentido oposto: não seria decisiva na secularização do direito internacional, que numerosos historiadores da filosofia do direito se inclinam a atribuir ao protestantismo de GRÓCIO: "na realidade, basta lançar um olhar sobre a história da evolução da escolástica, para se dar conta que justamente nessas teses GRÓCIO se mostra o menos original".[1031]

Existe inexorável comunicação e continuidade entre os dois campos.[1032] E os efeitos se fazem sentir, no campo jurídico:

[1030] L. LE FUR (op. cit., 1927, p. 308).

[1031] Georges GURVITCH, *La philosophie du droit de Hugo Grotius et la théorie moderne du droit international* – à l'occasion du tricentenaire du **De jure belli ac pacis**, 1625-11925 (Revue de Métaphysique et de Morale, t. 34, no. 3, juil.-sept. 1927, p. 366-391, publ. Paris: Presses universitaires de France – online https://www.jstor.org/stable/40896476, cit. p. 368-369): "Il les annonce dans une forme probablement emprunté au scolastique espagnol VAZQUEZ (mort en 1556), souvent cité par lui, et VAZQUEZ lui-même ne fait que reproduire un des courants traditionnels de la pensée scolastique qu'il applique au droit."

[1032] S. GOYARD-FABRE, **Les embarras philosophiques du droit naturel** (Paris: Vrin, 2002, esp. Première partie – *de la topologie à la typologie du droit naturel,* chapitre premier – le droit naturel et l'ordre du monde, chap. II – le droit naturel et la loi de Dieu, chap. III – le droit naturel et la raison humaine e conclusion de la première partie – le problème était mal posé, p, 19-123, cit. p. 123): "l'idée du droit naturel ne serait pas seulement le 'guide' ou le 'compas' qui

No campo jurídico, encontramos as mesmas duas tendências: uns, como GRÓCIO, seguem a tradição – veem no direito a lei natural do homem, descoberta por sua razão; outros veem sobretudo no homem, um ser marcado de egoísmo e de paixão, e o direito que decorre da natureza do homem será, por definição, antissocial, e marcado pelo triunfo da força ou da astúcia, na luta pela vida. Outros ainda, desde o século XVII, com HOBBES, e no século XVIII, com KANT e ROUSSEAU, por medo das sequelas da corrente individualista, se lançam para o direito social: fazem nascer, como reação contra os instintos anárquicos do homem, um contrato social, destinado a subordinar os interesses e as vontades individuais, ao interesse e à vontade do soberano – em HOBBES ou em KANT – ou da vontade geral e do povo – para ROUSSEAU e os democratas da Revolução francesa.[1033]

Da mesma forma, GRÓCIO consagra, com sua obra principal, **De jure belli ac pacis**, em 1625, o nascimento de verdadeira formulação da matéria, no plano do enfoque jurídico. Como sistematizador do conjunto de disciplina em formação.

Pesquisadores do final do século XIX e início do XX – tais como NYS e VANDERPOL –, sobretudo da história do direito natural, parecem destronar GRÓCIO, restabelecendo a linhagem complexa de evolução do direito natural. Chegam à Alta idade média, e mais ainda, até os estoicos, ARISTÓTELES e os sofistas, trazendo à luz a obra secular dos predeces-

sert à 'orienter la pensée' dans son ordre idéal. Elevée au-dessus d'une vision téléologique du champ juridique, elle entretient avec le droit positif, dans la 'moralité objective' ou *Sittlichkeit*, un rapport dont il importe de saisir la forme et l'enjeu."

[1033] L. LE FUR (op. cit., 1927, p. 308-310). Sobre os efeitos desastrosos da aplicação da 'vontade geral', ver Peter SLOTERDIJK, em seu ensaio, **Stress und Freiheit** (Berlin: Suhrkamp, 1. Auflage, 2011, cit. p. 54-5) mesmo pensadores de qualidade alcançam suas intuições mais ricas de consequências nem sempre na correta sequência, e direção. Como se deu com a doutrina da vontade geral, a partir da concepção desta em ROUSSEAU: "O que ele deixou para trás, foi uma carga para o mundo moderno" e "O que a ideia de *volonté générale* continha em si ficou claro alguns anos depois da morte de ROUSSEAU, com o Terror dos Jacobinos." E mais recentemente, com os excessos cometidos pelas Revoluções russa e chinesa, ou as ações do Khmer vermelho, que não poderiam negar as suas raízes rousseaunianas, e o que POL POT aprendeu em Paris, entre 1949 e 1953. E acrescenta SLOTERDIJK: "Ainda em nossos dias, o socialismo líbio de GADAFI atualiza aspectos do fantasma, segundo o qual a vontade do todo (*der Wille des Ganzen*) deve ser uma única vontade, e se materializa melhor em um único escolhido, aquele que para todos tudo vai querer". Não se pode deixar de atentar para as consequências das ideias, e os efeitos resultantes de sua aplicação.

sores de GRÓCIO, nesse domínio, obra completada pelos esforços dos teólogos espanhóis VAZQUEZ DE MENCHACA, MOLINA, VITÓRIA e SUAREZ, como também do positivista de orientação histórica, Alberico GENTILI: "deram cabo, para sempre, do preconceito que sustentava ser o direito internacional filho dos tempos modernos e tendo sua fonte no tratado de paz de Vestfália".[1034]

Controvérsias à parte, dentre os reparos, habitualmente formulados, encontra-se a objeção quanto a ser difícil fazer, dessa obra que abrange um pouco de tudo, monumento como tal, estritamente destinado ao direito internacional. Obra essa de GRÓCIO que também influenciou HOBBES.[1035]

Até que ponto GRÓCIO é apresentado como inovador, no tocante à fundação do direito internacional? Mesmo os grandes pensadores não conseguem escapar à influência do meio no qual estão insertos.

De seu ensaio de construção de direito da guerra e da paz – onde a guerra está colocada em primeiro lugar – GRÓCIO procurou deduzir consequências positivas, de normas que se imporiam aos estados, e estariam munidas de sanções, e isso foi esforço extremamente meritório para a época.

[1034] Ernest NYS, **Les origines du droit international** (Bruxelles: Alfred Chastaigne / Paris: Thorin & Fils, 1894); Alfred VANDERPOL, **La doctrine scholastique du droit de la guerre** (Paris: Pedone, 1919); Georges GURVITCH, *La philosophie du droit de Hugo Grotius et la théorie moderne du droit international* – à l'occasion du tricentenaire du **De jure belli ac pacis**, 1625-11925 (Revue de Métaphysique et de Morale, t. 34, no. 3, juil.-sept. 1927, p. 366-391, publ. Paris: Presses universitaires de France – online https://www.jstor.org/stable/40896476, cit. p. 367): "Des recherches approfondies ont établi l'existence d'un réseau complexe de règlements juridiques internationaux dans l'ordre juridique du Moyen âge. Il est hors de doute qu'un grand nombre des institutions de droit international remonte à la plus lointaine antiquité, et que le droit international n'est nullement plus jeune que n'importe quelle autre forme du droit."

[1035] O já mencionado estudo de Bernard GERT, **Hobbes** (Cambridge, UK: Polity, 2010, chap. 1 – *Hobbes's Life, Times and General Philosophical Views*, p. 1-29, cit. p. 3) enfatiza: "Although GROTIUS was born only five years before HOBBES, on 10 April 1583, his influential book, **On the law of war and peace** (1625) was published 15 years before HOBBES wrote the first draft of a book on moral and political philosophy. That draft, **The Elements of Law Natural and Politic**, which was clearly influenced by GROTIUS's book, was not written until 1640. Although HOBBES circulated in in manuscript, he realized that it had serious problems and did not have it published".

GRÓCIO procurou transpor o problema do campo religioso para o campo jurídico, mas com grande razão, observa que a distinção entre guerras justas e injustas, válida em direito natural, desaparece no direito das gentes, pois esse direito não se ocupa de questões de consciência e se vincula, em princípio, a indícios exteriores.
Tudo o que o direito positivo pode fazer é exigir algumas questões formais, como o faz por exemplo, GRÓCIO, ao estipular a obrigação de prévia declaração de guerra, mediante a qual desencadear as hostilidades se torna lícito para ambos os beligerantes, mesmo que, quanto aos motivos, a guerra seja injusta, quer para um deles, quer para ambos.[1036]

LE FUR apontava algo que se pode qualificar como pós-modernista:

O progresso atual consistiu, assim, em remontar muito alto, abandonando as teorias absolutistas dos três séculos precedentes, tanto da pretensa autolimitação do estado, como da afirmação da sua soberania ilimitada, para voltar a GRÓCIO, e mesmo antes dele: pode-se aí ver a prova de existir um direito perene, um direito eterno, como existe uma filosofia perene; mas quer a um como ao outro, o homem não chega na primeira tentativa. Uma lenta evolução é necessária, e esta, por vezes, comporta bruscos retornos ao passado.[1037]

Como referido, tradicionalmente se faz começar o direito internacional, *grosso modo*, entre o fim do século XV e a primeira metade do XVI, na linha de Francisco de VITÓRIA. Por exemplo, há quem ponha como marco inicial do direito internacional moderno a invasão da Itália pelas tropas francesas de CARLOS VIII, em 1494 – o que também considera GUICCIARDINI como marco inicial de grandes mudanças na península itálica.[1038]

[1036] L. LE FUR (op. cit., 1927, p. 311): "Si donc GROTIUS apparaît comme un précurseur, c'est par rapport au droit tel qu'on le comprenait encore avant la grande guerre, spécialement avant les conférences de la Haye, car son système formaliste marque au contraire une régression sur le droit de l'époque qui l'avait précédé, et il ne devait être suivi ni par son époque ni par la nôtre, toutes deux plus logiques en des sens opposés."

[1037] L. LE FUR (op. cit., 1927, p. 314).

[1038] Francesco GUICCIARDINI, **Storia d'Italia** (a cura di Silvana Seidl MENCHI, saggio introduttivo di Felix GILBERT, Turim: Einaudi, © 1971, ristampa 2008, 3 vols.).

Como periodização do direito internacional em relação às potências dominantes das sucessivas épocas,[1039] citam-se, sempre, alguns grandes autores, dentre os quais dois nomes voltam constantemente, o dominicano espanhol Francisco de VITÓRIA (1480-1546) e o holandês Hugo GRÓCIO (1583-1646). A qual destes deveria ser atribuída a paternidade do direito internacional moderno?

> Se GRÓCIO não é o fundador do direito internacional, nem para o direito da guerra, exposto antes dele, nem para o direito da paz, que ocupa somente pequena parte da sua grande obra, seria ele então o fundador do direito internacional, no sentido moderno do termo, considerado como direito positivo, destacado da moral e da religião? Em outros termos, não apareceria ele ao menos como tendo laicizado o direito internacional? Não, isso não é mais exato do que apresentá-lo como laicizador do direito natural em geral; aqui, tampouco, nem ele é o primeiro a ter tentado, nem é exato o fato, no que o concerne.[1040]
>
> Não somente GRÓCIO não abre o caminho à laicização do direito internacional, mas se por laicização se deve entender a separação total entre o direito e a religião, ele sequer adentrou esse caminho, aliás muito perigoso. Vimos que para ele o direito natural é o primeiro fundamento do direito internacional. Quando se trata de determinar o que constitui o ponto central de sua obra, a distinção entre as guerras justas e as injustas, e a questão da legitimidade da guerra, sua discussão não pode repousar em dados positivos, então inexistentes na matéria. Serão sobretudo os dados da razão natural que ele invocará, com textos das Escrituras e argumentos dos teólogos, e sobretudo alguns textos do direito romano – exatamente tudo o que evitaria um positivista moderno.[1041]

[1039] Wilhelm GREWE, **Epochen der Völkerrechtsgeschichte** (Baden-Baden: Nomos, 1984) apontava, sucessivamente: o *ius inter gentes* da era hispânica (1494-1648), o *droit public de l'Europe* da era francesa (1648-1815), para se chegar ao *international law* da era britânica (1815-1919), o direito das gentes e a união dos povos (*Völkerrecht und Völkerbund*) no período entre guerras (1919-1944) e concluía o trabalho com o exame do direito internacional na era da confrontação americano-soviética e da ascensão do terceiro mundo (1945 até a publicação do livro, em 1984).

[1040] L. LE FUR (op. cit., 1927, p. 317): "Il ne serait en tout cas pas celui qui aurait tenté de placer le droit international sur le terrain positif."

[1041] L. LE FUR (op. cit., 1927, p. 318).

No que diz respeito à exposição teórica dos princípios da guerra, a primazia caberia à escola espanhola. No que diz respeito ao direito internacional positivo, é a escola inglesa que o pode fazer, na linha de GENTILI e de ZOUCH.[1042] Seguidos, depois, no continente, por BYNKERSHOEK e, sobretudo, por MOSER.[1043]

Ao cotejar o tratamento de matérias de direito internacional, tal como feito por VITÓRIA e por GRÓCIO, o espanhol BARCIA TRELLES, em 1927,[1044] se insurgia em várias passagens, como esta:

> VITÓRIA não estabelece distinção entre as guerras além da já mencionada, entre guerras ofensivas e defensivas. Esta última tem repercussão não somente sobre a própria luta, mas também sobre as suas consequências. GRÓCIO, diversamente, distingue três espécies de guerras: públicas, privadas e mistas. A classificação de VITÓRIA nos parece mais exata, pois exclui a guerra privada, admitida somente em caso de legítima defesa.
> Pode-se sustentar que as ideias mestras de VITÓRIA em relação ao problema estudado são, de certa forma, reproduzidas por GRÓCIO, com a diferença de que o polígrafo holandês lhes confere maior extensão. O que em nada diminui o mérito de VITÓRIA.[1045]

Entre VITÓRIA e GRÓCIO, segundo entende,

> encontra-se, facilmente, em algumas das ideias fundamentais de GRÓCIO, o reflexo do pensamento magistral de VITÓRIA. Por exemplo, no que concerne aos elementos da soberania, e ao modo como esta se personifica na nação e no príncipe. GRÓCIO, da mesma forma que VITÓRIA, qualifica o estado sobe-

[1042] Ver **Tratado** (tomo 6 – **Direito internacional no tempo de Suarez, Gentili e Zouch**, capítulos 16 – Alberico GENTILI e 17 – Richard ZOUCH).

[1043] Ver **Tratado** (tomo 10 – **Direito internacional no tempo de C. van Bynkershoek e Christian Wolff**, cap. 21 – Cornelius van BYNKERSHOEK, e tb. tomo 12 – **Direito internacional no tempo de Vattel e von Martens**, item 25.1 – *de VON MARTENS ao 'direito público externo' de J. J. MOSER*).

[1044] Camilo BARCIA TRELLES, **Francisco de Vitória et l'école moderne du droit international** (RCADI, 1927, t. 17., p. 109-342).

[1045] C. BARCIA TRELLES (op. cit., 1927, troisième partie – Le droit de la guerre, chap. II – *La justice formelle de la guerre*, p. 249-260, cit. p. 257 e 258): "s'il arrive parfois que les amples développements de GROTIUS sont remplis du meilleur esprit juridique, il arrive aussi qu'ils laissent dans l'esprit du lecteur une certaine sensation de désorientation."

rano como aquele que se basta a si mesmo; de onde decorre o poder deste, em declarar a guerra. Como VITÓRIA, também GRÓCIO legitima o exercício das próprias razões – *la défense privée* – quando o recurso aos meios judiciários for impossível.[1046]

No tocante a essa filiação a autores ibéricos, ensaiada por GRÓCIO, ao desenvolver a sua argumentação no *Mare liberum*, parte do **De jure praedae**,[1047] no qual se tratava de justificar o exercício de direito de presa, formulou-se interessante explicação:[1048] nessa obra, GRÓCIO queria justificar a captura de um navio português, por outro navio, da Companhia holandesa das Índias, e assim, teria GRÓCIO interesse em apoiar seus argumentos sobre autores espanhóis, dado que era o tempo de união das coroas ibéricas (1580-1640), de modo a fazer, assim, a tese parecer tornar-se mais objetiva.[1049]

Não se conformando com o argumento da mera utilidade da 'nacionalidade' dos autores,[1050] referida por J. BASDEVANT, em 1904,[1051] contra-argumentava C. BARCIA TRELLES, em 1927:

> Se GRÓCIO se limitava a reproduzir, em sua obra já mencionada, sobre o direito de presas, algumas das opiniões de VITORIA, poder-se-ia considerar suspeito o motivo, que o levava a proceder assim. Mas essa preocupação não

[1046] C. BARCIA TRELLES (op. cit., 1927, cit. p. 258): "Nous nous limitons à indiquer ici la coïncidence des deux opinions; mais quelques auteurs, tels que ALBERTINI, dans son étude sur VITÓRIA, affirment que GROTIUS en ce qui touche au problème de la justice formelle de la guerre, 'se limite à rééditer VITORIA'." Cita Quiricus ALBERTINI, **L'œuvre de Francisco de Vitória** (Paris, 1903).

[1047] GROTIUS, **De Jure Praedae Commentarius** (ca. 1604, with translation by G. L. WILLIAMS and W. H. ZEYDEL, reprinted in Classics of International Law, Oxford, 1950, 2 vols.).

[1048] Jules BASDEVANT, *Hugo Grotius* (in **Les fondateurs du droit international public**: leurs oeuvres, leurs doctrines, introduction de A. PILLET, Paris: V. Giard & E. Brière, 1904, p. 125-267).

[1049] Ver, no início deste capítulo, item 18.1 – *conflitos metropolitanos e aventuras coloniais holandesas: interlúdio no Brasil*.

[1050] C. BARCIA TRELLES (op. cit., 1927, p. 258): "A notre avis, GROTIUS ne s'appuie pas sur la pensée de VITORIA et de MENCHACA seulement à cause de leur nationalité, mais encore parce qu'il subit l'influence de l'originalité des deux théologiens."

[1051] J. BASDEVANT, *Hugo Grotius* (in **Les fondateurs du droit international public**, 1904, p. 125-267).

existia, quando o internacionalista holandês escreveu a sua grande obra, **De jure belli ac pacis**, e, contudo, ele ali também adota princípios expostos por VITÓRIA, sobre a justiça formal da guerra.[1052] [...]
A diferença que separa as opiniões de VITORIA e de GRÓCIO sobre a questão da justiça da guerra é a seguinte: VITÓRIA procede, primeiro, por eliminação, e depois, por afirmação; ele afasta primeiro todas as causas injustas da guerra, e estabelece, a seguir, quais podem ser os justos motivos. GRÓCIO procede, antes, por afirmação e condensa em argumentação tripartite, as causas que podem tornar justa uma guerra. Acreditamos não ser possível, interpretando justamente o pensamento de VITÓRIA, legitimar qualquer guerra que não se destine ao restabelecimento de direito violado.[1053]

Também G. GOYAU, em 1925, considerava[1054] a concepção da guerra justa em santo TOMÁS DE AQUINO,[1055] superior à concepção de GRÓCIO, sobre o mesmo tema.

O internacionalista holandês Van der VLUGT, em seu estudo sobre a influência da obra de GRÓCIO sobre o desenvolvimento do direito internacional (1925), [1056] sustentava ter GRÓCIO concebido o seu famoso capítulo sobre a liberdade de navegação, o *Mare liberum*, no conjunto da obra sobre o direito de presas, **De jure praedae**, [1057] diretamente inspirado em passagens de Francisco de VITÓRIA e de Fernando VAZQUEZ DE MENCHACA: do primeiro, viria a formulação do *jus communicationis*, o direito

1052 C. BARCIA TRELLES (op. cit., 1927, p. 259 e 260): "qu'il nous soit permis de porter ce jugement synthétique: il est difficile de dépasser en clarté, en habileté et en profondeur la doctrine vitorienne. Cette observation nous semble si opportune qu'à notre avis il est inexplicable que VITORIA, en étudiant seulement ce problème d'une façon succincte et rapide, ait pu nous léguer sur ce sujet, une opinion si achevée."

1053 C. BARCIA TRELLES (op. cit., 1927, troisième partie – Le droit de la guerre, chap. III – *La justice essentielle de la guerre*, p. 261-277, cit. p. 275) considera que outra diferença entre VITÓRIA e GRÓCIO é o fato do primeiro se colocar como moralista, para o qual a justa intenção é a condição primordial que prevalece sobre todas as outras.

1054 G. GOYAU, **L'église catholique et le droit des gens** (RCADI, 1925, t. 6, p. 123-240).

1055 Ver **Tratado** (tomo 4 – **Direito internacional no tempo medieval**, esp. item 10.1 – TOMÁS DE AQUINO).

1056 W. van der VLUGT, **L'œuvre de Grotius et son influence sur le développement du droit international** (RCADI, 1925, t. 7, p. 395-510).

1057 GROTIUS, **De Jure Praedae Commentarius** (ca. 1604, with translation by G. L. WILLIAMS and W. H. ZEYDEL, reprinted in Classics of International Law, Oxford, 1950, 2 vols.).

de ir e vir, como hoje se diria; e, do segundo, a defesa da liberdade de navegação, sob o argumento de que os oceanos não podem ser apropriados por qualquer nação. [1058]

De maneira um tanto esquemática e inconclusiva, observa D. GAURIER a relação entre as contribuições de VITÓRIA e de GRÓCIO: o primeiro apresentou teoria da sociedade internacional, fundada na sociabilidade universal, a propósito dos problemas morais, que suscitava a colonização espanhola das Índias. O segundo, impregnado de teologia protestante, colocava, já em 1609, o princípio da liberdade de navegação dos mares, que o inglês SELDEN viria logo depois contradizer.

> O mais frequente, é por terem sido os predecessores em grande parte esquecidos – o que não mais é o caso atualmente, no campo da pesquisa –, que se chegou a atribuir a GRÓCIO a 'invenção' do direito internacional moderno. Há figuras que têm ao menos tanta importância, quanto a de GRÓCIO, como Francisco de VITÓRIA ou ainda Alberico GENTILI que, já há alguns anos, felizmente suscita viva retomada de interesse.[1059]

[1058] F. VAZQUEZ DE MENCHACA, **Controversiarum illustrum libri tres**, em dois tomos, teve sete edições, no século XVI: a primeira em Barcelona, em 1563 e a última em Genebra, em 1599. Nesse meio tempo, outras edições surgem em Veneza, em Frankfurt e em Lyon. Depois será preciso esperar pela edição feita pela Universidade de Valladolid, encetada em 1931. As Controvérsias se compõem de três livros e se dividem em 107 capítulos. Ele estuda questões de direito público no livro I, estuda a prescrição no livro II, e problemas de sucessão no livro III. Fernando VAZQUEZ DE MENCHACA, **Controversias ilustres y otras de más frecuente uso expuestas en tres libros** (trad. espanhola de Fidel RODRIGUEZ ALCALDE, Valladolid: Univ. de Valladolid, 1931-1934, 4 vols.). Sobre VAZQUEZ de MENCHACA ver **Tratado** (tomo 6 – **Direito internacional no tempo de Suarez, Gentili e Zouch**, algumas considerações, no item – *outras vozes no direito internacional: Domingo de SOTO e VAZQUEZ DE MENCHACA*). Sobre Francisco de VITÓRIA, ver **Tratado** (tomo 5 – **Direito internacional no tempo de Francisco de Vitória**, esp. cap. 14).

[1059] Dominique GAURIER, **Histoire du droit international** (orig. publ. 2005, Rennes: Presses Universitaires de Rennes, 2e éd., 2014, p. 13-14): "Si donc, le XVIe et XVIIe siècles voient en effet éclore ce que l'on peut véritablement dénommer une approche théorique du droit international, on aurait cependant bien tort de croire que le droit international ait attendu ces approches plus modernes pour naître et qu'avant ces auteurs, les relations internationales aient été ignorées ou vécues sans conscience par ceux qui les nouaient, ce qui est bien évidemment faux. Il est par contre vrai de dire que l'on n'a sans doute eu aucune idée qu'ait pu exister une branche spécifique du droit qui se serait intitulée formellement 'droit international'."

A obra-prima, **De jure belli ac pacis** foi publicada em 1625. O direito da guerra e da paz de GRÓCIO não é um 'manual' de direito internacional, mas foi – e, de certo modo, ainda é – obra de grande repercussão na matéria. Ao menos até PUFENDORF, na segunda metade do século XVII, ou mesmo, durante mais de século, até a publicação da obra de VATTEL, na segunda metade do século XVIII, a obra de GRÓCIO permanece como referência central. No curso do século XIX, a obra de VATTEL perde progressivamente espaço entre os 'positivistas', mas a obra de GRÓCIO permanece como referência à qual sempre tornam os manuais de direito internacional. Esse fenômeno se acentua, ainda mais, no curso dos séculos XX e XXI.

> Inúmeros comentários foram escritos a respeito, com sucesso variável, alguns dos quais alcançaram autoridade, embora em sua maioria tenham morrido e sido esquecidos. Duas grandes obras, contudo, foram fundadas no tratado **De jure belli ac pacis**, que merecidamente alcançaram tal celebridade e peso, que não se pode encerrar o assunto sem reconhecer o lugar cabido aos seus autores. A primeira é a famosa obra de PUFENDORF; a segunda, de VATTEL.[1060]

Em sua fundamentação, GRÓCIO nunca se furtou em reconhecer tudo o que devia à literatura jurídica anterior.[1061] E isso não somente no tocante às fontes romanas e medievais, como também o legado da esco-

[1060] R. WARD (op. cit., 1795, cit. p. 622 e 623-624) a respeito do espaço, quiçá excessivo, da regulação da 'guerra', na obra de GRÓCIO, e da solução adotada por PUFENDORF: "It was to remedy this defect *in method*, that PUFENDORF, many years after GROTIUS, took up the subject anew; and, beginning with the system of human nature, endeavoured to analyze the heart and mind of man as independent of society, before he came to enquire into his duties as a citizen. The whole, therefore, of what is called Moral philosophy, was set forth in detail by this great writer, as a proper supplement to what was wanting in GROTIUS, and as the true foundation of the public duties of nations."

[1061] A. TRUYOL Y SERRA, *Grotius dans ses rapports avec les classiques espagnols du droit des gens* (in **Commémoration du quatrième centenaire de la naissance de GROTIUS / Commemoration of the fourth century of the birth of GROTIUS**, RCADI, 1983, t. 182, p. 431-451). Ernst CASSIRER, no exame da filosofia do Iluminismo, assinala quanto GRÓCIO enfatizava a transcendência da *ideia de direito*, segundo a qual este não se baseia em qualquer existência, seja de ordem empírica ou absoluta. Ver Ernst CASSIRER (1874-1945), **Die Philosophie der Aufklärung** (orig. publ. 1932, hrsg. Claus ROSENKRANZ, Einleitung von Gerald HARTUNG, Bibliographie von Arno SCHUBBACH, Hamburg: Felix Meiner, Neuausgabe – E. Cassirer G. Werke, vol. 15, 2003).

lástica, em particular santo TOMÁS DE AQUINO, e à assim chamada literatura ibérica da segunda Escolástica, Fernando VÁZQUEZ DE MENCHACA (1512-1569), Francisco de VITÓRIA (1483-1546), Domingo de SOTO (1495-1560) e menos abertamente, em relação a Francisco SUAREZ (1548-1617).[1062]

A inovação substancial de GRÓCIO está no que, no seu tempo, considerou-se como a *hipótese ímpia*, ou seja, o fato de se tentar fundar o sistema, sem recorrer à intervenção divina, como dado legitimador. Fundar-se-ia o sistema,[1063] e dar-se-ia a criação de direito de todo o gênero humano – *etiamsi daremus Deus non esse* – mesmo se admitíssemos que Deus não exista. O que logo a seguir, afirma, ser absurdo considerar a "hipótese ímpia", mesmo se formulado somente como exercício norteador da reflexão.

A respeito da assim chamada *hipótese ímpia* em GRÓCIO, observa HAGGENMACHER, quando declarava válida a sua concepção de direito natural,[1064] válida mesmo que Deus não existisse,[1065]

> ocorre somente à guisa de hipótese, visando enfatizar a sua validade intrínseca, que a torna imutável mesmo aos olhos de Deus. Mas Deus permanecia a autoridade legitimadora definitiva, como criador do universo: tendo dotado o homem de natureza racional e sociável, Ele não pode deixar de reconhecer os valores básicos que daí decorrem, e a sanção, por Seu mandamento, das

[1062] Ver algumas considerações no **Tratado** (tomo 6 – **Direito internacional no tempo de Suarez, Gentili e Zouch**, item – *outras vozes no direito internacional: Domingo de SOTO e VAZQUEZ DE MENCHACA* e tomo 5 – **Direito internacional no tempo de Francisco de Vitória**, cap. 14 Francisco de VITÓRIA).

[1063] T. TANAKA (1993, in ONUMA, op. cit., 1993, p. 28 e 29): "we should not conclude that GROTIUS is a modernist simply from the hypothetical statement." [...] "despite retaining some traces of Scholasticism in his content, GROTIUS's hypothetical proposition should be understood as an attempt to open up a new horizon by establishing a new, secular foundation for law. It is an affirmation that it is possible, in this world, to separate man's reason from God on a basis of autonomy, enabling natural law to be independent and self-sufficient. In his methodological posture, GROTIUS clearly breaks with the Scholastics."

[1064] Peter HAGGENMACHER, *Hugo Grotius* (in B. FASSBENDER e Anne PETERS, edited by, **The Oxford Handbook of the History of International Law**,Oxford: Univ. Press, 2012, cap. 48, p. 1098-1101).

[1065] H. GRÓCIO (op. cit., 1625, ed. bras., 2004, *Prolegômenos*, par. 11, p. 40-41): "O que acabamos de dizer teria lugar de certo modo, mesmo que se concordasse com isso, o que não pode ser concedido sem um grande crime, isto é, que não existiria Deus ou que os negócios humanos não são objeto de seus cuidados".

normas que necessariamente daí resultam. O foco de GRÓCIO era colocar fora de dúvida a existência de direito não escrito inerente à natureza humana, e portanto vinculante para o conjunto da humanidade, independentemente de qualquer positivação, fosse esta humana ou divina.[1066]

GRÓCIO não descartou a utilidade como base do direito, mas a confina ao direito positivo, que extrai a sua validade não da natureza, mas da vontade do legislador. Além do direito civil (ou seja, direito interno), este é o caso do direito internacional, que extrai a sua validade do livre consentimento das nações.

Segundo opina HAGGENMACHER,[1067]

> GRÓCIO foi o primeiro, ao lado de SUAREZ, a redefinir o *jus gentium* romano como direito internacional propriamente dito, em vez de o considerar como o simples direito comum, compartilhado pelos sistemas internos. Esse direito internacional obriga os indivíduos mais do que aos estados, e como tal, em lugar de formar, em si, um sistema completo, consiste em normas específicas e instituições que complementam os próprios princípios gerais do direito natural. Somente conjugados, enquanto direito da natureza e das gentes – *jus naturae et gentium* – é que ambos poderiam compor algo parecido com o direito internacional, tal como o conhecemos hoje, e esse é exatamente o subtítulo da obra maior de GRÓCIO.[1068]

Afirmava LE FUR, em 1927, haver "flutuação em GRÓCIO, porque este não tem uma ideia precisa do direito internacional. O direito das gentes não parece, para ele ser mais do que um dos aspectos do direito natural":[1069]

> GRÓCIO ainda não tem a ideia de um direito natural internacional, ou seja de um direito natural entre estados. Sabemos que ele deduz boa parte do seu

[1066] P. HAGGENMACHER (cap. cit., 2012, p. 1099) prosseguia: "Here lies the gist of his famous diatribe against CARNEADES and other 'realists' who would reject as a pure illusion the vey idea of such a universal natural law, since all law for them follows not justice but mere utility at the hands of the powers that be."

[1067] P. HAGGENMACHER (cap. cit., 2012, p. 1099): "It remains to be seen whether by its features and general spirit the work can be considered as a treatise of international law".

[1068] "O direito da natureza e das gentes e também as coisas principais do direito público".

[1069] L. LE FUR (op. cit., 1927, p. 319).

> direito das gentes [a partir] do direito privado; na verdade, o *jus gentium*, em GRÓCIO se relaciona sempre a indivíduos, os soberanos, como titulares de deveres e direitos, mais que aos estados. Somente com HOBBES, um direito natural internacional, visando os estados, é apresentado como distinto do direito natural privado, visando os indivíduos. O próprio HOBBES parece não ter ainda bem compreendido a natureza da personalidade jurídica, de tal modo que, na sua obra, os dois direitos naturais, o internacional e o interno, são praticamente os mesmos; somente diferem por seus sujeitos, que são os soberanos, num caso e os indivíduos, no outro.[1070]

Por sua vez, a respeito da "hipótese ímpia" em GRÓCIO – *etiamsi daremus ... non esse Deum, aut non curari ab eo negotia humana* – mesmo que não existisse Deus, ou que a este não tivessem interesse as questões humanas – cumpre observar[1071] ser esta uma "proposição hipotética":

> A avaliação dessa proposição leva ao inteiro entendimento da natureza humana, em GRÓCIO. Além disso, GRÓCIO distingue entre a natureza humana e a vontade de Deus, como fonte do direito. Isso assume considerável importância na classificação das fontes do direito, principalmente no tocante à distinção entre direito natural e direito divino voluntário.[1072]

É importante não tomar essa formulação em sentido literal: o próprio GRÓCIO insiste em ser esta tão somente hipótese formulada, para a construção do raciocínio, pois de outro modo seria tão grave como pecado e como blasfêmia. Interessa ver é o que essa proposição revela a respeito da posição ideológica de GRÓCIO.

[1070] L. LE FUR (op. cit., 1927, p. 320) reconhece a WOLFF esse mérito: "WOLFF semble être le premier à avoir réalisé la conception de l'état personne morale, ce qui entraîne la notion d'un droit international spécifique, le droit naturel entre états". V. tb. Robert FEENSTRA, *Grotius et le droit privé européen* (in RCADI, 1983, t. 182, p. 453-469).

[1071] TANAKA Tadashi, *Grotius's method: with special reference to Prolegomena* (in ONUMA, op. cit., 1993, p. 11-31, cit. p. 15-16).

[1072] T. TANAKA (cit., 1993, in ONUMA, op. cit., 1993, p. 16) adverte para os efeitos de distorsiva leitura fora de contexto: "whenever possible GROTIUS plays down the effect of this hypothetical proposition: to discuss that proposition out of context is to risk misunderstanding his true intention."

Para Erich CASSIRER, em 1919,[1073] e outros, pode-se interpretar a posição de GRÓCIO como o divórcio entre a doutrina do direito natural e a teologia, permitindo a construção de sistema de jurisprudência baseado exclusivamente na razão.[1074] Inversamente, a proposição hipotética é a manifestação do fato que contrariamente ao contexto da controvérsia do final da Idade média,[1075] entre racionalistas e voluntaristas, GRÓCIO assume posição eclética, embora, finalmente, se alinhe com os racionalistas.

Cabe apontar a existência de "clara distinção entre o método de GRÓCIO e o adotado por HOBBES e PUFENDORF, que baniram o direito divino de suas teorias a respeito da origem" do fenômeno jurídico.[1076]

GRÓCIO soube manter o equilíbrio entre os elementos natural e positivo, como base, inabalável e insubstituível, de sua teoria sobre o fundamento do direito.[1077] Esse dado, somado à sua compreensão de uma sociedade internacional englobando todos os povos, que tenham entre eles relações continuadas, e a qualidade de sua exposição, brilhante e ordenada da matéria, seriam as explicações para o sucesso de GRÓCIO:

> Ao desenvolver os mesmos princípios que os teólogos, ele o faz de modo mais claro, mais ordenado, e sobretudo menos abstrato. Utiliza método mais positivo, associa sempre a teoria e a prática, reportando constantemente fatos concretos.[1078]

1073 Erich CASSIRER, **Natur- und Völkerrecht im Lichte der Geschichte und der systematischen Philosophie** (orig. publ. em Berlim, 1919; reimpr. Aalen: Scientia, 1963).

1074 Erich CASSIRER (op. cit., 1919, reed. 1963, p. 98-100).

1075 Pano de fundo, o contexto intelectual descrito por Johan HUIZINGA, em seu **O outono da Idade média** – estudos sobre as formas de vida e de pensamento dos séculos XIV e XV na França e nos Países Baixos (do original **Herfstij der middeleeuwen**, 1919, trad. de Francis Petra JANSSEN, ensaios de Peter BURKE e Francis von der LEM, São Paulo: Cosac & Naify, 2010, 2ª reimpr., 2011).

1076 TANAKA (cit., 1993, in ONUMA, op. cit. 1993, p. 27-28): "Nevertheless, something novel is to be found in this hypothetical proposition."

1077 Louis Érasme LE FUR, **La théorie du droit naturel depuis le XVIIe siècle et la doctrine moderne** (RCADI, 1927, t. 18, p. 259-442, cit. p. 324): "Le fond, chez lui, n'est pas nouveau; il ne prétend pas et il faut l'en louer, donner une base nouvelle à la justice ou au droit, même international".

1078 L. LE FUR (op. cit., 1927, p. 324): "malheureusement trop souvent empruntés à l'Antiquité, ce qui leur enlève une part de leur force probante." – Longe de ser objeção válida, a crítica de LE FUR configura anacronismo: era, ao tempo de GRÓCIO, o método habitual de construção da fundamentação, partir de premissas e de exemplos, extraídos de autores antigos. Apesar

> Mesmo onde ele em nada se afasta dos escolásticos, ao expor a sua doutrina central, da justiça como fundamento do direito, sua clareza e sua concisão a iluminam, e ajudam, muito, na difusão da sua doutrina. Ele está repleto de ideias generosas, e assim se encontra demasiadamente adiantado, não somente em relação ao seu século, mas também aos dois seguintes.
> Por isso, a sua influência, ao menos sobre a prática contemporânea, não foi maior. Mas, também por isso, se pode dizer, que a sua hora, enfim, chegou.[1079]

Contrapondo o exame do método de GRÓCIO: "ele pressupõe a existência do direito internacional e tenta distingui-lo do direito natural. O critério para tal distinção é ver se se trata de norma que pode deduzida de princípio evidente. Mas o julgamento da evidência não pode evitar ser subjetivo":[1080]

> Para construir um sistema normativo, é preciso distinguir entre os elementos jurídicos construídos em relação àqueles que são naturais. Estes são imutáveis e facilmente sistematizados; os primeiros têm forte componente positiva, e dificilmente podem ser tratados de modo sistemático, porque variam no tempo e no espaço.[1081]

A construção dos conceitos e a aplicação destes, em âmbito internacional, se há de fazer mediante consenso. Nelson F. de CARVALHO, em 1994, situava a noção de consenso,[1082] em relação ao **De jure belli ac pacis**

de toda a consideração que merece Louis LE FUR, de certo modo, a crítica deste contra os exemplos antigos em GRÓCIO é injusta, e em nada afeta a validade do raciocínio construído por GRÓCIO. Nesse senrido, TANAKA (cit., 1993, in ONUMA, op. cit., 1993, p. 24): "he attaches most importance to the classics, while tending to criticize or ignore more recent writers, an approach consistent with the humanistic trend of his age".

1079 L. LE FUR (op. cit., 1927, p. 324-325): "Aussitôt après GROTIUS, les deux tendances qu'il avait tenté de synthétiser reprennent leur marché séparée en essayant toutes deux de se servir de ce grand nom."

1080 T. TANAKA (cit., 1993, in ONUMA, op. cit., 1993, p. 17-18): "GROTIUS's argument for the existence of the law of nations is not particularly convincing."

1081 T. TANAKA (cit., 1993, in ONUMA, op. cit., 1993, p. 19-20): "GROTIUS explains that a system of jurisprudence is constructed by examining and synthetizing this unchangeable law which stems from nature, and by showing the relations of this law to positive laws."

1082 Nelson F. de CARVALHO, *Arqueologia do consenso* (in **Direito e comércio internacional – tendências e perspectivas**: estudos em homenagem ao prof. Irineu STRENGER, org. L. O. BAPTISTA, H. M HUCK e P. B. CASELLA, São Paulo: LTr, 1994, p. 353-406, cit. p. 357): "examinaremos a função do consenso num texto definido (**De jure belli ac pacis**), num

de GRÓCIO, com paulatina aceitação e adoção desses padrões de comportamento, entre e pelas unidades políticas que compõem o contexto internacional. Mesmo se aí considerados predominantemente os estados e as emanações destes, as organizações internacionais.[1083]

Assim, se pode concluir:

> Embora a função imediata desse sistema de direitos fosse indicar, exaustiva e infalivelmente, quais poderiam ser os motivos legítimos para a guerra, GRÓCIO conferiu significado mais amplo, e isso pode assim ter sido explorado por seus sucessores, em várias direções, primeiro no direito privado, depois também no direito constitucional e direito penal, e obviamente no direito internacional. Sem esquecer que muito dos modernos direitos humanos encontra nele algumas de suas raízes. Assim, com tantas potencialidades, o tratado de GRÓCIO continua a ser essencialmente uma teoria geral da guerra justa. [...] Essa afirmação que somente busca captar o verdadeiro sentido da obra, em nada diminui este que é um dos mais importantes monumentos jurídicos do último milênio.[1084]

Se o papel histórico de determinado autor, ou de certa obra, devam ser avaliados em função da repercussão alcançada, na sua época, e nos tempos seguintes, existe, com certeza, lugar de grande destaque a ser assegurado ao holandês Hugo GRÓCIO, na história do conjunto do direito internacional. Seu impacto sobre o conjunto da disciplina é inegável: mesmo que se afaste a afirmação simplista de se atribuir a GRÓCIO a 'paternidade' do direito internacional. Sem esquecer seu enorme peso sobre o conjunto do direito internacional europeu, na era moderna.

Pode-se considerar, a seguir, a herança crítica e a repercussão da obra de GRÓCIO (18.7) e, ainda que brevemente, GRÓCIO e os limites do direito da guerra (18.8).

autor determinado (Hugo GROTIUS), num momento histórico específico (a passagem dos séculos XVI/XVII), (estas particularizações metodológicas serão discutidas mais adiante)."

1083 As organizações internacionais tornam mais complexa a operação e aumentam o número de agentes, no plano internacional, simultaneamente aos estados, mas, em boa medida, como são criadas pelos estados, e para os estados, atuam de modo conceitualmente consentâneo e operacionalmente alinhado com os estados, enquanto emanações destes, sob forma colegiada.

1084 P. HAGGENMACHER (cap. cit., 2012, p. 1100): "Rather than calling it an international law (as is clearly the case, a quarter of a century later, with ZOUCH's **Ius feciale sive ius inter gentes**) one might therefore label it a law applying to extra-national conflicts."

18.7. Herança crítica e repercussão da obra de GRÓCIO

> Não é somente todo e qualquer estado que é mantido pela boa-fé, mas é também essa sociedade mais ampla das nações.
>
> GRÓCIO (1625, ed. 2004)[1085]

> Mesmo se Deus não existisse, deveríamos sempre amar a Justiça, ou seja, fazer nossos melhores esforços, para parecer com esse ser do qual temos tão bela ideia, e existindo seria necessariamente justo. Mesmo livres do jugo da religião, não estaríamos livres do jugo da equidade.
>
> MONTESQUIEU (1721, ed. 1990)[1086]

> O direito político ainda está por nascer, e pode-se presumir que este nunca nascerá. GRÓCIO, o mestre de todos os sábios nessa matéria, não passa de uma criança, e o que é pior, uma criança de má fé. Quando ouço elevar GRÓCIO às nuvens, e cobrir HOBBES de execração, vejo como homens sensatos leem e compreendem esses dois autores. A verdade é que seus princípios são exatamente semelhantes, e eles diferem somente pelas expressões. Eles dife-

[1085] GRÓCIO, **Direito da guerra e da paz** (op. cit., 1625, ed. bras. 2004, III.XXV.I.1, p. 1473), citava nesta passagem a lição de CÍCERO, **De officiis** (with an English translation by Walter MILLER, Cambridge, Ma. / London: Harvard UP / LCL 30, CICERO XXI, © 1913, reprinted 2005, cit. II.24.84). GRÓCIO completava a passagem com menção a ARISTÓTELES [**Reth. ad Theod.**, I,15]: "Como diz com toda a verdade ARISTÓTELES, 'suprimi-a e todo o comércio entre os homens será aniquilado'.

[1086] C. L. de SÉCONDAT, Baron de La Brède et de MONTESQUIEU, **Lettres persanes** (1721, in **Œuvres complètes**, Paris: Gallimard-Pléiade, texte annoté et présenté par Roger CAILLOIS, 1949, impr. 1990, vol. I, lettre LXXXIII – Usbek à Rhed, p. 256-7): "quand il n'y auroit pas Dieu, nous devrions toujours aimer la Justice; c'est-à-dire faire nos efforts pour ressembler à cet être dont nous avons une si belle idée, et qui s'il existoit, seroit nécessairement juste. Libres que nous serions du joug de la Religion, nous ne devrions pas l'être de celui de l'Équité"; ver tb. TANAKA (1993, in ONUMA, op. cit., 1993, p. 28-29): "ROUSSEAU did not see GROTIUS as within the Scholastic tradition. MONTESQUIEU's expression '*We should love justice even if there is no God*', is modelled on GROTIUS even though it is not a mere hypothetical phrase since it asserts that justice is of supreme value to both the pagan and the atheist". Concordo até aqui com o comentário de TANAKA (1993, op. cit., loc. cit.). Mas não vejo qualquer fundamento para a afirmação contida na frase seguinte: "MONTESQUIEU perhaps detected in GROTIUS's hypothetical proposition a desire, or at least a tendency, to turn divinity into a relative concept." Essa arriscada interpretação mereceria ser mais adequadamente fundamentada.

rem também pelo método. HOBBES se apoia em sofismas, e GRÓCIO sobre os poetas: todo o resto é comum para ambos.

J. J. ROUSSEAU (1762, ed. 1969)[1087]

As compilações de GRÓCIO não mereciam o tributo de estima que a ignorância lhes prestou. Citar os pensamentos dos velhos autores, que se manifestaram contra e a favor, isso não é pensar. [...] Muitas vezes, GRÓCIO me entediou; ele é muito sábio [...] mas a razão e a virtude pouco comovem, quando nos entediam.

VOLTAIRE (1768)[1088]

Não surpreende que um código, de tal modo fundamentado, imediatamente viesse a alcançar a celebridade, e posto fim às várias composições heterogêneas, que até então tinham formado a norma para a conduta das nações, e ocasionado muitos dos casos e argumentos discordantes, até aqui mencionados.

R. WARD (1795)[1089]

[1087] Jean-Jacques ROUSSEAU, **Emile** (1762, in **Œuvres complètes**, Paris: Gallimard-Pleiade, 1969, vol. IV, p. 836): "Le droit politique est encore à naître, et il est à présumer qu'il ne naîtra jamais. GROTIUS, le maître de tous les savants en cette partie, n'est qu'un enfant, et qui pis est, un enfant de mauvaise foi. Quand j'entends élever GROTIUS jusqu'aux nues et couvrir HOBBES d'exécration, je vois combien d'hommes sensés lisent ou comprennent ces deux auteurs. La vérité est que leurs principes sont exactement semblables, ils ne diffèrent que par les expressions. Ils diffèrent aussi par la méthode. HOBBES s'appuie sur des sophismes, et GROTIUS sur des Poètes: tout le reste leur est commun." ROUSSEAU completava o raciocínio, no parágrafo seguinte, afirmando (op. cit., ed. cit., loc. cit.): "Le seul moderne en état de créer cette grande et inutile science eut été l'illustre MONTESQUIEU. Mais il n'eut garde de traiter des principes du droit politique; il se contenta de traiter du droit positif des gouvernements établis, et rien au monde n'est plus différent que ces deux études."

[1088] "Les compilations de GROTIUS ne méritaient pas le tribut d'estime que l'ignorance leur a payée. Citer les pensées des vieux auteurs qui ont dit le pour et le contre, ce n'est pas penser. [...] GROTIUS m'a souvent ennuyé; il est très savant [...] mais la raison et la vertu touchent peu, quand elles ennuient." VOLTAIRE (1768, **Oeuvres**, Paris, 1853, vol. VI, p. 670). A edição das **Oeuvres complètes** publicada pela Voltaire Foundation e a universidade de Oxford conta 203 volumes. Dentre as obras de 1768, contam-se os **Dix-sept dialogues traduits de l'anglais de Mr. Huet** (OCV, vol. 65 A) trazendo as discussões entre um liberal inglês, um republicano democrata holandês e um aristocrata, sobre a política, a metafísica e a religião (texte sur ARTFL/Tout Voltaire [archive]).

[1089] Robert WARD, **An enquiry into the foundations and history of the Law of nations in Europe** – from the time of the Greeks and Romans to the age of Grotius (orig. publ. London:

> Seria difícil encontrar um livro do qual se possa, em nossos dias, celebrar o aniversário com sentimento de mais profunda satisfação do que o livro de H. GRÓCIO, **De jure belli ac pacis**, publicado há 300 anos. Se o ilustre holandês, infeliz emigrado, que conheceu em sua vida conturbada todas as tribulações da existência no estrangeiro, pudesse ressuscitar, ele haveria de sentir seus sofrimentos recompensados. Esse homem clarividente, eternamente vítima de perseguições, em razão da sua independência de pensamento, poderia constatar, com profunda alegria, que muitas de suas mais caras ideias tornaram-se realidades. [...] Existe destino mais belo para um livro, do que permanecer atual ou, mais ainda, de se tornar atual, três séculos depois de publicado?
>
> G. GURVITCH (1927)[1090]

> A relação entre GRÓCIO e HOBBES é um assunto complexo. Contudo, no que diz respeito ao papel de conceitos de direito natural, em sua respectiva ética, mostrou-se particularmente frutífero ver os **Elementos** do direito natural, **De Cive** e o **Leviatã** como descendentes do **Mare liberum**, **De jure belli ac pacis** e **De veritate religionis christianae**.
>
> K. HAAKONSEN (1996, ed. 2003)[1091]

A. Strahan and W. Woodfall, 1795, 2 vols., chap. XVIII – *the age of Grotius*, p. 606-628, cit. p. 620): "It is not surprising that a code thus supported, should have immediately advanced into celebrity, and put down in the end those various heterogeneous compositions which had till then formed the rule of conduct for nations, and occasioned many of those discordant arguments and cases which we have related."

1090 Georges GURVITCH, *La philosophie du droit de Hugo Grotius et la théorie moderne du droit international* – à l'occasion du tricentenaire du **De jure belli ac pacis**, (Revue de Métaphysique et de Morale, t. 34, no. 3, juil.-sept. 1927, p. 366-391, publ. Paris: Presses universitaires de France – online https://www.jstor.org/stable/40896476, cit. p. 366): "Il serait difficile de trouver un livre dont on puisse, de nos jours, fêter l'anniversaire avec un sentiment de plus profonde satisfaction que le livre de H. GROTIUS: **De jure belli ac pacis**, paru il y a 300 ans. Si l'illustre Hollandais, malheureux émigré, qui avait connu dans sa vie mouvementée toutes les tribulations de l'existence à l'étranger, pouvait ressusciter, il devait sentir ses souffrances récompensées. Cet homme clairvoyant, qui fut éternellement en butte aux persécutions à cause de l'indépendance de sa pensée, aurait pu constater avec une joie profonde que beaucoup de ses idées les plus chères sont devenues des réalités. [...] Y a-t-il un sort plus beau pour un livre que de rester actuel, ou, plus encore, de devenir actuel trois siècles après son apparition?"

1091 Knud HAAKONSSEN, **Natural law and moral philosophy**: from Grotius to the Scottish Enlightenment (Cambridge: Univ. Press, 1st. publ., 1996, digital printing 2003, 1. Natural law in the seventeenth century, p. 15-62, 1.4 Thomas HOBBES, p. 31-35, cit. p. 31): "The relationship

> Embora GRÓCIO tenha nascido somente cinco anos antes de HOBBES, em 10 de abril de 1583, seu influente livro **Do direito da guerra e da paz** (1625) foi publicado 15 anos antes de HOBBES ter escrito o primeiro esboço de livro sobre filosofia política e moral. Esse esboço, os **Elementos de direito natural e político**, claramente influenciado pelo livro de GRÓCIO, não foi escrito antes de 1640. Embora HOBBES o tenha circulado em manuscrito, ele percebeu que seu trabalho tinha sérios problemas e não o fez ser publicado.
>
> B. GERT (2010)[1092]

Ao considerar a herança crítica e a repercussão da obra de GRÓCIO percebe-se não somente o impacto, forte e imediato desta, sobre o campo específico do direito internacional, em linha direta que leva a ulteriores desenvolvimentos em PUFENDORF e outros internacionalistas clássicos, como também pelos ecos da obra e das ideias de GRÓCIO em outras disciplinas jurídicas, tais como a teoria e a filosofia do direito. Assim se pode assinalar encadeamento das ideias de GRÓCIO em pensadores tão distintos como HOBBES, MONTESQUIEU, ROUSSEAU e DIDEROT, e a partir destes, em relação a tantos outros mais, com enormes e variados desdobramentos sobre o pensamento jurídico moderno e contemporâneo, muito além do campo estrito do direito internacional.

A vida e a obra de GRÓCIO se inscrevem em contexto conturbado:[1093] ele viveu a guerra da independência do seu país; foi preso por participar de lutas entre facções políticas – e conseguiu evadir-se modo ousado da

between GROTIUS and HOBBES is a complex matter. However, as far as concerns the role of natural jurisprudential concepts, in their respective ethics, it has proven a particularly fruitful suggestion to see the **Elements of Law**, **De Cive** and **Leviathan** as descendants of **Mare liberum**, **De jure belli ac pacis** and **The truth of the Christian Religion**."

1092 Bernard GERT, **Hobbes** (Cambridge, UK: Polity, 2010, chap. 1 – *Hobbes's Life, Times and General Philosophical Views*, p. 1-29, cit. p. 3): "Although GROTIUS was born only five years before HOBBES, on 10 April 1583, his influential book, **On the law of war and peace** (1625) was published 15 years before HOBBES wrote the first draft of a book on moral and political philosophy. That draft, **The Elements of Law Natural and Politic**, which was clearly influenced by GROTIUS's book, was not written until 1640. Although HOBBES circulated in in manuscript, he realized that it had serious problems and did not have it published".

1093 Ver supra, item 18.2 – GRÓCIO na evolução da identidade nacional; TANAKA Tadashi, *Grotius's method: with special reference to Prolegomena* (in **A normative approach to war**: peace, war and justice in Hugo Grotius, ed. by Y. ONUMA, Oxford: Clarendon Press, 1993, p. 11-31, cit. p. 11-14).

prisão. Viveu em exílio, durante a maior parte da guerra dos trinta anos e morreu, antes da paz de Vestfália. Em suma, ele constantemente presenciou distúrbios e guerras.

E essa foi a principal razão, pela qual escreveu GRÓCIO a sua obra prima, o **Direito da guerra e da paz**. Ele tinha em mente a necessidade de ordenar esse mundo conturbado dos homens. O propósito prático de coibir abusos, cometidos na guerra, e afirmar a existência de princípios que regem a sociedade dos homens.

GRÓCIO pertencia à seita calvinista dos Arminianos, mas procurou suplantar as diferenças entre as confissões religiosas e unir as igrejas, do ponto de vista da defesa da tolerância religiosa. O que também é evidente em todo o percurso do **De iure belli ac pacis**.

No final do século XVIII, OMPTEDA afirmava[1094] o papel incontornável de GRÓCIO, na história do direito internacional, como aquele que separou o direito natural do direito internacional:

> Todo mundo conhece seu excelente livro, **De jure belli et pacis**, e esta é a obra que tem de ser considerada como a primeira exposição do conjunto do direito internacional, e embora ainda muito incompleto, é a primeira dessa ordem, e sempre contém muito de útil e adequado para ensinar. Nada é mais claro e natural, porque com GRÓCIO começa uma época inteiramente nova.[1095]

Considerava, contudo, surpreendente que o propósito principal da obra de GRÓCIO, "apesar de tão comentada, analisada, considerada em cada uma das suas palavras", pareça ter escapado da maioria dos analistas.

[1094] D. Von OMPTEDA (op. cit., 1785, reed., 1963, § 51, p. 171-173). Já no final do século XVIII, ao resenhar autores que tinham escrito sobre a vida de GRÓCIO, faz lista de 22 referências, a textos publicados em latim, em alemão, em holandês e em francês, dentre os quais o prefácio de BARBEYRAC à sua tradução francesa do **De jur belli ac pacis**. Ver: Hugues GROTIUS, **De jure belli ac pacis** (ed. facsimilar da tradução de Jean BARBEYRAC, "avec les notes de l'auteur même, qui n'avoient point encore paru en françois; & de nouvelles notes du traducteur", orig. publ. Amsterdã, chez Pierre DUCOUP, 1724, Caen: Publications de l'Univ. de Caen, 1984, 2 tomos).

[1095] D. Von OMPTEDA (op. cit., 1785, reed., 1963, loc. cit.) a respeito do **De jure belli ac pacis** de GRÓCIO – que OMPTEDA menciona como **De jure belli *et* pacis**: "esta obra é o fundamento de todas as que desde então foram escritas sobre o direito internacional" – pois praticamente nenhum autor, nessa matéria, pode se situar, sem se reportar a GRÓCIO. "Esta que é a obra principal (*Hauptwerk*) dessa ciência".

Segundo OMPTEDA, em momento algum teria GRÓCIO o propósito de considerar todo o conjunto do direito natural:

> Ele se limitou a considerar aquela parte [do direito natural], que regula as relações de povos inteiros e de seus regentes, uns com os outros, e somente, e com razão, tem o nome: direito internacional. Pois na verdade, somente em uma parte desse direito internacional, [ele se concentrou], a saber aquela que cuida do direito da guerra.[1096]

Nesse sentido, mencionava inclusive carta de Hugo ao seu irmão Guilherme GRÓCIO, de 16 de junho de 1623: na qual dizia estar em curso a sua obra de comentário ao direito da guerra – *operam commentationi de jure belli* – mas que o trabalho avançava lentamente. Em suma, não teria pretendido GRÓCIO retomar todo o direito natural, nem mesmo fazer obra sistemática, sobre todo o conjunto do direito internacional, mas limitado ao exame do "direito da guerra e da paz". OMPTEDA opinava, ainda, ser talvez leviano afirmar que GRÓCIO tivesse sido perspicaz em chamar a sua obra "direito da guerra e da paz" – e não de direito natural – "para ir mais facilmente às mãos dos grandes".[1097]

Seu propósito era tratar do direito internacional. Não do direito natural. Por isso, logo depois de situar a divisão do direito em natural, divino, civil e das gentes, se volta para o direito da guerra e, como parte importante deste último, o direito internacional.[1098]

Tudo isso se inscreve em velha controvérsia. Que surpreendentemente, vez ou outra, ainda torna, e pode ser veiculada –[1099] mesmo por parte de profissionais da diplomacia ou em seminários de relações internacionais.[1100]

[1096] D. Von OMPTEDA (op. cit., 1785, reed., 1963, § 54, p. 182-185, cit. p. 184) considerava que o propósito de GRÓCIO e o plano de sua obra não poderiam parecer mais claros a seus olhos: "Ich kann diese seine Absicht und den Plan seines ganzen Werks nicht deutlicher vor Augen legen".

[1097] D. Von OMPTEDA (op. cit., 1785, reed., 1963, § 54, cit. p. 185): "GROTIUS bloss das Völkerrecht zu seinem Gegenstand gemachet".

[1098] D. Von OMPTEDA (op. cit., 1785, reed., 1963, § 60, p. 244-248, cit. p. 247) apresentava observações gerais sobre a obra de GRÓCIO, e concluía que este fez tudo o que se poderia esperar do primeiro a tratar o conjunto da matéria, naquele tempo: "muss man ebenfalls GROTIUS die Gerechtigkeit wiederfahren lassen, dass er alles geleistet, was man von einem ersten Versuche dieser Art zumahl in damalige Zeiten nur irgend erwarten mag.".

[1099] S. GOYARD-FABRE, **Les embarras philosophiques du droit naturel** (Paris: Vrin, 2002, p. 81-84) fala sobre o "humanismo racionalista de GRÓCIO" e avalia "não ser objeto de dúvida,

Por sua vez, no início do século XIX, John AUSTIN deliberadamente excluía[1101] o direito internacional da categoria de normas propriamente ditas – *laws properly so-called* – e o relegava ao âmbito de moralidade positiva – *positive morality*. O que ainda encontra eco[1102] em autores como Herbert HART,[1103] e outros que supostamente querem mostrar o "direito internacional como é, e não como este deveria ser".[1104] Mas muitos destes críticos – tendentes ao negacionismo do direito internacional – parecem se esquecer de quanto este evoluiu institucionalmente nas últimas décadas.[1105] Assim,

a confiança que GRÓCIO, tratando do problema do direito, manifesta em relação à razão humana. Desde o projeto epistemológico, que expunha, em 1605, o primeiro capítulo do **De jure praedae commentarius**, GRÓCIO assinalava a força racional das normas metodológicas, que ele entendia pôr em ação. Em 1625, os 'Prolegômenos' do **De jure belli ac pacis** insistiam, adiantando-se em relação às teses de DESCARTES, de HOBBES e de SPINOZA, sobre o poder da racionalidade, demonstrativa e construtiva, da qual GRÓCIO admirava a boa ordem – *certus ordo* – e o rigor sintético."

1100 Por exemplo, a já mencionada obra coletiva, coordenada por Hedley BULL, Benedict KINGSBURY and Adam ROBERTS, **Hugo Grotius and international relations**, Oxford: Clarendon Press, 1990).

1101 John AUSTIN, **The Province of Jurisprudence determined** (orig. publ. em 1832, Londres: Weidenfeld and Nicolson, 1954).

1102 Ver Mark W. JANIS & Carolyn EVANS (ed. by), **Religion and International Law** (Leiden/ Boston: M. Nijhoff, © 1999, nova ed., 2004), esp. James A. R. NAFZIGER, *The functions of religion in the International legal system* (in M. JANIS & C. EVANS, op. cit., 2004, p. 155-176) e Hilaire McCOURBEY, *Natural Law, Religion and the development of international law* (in M. JANIS & C. EVANS, op. cit., 2004, p. 177-189, cit. p. 177): "In the particular context of classical positivism, with its emphasis upon coercive imperation as a basic criterion of legal identification, this conclusion was perhaps inevitable. It is clearly the case that institutionally and substantively international law differs markedly from most, if not all systems of municipal law. In view of the absence of world government and much in the way of international coercive machinery it could hardly be expected to fit the narrowly focused Austinian, or even Benthamite, model. Unfortunately, AUSTIN's statement generated a long and continuing, but rather sterile debate upon the questions of whether international law can or cannot properly be termed 'law'." Ver tb. Gunnhild HOOGENSEN, **International Relations, Security and Jeremy Bentham** (Londres e Nova York: Routledge, 2005).

1103 Herbert L. A. HART, **The concept of law** (orig. publ. 1961, "with a postscript", ed. by Penelope A. BULLOCH and Joseph RAZ, Oxford: Clarendon Press, second edition, 1994, esp. chap. X – *International Law*, p. 213-237).

1104 Mas a utopia também tem seu papel no mundo das ideias e especificamente nos **Fundamentos do direito internacional pós-moderno** (2008, esp. item III – *Direito internacional pós-moderno: entre técnica, espírito e utopia*, p. 297-379).

1105 A respeito da evolução institucional do direito internacional desde a crítica de HART (1961), ver P. B. CASELLA, *Evolução institucional do direito internacional*: à luz do cinquentenário

essas críticas, que contestam a juridicidade do direito internacional não somente são injustas, como estão defasadas, face à evolução institucional das últimas décadas.

Especificamente escreveu AUSTIN a respeito de GRÓCIO e seu discípulo PUFENDORF:

> GRÓCIO, PUFENDORF e os demais autores do assim chamado direito das gentes – *law of nations* –, caíram em confusão de ideias: eles confundiram a moral internacional positiva, ou as normas que efetivamente observam as nações civilizadas em suas relações recíprocas, com as suas vagas concepções da moral internacional como esta deveria ser, com aquele algo indeterminado, que conceberam deveria ser, se se conformasse com aquele algo indeterminado que eles chamam de direito natural – *law of nature*.[1106]

A linhagem dos negacionistas do direito internacional e de crítica à existência e operacionalidade deste, como sistema institucional e normativo internacional, existe e se confronta com a evidência de que este existe, sim, e opera adequadamente, na grande maioria dos casos, apesar de todas as forças contrárias.[1107] Outros, como Jeremy BENTHAM mostram certa ambivalência em relação ao fenômeno jurídico internacionalista.[1108]

Retomar essas controvérsias nos levaria longe do foco presente.[1109] Mas autores como GRÓCIO se inscrevem nessa linha da grande tradição, que se pode chamar idealista e institucionalista do direito internacional.

do conceito de direito de HART (1961) (in **Homenagem aos 70 anos do prof. Celso LAFER**, org. T. Sampaio FERRAZ Jr. e L. O. BAPTISTA, São Paulo: IBF- Instituto Brasileiro de Filosofia/Rev. dos tribunais, edição comemorativa, ano 60, vol. 236, jan.-jun. 2011, p. 313-329).

1106 John AUSTIN, **The Province of Jurisprudence determined** (1832, ed. by H. HART, Londres: Weidenfeld and Nicolson, 1954, Lecture V, p. 187): "Grotius, Pufendorf and the other writers of the so-called law of nations, have fallen into a confusion of ideas: they have confounded positive international morality, or the rules which actually obtain among civilized nations in their mutual intercourse, with their own vague conceptions of international morality as *ought to be*, with that indeterminate something which they conceived it would be, if it conformed to that indeterminate something which they call the law of nature".

1107 Como brevemente se examina no **Tratado** (tomo 6 – **Direito internacional no tempo de Suarez, Gentili e Zouch**, item – existência e conteúdo do direito internacional moderno).

1108 A respeito da posição de Jeremy BENTHAM, ver Gunhild HOOGENSEN, **International relations, security and Jeremy BENTHAM** (Londres: Routledge, 2005).

1109 Cfr. algumas considerações desenvolvidas nos **Fundamentos do direito internacional pós-moderno** (2008, item XII – *Direito e relações internacionais: coexistência pacífica?*, p. 877-958,

No início do século XX, James Brown SCOTT indicava,[1110] claramente, a sua concepção da filiação intelectual de GRÓCIO, em relação à escola espanhola de direito internacional, e contrapunha: "se GRÓCIO não era espanhol pelo sangue, ele foi espanhol em sua concepção do direito internacional, e no que concerne aos princípios básicos de seu sistema, ele indubitavelmente foi membro da escola espanhola".[1111]

A discussão a respeito da suposta 'paternidade' do direito internacional moderno é tema clássico e recorrente da disciplina: se e em que medida, cabe a primazia a GRÓCIO ou aos espanhóis, VITÓRIA e SUAREZ. Nesse sentido, cabe[1112] ponderar não ter sido somente a teoria, mas esta, combinada com a superioridade efetiva de poder, que transformou o direito internacional europeu em direito internacional global – *turned European international law into global international law*. E nesse sentido, poderia ser oportuno e necessário, segundo ONUMA, reconsiderar a visão predominante no sentido de ser GRÓCIO reconhecido como o 'pai do direito internacional', de ponto de vista crítico, em relação ao Eurocentrismo.

E, assim, se pode, também, reconsiderar o papel de Francisco de VITÓRIA. Embora partindo da premissa da superioridade da fé católica, teria

e item XVI – *Jurisdição, competência do estado e aplicação do direito internacional*, p. 1217-1271), b/c no **Tratado** (tomo 6 – **Direito internacional no tempo de Suarez, Gentili e Zouch**, item – existência e conteúdo do direito internacional moderno).

1110 James Brown SCOTT, **The Spanish conception of international law and of sanctions** (Washington: Carnegie Endowment for international peace, 1934). Ver tb. o igualmente já ref. estudo de David KENNEDY, *Primitive legal scholarship* (Harvard Int'l. Law Journal, vol. 27, no. 1, 1986, p. 1-98) – apesar do reparo ao uso do termo *'primitive'*.

1111 J. Brown SCOTT, **The Spanish conception of international law and of sanctions** (op. cit., 1934, p. 51): "For if GROTIUS was not a Spaniard by blood, he was a Spaniard in his conception of international law, and so far as the basic principles of his system are concerned, he was indubitably a member of the Spanish school".

1112 ONUMA Yasuaki, *Eurocentrism in the History of International Law* (in **A normative approach to war**: peace, war and justice in Hugo Grotius, edited by Y. ONUMA, Oxford: Clarendon Press, 1993, *Appendix*, p. 371-386, cit. p. 371): "reconsider the significance of Francisco de VITÓRIA, not for the purpose of deifying him in place of GROTIUS, but because he embodied the 'universal' or 'neutral' theory in the context of the military superiority of Europe, a prototype of the structure of modern international law." Compare-se A. BECKER LORCA, *Eurocentrism in the history of international law* (in **The Oxford Handbook of the History of International Law**, ed. by B. FASSBENDER e A. PETERS, Oxford: Univ. Press, 2012, chap. 43, p. 1034-1057).

sido mais 'universal' em sua visão e tratamento do direito internacional, do que GRÓCIO.

Logicamente, em direito internacional, como em todos os ramos do conhecimento, existem encadeamentos entre temas e autores. E as contribuições têm de ser situadas, no tempo histórico e no contexto cultural de cada um, respectivamente.[1113]

Em "ensaio sobre a vida e obras de Hugo de GROOT", em 1903, se manifestava Sylvino GURGEL DO AMARAL,[1114] que fazia esse trabalho "sem outra pretensão do que dar entrada na literatura do meu país às particularidades da vida de um reformador genial, que ocupou a atenção de todo o mundo culto do século XVII".[1115] E frisava: "o nome de GRÓCIO está intimamente ligado à história do direito, mas quase ninguém sabe hoje as injustiças de que ele foi vítima".[1116]

Por sua vez, Miguel REALE, em 1977,[1117] considerava ter sido o **De jure belli ac pacis** de Hugo GRÓCIO o primeiro livro de filosofia do direito, na história das ideias. Muitos comentaristas apontam a qualidade da argumentação teológica de GRÓCIO, sobretudo em seu estudo sobre a verdade da religião cristã, **De veritate religionis Christianae** (1623).[1118]

Somente a partir de GRÓCIO se poderia falar a respeito de filosofia do direito, no sentido moderno do termo. Desse modo, para REALE (1977), antes de GRÓCIO não se pode falar em filosofia do direito, em sentido próprio, pois é com seu livro que se apresentava o primeiro tratado de direito natural, ou melhor dizendo, o primeiro tratado autônomo de filosofia do direito. A respeito, escrevia:

[1113] ONUMA (op. cit., 1993, *Appendix*, p. 372): "the age of 'geographical exploration' and the 'partioning of the world' by Spain and Portugal marked the first step in the development of European civilization into global civilization, a process extending over the next four centuries."

[1114] Sylvino Gurgel do AMARAL, **Ensaio sobre a vida e obras de Hugo de GROOT (GROTIUS)** (Paris/Rio de Janeiro: H. Garnier, 1903).

[1115] S. Gurgel do AMARAL (op. cit., 1903, no prólogo, e a seguir primeira parte, cap. I, p. 2): "É hoje raro encontrar-se homem de mediana cultura que desconheça o nome de Hugo GROTIUS; é divulgado o conhecimento da sua obra, é vasto o apreço em que são tidos os seus ensinamentos".

[1116] S. Gurgel do AMARAL (op. cit., 1903, parte I, cap. I, p. 2).

[1117] Miguel REALE, **Horizontes do direito e da história** (São Paulo: Saraiva, 1977).

[1118] GROTIUS, **De veritate religionis Christianae** (1623, in GROTIUS, **Opera omnia theologica**, Amsterdam, 1679, 3 vols., vol. III, p. 3-96).

> Constituídos os estados modernos, cada um deles sobre uma base nacional distinta, e abandonada a concepção medieval de um poder superior pertencente à Igreja ou ao Império, tornou-se necessário um fundamento novo para a ordem positiva.
> Não se tratando mais de procurar a explicação última do direito em uma concepção religiosa, em uma explicação de ordem teológica, como fizera a escolástica, nem de sustentar a doutrina já superada, que apresentava o poder dos reis como poder derivado de uma fictícia autoridade imperial.
> Surgiu, assim, a escola do direito natural procurando fundamento eminentemente humano e terreno para o direito e o estado.[1119]

Com alguns reparos contra, mas não o deixava de referir, igualmente, Giorgio DEL VECCHIO, na Haia, em 1931.[1120] Este considerava ser a questão da expressão do consentimento vital para o direito, e distinguia:

> enquanto para o direito privado as condições exigidas para a validade do consentimento foram, há muito, explicitadas e minuciosamente analisadas, especialmente quanto à dimensão subjetiva, inversamente, no campo do direito público (ou seja, no que concerne o direito constitucional e mais ainda o direito internacional), simplesmente se colocou o princípio *pacta sunt servanda*, ou como dizia exatamente GRÓCIO: *juris naturae est stare pactis*, quase como um *deus ex machina*, sem submeter os elementos à análise. [...] A realidade é, mesmo ou sobretudo neste campo, muito mais complexa do que fazem crer certas fórmulas doutrinais demasiadamente simples.[1121]

[1119] Miguel REALE, **Horizontes do direito e da história** (op. cit., 1977).

[1120] Giorgio DEL VECCHIO, **La société des nations au point de vue de la philosophie du droit international** (RCADI, 1931, t. 38, p. 541-650, mencionava GRÓCIO p. 578 e 581).

[1121] G. DEL VECCHIO (op. cit., 1931, p. 581-582) indagava: será que os acordos ilícitos não são possíveis entre estados? Podem ser detectados vícios de consentimento e quais serão então as consequências? É possível, objetivamente, determinar as condições para a validade da expressão da vontade de um estado, especialmente quando existam nesse estado conflitos ou transtornos de caráter constitucional? Ou quando a independência de um estado – ou o que se costuma denominar como tal – seja em si mesma objeto de contestação por parte de outro estado? E concluía: "La réalité est, même et surtout en cette matière, bien plus complexe que ne voudraient le faire croire certaines formules doctrinaires trop simples".

Não se deve perder de vista a ideia, sobre a qual, no século XVIII, VICO construiu a sua *ciência nova*:[1122] o mundo civilizado é, com certeza, a obra dos homens, e seus princípios devem ser encontrados em nosso próprio espírito. Se o direito positivo é um fenômeno natural, isso não o impede de ser também um produto do espírito, precisamente porque, como frisava VICO, os homens o fizeram com inteligência.

Na linha da filosofia e teoria geral do direito, GRÓCIO também aparece com muita frequência, em contextos bastante diversificados. Como observava Michel VILLEY:[1123]

> GRÓCIO é menos estudado, do ponto de vista que nos interessa, ou seja, como autor de um sistema do direito, que abarca todos os setores do direito, e cujos princípios foram adotados pela escola do direito natural. [...] E GRÓCIO poderia ser chamado de o legislador da Europa moderna, no mesmo sentido que LICURGO foi o de Esparta, e que o grande homem, para CÍCERO, também o seria de todo sistema de direito.
>
> A Europa não lhe deve apenas uma parte da paz relativa ou da moderação nas guerras de que ela gozou durante dois séculos, e que sem dúvida, foram responsáveis por seu poderio, mas também importantes aspectos da estrutura de seu direito interno e privado. Digo toda a Europa, porque a influência de GRÓCIO não ficou, como a de ALTHUSIUS,[1124] confinada à Europa central.[1125]

[1122] Giambattista VICO, **Principi d'una scienza nuova d'intorno alla commune natura delle nazioni** (1725, ed. definitiva 1744, in G. VICO, **Opere**, a cura di A. BATTISTINI, Milano: Mondadori, 1990, 2 vols., t. I, p. 409-971 e t. II, p. 975-1229).

[1123] Michel VILLEY (1914-1988), **A formação do pensamento jurídico moderno** (do original **La formation de la pensée juridique moderne**, 2005, texto estabelecido por Stéphane RIALS, notas revistas por Eric DESMONS, trad. Claudia BERLINER, revisão técnica Gildo Sá Leitão RIOS, São Paulo: Martins Fontes, 2ª ed., 2009, item – *GRÓCIO e o direito*, p. 630-674) descreve GRÓCIO como personagem célebre e "a glória de seu país (que, na falta de muitos grandes homens, cultiva sua memória). Seu livro sobre a **Introdução ao direito holandês** ainda é usado. Mas, é claro, a sua reputação ultrapassa as fronteiras da Holanda. Seu tratado **Da verdade da religião cristã** foi um *best-seller* mundial e, sobretudo, ele é considerado, o que é levemente exagerado, um apóstolo da ONU. Existe uma associação que promove *jornadas grocianas*, à qual devemos a publicação de um *catecismo grociano* ... Sobre o tratado da guerra e da paz, há inúmeros trabalhos escritos por especialistas em direito internacional público."

[1124] De Johannes ALTHUSIUS, **Política** (orig. publ. **Politica methodice digesta**, 1603-1614, trad para o inglês e intr. Frederick S. CARNEY, pref. Daniel J. ALAZAR, trad. Joubert de Oliveira BRÍZIDA, Rio de Janeiro: Topbooks – Liberty Fund, 2003).

[1125] M. VILLEY (op. cit., 2005, ed. 2009, p. 630-631).

Pode, por vezes, haver ou não menção direta a GRÓCIO, mas sempre se pode presumir tratar-se de diálogo com as ideias e com a obra deste. Como se dá nas passagens acima referidas de MONTESQUIEU (1689-1755) e de ROUSSEAU (1712-1778). Como também se deu influência de GRÓCIO em relação a DIDEROT, DOMAT, POTHIER e PORTALIS, que o tinham em suas bibliotecas: "um amplo setor do pensamento jurídico da Europa moderna tem sua origem em GRÓCIO".[1126]

No caso de MONTESQUIEU, quando este afirma "a justiça e a equidade existiriam mesmo que não houvesse Deus". Nesta citada passagem claramente ecoa a famosa "hipótese ímpia" de GRÓCIO – mesmo se não Deus existisse –[1127] tal como foi esta 'revisitada' por MONTESQUIEU nas **Cartas persas**, em 1721.[1128] Quase um século mais tarde.

Algumas décadas mais adiante, podem ser reportadas a presença e a influência de GRÓCIO em Jean-Jacques ROUSSEAU. Mesmo se expressas de modo acerbamente crítico, como o fazia, em 1762, ROUSSEAU, no **Emile, ou sobre a educação** (1762).[1129] ROUSSEAU contrapõe GRÓCIO a HOBBES:

[1126] M. VILLEY (op. cit., 2005, ed. 2009, p. 632): "GRÓCIO foi um dos mediadores mais eficazes que a história já conheceu entre uma visão filosófica do mundo e a ciência do direito. Foi, decerto, mais jurista que filósofo, sensível aos problemas de seu tempo, tendo por principal ambição dar a eles uma solução prática – mas um desses juristas libertos das rotinas profissionais e providos de uma cultura tão ampla, tão audaciosos e clarividentes que são capazes de soluções novas." E tb. Sylvino Gurgel do AMARAL, **Ensaio sobre a vida e obras de Hugo de GROOT (GROTIUS)** (Paris/Rio de Janeiro: H. Garnier, 1903).

[1127] Como referido supra, no presente capítulo: *etiamsi daremus ... non esse Deum, aut non curari ab eo negotia humana* – mesmo que não existisse Deus, ou que a este não tivessem interesse as questões humanas.

[1128] Charles de Secondat, Barão de La Brède et de MONTESQUIEU, **Lettres persanes** (texte présenté et annoté par Roger CAILLOIS, Paris: Gallimard – Pléiade, © 1949, impr. 1990, O. C., vol. I, p. 129-388).

[1129] Jean-Jacques ROUSSEAU (1712-1778), **Emile ou de l'éducation** (in J.-J. ROUSSEAU, **Œuvres complètes**, dir. de B. GAGNEBIN et M. RAYMOND, Paris: Gallimard – Pleiade, ed. 1969, impr. 1990, vol. IV, **Emile** – première version (manuscrit FAVRE), p. 53-238, **Emile**, p. 239-868, seguidos de notas, variantes e fragmentos (**Emile**), p. 1268-1710, cit. p. 509, nota 1, p. 1469): "Les *politiques* sont ceux qui attaque le **Contrat social** (I, 2): Il est donc douteux, selon GROTIUS, si le genre humain appartient à une centaine d'hommes, ou si cette centaine d'hommes appartient au genre humain, et il paroit dans tout son livre pencher pour le premier avis; c'est aussi le sentiment de HOBBES. Ainsi voilà l'espèce humaine divisée en troupeaux de bétail, dont chacun a son chef, qui le garde pour le dévorer."

GRÓCIO, com efeito, defende o absolutismo e a escravidão: 'existem poderes que, por si mesmos, são estabelecidos em favor daquele que governa, como o poder do senhor sobre seu escravo (**Direito da guerra e da paz**, I.III.8, n. 14)'. HOBBES é também um desses filósofos que fazem o homem tão malvado – *si méchant* – mas podemos pensar também em LA ROCHEFOUCAULD e nos filósofos do interesse – *aux philosophes de l'intérêt.*
Podemos invocar, enfim, aqueles que os leem, gente do mundo que 'se reúne, para pensar sobre a sua espécie, tão mal quanto é possível, sempre filosofando tristemente, sempre degradando a natureza humana, por vaidade, sempre buscando em algum vício a causa de tudo o que de bem se faz, sempre seguindo seu próprio coração, meditando sobre o coração humano'.[1130]

A ideia de direito natural, tal como proposta pelos juristas, está entre as que incomodam ROUSSEAU: ele critica GRÓCIO por sempre estabelecer o direito a partir do fato. Mas o fato nada é, em si mesmo, quando resulta da desordem, não poderia ser natural e criar um direito – como, por exemplo, a desigualdade: "a família não é propriamente natural, exceto na medida em que os filhos têm necessidade do pai, para se conservarem; esta é, assim, fundada sobre a piedade".[1131]

A força é um fato irredutível, mas de modo algum cria um direito natural do mais forte sobre o mais fraco.[1132] Por si mesma, a razão é incapaz de criar direito, por ser uma realidade tardia, para o homem e para a espécie humana, que somente pode colocar em forma o que a consciência, nascida dos primeiros movimentos do coração, há muito reconhecia e amava.
Enganam-se os que reconhecem uma justiça universal, emanada tão somente da razão e fundada no simples direito da humanidade: tire a voz da consciência e, imediatamente, a razão se cala. E aduzia: inversamente, o coração tem necessidade da razão.[1133]

[1130] J.-J. ROUSSEAU, **Emile** (ed. cit., 1990, notas, variantes e fragmentos cit. p. 509, nota 1, p. 1469).
[1131] J.-J. ROUSSEAU, **Emile** (ed. cit., 1990, notas, variantes e fragmentos cit. p. 523, nota 1, p. 1476-1477), a respeito da família, reporta-se também ao **Contrato social** (I,2), e comenta "pois se torna contraditória e repousa, assim, sobre os doces sentimentos, nascidos do hábito".
[1132] J.-J. ROUSSEAU, **Emile** (ed. cit., 1990, notas, variantes e fragmentos cit. p. 523, nota 1, p. 1477).
[1133] J.-J. ROUSSEAU, **Emile** (ed. cit., 1990, notas, variantes e fragmentos cit. p. 523, nota 1, p. 1477-1478), pondera a seguir: "vous avez voulu philosopher avant d'en être capable; vous

O que nos ensinam, então, as coisas? **Emílio** nos diz: a necessidade e suas leis; e Emílio deve aprender a estender a necessidades às coisas morais.[1134] Esse texto importante nos leva tanto à doutrina da vontade geral – o 'império da razão pública' –, como à moral sensitiva, que visa fundar a economia animal, para favorecer a ordem moral: "não há, assim, moral sem lei e sem sabedoria, em suma, sem ordem".[1135]

Também HOBBES, no século precedente, dialogava com GRÓCIO, em suas principais obras, tais como **Elementos do direito natural e político** (1650),[1136] **Do Cidadão**[1137] e o **Leviatã** (1651).[1138] Como elo intelectual, ambos se põem em torno da concepção contratualista da sociedade e do direito.[1139]

Em HOBBES, o conteúdo do direito natural afirma todos devem buscar a paz e viver em harmonia social, tanto quanto possível, "estipulando esse direito a todas as coisas e contentando-se com tanta liberdade, em relação a outros homens, como consentiriam outros homens em relação a nós".[1140]

avez pris le sentiment pour de la raison, et content d'estimer les choses par l'impression qu'elles vous ont faite, vous avez toujours ignoré leur véritable prix"; reporta-se também a **La nouvelle Héloïse** (V,1).

1134 J.-J. ROUSSEAU, **Emile** (ed. cit., 1990, notas, variantes e fragmentos cit. p. 523, nota 1, p. 1478).

1135 J.-J. ROUSSEAU, **Emile** (ed. cit., 1990, notas, variantes e fragmentos cit. p. 523, nota 1, p. 1478), reporta-se às **Confessions**; e aduz "Notons que c'est l'ordre mis dans les affections primitives qui, si l'on ralentit leur éclosion, va permettre aux passions de naître telles que la nature puisse les ordonner"; e o comentário dos editores: "L'allusion à la haine est rare chez ROUSSEAU: elle lui reste incompréhensible et il ignore l'expansion cruelle, qui va tenir une telle place dans la psychologie de SADE."

1136 Thomas HOBBES, **Éléments du droit naturel et politique** (do original **Elements of law natural and politic**, 1650, introduction, notes, bibliographie, index et traduction par Delphine THIVET, Paris: Vrin, 2010).

1137 Thomas HOBBES, **Do cidadão** (orig. publ. **De Cive**, trad., apresentação e notas Renato Janine RIBEIRO, São Paulo: Martins Fontes, 1ª ed., 1992, 3ª ed., 2002).

1138 Thomas HOBBES, **Leviatã** (trad. de João Paulo MONTEIRO e Maria Beatriz Nizza da SILVA, São Paulo: Abril cult. – Os pensadores vol. XIV, 1974), Thomas HOBBES, **Leviathan** (1651, ed. by Richard TUCK, Cambridge: Univ. Press – col. Cambridge Texts in the History of Political Thought, 1991).

1139 Ver **Tratado** (tomo 20 – **Direito internacional, história e cultura**, item 1.1 – o Leviatã e suas transformações).

1140 Thomas HOBBES, **Leviathan** (I.XIV, ed. TUCK, 1991, p. 91-92), **De Cive** (II.1-3), **Elementos de direito natural** (XIV.1-2).

Tanto GRÓCIO, quanto HOBBES, operam sob a mesma ambiguidade: de um lado, ambos escrevem a partir de ponto de vista teísta, segundo o qual a vida e a moral são parte de dom divino; de outro lado, ambos tencionam levar em consideração os aspectos morais desse dom, de modo tal que explique como gente sem convicções teístas pode ter vida moral.[1141] Para HOBBES, como para ESPINOZA, a ideia de natureza é a premissa fundadora de suas filosofias.[1142]

Ao reconhecer obrigações de direito natural, as pessoas se empenharão em estabelecer um âmbito de direitos e obrigações que se correspondam, sobretudo em relação àquelas obrigações contratuais, que são a base da sociedade civil. O restante das normas de direito natural especificam as virtudes necessárias para a manutenção de tal sistema.[1143] Aí se inscreve a premissa fundamental do cumprimento dos acordos – *that men perform the Covenants made* –, como fonte e origem da justiça. E as demais normas especificam dados essenciais da convivência social.

Desse modo, HOBBES leva ao seu limite a concepção de GRÓCIO de direitos subjetivos, como elemento moral primeiro da personalidade humana. Com apreciações diversas a respeito: para os contemporâneos, pareceu escandaloso apresentar a moral como nada mais do que uma invenção humana, servindo aos seus próprios fins; para os nossos contemporâneos, parece estranho tenha ele escolhido formatar seu programa na linguagem antiquada do direito natural.

[1141] K. HAAKONSEN (op. cit., 2003, p. 31): "According to GROTIUS, the dispensation consisted partly of the world provided for our use and partly of human nature equipped with an urge and an ability to limit such use to the socially sustainable. According to HOBBES, humanity is also given the world for use, but the extent and form of this use is not limited by either a tendency towards sociability or an ability to judge from the other person's point of view. From the hand of nature, we all have an unlimited 'Right to everything, even to one another's body'."

[1142] S. GOYARD-FABRE, **Les embarrass philosophiques du droit naturel** (Paris: Vrin, 2002, esp. – La déchirure du concept de droit naturel: l'accord discordant de HOBBES et de SPINOZA, p. 98-105, cit. p. 98): "L'idée de nature est, pour HOBBES et pour SPINOZA, la prémisse fondatrice de leurs philosophies."

[1143] Thomas HOBBES, **Leviathan** (I.XV, ed. TUCK, 1991, p. 100), **De Cive** (III.1), **Elementos de direito natural** (XVI.1): "That Men performe their Covenants made, without which, Covenants are in vain, and but empty words, and the Right of all men to all things remaining, wee are still in the condition of Warre" porquanto o cumprimento destes é "the Fountain and originall of Justice".

Por isso, considerou-se "inegável",[1144] que HOBBES tenha "situado a sua teoria no âmbito da doutrina do direito natural" –[1145] e que "isso nem é tradicional nem moderno".[1146] Contraponha-se, assim, a lição de HOBBES, tal como este a formula no **Leviatã** (1651):

> A esses ditames da razão os homens costumam dar o nome de leis, mas impropriamente. Pois eles são apenas conclusões ou teoremas relativos ao que contribui para a conservação e defesa de cada um. Ao passo que a lei, em sentido próprio, é a palavra daquele que tem direito de mando sobre outros. No entanto, se considerarmos os mesmos teoremas como transmitidos pela palavra de Deus, que tem direito de mando sobre todas as coisas, nesse caso serão propriamente chamados leis.[1147]

Voltando a ROUSSEAU, desta vez no **Discurso sobre a origem e os fundamentos da desigualdade entre os homens**, de 1755, este argumen-

[1144] K. HAAKONSEN (op. cit., 2003, p. 32): "to some, so odd that they deny that this in fact was his programme and instead interpret him as a 'genuine' natural lawyer, while to others the traditional language is little more than a radical thinker's bow to conventional wisdom, probably with an eye to his own safety and quiet".

[1145] K. HAAKONSEN (op. cit., 2003, p. 35): "In contrast to GROTIUS, HOBBES had an elaborate metaphysics and moral psychology and these theories forced him to try to do without even the minimal moral equipment of the Dutchman. Whatever the philosophical merit of his attempt, historically the price he paid was high. To contemporaries and most successors, he seemed to have arrived at a skepticism (relativism) even worse than the Renaissance variety which GROTIUS had seen as his target; natural law seemed to have been largely emptied of meaning, and it had become exceedingly difficult to see how human nature, on HOBBES's account of it, would even allow the formation of social relations. At the same time, GROTIUS's 'realism' though not his 'cognitivism', was seen as a relic of scholasticism. These were among the problems that Samuel PUFENDORF faced."

[1146] K. HAAKONSEN (op. cit., 2003, p. 33): "As already mentioned, HOBBES saw the world in a general theistic perspective, and there seems to be no good reason to doubt his profession of a Christian interpretation of this perspective or to doubt that he meant his deterministic metaphysics to be a philosophical elaboration of Calvinist necessitarianism. If anything, that only increases the difficulty of understanding his unwillingness to describe the rational precepts, or laws of nature, as divine commands for the direction of human behaviour."

[1147] Thomas HOBBES, **Leviathan** (I.XV, ed. TUCK, 1991, p. 111): "These dictates of Reason, men use to call by the name of Lawes; but improperly: for they are but Conclusions, or Theoremes concerning what conduceth to the conservation and defence of themselves; whereas Law, properly is the word of him, that by right hath command over others. But yet, if we consider the same Theoremes, as delivered in the word of God, that by right commandeth all things; then are they properly called Lawes."

tava terem vários autores discorrido a respeito do homem, no estado de natureza, sem explicar como se poderia caracterizar tal estado: "falando sem cessar em necessidade, em avidez, em opressão, em desejos, em orgulho, transportaram ao estado de natureza ideias, que tinham tomado da vida em sociedade – falavam no homem selvagem e pintavam o homem [na sociedade] civil". E ponderava: "sequer lhes ocorreu que o estado de natureza talvez jamais tenha existido".[1148]

ROUSSEAU considerava o plano interno das sociedades, e aí se punha paralelo com a explicação da gênese e das premissas de operação do direito das gentes, como parte do direito natural. A diferença de foco talvez explique a distorção do pensamento de GRÓCIO, cometida por ROUSSEAU.

Essa perquirição das bases sobre as quais seja possível construir sistema institucional e normativo internacional não é somente de hoje que se coloca como objeto de indagação.[1149]

Foi GRÓCIO o "coordenador de todos os princípios e doutrinas, nessa matéria, consagrados nos séculos anteriores, e também o ponto de partida de seu desenvolvimento ulterior", avaliava ACCIOLY, autor da certamente mais representativa obra de direito internacional no século XX brasileiro (ed. 2009).[1150] Igualmente, OPPENHEIM e LAUTERPACHT (1955) –[1151] autores do talvez mais representativo livro texto de direito internacional do século passado, em língua inglesa – consideravam dever-se-ia dividir o direito internacional em "antes de GRÓCIO" e "depois de GRÓCIO", e que este "tem o direito de ser chamado o pai do direito

[1148] Jean-Jacques ROUSSEAU, **Discours sur l'origine et les fondements de l'inégalité parmi les hommes** (in **Oeuvres complètes**, ed. cit., Paris: Gallimard-Pleiade, © 1964, impr. 1991, vol. III, p. 132): "Les Philosophes qui ont examiné les fondements de la société ont tous senti la nécessité de remonter jusqu'à l'état de Nature, mais aucun d'eux n'y est arrivé. Les uns n'ont point balancé à supposer à l'Homme dans cet état, la notion du Juste et de l'Injuste, sans se soucier de montrer qu'il dût avoir cette notion, ni même qu'elle lui fût utile: D'autres ont parlé du Droit naturel que chacun a de conserver ce qui lui appartient, sans expliquer ce qu'ils entendoient par appartenir."

[1149] Ver tb. Alfred HIRSCH, **Rousseaus Traum vom ewigen Frieden** (Munique: Wilhelm Fink, 2012).

[1150] H. ACCIOLY, **Tratado de direito internacional** (terceira edição histórica, 2009, vol. I, cap. II, loc. cit., parágrafo 80).

[1151] L. OPPENHEIM & H. LAUTERPACHT, **International Law – a treatise – I. Peace** (Londres: Longmans, Green and Co., 8th. ed., 1955); L. OPPENHEIM & H. LAUTERPACHT, **International Law – a treatise – II. Disputes, War and Neutrality** (Londres: Longmans, Green and Co., 7th. ed., 1952).

internacional".[1152] Essa afirmação poderia ainda encontrar livre curso na primeira metade do século XX, mas passa a ser mais e mais relativizada desde então. Por estar condicionada por visão eurocêntrica do mundo, como expunha ONUMA, já mencionado.[1153]

Por ocasião do quarto centenário de nascimento de GRÓCIO, alguns autores se mostraram relutantes em reconhecer quer a "paternidade do direito internacional" como atribuível a ele, quer a sua condição como "o maior clássico da história do direito internacional".[1154]

A construção do direito da guerra teve em GRÓCIO patamar de regulação que inevitavelmente se terá de tomar como parâmetro por autores subsequentes. O que assinalava o próprio GRÓCIO no capítulo final do **Direito da guerra e da paz**:[1155]

> Penso que posso terminar aqui, não que todas as coisas que poderiam ser ditas o tenham sido, mas porque foi dito o bastante para lançar os fundamentos sobre os quais, se alguém quer projetar obras mais imponentes, longe de me tornar invejoso dele, teria mesmo meu reconhecimento.[1156]

Cabe assinalar, mais do que na compreensão dos frutos, da profundidade e da universalidade, cada autor tem de ser situado,[1157] inclusive com suas limitações, em relação ao período, região e cultura, no qual se inscreve, de modo a avaliar seu valor duradouro,[1158] bem como a influência que teve,[1159] em sua própria época:

1152 OPPENHEIM & LAUTERPACHT (op. cit., 1955, p. 91): "bears by right the title of 'Father of the Law of Nations'."

1153 Yasuaki ONUMA (edited by), **A normative approach to war**: peace, war and justice in Hugo Grotius (Oxford: Clarendon Press, 1993, chap. 3 – *War*, by Y. ONUMA, p. 57-121).

1154 R. AGO, H. SCHIEDERMAIR, W. RIPHAGEN, A. TRUYOL Y SERRA e R. FEENSTRA, **Commémoration du quatrième centenaire de la naissance de GROTIUS / Commemoration of the fourth century of the birth of GROTIUS** (RCADI, 1983, t. 182, p. 371-469).

1155 GRÓCIO, **Direito da guerra e da paz** (op. cit., 1625, ed. bras. 2004, III.XXV – *conclusão com exortações à boa-fé e à paz*, p. 1471-1476).

1156 GRÓCIO (op. cit., 1625, ed. bras. 2004, III.XXV.I.1, p. 1473).

1157 Y. ONUMA (ed. by), **A normative approach to war**: peace, war and justice in Hugo Grotius (Oxford: Clarendon Press, 1993, esp. chap. 3 – *War*, by Y. ONUMA, p. 57-121).

1158 Ver **Tratado** (tomo 20 – **Direito internacional, história e cultura**, cap. 1 – Direito internacional no tempo e seu papel na história).

1159 Y. ONUMA, *Introduction* (in **A normative approach to war**, op. cit., 1993, p. 1-10, cit. p. 1): "The fundamental problem is not whether GROTIUS is the father of international law. Such

> Quando GRÓCIO é chamado de 'pai do direito internacional' a referência diz respeito ao moderno direito internacional. Mas até onde o seu pensamento era moderno? Essa crítica foi feita por quase um século por juristas, muitos dos quais tem forte orientação para a doutrina Escolástica e Tomista.[1160]

Em suma não se pode compreender GRÓCIO, nem tampouco os autores responsáveis pela evolução posterior do direito internacional sem se levar em conta a continuidade destes em relação à Escolástica tardia.[1161] O encadeamento é claro, e precisa ser reconhecido.

Enfatizava Ernest NYS, em diferentes obras, de 1882, 1889 e 1894,[1162] o papel dos autores de orientação escolástica e tomista no direito internacional do século XVI e início do século XVII, ao considerar a importância dos precursores de GRÓCIO. Contestava, já no final do século XIX, a atribuição da paternidade da disciplina ao autor do **Direito da guerra e da paz** (1625). Sem esquecer a enorme importância desempenhada pela obra maior de GRÓCIO:

> Poucas obras desempenharam na história da civilização papel comparável ao do **Direito da guerra e da paz**; com certeza, não há qualquer temeridade em afirmar que esta assim permanecerá, enquanto existir um homem desejando a justiça e o direito.
>
> O ilustre publicista holandês prestou à humanidade eminentes serviços. Jamais, proclamemos em alto e bom som, se poderá contar o bem que o mundo lhe deve. Foi com razão dito que são as ideias que governam. As ideias de

expressions are misleading and inappropriate. The significance of inquiring into the work of a certain figure lies not only in understanding the fruitfulness, depth and universality of his (or her) thought, but also in clarifying its limitations in terms of the period, region, and culture in which it was framed, and assessing its enduring value as well as its influence in its own time."

[1160] ONUMA (op. cit., 1993, p. 358): "When GROTIUS is called the 'father of international law' the reference is to modern international law. But was his thought so modern? This criticism has been made for almost a century by jurists, many of whom have a strong leaning towards the Scholastic or Thomist doctrine."

[1161] Como considerado no **Tratado** (tomo 5 – **Direito internacional no tempo de Francisco de Vitória**., cap. 12 – *jus gentium, jus commune, jus europaeum*: entre a teoria e a prática).

[1162] Ernest NYS, **Le droit de la guerre et les précurseurs de Grotius** (Leipzig, 1882); E. NYS, *Les publications espagnoles du XVIe siècle et et les droits des indiens* (Revue de droit international et de législation comparée, 1889, n. 21, p. 532-560); E. NYS, **Les origines du droit international** (Bruxelas: Alfred Chastaigne/ Paris: Thorin & Fils, 1894).

GRÓCIO penetraram em esfera na qual exerceram a influência a mais benfazeja. Elas ajudaram a fazer triunfar a equidade nas relações pacíficas entre os povos. Elas contribuíram para tornar menos duras as crueldades da guerra.[1163]

Considera-se, nessa linha, terem sido excessivamente estimadas tanto a 'modernidade' do pensamento grociano. Como também a suposta 'secularização do direito natural' pelo mestre de Delft.

No já mencionado "ensaio sobre a vida e obras de Hugo de GROOT" enfatizava Sylvino GURGEL DO AMARAL, em 1903, a necessidade da contextualização entre a vida e a obra.[1164] Dadas as circunstâncias conturbadas da vida, a variedade, a extensão e a qualidade da obra realizada se tornavam ainda mais admiráveis:

> a lembrança do grande monumento jurídico 'da guerra e da paz', leva-nos à suposição de ter sido o seu autor um homem de profundo pensamento vivendo em um meio calmo, na quietação e no isolamento – esses grandes elementos de conforto para o estudo, praticando e recebendo a prática do bem, cercado da felicidade e do amor humano, morrendo chorado, descansando enquanto fora as bençãos dos contemporâneos e as lamentações dos agradecidos se congraçavam em um grande hino de afeto e de saudade. Em vez disso, as páginas que vão retraçar a sua vida, desde os primeiros passos até o grande trânsito, mostrarão as lutas acidentadas que marcaram a sua passagem pelo mundo, que tanto ilustrou e enriqueceu, farão ver as doçuras da amizade e do amor, os rugidos do ódio, a insídia cautelosa da inveja e da calúnia.[1165]

Para Jules BASDEVANT, em 1904, não se pode dizer[1166] que GRÓCIO tenha criado uma nova disciplina jurídica, porque este devia muito a VITÓRIA, a GENTILI, a SUAREZ e a vários outros.[1167] O que não o impede de

1163 E. NYS (op. cit., 1894, *Conclusion*, p. 400-405, cit. p. 402 e 404) prossegue, a respeito do direito internacional no século XVIII: "Ici encore, c'est l'enseignement de GROTIUS qui inspire les écrivains."

1164 S. Gurgel do AMARAL, **Ensaio sobre a vida e obras de Hugo de GROOT (GROTIUS)** (Paris/Rio de Janeiro: H. Garnier, 1903).

1165 S. Gurgel do AMARAL (op. cit., 1903, primeira parte, cap. I, p. 2).

1166 J. BASDEVANT, *Hugo Grotius* (in **Les fondateurs du droit international public**: leurs oeuvres, leurs doctrines, introduction de A. PILLET, Paris: V. Giard & E. Brière, 1904, p. 125-267).

1167 J. BASDEVANT (cit., 1904, p. 264-265).

reconhecer que o filósofo-jurista holandês marca nova fase na evolução doutrinal da disciplina jurídica internacional:

> dentre os fundadores da disciplina, ele é com certeza o maior, e alguns quiseram, por simplificação ademais excessiva, atribuir-lhe a criação a título exclusivo. Seu **De jure belli ac pacis** bastou-lhe para ter a honra desse primeiro lugar, e permitiu citá-lo em lugar de destaque em época que conheceu BACON e DESCARTES.
> Não se limitando ao direito internacional, o **De jure belli ac pacis** também trata de direito público interno, de direito privado e de direito penal, e contém também um sistema de filosofia do direito. Faz, assim, aparecer quanto eram diversificados os campos de interesse de GRÓCIO, sem contudo mostrar completamente a universalidade de seu espírito.[1168] [...] Para estudá-lo de maneira completa, seria preciso ser versado em todas as matérias nas quais se desenvolveu a sua atividade, e ser, ao mesmo tempo, um historiador.[1169]

Nesse mesmo sentido, Roberto AGO, em 1983, mencionava[1170] a indagação da paternidade do direito internacional, antes atribuída, de maneira quase inconteste, a GRÓCIO, mas que tal interpretação decorreria de visão errônea, como se tivesse havido ruptura entre as eras medieval e moderna. Insistia AGO: "nada me parece na realidade mais errado do que a ideia de

[1168] J. BASDEVANT (cit., 1904, p. 125): "GROTIUS, en effet, ne s'est pas borné aux études juridiques: il a été à la fois, penseur et homme d'action. Non seulement il est juriste de droit international, juriste de droit privé et juriste philosophe, mais on le trouve versé en navigation et en astronomie, poète, historien et théologien. Ce penseur est en même temps un homme d'action, avocat et magistrat en Hollande, puis ambassadeur en France".

[1169] J. BASDEVANT (cit., 1904, p. 125): "Notre but est plus modeste et notre compétence plus restreinte. Ce que nous voulons étudier en lui, c'est le jurisconsulte de droit international, dont nous trouverons la doctrine dans le **De jure praedae** et dans le **De jure belli**". Mencionava Jules BASDEVANT (cit., 1904, nota 1, p. 126) o estudo de Sylvino GURGEL DO AMARAL, **Ensaio sobre a vida e obras de Hugo de Groot** (Rio de Janeiro-Paris, 1903) a respeito do qual assinalava: "le but de cet auteur est d'ailleurs assez différent du nôtre, car il s'attache principalement à la vie de GROTIUS, l'examen des écrits de celui-ci n'intervenant qu'à titre accessoire. Le mérite propre de cet ouvrage est de nous faire connaître certains documents inédits."

[1170] Roberto AGO, *Le droit international dans la conception de Grotius* (in **Commémoration du quatrième centenaire de la naissance de Grotius / Commemoration of the Fourth Centenary of the Birth of Grotius**, RCADI, 1983, t. 182, p. 375-398).

considerar o direito internacional como invenção dos tempos modernos e de região determinada do mundo".[1171]

Conhecimento melhor e mais objetivo das realidades históricas nos mostra grande sistema internacional mediterrâneo, na era medieval, em torno de três eixos: o mundo islâmico, o mundo ortodoxo e o mundo em torno da igreja de Roma. As entidades políticas soberanas mantinham relações políticas interestatais. E essas relações se tornam mais intensas e mais diversificadas, tanto na guerra quanto na paz, na concorrência hostil como na cooperação, nos campos militar, comercial, social, cultural ou outro. Esse conjunto revelava a indiscutível existência de vasta comunidade interestatal, centrada em torno do Mediterrâneo.[1172]

Assim, não foi preciso esperar pela era moderna para ver surgir algum sistema internacional, nem algum direito que o regulasse. E, consequentemente, a paternidade do direito internacional se dilui no tempo e no espaço, como obra de sucessivas gerações:

> A comunidade internacional e o seu direito existiam muito antes que VITÓRIA, GENTILI, VAZQUEZ, SUAREZ e o próprio GRÓCIO, bem como os seus continuadores e sucessores se debruçassem sobre essas realidades, se dedicassem a descrevê-la e esboçassem a sua elaboração sistemática.[1173]

Mais uma vez, lembrando ONUMA: "A influência da escola Escolástica tardia sobre GRÓCIO agora é muito melhor compreendida".[1174] Nesse sentido, também se exprime C. S. EDWARDS (1981).[1175]

[1171] R. AGO (1983, cit., p. 377): "Rien ne m'apparaît en réalité plus faux que l'idée que le droit international serait une invention des Temps modernes et d'une région du monde déterminée."

[1172] Cf. se examina no **Tratado** (tomos 3 A – **Direito internacional no tempo antigo** e 3 B – **Gregos, romanos, chineses, indianos**).

[1173] R. AGO (1983, cit., p. 379): "En définitive, si l'on devait parler d'une 'paternité' de GROTIUS quant au droit international, cela ne pourrait en tout cas se faire qu'en ce qui concerne la 'science' qui porte ce nom, à savoir en ce qui concerne cette branche des disciplines juridiques."

[1174] ONUMA (1993, p. 358): "The influence of the late Scholastic school on GROTIUS is now much better understood."

[1175] C. S. EDWARDS, **Hugo Grotius, the Miracle of Holland** – a Study of Legal and Political Thought (Chicago: Nelson Hall, 1981).

Daí resulta que não mais se sustentam visões simplistas a respeito de GRÓCIO, tais como afirmar que seja este "o" defensor do moderno direito natural, ou "o" teórico do direito internacional moderno; ao menos não, por parte de especialistas. Devem ser rejeitadas tais visões simplistas ou, ao menos, ser tomadas com algumas reservas e qualificações específicas. Tudo isso, sem esquecer a importância da contribuição específica de GRÓCIO.

Por esse motivo, muitos trabalhos publicados já por ocasião do quarto centenário de nascimento de GRÓCIO, em 1983 e, desde então, tem se abstido de afirmações dessa linha.

Peter HAGGENMACHER, nesse mesmo ano de 1983,[1176] enfatizava a "pré-modernidade" de GRÓCIO. Seria antes o ponto de chegada do desenvolvimento das reflexões medievais sobre a guerra justa e a regulação jurídica do conflito armado, do que o inovador, que abriria os caminhos do direito internacional moderno.

O mesmo P. HAGGENMACHER, em outro estudo sobre GRÓCIO, em 2012,[1177] aponta que mesmo se a paternidade exclusiva do direito internacional moderno tenha sido objeto de crescente contestação, a obra principal deste, o **Direito da guerra e da paz** (1625),

> permanece amplamente aceito que o tratado tenha desempenhado papel decisivo na emergência do direito internacional, como disciplina jurídica distinta. A crucial contribuição do autor é normalmente percebida por sua concepção especificamente moderna do direito natural, livrado das constrições teológicas dos escolásticos, que tinham perdido credibilidade com o fracionamento [da unidade] do cristianismo medieval: isso oferecia campo neutro, sobre o qual os partidos confessionais em luta poderiam concordar, e reencontrar o caminho para a paz, em meio à guerra dos trinta anos: o sistema de GRÓCIO deveria, assim, servir como marco teórico, para a assim chamada ordem vestfaliana, que se supõe tenha sido estabelecida logo depois da morte dele. Mas esse mito fundacional, cuidadosamente cultivado, que comprazia o gosto do século XIX pelo culto aos heróis e anticlericalismo, dificilmente pode ser sus-

[1176] P. HAGGENMACHER, **Grotius et la doctrine de la guerre juste** (inicialmente apresentado como tese, em Genebra, 1980; publicação, Paris: PUF, 1983).

[1177] Peter HAGGENMACHER, *Hugo Grotius* (in B. FASSBENDER e Anne PETERS (edited by), **The Oxford Handbook of the History of International Law** (Oxford: Univ. Press, 2012, cap. 48, p. 1098-1101).

> tentado pelo texto da obra prima de GRÓCIO. Este não propõe novo conceito 'secular' de direito natural, e tampouco é um sistema de direito internacional. GRÓCIO não tinha intenção de tirar Deus de seu universo jurídico, como tampouco os escolásticos espanhóis tinham feito. Sua definição de direito natural está basicamente alinhada com a concepção de SUAREZ.[1178]

O mito aparece, assim, como relato imaginário, encarregado de representar, sob forma alegórica, a generalidade de determinada situação afetiva. O mito tem a missão de integrar dados simbólicos universais no imaginário coletivo.[1179]

> Em um século que não mais acreditava na religião, ademais amplamente 'desmessianizado', desde a institucionalização da reforma, e depois da contrarreforma, a crença na salvação, aqui e agora, retornava com força, em nome da ciência e com a carga explosiva, no sentido próprio do termo, que somente seus progressos estariam em condições de trazer.[1180]

1178 P. HAGGENMACHER (cap. cit., 2012, p. 1098). Ver **Tratado** (tomo 6 – **Direito internacional no tempo de Suarez, Gentili e Zouch**, cap. 15 – Francisco SUAREZ).

1179 Para combater recentes distorções e usos abusivos, entre nós cometidos, ver Paul VEYNE, **Les Grecs ont-ils cru à leurs mythes?** (Paris: Seuil, 1992); Jean-Pierre VERNANT, **Mythe et société en Grèce ancienne** (Paris: F. Maspero, 1974, cit. p. 215): "Le mythe [...] est un canevas sur lequel brodent narration orale et tradition écrite; et elles brodent l'une et l'autre avec assez de liberté pour que les divergences dans les traditions, les innovations apportées par certains auteurs ne fassent pas scandale ni même probleme du point de vue de la conscience religieuse"; Pierre MANENT, **Les metamorphoses de la cité** – essai sur la dynamique de l'Occident (Paris: Flammarion, 2010, cit. p. 45) insiste na grande fluidez entre as ordens terrestre e celeste, nos mundos antigos: "les hommes ne font rien d'important qui ne soit finalement accompli par les dieux; les dieux ne sont mus que par des motifs humains"; Jean BERGERET, **La violence fondamentale** (Paris: Dunod, 2014, p. 80): "un récit imaginaire chargé de représenter, sous une forme allégorique, la généralité de telle ou telle situation affective. Le mythe est chargé d'intégrer les données symboliques universelles au sein de l'imaginaire collectif. Il permet aussi aux humains de récupérer un lien moins angoissant au réel, de se situer dans leur temps d'une façon solidement reliée, par une continuité exprimable, tant au passé qu'au future. Si le mythe a le pouvoir de rassurer c'est parce qu'il réaffirme l'homme dans son appartenance à la permanence du reel."

1180 Hamit BOZARSLAN, **Crise, violence, dé-civilisation** – Essai sur les angles morts de la cité (Paris: Éd. CNRS, 2019, parte I, cap. 3 – Mythes et rites des siècles de crise, p. 101-116. cit. p. 111): "Déterminée par l'instant ou un temps générationnel donné, la 'volonté' ne pouvait, par définition, avoir un ancrage dans le passé, si ce n'est un âge d'or mythifié, ni davantage faire ses preuves dans le présent. Cependant, parce qu'elle se formait dans cet apesanteur, elle

HAGGENMACHER, em seu cuidadoso estudo, de 1983, demonstrava que o interesse central de GRÓCIO era a doutrina da guerra justa, e que o **Direito da guerra e da paz** não seria, assim um livro de direito internacional, no sentido 'moderno':

> À primeira vista, o título pareceria sugerir uma resposta afirmativa, embora fosse de se esperar que a 'paz' tivesse precedência sobre a 'guerra'. Mas a ordem dos termos é, na verdade, reveladora, pois o título de GRÓCIO (na linha ciceroniana na qual se inscreve), tem de ser lido não à luz do direito internacional clássico, mas da velha e consolidada disciplina do direito da guerra, do qual o tratado constitui a realização definitiva e culminante. O direito da guerra – *ius belli* – forma o seu tema essencial; o direito da paz – *ius pacis* – figura aí somente como conjunto de regras para pôr fim à guerra.[1181]

A posição de HAGGENMACHER, em ambos os estudos sobre GRÓCIO, 1983 e 2012, pode ser questionada. Apresento duas ordens de motivos, para tanto:

> – primeiro por estimar excessivamente a continuidade entre a obra de GRÓCIO sobre o direito de presas, **De jure praedae**,[1182] e o **Direito da guerra e da paz**, esquecendo a diferença de posição de GRÓCIO, entre a primeira obra, escrita na perspectiva do advogado, na defesa de um dos lados em determinada causa, objeto de controvérsia; e a última, no ponto de vista da construção de concepção objetiva e abrangente da ciência do direito, com vistas à regulação e à restrição da guerra; e
> – segundo, se GRÓCIO tinha como propósito central a doutrina da guerra justa, e o **Direito da guerra e da paz** não deve ser lido como "livro moderno

pouvait prétendre à construire un monde nouveau, immaculé de toute corruption et libéré de la contingence du réel par le sacrifice. Dans un siècle qui ne croyait plus en la religion, d'ailleurs largement 'dé-messianisée' depuis l'institutionnalisation de la Réforme, puis de la Contre-Réforme, la croyance dans la délivrance ici et maintenant revenait en force au nom de la science et avec la charge explosive, au sens propre du terme, que seuls ses progrès étaient en mesure d'apporter."

1181 P. HAGGENMACHER (cap. cit., 2012, p. 1100).

1182 GROTIUS, **De Jure Praedae Commentarius** (ca. 1604, with translation by G. L. WILLIAMS and W. H. ZEYDEL, reprinted in Classics of International Law, Oxford, 1950, 2 vols.).

de direito internacional" – por qual motivo HAGGENMACHER não nos explica porque essa obra, durante séculos, foi lida como tal?

Por sua vez, ONUMA, em 1993, observava[1183] em muitos aspectos compartilhar a opinião de HAGGENMACHER, embora com reparos: compreender GRÓCIO somente no âmbito da Escolástica tardia, ou enfatizar excessivamente a sua 'pré-modernidade' significa perder a visão de seu significado histórico, afirmando a independência do direito em relação à teologia, como matéria de princípio. Embora se conformando quanto ao conteúdo com os preceitos cristãos, o direito natural, tal como concebido por GRÓCIO não está *fundado* nestes.[1184]

ONUMA ainda enfatizava, a importância de contextualizar como as gerações seguintes compreenderam GRÓCIO, bem como outras grandes figuras do direito internacional. É importante situar autores e ideias no respectivo tempo histórico e contexto cultural:[1185] "como as gerações seguintes leram e entenderam o pensamento de determinado autor".[1186]

Passados os reparos, termina em elogio a consideração de HAGGENMACHER a respeito de GRÓCIO:

> O propósito central de GRÓCIO era o de determinar a existência de ordem jurídica superior, governando a guerra, no seu início, na sua condução e no seu término. A estrutura do conjunto do tratado corresponde à teoria escolástica da guerra justa.[1187]

Nesse sentido, percebe-se o encadeamento temático e de propósito na obra jurídica de GRÓCIO: ele já tinha considerado os materiais relevantes, duas décadas antes de publicar a sua obra maior, como jovem advogado, na

1183 Y. ONUMA (op. cit. 1993, p. 358-359).

1184 ONUMA (1993, p. 358-359): "In many respects we share HAGGENMACHER's view. None the less, to understand GROTIUS solely within the framework of the late Scholastic school, or to overemphasize his 'pre-modernity', is in turn to lose sight of the historical significance of his assertion of the independence of law (jurisprudence) from religion (theology) as a matter of principle. While conforming in its content to Christian precepts, natural law as conceived by GROTIUS is not *grounded* in them."

1185 Como se considera no **Tratado** (tomo 20 – **Direito internacional, história e cultura**).

1186 Y. ONUMA (op. cit. 1993, p. 359): "how later generations read and understood a particular thinker's work".

1187 P. HAGGENMACHER (cap. cit., 2012, p. 1100).

sua substancial dissertação em defesa dos interesses da Companhia holandesa das Índias orientais. Mesmo o título do seu **De jure praedae**, corresponde ao tema de sua primeira investigação do direito da guerra, essa obra que exceto pelo capítulo sobre o **Mare liberum**, publicado em 1609, permaneceu desconhecida, até ser redescoberta, mas isso somente em 1864.

O tratado, publicado vinte anos depois, se baseou extensamente nessa primeira defesa, de grande consistência e erudição. GRÓCIO retoma o tema e desenvolve mais a ideia que está no cerne da teoria da guerra justa, admitindo o uso da força armada somente como último meio de sancionar ilícito cometido, quando todas as outras soluções ordinárias se mostram não disponíveis: 'quando os julgamentos cessam, as guerras começam'.[1188]

Aqui cabe indagar quais seriam as opções, além de GRÓCIO, para o papel de "fundador do direito internacional"? Uma opção seria colocar no lugar a escola espanhola do direito internacional, com VITÓRIA ou SUAREZ.[1189]

Claramente foi nesse sentido a escolha de autor como J. B. SCOTT, em 1934 e 1944.[1190] Afirmou-o de maneira categórica, em várias ocasiões.

Apesar da enérgica defesa, feita por SCOTT, da importância de VITORIA e SUAREZ para o desenvolvimento do direito internacional moderno, caberia notar alguns reparos:[1191]

> SCOTT deixa de analisar ou de entender conceitos cruciais em VITORIA e SUAREZ, tais como *jus gentium*, *civitas* e *gens*. Ele simplesmente toma algumas afirmações, feitas pelos dois teólogos, fora de contexto, e identifica nestas as origens de vários princípios e normas do moderno direito internacional. Assim, a opinião de SCOTT a respeito da origem do direito internacional se torna inaceitável.[1192]

[1188] H. GRÓCIO (op. cit., 1625, ed. bras., 2004, *Prolegômenos*, 30-31).

[1189] Ver as considerações sobre ambos no **Tratado** (tomos 5 – **Direito internacional no tempo de Francisco de Vitória**, cap. 14 – Francisco de VITÓRIA e 6 – **Direito internacional no tempo de Suarez, Gentili e Zouch**, cap. 15 – Francisco SUAREZ).

[1190] James Brown SCOTT, **The Spanish conception of international law and of sanctions** (Washington: Carnegie Endowment for international peace, 1934); tb. J. B. SCOTT, *Introduction* (in F. SUAREZ, **Selections from three works**, ed. cit., 1944).

[1191] A. NUSSBAUM, **A concise history of the law of nations** (New York, 1947; 2nd. ed., 1954). Compare-se a opinião de Y. ONUMA (1993, p. 359).

[1192] A. NUSSBAUM, **A concise history of the law of nations** (op. cit., 1947; 2nd. ed., 1954, p. 296-304): "SCOTT fails to analyze or to understand key concepts in VITORIA and SUAREZ

Ponderava ONUMA: "não negamos que VITORIA tenha desempenhado papel crítico na história do direito internacional":

> Essa afirmação está baseada na opinião de que o pensamento de VITORIA foi o protótipo do moderno direito internacional eurocêntrico, que justificou a dominação europeia sobre outras civilizações. O que não se preocupa em santificar VITORIA, como SCOTT e outros parecem ter tentado.[1193]

Alternativamente, VATTEL foi frequentemente nomeado para o papel de "pai do direito internacional". Isso se pode considerar em relação ao direito internacional clássico.[1194] Mas tem ainda menos sentido, que em relação ao direito internacional moderno. Se efetivamente se precisar de tal atribuição de paternidade.

> Foi dito que o direito internacional moderno deve ser definido como o direito de sociedade internacional atomista, baseada na igualdade de estados independentes, engajados em não interferir nos assuntos internos uns dos outros – conceito introduzido não por GRÓCIO, mas por proponentes de direito natural mais racionalista, incluindo PUFENDORF, WOLFF e VATTEL. Dos três especialistas, VATTEL teve a maior importância sobre as gerações seguintes e tem de ser considerado o mais importante.[1195]

such as *jus gentium*, *civitas* and *gens*. He merely takes certain statements made by the two theologians out of context and identifies in them the origins of the various principles and rules of modern international law. SCOTT's view of the origin of international law is thus unacceptable".

1193 Y. ONUMA (1993, p. 359-360): "We do not deny that VITORIA played a critical role in the history of international law". [...] "this assessment is based on the view of VITORIA's thought as a prototype of modern Eurocentric international law, which justified European dominance over other civilizations. It is not concerned with sanctifying VITORIA, as SCOTT and others tended to do".

1194 Ver a respeito **Tratado** (tomo 12 – **Direito internacional no tempo de Vattel e von Martens**, esp. cap. 24 – Emer de VATTEL) e tb. E. JOUANNET, **Emer de Vattel et l'émergence doctrinale du droit international classique** (Paris: Pedone, 1998), para situar o papel de VATTEL na "emergência doutrinal do direito internacional clássico".

1195 ONUMA Y. (op. cit., 1993, p. 360): "It has been said that modern international law is to be defined as the law of an atomistic international society, based on the equality of independent states bound not to interfere in each other's domestic affairs", concept introduced not by GROTIUS but by proponents of a more rationalistic law of nature, incl. PUFENDORF, WOLFF and VATTEL. Of the three scholars, VATTEL has had the greatest influence on later generations and must be considered the most important".

Podemos ver em PUFENDORF e WOLFF conceitos muito mais claros, a respeito de 'sociedade internacional' de caráter atomista, consistente em nações livres e independentes. Desse ponto de vista, as relações interestatais não são mais do que relações entre pessoas livres, vivendo em estado de natureza.[1196] Isso se vê desenvolvido, tanto em PUFENDORF (1688, ed., 1944),[1197] como em WOLFF (1749, ed. 1972).[1198]

A questão de direito específico, para regular as relações interestatais, é tratado somente parcialmente no livro VIII da obra de PUFENDORF sobre o direito natural e das gentes, ou **De jure naturae et gentium libri octo.**[1199] A sua principal preocupação era a de estabelecer uma ciência geral do direito, e seu tratamento do direito internacional como o direito regulador das relações entre estados patentemente carece da independência, da autossuficiência, e do caráter abrangente, todos elementos necessários para a disciplina do direito internacional.[1200]

Comparado com PUFENDORF, o sistema de direito internacional de WOLFF é muito mais autônomo, autossuficiente e abrangente. Mas,[1201]

1196 ONUMA Y. (op. cit., 1993, loc. cit.): We can see in PUFENDORF and WOLFF a much clearer concept of an atomistic international society consisting of free and independent nations. On this view, interstate relations are nothing other than relations between free persons living in the state of nature.

1197 S. PUFENDORF, **De jure naturae et gentium libri octo** (ed. Amsterdam, 1688, edição The Classics of International Law, 1944, esp. II.II.4); ver **Tratado** (tomo 9 – **Direito internacional no tempo de Samuel Pufendorf**, cap. 20 – Samuel PUFENDORF (1632-1694)).

1198 C. WOLFF, **Jus gentium methodo scientifica pretractatum** (in **Gesamte Werke**, 2nd. ed., Halle, 1749, reprinted Hildesheim, 1972) (Latin texts and translations by J. H. DRAKE, The Classics of International Law, I-II, Oxford-London, 1934, *praefatio*, p. 1); ver **Tratado** (tomo 10 – **Direito internacional no tempo de C. van Bynkershoek e Christian Wolff**, esp. cap. 22 – Christian WOLFF (1679-1754)).

1199 S. PUFENDORF, **De jure naturae et gentium libri octo** (ed. Amsterdam, 1688, edição The Classics of International Law, 1944, esp. livro VIII). Cfr. **Tratado** (tomo 9 – **Direito internacional no tempo de Samuel Pufendorf**, cap. 20 – Samuel PUFENDORF (1632-1694)) a respeito da obra principal de PUFENDORF.

1200 ONUMA Y. (op. cit., 1993, p. 360): "his overriding concern was to establish a general science of law, and his treatment of international law as a law regulating the relations between states patently lacks the independence, self-sufficiency, and comprehensiveness, all of which are required for a discipline of international law". [...] "Compared with PUFENDORF, WOLFF's system of international law is much more autonomous, self-sufficient, and comprehensive".

1201 ONUMA Y. (op. cit., 1993, p. 361): "However, his principal work in the field of international law, **Jus gentium methodo scientifica pretractatum** was not as successful in terms of popularity among his contemporaries and in its influence on later ages". / "Although VATTEL

as vicissitudes das obras e da repercussão do trabalho de um e de outro determinaram destinos diversos para a obra de WOLFF em relação à de VATTEL.[1202]

A obra principal de WOLFF em matéria de direito internacional, seu direito das gentes apresentado por método científico, **Jus gentium methodo scientifica pretractatum** não foi tão bem sucedido, em termos de popularidade, entre seus contemporâneos, e de sua influência sobre as gerações seguintes. Por isso, embora VATTEL seja inferior a WOLFF como pensador e como autor na disciplina, seu direito das gentes, **Droit des gens** adquiriu muito maior fama e influência.

VATTEL enfatizou a importância da igualdade e da independência dos estados, assim afirmando a natureza horizontal e descentralizada da ordem jurídica internacional:

> Se aceitarmos a definição do direito internacional em termos de normas horizontais entre estados iguais e independentes, e enfatizarmos a importância da influência sobre as gerações seguintes – *influence on later ages* –, a opinião segundo a qual VATTEL é o fundador do direito internacional moderno pode se tornar mais convincente.[1203]

A ordem jurídica internacional tem estrutura horizontal, no sentido de que o poder e a autoridade não são monopolizados por uma instituição unificada, mas esta tem uma estrutura *funcional* vertical, na medida em que a sua eficácia, em ampla medida, é dependente da vontade e do

was inferior to WOLFF as a thinker and a disciplined scholar, his **Droit des gens** acquired far greater fame and influence". / "VATTEL emphasized the importance of the equality and independence of states, thereby affirming the decentralized and horizontal nature of international legal order". / "If one accepts the definition of international law in terms of horizontal norms among equal and independent states, and stresses the importance of 'influence on later ages', the view that VATTEL is the founder of modern international law may be persuasive".

1202 A respeito das contribuições de Christian WOLFF (1679-1754) e de Emer de VATTEL (1714-1767) ver **Tratado** (tomo 10 – **Direito internacional no tempo de C. van Bynkershoek e Christian Wolff**, cap. 22 e tomo 12 – **Direito internacional no tempo de Vattel e von Martens**, cap. 24).

1203 ONUMA Y. (op. cit., 1993, p. 360-361): "If one accepts the definition of international law in terms of horizontal norms among equal and independent states, and stresses the importance of 'influence on later ages', the view that VATTEL is the founder of modern international law may be persuasive".

poder dos principais estados, para realizar normas específicas: "esse equivalente funcional da estrutura vertical dos sistemas jurídicos nacionais é indispensável, para que o direito internacional possa existir como uma ordem jurídica".[1204]

Em artigo que ele mesmo considerava o seu mais importante, H. LAUTERPACHT enumerava onze princípios constitutivos do que ele denominou de tradição grociana – *Grotian tradition* – no direito internacional.[1205] Dentre estes,[1206] alguns princípios são claramente inadequados para compreender GRÓCIO, tais como a identidade essencial de estados e de indivíduos, bem como os direitos fundamentais e liberdades individuais. Na verdade, muitos desses princípios da tradição grociana dificilmente foram aceitos no direito internacional até muito pouco tempo atrás.

Contudo, LAUTERPACHT estava correto quando afirmava:

> O que GRÓCIO fez foi dotar o direito internacional com dignidade e autoridade sem precedentes, fazendo-o parte não somente de sistema jurídico geral, mas também de código moral de alcance universal. [...] Naquele tempo – e, na verdade, em qualquer tempo – era importante que as relações entre estados fossem concebidas e ensinadas como parte da ética – *ethics* – tanto quanto como parte do direito – *law*. O grande mérito de GRÓCIO foi ter desempenhado as duas missões em única obra.[1207]

1204 ONUMA Y. (op. cit., 1993, p. 361, note 50): "Although the international legal order has a horizontal structure in the sense that power and authority are not monopolized by some unified institution, it does have a *functional* vertical structure in that its efficacy is to a large extent dependent upon the will and power of leading states to realize specific rules. This functional equivalent of the vertical structure of domestic legal orders is indispensable if international is to exist as a legal order".

1205 H. LAUTERPACHT, *Grotian Tradition in International Law* (in **International law** – being the Collected Papers of Hersch LAUTERPACHT, ed. by E. LAUTERPACHT, London, 1975, II, p. 307-365 esp. p. 327-363, cit. p. 363-364).

1206 ONUMA Y. (op. cit., 1993, loc. cit.) critica alguns dos princípios, apontados por LAUTERPACHT, como integrantes da assim chamada 'tradição grociana' no direito internacional, embora acompanhe a formulação deste como conjunto.

1207 H. LAUTERPACHT, *Grotian Tradition in International Law* (in **International law** – being the Collected Papers of Hersch LAUTERPACHT, ed. by E. LAUTERPACHT, London, 1975, II, p. 307-365 esp 327-363, cit. p. 363-364): "What GROTIUS did was to endow international law with unprecedented dignity and authority by making it part not only of a general system of jurisprudence but also of a universal moral code [...] [A]t that time – as, indeed, at any time

Em suma, o **Direito da guerra e da paz** de GRÓCIO teve papel crucial no estabelecimento da razão de ser – *raison d'être* – do direito internacional,

> e exerceu grande influência no sentido de ter colocado arcabouço normativo para corpos políticos, carentes de autoridade comum superior, arcabouço normativo esse associado com o nome de GRÓCIO, e que foi estabelecido na consciência normativa dos povos em geral. Nessa contribuição essencial para a história humana, o **Direito da guerra e da paz** ocupa posição muito mais importante do que qualquer outra obra, inclusive o **Direito das gentes** de VATTEL, no campo do direito internacional.[1208]

Dessa maneira, se pode considerar o **Direito da guerra e da paz** entre o que ONUMA chamou de *sucessão e distorção* desta obra, colocada *entre função ideológica e relevância normativa*.[1209] O alcance e a importância histórica do **Direito da guerra e da paz** tem de ser considerado sob quatro pontos de vista:

> – sua importância na história da teoria do direito internacional;
> – sua importância na história das ideias;
> – os aspectos problemáticos da 'herança' de GRÓCIO por outros pensadores e especialistas; e
> – a questão da 'aceitação' de GRÓCIO na prática dos estados.[1210]

– it was important that the relations of states should be conceived and taught as part of ethics as well as part of law. GROTIUS' great merit is that he performed both tasks in one work."

1208 ONUMA Y. (op. cit., 1993, p. 362): "JBP played a paramount role in establishing the *raison d'être* of international law, and exerted great influence in the sense that it asserted a normative framework for bodies politic lacking a common superior authority, a normative framework associated with the name of GROTIUS, and which has been established in the normative consciousness of peoples in general. In this essential contribution to human history, JBP occupies a far more important position than any other works, including VATTEL's **Le droit des gens**, in the field of international law."

1209 ONUMA Y. (op. cit., 1993, item 11.6.2 – *The succession to and distortion of JBP: ideological function and normative significance*, p. 362-370): "the historical significance of JBP has to be examined in four respects: its significance in the history of the theory of international law; its significance in the history of ideas; the problematic features of the 'inheritance' to GROTIUS by later scholars and thinkers; and the question of the 'acceptance' of GROTIUS in state practice".

1210 ONUMA Y. (op. cit., 1993, p. 362-370).

No que diz respeito à importância na história da teoria do direito internacional – *theory of international law* –, por exemplo OPPENHEIM & LAUTERPACHT classificaram os internacionalistas dos séculos XVII e XVIII em três grupos:

- os naturalistas (*the naturalists*): PUFENDORF, THOMASIUS, HUTCHENSON, RUTHERFORD, BARBEYRAC e BURLAMAQUI;
- os positivistas (*the positivists*): RACHEL, TEXTOR, BYNKERSHOEK, MOSER e MARTENS; e o terceiro grupo,
- os grocianos (*the Grotians*): WOLFF, VATTEL e muitos outros – e argumentavam que a influência de GRÓCIO foi tão enorme que a maioria dos autores dos séculos XVII e XVIII foi de grocianos – *influence had been so enormous that the majority of the authors of the seventeenth and eighteenth century were Grotians.*[1211]

Em relação a tal avaliação, ponderava ONUMA, que inserir GRÓCIO e seus discípulos entre dois grupos contrastantes de escolas – uma naturalista e, outra positivista –, pode ser razoável, considerando o método eclético de GRÓCIO –[1212] mas seria "altamente duvidoso, até que ponto PUFENDORF, considerado o principal naturalista, na verdade tenha se diferenciado dos 'Grocianos', que se diz reconhecerem o papel tanto do direito natural, como do direito positivo nas relações internacionais".[1213]

PUFENDORF, em sua obra sobre o direito natural e das gentes, em oito livros, **De jure naturae et gentium libri octo**, de 1688,[1214] seguindo HOBBES, definia o direito positivo como ditado oriundo de superior – *dictate*

[1211] L. OPPENHEIM & H. LAUTERPACHT, **International Law – a treatise – I. Peace** (Londres, 8th ed., 1955, cit. p. 98); L. OPPENHEIM & H. LAUTERPACHT, **International Law – a treatise – II. Disputes, War and Neutrality** (Londres, 7th ed., 1952).

[1212] ONUMA Y. (op. cit., 1993, p. 363): "to place GROTIUS and his disciples between the two contrasting schools of naturalists and positivists may seem reasonable, considering GROTIUS's eclectic method" – mas "is is highly doubtful to what extent PUFENDORF who is regarded as a leading naturalist, actually differed from the 'Grotians' who are said to recognize the rule of both natural law and positive law in international relations".

[1213] Compare-se Hedley BULL, Benedict KINGSBURY and Adam ROBERTS (eds.), **Hugo Grotius and international relations**, Oxford: Clarendon Press, 1990).

[1214] Samuelis PUFENDORFII, **De jure naturae et gentium libri octo** (Francofurti ad Moenum: Friderici Knochii, editio nova, 1694 – disponível online books.google.com.br; a edição original da obra, de 1688, foi reproduzida na coleção dos Classics of International Law, ed. 1934, I.VI.4).

of a superior – e as relações entre estados como a condição natural, na qual não existe poder superior –[1215] onde, consequentemente, não existe lugar para o direito internacional positivo. Mas, apesar disso, PUFENDORF incorpora o direito internacional de GRÓCIO, em seu sistema teórico, fazendo uso da hipótese grociana do direito natural – *hypothetica praecepta iuris naturalis.*[1216]

Ao se estudar a obra de PUFENDORF sobre o direito natural e das gentes, em oito livros, logo se constata dedicar este somente cerca de 50 páginas, de total de mais de 900, ao exame das relações entre estados. Ademais, PUFENDORF trata de número bastante limitado de questões estritamente internacionais, tais como as leis da guerra e os tratados de paz.[1217]

A afirmação de que somente o direito natural exista entre os estados – característica de PUFENDORF como típico 'naturalista' – precisa, assim, ser compreendida em relação a tal contexto.

> A ideia do direito natural constitui, seguramente, o ponto forte em comum dos dois sistemas: na divisão principal – *summa divisio* – do direito, GRÓCIO e PUFENDORF concordam em reconhecer a prioridade do direito natural e a superioridade deste, em relação a todas as leis positivas.[1218]
>
> Nesse sentido:
>
> PUFENDORF também é conhecido por seu esforço em integrar GRÓCIO e HOBBES, e a sua obra foi fortemente influenciada por ambos.[1219] Muitas das interpretações de GRÓCIO, que se tornaram correntes em tempos posterio-

1215 PUFENDORF (op. cit., 1688, ed. 1934, II.III.24; texto latino, 158).

1216 PUFENDORF (op. cit., 1688, ed. 1934, II.II.4).

1217 Sobre a contribuição de Samuel VON PUFENDORF (1632-1694) ao direito internacional ver **Tratado** (tomo 9 – **Direito internacional no tempo de Samuel Pufendorf**, cap. 20).

1218 PUFENDORF (op. cit., 1688, ed. 1934, II.III.23). Como expõe S. GOYARD-FABRE, **Les embarras philosophiques du droit naturel** (Paris: Vrin, 2002, item – L'humanisme volontariste de Pufendorf, p. 84-89, cit. p. 85): "PUFENDORF entend-il donc 'rectifier' la théorie de GROTIUS en élaborant son 'système du droit naturel' sur des prémisses mieux affinées et plus pertinentes. La différence méthodologique principielle entre PUFENDORF et GROTIUS symbolise, ainsi, eu égard à la connotation du maître concept de droit naturel, leur divergence philosophique fondamentale. Celle-ci décide de la bifurcation, donc, de la double pente que prend la doctrine jusnaturaliste dans leurs œuvres respectives."

1219 ONUMA Y. (op. cit., 1993, p. 364): "strongly influenced by both".

res, inclusive a sua reputação como 'pai do direito internacional' são amplamente baseadas em PUFENDORF.[1220]

Quanto ao significado da obra maior de GRÓCIO, na história das ideias: **De jure belli ac pacis** foi a mais abrangente, dentre as obras tratando da guerra e da paz, publicada exatamente no tempo em que esta se fez necessária, em meio à guerra dos trinta anos:

> Acima de tudo, GRÓCIO enfrentou o problema de restrição da guerra, a violência do estado, o mais difícil problema para a humanidade, levando em conta todos os aspectos considerados necessários para solucionar este problema, dos mais fundamentais aos mais triviais.[1221]

É simplista afirmar que GRÓCIO tenha sido 'substituído' por VATTEL. Como alguns parecem entender.[1222]

Existe encadeamento entre os sucessivos expoentes, com aportes e influências. E grandes transformações ocorridas no direito internacional moderno desde GRÓCIO (1625) até o direito internacional clássico, com VATTEL (1758). Mais de um século depois da obra do primeiro. Não ocorre somente a mudança entre as obras, individualmente consideradas:

1220 PUFENDORF, **De jure naturae et gentium libri octo** (1688, ed. 1934, livros V-VII *passim*).

1221 ONUMA Y. (op. cit., 1993, p. 364): "most comprehensive among the writings dealing with war and peace, published at the very time they were needed, in the midst of the Thirty Years War." / "Above all, GROTIUS tackled the problem of restraining war, state violence, the most difficult problem mankind has faced, taking up all matters deemed necessary to solve this problem, from the most fundamental to the most trivial".

1222 Nesse sentido Paul REUTER, **Institutions internationales** (Paris: PUF, 1955, p. 47); Vicente Marotta RANGEL, *Préfácio à edição brasileira* (in Emer de VATTEL, **O direito das gentes**, prefácio e tradução V. M. RANGEL, Brasília: IPRI/Ed. UnB, 2004, p. XLVII-LXIX, cit. p. XLVII): "O tratado de VATTEL é, sem dúvida, uma das principais obras escritas no século XVIII. Para situar-nos apenas no âmbito do direito internacional, cabe lembrar que assim como o **De jure belli ac pacis**, de Hugo GRÓCIO, exerceu no século XVII, maior influência que os ensinamentos de Francisco de VITORIA, o tratado de VATTEL eclipsou, como assinala Paul REUTER, tão logo publicado, o livro do jurisconsulto holandês". A referência à obra de Paul REUTER é feita na nota 1, na mesma página. Desde a meritória publicação da tradução brasileira (2004) da obra de VATTEL, da qual recebi (em 20/04/05), exemplar autografado pelo mestre V. Marotta RANGEL, manifestei ao mesmo a minha desconformidade com a observação a respeito de ter sido superada a obra de GRÓCIO pela de VATTEL.

nesse tempo muda estruturalmente o contexto do direito internacional – do moderno, ao clássico.[1223]

Nesse sentido, a obra de GRÓCIO teria se tornado algo situado acima da contingência das obras 'utilitárias' do direito internacional, e se colocado em patamar de duração mais longa. Foi além do período do direito internacional moderno; foi além da condição de 'manual' de direito internacional.

Como apontado, "poucas obras desempenharam na história da civilização papel comparável ao do **Direito da guerra e da paz**; não há temeridade em afirmar que esta assim permanecerá, enquanto existir algum homem que deseje a justiça e o direito":[1224]

> O ilustre publicista holandês prestou eminentes serviços à humanidade. Jamais, proclamamos em voz alta, se poderão contar os benefícios que o mundo lhe deve. Foi dito com razão que as ideias governam. As ideias de GRÓCIO penetraram em esfera, na qual exerceram a influência mais benfazeja. Elas ajudaram a fazer triunfar a equidade nas relações pacíficas dos povos. Elas contribuíram para a diminuição das crueldades da guerra. Nesse sentido, não há medida de humanidade que não possa ser reconhecida ao grande escritor e que não deva, ao menos em parte, ser a ele atribuída.[1225]

Vale considerar que "mesmo no século XIX, era dominada pelo positivismo jurídico, muitos manuais de direito internacional citavam GRÓCIO como a autoridade principal – *primary authority*". Para o bem ou para o mal, foi e sobretudo ele continua a ser "considerado como mais do que mero internacionalista – *mere international lawyer*":[1226]

> Que o **De jure belli ac pacis** seja mais do que simples manual de direito internacional – *international-law textbook* – é evidente também pelas atitudes

[1223] Como se examina no **Tratado** (tomos 8 – **Direito internacional além do paradigma vestfaliano**, 11 – **Direito internacional no tempo do Iluminismo** e 12 – **Direito internacional no tempo de Vattel e von Martens**).

[1224] Ernest NYS, **Les origines du droit international** (Bruxelles: Alfred Chastaigne / Paris: Thorin & Fils, 1894, *Conclusion*, p. 400-405).

[1225] E. NYS (op. cit., 1894, p. 402).

[1226] ONUMA Y. (op. cit., 1993, p. 365): "it is simplistic to assert that GROTIUS was replaced by VATTEL" / "Even in the XIXth. century, an age dominated by legal positivism, many textbooks on international law cited GROTIUS as the primary authority. For good or ill, he was, and continues to be, regarded as something more than mere international lawyer."

em relação a esta obra, por parte de LOCKE, ROUSSEAU, SAINT-PIERRE, Adam SMITH, e outras grandes figuras na história das ideias. Quer aprovando ou criticando, esses pensadores confrontaram o **De jure belli ac pacis** como um tratado sobre filosofia e método, aplicado além dos limites desta estrita disciplina. Nessa qualidade, o **De jure belli ac pacis** tem sobrevivido como um clássico, mesmo no final do século XIX, quando a obra de VATTEL não mais era frequentemente citada. E o **De jure belli ac pacis** foi revivido, como parte da retomada do direito natural, e da doutrina da guerra justa, por autores do século XX.[1227]

Este é o sentido de obra 'clássica', na acepção estrita do termo: o de permitir diferentes leituras, por parte de sucessivas gerações de estudiosos. E assim se mantém a condição do **Direito da guerra e da paz** de GRÓCIO, como obra basilar para o estudo da evolução do direito internacional. Que, ademais, se inscreve no movimento do diálogo com as fontes, propugnado por Erik JAYME, em relação ao direito internacional privado. E, entendo, deva ser aplicado, igualmente, no direito internacional público.[1228]

Com relação aos assim chamados aspectos problemáticos da herança grociana, e da questão da aceitação de GRÓCIO na prática dos estados, cabe ponderar, que "o modo pelo qual o **Direito da guerra e da paz** foi lido e passado adiante traz problema vital":[1229]

[1227] ONUMA Y. (op. cit., 1993, p. 365-366): "That JBP is more than an international-law textbook is evident also from the attitudes towards it taken by LOCKE, ROUSSEAU, SAINT-PIERRE, Adam SMITH, and other major figures in the history of ideas. Whether approving or criticizing, these thinkers confronted JBP as a treatise on philosophy and method applied beyond the limits of a single discipline. It is this quality that made JBP survive as a classic, even in the late XIXth century, when VATTEL's work was no longer much referred to. And JBP was revived as part of the revival of natural-law and just-war doctrine in the twentieth century."

[1228] Como considerei extensamente nos **Fundamentos do direito internacional pós-moderno** (2008). É preciso reconhecer a autoria da proposta do "diálogo com as fontes", cujo mérito cabe a Erik JAYME, embora muitas vezes referida sem a menção da paternidade da ideia.

[1229] ONUMA Y. (op. cit., 1993, p. 366-370) ainda trata do que chamou de aspectos problemáticos da herança grociana (*problematic features of the 'inheritance' to GROTIUS by later scholars and thinkers*), e da questão da aceitação de GRÓCIO na prática dos estados (*the question of the 'acceptance' of GROTIUS in state practice*). Mas o capítulo somente traz a seguir (p. 366-370) o item (3) '*problems in the 'acceptance' of JBP: Normativity and Ideology*': "in the way JBP was read and passed down there lies a vital problem" (cit. p. 366).

> muitas das futuras interpretações errôneas e incompreensões relacionadas com o **Direito da guerra e da paz** resultaram da falta de perspectiva histórica, ou de tendência a pinçar as palavras de GRÓCIO fora de seu contexto, visando conferir autoridade às opiniões próprias de outros internacionalistas posteriores. É sempre necessário reinterpretar o passado, tentar reconstruir as grandes obras de maneira que seja tão fiel quanto possível à sua intenção e seu contexto original. Projeções ingênuas de ideias ou conceitos modernos sobre o **Direito da guerra e da paz** tem de ser evitadas, como neste estudo reiteradamente se insistiu. [...]
> A ambiguidade do **Direito da guerra e da paz**, que intrigou internacionalistas mais recentes, é o resultado de escolha de GRÓCIO, vivendo em período de transição, quando a Europa passava de uma era 'religiosa' para outra 'secular', ou da era do feudalismo para a dos estados-nação, e ele teve de fazer isso, se pretendia realizar o seu objetivo. Essa mesma ambiguidade reflete a fertilidade e produtividade do pensamento de GRÓCIO.[1230]

Se o pensamento de GRÓCIO foi aceito – e na extensão na qual se deu tal aceitação – isso se deve ao fato deste ter funcionado como ideologia em apoio às instituições dominantes daquela época, tanto em âmbito internacional, como no âmbito doméstico. E, pondera ONUMA, "essa discussão tem grande relevância na questão de determinar a aceitação de GRÓCIO pela prática dos estados. A 'herança' das ideias de GRÓCIO junto a pensadores das décadas seguintes, tenha ou não se desviado das intenções originais do autor, geralmente não envolveu distorção deliberada:[1231]

[1230] ONUMA Y. (op. cit., 1993, p. 367): "many of these later misinterpretations and misunderstandings of JBP resulted from a lack of historical perspective, or from a tendency to wrench GROTIUS's words out of context in order to lend authority to later scholar's own views. It is always necessary to reinterpret the past, to try to reconstruct major works in a way which is as faithful as possible to their intent and original context. Naïve projections of modern ideas or concepts on to JBP must be avoided, as this study has repeatedly stressed." [...] "the ambiguity of JBP, which bewildered later scholars, is a choice that GROTIUS, living in a period of transition when Europe was shifting from a 'religious to a 'secular' age, or the age of feudalism to the age of nation states, had to make if he was to realize his aim. This ambiguity itself reflects the fertility and productiveness of GROTIUS's thought."

[1231] ONUMA Y. (op. cit., 1993, p. 368): "to the extent that GROTIUS's thought was accepted, it also functioned as an ideology in support of the dominant institutions of the age concerned, whether in the international or domestic area." / "This discussion has an important bearing on the problem of the acceptance of GROTIUS in the state practice. the 'inheritance' of

> Para que ideias ou teorias tenham algum impacto efetivo no campo dos poderes dos estados, estas terão, normalmente, de passar por todo um processo [de recepção e de acomodação]. Mas não há motivo para nos desesperarmos. Em muitos casos, uma doutrina ou ideia, primeiro aparentemente adotada como ideologia, por determinado poder, mais tarde vem servir para restringir e colocar limites à atuação desse mesmo poder.[1232]

A noção do 'sagrado legado da civilização – *sacred trust of civilization* – apontava ONUMA, foi uma ideologia usada para justificar a dominação colonial, adotada pelo sistema de mandatos da Sociedade das Nações, e utilizada para criticar não somente a presença continuada da África do Sul na Namíbia, mas também as atividades dos Estados Unidos na Micronésia, e as da Austrália, Nova Zelândia e do Reino Unido em Nauru. De tal modo, em última análise, os especialistas podem se empenhar, mediante distanciamento intelectual e técnicas profissionais, em minimizar distorções doutrinais – dado ser impossível eliminá-las – e assumir, com plena consciência das realidades políticas, a sua responsabilidade (talvez limitada), nesses campos nos quais a doutrina pode ter algum efeito.[1233]

De modo equivalente, em seu tempo histórico e contexto cultural, foi o desafio enfrentado por GRÓCIO, no direito internacional moderno, em relação aos limites do direito da guerra. E, muito especialmente, em relação à questão de determinar se e em que extensão pode existir direito de matar inimigos.

GROTIUS's ideas by scholars, whether or not it deviated from the original intent, did not generally involve deliberate distortion."

1232 ONUMA Y. (op. cit., 1993, p. 369): "For ideas or theories to have any real meaning in the domain of state power, they will usually have to go through such a process. But there is no cause for despair. In many cases, a doctrine or idea first seemingly adopted as an ideology by a particular power later came to restrain the latter's conduct."

1233 Como se considera no **Tratado** (tomos 14 a 17 – **Direito internacional no tempo do colonialismo**, esp. item – colonialismo e hipocrisia da suposta 'missão civilizadora do homem branco').

18.8. GRÓCIO e os limites do direito da guerra

> Via no universo cristão uma leviandade com relação à guerra que teria deixado envergonhadas as próprias nações bárbaras. Por causas fúteis ou mesmo sem motivo se corria às armas, e quando já se estava com elas às mãos, não se observava mais respeito algum para com o direito divino nem para com o direito humano, como se pela força de um edito, o furor tivesse sido desencadeado sobre todos os crimes.
>
> H. GRÓCIO (1625, ed. 2004)[1234]

> Vendo a tragédia da guerra dos trinta anos, GRÓCIO fechou os olhos para a violência estrutural da 'paz' e concentrou os seus esforços em reduzir a violência aberta. Tendo em mente esse pano de fundo, seria interessante questionar qual seria a obra equivalente, no mundo de hoje. [...] Nenhum aprendizado pode ser vívido e criativo, exceto se amparado pela imaginação e pela curiosidade intelectual. Sem essas qualidades não mais se gera conhecimento, somente o esqueleto deste.
>
> Y. ONUMA (1993)[1235]

GRÓCIO utiliza, em sua obra prima, o **Direito da guerra e da paz** (1625),[1236] com considerável erudição e profusão, tanto precedentes bíblicos,

1234 GRÓCIO (op. cit., 1625, ed. 2004, *Prolegômenos*, § 28, p. 51).

1235 ONUMA Y. (op. cit., 1993, p. 370): "The notion of the 'sacred trust of civilization', an ideology used to justify colonial domination, was taken over by the League of Nations' mandate system, and has been used to criticize not only South Africa's rule over Namibia, but the activities of the United States in Micronesia, and of Australia, New Zealand and the United Kingdom in Nauru. In the final analysis, what scholars can do is to strive, through professional detachment and scholarly technique, to minimize doctrinal distortions – to eliminate them is impossible – and to assume, in full awareness of the political realities, responsibility for those (perhaps limited) realms where doctrine may have some effect." / "Seeing the tragedy of the Thirty Years War, GROTIUS shut his eyes to the structural violence of 'peace' and focused his efforts on reducing overt violence. Against this background, it is interesting to ask what would be the the equivalent work in today's world." [...] "ultimately no learning can be vivid and creative unless backed by imagination and intellectual curiosity. Without these there will no longer be learning, only the skeleton of learning."

1236 Hugo GRÓCIO, **O direito da guerra e da paz** (intr. Antonio Manuel HESPANHA, trad. de Ciro MIORANZA, do original **De jure belli ac pacis**, col. clássicos do direito internacional, Ijuí: Ed. Unijuí, 2004, 2 vols.).

bem como da história antiga, grega e romana, para estabelecer normas de direito internacional.[1237] Começa o Livro I com a grande questão "o que é a guerra? o que é a paz?" E põe, como ordem da obra:

> A guerra é empreendida em prol da paz e como não há nenhuma contenda da qual não possa decorrer uma guerra, não será fora de propósito, no âmbito do direito da guerra, tratar de todas essas espécies de debates, que ocorrem habitualmente. A própria guerra nos levará em seguida à paz, como a seu último fim.[1238]

Traz a definição da guerra, como "o estado de indivíduos, considerados como tais, que resolvem as suas controvérsias pela força".[1239] Assim, para GRÓCIO, "ao dar a este tratado o título *O direito da guerra*, entendemos pesquisar primeiramente, como já dito, se há algum tipo de guerra justa, e a seguir, o que há de justo na guerra".[1240]

O papel pioneiro, atribuído a GRÓCIO, na criação de um direito internacional 'laicizado' explica-se, não apenas pelo caráter mais claramente naturalista do seu pensamento jurídico, como pelo fato de GRÓCIO ter escrito num meio mais cosmopolita, evocando questões jurídicas que surgiam num contexto europeu conturbado, onde a guerra estava presente, e com ela, os problemas da legitimidade dos meios a utilizar; onde se punha, com acuidade, a questão do livre acesso aos mares; onde o direito de rebelião tocava questões concretas; onde as relações entre o poder temporal e o poder espiritual, com as suas projeções políticas e jurídicas, na esfera internacional, estava na ordem do dia.[1241]

1237 Cf. referido, GRÓCIO vai buscar em MAIMONIDES a distinção entre 'direito natural' e direito positivo'. Ver Moisés MAIMONIDES, **Le guide des égarés** (traduit de l'arabe par Salomon MUNK, préf. de Claude BIRMAN) suivi de **Le traité des huit chapitres** (traduit de l'arabe par Jules WOLF, préf. Franklin RAUSKY, nouvelle éd. revue par Charles MOPSICK, Paris: Verdier, © 1979, impr. 1996).

1238 H. GRÓCIO (op. cit., ed. cit., livro I, cap. I – *ordem da obra*, p. 71).

1239 H. GRÓCIO (op. cit., ed. cit., livro I, cap. I, n. II – *definição da guerra e origem da palavra*, p. 71-72).

1240 H. GRÓCIO (op. cit., ed. cit., livro I, cap. I, n. III – *o direito é descrito como atributo de ação e é dividido em direito de superioridade e direito de igual para igual*, p. 72-74): "A palavra *direito* nada significa mais aqui do que aquilo que é justo. Isto, num sentido mais negativo que afirmativo, de modo que o direito transparece como aquilo que não é injusto. Ora, é injusto o que repugna à natureza da sociedade dos seres dotados de razão."

1241 Antonio Manuel HESPANHA (*Introdução*, à edição referida de Hugo GRÓCIO, **O direito da guerra e da paz**, 2004, p. 15-27, cit. p. 17-18).

A partir de patamares, mais ou menos consistentes, de implantação dos princípios, normas e instituições internacionais – assegurando-se a operacionalidade funcional destes –, se pode acrescentar a busca da etapa seguinte, a dimensão utópica, almejando o progresso e a melhoria dessa 'realidade' que exista, nem sempre seja desejável, por anseio ou projeto, que mesmo que não exista (ou sequer possa existir), ao menos é desejável e digno de ser buscado, como propósito.

Noutra obra, menos conhecida, intitulada **De imperio**, de 1614, segundo outras fontes, 1617, somente publicada em 1647 –[1242] logo após a morte de GRÓCIO – este apontava a consideração do poder secular, estendida também às coisas sagradas. Definia o poder em sua mais ampla extensão, não como oposto à jurisdição, mas abrangendo-a, do no que constitui o direito de comandar, de permitir e de defender.

A questão da separação entre as esferas de poder (civil ou secular, e eclesiástico ou sagrado) será elemento de construção da racionalidade administrativa, nos estados modernos da Europa. Algo que se fez mais facilmente em alguns estados, que em outros.

A separação entre as esferas da política e da religião foi crucial para a construção da modernidade. E esse dado permite traçar distinção em relação a sociedades que não fizeram essa ruptura entre esferas distintas de competência e de atuação.[1243]

Convém comparar, ainda que brevemente, as opiniões de alguns dos principais autores do direito internacional, da época moderna, a respeito dos limites do direito da guerra. Especialmente em relação a questão de determinar se, e em que extensão, pode existir direito de matar inimigos. Como também os limites do direito do mar, na concepção da época, diante da extensão que estes alcançam no direito internacional vigente.[1244]

[1242] Hugo GRÓCIO, **Traité du pouvoir du magistrat politique sur les choses sacrées** (do original em latim **De imperio summarum potestatum circa sacra**, 1614, facsimilar da edição publicada anonimamente em Paris, em 1751, com falsa menção a Londres, na página de rosto, trad. de Charles Armand L'Escalopier de NOURAR, présentation de Vincent GUILLAUME, Caen: Publications de l'Univ. de Caen, 1991). No cap. I "le pouvoir du magistrat politique s'étend sur les choses sacrées" (p. 1-33, observa, p. 3) : "Je prends ici le pouvoir dans une signification plus étendue; ce n'est pas en ce qu'il est opposé à la juridiction, mais en ce qu'il la renferme, & qu'il est le droit de commander, de permettre et de défendre".

[1243] Ver **Tratado** (tomo 8 – **Direito internacional além do paradigma vestfaliano**, item – *Sob o signo do Leviatã*).

[1244] Cfr. **Tratado** (tomo 1 – **Direito internacional dos espaços**, caps. 10 a 16 e tomo 2 – **Direito internacional dos espaços**, caps. 20 a 23).

No livro III, cap. IV do **Direito da guerra e da paz**, GRÓCIO considerava lícito,[1245] segundo o direito das gentes voluntário, e reconhecia que segundo esse direito é permitido matar todas as pessoas encontradas em território inimigo, súditos inimigos, estrangeiros, mulheres, crianças, prisioneiros e reféns. Não haveria limite para o poder destruidor, se não o interesse pessoal do beligerante, de onde adviria o respeito pelas vidas, cuja destruição lhe parecesse inútil. Poderiam igualmente ser destruídas as cidades e entregues à pilhagem os bens do inimigo.

Cumpre assinalar, que nos capítulos XI e seguintes do mesmo livro III, GRÓCIO ao exprimir a sua própria convicção, expunha princípios generosos, e condenava a execução de crianças, de mulheres e de idosos, e de todos aqueles que, por sua profissão, estavam afastados das armas, tais como os letrados, monges, trabalhadores rurais e comerciantes.

A classificação de categorias profissionais, que constituiriam exceções, em contexto de guerra, remontavam à Idade média e se inspiravam diretamente das formulações de Francisco de VITÓRIA, um século antes.[1246] Mas a generosidade do espírito de GRÓCIO não o impedia de, ao enumerar o que era permitido realizar, segundo as normas vigentes à época, incluía entre as práticas aceitas, tais rigores de crueldade.

Mais de um século depois, ainda o conterrâneo, Cornelius van BYNKERSHOEK, no seu *De rebus bellicis*, sobre as coisas da guerra, o livro primeiro de sua obra sobre questões de direito público, **Quaestiones juris publici**,[1247] sustenta que a guerra, por seu caráter e por sua finalidade, exclui os sentimentos de equidade e de justiça. Ele menciona, logicamente, a equidade, mas não submetia a esta as suas concepções.

Tanto é verdade que as concepções cruéis de seu tempo pesaram mesmo sobre pensadores como GRÓCIO e ainda se fazem sentir ao tempo de

[1245] H. GRÓCIO (op. cit., 1625, ed. bras. 2004, III.IV – *Do direito de matar os inimigos na guerra solene e de outras violências contra o corpo*, p. 1085-1114).

[1246] Ver **Tratado** (tomo 4 – **Direito internacional no tempo medieval**, cap. 11 – tratadistas da guerra: Balthazar AYALA e Pierino BELLI e tomo 5 – Direito **internacional no tempo de Francisco de Vitória**, esp. cap. 14 – Francisco de VITORIA (1480-1546)).

[1247] Cornelius van BYNKERSHOEK, **Quaestiones juris publici libri duo** – quod primum est De rebus bellicis, secundo De rebus varii argumenti (orig. publ. Leiden, 1737, vol. one – "the photographic reproduction of the edition of 1737"; vol. two – "the English translation by Tenney FRANK, and an introduction by Jan de LOUTER", datada de 1922, The Classics of International Law, vol. XIV, ed. by James Brown SCOTT, Oxford: at the Clarendon Press / London: Humphrey Milford, 1930, 2 tomos).

BYNKERSHOEK.[1248] Contudo, a corrente defensora do respeito à vida dos inocentes não cessa de se fazer ouvir: encontra expressão em WOLFF e mais tarde, em VATTEL: ambos não deixam de defender,[1249] resolutamente, a necessidade de respeitar, no curso das hostilidades, aqueles isentos de culpa e de qualquer ação direta no conflito armado.

De modo semelhante, GENTILI, no livro II do seu **De jure belli** (1598),[1250] considerava não ser lícito matar aqueles que se rendem voluntariamente, porque a rendição contém cláusula tácita de intangibilidade das suas vidas. É verdade que ele parece se contradizer, ao escrever que os termos da rendição determinam os direitos do vencedor. No capítulo intitulado *In deditos et captos soeveri*, GENTILI admite que em certas condições específicas – tais como injúria, represálias, violação dos direitos da guerra – pode-se fazer prova de severidade excepcional, em relação aos prisioneiros.

Por sua vez, GRÓCIO, nos capítulos XI e seguintes do livro III, do **De jure belli ac pacis**, opinava no sentido de não se dever executar aqueles que se entregam, nas cidades assediadas e nos combates. Não se poderia presumir a prerrogativa de matar prisioneiros, nem para efeito intimidatório, nem como punição por resistência heroica.

Mesmo em relação a inimigos, que merecessem a morte, a razão de humanidade aconselharia a não se mostrar rigoroso, em razão do grande número de culpados que tomam parte na guerra. O que precisa ser conciliado com o que GRÓCIO antes escrevera, nos primeiros capítulos do livro III da mesma obra.[1251]

[1248] Ver **Tratado** (tomo 10 – **Direito internacional no tempo de C. van Bynkershoek e Christian Wolff**, cap. 21 – Cornelius van BYNKERSHOEK (1673-1743)); bem como, P. B. CASELLA, *Desenvolvimento do direito internacional na concepção de Cornelius van Bynkershoek* (Revista da Fac. de Direito da USP, vol. 103, jan.-dez. 2008, p. 563-592).

[1249] Ver **Tratado** (tomo 10 – **Direito internacional no tempo de C. van Bynkershoek e Christian Wolff**, cap. 22 – Christian WOLFF (1679-1754) e tomo 12 – **Direito internacional no tempo de Vattel e von Martens**, cap. 24 – Emer de VATTEL (1714-1767)).

[1250] Alberico GENTILI, **Direito de guerra** (do original **De jure belli libri tres** 1598, trad. Ciro MIORANZA, intr. Diego PANIZZA, Ijuí: Ed. Unijuí, 2004). A respeito da contribuição de GENTILI, ver **Tratado** (tomo 6 – **Direito internacional no tempo de Suarez, Gentili e Zouch**, cap. 16).

[1251] Cf. trechos reproduzidos de H. GRÓCIO (op. cit., 1625, ed. bras. 2004, livro III, cap. II e livro III, cap. V).

GRÓCIO, depois de descrever "da devastação e do saque", no livro III, cap. V, do seu **De jure belli ac pacis**, aceitava a possibilidade de matar mesmo os que se renderam:[1252] "Não é contra a natureza despojar aquele que se pode honestamente matar".[1253] e reportava as lições de CÍCERO[1254] e de SUETÔNIO:[1255]

> Por isso, não há porque se espantar se o direito das gentes permitiu danificar e pilhar as coisas que pertencem aos inimigos que havia permitido condenar à morte. [...] Encontram-se quase em cada página, nos historiadores, cidades inteiras destruídas ou trincheiras arrasadas, campanhas devastadas, incêndios. Deve-se observar também que essas coisas são permitidas, mesmo contra aqueles que se renderam.[1256]

Esclarecia GRÓCIO, em outra passagem, precisamente no livro III, cap. II:[1257]

> Outra espécie de execução violenta desse direito é a apreensão dos bens ou tomada de penhor entre os diversos povos, que os juristas modernos chamam de direito de represálias, os saxões e os ingleses, *witherman* e os franceses, entre os quais isso é ordinariamente obtido do rei, *lettres de marque*. Essa via ocorre, como dizem os juristas, quando o direito é negado.[1258] [...]

1252 H. GRÓCIO (op. cit., 1625, ed. bras. 2004, III.V.I – *Os bens dos inimigos podem ser danificados e saqueados*, p. 1117).
1253 H. GRÓCIO (op. cit., 1625, ed. bras. 2004, III.V.I, p. 1117).
1254 CÍCERO, **De officiis** (with an English translation by Walter MILLER, Cambridge, Ma. / London: Harvard UP / LCL 30, CICERO XXI, © 1913, reprinted 2005, cit. III, 6, 32).
1255 C. SUETONIUS TRANQUILLUS, **De vitae Caesarum** (with an English translation by J. C. ROLFE, introduction by K. R. BRADLEY, Cambridge, Ma./London: Harvard U.P., vol. I – LCL 31, first publ., 1913, rev. with new introduction, 1998; vol. II – LCL 38, first publ., 1914, reprinted 2001, cit. *Nero*, XL).
1256 H. GRÓCIO (op. cit., 1625, ed. bras. 2004, III.V.I, p. 1117) citava a lição de TÁCITO [**Annales**, XIII, 41] – "Os habitantes, tendo aberto suas portas, se entregaram aos romanos com o que possuíam. Essa submissão salvou suas pessoas. Artaxate foi entregue às chamas".
1257 H. GRÓCIO (op. cit., 1625, ed. bras. 2004, III.II – *Como, segundo o direito das gentes, os bens dos súditos são requeridos para cobrir a dívida dos soberanos. Trata-se também das represálias*, p. 1053-1065).
1258 H. GRÓCIO (op. cit., 1625, ed. 2004, III.II.IV – *E dos bens*, p. 1061) e esclarecia a seguir as condições nas quais pode isso ficar caracterizado (III.II.V – *Isso ocorre após uma negação da justiça, e quando se deve presumir a negação; demonstra-se que a coisa julgada não dá nem tira, propriamente falando, o direito que se tem*, p. 1061-1063, cit. n. 1, p. 1061): "Esta negação é considerada existir não

> Trata-se, pois, de uma coisa introduzida, senão pelo direito de natureza, ao menos pelo uso acatado em toda parte, que se possa, por semelhante razão, apreender pessoas ou bens mobiliários dos súditos daquele que não faz justiça.[1259]

GRÓCIO enfatizava: "o direito das gentes genuíno, colocando de lado toda consideração dos outros deveres, de que falaremos mais adiante, não excetua mesmo as coisas sagradas, isto é, aquelas que foram consagradas a Deus ou aos deuses".[1260] De tal maneira, "a razão é que as coisas que são ditas sagradas não são, na realidade separadas do uso humano, mas são públicas e extraem sua denominação de sagradas pelo fim ao qual são destinadas".[1261]

Esta é somente uma das facetas da obra e exemplo dos debates que suscita, até os nossos dias, a obra de GRÓCIO. Contra ou a favor, debruçar-se-ão sobre GRÓCIO,[1262] todos os autores na área do direito internacional, como ainda pensadores políticos e filósofos.[1263] Dentre os internacionalistas, Samuel von PUFENDORF não foi exceção. [1264]

somente se um julgamento não pode ser obtido num tempo suficiente contra um criminoso ou um devedor, mas mesmo se, em matéria nada duvidosa (pois em matéria duvidosa a presunção é para aqueles que foram estabelecidos juízes por autoridade pública), foi julgado de todo contra o direito".

1259 H. GRÓCIO (op. cit., 1625, ed. 2004, III.II.IV.2, p. 1062).

1260 H. GRÓCIO (op. cit., 1625, ed. 2004, III.V.II – *Mesmo as coisas sagradas; em que sentido se deve entendê-lo*, p. 1118-1123).

1261 H. GRÓCIO (op. cit., 1625, ed. 2004, III.V.II.1, p. 1118) e aduzia (III.V.III – *E as coisas religiosas com uma precaução*, p. 1124): "O que dissemos das coisas sagradas se deve entender de igual modo das coisas religiosas. Estas últimas também não pertencem aos mortos, mas aos vivos, seja a algum povo, seja a uma família", ressalvando "que os próprios corpos dos mortos não sejam maltratados, pois isso é contra o direito das sepulturas, que demonstramos em outro local (livro II, cap. XII, § I, 1) como tendo sido introduzido pelo direito das gentes"; ver tb. H. GRÓCIO (op. cit., 1625, ed. 2004, livro II, cap. XIX – *Do direito de sepultura*).

1262 Sem esquecer da atuação de Hugo GRÓCIO, em outros setores, como humanista, filósofo, teólogo, músico, astrônomo, poeta e historiador, deixando obras nesses campos do saber, além da teoria e da prática do direito e das relações internacionais, como ilustra, do mesmo, seu **Traité du pouvoir du magistrat politique sur les choses sacrées** (orig. publ. **De imperio summarum potestatum circa sacra**, facsimilar da edição publicada anonimamente em Paris, em 1751, com falsa menção a Londres, na página de rosto, trad. de Charles Armand L'Escalopier de NOURAR, présentation de Vincent GUILLAUME, Caen: Publications de l'Univ. de Caen, 1991).

1263 Como se considerou no precedente item 18.7 – herança crítica e repercussão da obra de GRÓCIO.

1264 A respeito de Samuel von PUFENDORF (1632-1694), ver **Tratado** (tomo 9 – **Direito internacional no tempo de Samuel Pufendorf**, cap. 20).

Entre GRÓCIO e PUFENDORF, existe linha de encadeamento histórico. Este pode ser considerado mais ou menos direto, na medida em que PUFENDORF se reconhecia discípulo de GRÓCIO, mas isso não exclui diferenças conceituais e também no tocante às premissas sobre as quais um e outro fundamentam o direito internacional.[1265]

Mas se faz igualmente necessário reportar a influência de GRÓCIO, em razão de menções ao direito internacional, por parte de autores tão distintos como Thomas HOBBES (1588-1679) – muito mais por sua filosofia política do que por contribuição específica ao direito internacional.[1266] Cumpre lembrar a presença de GRÓCIO, também em relação a Baruch ESPINOZA, o grande filósofo que tangencialmente aborda o direito internacional, de modo bastante crítico,[1267] aliás recorrentemente lembrado.[1268]

Mencionem-se, também, o já referido Richard ZOUCH (1590-1660)[1269] e John SELDEN. Este último é sempre lembrado por seu trabalho prático, o **Mare clausum** (1635, 1636),[1270] em oposição à tese de GRÓCIO a respeito da liberdade de navegação.

1265 Como mencionado no precedente item 18.7 – herança crítica e repercussão da obra de GRÓCIO.

1266 Como brevemente são considerados, no **Tratado** (tomo 8 – **Direito internacional além do paradigma vestfaliano**, item – *sob o signo do Leviatã*).

1267 Apontava B. de ESPINOZA (1632-1677), em seu **Tractatus theologico-politicus** (1670, na ed. francesa, **Traité des autorités théologique et politique**, in **Oeuvres complètes**, texte traduit, presente et annoté par R. CAILLOIS, M. FRANCÈS e R. MISRAHI, Paris: Gallimard-Pleiade, © 1954, impr. 1992, p. 597-908, cap. XVI, p. 824-842): "ninguém assina um contrato nem se considera obrigado a cumprir uma obrigação, se não for pela expectativa de algum bem ou o medo de algum mal; se essa base é suprimida, o pacto cai por si mesmo". "O pacto não pode ter qualquer força, se não por razão de utilidade; se esta vem a desaparecer o pacto fica desse modo suprimido e privado de efeito". Ver tb. ESPINOZA, **Traité politique** (ed. cit., 1992, p. 909-1044) ou na ed. bras., **Tratado político** (trad. de Manuel de CASTRO, São Paulo: Abril cult., 1973, col. Os Pensadores, vol. XVII, p. 309-372).

1268 Giorgio DEL VECCHIO, **La société des nations au point de vue de la philosophie du droit international** (RCADI, 1931, t. 38, p. 541-650, cit. p. 576-577) entende que a tese radicalmente negativa de ESPINOZA não diga respeito somente e especificamente ao direito internacional, mas às relações humanas em geral. Mas, "Il est évident que, si cette conception est logique, étant données ses prémisses, elle équivaut à une sorte de nihilisme juridique".

1269 A respeito de Richard ZOUCH (1590-1660), ver **Tratado** (tomo 6 – **Direito internacional no tempo de Suarez, Gentili e Zouch**, cap. 17).

1270 Ioh. SELDENI, **Mare clausum, sive de dominio maris Libri II** *Primo*, mare ex iure naturae sive gentium omnium hominum non esse commune, sed dominii privati sive proprietaris capax pariter ac tellurem esse demonstratur; *Secundo* Serenissimum Magnae Britanniae Regem maris circumstui ut individuae atque perpetuae Imperii Britannici

A obra de SELDEN teve efeitos práticos, tanto em relação à vida do autor, trazendo-lhe as boas graças do rei, que o manda tirar da cadeia,[1271] e além disso serviu de base para o *Navigation Act* (1651), a lei de navegação inglesa, adotada ao tempo da República (1648-1658) de Oliver CROMWELL. Esta "outra coisa não é senão a aplicação desses postulados, que fizeram a fortuna da Inglaterra, embora em detrimento dos demais povos":[1272]

> Ora, sendo a política do *Act of Navigation* a do monopólio comercial, dela resultou a guerra declarada pela Holanda à Inglaterra (1652), tais os vexames que lhe causava a absurda aplicação do '*Mare clausum*', base injurídica que por quase dois séculos só beneficiou os Ingleses.[1273]
> Intensa foi a luta entre os dois países, durante a República de CROMWELL, sendo a Holanda vencida apesar da bravura de seus intrépidos marinheiros, como RUYTER e TROMP. Mas a vitória final coube a BLAKE, que comandava a armada inglesa, perecendo TROMP, o heroico almirante batavo na ação (batalha naval de Dover).[1274]

appendicis dominum esse, asseritur (Lond. 1635; 1636; Lugd. Bat. 1637; 1665; tb. publicado nas obras de SELDEN, **Oper.**, tom. II. Lond. 1726).

[1271] Von OMPTEDA (op. cit., 1785, reed. 1963, § 218, p. 523): "Dieses Werk welches auch in dem 2ten. Theile der **Opp. Seldeni** (Lond. 1726. fol.) zu finden ist, hat viel Aufsehen gemacht, und befreyte SELDEN aus dem Gefängnisse, in welchen er sich eben damals auf königlichen Befehl befand."

[1272] A respeito da obra de SELDEN comentava Oscar PRZEWODOWSKI, **O século XVII no seu sentido jurídico internacional** – o advento do direito das gentes GROTIUS (Rio de Janeiro: Jornal do Commercio / Rodrigues & Cia., 1941, cit. p. 58): "Em 1635 é que sai a lume o **Mare clausum** de John SELDEN, notável parlamentar e jurisconsulto inglês. É uma alentada obra de réplica ao **Mare liberum**, na qual SELDEN procura de todo modo convencer que o 'mar' é passível de domínio. Profundamente culto, o jurista inglês revela inegualável dialética e uma indiscutível habilidade, rendendo outrossim ao seu grande rival as mais justas homenagens. A publicação do **Mare clausum** foi, entretanto, muito retardada, talvez por conter alusões a CRISTIANO IV, rei da Dinamarca, a quem os STUARTS muito consideravam. As constantes citações, porém, do **Mare liberum**, sempre invocado, levaram CARLOS I a publicar a obra, a expensas da real Fazenda, suprimidas aquelas passagens inadequadas. Em sua segunda parte, o **Mare clausum** atribui à Inglaterra o domínio dos mares".

[1273] O. PRZEWODOWSKI (op. cit., 1941, p. 60, nota 1) reportava: "O 'Ato de Navegação' só foi revogado em 1849, e consistia em dar a exclusividade de transporte de mercadorias estrangeiras à Inglaterra, vedando-o aos navios das demais nações. Tal revogação entrou em vigor a 1º de janeiro de 1850."

[1274] O. PRZEWODOWSKI (op. cit., 1941, p. 61): "Tamanha foi a indignação do governo britânico contra as ideias de GROTIUS, expostas no *Mare liberum*, e tão forte o ódio de

A contribuição de ZOUCH como de SELDEN para o direito internacional foi além dessa matéria específica. Quase sempre fica esquecido o importante estudo de SELDEN sobre o direito natural e das gentes entre os hebreus, **De iure naturali et gentium iuxta disciplina Ebraeorum** (1650). Nesta obra, SELDEN, além dos fundamentos do direito natural e alguns elementos do direito internacional, entre os antigos hebreus, também considera o conjunto da disciplina, e estende as suas apreciações também aos antigos gregos e romanos e à Patrística.

E, ainda que brevemente, cabe lembrar também Robert SCHARROCK (1640-1684), Gottfried VOGEL e David MEVIUS (1609-1670).

A contribuição de Hugo GRÓCIO para o conjunto do direito internacional e de sua evolução posterior se exprime em dois planos, que justamente são os títulos de suas duas obras mais conhecidas: em relação à liberdade de navegação – **Mare liberum** – bem como em relação ao conjunto da matéria, do "direito da guerra e da paz" – **De iure belli ac pacis** – e, aí, sobretudo na crucial e complexa questão de submeter a guerra ao direito. Cada um dos dois grandes temas comportou extensas argumentações contra e a favor.

A matéria da livre navegação, ou da alegada precedência ou exclusividade desta ou daquela nação em relação ao domínio dos mares, foi objeto de grande controvérsia, na época. Como mostra a controvérsia entre Hugo GRÓCIO e Serafim de FREITAS,[1275] onde contra a ideia da liberdade, que admitiria os direitos dos holandeses, alegados por GRÓCIO, contrapunha FREITAS a suposta precedência dos portugueses, por terem sido estes os primeiros a se aventurarem – na perspectiva europeia da época – na navegação de longo curso, de alcance transcontinental, visando o estabelecimento de entrepostos comerciais.

CROMWELL contra o governo holandês (que ardorosamente as defendia), que a Inglaterra, pelo tratado de Westminster, pondo termo à luta, obrigava a Holanda não só a lhe reconhecer o domínio dos mares, como também a impedir que o filho do *Stathouder* sucedesse algum dia a seu pai. Quis o destino, entretanto, que o jovem GUILHERME DE ORANGE viesse um dia não apenas a ser *Stathouder* de Holanda, mas também rei de Inglaterra – sob o nome de GUILHERME III, o célebre vencedor da Revolução gloriosa (1688). / Contudo, senhor do cetro britânico, esqueceu, em breve, o novo rei as ideias do antigo *Stathouder*, seguindo exclusivamente a política inglesa e olvidando, por completo, a liberdade dos mares por que tanto se batera no '*Mare liberum*' o seu genial compatriota, o 'Prodígio da Holanda'."

[1275] Reportada no **Tratado** (tomo 3 A – **Direito internacional no tempo antigo**, item 2.1).

Ainda PRZEWODOWSKI (1941):

> GRÓCIO jamais publicou uma linha em defesa de seu magistral opúsculo, que deveria alcançar fama mundial, talvez pela certeza de que estava persuadido de sua missão gloriosa na posteridade, realçada ainda por sua desestudada modéstia. Embora a sua convicção na vitória da ordem jurídica fosse absoluta, talvez nunca supusesse que a própria Inglaterra, que, pela boca de seu rei CARLOS I pleiteou, no século XVII, a incineração do **Mare liberum**, tudo fazendo por aniquilá-lo, o adotasse no século XIX, como seu único lema ou o evangelho marítimo do mundo civilizado.[1276]

Nessa controvérsia sobre o "mar aberto" – *mare liberum* – ou "mar fechado" – *mare clausum* – se acrescenta a mencionada obra de SELDEN (1635), em favor da supremacia inglesa, e prosseguiria a ulterior elaboração da questão, com a argumentação do dinamarquês PONTANUS, publicada em 1637.[1277] Este defendia os direitos de navegação das coroas da Dinamarca e Noruega, contra a tese da precedência inglesa de SELDEN.

Ou, por sua vez, Petri Bapt. BURGI, publicado em Roma em 1641, e em Gênova em 1643, onde[1278] afirmava a primazia dos direitos de navegação de Gênova, sobre o mar adjacente. E, por sua vez, contrariamente à tese da primazia lígure, se punha a argumentação de Teodh. GRASWINCKEL, publicado na Haia, em 1652.[1279]

À argumentação de GRASWINCKLEL, em 1652, por sua vez, respondeu John SELDEN, em nova obra, publicada em Londres, em 1653,[1280] em defesa dos interesses ingleses. A defesa da alegada supremacia inglesa era

[1276] O. PRZEWODOWSKI (op. cit., 1941, p. 61-62) prosseguia: "É, entretanto, digno de nota que, em pleno século XVII, a França de LUÍS XIV e a Espanha dos FELIPES, então grande potência naval, protestassem energicamente contra o art. 4º do tratado de Westminster que exigia saudação obrigatória à bandeira inglesa, como um preito de homenagem dos navios que lhe sulcassem os mares."

[1277] Ioh. Isaac PONTANI, **Discussionum historicarum de mari libero adversus Ioh. Seldeni mare clausum Libri II** (Hardervic. 1637. 1640)

[1278] Petri Bapt. BURGI, **De dominio rei publicae Genuensis in mari Ligustico Libri II** (Rom. et Bonon. 1641, Genuae 1643).

[1279] Teodh. GRASWINCKEL, **Vindiciae adversus Petr. Bapt. Burgum, Ligustici maris dominii assertorem** (Hagae 1652).

[1280] Iohn. SELDENI, **Vindiciae maris clausi contra Graswinckelium** (Lond. 1653).

acompanhada por outros autores, como John BOROUGHS, em 1651,[1281] ou William WELWOOD, em 1653.[1282] E foi, por sua vez, objeto de argumentação, por GRASWINCKEL, em 1653, sustentando a liberdade dos mares, contra a pretensão da primazia inglesa.[1283]

Por seu turno, Mart. SCHOOCK, em 1651 e 1654, defende a primazia dos direitos de navegação dos holandeses.[1284] E some-se também a argumentação de Iohannes PALATII, em 1663, que defendia a precedência veneziana sobre os mares.[1285]

Ao mesmo tempo, D. du MAURIER, em 1644, defende a pretensão da primazia austríaca sobre a navegação no mar Báltico,[1286] ou Hermann CONRING, em 1670, argumentava direitos de navegação e de comércio sobre o mar Mediterrâneo –[1287] como parte de outras controvérsias, igualmente complexas, que não cabe considerar extensamente aqui.[1288]

Em 1656, Iohann Henrich BOECLER publica – e foi reeditada em 1669 –[1289] a sua defesa da liberdade de navegação dos mares, independentemente da precedência deste ou daquele estado. Esta pode ser indício da perspectiva que viria a ser a linha da evolução posterior.

1281 Sir John BOROUGHS, Keeper of the Records in the Tower of London, **The Sovereignty of the British Seas in the year 1633, proved by records, history and the municipal laws of this Kingdom** (written in the year 1633, ed. with introductory essay and notes by Thomas Callander WADE, Edinburgh: W. Green & Son Ltd., 1920, "the Latin original of 1633 was never published; the English version was not printed till 1651. The present edition is reprinted from the edition of 1651, collated with the Latin and English manuscripts, and with the original documents of the Record Office", online access provided by Berkeley Law Library).

1282 Guil. WELWOOD, **De dominio maris iuribusque praecipue ad dominium spectantibus** (Hagae 1653).

1283 Teodh. GRASWINCKEL, **Vindicatio maris liberi adversus Guil. Welwoodum, Britannici maris dominii assertorem** (Hagae 1653).

1284 Mart. SCHOOCKI, **Ius et imperium maritimum** (Amsterd. 1654; e também in M. SCHOOK, **Opera**, Ultraj. 1651)

1285 Ioh. PALATII, **Leo maritimus, sive de dominio maris Libri II. contra Graswinckelium** (Venet. 1663).

1286 D. du MAURIER, **Dissertatio super vetere Austriacorum proposito occupandi maris Baltici** (Paris 1644).

1287 Herm. CONRINGII, **Consilium de maris mediterranei dominio et commercis regi Christianissimo vindicandis** (Helmst. 1670).

1288 A respeito da evolução da matéria, ver **Tratado** (tomo 2 – **Direito internacional dos espaços**, cap. 20 – espaços internacionais: de *res nullius* a patrimônio comum da humanidade).

1289 Ioh. Henr. BOECLERI, **Diss. de Minöe maris domino** (Argent. 1656 et 1669).

Esta amostragem serve para deixar claro quanto se debateu e se argumentou sobre a liberdade de navegação, ou na falta desta, a suposta existência de primazia desta ou daquela nação, em relação a este ou aquele mar, ou mesmo em relação ao conjunto dos oceanos. E esta temática de precedência de direitos de navegação e caracterização de zonas de influência ou de soberania – mais ou menos efetiva – sobre determinada faixa dos oceanos ainda teve desdobramentos junto a autores posteriores, como BYNKERSHOEK.[1290]

Este conjunto de trabalhos sobre o mesmo tema, por autores do século XVII, pode ser útil para situar a grande mutação conceitual que representará, no futuro, a passagem do antigo regime jurídico internacional de *res nullius* – bem sem dono – e, cuja titularidade, consequentemente, poderia vir a ser reclamada por esta ou aquela nação, conforme títulos e práticas consolidadas, que pudessem ser alegadas, até se chegar ao reconhecimento do alto mar e do espaço exterior como *res communis omnium* – e nessa condição de bens coletivos, insujeitos a apropriação, e consequentemente regidos por conjunto de normas de direito internacional.[1291]

Essa matéria da afirmação da liberdade ou da negação da livre navegação (*de dominio maris*) se estendia por temas tais como o resgate de náufragos (*iure naufragii colligendi*). A respeito do tema também foram publicados estudos àquele tempo. [1292] Sem esquecer ter sido a questão correlata da

[1290] A respeito de Cornelius van BYNKERSHOEK (1673-1743), ver **Tratado** (tomo 10 – **Direito internacional no tempo de C. van Bynkershoek e Christian Wolff**, cap. 21). Além da célebre fórmula de BYNKERSHOEK sobre a delimitação do mar territorial, este, nas "questões de direito público" também considerava matérias tais como "quando, e a quais navios, deveria ser prestado o cerimonial náutico", cf. **Quaest. iur. publ.** (Lib. II, cap. XXI – *quando et quorum navibus praestanda sit reverentia*).

[1291] E se remete ao exame da matéria no **Tratado** (tomo 2 – **Direito internacional dos espaços**, cap. 20).

[1292] Como exemplos, as quinze referências sobre o tema, publicadas entre a segunda metade do século XVII e a primeira do século XVIII: Iac. GOTHOFREDUS, **De imperio maris et iure naufragii colligendi** (Frf. 1663; tb. publicado em Genebra, 1654, e reeditado em Helmstaedt, em 1732); Ioh. SCHEELE, **Disp. de iure naufragii colligendi** (Argent. 1674); Gottfr. Nic. SCHELEENSTEIN, **Dissertatio de compendio naufragiorum** (Viteb. 1677); Ioach. KEMPFER, **De iure appulsus** – vom Strand- Ruhr- und Grundrechte (Ien. 1680); M. Gotthard FONNE, **Diss. utrum res accabussatae sive acquis sumissae derelictis sint ascribendae** (Lips. 1689); Frid. GERDESIUS, **De naufragis et naufragiorum iuribus** (Gryphw. 1681); Henr. EDZARD, **De naufragiis** (Basil. 1686); Theod. PAULI, **De bonis naufragorum fisci et privatorum acquisitionem effugientibus** (Regiom. 1689); Ioh. Balth. MELCHIOR, **De**

possibilidade e da extensão de exercício de direito de presa – em relação ao episódio já mencionado da nau portuguesa Santa Catarina, atacada por holandeses – o motor inicial da consulta a GRÓCIO. Dessa consulta formulada a GRÓCIO resultaria o seu estudo sobre "o direito de presa" (1604, publicado integralmente somente em 1868). E o capítulo sobre o "mar livre" (*mare liberum*) [1293] foi objeto de ampla circulação e discussão (a partir de 1609).[1294]

O mesmo GRÓCIO trata da matéria, no seu **De jure belli ac pacis** (1625):

> Não tratamos aqui da lei civil, porquanto assunto infinito, e as principais questões concernentes às guerras não se decidem segundo a lei civil. Limitamo-nos a assinalar que certas leis civis são certamente injustas, aquelas por exemplo, que atribuem ao fisco os bens dos náufragos. De fato, é pura injustiça tirar de alguém o que lhe pertence sem motivo razoável e plausível.[1295]

Não somente por questão de ordem temporal, mas também pela importância intrínseca da contribuição e pela sua repercussão, ao longo dos séculos, desde que foi inicialmente publicada, faz a obra maior de Hugo

naufragiis naufragiorumque iuribus (Giess. 1701); Ierem. Eberh. LINCK, **De iure, quo Gallis appellatur *Droit de Varech.*** (Argent. 1729); Ioh. Sam. Friedr. BOEHMER, **Diss. de servaticio, quod vulgo *Bergelohn* vocant** (Halae 1743); Ioach. L'ESTOCQ, **De navibus rebusve ob discrimen tempestatis maritimae pro derelicto habendis vel non habendis** (Regiom. 1744); Haico HAYKENS, **De derelicto in specie de navi in mari glaciali naufragio rupta. a vectoribus abdicata et ab alio inventa** (Franequ. 1747); Iac. SCHUBACK, **Diss. de iure littoris – vom Strandrechte** (Goett. 1750) – que constituiu a primeira formulação do trabalho que o mesmo SCHUBACK, falecido em 1784, publicou, sob o título **Commentario de iure littoris – vom Strandrechte** (Hamb. 1751).

1293 H. GRÓCIO, **De Mari Libero** et P. MERULA, **De Maribvs** (Lvgd. Batavorvm: Ex Officina Elzeviriana, 1633 – contém esta edição quatro textos: 1- Hvgonis Grotii Mare Liberum Sive De Ivre Qvod Batavis competit ad Indicana commercia, dissertatio (1609), p. 1-83; 2- Paulus MERULA (1558-1607), Dissertatio de Maribus, p. 84-182; 3- Marcus Zuerius BOXHORN (1612-1653), **Apologia pro navigationibus Hollandorum, adversus Pontum Heuterum**, p. 183-213; 4- « Tractatus pacis, mutui commercii, sive intercursus navigationum, confirmatus Londini anno [1495], inter Henricum Septimum Angliae regem, & Philippum Archiducem Austriae, Burgundiae, &c. », p. 214-267).

1294 Como tratados, supra, neste capítulo. E pertinentes para o entendimento dos limites do direito da guerra.

1295 H. GRÓCIO (op. cit., 1625, ed. bras, 2004, II.VII.I – *Certas leis civis são injustas e, em decorrência, não transferem a propriedade, como aquelas que atribuem ao fisco os bens dos náufragos*, p. 443).

GRÓCIO, "sobre o direito da guerra e da paz, em três livros, explicado precipuamente à luz do direito público", ou **De iure belli ac pacis libri tres, in quibus ius naturale et gentium, item iuris publici praecipua explicantur** (1625) assumir condição de marco de mutação da disciplina. A fortuna crítica desse homem e dessa obra justificam considerar esse dado.

Foram tantos os autores sobre os quais GRÓCIO suscita repercussão e comentários, e foram tão numerosas as edições e as traduções da sua obra, que OMPTEDA, já em 1785, considerava impossível resenhar todas,[1296] bem como igualmente extensa literatura secundária a respeito;[1297] sem

[1296] Von OMPTEDA (op. cit., 1785, reed. 1963, II. Theil, § 120 ss.) sobre edições da obra de GRÓCIO (§ 122, p. 392-396) antes de enumerar quarenta e cinco diferentes edições da obra de GRÓCIO, fazia comentário de ordem genérica: "*Ein vollständiges Verzeichnis aller Editionen, welche das Werk des GROTIUS erlebet hat, zu liefern, dürfte fast unmöglich seyn*", e mencionava: a *editio princeps*, publicada em Parisiis 1625 apud Nicol le Bon – com a dedicatória ao rei LUIS XIII da França; b/c nova edição em Paris, 1632 – e OMPTEDA frisa que se enganava BARBEYRAC, o tradutor da obra de GRÓCIO para o francês, ao assinalar que a obra tivera somente a primeira edição publicada em Paris; seguida de edições publicadas em Frankfurt (Francof. ad Moen. apud heredes Wechel. 1626); Amsterdam (apud Guil. Bleau, 1631; apud Ioan. Iansson 1631, novamente apud Guil. Bleau, 1632 – com base em correções feitas pelo próprio GRÓCIO, como assinala o "*Avertissement*" datado de 8 de abril de 1632, altura em que este lá se encontrava; nova edição em 1642, Amsterdam apud Guil. Bleau – foi a última edição revisada pelo autor; a edição seguinte, Amsterdam: Guil. Bleau, 1646, foi a base a partir da qual foram feitas novas edições em 1647; duas em 1650; 1651; 1652; 1660; 1662; duas em 1663; 1664; 1667; 1670); em Jena (Ienae, 1673, cum notis Ioh. Georg. SIMONIS); novamente em Paris, 1675; Amsterdam, 1680, cum notis Ioh. Frid. GRONOVII; Amsterdam, 1680 – reimpressão da edição de Jena; Haia, 1680; Amsterdam, 1684; Giessen, 1687 "cum notis" Ioh. Henr. BOECLERI; Amsterdam, 1689 – em nova reimpressão da edição de Jena; Argent., 1699 "cum praefat." Ioh. SCHILTERI; Francf. ad Viadr., 1691 "cum excerptis annotationibus virorum insignium, edente" Ioh. Christoph RECMANNO – considerada uma das melhores edições, ao lado da edição de BARBEYRAC; Leyden (Lugd. Batavorum, 1696, "cum notis" ZIEGLERI, OSIANDRI et GRONOVII, "edente" Gothofr. SPINACO); Francf. ad Viadr., 1699 – reimpr. da edição RECMANN; novamente em Amsterdam, 1700, 1701, 1702; Argent., 1704 "cum praefat." Ioh. SCHILTERI; Tubingen, 1710 "cum notis" Ioh. Wolfg. IAEGERI; Amsterdam, 1712 "cum notis" GRONOVII; Amsterdam, 1720, "cum notis" GRONOVII et Ioh. BARBEYRACII, reimpressa em 1735; Marburg, 1734, "cum praefat." Christian WOLFFII; Jena, 1738 "cum notis" Diet. Herman. KEMMERICHII; Lausanne, 1751, "cum notis variorum"; Leipzig (Lips. 1758 "cum notis" GRONOVII et BARBEYRACII – reimpressão da edição de Amsterdam, 1642 – a última revista pelo autor, e reimpressões).

[1297] Von OMPTEDA (op. cit., 1785, reed. 1963, II. Theil, § 120 ss.) sobre comentários à obra de GRÓCIO (§ 123, p. 396-401) observava "Ausser den vielen, verschiedenen der vorstehenden Editionen beygefügten Noten sind denn auch ausführliche *Commentarii* über den GROTIUS erschienen, von denen folgende die hauptsächlichsten sind" e a seguir enumerava uma dúzia de autores, autores de comentários a respeito de GRÓCIO: começando por Ioh. FELDEN, professor de direito em Helmstadt, que criticou duramente a obra (***Ioh. a Felde*** **Annot. ad Hug. GROTIUM de iure belli ac pacis** Amsterdam 1652 et 1653); GRASWINCKEL, em casa de quem GRÓCIO se hospedou e tomou ditado do próprio (***Theod. GRASWINCKELII*** **Stricturae ad censuram Ioann. a FELDEN ad libros Hug. GROTII de I. B. et P.** Amsterdam 1653, e depois Jena 1675 e 1678) rebate as críticas de FELDEN; que por sua vez retoma o debate e lança novo comentário, com respostas aos argumentos de GRASWINCKEL (***Ioh. a Felde*** **annotata ad Hug. GROTIUM de iure belli ac pacis quibus immixtae sunt responsiones ad stricturae Graswinckelii** Ienae 1663); o Comentário de BÖCKLER (1611-1672), que foi professor de direito em Estrasburgo, e depois em Upsala, e a seguir, novamente em Estrasburgo, que seria muito útil se tivesse sido levado a termo, mas vai somente até o capítulo VII do livro II (***Ioh. Henr. Boecleri*** **in Hug. GROTII de iure belli et pacis** ad illustrissimum Baronem Boineburgium commentatio. Tom. I. Argent. 1663. Tom. II. ibid. 1664 cum praefatione SCHILTERI Argent. 1704); o comentário de Caspar ZIEGLER (***Casp. Ziegleri*** **in Hugonem GROTIUM de iure belli et pacis notae et animadversiones** Viteb. 1666 et 1669, ibid 1676, Frf. et Lips. 1686; Vitel. 1696; Argent. 1706); as observações de Iohann OSIANDER (***Ioh. Ad. Osiandri*** **Observationes maximam partem theologicae in Hug. GROTII libros de iure belli et pacis** Tubingen, 1669, 1674, 1675, 1696, 1711); HENNIGES fez série de observações que ele chamou político-morais sobre a obra de GRÓCIO (***Henr. Henniges*** **Observationes político Morales in Hug. GROTIUM de iure belli et pacis** Salisb. 1672 et 1673) também reimpressas em Nuremberg (Norimb. 1673); comentário de Ulrich OBRECHT (***Ulr. Obrechti*** **Annotationes in Hug. GROTIUM de iure belli et pacis** Argent. 1684); comentário de Guilherme Van der MUELEN (**Hug. GROTII de iure belli et pacis libri III. cum commentariis *Guil. van der Muelen*** Accedunt et auctoris annotata ex postrema eius ante obitum cura, et Ioh. Fried. Gronovii notae in totum opus. Tom. I. Ultraiect. 1696. Tom. II. ibid. 1770. Tom. III. Amsterd. 1704); comentário de Iohan TESMARI (***Ioh. Tesmari*** **Observationes in Hug. GROTIUM de iure belli et pacis cum auctoris, Ioh. Frid. GRONOVII et Ulr. OBRECHTI notis** Frankfurt-Main 1696) – professor de direito em Marburgo, compilou os seus comentários, com as notas de GRONOVVI e OBRECHT – "de pouco valor" (*ist von geringem Werthe*) liquida OMPTEDA; comentário de Iohann Sigismund STAPF (***Ioh. Sigism. Stapf*** **Ius naturae et gentium, in duos divisum tractatus, quorum primus continet ius publicum universale, alter Hugonis GROTII Ius belli et pacis explicatum** Mogunt. 1735) – a segunda parte dessa obra, publicada em Mainz, contém breve porém adequado comentário sobre GRÓCIO; também Henri de COCCEJI comentou a obra (***Henr. de Coceji*** **Prodromus iustitiae gentium sive exercitationes duae. Liber ad illustrationem prooemii et libri I. Tractatus Grotiani de iure belli et pacis necessarias** Frcf. ad Viadr. 1719); e seu filho Samuel de COCCEJI prossegue no exame desta (***Henr. de Coceji*** **Grotius illustratus, seu commentarii ad Hug. Grotii de I.B. et P. Libros III. in quibus ius naturae et gentium, item iuris publici praecipua explicantur accedunt observationes, *Samuel de Cocceji, Henrici filii*** Tom. I. Wratisl. 1744. Tom. II. ibid. 1746. Tom. III. ibid. 1747), com nova edição revista, publicada em Halle, em 1748 (***Samuel L. B. de Cocceji*** **Introductio ad *Henr. de Coceji* Grotius illustratum, continens dissertationes prooemialis XII. in quibus principia Grotiana circa ius naturae per totum opus dispersa ad iustam methodum revocantur, mens Grotio obscura saepius ex ipso Grotio illustratur, et defectus circa eius principia**

falar em outros escritos a respeito da obra de GRÓCIO,[1298] bem como as numerosas traduções desta mesma obra, já então existentes – e que

notantur. Duodecima dissertatio exhibet auctoris novum systema iustitiae naturalis et Romanae, in quo universum ius Romanum nova methodo ad artem redigitur Halae 1748) e ainda **Hug. Grotii de I.B. et P. libri III. cum commentariis *Henr. L. B. de Cocceji* nunc ad calcem cuiusque captis adiectis, infertis quoque observationibus *Sam. L. B. de Cocceji* tomi V.** Lausannae 1751 – os comentários feitos pelos dois KOCH, ou em latim COCCEJI, se inscrevem na linha do avô, Johann COCCEJI, que primeiro em Bremen e depois em Leyden, foi professor de teologia; em seguida, o pai, Heinrich Freyherr von COCCEJI (1644-1719) em 1672 se torna professor de filosofia, e depois de direito, em Heidelberg, mais tarde, leciona em Utrecht, e finalmente em 1690, professor em Frankfurt-Oder; em 1702 se torna Real conselheiro secreto prussiano, conservando o cargo de professor; recebe título imperial de nobreza em 1713; e o filho, Samuel Freyherr von COCCEJI (1679-1755) torna-se professor de direito (*professor iuris*) em Frankfurt-Oder em 1701; em 1704 conselheiro do governo em Halberstadt; 1712 passa a *subdelegatus* junto ao Tribunal imperial (*Reichskammergerichtsvisitation*); 1714 se torna conselheiro secreto da justiça e de apelação em Berlim (*geheimer Justiz- und Oberappellationsgerichtsrath*); 1716 embaixador junto à Corte imperial; 1718 conselheiro secreto de guerra, junto ao Comissariado geral; 1722 presidente do Tribunal cameral de Berlim; 1727 conselheiro secreto de estado; 1730 presidente do Consistório e exerce diversos outros cargos na administração prussiana. Ambos escreveram diversos comentários sobre a obra de GRÓCIO.

[1298] Von OMPTEDA (op. cit., 1785, reed. 1963, II. Theil, § 120 ss.) sobre outros escritos a respeito da obra de GRÓCIO (§ 124 p. 401-404) enumerava vinte e um autores dentre muitos – *eine unglaubliche Menge von Schriftstellern ihre Feder der Erläuterung des Grotianischen Werks gewidmet* – "que tinham se dedicado a esclarecer a obra de GRÓCIO, de naturezas variadas, enquanto alguns são inteiramente dedicados a GRÓCIO, outros somente em alguns pontos tratam dele, outros ainda inserem GRÓCIO em tabelas, outros fazem extratos da obra do mesmo, e finalmente alguns utilizam vários desses mecanismos conjuntamente: ***Ge. Ad. STRUVII*** **Grotius enucleatus** (Jena, 1660); ***Ioh. Phil MÜLLERI*** **Hug. Grotii líber de I.B. et P. in tabulas redactus** (Frankfurt, 1664); ***Iac. THOMASII*** **Specimen tabularum novarum in Hug Grotium de I.B. et P.** (Leipzig, 1670); ***Valent. VELTBEMII*** **Introductio ad Hug. Grotii opus de I. B. et P. ubi simul elementaris scientia de iuris naturae et gentium prudentia cum praecipuis mathem. moral. et polit. uti et quaestionibus controversis** (Jena, 1676, ibid., 1677); ***Chr. Waechtleri*** **Lectionum Grotianarum** (Lib. I. Leipzig 1680, Lib. II, ibid. 1682); ***Ioh. Ge. KULPISII*** **Collegium Grotianum super iure belli ac pacis, anno 1682, in academia Giessensi XV Exercitationibus primum institutum** (Frankfurt 1682; ibid 1686; Halle 1708; Frankfurt 1714) – considerado com justiça um dos melhores trabalhos sobre GRÓCIO; ***Sim. Henr. MUSAEI*** **Hugo Grotius de I. B. et P. a *SPINAEO* et *HOLTERMANNO* enucleatus, nunc recusus et ad disputandum propositus** (Kiel, 1682); ***Ioh. Henr. SUICERI*** **Hugo Grotius de I. B. et P. in compendium redactus** (Tigur 1682; 1689; 1694) – também publicado na edição alemã, **Hugo Grotius vom Kriegs- und Friedensrechte** (Zürich, 1718); ***Nic. Chr. LYNCKERI*** **Series operis Grotii de I. B. et P.** (1688); ***Ioh. Paulini OLIVERKRANTZII*** **Tabulae in Hug. Grotii de I. B. et P. libros, ex edit. *Sim. Henr. MUSAEI*** (Kiel 1688; ibid. 1690; ibid. 1706; publicada em edição alemã

desde então se multiplicaram – para o francês,[1299] para o alemão,[1300] para o inglês,[1301] para o holandês,[1302] como também para o sueco e para o dinamarquês.[1303]

em 1709); ***Ioh. SCHEFFERI* Hug. Grotius de I. B. et P. enucleatus, succintis thesibus doctrinam Grotianam complectens** (Stettin 1693; id. 1694; Helmsted 1712; et ex recensione ***Chr. Gottl. SCHWARZII*** Altstadt 1718); ***Ioh. Reinh. REDINGERI* Scilimenta philosophiae iuris ex Grotii libris de I. B. et P.** (Giessen 1699); ***Iust. Chr. BOEHMERI* Dissertationes XV. Grotianae** (Helmstedt 1703); ***Ioh. ARNDII* Specimen de Hugone Grotio a commentatoribus iuris belli ac pacis immerito vapulante** (Rostock 1712); ***Ioh. Balth. WERNHERI* Analecta iuris naturae et gentium, seu annotationes succintae ad Hug. Grotium de I. B. et P. et Sam. Pufendorfium de officio hominis et civis. Accederunt fratris *Henr. Lud. WERNHERI* dissertationes eiusdem argumenti** (Viteb. 1721); ***Franc. Chr. von SCHEIB* Grotius de I. B. et P. in nuce** (Leyden 1737); ***Ioh. Gottl. HEINECCII* Praelectiones academicae in Hug. Grotii de I. B. et P. libros III** (Berlim 1744); ***Ge. Melch HORNII* Observationes iuris gentium et iuris publici universalis ad Hug. Grotii libros III de I. B. et P.** (Erfurt 1744); ***Mart. HASSII* Conspectus Hug. Grotii trium de I. B. et P. librorum** (Viteb. 1746); ***Ge. Godofr. KEUSELII* Exercitationes Grotianae** (Guelph. 1762); ***Chr. Friedr. SCHOTT* Diss. I.sistens analysin operis Grotiani de I. B. et P. cum observationibus** (Tubingen 1768) e a **Diss. II.** (ibid., 1770).

1299 Von OMPTEDA (op. cit., 1785, reed. 1963, II. Theil, § 120 ss.) sobre traduções da obra de GRÓCIO (§ 125, p. 404-405), para o francês: de Antoine de COURTIN, **Traduction du traité de la guerre et de la paix par Hughe Grotius** (Paris, 1687; Amsterdam 1688; la Haye 1705) e de Jean BARBEYRAC, **Le droit de la guerre et de la paix, par Hughes Grotius, nouvelle traduction par I. B., avec les notes de l'auteur même, qui n'avoient point encore paru en françois, et des nouvelles notes du traducteur** (Amsterdam 1724; uma segunda edição (falsa) menciona Amsterdam, publicada em Paris, 1729; a (verdadeira) segunda edição, revista pelo próprio BARBEYRAC, publicada em Amsterdam, 1736; 3ª ed., Basiléia, 1746; 4ª ed., com a **vida de Grócio** de BURIGNY, novas notas de BARBEYRAC e extratos do comentário de COCCEJI, publicada em Amsterdam, 1754; 5ª ed., Leiden 1759). Além destas, também **Le droit de la guerre et de la paix** (I-III, "nouvelle traduction" Paul PRADIER-FODÉRÈ, Paris: Libr. de Guillaumin, 1863 – online: gallica.bnf.fr). A respeito da tradução do **De jure belli ac pacis** de GRÓCIO, feita por BARBEYRAC observa Y. ONUMA (1993, *Preface*, p. VI) não ser esta confiável como tradução, marcada como está pelas ousadas interpretações do tradutor: "BARBEYRAC's translation is strongly coloured by his own bold interpretations. It is not always reliable as a translation of JBP."

1300 Von OMPTEDA (op. cit., 1785, reed. 1963, II. Theil, § 120 ss.) sobre traduções da obra de GRÓCIO (§ 126, p. 406), para o alemão, citava duas traduções, já no século XVIII: **Drey Bücher von Kriegs- und Friedensrechten** (« mit Anmerkungen vieler gelehrten Männer, verteutscht von P. B. SINOLD, gennant von SCHÜTZ, mit Vorrede Chr. THOMASII», Leipzig, 1707); bem como H. GROTIUS, **Vom Rechte des Krieges und Friedens** (« übersetzt, und mit Anmerkungen gelehrter Männer versehen » von Joh. Nic. SERLIN (Frankfurt, 1709; reimpressa em 1721). Cabe ainda reportar também a edição em alemão **Drei Bücher von Recht des Krieges und des Friedens, Paris, 1625** ("Neuer deutscher Text und Einleitung" von Walther SCHÄTZEL, Tübingen, 1950).

A bibliografia de escritos de GRÓCIO, organizada por Ter MEULEN e DIERMANSE já contava milhares de títulos.[1304] O que tem aumentado desde então. Inclusive, no Brasil, obra inteira dedicada a GRÓCIO, publicada,[1305] em 1903, pelo diplomata brasileiro S. GURGEL DO AMARAL.

Paul FORIERS que foi professor da Universidade de Bruxelas, em estudo sobre "a organização da paz em GRÓCIO e a escola do direito natural", de 1961,[1306] apontava a inadequação da atribuição de paternidade do direito internacional a GRÓCIO, e reservava a este o papel de "consolidador da tradição". Ao lado do fato que "a atualidade da mensagem de GRÓCIO subsiste", some-se o argumento: "hoje, alguns veem nele mesmo a prefiguração do direito internacional do futuro".[1307]

1301 Von OMPTEDA (op. cit., 1785, reed. 1963, II. Theil, § 120 ss.) sobre traduções da obra de GRÓCIO (§ 127, p. 406), dentre as traduções para o inglês, mencionava OMPTEDA, "mit vielen den Text verwirrenden Einschaltungen des Übersetzers verfertiget" esta primeira, ainda do século XVII, de Will EVATS (Londres, 1654, reimpressa em 1682); e outra de vários autores não nominados "mehreren ungenannte Gelehrte gearbeitet haben, daher diesselbe auch ziemlich buntscheckigt aussiehet" (Londres, 1715, em 3 vols., reimpressa em 1718). Além destas, também registre-se, no século XIX, a tradução resumida (*abridged translation*) de William WHEWELL (I-III, Cambridge, n.d. [1853]); e no início do séc. XX, a tradução de Francis W. KELSEY et al. (a partir da edição de Amsterdam, 1646; na série *The Classics of International Law*, ed. by J. Brown SCOTT, publicada em Oxford, 1925).

1302 Von OMPTEDA (op. cit., 1785, reed. 1963, II. Theil, § 120 ss.) sobre traduções da obra de GRÓCIO (§ 128, p. 407), para o holandês: a primeira já em 1632, "eine jetzt unbekannt gewordene Übersetzung erschienen" (reimpressa em Amsterdam, 1651; Delft, 1652; Amsterdam, 1657; ibid., 1689) e Hugo de GROOT, **Van regt des oorlogs en vreden** ("vertaelt door" Ian van GEVEREN, "met Amerkingen van den Schryver en van" Ian. Friedr. GRONOVIUS, t'Amstel. 1705).

1303 Von OMPTEDA (op. cit., 1785, reed. 1963, II. Theil, § 120 ss.) sobre traduções da obra de GRÓCIO (§ 129, p. 407), assinalava ter sido a tradução para o sueco determinada pelo rei GUSTAVO ADOLFO, que "muito prezava a obra e dela fizera seu manual de uso diário" – e reportava também OMPTEDA (op. cit., loc. cit.) menção a uma tradução para o dinamarquês, já existentes no século XVIII, das quais tinha notícia, sem chegar a as ter em suas mãos.

1304 Jacob TER MEULEN e P. J. J. DIERMANSE, **Bibliographie des écrits imprimés de Hugo Grotius** (Haia: M. Nijhoff, 1950, 1961; Zutphen: Matthys de Jongh, 1995).

1305 Sylvino Gurgel do AMARAL (1865-1931), **Ensaio sobre a vida e obras de Hugo de GROOT (GROTIUS)** (Paris/Rio de Janeiro: H. Garnier, 1903).

1306 Paul FORIERS, **L'organisation de la paix chez GROTIUS** (la présente édition est la reprise de deux articles parus dans les 'Recueils de la société Jean BODIN pour l'histoire comparative des institutions', avec A. TRUYOL y Serra, *La conception de la paix chez VITORIA et les classiques espagnols du droit des gens*, tome XV "la paix", deuxième partie, Bruxelles: Éditions de la Librairie Encyclopédique, 1961, Paris: Vrin-reprise, 1987, p. 275-376).

1307 P. FORIERS (cit., 1961, ed. 1987, p. 276).

Enfatizava FORIERS a unidade da 'escola do direito natural': "o que GRÓCIO afirma, todos os autores da escola de direito natural o sustentam igualmente, reunidos como estão, em impressionante unanimidade",[1308] mas, sem deixar de situar o papel dele:

> Mesmo se é exato que GRÓCIO teve imenso mérito, o de ter formulado e ordenado o direito internacional e de ter tornado possível, graças à sua opção filosófica, uma laicização do direito natural, parece-nos ser erroneamente que se lhe atribua a paternidade de um e de outro. Ele não fez mais que retomar uma tradição que se tinha esvaído, e enriquecer – imensamente, é verdade – uma técnica da qual ele – se for preciso dizer – não é o inventor.[1309]

Cabe inscrever a contribuição de GRÓCIO em trajetória que se estende por um milênio, e remonta a ISIDORO DE SEVILHA.[1310] E este, por sua vez, já se embebera nas fontes antigas romanas:

[1308] P. FORIERS (cit., 1961, ed. 1987, p. 278 e 279): "Le droit des gens ... On a trop tendance à identifier la naissance de cette discipline particulière avec GROTIUS et l'école de droit naturel, tout au moins lorsqu'on envisage celle-ci dans son acception actuelle de droit humain et positif d'une part, de droit régissant les rapports d'états à états, d'autre part, ou mieux de sujets de droit international".

[1309] P. FORIERS (cit., 1961, ed. 1987, p. 280): "GROTIUS n'est certainement pas le père du droit des gens; les internationalistes lui dénient d'ailleurs cette paternité, mais c'est pour la rendre aussitôt à Alberico GENTILI, François VITORIA, François de SUAREZ, Richard ZOUCH, Thomas HOBBES et nous en passons".

[1310] Nesse sentido, ver **Tratado** (tomo 3 B – **Gregos, romanos, chineses, indianos**, cap. 6 – *na formação e no desenvolvimento de Roma* e tomo 4 – **Direito internacional no tempo medieval**, item 8.2 – *ISIDORO DE SEVILHA (560-636 d.C.)*). Mesmo sem concordar integralmente, observa Mai LEQUAN o papel de ISIDORO nessa trajetória do direito internacional no tempo, no volume **La paix** (orig. publ. 1998, introduction, choix de textes, commentaires, vade-mecum et bibliographie par M. LEQUAN, Paris: GF – Flammarion, 2013, item – *droit des gens*, p. 222): "le droit des gens comprend aussi un droit de la guerre ou *jus belli* dont on retrouve un écho chez KANT (**Doctrine du droit**) et HEGEL (**Principes de la philosophie du droit**), qui tous deux traitent de la guerre dans le cadre du droit des gens ou droit international, c'est-à-dire sur fond d'état naturel guerrier entre les états. Instrument technique approprié au règlement des conflits entre nations, le droit des gens résulte d'une laïcisation du droit naturel. Si GROTIUS, GENTILI, VITORIA, SUAREZ, ZOUCH, PUFENDORF, VATTEL, BARBEYRAC et HOBBES lui donnent sa forme systématique, c'est ISIDORE DE SÉVILLE qui dans ses **Étymologies** mentionne le premier un droit des gens et distingue *jus naturale, jus civile* et *jus gentium*. Ce dernier est un droit commun à la société universelle des hommes, qui régit aussi les rapports des nations entre elles. L'expression est ensuite reprise dans la **Somme de Cologne** qui définit le droit des gens comme un droit humain positif intéressant l'ensemble

> Permanência, por conseguinte, de valores e de conceitos, que tinham sido pouco afetados ao longo de todo um milênio, e que somente passaram por eclipse de curta duração.[1311] [...] [ISIDORO] resume, em suas **Etimologias**, o estado dos conhecimentos tradicionais e sobretudo as que lhe chegaram da Antiguidade, e singularmente, nessa matéria, de Roma.[1312] [...]
> Mas, se esse direito das gentes – *ius gentium* – engloba o direito da guerra, ele não abrange o direito fecial – *ius fetialis*. O direito fecial, de fato, não é direito internacional, mas direito interno, relativamente às coisas que se reportam ao direito internacional, um direito que organiza tecnicamente, e do ponto de vista romano – mas somente do ponto de vista romano – o *jus gentium*.[1313] [...]
> Ele pode reivindicar [o legado] da Antiguidade e de certas formas do pensamento cristão, mesmo elaborando-os fora da teologia. Ele permanecerá, contudo, sob o controle de direito natural que tem, em suas origens, as mesmas características que ele[1314] [...] Daí vem essa afirmação que GRÓCIO laicizou o direito natural, representando, assim, o pensamento protestante, não que esta não veja a fonte primária do direito na divindade e na sua vontade, mas porque essa fonte se teria alterado 'ao circular no território dos homens pecadores'.[1315]
> Mas daí a fazer dele o pai de um novo direito natural, este é passo excessivo, que foi facilmente dado. E, apesar disso, aí também, GRÓCIO se apresenta, muito mais, em nossa percepção, como o consolidador eclético de uma tradição, do que como verdadeiro inovador.[1316]

E mesmo a celebre 'fórmula ímpia' –[1317] *etiam si daremus ... non esse Deum, aut non curari ab eo negotia humana* – parece se inspirar diretamente da for-

des rapports entre nations (occupation des territoires, défense, conséquences des guerres sur le droit des personnes, servitude des vaincus, captivité, droit de postliminie, alliances, traités de paix, trêves, ambassades, contrôle de l'ordre public, mariages entre citoyens de nationalité différente)."

1311 P. FORIERS (cit., 1961, ed. 1987, p. 284).

1312 P. FORIERS (cit., 1961, ed. 1987, p. 285).

1313 P. FORIERS (cit., 1961, ed. 1987, p. 287, e antes, p. 286): "Le droit des gens est essentiellement le droit que les nations utilisent entre elles dans leurs rapports de caractère public. Il comprend, indiscutablement, le droit de la guerre (*ius belli*), c'est-à-dire essentiellement le droit qui organise les rapports entre les combattants, entre les ennemis, puis entre les vainqueurs et les vaincus, mais qui oblige aussi les tiers au conflit et leur crée un devoir d'abstention".

1314 P. FORIERS (cit., 1961, ed. 1987, p. 288).

1315 P. FORIERS (cit., 1961, ed. 1987, p. 289).

1316 P. FORIERS (cit., 1961, ed. 1987, p. 289).

1317 H. GRÓCIO (op. cit., 1625, ed. bras. 2004, *Prolegômenos*, n. 11).

mulação do **De Legibus ac Deo legislatore**, de 1612,[1318] de SUAREZ.[1319] Em longa sucessão histórica.

Pois quando SUAREZ assim se exprimia, o fazia em linha direta, vinda desde GREGÓRIO DE RIMINI, este falecido em 1358, que assim escreveu, por sua vez, rememorando lição de HUGO DE SÃO VITOR, que escreve por volta de 1135, e insistia estarem os princípios de direito natural inscritos no coração dos homens, 'mesmo ante a impossibilidade que nem Deus nem a razão divina existissem' – *Nam si per impossibilie ratio divina sive Deus non esset, aut ratio illa esset errans, adhuc si quis ageret contra rectam rationem angelicam vel humanam aut aliam aliquam si qua esset; pecaret.*[1320]

[1318] Francisco SUAREZ, **Tractatus de legibus ac Deo legislatore** in decem libros distributus (orig. publ. Conimbricae: apud Didacum Gomez de Loureyro, 1612); Franciso SUAREZ (S.J.), **Tractatus de legibus ac de Deo legislatore / Tratado de las leyes e de Dios legislador** en diez libros (facsimilar da editio princeps, Coimbra, 1612, com versão espanhola de J. R. EGUILOR Muñozguren (S.J.), intr. geral Luis VELA Sanchez (S.J.), Madri: Instituto de Estudios Políticos, 1967-68); VITORIA et SUAREZ, **Contribution des théologiens au droit international moderne**, préface par James Brown SCOTT, Introduction par Yves de la BRIÈRE, Paris: Pedone, 1939, "Deuxième partie: Conceptions majeures du droit des gens d'après Fr. Suarez S.J.", p. 147-208, originais em latim e tradução francesa); Fr. SUAREZ, **Selections from three works** (1944, contendo **De Legibus ac Deo legislatore**, 1612; **Defensio fidei catholicae et apostolicae adversus anglicanae sectae errores**, 1613; **De triplice virtute theologica, fide, spe, et charitate**, 1621, em dois volumes: vol. I. A Photographic Reproduction of the Selections from the original Editions; vol. II. An English version of the texts, prepared by G. L. WILLIAMS, A. BROWN, and J. WALDRON, with certain revisions by Henry DAVIS, S.J.; together with an Introduction by J. Brown SCOTT, an Analytical Table of Contents, Indexes and a Portrait of SUAREZ, Washington: Carnegie Endowment for International Peace – The Classics of International Law / Oxford: At the Clarendon Press / London: Humphrey Milford, 1944). Ver **Tratado** (tomo 6 – **Direito internacional no tempo de Suarez, Gentili e Zouch**, cap. 15)

[1319] F. SUAREZ, **De Legibus** (II.CVI.3): "Licet Deus non esset, vel non uteretur ratione, vel non recte de rebus judicaret, si in homine esset idem dictamen rectae rationis dictandis, v.g., malum esse mentiri, illud habiturum eamdem rationem legis, quam nunc habet, quia esset lex ostensiva malitiae, quae in objecto ab intrinseco existit".

[1320] HUGHES DE SAINT VICTOR (1096-1141), **De sacramentis Christianae fidei / On the Sacraments of the Christian faith** (translated by Roy J. DEFERRARI, Cambridge, Ma.: Harvard Univ. Press, 1951); cit. lib. I, P. VI, C. VI-VII; na coleção MIGNE, **Patrologia latina**, t. 176); Michael T. GIROLIMON, *Hugh of St. Victor's De Sacramentis Christianae fidei: The Sacraments of Salvation* (Journal of Religious History, vol. 18, No. 2, December 1994 – online https://doi.org/10.1111/j.1467-9809.1994.tb00231.x) avalia: "The principal work of the early Scholastic theologian and mystic HUGH OF ST. VICTOR, **De Sacramentis Christianae fidei**, represents a watershed in the history of Christian sacramental theology. It gathers together much of the Western Church's prior understandings of the sacraments,

Pode-se acompanhar a ponderação quanto a ser inadequada a atribuição de paternidade do direito internacional a GRÓCIO, como a qualquer outro autor, individualmente considerado.[1321] Sequer a formulação original da 'hipótese ímpia' lhe pode ser creditada. Tal como repercute, no século XVIII, em MONTESQUIEU: "mesmo se Deus não existisse, deveríamos sempre amar a Justiça, ou seja, fazer nossos melhores esforços, para parecer com esse ser do qual temos tão bela ideia, e existindo seria necessariamente justo. Mesmo livres do jugo da religião, não estaríamos livres do jugo da equidade".[1322] Como também ecoa em ROUSSEAU.[1323]

Obviamente, não se deixa de reconhecer a enorme repercussão da obra de GRÓCIO – já nos séculos XVII e XVIII – como ilustram os comentários, as edições anotadas, as traduções e os escritos a respeito do homem e da obra.

A obra de GRÓCIO continua a ser basilar para todo o direito internacional. Como ilustram o próprio ONUMA e seus colaboradores, no Japão, em obra coletiva sobre a herança crítica de GRÓCIO, bem como em relação ao método, tal como expresso nos '*Prolegômenos*':[1324] onde se aponta que

especially those of AUGUSTINE and PSEUDO-DIONYSIUS the Aeropagite, systematizes and amplifies them, and betokens later developments by thirteenth-century scholars such as THOMAS AQUINAS and BONAVENTURE. It was written just after HUGH became prior of the influential Augustinian abbey of St. Victor, Paris, in 1133. In **De Sacramentis**, HUGH depicted the Christian experience as a process of restoration within human history situated in the Incarnation, effected by means of the sacraments, and ultimately completed in the union beyond history of the individual with God"; v. tb. P. FORIERS (cit., 1961, ed. 1987, p. 290).

1321 Y. ONUMA (ed. by), **A normative approach to war**: peace, war and justice in Hugo Grotius (Oxford: Clarendon Press, 1993).

1322 C. L. de SÉCONDAT, Baron de La Brède et de MONTESQUIEU, **Lettres persanes** (1721, in **Œuvres complètes**, Paris: Gallimard-Pléiade, texte annoté et présenté par Roger CAILLOIS, 1949, impr. 1990, vol. I, lettre LXXXIII – Usbek à Rhed, p. 256-7): "quand il n'y auroit pas Dieu, nous devrions toujours aimer la Justice; c'est-à-dire faire nos efforts pour ressembler à cet être dont nous avons une si belle idée, et qui s'il existoit, seroit nécessairement juste. Libres que nous serions du joug de la Religion, nous ne devrions pas l'être de celui de l'Équité".

1323 T. TANAKA (in ONUMA, op. cit., 1993, p. 28-29): "ROUSSEAU did not see GROTIUS as within the Scholastic tradition. MONTESQUIEU's expression '*We should love justice even if there is no God*', is modelled on GROTIUS even though it is not a mere hypothetical phrase since it asserts that justice is of supreme value to both the pagan and the atheist". A seguir, TANAKA (1993, op. cit., loc. cit.) afirma: "MONTESQUIEU perhaps detected in GROTIUS's hypothetical proposition a desire, or at least a tendency, to turn divinity into a relative concept." Interpretação arriscada e pouco fundamentada.

1324 T. TANAKA, *Grotius method with special reference to Prolegomena* (in ONUMA, op. cit., 1993, p. 24): "The substantive assertions GROTIUS makes in the Prolegomena may be

"a aceitação da tradição sem crítica pode ser um dos fatores responsáveis pela tendência de GRÓCIO em afirmar o *status quo*, apesar da inovação de colocar o direito natural em base secular".[1325]

É preciso encontrar equilíbrio,[1326] entre, de um lado, ser demasiado simples dizer que 'deixando de lado a teoria do direito natural, GRÓCIO alcançou grandes resultados em colocar o fundamento teórico do direito internacional' – como faz SAUTER –[1327] ou, inversamente, que 'GRÓCIO é meramente um elo na corrente da história das ideias no direito internacional, começada por VITÓRIA e SUAREZ – como fazem VERDROSS,[1328] ou SCOTT.[1329]

> Na medida em que o 'direito da guerra e da paz' de GRÓCIO, consistente em direito natural e também direito internacional, é válido nas relações recíprocas entre reis e nações, tem este em comum, com o direito internacional moderno, tanto o conteúdo, quanto os sujeitos a serem regulados. Mas este não se limita a tais relações recíprocas, nem tampouco tem o mesmo conteúdo

reduced to the notion that laws do indeed exist which regulate both the resort to war and the conduct of war once it is initiated. He claims to construct a complete system of those laws."

1325 T. TANAKA (cit., 1993, in ONUMA, op. cit. 1993, p. 26): "It also explains why **Jure belli ac pacis** did not have the impact one might have expected, considering its great and continuing reputation."

1326 T. TANAKA (cit., 1993, in ONUMA, op. cit. 1993, p. 30).

1327 Johann SAUTER, **Die philosophische Grundlagen des Naturrechts** (orig. publ. em Viena, 1932; reprinted, Frankfurt-am-Main, 1966, p. 97 – online: philpapers.org – https://philpapers.org > SAUDPG K460.5268.1966).

1328 Alfred VERDROSS, **Abendländische Rechtsphilosophie** – Ihre Grundlagen und Hauptprobleme in Geschichtlicher Schau (Viena: Springer Verlag – Rechts- und Staatswissenschaften, Band 16, 1958, 2. Aufl., 1963, p. 85 online: philpapers.org – https://philpapers.org > VERARZ call number K230.V473.A33.1963).

1329 James Brown SCOTT, **The Spanish conception of international law and of sanctions** (Washington: Carnegie Endowment for international peace, 1934). Ver **Tratado** (tomo 5 – **Direito internacional no tempo de Francisco de Vitória**, cap. 14); tb. o estudo de J. B. SCOTT (op. cit., 1934, p. 2): "The Spanish school came into being and passed out within the course of a century, but it has to its credit the modern law of nations – not merely as law but as a philosophy – GROTIUS himself saying that 'the theologians', and not the professional 'jurists', are the ones who 'follow natural reason'." E ainda: J. B. SCOTT (op. cit., 1934, p. 51): "For if GROTIUS was not a Spaniard by blood, he was a Spaniard in his conception of international law, and so far as the basic principles of his system are concerned, he was indubitably a member of the Spanish school."

do direito internacional de tempos mais recentes. Antes, o direito natural é válido *mesmo* nas relações entre reis e nações, por causa de sua universalidade e evidência, enquanto o direito internacional é válido, para tais relações, por causa de sua ampla aceitação. É natural para GRÓCIO que ambos esses direitos tivessem muito em comum, tanto com leis aplicadas em direito interno, como no direito divino. Ele não tem qualquer concepção do direito internacional como direito que regula somente as relações entre nações, e como tal, independente do direito interno, aplicado em determinado estado, as leis expostas na Bíblia, ou o direito natural. A questão quanto a ser GRÓCIO o pai do direito internacional somente pode ser respondida se esses pontos forem levados em consideração. E (como muitas vezes não o são), qualquer resposta fica virtualmente sem sentido.[1330]

Examinem-se, igualmente, o conceito de direito em GRÓCIO,[1331] a regulação jurídica da guerra,[1332] o direito da guerra,[1333] o estado e a jurisdição,[1334] bem como os conceitos de império e de domínio na obra deste,[1335] além da contribuição de GRÓCIO para o moderno direito dos contratos,[1336]

1330 TANAKA (cit., 1993, in ONUMA, op. cit. 1993, p. 30-31) – para permitir cotejar o original com a minha tradução (e compreensão) do texto, segue a mesma passagem do original: "As long as GROTIUS's 'law of war and peace', consisting of natural law and the law of nations, is valid for the mutual relations between kings and nations, it has in common with modern international law both the subject-matter and actors to be regulated. But the former is not limited to these mutual relationships, nor does it have the same content as later international law. Rather, the law of nature is valid *even* for the relations between kings and nations because of its universality and self-evidence, while the law of nations is valid for these relations because of its wide acceptance. It is natural for GROTIUS that these laws should have much in common both with laws enforced within a state and with divine law. He does not have any conception of international law as a law that regulates *solely* relations between nations, and as such as independent of laws enforced within a state, laws expounded in the Bible, or natural law. The question whether GROTIUS is the father of international law can only be answered if these points are taken into account. If (as is often the case) they are not, any answer is virtually meaningless."

1331 TANAKA Tadashi, *Grotius's concept of law* (in ONUMA, op. cit., 1993, chap. 2, p. 32-56).

1332 Yasuaki ONUMA, *War* (in ONUMA, op. cit., 1993, chap. 3, p. 57-121).

1333 KASAI Naoya, *The Laws of War* (in ONUMA, op. cit., 1993, chap. 8, p. 244-275).

1334 TANAKA Tadashi, *State and governing power* (in ONUMA, op. cit., 1993, chap. 4, p. 122-146).

1335 YANAGIHARA Masaharu, *Dominium and Imperium* (in ONUMA, op. cit., 1993, chap. 5, p. 147-173).

1336 ONUMA Yasuaki, *Contract* (in ONUMA, op. cit., 1993, chap. 6, p. 174-220). A respeito dessa contribuição menos frequentemente referida de GRÓCIO, ver tb. R. FEENSTRA,

sobre a punição – como definia GRÓCIO –[1337] é o "mal infligido em razão de má ação",[1338] sobre a moderação (*temperamenta*),[1339] sobre tratados e a boa-fé entre inimigos.[1340]

Regular e restringir a guerra era o propósito central de GRÓCIO. Ao escrever o **Direito da guerra e da paz**, ele expressamente o declara.[1341] Também a estrutura da obra demonstra destinar-se esta à consecução de tal fim prático.

GRÓCIO procura construir teoria geral do direito para regular e restringir guerras em geral. Mas a guerra que ele toma como premissa era a praticada ao seu tempo, e definida pelas realidades da guerra da sua época.

A concepção aparentemente moderna de GRÓCIO a respeito do direito de resistência, na verdade se alinha com a tradição.[1342] E, sobretudo, teria sido este o propósito do autor, ao construir a alentada obra.

Dentro do espírito do seu tempo – e a ênfase do século XVII na construção de sistemas – GRÓCIO também exprimiu a sua vontade de tal construção.[1343] Nesse sentido, muitas vezes se afirma ter GRÓCIO escrito o primeiro estudo sistemático a respeito do direito internacional.

> pelo seu uso de conceitos tais como guerra – *bellum* –, soberania – *imperium* – e direito – *jus* –, parece claro que GRÓCIO não concebeu o direito internacional como sistema normativo, regulando as relações entre estados, revestidos de soberania. Dentre as normas, que regulam as relações entre poderes

L'influence de la scolastique espagnole sur Grotius en droit privé: quelques expériences dans des questions de fond et de forme, concernant notamment les doctrines de l'erreur et de l'enrichissement sans cause (in **La seconda scolastica nella formazione del diritto privato moderno** – [Atti dello] Incontro di Studio, Firenze, 16-19 ottobre 1972, sotto dir. P. GROSSI, Milano, 1973, p. 377-402), b/c R. FEENSTRA, *Grotius et le droit privé européen* (RCADI, 1983, t. 182, p. 453-469).

1337 H. GRÓCIO, **De iure belli ac pacis** (livro II, cap.XX): "malum passionis quod infligitur ob malum actionis".

1338 FURUKAWA Terumi, *Punishment* (in ONUMA, op. cit., 1993, chap. 7, p. 221-243).

1339 TANAKA Tadashi, *Temperamenta (Moderation)* (in ONUMA, op. cit., 1993, chap. 9, p. 276-307) – GRÓCIO discorre sobre o que pode ser permitido entre beligerantes.

1340 KIMURA Makoto, *Agreements between Nations: Treaties and good faith with enemies* (in ONUMA, op. cit., 1993, chap. 10, p. 308-332).

1341 H. GRÓCIO, **De iure belli ac pacis** (op. cit., 1625, Prolegômenos, 28).

1342 Y. ONUMA, *War* (in ONUMA, op. cit., 1993, chap. 3, p. 57-121, cit. p. 105): "the seemingly modern but actually tradition-bound feature of GROTIUS's theory of the state".

1343 H. GRÓCIO, **De iure belli ac pacis** (op. cit., 1625, Prolegômenos, 1 e 30). A respeito, ver **Tratado** (tomo 8 – **Direito internacional além do paradigma vestfaliano**, título II – da construção de sistemas coesos: de Vestfália (1648) até a guerra dos sete anos (1756-1763)).

> interdependentes, ao direito natural se confere status superior, enquanto o direito das gentes – *jus gentium* – no **Direito da guerra e da paz** tem somente status secundário. Assim, traduzir *jus gentium* como 'direito internacional', seria incorreto e distorcivo. O 'direito internacional', no **Direito da guerra e da paz** se compõe de direito natural, de direito das gentes – *jus gentium* –, de direito divino, e outras normas suplementares.
> Mesmo quando estabelece uma teoria do direito internacional, este não é o objetivo principal do **Direito da guerra e da paz**. E tampouco este é um tratado sistemático da matéria. Embora se possa ver a obra como abrangente tratado sobre a doutrina da guerra justa, baseada em teoria geral do direito, isso não quer dizer que se trate de um tratado sistemático de direito internacional, no sentido moderno do termo.
> O traço característico do **Direito da guerra e da paz** está em sua natureza 'abrangente porém assistemática', guiada pelo forte desejo de GRÓCIO de buscar a paz e de minimizar o derramamento de sangue.[1344]

O conceito de moderação – ou *temperamenta*, plural de *temperamentum*, termo que pode ser traduzido também como 'perdão' – utilizado por GRÓCIO, no **Direito da guerra e da paz**, ao lado dos termos '*moderatio*' e '*modestia*', são aplicados à guerra e à condução das hostilidades.[1345] Comedimento que se almejava, como se almeja, embora muitas vezes não seja alcançado pela prática bélica.

Quando GRÓCIO discute o que é 'permissível', segundo o direito internacional em guerra formal – matar e ferir inimigos, devastar e pilhar,

[1344] ONUMA (op. cit., 1993, p. 121): "From his use of concepts such as *bellum*, *imperium* and *jus*, however, it is clear that GROTIUS did not conceive of international law as a law regulating the relations between states vested with sovereignty. Among the norms which regulate the relations between independent powers, natural law is given superior status, while *jus gentium* in JBP has merely a secondary status. Thus to translate *jus gentium* as 'international law' is incorrect and misleading. 'International law' in JBP is composed of natural law, the law of nations (*jus gentium*), the divine law, and other supplementary norms. Even establishing a theory of international law *in this sense* is not the primary object of JBP. Nor is JBP a systematic treatise. Although one can that JBP is a comprehensive treatise on just-war doctrine based on a general theory of law, this does not mean that it is a systematic treatise of international law in the modern sense of the term. The characteristic feature of JBP lies in its 'comprehensive but unsystematic' nature, guided by GROTIUS's strong desire for peace and to minimize bloodshed."

[1345] TANAKA Tadashi, *Temperamenta (Moderation)* (in ONUMA, 1993, chapter 9, p. 276-307, cit. p. 276).

adquirir bens capturados, escravizar prisioneiros de guerra, adquirir poder soberano, este ainda considera a questão do postlíminio.[1346]

A seguir, GRÓCIO limita o que pode ser feito entre inimigos em combate, com base nesse mesmo conceito de moderação – *temperamenta*:[1347] "preciso retomar meus passos e tirar daqueles que fazem a guerra – *bellum gerentes* – quase todos os privilégios que posso parecer lhes ter concedido, sem o ter feito".[1348]

Especifica GRÓCIO o sentido da coisa dita "permitida, não porque ela pode ter lugar sem prejuízo da honestidade e das regras dos deveres, mas porque entre os homens ela não está submetida a uma pena".[1349] Assim, especificamente no direito internacional, significa somente que tais atos possam ser cometidos com impunidade – *impunitas* –, mas as ações em si se afastam da conduta correta – *recta regula*.[1350] Ou seja, tais atos podem ocorrer, mas nem por isso são corretos.

> O que podemos aprender com GRÓCIO não está necessariamente nas afirmações ou argumentos que ele formula individualmente. O fenômeno de retomada do direito natural – *revival of natural law* – do século XX não foi a reversão para doutrinas jusnaturalistas antigas, das quais uma das maiores realizações tinha sido obra de GRÓCIO. Ele buscou reconstruir a teoria do direito da guerra e da paz, confrontando as contradições – *aporia* – inerentes a alcançar justiça substancial e simultaneamente minimizar os horrores da violência. Sejam quais forem as deficiências de seus argumentos, é precisamente seu esforço que nos permite avançar no tempo e no espaço, lembrando-nos de grave e perene problema no estudo do direito internacional.[1351]

[1346] GRÓCIO (op. cit., 1625, ed. 2004, III.I – *regras gerais do que é permitido na guerra, segundo o direito de natureza. trata-se também do dolo e da mentira*, p. 1013-1052, ver tb. os capítulos II-III do mesmo livro III).

[1347] GRÓCIO (op. cit., 1625, ed. 2004, III.IV – *do direito de matar os inimigos na guerra solene e de outras violências contra o corpo*, p. 1085-1114).

[1348] GRÓCIO (op. cit., 1625, III.III.X-XVI), em relação àqueles que fazem a guerra – *bellum gerentes*.

[1349] GRÓCIO (op. cit., 1625, ed. 2004, III.IV.II.2).

[1350] GRÓCIO (op. cit., 1625, ed. 2004, III.IV.II.2).

[1351] TANAKA Tadashi, *Temperamenta (Moderation)* (in ONUMA, 1993, chapter 9, p. 276-307, cit. p. 307): "What we can learn from GROTIUS is not necessarily the individual assertions or arguments he makes. The XXth. century 'revival of natural law' was not a reversion to earlier natural-law doctrine, one of the crowning achievements of which was the work of GROTIUS.

Não devemos esquecer nem minimizar o impacto dos horrores do quadro que GRÓCIO tinha diante de si, ao escrever o **Direito da guerra e da paz**, em meio à guerra dos trinta anos. Ele assinalava esse contexto.[1352]

E dessa constatação,[1353] deduzia GRÓCIO dupla finalidade para a sua obra:

> – de um lado deveriam os príncipes e os povos ser severamente advertidos, com relação a restringirem o uso das armas, e que uma guerra somente pode ser feita com razões válidas e observando a justiça, sem deixar de utilizar todos os meios de solução pacífica de controvérsias, tais como negociações diretas, mediação e arbitragem, mas que tudo isso vem antes do direito internacional, pois este "somente entra em questão quando se tomam as armas";[1354]
> – de outro lado, que mesmo na guerra exista uma ordem jurídica e que a principal função desta é limitar os meios e os modos de condução da guerra, moderá-los e humanizá-los, e limitar a extensão territorial e a duração temporal da guerra.[1355]

O conteúdo e a extensão da aplicação das ideias de GRÓCIO em relação à matéria são objeto de consideráveis controvérsias.[1356] Pode ser ilustrativo citar um exemplo:[1357]

GROTIUS sought to reconstruct a theory of the law of war and peace by confronting the contradictions (*aporia*) inherent in attaining substantial justice and simultaneously minimizing the horrors of violence." – see GREWE (1984, p. 258-259) – "Whatever the deficiencies in his arguments, it is precisely this effort which moves us beyond time and space, reminding us of a serious and perennial problem in the study of international law."

1352 GRÓCIO (op. cit., 1625, ed. 2004, *Prolegômenos*, § 28, p. 51): "Via no universo cristão uma leviandade com relação à guerra que teria deixado envergonhadas as próprias nações bárbaras. Por causas fúteis ou mesmo sem motivo se corria às armas, e quando já se estava com elas às mãos, não se observava mais respeito algum para com o direito divino nem para com o direito humano, como se pela força de um edito, o furor tivesse sido desencadeado sobre todos os crimes."

1353 GREWE, **Epochen der Völkerrechtsgeschichte** (Baden-Baden: Nomos, 1984).

1354 GRÓCIO (op. cit., 1625, ed. 2004, III.XX, XL-II, XL-III, XL-VI).

1355 GREWE (op. cit., 1984, p. 258-259).

1356 GREWE (op. cit., 1984, p. 259): "In den neuerlich wieder lebhaft geführten Auseinandersetzungen über die Idee und den Begriff des gerechten Krieges setzt sich zunehmend ein von dem der Zwischenkriegszeit verschiedenes Grotiusverständnis durch, das

Diversamente dos espanhóis, o jurista holandês faz da guerra 'justa' – *just war* – o equivalente à guerra 'solene' – *solemn war* –; ele interpreta a justiça em termos de exigências formais, estipuladas tanto pelo direito natural quanto pelo *ius gentium* e aceitas pelos beligerantes. Assim, é possível que ambos os lados pudessem ser justos nesse sentido; muitas vezes era esse o caso.[1358]

Deixemos a palavra ao próprio GRÓCIO:[1359]

Do ponto de vista da acepção especial e relacionada à própria coisa, a guerra não pode ser justa dos dois lados, tampouco num processo, porque uma faculdade moral concernente dois contrários, como por exemplo, fazer e impedir de fazer, não é dada pela própria natureza da coisa.[1360]

Não parece adequada a 'interpretação' de GRÓCIO feita por J. T. JOHNSON (1975, reed. 2016), no trecho acima reportado, diante do trecho da própria obra de GRÓCIO, também reproduzido. Curioso trabalho de 'análise', que vai contra a letra e o espírito do autor examinado. Mais uma vez, GRÓCIO: "na acepção geral, chama-se habitualmente justo o que é desprovido de toda culpa da parte do agente. Muitas coisas se fazem sem direito e sem culpa alguma, por causa de uma ignorância inevitável":[1361]

ihn – im Gegensatz zu den damals vorherrschenden Deutungen – als einen der Wegbereiter des bis zum Anfang des 20. Jahrhunderts geltenden (klassischen) Kriegsrechts ansieht".

1357 James Turner JOHNSON, **Ideology, reason and the limitation of war** – Religious and secular concepts 1200-1740 (orig. publ. 1975, Princeton: Princeton Legacy Library, 2016) tem o duplo propósito, neste livro, de explorar as interações entre a religião e a sociedade secular, na formação e posterior dissolução da doutrina da guerra justa, e investigar a doutrina da guerra justa, como padrão ideológico de pensamento, parte de uma ideologia mais abrangente – *an ideological pattern of thought, expressive of a greater ideology*. As doutrinas da guerra santa e da guerra justa, da era moderna, confluem no século seguinte às reformas protestantes, para a visão secularizada da guerra justa, nos escritos de GRÓCIO, LOCKE e VATTEL, e permanece relacionada com as questões da guerra em nossos tempos.

1358 J. T. JOHNSON (op. cit., 1975, reprinted 2016, p. 232).

1359 GRÓCIO (op. cit., 1625, ed. bras. 2004, II.XXIII.XIII – *Explica-se por várias distinções, se pode haver uma guerra justa de parte e de outra*, p. 956-958).

1360 GRÓCIO (op. cit., 1625, ed. bras. 2004, II.XXIII.XIII.2, p. 957) prosseguia na mesma passagem: "Muitas coisas, de fato, tanto no direito quanto no fato de onde surge o direito escapam ordinariamente aos homens".

1361 GRÓCIO (op. cit., 1625, ed. bras. 2004, II.XXIII.XIII.3, p. 957) prosseguia: "Assim é que pode ocorrer também no processo que uma e outra parte não somente estejam isentas de injustiça, mas o estejam ainda de todo outro vício".

> Quando, porém, se trata da guerra, é bem difícil que a temeridade e a falta de caridade não tenham alguma parte por causa da gravidade da própria empresa que é de modo absoluto tal que, não contente por causas prováveis, requer obviamente causas evidentes.[1362]
> De resto, se entendermos a palavra *justo* com relação a certos efeitos de direito, é certo que nesse sentido a guerra pode ser justa de parte e de outra, como pareceria pelo que diremos mais a seguir[1363] sobre a guerra pública solene.[1364]

Para J. T. JOHNSON: "esse modo de pensar tira a ênfase do *ius ad bellum* reduzindo-o a meras formalidades. Mas, simultaneamente, se coloca mais peso sobre o *ius in bello*:

> Em relação à ênfase colocada nas duas partes da doutrina da guerra justa, assim, GRÓCIO deixou a posição sustentada por VITORIA, e deu orientação para o desenvolvimento do direito internacional que se estende em boa parte do século XX.[1365]

As modalidades de guerra e a caracterização destas são extensamente tratadas por GRÓCIO, no conjunto do **Direito da guerra e da paz** – e, não por acaso, do início ao fim desta, capítulos inteiros são dedicados ao exame da guerra e da possível justiça desta:[1366]

[1362] GRÓCIO (op. cit., 1625, ed. bras. 2004, II.XXIII.XIII.4, p. 958) prosseguia na mesma passagem: "Muitas coisas, de fato, tanto no direito quanto no fato de onde surge o direito escapam ordinariamente aos homens".
[1363] GRÓCIO (op. cit., 1625, ed. bras. 2004, II.XXIII.XIII.5, p. 958) se reporta ao livro III, cap. III, sobre a guerra pública solene.
[1364] GRÓCIO (op. cit., 1625, ed. bras. 2004, II.XXIII.XIII.5, p. 958) ainda aduzia, na mesma passagem: "Assim é que, de fato, uma sentença não tomada de acordo com o direito e uma posse sem direito tem efeitos de direito".
[1365] J. T. JOHNSON, **Ideology, reason and the limitation of war** – Religious and secular concepts 1200-1740 (op. cit., 1975, reprinted 2016, p. 232): "Unlike the Spaniards, the Dutch jurist makes 'just' war equivalent to 'solemn' war; he interprets justice in terms of formal requirements set by natural law or *ius gentium* and adhered to by belligerents. Thus, it is possible that both sides could be just in this sense; indeed it is usually the case. This reasoning de-emphasizes the *ius ad bellum* by reducing it to formalities. But simultaneously it places more weight upon the *ius in bello* [...] In regard to the emphasis placed on the two parts of the just war doctrine, then, GROTIUS has left the position taken by VITORIA, and he has thereby given directions to the development of international law, well into the twentieth century."
[1366] GRÓCIO (op. cit., 1625, ed. bras. 2004, II.XXIV – *Admoestações para não empreender temerariamente uma guerra, mesmo por causas justas*, p. 959-978).

Embora pareça que não seja propriamente relacionado a essa obra que tem por título o *Direito da guerra*, desenvolver o que as outras virtudes prescrevem ou aconselham com relação à guerra, deve-se, contudo, de modo rápido, prevenir um erro, a fim de que não se imagine que, desde que o direito foi suficientemente estabelecido, se deva logo, ou se possa mesmo, sempre empreender a guerra.[1367] [...]
A guerra não deve ser empreendida por uma causa qualquer.[1368] [....] Há muitas razões que nos impelem a deixar de lado as punições.[1369] [...] Há vezes em que as circunstâncias das coisas são tais, que não somente é louvável se abster de seu direito, mas é também uma obrigação.[1370] [...]
Muitas vezes é em nosso próprio interesse e naquele dos nossos, que devemos fazer de modo a não pegar em armas.[1371] [...]
Não é somente a prudência ou a caridade pelos seus que exigem que se abstenha de uma guerra perigosa, mas muitas vezes mesmo é a justiça, governamental bem entendido, que em virtude da natureza mesma do governo, não obriga menos o superior a cuidar dos inferiores que os inferiores a obedecer.[1372] [...]
A guerra é uma coisa cruel, diz PLUTARCO, e que arrasta com ela o cúmulo das injúrias e da insolência.[1373]

1367 GRÓCIO (op. cit., 1625, ed. bras. 2004, II.XXIV.I – *Muitas vezes se deve moderar seu direito para evitar a guerra*, p. 961-962, cit. n. 1, p. 961) ainda na mesma passagem: "na maioria das vezes, é mais honesto e mais conforme à regra abrandar seu direito". [...] "Isso mesmo nos compromete bem mais a não perseguir o que toca a nós ou que nos é devido, atraindo sobre os outros males tão consideráveis como aqueles que as guerras trazem consigo".
1368 GRÓCIO (op. cit., 1625, ed. bras. 2004, II.XXIV.I.2, p. 961-962).
1369 GRÓCIO (op. cit., 1625, ed. bras. 2004, II.XXIV.II – *Principalmente o direito que se refere às penas*, p. 962-964).
1370 GRÓCIO (op. cit., 1625, ed. bras. 2004, II.XXIV.II.3, p. 963-964).
1371 GRÓCIO (op. cit., 1625, ed. bras. 2004, II.XXIV.IV – *Muitas vezes se deve renunciar à guerra, mesmo por solicitude de si e dos seus*, p. 967-968, cit. n. 1, p. 967).
1372 GRÓCIO (op. cit., 1625, ed. bras. 2004, III.XXV.VII – *Aquele que não é muito mais forte deve se abster de exigir punições*, p. 973): "De onde essa consequência que foi ensinada com razão pelos teólogos que um rei que, por causas leves ou para infligir penas não necessárias e trazendo com elas um grande perigo, empreende uma guerra, está obrigado para com seus súditos à reparação dos danos resultantes. Se não é contra os inimigos, é todavia, contra seus súditos que comete uma verdadeira injustiça".
1373 GRÓCIO (op. cit., 1625, ed. bras. 2004, III.XXV.X – *Males das guerras postos diante dos olhos*, p. 975-978, cit. n. 1, p. 975) citava ainda a lição de AGOSTINHO [**De civitate Dei**, XIX.7]: "O sábio dizem, fará guerras justas. Como se, lembrando que ele é homem, não estaria muito mais penetrado de dor que ser reduzido à necessidade de empreender guerras justas, porquanto se não fossem justas, não as faria e assim, para o sábio, não haveria guerras. De fato, é a iniquidade

Dentre as matérias sobre as quais se debruça GRÓCIO, convém reportar a distinção entre 'guerra pública' e 'guerra privada'.[1374] E aquelas guerras que são as mais difíceis de serem legalmente enquadradas, visto conterem elementos de ambas – e chamamos de 'guerras irregulares':[1375]

> A guerra pública é aquela que se faz pela autoridade de um poder civil. A guerra privada, aquela que se faz de outro modo. A guerra mista é aquela que é pública de uma parte e privada de outra.[1376]

A guerra pública, por sua vez, pode se dividir em solene e não solene:[1377] "é solene, segundo o direito das gentes ou não solene". Prossegue: "a guerra que aqui chamo de solene é aquela que mais normalmente se chama de guerra justa".[1378] E explica:

> É uma observação útil a fazer, pois muitas pessoas interpretam mal o termo 'justo', pensando que todas as guerras que não se enquadram nessa qualifi-

da parte adversária que dá ao sábio a ocasião de fazer guerras justas e mesmo necessárias. Essa iniquidade deve ser deplorada de toda maneira pelo homem, porque vem dos homens, mesmo que nenhuma necessidade de fazer a guerra proviesse dela."

1374 GRÓCIO (op. cit., 1625, ed. 2004, I.III.I – *Divisão da guerra em guerra pública e guerra privada*, p. 159-160).

1375 Sobre as chamadas "guerras irregulares" e a dificuldade de seu enquadramento legal, ver: **Tratado** (tomo 4 – **Direito internacional no tempo medieval**, item 11.7 – a guerrilha e o direito internacional); Gerard CHALIAND, **Les guerres irregulières** XXe-XXIe siècle – guérillas et terrorismes (Paris: Gallimard-Folio actuel 135, 2008); Yoram DINSTEIN, **Guerra, agressão e legítima defesa** (orig. publ. **War, agression and self-defense**, 1988, trad. Mauro R. de MELLO, rev. Guilherme A. de ALMEIDA, Barueri, SP: Manole, 2004); Christine GRAY, **International law and the use of force** (Oxford: Univ. Press, 3rd ed., 2008); Leslie C. GREEN, **The contemporary law of armed conflict** (Manchester: Univ. Press – Juris Publishing, 1st. publ., 1993, 3rd. ed., 2008, esp. chap. 19 – *The law and non-international conflicts*, p. 343-370); Guy de LACHARRIÈRE, *La réglementation du recours à la force: les mots et les choses* (in **Le droit des peuples à disposer d'eux-mêmes**: méthodes d'analyse du droit international – mélanges offerts à Charles CHAUMONT (Paris: Pedone, 1984, p. 347-362); Christian SAINT-ÉTIENNE, **Guerre et paix au XXIe siècle** – Comprendre le monde de demain (Paris: François Bourin, 2010); Hew STRACHAN & Sibylle SCHEIPERS (ed. by), **The changing character of war** (Oxford: Univ. Press, 2011).

1376 GRÓCIO (op. cit., 1625, ed. 2004, I.III.I, p. 159-160).

1377 GRÓCIO (op. cit., 1625, ed. 2004, I.III.IV – *Divisão da guerra pública em solene e não solene*, p. 167-170).

1378 GRÓCIO (op. cit., 1625, ed. 2004, I.III.IV, p. 167).

cação são condenadas, como iníquas ou ilícitas. Para que a guerra seja solene, segundo o *ius gentium*, são requeridas duas condições: em primeiro lugar que, de parte a parte, aqueles que a fazem estejam investidos do soberano poder em sua nação; em segundo lugar, que se tenham observado certas formalidades. [...] Essas condições, sendo exigidas ambas em conjunto, uma não basta sem a presença da outra.[1379]
A guerra pública não solene é tal porque lhe faltam formalidades, porque feita contra particulares e pela autoridade de qualquer magistrado.[1380]

Ponderava, ainda, GRÓCIO, em outra passagem: "ocorre também as vezes que por ocasião de uma guerra pública nasce uma guerra privada",[1381] o que se dá "quando, por exemplo, alguém é encontrado pelos inimigos e corre perigo de vida e dos bens":[1382]

A autoridade pública se junta ordinariamente também ao interesse privado, como quando alguém, vítima de um grande dano por parte dos inimigos, obtém o direito de ser indenizado com os bens dos inimigos.[1383]

Nessa mesma linha de consideração, "explica-se com uma distinção a que está obrigado aquele que prejudicou o inimigo, sem ter recebido ordem para tanto".[1384] E aí GRÓCIO contemplava a obrigação de reparar o dano causado, desde que esse dano se desse, "sem que houvesse justo motivo de o fazer":

Se algum soldado ou qualquer outro, mesmo numa guerra justa, queimou edifícios dos inimigos, devastou seus campos e causou outros danos semelhantes,

1379 GRÓCIO (op. cit., 1625, ed. 2004, I.III.IV.1, p. 168).
1380 GRÓCIO (op. cit., 1625, ed. 2004, I.III.IV.2, p. 168): "Como a guerra, porém, leva a periclitar todo um estado, é previsto pelas leis de quase todos os povos que guerra alguma seja empreendida a não ser por ordem daquele que detém o poder soberano no estado".
1381 GRÓCIO (op. cit., 1625, ed. bras., 2004, III.XVIII.V – *como a guerra privada se mistura com a guerra pública*, p. 1353).
1382 GRÓCIO (op. cit., 1625, ed. 2004, III.XVIII.V, p. 1353 e tb. II.I.III – *a guerra é permitida para defender a vida*, p. 287).
1383 GRÓCIO (op. cit., 1625, ed. 2004, III.XVIII.V, p. 1353 e tb. III.II.II – *foi introduzido contudo pelo direito das gentes que os bens e os atos dos súditos sejam empenhados pela dívida do soberano*, p. 1056-1058).
1384 GRÓCIO (op. cit., 1625, ed. bras., 2004, III.XVIII.VI, p. 1354).

> sem ter recebido ordem, acrescente-se sem que houvesse necessidade, nem justo motivo de o fazer, os teólogos ensinam com insistência que é obrigado a reparar o dano causado. Acrescentei com razão, 'sem que houvesse justo motivo de o fazer', o que foi omitido por eles, pois se houver algum motivo seria talvez responsável diante de seu estado, do qual transgrediu as leis, mas não obrigado para com o inimigo, a quem não fez nenhuma injúria.[1385]

A forma da guerra se põe como dado para caracterização de ser esta justa ou não. E se formula em relação à boa-fé, como se dera ao cuidar dos tratados. GRÓCIO estipula a obrigação de "manutenção da palavra dada entre inimigos".[1386] Cita SILIUS ITALICUS:[1387] "perfeito é para o serviço das armas aquele que nada tem tanto a peito como guardar no meio das guerras a palavra jurada".[1388]

Os 'tratados' são considerados por GRÓCIO no **De jure belli ac pacis**, livro II, cap. XV,[1389] e enquanto 'convenções na guerra', também no livro III, caps. XIX a XXV.[1390] Dentre estes, os primeiros, *conventiones*, acordos celebrados com base no poder soberano, tais como tratados entre potências, também incluem promessa – *sponsio* –, feita por autoridade subordinada ou por comandante militar,[1391] sem qualquer delegação do poder supremo.

Os tratados de paz, que GRÓCIO tem como a modalidade mais importante de acordos internacionais, são tratados nos últimos capítulos do livro

1385 GRÓCIO (op. cit., 1625, ed. bras., 2004, III.XVIII.VI, p. 1354).

1386 GRÓCIO (op. cit., 1625, ed. 2004, III.XIX, p. 1355-1374, cit. III.XIX.I.1, p. 1357): "Dissemos o que é permitido e que a extensão do que é permitido na guerra são considerados em parte pura e simplesmente e em parte com relação a uma promessa anterior".

1387 CAIUS SILIUS ITALICUS (25-101 AD), **Punica** (with an English translation by J. D. DUFF, Cambridge Ma.: Harvard U.P., LCL 277, Books I-VIII, 1st. publ., 1934, reprinted s/d; LCL 278, Books IX-XVII, 1st publ. 1934).

1388 C. SILIUS ITALICUS, **Punica** (ed. cit., 1934, XIV,169-171): "multo optimus ille militiae, cui postremum est primumque, tueri inter bella fidem".

1389 GRÓCIO (op. cit., 1625, ed. 2004, *dos tratados, das alianças e das garantias* e tb. III.III-X).

1390 GRÓCIO (op. cit., 1625, ed. 2004, III.XIX – *da manutenção da palavra entre inimigos*; III.XX – *das convenções públicas pelas quais termina a guerra, onde se trata do tratado de paz, da sorte, do combate cominado, da arbitragem, da capitulação, dos reféns, dos penhores*; III.XXI – *das convenções durante a guerra em que se trata da trégua, do livre trânsito, do resgate dos prisioneiros*; III.XXII – *das convenções dos poderes subalternos na guerra*; III.XXIII – *da palavra dada por cidadãos privados na guerra*; III.XXIV *da palavra dada tacitamente*; III.XXV – *conclusão com exortações à boa-fé e à paz*).

1391 GRÓCIO (op. cit., 1625, ed. 2004, III.XXII – *das convenções dos poderes subalternos na guerra*, p. 1443-1453).

III, especialmente no cap. XX.[1392] Nestes derradeiros capítulos, GRÓCIO inscreve os acordos celebrados em tempo de guerra – *in tempore belli* – no âmbito da teoria geral da boa-fé – *fides* – entre inimigos;[1393] também a boa--fé em relação a autoridades subordinadas;[1394] e igualmente, em relação a particulares:[1395]

> A palavra dada pelos privados obriga não somente para com esse inimigo que o direito das gentes reconhece, mas ainda para com um bandido e um pirata, como dissemos antes a propósito da fé pública.[1396] [...]
> Até onde se estende o poder que tem os privados de prometer? A apreciação é mais difícil. Suficientemente certo é que o que é do público não pode ser alienado por um privado, pois isso não é permitido mesmo aos comandantes de guerra, muito menos o será então a pessoas privadas.[1397]

1392 GRÓCIO (op. cit., 1625, ed. 2004, III.XX – *das convenções públicas pelas quais termina a guerra, onde se trata do tratado de paz, da sorte, do combate cominado, da arbitragem, da capitulação, dos reféns, dos penhores* e tb. III.XXI – *das convenções durante a guerra em que se trata da trégua, do livre trânsito, do resgate dos prisioneiros*).

1393 GRÓCIO (op. cit., 1625, ed. 2004, III.XIX – *da manutenção da palavra entre inimigos*).

1394 GRÓCIO (op. cit., 1625, ed. 2004, III.XXII – *das convenções dos poderes subalternos na guerra*; XXIII – *da palavra dada por cidadãos privados na guerra*; XXIV – *da palavra dada tacitamente*).

1395 GRÓCIO (op. cit., 1625, ed. 2004, III.XXIII.I, p. 1457): "Os privados, isto é, os soldados ou os cidadãos, isso nada importa à palavra dada. É surpreendente que se tenha encontrado mestres em direito que tenham ensinado que as convenções concluídas pelo estado com os inimigos empenham a palavra, mas que não ocorre o mesmo com aquelas feitas por privados."

1396 GRÓCIO (op. cit., 1625, ed. 2004, III.XXIII.II – *mostra-se que estão vinculados mesmo para com um pirata e um bandido e até que ponto*, p. 1457-1458, bem como II.XI.VII – *a promessa feita por temor obriga, mas aquele que deu lugar a esse temor deve liberar o promitente*, p. 556-557 e ainda III.XIX.V – *ou se um juramento veio se juntar, mesmo que diga respeito somente aos homens, pode ser violado impunemente contra um bandido*, p. 1362-1363). GRÓCIO estendia os efeitos da obrigação de manter a palavra dada mesmo em se tratando de "o menor que está no estado de compreender o que faz" (cf. III.XXIII.III, p. 1458).

1397 GRÓCIO (op. cit., 1625, ed. 2004, III.XXIII.V – *resolve-se a objeção tirada da utilidade pública*, p. 1458-1459, c/c III.XXII.VII – *não compete aos generais celebrar a paz*, p. 1449-1450) a seguir, explicava: "Mas a questão pode ser posta com relação a suas ações e a seus bens, porque essas coisas parecem também que não possam ser concedidas ao inimigo sem algum prejuízo para sua parte. De onde decorre que semelhantes convenções podem parecer lícitas aos cidadãos, por causa do direito supereminente do estado e aos soldados recrutados, por causa do juramento que prestaram."

O motivo é simples e claro: "deve-se saber que as convenções que tendem a evitar um mal maior ou mais certo devem ser consideradas como mais úteis que prejudiciais, mesmo para o público, porque um mal menor reveste a natureza de um bem":[1398]

> Entre os males, deve-se escolher os menores. Ademais, nem o compromisso somente, pelo qual não se abdica do poder que se tem sobre si mesmo e sobre seus bens, nem a utilidade pública, nem a autoridade da lei, podem fazer com que o que foi cumprido (mesmo supondo que se tenha agido contra o dever) seja nulo e desprovido de todo efeito de direito.[1399] [...]
> As leis humanas não têm a força de obrigar se não estiverem formuladas na medida da humanidade, mas não se impõe um encargo que repugna de todo à razão e à natureza. Por isso é que as leis e as ordens privadas que manifestam abertamente alguma coisa similar não devem passar por leis. Quanto às leis gerais, devem ser recebidas com uma interpretação favorável, que exclui os casos de extrema necessidade.[1400] [...]
> Há uma bela questão sobre os efeitos dos pactos. É de saber se os privados que são negligentes em cumprir suas promessas podem ser forçados, por seus governantes, a cumpri-la. Melhor é dizer que podem ser coagidos a isso, mas somente numa guerra solene, por causa do direito das gentes, em virtude do qual os beligerantes são obrigados a se prestar justiça um ao outro, a propósito mesmo dos fatos dos privados, como, por exemplo, se os embaixadores dos inimigos tivessem sido insultados.[1401]

[1398] GRÓCIO (op. cit., 1625, ed. 2004, III.XXIII.V.2, p. 1459; cita APIANO, **Punica**, 94). Ver APIANO, **Roman History** (with an English translation by Horace WHITE, Cambridge, Ma./London: Harvard UP / APPIAN I LCL 2, © 1912, I-VIII.1; APPIAN II, LCL 3, © 1913, reprinted 2005, VIII.2-XII; APPIAN III LCL 4, © 1913, reprinted 2002; APPIAN IV LCL 5, © 1913, reprinted 2000).

[1399] GRÓCIO (op. cit., 1625, ed. 2004, III.XXIII.V.2, p. 1459).

[1400] GRÓCIO (op. cit., 1625, ed. 2004, III.XXIII.V.3, p. 1459 e a seguir III.XXIII.V.4): "Se o ato que havia sido interditado por uma lei ou por uma ordem e que se havia impedido de valer pôde ser proibido com justiça, nesse caso o ato do privado será nulo, mas esse privado poderia, contudo, ser punido, porque prometeu uma coisa que não tinha o direito de prometer, sobretudo se o fez com juramento".

[1401] GRÓCIO (op. cit., 1625, ed. 2004, III.XXIII.X, p. 1462).

Acompanhando texto da escola de QUINTILIANO,[1402] a lição de GRÓCIO se põe de maneira clara:[1403] "a palavra pública faz as tréguas entre os inimigos armados, guarda intactos os direitos das cidades que se renderam".[1404] E enfatiza, "a boa-fé é o supremo vínculo das coisas humanas" e "o mérito da palavra mantida entre inimigos é uma coisa santa".[1405]

GRÓCIO pondera a respeito: "É dessa comunidade de razão e de linguagem que nasce a obrigação de que falamos",[1406] e dessa maneira, "a obrigação de dizer a verdade vem de uma causa que foi anterior à guerra, e pode por acaso ser de algum modo anulada pela guerra, mas a promessa confere por ela mesma um direito novo".[1407]

Sobre as "convenções dos poderes subalternos na guerra",[1408] observa GRÓCIO:

> Segundo as convenções concluídas pelos poderes soberanos teríamos de tratar daqueles que formam os poderes subalternos entre elas e com outros, sejam que esses poderes subalternos toquem de perto os poderes soberanos, como os generais ditos por excelência, a respeito dos quais se deve reter estas pala-

[1402] Referidas por GRÓCIO como de autoria de QUINTILIANO, as assim chamadas "declamações menores", datam provavelmente do século II d.C., e estas embora atribuídas ao grande orador e mestre de retórica, deveriam ser antes consideradas como emanadas da "escola de QUINTILIANO". Dessa coletânea, que era utilizada como material de classe, para advogados em formação, e se estima contivesse originalmente 388 textos, foram conservados 145 do total. Ver QUINTILIANO **Declamationes / The lesser declamations** (with an English translation by D. R. SHACKLETON BAILEY, Cambridge Ma./London: Harvard U.P., LCL 500, 2006; LCL 501, 2006).

[1403] GRÓCIO (op. cit., 1625, ed. 2004, III.XIX.I.2, p. 1357-1358).

[1404] QUINTILIANO, **Declamationes / The lesser declamations** (edição cit. 2006; n. 267 – *Flens ad arcem depositor tyrannides*, vol. I, p. 188-195): "Ego publicam appello fidem, quae inter piratas sacra est, quae inter armatos hostes indutias facit, quae deditarum civitatium iura conservat".

[1405] QUINTILIANO, **Declamationes / The lesser declamations** (edição cit. 2006; n. 343 – *Circumscriptor pauperis, divitis raptoris socer*, vol. II, p. 258-267): "Fides supremum rerum humanarum vinculum est, sacra inter hostes, sacra (quod nuper comperi) inter piratas, tantae etiam apud malos auctoritatis ut, cum tradere mihi filiam tuam nolles, negare aperte non sustinueris".

[1406] GRÓCIO (op. cit., 1625, ed. 2004, III.XIX.I.3, p. 1358). Ver tb. III.I.XVIII – *isso não deve ser estendido às palavras que encerram uma promessa*, p. 1047).

[1407] GRÓCIO (op. cit., 1625, ed. 2004, III.XIX.I.3, p. 1358).

[1408] GRÓCIO (op. cit., 1625, ed. 2004, III.XXII – *das convenções dos poderes subalternos na guerra*, p. 1443-1453).

> vras de TITO LÍVIO: 'Reconhecemos por general aquele sob os auspícios do qual se faz a guerra',[1409] seja que se encontrem mais afastados e que CÉSAR distinguiu assim:[1410] 'Um é o papel de um tenente, outro aquele de um general. Um deve agir segundo as ordens que recebe, outro deve deliberar livremente sobre o conjunto das operações'.[1411]
> Há duas coisas a examinar a propósito de suas promessas. Pergunta-se se elas obrigam o poder soberano ou se obrigam por si mesmas.[1412] [...] Aquele que confere uma faculdade dá o quanto está em si, bem como as coisas necessárias a esta faculdade, o que deve ser entendido de maneira ética em questões de moral. Os poderes inferiores ligam, pois, de duas maneiras por seu ato o poder soberano: fazendo o que é considerado de uma maneira plausível ser contido em sua missão ou agindo mesmo além dessa missão, em virtude de um poder especial, conhecido do público ou daqueles cujos interesses estão em questão.[1413]

Para GRÓCIO,[1414] "o consentimento se manifesta pela ratificação não somente expressa, mas ainda tácita, isto é, quando o poder soberano soube o que se passou e que deixou fazer coisas que não podem verossimilmente ser relacionadas a outra causa".[1415] De modo que "os poderes soberanos são obrigados pela coisa".[1416] E, "nessa medida e não além dela pode ser entendido o que foi dito que, se algum ato foi executado para produzir vantagens, é válido".[1417]

1409 TITO LÍVIO, **História de Roma** (introdução, tradução e notas de Paulo Matos PEIXOTO, São Paulo: Paumape, 1989, 6 volumes, cit. IV.20.6).
1410 C. Julius CAESAR (102-44 a.C.), **De bello civili / The civil wars** (with an English translation by A. G. PESKETT, Cambridge, Ma. / London: Harvard UP / LCL 39, CAESAR, 1st. publ., 1914, reprinted 2006, Comm. III, De bello civ., 51).
1411 GRÓCIO (op. cit., 1625, ed. 2004, III.XXII.I, p. 1445).
1412 GRÓCIO (op. cit., 1625, ed. 2004, III.XXII.II, p. 1445-1446) e ver tb. II.XI.XII – *maneira de prometer de modo válido por meio de outros. trata-se também dos embaixadores que excedem seus poderes*, p. 560-561).
1413 GRÓCIO (op. cit., 1625, ed. 2004, III.XXII.II, p. 1445-6).
1414 GRÓCIO (op. cit., 1625, ed. 2004, III.XXII.III – *ou dão ocasião à obrigação*, p. 1446).
1415 GRÓCIO (op. cit., 1625, ed. 2004, III.XXII.III, p. 1446, tb. II.IV.V – *e por aquilo que não se faz*, p. 368-370 e ainda II.XV.XVII – *se uma garantia não renegada obriga em virtude do conhecimento que se teve e do silêncio que foi mantido; trata-se da garantia de Luctatius*, p. 674-675).
1416 GRÓCIO (op. cit., 1625, ed. 2004, III.XXII.III, p. 1446 e tb. II.X.II – *obrigação de devolver o lucro que se auferiu do bem de outrem*, p. 536-539).
1417 GRÓCIO (op. cit., 1625, ed. 2004, III.XXII.III, p. 1446) arrematava a passagem: "Há muitos exemplos semelhantes na história".

E quanto à extensão de tal efeito,[1418] "aquele que encarregou alguém de conduzir um negócio se encontra obrigado, mesmo se aquele que recebeu seus poderes agiu contra suas ordens secretas, contanto que isso esteja dentro dos limites de sua missão conhecida do público":[1419]

> A consequência disso é que os reis e os povos podem ser obrigados, uns mais e outros menos, pelas convenções de seus generais, se suas leis e suas instituições são suficientemente conhecidas. Se não se estiver bem informado, deve-se seguir o que a conjectura sugere e considerar como permitido o que, sem isso, as funções que fazem parte do emprego não podem ser convenientemente exercidas.[1420]
>
> Se o poder subalterno excedeu os limites do mandato, será ele próprio obrigado, se não pode proporcionar o que prometeu, salvo que alguma lei suficientemente conhecida não o impeça também. Se um dolo veio se juntar, isto é, se se prevaleceu de um poder maior que não tinha, será obrigado pelo dano causado por sua falta e mesmo, em razão do crime, a uma pena que corresponde ao crime.[1421] [...]
>
> Não penso que seja duvidoso que um general não obrigue a seus soldados, um magistrado aos habitantes da cidade, dentro do limite dos atos que são geralmente comandados por eles. Fora isso, tem-se necessidade do consentimento. Por outro lado, a convenção do general ou do magistrado será de proveito para inferiores nas coisas puramente úteis. Isso se encontra, de fato, suficientemente compreendido em seu poder. Será de proveito sem exceção nas coisas, às quais está ligado algum cargo, nos limites daquilo que é geralmente ordenado; fora desses limites, será de proveito se a tiverem aceito.[1422]

[1418] GRÓCIO (op. cit., 1625, ed. 2004, III.XXII.IV – *que decidir, se fazem alguma coisa contra o que lhes é ordenado?*, p. 1447-1448).

[1419] GRÓCIO (op. cit., 1625, ed. 2004, III.XXII.IV.1, p. 1447, II.XI.XII – *maneira de prometer de modo válido por meio de outros*, e II.XI.XIII – *até onde se estendem, segundo o direito de natureza, as obrigações exercitória e institória; notando um erro do direito romano*, p. 560-561).

[1420] GRÓCIO (op. cit., 1625, ed. 2004, III.XXII.IV.2, p. 1447).

[1421] GRÓCIO (op. cit., 1625, ed. 2004, III.XXII.IV.3, p. 1447-1448 e, da mesma forma – *se, em tal caso, a outra parte é obrigada*, cf. III.XXII.V, p. 1448): "é também por essa razão que a outra parte é obrigada, e que não pode ser dito que o contrato é falho".

[1422] GRÓCIO (op. cit., 1625, ed. 2004, III.XXII.VI – *o que podem os chefes de guerra ou os magistrados, com relação a seus inferiores ou em seu favor*, p. 1448-1449) combinado com o que expunha GRÓCIO em II.XI.XVIII – *por uma distinção se explica se a promessa é revogável, uma vez que a aceitação foi feita por outro*, p. 565-566).

Asseverava GRÓCIO "não compete aos generais celebrar a paz":[1423]

> Não compete ao chefe da guerra transigir sobre as causas da guerra e suas consequências, pois terminar a guerra não faz parte da conduta da guerra e mesmo quando tivesse sido encarregado do comando com o maior poder, esse poder não deveria ser estendido além da condução dos negócios da guerra.[1424]

Mas, ressalvava GRÓCIO, os generais "podem fazer acordo por uma trégua":[1425]

> Compete aos generais e não somente aos generais em chefe, mas ainda aos generais de segundo escalão conceder uma trégua, aos que, bem entendido, atacam ou mantém sitiados, no que diz respeito a eles e suas tropas. Eles não obrigam os outros generais que lhes são iguais.[1426]
> Não compete aos generais dispor das pessoas, dos soberanos, das terras conseguidas na guerra.[1427] [...] Não há impedimento ao poder dos chefes de conceder as coisas que não foram ainda conquistadas, pois na guerra a maioria das cidades e muitas vezes os homens se rendem sob a condição de ter a vida salva ou a liberdade ou os bens, condições sobre as quais, na maior parte do tempo, o negócio não permite que se peça a decisão do poder soberano.[1428] [...] De resto, nas convenções dos generais, como tratam dos negócios de outrem, a interpretação deve ser restrita tanto quanto a natureza do contrato o permita, de modo que de um lado o poder soberano não seja obrigado por seu

[1423] GRÓCIO (op. cit., 1625, ed. 2004, III.XXII.VII, p. 1449-1450).

[1424] GRÓCIO (op. cit., 1625, ed. 2004, III.XXII.VII, p. 1449).

[1425] GRÓCIO (op. cit., 1625, ed. 2004, III.XXII.VIII, p. 1450).

[1426] GRÓCIO (op. cit., 1625, ed. 2004, III.XXII.VIII, p. 1450).

[1427] GRÓCIO (op. cit., 1625, ed. 2004, III.XXII.IX – *qual segurança para as pessoas, quais coisas podem ser concedidas por eles*, p. 1450-1452, cit. III.XXII.IX.1, p. 1450) prosseguia na mesma passagem: "Vemos que algum direito é concedido aos que comandam sobre as coisas que fazem parte do saque, não tanto em virtude de um direito que lhes conferiria seu poder, mas em virtude dos costumes de cada povo". Ver, no mesmo sentido, III.VI.XV – *algum poder, porém, sobre semelhantes coisas é ordinariamente concedido aos generais* (p. 1147).

[1428] GRÓCIO (op. cit., 1625, ed. 2004, III.XXII.IX.2, p. 1451). E assim, no mesmo sentido, *como deve ser interpretada a promessa de entregar uma praça forte* (cf. III.XXII.XIII, p. 1453) onde especifica: "Aqueles que prometeram entregar uma praça forte podem também fazer partir a guarnição".

ato além de sua intenção e que de outro lado não sofram dano algum ao fazer seu dever.[1429]

Sobre as tréguas,[1430] GRÓCIO[1431] reportava a lição de romanos, como PAULO VARRO, segundo quem "a trégua são as férias da guerra" – *indutiae sunt belli feriae*.[1432] E completava GRÓCIO: "Podia dizer também que era o sono da guerra".[1433] "Assim, pois, como o disse AULO GÉLIO: 'a trégua não é a paz. A guerra subsiste de fato. O combate cessa'."[1434] GRÓCIO aduzia aos romanos referidos, poder-se "muito bem chamar a trégua de o vínculo que acorrenta a guerra".[1435]

Quanto à origem do termo trégua – *induciae* –, admite-se que a palavra "venha do fato que a trégua dê repouso por alguns dias. A trégua é pois um repouso na guerra, não a paz".[1436] Por isso, "não é necessária nova declaração de guerra após a trégua".[1437]

[1429] GRÓCIO (op. cit., 1625, ed. 2004, III.XXII.X – *tais convenções devem ser estritamente interpretadas e por que?*, p. 1452), e no mesmo sentido, *como deve ser interpretada uma submissão aceita por um general* (cf. III.XXII.XI): "aquele que é acolhido pura e simplesmente à discrição de um general é considerado como sendo recebido sob a condição que a decisão sobre a sua sorte deverá competir ao povo ou ao rei vencedor". E ainda, *como deve ser interpretada a cláusula 'se o rei ou o povo consentem nisso'* (em III.XXII.XII): "teria por efeito que a ratificação não se seguindo, o general não seja obrigado a nada ele próprio, a menos que tenha retirado da convenção algum proveito".

[1430] No tocante à mesma matéria das tréguas, ver **Tratado** (tomo 6 – **Direito internacional no tempo de Suarez, Gentili e Zouch**, os capítulos 16 – Alberico GENTILI e 17 – Richard ZOUCH).

[1431] GRÓCIO, **Direito da guerra e da paz** (1625, ed. 2004, II.XVI.XX e tb. III.XXI – *das convenções durante a guerra, em que se trata da trégua, do livre trânsito, do resgate de prisioneiros*).

[1432] PAULO VARRO citado por AULO GÉLIO, **Noites áticas** (I.XXV.1). Ver AULUS GELLIUS (ca. 123-170 d.C.), **Noctes Atticae** (with an English translation by John C. ROLFE, Cambridge, Ma./Londres: Harvard U. P., 3 vols., LCL 195 AULUS GELLIUS I, first publ., 1927, rev. and reprinted, 1946; LCL 200, AULUS GELLIUS II, first publ. 1927, rev. and reprinted 2006; LCL 212 AULUS GELLIUS III, first publ. 1927, rev. and reprinted 1952).

[1433] GRÓCIO (op. cit., 1625, ed. 2004, III.XXI.I.2, p. 1424).

[1434] GRÓCIO (op. cit., 1625, ed. 2004, III.XXI.I.1, p. 1423) cita AULO GÉLIO, **Noites áticas** (I.XXV.1, ed. cit. 1946).

[1435] GRÓCIO (op. cit., 1625, ed. 2004, III.XXI.I.2, p. 1424).

[1436] GRÓCIO (op. cit., 1625, ed. 2004, III.XXI.II, p. 1425-1426): "Por isso, os historiadores – TITO LÍVIO, PLUTARCO, JUSTINO – que se exprimem com exatidão, quando relatam muitas vezes que a paz foi recusada, que uma trégua foi concordada". Ver: TITO LÍVIO, **História de Roma** (introdução, tradução e notas de Paulo Matos PEIXOTO, São Paulo: Paumape, 1989, 6 vols.).

[1437] GRÓCIO (op. cit., 1625, ed. 2004, III.XXI.III, p. 1426): "o obstáculo temporário sendo levantado, o estado de guerra, que não se havia extinto, mas abrandado se reproduz de pleno

> Certos comércios de guerra [...] como a trégua, o livre trânsito, o resgate de prisioneiros, são geralmente concedidos, mesmo no meio da guerra, pelos poderes soberanos. A trégua é uma convenção pela qual, durante a guerra, se deve abster-se por um tempo de atos de hostilidade. [...] A guerra é a designação de um estado que pode existir mesmo sem produzir suas operações externamente.[1438] [...]
> Digo isso para que saibamos que se foi concordado que uma coisa tenha o seu efeito durante o tempo da guerra, essa coisa terá também seu efeito durante a trégua, salvo que não ocorra manifestamente que não era a situação que se tinha em vista, mas as próprias operações. Ao contrário, se foi dito algo relativo à paz, isso não ocorreria durante o tempo de trégua.[1439] [...]
> Poderia, contudo, ocorrer que, se parecer que a razão única e exclusivamente determinante de alguma convenção tenha sido a cessação dos atos de hostilidade, nesse caso o que foi dito a respeito do tempo da paz tem seu efeito durante a trégua, não pela força da palavra, mas por uma indução certa da intenção.[1440]

Mencionava GRÓCIO a possibilidade de conceber a duração da trégua,[1441] estender-se por lapso de tempo mais ou menos longo.[1442] E assim, também, cumpre determinar a questão do termo inicial de validade desta.[1443] E do mesmo modo, a questão de se determinar o que é permitido fazer durante a trégua:

direito externamente, como o direito de propriedade e o poder paterno na pessoa daquele que curou da loucura".

1438 GRÓCIO (op. cit., 1625, ed. 2004, III.XXI.I.1, p. 1423).

1439 GRÓCIO (op. cit., 1625, ed. 2004, III.XXI.I.2, p. 1424).

1440 GRÓCIO (op. cit., 1625, ed. 2004, III.XXI.I.4, p. 1425).

1441 GRÓCIO (op. cit., 1625, ed. 2004, III.XXI.IV – *como se deve fixar o tempo contado pela trégua*, p. 1427-1428) enfatiza a necessidade de se aceitar a interpretação mais benéfica, a respeito da contagem do tempo numa trégua: "é preciso aceitar de preferência esta interpretação, quando a prorrogação do tempo é, em si mesma, favorável, como na trégua que poupa sangue humano".

1442 GRÓCIO (op. cit., 1625, ed. 2004, III.XXI.I.3, p. 1424-1425) considera poder reprovar-se, com razão a menção à trégua "de poucos dias". Não existiria, assim, duração fixa para a trégua. Isso porque "se tem o costume de conceder também a trégua por algumas horas. Eu acrescentaria que pode ser concedida mesmo por vinte, trinta, quarenta e mesmo por cem anos".

1443 GRÓCIO (op. cit., 1625, ed. 2004, III.XXI.V – *quando a trégua começa a obrigar*, p. 1428): "A trégua e tudo o que se assemelha a ela obriga os contratantes a partir do momento em que o

> É dado a entender, pela própria definição, a extensão do que é permitido durante a trégua e do que não é permitido. São, de fato, ilícitos todos os atos de hostilidade contra as pessoas ou contra as coisas, isto é, tudo o que se comete com violência contra o inimigo, pois tudo isso, durante o tempo da trégua, se comete contra o direito das gentes.[1444]

Na extensão de uma trégua – exceto se expressamente restrito por cláusula especial a respeito – pode ser "permitido se retirar, reparar as muralhas e outras coisas similares".[1445] Mas, fazia GRÓCIO a "distinção quanto aos locais que se pode ocupar":[1446]

> Apoderar-se de lugares mantidos pelos inimigos, depois de ter rompido as guarnições, é sem dúvida violar a trégua. Tal aquisição, sem dúvida, só pode ser legítima em virtude do direito da guerra.[1447] [...] Seguramente é permitido se apoderar de postos abandonados, contanto que sejam verdadeiramente abandonados, isto é, com a intenção que não sejam mais de quem haviam pertencido, mas não se estiverem somente sem guarnição, seja que se tenha deixado de guardá-los antes da trégua, seja depois da conclusão da trégua.[1448]

Perguntava GRÓCIO, ademais, "qual interpretação se deve dar ao direito de livre trânsito concedido fora do período de trégua".[1449] Como

acordo foi concluído, mas que os súditos de parte e de outra começam a ser obrigados quando a trégua recebeu a forma de lei, o que compreende uma espécie de publicação externa".

[1444] GRÓCIO (op. cit., 1625, ed. 2004, III.XXI.VI, p. 1429): "segundo a expressão de LUCIO EMÍLIO num discurso a seus soldados", em TITO LÍVIO [**Ab urbe condita**, XL.27.9]. Ver TITO LÍVIO, **História de Roma** (introdução, tradução e notas de Paulo Matos PEIXOTO, São Paulo: Paumape, 1989, 6 vols.).

[1445] GRÓCIO (op. cit., 1625, ed. 2004, III.XXI.VII, p. 1430): "não é agir contra a trégua [...] salvo se houver alguma cláusula especial a respeito".

[1446] GRÓCIO (op. cit., 1625, ed. 2004, III.XXI.VIII, p. 1430).

[1447] GRÓCIO (op. cit., 1625, ed. 2004, III.XXI.VIII.1, p. 1430).

[1448] GRÓCIO (op. cit., 1625, ed. 2004, III.XXI.VIII.2, p. 1430-1431).

[1449] GRÓCIO (op. cit., 1625, ed. 2004, III.XXI.XIV, p. 1433-1434) e, a respeito, esclarecia: "O direito de ir e e vir, fora da trégua, é uma espécie de privilégio. Por isso é que se deve seguir, em sua interpretação, o que é ensinado a propósito dos privilégios. Esse privilégio não é prejudicial a um terceiro, nem extremamente oneroso ao que o conceder. Por isso se deve, ficando dentro da propriedade dos termos, admitir uma interpretação mais ampla que restrita, e isso tanto mais se o benefício tem sido concedido àquele que não o pedia, mas foi espontaneamente

antes indaga "se aquele que foi retido por força maior perto do fim da trégua pode retornar":[1450]

> Se considerarmos o direito das gentes externo, não duvido que esse indivíduo não esteja na mesma situação daquele que tendo chegado em tempo de paz, é para seu azar surpreendido no meio dos inimigos, tendo a guerra sido subitamente declarada [...] que esse último fica prisioneiro até a paz.[1451] [...] Aqui não se trata propriamente de uma pena, mas de um direito que não estava suspenso senão por um certo tempo. Deixar partir tal indivíduo é coisa que não admite nenhuma dúvida, seja isso feito por maior benevolência ou por maior generosidade, não importa.[1452]

Da mesma forma, assinala GRÓCIO, "há também certas coisas ilícitas durante a trégua, por causa do caráter especial da convenção".[1453] E, como assevera, "quando as cláusulas de uma trégua são violadas por uma das partes, a outra pode recomeçar a guerra":[1454] "se o trato da trégua é rompido por uma das partes, duvida-se sem razão se a parte lesada não é livre de retomar as armas, mesmo sem declaração, pois os artigos de uma convenção são contidos na convenção em forma de condição". [1455]

Se na trégua foi estipulada pena pela violação,[1456] e se isso for satisfeito, por aquele que agiu contra a trégua, o direito não mais existe para retomar a guerra, "pois foi satisfeita a pena, para que o resto fique a salvo. Ao con-

oferecido. Mais ainda se, independentemente da utilidade privada, há algum interesse público que esteja ligado ao negócio". Ver tb. II.XVI.XII, sobre a interpretação estrita.

1450 GRÓCIO (op. cit., 1625, ed. 2004, III.XXI.IX, p. 1431-1432).

1451 GRÓCIO (op. cit., 1625, ed. 2004, III.XXI.IX.1, p. 1431) em situação distinta cf. III.IX.IV – *o direito de postlimínio ocorre na paz e na guerra; que decidir quando dele não se fala na paz?* (op. cit., 1625, ed. 2004, p. 1198-1201).

1452 GRÓCIO (op. cit., 1625, ed. 2004, III.XXI.IX.2, p. 1431-1432).

1453 GRÓCIO (op. cit., 1625, ed. 2004, III.XXI.X – *cláusulas específicas de uma trégua e questões que dela decorrem geralmente*, p. 1432).

1454 GRÓCIO (op. cit., 1625, ed. 2004, III.XXI.XI, p. 1432-1433).

1455 GRÓCIO (op. cit., 1625, ed. 2004, III.XXI.XI, p. 1432-1433, ver tb. III.XIX.XIV e III. XX.XXXVI). A flutuação ou contradições entre os exemplos históricos nessa matéria, onde "pode-se, na verdade, encontrar na história exemplos de quem teve paciência até o fim da trégua, mas pode-se ler também que a guerra foi feita aos etruscos e outros, porque haviam agido contra a trégua". E concluía a passagem: "Essa contradição é uma prova que dizemos que o direito é tal que depende mais da vontade daquele que foi lesado usar esse direito ou não".

1456 GRÓCIO (op. cit., 1625, ed. 2004, III.XXI.XII – *que decidir se uma pena foi acrescida?*, p. 1433).

trário, se a guerra é retomada, deve ser considerado como tendo renunciado à pena, porquanto a opção foi dada".[1457]

GRÓCIO a seguir considerava "quando os atos de privados rompem a guerra".[1458] O entendimento que então formulava (1625) não discrepa do consagrado pelo direito internacional vigente, em matéria de responsabilidade internacional do estado, por atos de particulares.[1459] A respeito, GRÓCIO ponderava:

> Os fatos privados, contudo, não rompem a trégua, salvo se um ato público se lhe acrescente; uma ordem, por exemplo, ou uma ratificação, que é mesmo considerada como uma intervenção, se os delinquentes não forem punidos nem entregues, se os bens não forem restituídos.[1460]

A respeito do resgate de prisioneiros expunha GRÓCIO "gozar este de muito favor, sobretudo entre os cristãos, a quem a lei divina recomenda particularmente esse tipo de misericórdia".[1461] Resgatar os prisioneiros, sobretudo das mãos de um "inimigo bárbaro" é chamado "uma liberalidade muito grande e superior".[1462] E aduzia: "sou levado por essas considerações a não ousar aprovar indistintamente as leis que proíbem que os prisioneiros sejam resgatados".[1463] E completava a matéria do resgate de prisioneiros com ulteriores considerações incidentais.[1464]

[1457] GRÓCIO (op. cit., 1625, ed. 2004, III.XXI.XII, p. 1433), a seguir considerava – *quando os atos de privados rompem a guerra* (cf. III.XXI.XIII, p. 1433) e ponderava: "Os fatos privados, contudo, não rompem a trégua, salvo se um ato público se lhe acrescente; uma ordem, por exemplo, ou uma ratificação, que é mesmo considerada como uma intervenção, se os delinquentes não forem punidos nem entregues, se os bens não forem restituídos"

[1458] GRÓCIO (op. cit., 1625, ed. 2004, III.XXI.XIII, p. 1433).

[1459] Ver por exemplo, ACCIOLY – NASCIMENTO E SILVA – CASELLA, **Manual de direito internacional público** (São Paulo: Saraiva, 26ª ed., 2023, item 3.9.3 – *atos de indivíduos*, p. 337-340).

[1460] GRÓCIO (op. cit., 1625, ed. 2004, III.XXI.XIII, p. 1433).

[1461] GRÓCIO (op. cit., 1625, ed. 2004, III.XXI.XXIII – *caráter favorável do resgate de prisioneiros*, p. 1437-1438). Ver MATEUS (XXV,36 e 39).

[1462] GRÓCIO (op. cit., 1625, ed. 2004, III.XXI.XXIII, p. 1437-1438). Ver AMBRÓSIO, **De officiis ministrorum** (II, 28, 71).

[1463] GRÓCIO (op. cit., 1625, ed. 2004, III.XXI.XXIV – *explica-se por uma distinção se o resgate pode ser vetado por uma lei*, p. 1438-1439). A respeito da atitude dos antigos romanos sobre o resgate de prisioneiros, ver TITO LÍVIO, **Ab urbe condita** (XXII.59.2 e XXII.61.1).

[1464] GRÓCIO (op. cit., 1625, ed. 2004, III.XXI.XXV – *o direito sobre um prisioneiro pode ser cedido*, p. 1439; III.XXI.XXVI – *o resgate pode ser devido a vários por um só*, p. 1439; III.XXI.XXVII – *se a*

Podem, aponta GRÓCIO, decorrer direitos e obrigações "da palavra dada tacitamente":[1465] "o consentimento, de qualquer maneira que seja indicado e aceito, tem a virtude de transferir um direito. Há outros sinais de consentimento, além das palavras e dos escritos. Alguns estão naturalmente incluídos no ato".[1466]

Ainda exemplos de acordo tácito, apontados por GRÓCIO: "aquele que vindo dos inimigos ou dos estrangeiros, se coloca sob a proteção de outro povo ou de um rei. Não se pode duvidar que não se obrigue tacitamente a nada fazer contra o estado onde pede asilo".[1467] Da mesma forma, "aquele que solicita ou concede uma entrevista promete tacitamente que isso não será prejudicial a seus interlocutores".[1468] TITO LÍVIO declara que atentar contra os inimigos sob o pretexto de uma conferência é violar o *jus gentium*.[1469]

Também menciona GRÓCIO "sinais mudos que significam alguma coisa, segundo o costume":[1470]

> Há também certos sinais mudos, mas significativos segundo o costume, como outrora as pequenas faixas e os ramos de oliveira; entre os macedônios, o ato de levantar as maças; entre os romanos, o escudo colocado sobre a cabeça; todos sinais empregados para indicar a súplice rendição, e que, por conse-

convenção pode ser rescindida porque se ignorava as riquezas do prisioneiro, p. 1440; III.XXI.XXVIII – e *quais os bens do prisioneiro que passam ao que o prendeu*, p. 1440; III.XXI.XXIX – *explica-se por uma distinção se o herdeiro deve o resgate*, p. 1441 e III.XXI.XXX – *se aquele que foi libertado para libertar outro deve retornar, estando morto esse outro*, p. 1441-1442).

1465 GRÓCIO (op. cit., 1625, ed. bras. 2004, III.XXIV.I – *como a palavra se interpõe tacitamente*, p. 1467).

1466 GRÓCIO (op. cit., 1625, ed. bras. 2004, III.XXIV.I, p. 1467; ver tb. II.IV.IV e ainda III.I.VIII).

1467 GRÓCIO (op. cit., 1625, ed. bras. 2004, III.XXIV.II – *exemplo na pessoa daquele que pede a um povo ou a um rei para ser acolhido sob sua proteção*, p. 1467).

1468 GRÓCIO (op. cit., 1625, ed. bras. 2004, III.XXIV.III – *daquele que solicita ou que concede uma entrevista*, p. 1468). Ressalvava, contudo, GRÓCIO (III.XXIV.IV, p. 1468-1469): *é lícito contudo àquele, contanto que não prejudique a seu interlocutor em seus negócios*, que poderia consistir, por exemplo, em "desviar o inimigo de seus projetos de guerra sob a aparência de uma entrevista e, durante esse tempo, por em execução seus próprios projetos, é isento de perfídia e colocado no número das intrigas inocentes".

1469 TITO LÍVIO, **Ab Urbe condita / História de Roma** (introdução, tradução e notas de Paulo Matos PEIXOTO, São Paulo: Paumape, 1989, 6 vols., XXXVIII, 25, 8).

1470 GRÓCIO (op. cit., 1625, ed. bras. 2004, III.XXIV.V, p. 1469-1470).

> guinte, obrigam a depor as armas. [...] Em nossos dias, as bandeiras brancas são sinal tácito de uma entrevista solicitada. Obrigam não menos que se fosse pedida de viva voz.[1471]

Mesmo em tempo de guerra, e sob as contingências desta, os deveres de humanidade e de honestidade não podem ser descartados.[1472] Certamente, GRÓCIO coloca alto padrão a ser observado: a realidade, frequentemente, se haverá de pautar por muito menos.

Existe encadeamento de matérias no conteúdo da obra maior de GRÓCIO. Nesse sentido, a importância de compreender[1473] o que GRÓCIO aponta como a relação entre a 'teoria dos tratados', no livro II, e a 'teoria da boa-fé', no livro III, do **De jure belli ac pacis**. E a razão pela qual GRÓCIO, no terceiro e último livro de sua obra, utiliza o conceito de boa-fé – *fides* –, conceito este que raramente tinha mencionado no livro II, mas se torna o centro da argumentação, expendida no livro III. Veja-se, a respeito, o próprio GRÓCIO:

> como quando tratava do projeto de empreender a guerra, acrescentei certas exortações para evitá-la; assim também agora, acrescentaria um pequeno número de avisos que possam servir, na guerra e depois da guerra, para inspirar o cuidado pela boa-fé e pela paz.[1474]

Nesse mesmo capítulo final[1475] do **De jure belli ac pacis**, GRÓCIO enfatiza "a boa-fé deve ser preservada, se não por outras razões, também para evitar que a esperança da paz seja perdida".[1476] GRÓCIO a caracteriza como

[1471] GRÓCIO (op. cit., 1625, ed. bras. 2004, III.XXIV.V, p. 1469-1470). A seguir (III.XXIV.VI, p. 1470) ponderava a extensão possível de '*aprovação tácita de garantia*': "até que ponto a garantia dada pelos generais deve ser considerada tacitamente aprovada pelo povo ou pelo rei?" ao que respondia: "Verifica-se quando o ato foi conhecido e que houve alguma coisa de feito ou de não feito, de que não se possa dar outro motivo, senão a vontade de aprovar o acordo".

[1472] Comparem-se a respeito do mesmo tema, as lições de GENTILI e de ZOUCH, no **Tratado** (tomo 6 – **Direito internacional no tempo de Suarez, Gentili e Zouch**, caps. 16 e 17).

[1473] KIMURA Makoto (in ONUMA, 1993, op. cit., p. 308-332).

[1474] GRÓCIO (op. cit., 1625, ed. bras. 2004, III.XXV.I – *exortações para conservar a palavra dada*, p. 1473-1474).

[1475] GRÓCIO (op. cit., 1625, ed. bras. 2004, III.XXV – *conclusão com exortações à boa-fé e à paz*, p. 1471-1476).

[1476] GRÓCIO (op. cit., 1625, ed. bras. 2004, III.XXV.I.1, p. 1473).

elemento estruturante do sistema internacional: "Não é somente todo e qualquer estado que é mantido pela boa-fé, mas é também essa sociedade mais ampla das nações".[1477]

Existe assim em GRÓCIO a formulação de valores basilares para a existência e a operação da sociedade internacional – e antecipa visões mais recentes a respeito das normas gerais ou cogentes de direito internacional – *jus cogens*. Se ele não utiliza a formulação, antecipa, contudo, e claramente, o conteúdo:

> A justiça, no resto de suas partes, tem muitas vezes alguma coisa de obscuro, mas o vínculo da boa-fé é por si mesmo manifesto e é precisamente por isso que a gente se serve dele também, a fim de extirpar dos negócios toda obscuridade.[1478] [...]
> A doutrina que torna o homem insociável com relação a outros homens (acrescente-se, e odiosa a Deus) não pode ser proveitosa por muito tempo.[1479]

Com olhar crítico, poder-se-ia dizer ser tal seguramente desejável, mas não se faz, como tal, conteúdo juridicamente vinculante. Mas convém atentar para o exame de GRÓCIO com base em visão 'contratualista' do sistema, com base em pactos e compromissos. E a importância de tais vínculos para a existência e a operação de qualquer sistema ordenado, quer interno ou interestatal.

Mesmo quando se trata de relações humanas em tempo de guerra. Esta não pode desumanizar o homem, nem o privar totalmente de sua dignidade, de seus valores, e em suma, de sua humanidade – se poderia depreender das exortações de GRÓCIO:

> As convenções, que intervém entre inimigos, consistem numa promessa expressa ou tácita. A promessa expressa é pública ou privada. A promessa pública se faz pelos poderes soberanos ou pelos poderes inferiores. Aquela que se faz por poderes soberanos põe fim à guerra ou tem seu efeito durante a guerra. Entre as convenções que terminam a guerra se distinguem aquelas

[1477] GRÓCIO (op. cit., 1625, ed. bras. 2004, III.XXV.I.1, p. 1473), citava nesta passagem as lições de CÍCERO [**De officiis**, II.24.84] e de ARISTÓTELES [**Reth. ad Theod.**, I,15].
[1478] GRÓCIO (op. cit., 1625, ed. bras. 2004, III.XXV.I.2, p. 1473-1474).
[1479] GRÓCIO (op. cit., 1625, ed. bras. 2004, III.XXV.I.3, p. 1474).

que são principais e as que são acessórias. As principais são aquelas que terminam a guerra por seu ato próprio, como os tratados, ou pelo consentimento dado de se referir a alguma outra coisa, como a sorte, o êxito de um combate, a decisão de um árbitro. Dessas vias, a primeira depende puramente do acaso: as duas outras combinam o acaso com as forças do espírito ou do corpo, ou com o exercício do poder dado ao juiz.[1480]

A criação de vínculos entre os beligerantes deve observar os respectivos poderes para contratar: "aos que fazem a guerra é que compete concluir tratados para que a terminem".[1481] E assim como compete ao rei, num estado monárquico, fazer a paz,[1482] num estado em que o poder é exercido pelos principais cidadãos ou pelo povo, o direito de selar a paz compete à pluralidade:[1483] "no governo dos principais cidadãos ou do povo, o direito de tratar pertencerá à maioria, ora ao conselho público, ora aos cidadãos que tem o direito de sufrágio, segundo o costume".[1484]

Isso porque "a paz traz proveito mesmo para aqueles que ela obriga, se o quiserem".[1485] E considera como a soberania ou uma parte da soberania ou os bens do reino podem ser validamente alienados em vista da paz,[1486] dentre as coisas que podem ser tema de um tratado.[1487]

Pode-se, desse modo, reafirmar que GRÓCIO, em 1625, já contemplava[1488] a divisibilidade da soberania – o que parece suscitar controvérsias

[1480] GRÓCIO (op. cit., 1625, ed. bras. 2004, III.XX.I, p. 1379).

[1481] GRÓCIO (op. cit., 1625, ed. bras. 2004, III.XX.II, p. 1379): "Disso se segue que, numa guerra pública de parte e outra, esse poder pertence aos que tem o direito de exercer o poder soberano".

[1482] GRÓCIO (op. cit., 1625, ed. bras. 2004, III.XX.II e tb. o seguinte item, III.XX.III – *que decidir se o rei é criança, louco, prisioneiro, exilado*, p. 1379-1380).

[1483] GRÓCIO (op. cit., 1625, ed. bras. 2004, III.XX.IV, p. 1380-1381): "Por isso é que convenções assim feitas obrigam mesmo aqueles que pensam de outra forma".

[1484] GRÓCIO (op. cit., 1625, ed. bras. 2004, cf. II.V.XVII – *do direito da maioridade em qualquer sociedade*, p. 413-414).

[1485] GRÓCIO (op. cit., 1625, ed. bras. 2004, III.XX.IV, p. 1381).

[1486] GRÓCIO (op. cit., 1625, ed. bras. 2004, III.XX.V, p. 1381-1382, e tb. o já mencionado item II.V.XVII – *do direito da maioridade em qualquer sociedade*, p. 413-414).

[1487] GRÓCIO (op. cit., 1625, ed. bras. 2004, III.XX.V, p. 1380-1381 e tb. o seguinte III.XX.VI – *até que ponto um povo ou os sucessores são obrigados em virtude da paz celebrada por um rei*, p. 1382-1383).

[1488] GRÓCIO (op. cit., 1625, ed. bras. 2004, III.XX.V, cit.). Antes desta, a divisibilidade da soberania já era mencionada por GRÓCIO, em outras passagens, dentre as quais: em I.III.XVII e II.IX, como se examina no item 18.2, p. 102-103, notas 355 e 356; em II.VI, cf. item 18.4, p. 210, nota 840; em IIIXV.IX, cf. item 18.5, p. 230, notas 953 e 954.

quanto à sua possibilidade e a sua extensão até hoje,[1489] ao menos entre parte da doutrina que ainda se aferra à concepção estrita – e obsoleta – da soberania. Tal como esta foi formulada por Jean BODIN, na segunda metade do século XVI.[1490]

Assim também "os bens dos súditos podem ser cedidos pela paz em vista do interesse público, mas com o ônus da indenização",[1491] o que se explicaria e justificaria mediante a concepção de estarem os bens dos súditos subordinados ao domínio eminente do estado,

> de tal modo que o estado ou aquele que representa o estado pode usar desses bens ou mesmo os destruir ou os alienar, não somente num caso de necessidade extrema, mas também para a utilidade pública, à qual aqueles que se reuniram em sociedade civil devem ser considerados como que tendo querido sacrificar os interesses privados.[1492]

Não admite, contudo, GRÓCIO a obrigação do estado de indenizar particulares por danos ocorridos em guerra: "o estado não deve tomar a seu encargo o dano causado durante a guerra, porque o direito da guerra permite causar outros danos semelhantes".[1493] E o que diz respeito a outros povos "se relaciona também em parte aos inimigos entre si, mas não aos cidadãos entre si, porquanto estão associados e é justo que partilhem entre eles as perdas que sobrevém por causa de sua associação".[1494] E não se dis-

[1489] A efetiva divisão de soberania veio a ser instaurada, no direito internacional positivo, pelo tratado de Paris, de 1951, que criou a Comunidade europeia do carvão e do aço. E se aprofundou com a evolução ulterior da União Europeia, sobretudo a partir da instauração da moeda comum, o euro, a partir de 2002.

[1490] A respeito, ver **Tratado** (tomo 5 – **Direito internacional no tempo de Francisco de Vitória**, cap. 13 – *estado como sujeito de direito internacional – a contribuição de MAQUIAVEL e BODIN*).

[1491] GRÓCIO (op. cit., 1625, ed. bras. 2004, III.XX.VII, p. 1383-1384).

[1492] GRÓCIO (op. cit., 1625, ed. bras. 2004, III.XX.VII.1, p. 1383 e a seguir, III.XX.VII.2, p. 1384): "quando isso ocorre, o estado é obrigado para com aqueles que perdem seu bem de indenizá-los com o dinheiro público".

[1493] GRÓCIO (op. cit., 1625, ed. bras. 2004, III.XX.VIII – *que decidir quanto aos bens já perdidos na guerra?*, p. 1384). Ver tb. III.VI.II – *qual é o direito das gentes; testemunhos citados a respeito* (p. 1129-1132).

[1494] GRÓCIO (op. cit., 1625, ed. bras. 2004, III.XX.VIII, p. 1384) acrescentava: "Poderá, contudo, ser estabelecido pela lei civil que nenhuma ação seja movida contra o estado, em

tinguem aqui as coisas adquiridas pelo direito das gentes daquelas adquiridas pelo direito civil:[1495]

> Há autores que colocam uma grande diferença entre as coisas que pertencem aos cidadãos pelo direito das gentes e aquelas que não possuem senão em virtude do direito civil, dando a essas um direito mais absoluto ao rei e tal que possa despojar os proprietários sem compensação e não lhes conferindo o mesmo direito sobre as outras. Está errado, pois a propriedade, de qualquer origem que provenha, tem sempre seus efeitos próprios, segundo o direito natural, e não se pode privar ninguém, a não ser por razões ligadas essencialmente à propriedade ou que provenham de atos dos proprietários.[1496] Essa precaução de não alienar os bens dos privados senão para a utilidade pública diz respeito ao rei e aos súditos, assim como aquela de indenizar o dano diz respeito ao estado e aos indivíduos. Para os estrangeiros que contratam com o rei, o ato do rei lhes basta, não somente por causa da presunção que leva em consideração a dignidade da pessoa, mas também por causa do direito das gentes que tolera que os bens dos súditos sejam empenhados por atos do seu rei.[1497]

No tocante à interpretação das cláusulas da paz, como regra geral, deve-se "tomar o que é mais favorável no sentido mais amplo, e dar ao que é mais desfavorável um significado bem mais restrito":[1498] e, por conseguinte, "a interpretação das cláusulas ambíguas deve ter por resultado que aquele que tomou justamente as armas obtenha aquilo por que as tomou e recupere os danos e as despesas, mas não que ganhe alguma coisa por direito de punição, pois isso é odioso".[1499]

Propunha GRÓCIO modo de formular os tratados de paz, de maneira a neutralizar possíveis ilações sobre a 'justiça' da causa de uma parte e outra

razão de uma coisa perdida na guerra, a fim de que cada um defenda mais vigorosamente o que lhe pertence".

1495 GRÓCIO (op. cit., 1625, ed. bras. 2004, III.XX.IX, p. 1384-1385).

1496 GRÓCIO (op. cit., 1625, ed. bras. 2004, III.XX.IX, p. 1384-1385).

1497 GRÓCIO (op. cit., 1625, ed. bras. 2004, III.XX.X, p. 1385, e ver tb. III.II – *como, segundo o direito das gentes, os bens dos súditos são requeridos para cobrir a dívida dos soberanos. trata-se também das represálias*. p. 1053-1065).

1498 GRÓCIO (op. cit., 1625, ed. bras. 2004, III.XX.XI – *regra geral para a interpretação da paz*, p. 1385-1386).

1499 GRÓCIO (op. cit., 1625, ed. bras. 2004, III.XX.XI.1, p. 1385).

na guerra: "como não ocorre que se chegue à paz pela confissão de uma injustiça, deve-se nos tratados tomar a interpretação que torne mais possivelmente igual a condição das partes, com relação à justiça da guerra".[1500] O que se poderia, basicamente, fazer de duas maneiras: seja concordando que as coisas cuja posse tenha sido atingida pela guerra se esvaziem, segundo a fórmula do antigo direito que cada um tinha sobre elas, ou concordando que as coisas fiquem no estado em que estão.[1501]

Na dúvida, acredita-se que foi concordado que as coisas fiquem no estado em que estão, e explicita como isso deve ser entendido:[1502] "a palavra manter é tomada não civilmente, mas naturalmente. Nas guerras, de fato, uma posse de fato basta e não se pede outra".[1503]

As terras podem ser mantidas se foram fechadas por algumas obras de defesa, pois aqui não se considera uma permanência temporária, como um acampamento".[1504] E, no tocante às "coisas incorporais não podem ser possuídas senão através das coisas às quais estão ligadas, como as posses edificadas; ou das pessoas às quais pertencem, contanto que não se trate de exercer esses direitos no território que pertenceu aos inimigos".[1505]

Põe-se a questão "que decidir, se foi concordado que todas as coisas sejam restabelecidas no estado em que se encontravam antes da guerra":[1506] onde se "leva em consideração a última posse que existiu antes da guerra, de modo que contudo seja permitido, aos privados de posses, agir na justiça por ação possessória ou por reivindicação".[1507] Na dúvida, "os danos causados pela guerra são considerados remidos":[1508] "na dúvida, de fato,

[1500] GRÓCIO (op. cit., 1625, ed. bras. 2004, III.XX.XI, p. 1385-1386), como – *regra geral para a interpretação da paz.*

[1501] GRÓCIO (op. cit., 1625, ed. bras. 2004, III.XX.XI.2, p. 1386).

[1502] GRÓCIO (op. cit., 1625, ed. bras. 2004, III.XX.XII, p. 1386-1387).

[1503] GRÓCIO (op. cit., 1625, ed. bras. 2004, III.XX.XII.2, p. 1387).

[1504] GRÓCIO (op. cit., 1625, ed. bras. 2004, III.XX.XII.2, p. 1387 e tb. III.VI.IV – *quando, as terras,* p. 1133-1134) onde enfatizava: "uma posse qualquer não basta para efeito de que tratamos, mas é preciso uma posse duradoura".

[1505] GRÓCIO (op. cit., 1625, ed. bras. 2004, III.XX.XII.2, p. 1387 e tb. III.VII.IV – *as coisas pertencentes aos que são presos, mesmo as incorporais, seguem seu dono,* p. 1175-1176) onde esclarecia: "Esses direitos, de fato, se podem subsistir, ficam na pessoa, senão se extinguem".

[1506] GRÓCIO (op. cit., 1625, ed. bras. 2004, III.XX.XIII, p. 1387).

[1507] GRÓCIO (op. cit., 1625, ed. bras. 2004, III.XX.XIII, p. 1387).

[1508] GRÓCIO (op. cit., 1625, ed. bras. 2004, III.XX.XV, p. 1388).

presume-se que os beligerantes quiseram que nem um nem outro fosse condenado como culpado de injustiça".[1509]

Mas não ocorre o mesmo "para as coisas que eram devidas a cidadãos privados antes da guerra".[1510] Isso porque "essas coisas não foram adquiridas pelo direito da guerra, mas é somente a guerra que impede que o reembolso seja exigido".[1511]

GRÓCIO entende que "aqueles que, tendo sido independentes, se submeteram voluntariamente à dominação de alguém, não devem ser liberados".[1512] E explicita o motivo: se algum povo livre se submeteu voluntariamente a um dos beligerantes, a restituição não se estenderá a ele, pois ela não diz respeito senão às coisas feitas por efeito da violência, do temor ou de uma agressão que não seja permitida senão contra um inimigo".[1513]

E "mesmo as punições merecidas pelo estado, antes da guerra são, em caso de dúvida, consideradas remidas".[1514] E GRÓCIO enfatizava o motivo para tanto:

> Não ocorre o mesmo com o direito de infligir castigos, pois esse direito, enquanto se aplica entre os reis ou os povos, deve ser considerado abandonado por temor que a paz não seja realmente paz, se deixar subsistir antigas causas de guerra.[1515]

[1509] GRÓCIO (op. cit., 1625, ed. bras. 2004, III.XX.XV, p. 1388).

[1510] GRÓCIO (op. cit., 1625, ed. bras. 2004, III.XX.XVI, p. 1388).

[1511] GRÓCIO (op. cit., 1625, ed. bras. 2004, III.XX.XVI, p. 1388-1389): "Por isso é que, supresso o impedimento, retomam sua força".

[1512] GRÓCIO (op. cit., 1625, ed. bras. 2004, III.XX.XIV, p. 1387).

[1513] GRÓCIO (op. cit., 1625, ed. bras. 2004, III.XX.XIV, p. 1387-1388).

[1514] GRÓCIO (op. cit., 1625, ed. bras. 2004, III.XX.XVII, p. 1389).

[1515] GRÓCIO (op. cit., 1625, ed. bras. 2004, III.XX.XVII, p. 1389): "Por isso é que as próprias coisas que eram ignoradas serao compreendidas sob os termos gerais". Reportava GRÓCIO, ainda na mesma passagem, as lições de DIONÍSIO DE HALICARNASSO [III.8]: "As melhores reconciliações são aquelas que abrandam a ira e apagam a lembrança das ofensas"; e de ISÓCRATES, **Plataica**, 7: "na paz, não se deve recorrer aos crimes anteriores". Ver ISOCRATES, **Evagoras – Helen – Busiris – Plataicus – Concerning the team of horses – Trapeziticus – Against Callimachus – Aegineticus – Against Lochites – Against Euthynus – Letters** (with an English translation by La Rue VAN HOOK, Cambridge, Ma.: Harvard Univ. Press – LCL 373 – ISOCRATES III, 1945).

No que diz respeito ao direito dos cidadãos privados de infligir um castigo,[1516] "a razão não é tão grande para que seja considerado remido, porque pode ser exercido por meio dos tribunais, sem recorrer à guerra".[1517] E, no tocante a "direito pretendido pelo estado, antes da guerra, mas que era contestado, se considera remido sem dificuldade".[1518] Isso porque "é benfazejo acreditar que houve a proposta de aniquilar as sementes da guerra".[1519]

Enfatizava GRÓCIO que "as coisas apreendidas devem ser restituídas após a paz".[1520] Explicava o motivo: "as coisas que foram tomadas depois da conclusão dos tratados devem ser devolvidas, pois o direito da guerra já não subsistia mais".[1521]

Expunha GRÓCIO, logo a seguir, "algumas regras sobre a convenção de devolução das coisas apreendidas durante a guerra":[1522]

> Nos tratados, relativos à restituição das coisas apreendidas na guerra, deve-se, em primeiro lugar dar um sentido mais amplo às cláusulas que são recíprocas do que aquelas que favorecem somente uma das partes;
> em segundo lugar, aquelas que tratam dos homens são mais importantes que aquelas que tratam das coisas;
> e entre aquelas que são relativas às coisas, as que se referem às terras tem mais importância que aquelas que se referem às coisas mobiliárias.
> Os artigos que tratam das coisas pertencentes ao público são preferidos aos relativos às coisas pertencentes aos privados, e entre os artigos que tratam do que pertence aos privados, aqueles que ordenam devolver as coisas que se pos-

[1516] GRÓCIO (op. cit., 1625, ed. bras. 2004, III.XX.XVIII – *que decidir quanto ao direito de punir que os privados têm?*, p. 1389-1390).
[1517] GRÓCIO (op. cit., 1625, ed. bras. 2004, III.XX.XVIII, p. 1389-1390).
[1518] GRÓCIO (op. cit., 1625, ed. bras. 2004, III.XX.XIX, p. 1390).
[1519] GRÓCIO (op. cit., 1625, ed. bras. 2004, III.XX.XIX, p. 1390) e traz mais uma vez a lição de DIONÍSIO DE HALICARNASSO [III.9]: "Não é preciso tanto pensar em restabelecer a amizade no momento presente, mas sim dispensar cuidados para não sermos novamente envolvidos numa guerra. Nós não vivemos em sociedade para prolongar nossos males, mas para extirpá-los". E aduzia: "Estas últimas palavras são praticamente copiadas literalmente de ISÓCRATES, **De Pace**, 10 – de seu discurso sobre a paz". Ver ISOCRATES, **On the Peace – Aeropagiticus – Against the Sophists – Antidosis – Panathenaics** (with an English translation by George NORLIN, Cambridge, Ma.: Harvard Univ. Press – LCL 229 – ISOCRATES II, 1929).
[1520] GRÓCIO (op. cit., 1625, ed. bras. 2004, III.XX.XX, p. 1390).
[1521] GRÓCIO (op. cit., 1625, ed. bras. 2004, III.XX.XX, p. 1390).
[1522] GRÓCIO (op. cit., 1625, ed. bras. 2004, III.XX.XXI, p. 1391).

sui a título lucrativo obrigam de modo mais incisivo que a devolução do que se possui a título oneroso, como as coisas adquiridas por compra, por dote.[1523]

Segundo o entendimento de GRÓCIO, quando se concede a alguém uma coisa pela paz, concedem-se também os frutos, a partir do tempo da concessão, e não retroativamente:[1524]

> Todas as vezes que houver referência a algum tratado anterior ou antigo, todas as cláusulas e condições expressas no primeiro tratado devem ser tidas por acatadas. Deve ser reputado como feito aquilo que alguém quis fazer, se foi impedido de fazê-lo por aquele com quem estava em litígio.[1525]

No tocante ao prazo,[1526] "que alguns dizem que o atraso comporta uma desculpa, quando foi encerrado em limites estritos, não é verdade, salvo que uma necessidade imprevista tenha sido a causa do impedimento".[1527] E ponderava:

> Alguns cânones são favoráveis a essa desculpa, não é de estranhar, porquanto seu dever é de levar os cristãos às coisas que convém à caridade fraternal. Mas nesta questão da interpretação dos tratados, não procuramos o que é melhor, nem mesmo o que a religião e a bondade exigem de cada um. Procuramos sim aquilo a que se pode ser obrigado, o que está totalmente compreendido nesse direito que chamamos de exterior.[1528]

Em caso de dúvida, "a interpretação deve pender contra aquele que ditou as condições":[1529]

[1523] GRÓCIO (op. cit., 1625, ed. bras. 2004, III.XX.XXI, p. 1391).
[1524] GRÓCIO (op. cit., 1625, ed. bras. 2004, III.XX.XXII – *dos frutos*, p. 1391).
[1525] GRÓCIO (op. cit., 1625, ed. bras. 2004, III.XX.XXIV – *da referência a uma convenção precedente, e daquele que cria impedimentos*, p. 1392).
[1526] GRÓCIO (op. cit., 1625, ed. bras. 2004, III.XX.XXV – *do prazo*, p. 1392).
[1527] GRÓCIO (op. cit., 1625, ed. bras. 2004, III.XX.XXV, p. 1392).
[1528] GRÓCIO (op. cit., 1625, ed. bras. 2004, III.XX.XXV – *do prazo*, p. 1392) e em caso de dúvida, "a interpretação deve pender contra aquele que ditou as condições" (III.XX.XXVI, p. 1392-1393): "Quando um texto é ambíguo, é preferível que a interpretação se volte contra aquele que ditou as condições, o que de ordinário está do lado mais poderoso".
[1529] GRÓCIO (op. cit., 1625, ed. bras., 2004, III.XX.XXVI, p. 1392-1393).

> Quando um texto é ambíguo, é preferível que a interpretação se volte contra aquele que ditou as condições, o que de ordinário está do lado mais poderoso. [...] Precisamente do mesmo modo que a interpretação se volta contra o vendedor. Aquele que não se expressou mais claramente tem, de fato, de se culpar a si próprio. Quanto à outra parte, pode com direito interpretar o que tinha vários sentidos, segundo aquele que lhe era mais vantajoso.[1530]

Insiste GRÓCIO que "fornecer uma nova causa para a guerra e romper a paz são coisas distintas",[1531] onde se trata de saber quando, e em decorrência de quais ações, a paz pode ser considerada rompida:

> Não é a mesma coisa fornecer uma nova causa à guerra e romper a paz, mas há uma grande diferença entre elas, tanto a respeito da pena em que deve incorrer o infrator, quanto com relação ao que diz respeito às outras cláusulas do tratado, ao descompromisso da palavra daquele contra o qual alguém se tornou culpado.[1532]
> A paz se rompe de três maneiras: agindo contra o que é essencial a toda paz,[1533] ou contra o que foi claramente expresso na paz,[1534] ou contra o que se deve presumir da natureza de uma certa espécie de paz.[1535]

No mesmo sentido, GRÓCIO considerava não admitir "diferença entre os artigos da paz que são de grande importância e aqueles que são de

[1530] GRÓCIO (op. cit., 1625, ed. bras., 2004, III.XX.XXVI, p. 1392-1393) reporta a lição de ARISTÓTELES [**Ética a Nicômaco**, VIII.15] – disse com relação a isso: "Quando a amizade é fundada no interesse, a utilidade daquele que recebe é a medida do que é devido".
[1531] GRÓCIO (op. cit., 1625, ed. bras., 2004, III.XX.XXVII, p. 1393).
[1532] GRÓCIO (op. cit., 1625, ed. bras., 2004, III.XX.XXVII, p. 1393).
[1533] GRÓCIO (op. cit., 1625, ed. bras., 2004, III.XX.XXVIII – *como se rompe a paz, violando as condições essenciais de toda paz*, p. 1393-1394): "Contra o que é essencial a toda paz se for cometido algum ato de hostilidade à mão armada, quando, bem entendido, não há nenhuma causa nova para agir desse modo. Se for possível dar alguma razão plausível, seria melhor acreditar que uma injustiça foi cometida sem perfídia antes que com perfídia".
[1534] GRÓCIO (op. cit., 1625, ed. bras., 2004, III.XX.XXXIV – *como se rompe a paz, agindo contra o que foi dito na paz?*, p. 1398): "A paz se rompe, também, como dissemos, fazendo alguma coisa de contrário do que foi dito na paz. Sob o termo *fazer* compreende-se não fazer o que se deve e no tempo devido".
[1535] GRÓCIO (op. cit., 1625, ed. bras., 2004, III.XX.XXXIX – *como se rompe a paz, violando o que é específico de uma certa espécie de paz*, p. 1400): "Em último lugar, dissemos que a paz se rompe fazendo o que a natureza particular da guerra repudia".

pouca importância".[1536] Na medida em que, de fato, todos os que foram inseridos na paz devem parecer suficientemente importantes para serem observados:[1537]

> Mas, para conferir mais garantias à paz, seria conveniente acrescentar aos artigos de menor importância que se algo for cometido contra eles, isso não venha a romper a paz, ou ainda que haja recurso a árbitros antes de permitir tomar em armas.[1538]

Nessa vertente, GRÓCIO considerava diversas hipóteses que poderiam levar a caracterizar o rompimento ou o descumprimento da paz, tais como:

- "que decidir, se os aliados cometeram violências?"[1539]
- "que decidir, se são súditos e como se deve presumir que seu procedimento é aprovado?"[1540]
- "que decidir, se os súditos se põem a serviço de outros poderes?"[1541]
- "que decidir, se os súditos foram prejudicados? Uma distinção é feita";[1542]
- "que decidir, se se prejudicaram os aliados? Cabe igualmente uma distinção;"[1543]
- "que decidir, se uma pena foi acrescida?"[1544]
- "que decidir, se a necessidade põe um obstáculo?"[1545]

[1536] GRÓCIO (op. cit., 1625, ed. bras., 2004, III.XX.XXXV – *se é preciso distinguir entre os artigos da paz*, p. 1398-1399).
[1537] GRÓCIO (op. cit., 1625, ed. bras., 2004, III.XX.XXXV – *se é preciso distinguir entre os artigos da paz*, p. 1398-1399) embora aduzisse a seguir a ressalva: "A bondade, contudo, principalmente a bondade cristã, perdoa facilmente leves faltas, sobretudo se houver arrependimento".
[1538] GRÓCIO (op. cit., 1625, ed. bras., 2004, III.XX.XXXV – *se é preciso distinguir entre os artigos da paz*, p. 1398-1399 e tb. II.XV.XV – *se a perfídia de uma das partes libera a outra*, p. 670-671) onde ensinava: "Se uma parte violou o tratado, a outra poderá se retirar da aliança, pois cada um dos artigos do tratado tem a força de uma condição".
[1539] GRÓCIO (op. cit., 1625, ed. bras., 2004, III.XX.XXIX, p. 1394-1395): "Aqueles, pois, que cometeram esses atos de hostilidade, sem serem ajudados por outros, serão responsáveis pela ruptura da paz e subsistirá o direito de mover guerra contra eles, não contra os outros".
[1540] GRÓCIO (op. cit., 1625, ed. bras., 2004, III.XX.XXX, p. 1395).
[1541] GRÓCIO (op. cit., 1625, ed. bras., 2004, III.XX.XXXI, p. 1395-1396).
[1542] GRÓCIO (op. cit., 1625, ed. bras., 2004, III.XX.XXXII, p. 1396-1397).
[1543] GRÓCIO (op. cit., 1625, ed. bras., 2004, III.XX.XXXIII, p. 1397-1398).
[1544] GRÓCIO (op. cit., 1625, ed. bras., 2004, III.XX.XXXVI, p. 1399): "Estou plenamente convencido que isso parece ter sido concordado dessa forma, se alguma pena especial foi acrescida".
[1545] GRÓCIO (op. cit., 1625, ed. bras., 2004, III.XX.XXXVII, p. 1399-1400) onde, entendia, "a paz não deve ser considerada rompida". E ressaltava: "Como dissemos, não costuma depender de uma condição casual".

Mesmo se a palavra tiver sido violada, a parte inocente pode conservar a paz.[1546] Frisa GRÓCIO existir a liberdade para a parte inocente de preferir conservar a paz,[1547] tanto mais "porque ninguém se desliga de uma obrigação, agindo contra essa obrigação".[1548] E, assim, "se foi acrescido que a paz deve ser considerada como rompida por tal fato, essa cláusula deve ser qualificada como acrescida unicamente no interesse do inocente, se quiser dela se servir".[1549]

De tal maneira, "as coisas que são contra a amizade rompem a paz contratada sob a condição da amizade, pois o que só o dever da amizade exigiria entre outras pessoas se torna aqui obrigação pela lei do tratado".[1550] A partir dessa premissa, considerava GRÓCIO "se é agir contra a amizade acolher súditos e exilados",[1551] onde entendia não ser "contra a amizade acolher indivíduos isolados, que querem passar de uma dominação a outra", mas ressalvava: "não é certamente permitido acolher cidades inteiras ou grandes massas de homens, que fazem parte integrante de um estado".[1552] Ressalvara, anteriormente, GRÓCIO outra hipótese que exclui acolher indivíduo, quando exista a "obrigação de entregar aqueles que, sem serem exilados, fogem de uma pena legítima".[1553]

Considerava, ainda, GRÓCIO outros modos de se pôr termo à guerra: "como se termina a guerra por sorte";[1554] e "como, por um combate combi-

1546 GRÓCIO (op. cit., 1625, ed. bras., 2004, III.XX.XXXVIII, p. 1400).

1547 No sentido que apontava GRÓCIO (op. cit., 1625, ed. bras., 2004, III.XIX.XIII – *que se deve manter a palavra mesmo para com os pérfidos*, p. 1368-1369).

1548 GRÓCIO (op. cit., 1625, ed. bras., 2004, III.XX.XXXVIII, p. 1400).

1549 GRÓCIO (op. cit., 1625, ed. bras., 2004, III.XX.XXXVIII, p. 1400 c/c III.XX.XXXIX, p. 1400, referido).

1550 GRÓCIO (op. cit., 1625, ed. bras., 2004, III.XX.XL – *o que recai sob a denominação de amizade*, p. 1400-1401).

1551 GRÓCIO (op. cit., 1625, ed. bras., 2004, III.XX.XLI.1, p. 1402). Ver tb. II.V.XXIV, onde GRÓCIO considerava – *se é permitido aos cidadãos sair do estado; explica-se por uma distinção* (p. 419-420).

1552 GRÓCIO (op. cit., 1625, ed. bras., 2004, III.XX.XLI.2, p. 1402-1403). Conjuga-se esta passagem com a tb. mencionada II.V.XXIV – *se é permitido aos cidadãos sair do estado; explica-se por uma distinção* (p. 419-420) e, ainda, III.VII.VIII – *este direito não esteve sempre em uso em todas as nações* (p. 1181-1182).

1553 GRÓCIO (op. cit., 1625, ed. bras., 2004, II.XXI.III – *do mesmo modo, pelo refúgio dado aos que cometeram alhures o delito*, p. 890) e isso – *a menos que o punam ou o entreguem* (II.XXI.IV, p. 890-895).

1554 GRÓCIO (op. cit., 1625, ed. bras., 2004, III.XX.XLII, p. 1403). Compare-se a menção (II. XXIII.IX, p. 953) à via da sorte, como meio para se evitar o início da guerra.

nado, e se é lícito".[1555] De tal possibilidade decorrem outras questões, tais como: "se o fato dos reis obriga aqui os povos", [1556] e também a de determinar "quem deve ser considerado vencedor".[1557]

Ainda vinha a consideração a respeito de "como se termina a guerra por uma arbitragem e que aqui se entende uma arbitragem sem apelação".[1558] Situava a distinção entre duas espécies de arbitragem: uma quando somos obrigados a obedecer, sendo a decisão justa ou injusta – o que "se observa quando se recorre ao árbitro em virtude de um compromisso" – e "outra, quando se remete a questão a um homem de bem".[1559] E aduzia:

> O que, no entanto, permanece verdadeiro é que um árbitro pode ser tomado de uma ou de outra maneira, seja somente como um mediador, como lemos que haviam sido os atenienses entre os habitantes de Rodes e Demétrio, seja como um juiz, a cuja sentença é necessário de qualquer modo obedecer.[1560] [...] Ainda que a respeito desses árbitros aos quais se recorreu por compromisso, a lei civil possa estatuir e em certos países tenha estatuído que se possa apelar de suas sentenças, e que seja permitido reclamar de uma injustiça por eles cometida, isso, contudo, não pode ocorrer entre reis e povos. Não há aqui poder superior que impeça ou que rompa o vínculo da promessa. Deve-se, pois, absolutamente ater-se ao que pronunciaram, seja justo ou injusto.[1561]

[1555] GRÓCIO (op. cit., 1625, ed. bras., 2004, III.XX.XLIII, p. 1403-1405): "Segue a questão muito debatida dos combates concordados para por fim à guerra, entre um número determinado de homens". Compare-se (II.XXIII.X, p. 953-955) onde considera – *se o combate individual pode ser permitido para evitar a guerra.*

[1556] GRÓCIO (op. cit., 1625, ed. bras., 2004, III.XX.XLIV, p. 1406): "para que o acordo tenha efeito é necessário que consiga o consentimento do povo".

[1557] GRÓCIO (op. cit., 1625, ed. bras., 2004, III.XX.XLV, p. 1406-1407): "Muitas vezes, nos combates, pergunta-se qual dos dois deve ser considerado vencedor. Não podem parecer vencidos senão aqueles que tiverem sucumbido ou foram postos em fuga".

[1558] GRÓCIO (op. cit., 1625, ed. bras., 2004, III.XX.XLVI, p. 1407-1408).

[1559] GRÓCIO (op. cit., 1625, ed. bras., 2004, III.XX.XLVI.1, p. 1407-1408).

[1560] GRÓCIO (op. cit., 1625, ed. bras., 2004, III.XX.XLVI.1, p. 1408 e ver tb. II.XXIII.VIII – *ou por uma arbitragem. subsiste aí a questão do dever dos reis cristãos com relação às partes beligerantes,* p. 950-953).

[1561] GRÓCIO (op. cit., 1625, ed. bras., 2004, III.XX.XLVI.2, p. 1408).

Na dúvida, os árbitros são considerados obrigados a se pronunciar segundo o direito.[1562] Não discrepa de tal orientação o direito internacional vigente.[1563]

Com base em ARISTÓTELES,[1564] expunha GRÓCIO o papel de um e do outro: "o árbitro considera o que é justo, o juiz considera a lei; e, além do mais, o árbitro foi inventado para fazer valer a equidade".[1565] E o sentido da equidade:

> Nessa passagem, a equidade não significa propriamente como alhures, essa parte da justiça que interpreta mais rigorosamente os termos gerais da lei, segundo o espírito de seu autor (porque ela é também confiada ao juiz), mas exprime tudo o que é preferível fazer do que não fazer, mesmo fora das regras da justiça, propriamente dita.[1566]

Considerava GRÓCIO, ainda, outra modalidade de rendição, que poderia consistir em "submissão pura e simples":[1567]

> Há uma escolha de árbitro de outro tipo, quando se remete ao próprio inimigo o poder de dispor de si, o que é submissão pura, tornando objeto aquele que se entregou e deferindo o poder absoluto àquele em proveito de quem a submissão ocorre.[1568] [...]

1562 GRÓCIO (op. cit., 1625, ed. bras., 2004, III.XX.XLVII, p. 1409).

1563 O art. 38, inc. 2º do **Estatuto** da Corte Internacional de Justiça, que integra a **Carta** da ONU, estipula que a disposição "não prejudicará a faculdade da Corte de decidir uma questão *ex aequo et bono*, se as partes com isso concordarem".

1564 ARISTÓTELES, **The 'art' of rhetoric** (original grego com trad. em inglês por John Henry FREESE, Cambridge, Ma./ London: Harvard UP, LCL 193, ARISTOTLE XXII, first publ. 1926, reprinted 2006) e tb. a edição brasileira, **Arte retórica** e **Arte poética** (intr. e notas de Jean VOILQUIN e Jean CAPELLE, trad. Antonio Pinto de CARVALHO, São Paulo: Difel, 1959, cit. **Retórica**, I.13).

1565 GRÓCIO (op. cit., 1625, ed. bras., 2004, III.XX.XLVII.1, p. 1409).

1566 GRÓCIO (op. cit., 1625, ed. bras., 2004, III.XX.XLVII.2, p. 1409). Expunha GRÓCIO a seguir (III.XX.XLVIII, p. 1410) que – *os árbitros não devem se pronunciar sobre a posse*: "os árbitros escolhidos pelos povos ou pelos poderes soberanos devem pronunciar-se sobre a questão principal e não sobre a posse, pois os julgamentos sobre a posse são de direito civil; o direito de posse segue a propriedade, segundo o direito das gentes".

1567 GRÓCIO (op. cit., 1625, ed. bras., 2004, III.XX.XLIX, p. 1410-1412).

1568 GRÓCIO (op. cit., 1625, ed. bras., 2004, III.XX.XLIX.1, p. 1410).

> Deve-se também distinguir aqui que o vencido deve sofrer e que o vencedor pode fazer legitimamente, mesmo sem agredir nenhum dever, o que lhe é mais conveniente fazer. O vencido, depois de sua submissão, nada tem que não possa sofrer, pois se tornou súdito e se considerarmos o direito externo da guerra, está numa situação em que tudo pode ser tirado dele, mesmo a vida, a liberdade pessoal, muito mais os bens, não somente os bens do estado, mas ainda os dos cidadãos privados.[1569]

O que significa, por parte do vencido "remeter-se à fé e à clemência" – que se encontra muitas vezes na história romana:[1570] "Torna-se necessário explicar que por essas palavras não se entende outra coisa senão uma submissão pura e simples. A palavra fé não significa outra coisa, nestas passagens, senão a própria probidade do vencedor, à qual o vencido se confia".[1571]

Em relação a esta situação, também existem deveres para o vencedor:[1572]

> O vencedor, para nada fazer de injusto, deve primeiramente tomar cuidado de não matar nenhum indivíduo, salvo que não o tenha merecido por seu crime, como também de nada tirar de quem quer que seja, a não ser em decorrência de justa punição. Mesmo dentro desses limites é sempre honesto pender, tanto quanto o permitir a segurança, para o lado da clemência e da liberalidade.[1573]

[1569] GRÓCIO (op. cit., 1625, ed. bras., 2004, III.XX.XLIX.2, p. 1411).

[1570] GRÓCIO (op. cit., 1625, ed. bras., 2004, III.XX.L.3, p. 1413).

[1571] GRÓCIO (op. cit., 1625, ed. bras., 2004, III.XX.L.3, p. 1413 e a seguir, III.XX.L.5, p. 1414): "Não seria aqui fora de propósito trazer esta passagem de SÊNECA relacionada ao dever daquele a quem a submissão foi feita: 'A clemência tem seu livre arbítrio. Não julga segundo um texto, mas segundo o que é justo e bom. Tem o direito de absolver e de regular o litígio do modo que melhor convier'." [SÊNECA, **De clementia** (II.7)]. GRÓCIO concluia a passagem: "O fundo da questão permanece, isto é, o vencedor se torna dono". Ver SÊNECA, **De la clémence / De clementia** (texte établi et traduit du latin par François PRÉCHAC, rev., intr. et notes par Paul VEYNE, in SÉNÈQUE, **Entretiens / Lettres à Lucilius**, éd. établie par P. VEYNE, Paris: Robert Laffont, 1993, 3e reimpr., 1995, p. 183-220).

[1572] GRÓCIO (op. cit., 1625, ed. bras., 2004, III.XX.L, p. 1412-1414).

[1573] GRÓCIO (op. cit., 1625, ed. bras., 2004, III.XX.L.1, p. 1412): "Algumas vezes, de acordo com as circunstâncias, isso é necessário, segundo a regra dos bons costumes". E prosseguia: "É dar um nobre fim à guerra todas as vezes que o perdão faz a acomodação". No mesmo sentido, ver tb. GRÓCIO (1625, III.XV).

Existem também rendições, que ele chama "submissões sob condição".[1574] Estas se podem fazer

> a favor dos privados, em proveito de quem, por exemplo, se estipula a vida a salvo; ou a liberdade das pessoas, ou mesmo certos bens; ou ainda a favor do corpo do estado. Algumas dessas submissões podem mesmo revestir a forma de uma soberania mista.[1575]

A lição de GRÓCIO se põe no sentido de que "na guerra se deve sempre ter em vista a paz".[1576] Ele deplora

> a violência, que domina sobretudo na guerra, tem alguma coisa que a aproxima do animal selvagem. Torna-se necessário empenhar-se com o maior cuidado para moderá-la com a bondade, com receio de que, imitando por demais os animais ferozes, desaprendamos o que é ser homem.[1577]

E, uma vez "a paz feita deve ser observada religiosamente":[1578] "Feita a paz, em quaisquer condições, deve ser plenamente observada por causa dessa santidade da fé, de que falamos, e se deve evitar com vigilância não somente a perfídia, mas também tudo o que exaspera os espíritos".[1579]

A fé pública se relaciona e se exprime por meio de tratados. Estes – considerados os tratados, alianças e garantias – são acordos de natureza pública.[1580] GRÓCIO cita ULPIANO e afirma que os contratos públicos – *conventiones publicae* – , somente podem ser celebrados por aqueles revestidos do poder de governo, de caráter soberano – *jus imperii* –, embora possam existir diferenças entre os poderes de governo de várias categorias.

[1574] GRÓCIO (op. cit., 1625, ed. bras., 2004, III.XX.LI, p. 1415).

[1575] GRÓCIO (op. cit., 1625, ed. bras., 2004, III.XX.LI, p. 1415 e no mesmo sentido, ver tb. I.III.XVII).

[1576] GRÓCIO (op. cit., 1625, ed. bras. 2004, III.XXV.II, p. 1474): "em toda condução da guerra, o espírito não pode ser mantido em repouso e confiante em Deus, a menos que não tenha sempre em vista a paz".

[1577] GRÓCIO (op. cit., 1625, ed. bras. 2004, III.XXV.II, p. 1474).

[1578] GRÓCIO (op. cit., 1625, ed. bras. 2004, III.XXV.VII, p. 1476).

[1579] GRÓCIO (op. cit., 1625, ed. bras. 2004, III.XXV.VII, p. 1476).

[1580] GRÓCIO (op. cit., 1625, ed. bras., 2004, II.XV – *dos tratados (das alianças) e das garantias*, II.XV.I – *o que são as convenções públicas*).

GRÓCIO distingue os tratados não somente dos contratos celebrados entre particulares, bem como dos contratos, que possa celebrar um soberano, em relação a matéria particular. Desse modo, se pode dizer que GRÓCIO contemplava a assim chamada "distinção funcional", como critério de classificação dos tratados, e que a teoria moderna se baseia em tal definição.

Uma guerra pode resultar de contrato privado, mas a possibilidade de contrato público ser a causa de um conflito é muito maior. O que torna necessário estudar essa categoria de acordos internacionais com especial cuidado.[1581] E voltaria à matéria:[1582]

> Para o que se refere à guerra solene, isto é, pública de parte e outra, e declarada formalmente, do mesmo modo que tem outros efeitos particulares de direito exterior, assim tem também aquele de tornar de tal modo válidas as promessas feitas nessa guerra, ou para a terminar, que não podem ser anuladas sob pretexto de uma violência injusta, malgrado aquele a quem as promessas foram feitas. Isso porque do mesmo modo que há várias coisas que passam por justas segundo o direito das gentes, embora não sejam sem algum defeito, assim também esse direito autoriza a violência cometida de parte e outra numa guerra. Se não tivesse havido acordo sobre esse ponto, não se poderia impor nem limites nem um fim a tais guerras que são extremamente frequentes, o que é, contudo, do interesse do gênero humano que se chegue a um acordo.[1583]

Contratos públicos podem ser divididos em: tratados – *foedera* –, promessas – *sponsiones* – e outros pactos – *pacta*. Tratados são acordos celebrados pelos detentores do poder soberano – *summa potestas* – ou por pessoas autorizadas – *mandatum* – pelos soberanos para acordar em nome destes.

[1581] GRÓCIO (op. cit., 1625, II.XV.1).

[1582] GRÓCIO (op. cit., 1625, ed. bras. 2004, III.XIX.XI – *a exceção de violência não se aplica à guerra solene do direito das gentes*, p. 1367-1368).

[1583] GRÓCIO (op. cit., 1625, ed. bras. 2004, III.XIX.XI.1, p. 1367) prosseguia na mesma passagem: "E é isso o que se pode entender por esse direito da guerra que CÍCERO quer que seja observado entre inimigos. Além disso, ele diz que o inimigo conserva alguns direitos na guerra, isto é, não somente direitos naturais, mas também certos direitos surgidos do consenso entre as nações". Ver M. T. CÍCERO, **De officiis** (with an English translation by Walter MILLER, Cambridge, Ma. / London: Harvard UP / LCL 30, CICERO, vol. XXI, © 1913, reprinted 2005, cit. III.29.107) e **Actiones secundae in c. Verrem liber quartus** (Cambridge, Ma. / London: Harvard UP / LCL 293, CICERO, vol. VIII, 1st. publ. 1935, p. 282-467, cit. IV.55.122).

O próprio povo – *populus* – é, em última análise, o responsável por qualquer violação de tratados. Diversamente, as promessas – *sponsiones* – são acordos feitos por pessoas não expressamente autorizadas pelo poder soberano, mas cujo ato pode substancialmente afetar a ação do poder soberano.

Os pactos e a palavra dada devem ser respeitados, mesmo em relação a bandidos e a fugitivos. E no tocante a inimigos, quando estes se conduzissem com perfídia, indagava se "é preciso manter a palavra, mesmo para com os pérfidos, o que deve indubitavelmente ser estendido também aos inimigos pérfidos".[1584] Ele mesmo responde: "Não, se a condição vier a faltar, o que teria lugar se um não cumprisse uma parte de suas convenções".[1585]

No mesmo sentido, em outra passagem, GRÓCIO expunha esse mesmo dever de manter a palavra dada: "é de um espírito generoso manter a palavra dos tratados, mesmo após ter recebido alguma agressão".[1586] Que se deve inscrever entre os efeitos "de todo tipo de promessa e em particular do juramento, do tratado e dos patrocínios, do direito e da obrigação dos reis e da interpretação das coisas duvidosas".[1587]

Em outra passagem, GRÓCIO expõe o dever de manter a palavra dada, com base nos habituais precedentes romanos antigos:[1588]

> CÉSAR escreveu, no livro sobre a **Guerra civil**,[1589] que os generais romanos tinham feito acordos com os bandidos e os fugitivos que se encontravam nas

[1584] GRÓCIO (op. cit., 1625, II.XIII.XVI e tb. III.XIX.XIII) reportava (III.XIX.XIII.2, p. 1369) precedente antigo de APIANO [**Hisp.**, 60]: "APIANO diz a propósito dos lusitanos, violadores dos tratados, que Sérgio GALBA havia trucidado, depois de tê-los enganado com um novo tratado: 'Vingando-se de uma perfídia por outra perfídia, imitava os bárbaros, contrariamente à dignidade romana'. O mesmo GALBA foi, em seguida, acusado em razão desse fato pelo tribuno do povo LIBO". Ver APPIAN, **Roman History** (with an English translation by Horace WHITE, Cambridge, Ma./London: Harvard UP / APPIAN I LCL 2, © 1912, I-VIII.1; APPIAN II, LCL 3, © 1913, reprinted 2005, VIII.2-XII; APPIAN III LCL 4, © 1913, reprinted 2002; APPIAN IV LCL 5, © 1913, reprinted 2000; ver ΑΠΠΙΑΝΟΥ ΡΩΜΑΙΚΑ, 'Z' = tomo I, livro VI, p. 140-301).

[1585] GRÓCIO (op. cit., 1625, III.XIX.XIV, p. 1369-1370): "Deve-se saber ao mesmo tempo que pode ocorrer de duas maneiras que se esteja isento de perfídia e, contudo, sem ter cumprido o que foi prometido, a saber, por falta de condições e pela compensação."

[1586] GRÓCIO (op. cit., 1625, ed. bras. 2004, III.XIX.XIX.4, p. 1373).

[1587] GRÓCIO (op. cit., 1625, ed. bras. 2004, III.XIX.XIX.5, p. 1374).

[1588] GRÓCIO (op. cit., 1625, ed. bras. 2004, III.XIX.II.2, p. 1360).

[1589] C. Julius CAESAR (102-44 a.C.), **The civil wars** (with an English translation by A. G. PESKETT, Cambridge, Ma. / London: Harvard UP / LCL 39, CAESAR, 1st. publ., 1914,

montanhas dos Pirineus. Quem diria que, se tivesse sido estipulada alguma coisa nesses tratados, alguma obrigação deles não haveria de decorrer? Gente desse tipo, na verdade, não forma uma comunidade específica, que o *jus gentium* introduziu entre inimigos numa guerra solene e plena. Sendo homens, porém, eles formam uma comunidade de direito natural, como o afirma, com razão, PORFÍRIO, em seu tratado **De non esu animalium**, de onde nasce a obrigação de se observar o que se promete.[1590]

Os tratados são divididos em duas categorias:

– primeiro, os instrumentos que exprimem direitos, já existentes segundo o direito natural – tratados que reconhecem direitos de hospitalidade – *jura hospitii* – e comércio – *jura commercii* – sobre bases recíprocas são incluídos na primeira categoria,[1591] uma vez que o direito de comércio é considerado prerrogativa já existente segundo o direito natural – assim, GRÓCIO, como antes

reprinted 2006). A passagem da obra de CÉSAR, **De bello civili** (III.19, ed. cit., 2006, p. 222-223): "quae maxime ad pacem pertinere viderentur, agere et crebro magna voce pronuntiaret, liceretne civibus ad cives de pace legatos mittere, quod etiam fugitivis ad saltu Pyrenaeo praedonisbusque licuisset, praesertim cum id agerent, ne cives cum civibus armis decertarent? Multa suppliciter locutus est, ut de sua atque omnium salute debebat, silentioque ad utrisque militibus auditus."

1590 GRÓCIO (op. cit., 1625, ed. bras. 2004, III.XIX.II.2, p. 1360); PORFÍRIO, **De abstinentia** (III.25). Ver PORPHYRY, **De abstinentia** / On abstinence from animal food (ca. 268-270 AD, translated by Thomas TAYLOR, **Selected works of Porphyry** – containing his four books **On abstinence from animal food**; his treatise **On the Homeric cave of the nymphs**; and his **Auxiliaries to the perception of intelligible natures**, 1823, several reprints available, from the Prometheus Trust, 1994 and also in a Kessinger reprint); ___, ___ (translated and ed. by Gillian CLARK, London: Duckworth, 2000); tb. Isha GAMLATH, *The Philosopher's Diet in Porphyry's* ***De Abstinentia****: characterizing a historical legacy of minimalism in food consumption* (in Symbolae Philologorum Posnaniensium Graecae et Latinae, vol. XXXI/2, 2021, p. 43-58, ISSN 0302-7384, ISSN (online) 2720-2305 DOI: 10.14746/sppgl.2021.XXXI.2.6, cit. p. 58) observa: "The domain of food consumption habits, in traditional Greek and Roman culture, contains a fairly noticeable diversity as it fluctuates between what seems to be two wide poles of dietary practices such as a simple diet, with the focus on minimalism and health and a luxury diet, with the focus on excess and extravagance. These poles, upon close analysis, have determined the dietary customs of antiquity while also formed a gastronomic identity. The impact of this historical legacy seems to have not only flavored PORPHYRY's discussion of the nature of the philosopher's diet in **On Abstinence from killing animals** but has also served in characterizing an advanced stage of minimalism in Greek and Roman food consumption habits."

1591 GRÓCIO (op. cit., 1625, II.XV.5).

dele VITÓRIA, admitia a existência do direito de comunicação e de comércio, em conformidade com as demandas das nações europeias daquele tempo;[1592]
– segundo, aqueles instrumentos por meio dos quais são conferidos direitos adicionais, podem por sua vez, ser divididos em tratados equitativos e tratados desiguais. Tratados equitativos são aqueles que contém os mesmos termos, para ambas as partes contratantes, e podem assim ser chamados de iguais do ponto de vista de ambas as partes. Podem ter como objeto, por exemplo, celebrar a paz ou aliança.[1593]

Tratados equitativos de paz – *aequalia foedera pacis* – normalmente estipulam a repatriação de prisioneiros e devolução de bens capturados, ou para garantir a segurança, são considerados no livro III, cap. XIX a XXIV, em relação aos efeitos e consequências da guerra. Tratados equitativos de aliança – *aequalia foedera societatis* – abrangem assuntos tais como comércio e cooperação na guerra. Tratados equitativos sobre relações comerciais são celebrados para os fins os mais variados.[1594] Tratados de aliança, e tratados com fins militares também podem assumir formas variadas, inclusive alianças ofensivas e defensivas.[1595]

Tratados desiguais incluem tanto aqueles que comprometem o poder soberano – *imperium* – como aqueles que não o comprometem.[1596] A primeira categoria de tratados desiguais inclui a rendição com condições, mas não a rendição incondicional – *deditio pura* –, que acarreta não a limitação, mas a completa transferência do poder soberano. Tratados desiguais, que não comprometem o poder soberano, são aqueles que podem acarretar ônus de caráter temporário ou de caráter permanente. GRÓCIO não limita os tratados desiguais àqueles celebrados entre o vencedor e o vencido, mas inclui aqueles celebrados entre nação poderosa e outra sem poder algum, embora não tenham estado engajados em guerra entre si. Admite a possibilidade de tratados desiguais entre governantes supremos, na medida em que relativiza o conceito de poder soberano – *summum imperium*.

[1592] A respeito de VITÓRIA ver **Tratado** (tomo 5 – **Direito internacional no tempo de Francisco de Vitória**, esp. cap. 14); para a formulação do *jus communicationis* em F. de VITÓRIA, **De Indis et de iure belli relectiones** (especialmente III.2.3).
[1593] GRÓCIO (op. cit., 1625, II.XV.VI).
[1594] GRÓCIO (op. cit., 1625, II.XV.6).
[1595] GRÓCIO (op. cit., 1625, II.XV.6) e podem, por exemplo, estipular a proibição de construção de fortificações ou de passagem de tropas inimigas.
[1596] GRÓCIO (op. cit., 1625, II.XV.7).

Ainda GRÓCIO dedica tempo e espaço consideráveis ao tratamento da questão de se poder ou não celebrar tratados entre príncipes cristãos e aqueles estranhos à "verdadeira religião", ou seja, com não-cristãos.[1597] O direito natural confere a cada homem o direito de celebrar acordos, daí ser a discriminação com base na religião claramente inadmissível.[1598]

Até então, o caráter vinculante de tratados, celebrados com príncipes não-cristãos, tinha sido reconhecido somente em extensão muito restrita.[1599] GENTILI, por exemplo, se manifestava de modo bastante negativo sobre a matéria.[1600]

GRÓCIO considera inegável a possibilidade dos tratados, mesmo entre cristãos e não-cristãos, na perspectiva do direito natural. E considera sejam permitidos, sob o ponto de vista do direito divino.

A importante matéria da boa-fé é exposta por GRÓCIO, no livro III, caps. XX a XXIV. Ao desenvolver a matéria da boa-fé (*fides*) entre inimigos – conforme as premissas que já tinha apresentado no livro II, cap. XV e no livro III, cap. XIX – GRÓCIO oferece a classificação dos 'contratos com inimigos': podem ser expressos ou implícitos, públicos ou privados. A fé pública – *fides publica* – atribuível ao poder supremo pode ser distinguida da boa-fé – *fides* – atribuível a poderes inferiores – *potestates inferiores*. Os primeiros podem ser subdivididos em tratados de paz – como examina o livro II, cap. XX – e acordos efetivos somente enquanto a guerra estiver em curso – examinados no livro III, cap. XXI.

Estes são dados-chave para a compreensão do direito internacional,[1601] e da sua construção como conjunto de institutos na Europa moderna. O

1597 GRÓCIO (op. cit., 1625, II.XV.8). A respeito, ver **Tratado** (tomo 5 – **Direito internacional no tempo de Franciscco de Vitória**, item – *relação entre comunidades cristãs e não-cristãs no contexto medieval*).

1598 GRÓCIO (op. cit., 1625, II.XV.8).

1599 Esta matéria foi considerada no **Tratado** (tomo 4 – **Direito internacional no tempo medieval**, esp. item 8.3 – *caminhos da instauração medieval* e tomo 5 – **Direito internacional no tempo de Francisco de Vitória**, item – *relação entre comunidades cristãs e não-cristãs no contexto medieval*).

1600 A respeito de Alberico GENTILI, ver **Tratado** (tomo 6 – **Direito internacional no tempo de Suarez, Gentili e Zouch**, cap. 16), bem como A. GENTILI, **De iure belli libri tres** (III. XIX).

1601 Y. ONUMA, *Conclusion: Law dancing to the accompaniment of Love and Calculation* (in **A normative approach to war**: peace, war and justice in Hugo Grotius, op. cit., 1993, chap. 11, p. 333-370).

Direito da guerra e da paz tinha o propósito prático de regular e de coibir a guerra,[1602] tanto interestatal como privada, e em suma, todo derramamento de sangue e uso de violência, por meio de estrutura normativa em múltiplas camadas, que o próprio GRÓCIO denominou "jurisprudência". Mas, cabe advertir a respeito do propósito de GRÓCIO:

> Não devemos tomar as suas palavras pelo seu valor nominal, ou santificá-lo, como o sábio de Delft, que devotou a sua vida à causa da paz, mediante a instauração da regência da sociedade internacional por normas jurídicas. Considerações de praticidade e de utilidade desempenham papel muito mais relevante no **Direito da guerra e da paz**, do que tem geralmente sido admitido.[1603]

As premissas básicas, mantidas ao longo de todo o **Direito da guerra e da paz**, incluem:

> – primeiro, o esforço coerente em evitar o desencadeamento da guerra, a matança e ferimentos aos inimigos, e a devastação ou pilhagem de propriedade inimiga, em tentativa muitas vezes feita às custas da consistência sistemática;
> – segundo, o método de argumentação, de acordo com o qual o direito de matar e de ferir inimigos, e de devastar ou pilhar propriedade inimiga, tal como reconhecido em passagens anteriores, são, por vários motivos, restringidos em seções posteriores;
> – terceiro, a abrangente discussão, por vezes extremamente elaborada, de praticamente qualquer problema passível de causar guerra e violência.

[1602] Como afirmava GRÓCIO (op. cit., 1625, Prolegômenos, 28).

[1603] ONUMA (op. cit., 1993, p. 333-334): "The view that **Jure belli ac pacis** is a treatise designed to serve the practical aim of regulating and restraining violence is not only based on GROTIUS own statement in Prol. 28 and his letter [i.e., Letter from Hugo GROTIUS to Johann CRELLIUS, 10 May 1631, in MEULENBROEK, **Briefwisseling van Hugo Grotius – IV – 1629-1630-1631**, The Hague, 1964, p. 392-393]. That conclusion emerges, ineluctably, from the whole structure and argumentation of **Jure belli ac pacis**, which cannot be understood as a coherent and consistent treatise unless it is read in this way." Ver GROTIUS, **Briefwisseling van Hugo Grotius 1597-1645** (Uitgegeven door P. C. MOLHUYSEN, P. L. MEULENBROEK, Paula P. WITKAM, Henry J. M. NELLEN en Cornelia M. RIDDERIKHOFF, Huyghens ING Institut, Jaar van publicatie 1928-2001, vols. I to XVII available on line – digitale versie: resources.huyghens.knaw.nl).

O tratamento de cada problema, e o desenvolvimento de cada tópico da argumentação, no **Direito da guerra e da paz**, podem ser explicados à luz da preocupação predominante de GRÓCIO em minimizar o derramamento de sangue.[1604]

O propósito de GRÓCIO é a explicitação de espaço de convivência entre os homens, não ligados entre si por vínculos de direito civil – "aqueles que perante os outros formam nações diversas".[1605] Entre estes, "dizem respeito aos tempos de guerra, ou aos períodos de paz".[1606] E explicita a interação entre ambas:

> como, porém a guerra é empreendida em prol da paz e como não há nenhuma contenda da qual não possa decorrer uma guerra, não será fora de propósito, no âmbito do direito da guerra, tratar de todas essas espécies de debates que surgem habitualmente. A própria guerra nos levará em seguida à paz, como a seu último fim.[1607]

Isso porque, "ao tratar do direito da guerra devemos ver o que é a guerra e de que direito se trata": Assim, a guerra é o estado de indivíduos, considerados como tais, que resolvem suas controvérsias pela força. Esta definição geral compreende todos os tipos de guerra.[1608]

GRÓCIO cuida, assim, da guerra em geral. Isso foi por ele afirmado,[1609] bem como se deduz de suas tentativas consistentes em formular proposições de validade universal. Contudo, o conceito de guerra efetivamente empregado, na formulação dessas proposições de caráter 'universal', em considerável extensão reflete as realidades contemporâneas da guerra na Europa moderna, em meio aos enfrentamentos da "guerra dos trinta anos" (1618-1648).[1610]

1604 ONUMA (op. cit., 1993, p. 334): "The war GROTIUS sought to regulate and restrain was not just some particular war of the seventeenth century. His target was war in general."
1605 H. GRÓCIO (op. cit., 1625, ed. 2004, I.I.I, p. 71).
1606 H. GRÓCIO (op. cit., 1625, ed. 2004, I.I.I, p. 71).
1607 H. GRÓCIO (op. cit., 1625, ed. 2004, I.I.I, p. 71).
1608 H. GRÓCIO (op. cit., 1625, ed. 2004, I.I.II – *Definição da guerra e origem da palavra*, p. 71-72): "Não excluo sequer a guerra privada que, sendo mais antiga que a guerra pública, e tendo incontestavelmente a mesma natureza, deve ser designada por esta razão, por este único e mesmo nome que lhe é próprio."
1609 H. GRÓCIO (op. cit., 1625, ed. 2004, desde os *Prolegômenos*, 1-3, 25-31, 38).
1610 Henry BOGDAN, **La guerre de trente ans 1618-16148** (Paris: Perrin-tempus, © 1997, ed. 2006, impr. 2010); Johannes BURKHARDT, **Der Dreissigjährige Krieg** (Frankfurt-Main:

O caráter abrangente do conceito de guerra em GRÓCIO tem de ser entendido:

– primeiro, em função das opiniões predominantes e das teorias que precederam GRÓCIO – em relação aos quais os estudos a respeito dele e da doutrina da guerra justa são normalmente confiáveis – "a questão da guerra foi reiteradamente tratada na história intelectual europeia, como a indagação de saber se um cristão poderia legitimamente tomar armas para lutar contra seu inimigo, sem contradizer os ensinamentos do cristianismo";
– segundo, seu conceito de autoridade legítima, em relação ao uso da força – e
– terceiro, as condições históricas, na divisão de poder, prevalecentes em seu tempo – os estudos a respeito de GRÓCIO e sobre a história do direito internacional, no tocante a ambos os pontos, tem mostrado graves distorções, ao projetar conceitos modernos sobre o passado – e isso se mostra, por exemplo: ao se considerar a possibilidade de guerra entre estado – *civitas* – e particular – *privatus* –, tal como entendido por GRÓCIO, era o mesmo ou pode ser considerado análogo ao que hoje existe entre um estado e um indivíduo? Ou os conceitos históricos distintos na obra **Direito da guerra e da paz**, sem equivalente em nosso tempo, em relação à separação incompleta que faz GRÓCIO, entre *causa*, no sentido de lei da causalidade, e *causa*, no sentido ético; a insuficiente distinção entre *público* e *privado*; a complexa relação entre direitos sobre pessoas e direitos sobre coisas, no seu tratamento do *imperium* e do *dominium*; e o caráter transitório e equívoco do *jus gentium*, entre três conceitos basilares, a saber, o *jus gentium* no direito romano, o direito comum a vários povos e o direito internacional.[1611]

Suhrkamp, 1992); Heinz Dieter KITTSTEINER (1942-2008), **Die Stabilisierungsmoderne** – Deutschland und Europa 1618-1715 (Munique: Carl Hanser, 2010); Dietmar PIEPER e Johannes SALTZWEDEL (Hg.), **Der Dreissigjährige Krieg** – Europa im Kampf um Glaube und Macht 1618-1648 (Munique: Deutsche Verlags-Anstalt, 2012), Bernd ROECK (hrsg.), **Deutsche Geschichte in Quellen und Darstellung** Band 4: **Gegenreformation und Dreissigjähriger Krieg 1555-1648** (Stuttgart: Reclam – Univ. Bibl. Nr. 17004, (c) 1996, impr. 2002); Friedrich SCHILLER, **Geschichte des dreissigjährigen Kriegs** (orig. publ. 1792, in F. SCHILLER, Werke in drei Bänden, unter Mitwirkung von Gerhard FRICKE, hrsg. von Herbert G. GÖPFERT, Munique: Carl Hanser, 1966, vol. II, p. 34-320); Fred E. SCHRADER, **L'Allemagne avant l'État-nation**: le 'corps germanique' (1648-1806) (Paris: PUF, 1998).

1611 ONUMA (op. cit., 1993, p. 335-336): "Hitherto in Europe, independent powers on various levels had existed within a lattice-like feudalistic relationship of rule, submission, and alliance." Mesmo se na Europa do século XVII tais estruturas medievais de poder

Se GRÓCIO via a sociedade internacional como composta por estados, ou como comunidade de indivíduos tem sido longamente debatido. Isso já foi considerado,[1612] em extenso estudo sobre GRÓCIO.

Essa questão não é indiferente, dado que GRÓCIO concebe o estado com elemento 'contratual', de homens livres, e estes são as unidades constituintes do estado, e não indivíduos moralmente indiferentes, destituídos de suas prerrogativas, por instituições sociais e políticas. Tampouco existe qualquer ideia do estado de natureza, como conceito metodológico, para estabelecer o estado, como entidade artificial.

A ideia do contrato social, em sentido estrito, não é adotada no **Direito da guerra e da paz**: a existência de poderes independentes, de vários níveis, compartilhando o direito e os meios de recorrer à força, também caracterizam a visão da sociedade internacional em GRÓCIO, bem como dos sujeitos de direito internacional.

A obra de GRÓCIO tem de ser compreendida à luz das condições históricas de seu tempo. A violenta luta pela independência, resistindo à opressão da ocupação estrangeira, que ajudou a forjar a identidade 'nacional', levando à aquisição da condição de estado soberano e independente pela Holanda e as demais "províncias unidas" tiveram impacto recente e direto sobre a vida e a obra dele.

Esse contexto específico,[1613] seria dado crucial para a compreensão da formulação grociana do estado, enquanto grupamento 'contratual' de indivíduos livres e responsáveis. E, de certa forma, isso se reflete, também na

descentralizado em vários níveis tinham se tornado, em boa medida, obsoletas, e substituídas por estados centralizados, nas mãos de monarcas absolutos, na medida em que os estados monárquicos absolutistas tinham sido erigidos sobre os mesmos princípios de governo, submissão e aliança, não poderiam eles suplantar totalmente o seu caráter descentralizado. A respeito, ver **Tratado** (tomo 4 – **Direito internacional no tempo medieval**), para situar o conceito de internacionalidade no contexto medieval.

1612 J. BASDEVANT, *Hugo Grotius* (in **Les fondateurs du droit international public**: leurs oeuvres, leurs doctrines, introduction de A. PILLET, Paris: V. Giard & E. Brière, 1904, p. 125-267).

1613 ONUMA (op. cit., 1993, *conclusion*, p. 338-339): "what is actually expounded in **Jure belli ac pacis** is not a coherent and distinct jurisprudence but rather a comprehensive normative approach, reinforced by appeals to the spirit of love and utility. / A 'secularized' natural law is a key to GROTIUS's normative approach. [...] GROTIUS's concept of natural law was substantiated not only by rules of law but also by moral, ethical and religious values shared by contemporary Europeans."

sua concepção da sociedade internacional: o mesmo que ele concebe para os indivíduos, em relação ao estado, se poria quanto aos estados, como componentes da ordem internacional.

Sempre tem GRÓCIO a preocupação em pôr limites ao que se faça na guerra.[1614] Como por exemplo:

> Torna-se necessário que retorne sobre meus passos e que retire aos que fazem a guerra quase todas as coisas que posso parecer tê-las concedido e que no entanto não as concedi a eles. [...] Essas coisas, contudo, saem da regra do justo que é colocada no direito estritamente dito ou no preceito das outras virtudes ou, ao menos, são colocadas de lado por uma conduta mais escrupulosa e mais digna de aprovação entre as pessoas de bem.[1615]

Nesse sentido, considerava GRÓCIO, "se as coisas tomadas numa guerra injusta devem ser devolvidas por aqueles que as tomou",[1616] e enfatizava:

> Não penso que se deva admitir a exceção que fazem alguns, a respeito daqueles que se utilizam de outros, se de algum modo houver neles algum traço de culpa, pois a culpa sem dolo basta para forçar à restituição. Há quem parece ser de opinião que as coisas tomadas na guerra, mesmo se não tivesse havido causa justa de guerra, estatuíram dar essas coisas aos que as tomassem. Ninguém é presumido renunciar facilmente a seu bem. A guerra, por si mesma, está bem longe da natureza dos contratos.[1617]

[1614] GRÓCIO (op. cit., 1625, ed. bras., 2004, III.X – *Advertências a respeito das coisas que se fazem numa guerra injusta*, p. 1216-1226).

[1615] GRÓCIO (op. cit., 1625, ed. bras., 2004, III.X.I.1, p. 1219-1221): "Quando pela primeira vez abordei a explicação dessa parte do direito das gentes (livro III, cap. 4), declarei que havia várias coisas que eram ditas ser de direito ou permitidas, porque são feitas impunemente, ou mesmo também porque a justiça coativa lhes empresta a sua autoridade".

[1616] GRÓCIO (op. cit., 1625, ed. bras., 2004, III.X.V.1, p. 1224-1225).

[1617] GRÓCIO (op. cit., 1625, ed. bras., 2004, III.X.V.1, p. 1224-1225) e completava (III.X.VI – *Se devem sê-lo também por aquele que as retém*, p. 1225-1226): "Aquele que não causou realmente o dano, ou que o causou sem culpa de sua parte, e que possui uma coisa, tomada por outro, numa guerra injusta, é obrigado a restitui-la porque não há nenhuma causa naturalmente justa pela qual seu proprietário deva ser privado dela, nem consentimento dele, nem punição merecida, nem compensação". Remete, ainda, ao livro II, cap. 9, no mesmo sentido.

Essa lição de humanidade em GRÓCIO é traço relevante de sua obra, e merece ser enfatizado. Mesmo quando as premissas sobre as quais constrói o seu sistema possam estar marcadas por visão adstrita ao seu espaço temporal: o contexto cristão europeu ocidental de seu tempo e de seu meio cultural.

O conjunto do direito internacional tem de ser considerado à luz das várias 'ordens mundiais' regionais – *regional 'world orders'* – dos séculos XVII, XVIII e XIX, bem como do fenômeno da 'globalização' do direito internacional 'europeu', ocorrido na época.[1618] Para aferir a possível universalidade, tanto por sua base conceitual como pelos desdobramentos práticos de determinada concepção.

Sustentar que a diferença de religião legitime a guerra equivale a negar o direito internacional.[1619] Essa questão ainda se punha, em 1625, para GRÓCIO, quando este redige o **De jure belli ac pacis**,[1620] e aceita a ideia de aliança "contra os inimigos do cristianismo". Nesse ponto, mais avançada a concepção de GENTILI, ao proclamar que a religião é um vínculo entre o homem e Deus, e esta nada tem a ver com o direito humano.[1621]

A afirmação de cada um se explica, ao menos em parte, pelas circunstâncias pessoais de cada um dos dois. Como contexto mais amplo vinha, ainda, na esteira das controvérsias suscitadas desde a Idade média, quanto

[1618] Y. ONUMA, *Eurocentrism in the History of International Law* (in **A normative approach to war**: peace, war and justice in Hugo Grotius, ed. by Y. ONUMA, Oxford: Clarendon Press, 1993, *Appendix*, p. 371-386); Arnulf BECKER LORCA, *Eurocentrism in the history of international law* (in **The Oxford Handbook of the History of International Law**, ed. by B. FASSBENDER e A. PETERS, Oxford: Univ. Press, 2012, chap. 43, p. 1034-1057); C. G. F. CASTAÑON, **Les problèmes coloniaux et les classiques espagnols du droit des gens** (RCADI, 1954, t. 86, p. 557-700); Jean MEYER, **L'Europe et la conquête du monde** – XVIe-XVIIIe siècle (orig. publ. **Les européens et les autres** – de CORTÉS à WASHINGTON, 1975, Paris: A. Colin, 2009).

[1619] E. NYS (op. cit., 1894, p. 159): "soutenir que la différence de religion légitime la guerre c'était en réalité nier le droit international".

[1620] H. GRÓCIO (op. cit., 1625, ed. 2004, II.XV.XII – *Todos os cristãos são obrigados a formar uma aliança contra os inimigos do cristianismo*, p. 667-668) termina esta passagem já mencionada nos termos seguintes: "Todos os cristãos devem pois contribuir nessa causa comum com homens e dinheiro na medida de suas possibilidades. Não vejo como poderiam deixar de fazê-lo, a menos que estivessem impedidos por uma guerra inevitável ou por algum outro infortúnio similar."

[1621] A. GENTILI, **De jure belli** (1598, I.IX – *An bellum justum sit pro religione*) justificava, contudo, que os cristãos "fizessem guerra aos Turcos porque estes se conduziam como inimigos", cfr. A. GENTILI, **De jure belli** (1598, I.XII; e tb. III.XIX); **Tratado** (tomo 6 – **Direito internacional no tempo de Suarez, Gentili e Zouch**, cap. 16).

à possibilidade e à extensão da celebração de acordos com infiéis. E cabe ainda considerar em nossos tempos pós-modernos, na medida em que a diferença entre civilizações chega a ser apresentada como motivo para inexoráveis conflitos: passados vários séculos, igualmente se coloca para nós a questão da diversidade cultural e da construção de direito internacional que adote perspectiva intercivilizacional, cuja necessidade em nosso mundo tão adequadamente se sustenta.[1622]

O estudo do **De jure belli ac pacis**, de GRÓCIO foi considerado crucial para a compreensão da evolução do conjunto do direito internacional moderno.[1623] E se conclui ser a obra de GRÓCIO livro seminal na história do direito internacional. Mas sem deixar de referir em relação a GRÓCIO a necessidade de atentar antes para a "busca grociana", mais do que necessariamente para as "soluções grocianas" – em instigante paralelo com o ensinamento de BASHÔ: "não procure o que os sábios ensinam, mas o que os sábios procuram".[1624]

A busca grociana e a convicção deste na perfectibilidade do homem e das instituições humanas, inclusive no direito internacional se sustentam e permanecem válidas. Mesmo quando se questiona a universalidade da teoria, sobre a qual GRÓCIO constrói o seu sistema, como decorrência de mundo dominado por visão eurocêntrica:

[1622] Y. ONUMA, **A Transcivilizational Perspective on International Law** (RCADI, 2009, vol. 342; tb. publ. Haia: Pocketbooks of the Hague Academy of International Law, 2010). Compare-se a perspectiva 'intercivilizacional' de ONUMA com a perspectiva confrontacional, adotada por Samuel HUNTINGTON, **O choque de civilizações** e a recomposição da ordem mundial (orig. publ. **The clash of civilizations and the remaking of the world order**, 1996, trad. M. H. C. CORTES, Rio de Janeiro: Objetiva, 1997).

[1623] Y. ONUMA, **A normative approach to war** (op. cit., 1993, *Preface*, p. V-VII, cit. p. V): "Through these researches the Group seeks to clarify its own views, to understand current issues of international law within their philosophical, political, historical, and multi-cultural context, and ultimately to develop an approach which can overcome the defects of the so-called 'positivistic' approach without reducing the science of international law to an ideology whose actual role is to justify the values, power position, and interests of dominant states."

[1624] Y. ONUMA, *Conclusion: Law dancing to the accompaniment of Love and Calculation* (in ONUMA, op. cit., 1993, chap. 11, p. 333-370, cit. p. 370, e nota 72): "FALK's emphasis on the '*Grotian quest*' rather than the '*Grotian solution*' (1981b, p. XIII-XXI) calls to mind this saying by a distinguished 18th century Japanese poet – an example, perhaps, of the universality of truth, overcoming barriers of nationality and time." Reporta-se ao prefácio de R. FALK à obra de C. S. EDWARDS, **Hugo Grotius: the miracle of Holland** – a Study of Political and Legal Thought (Chicago, 1981, p. XIII-XXI).

O direito natural no **De iure belli ac pacis** é teoricamente independente do Deus cristão, e nessa medida, vai além do 'universalismo' cristão. Contudo, a existência e a universalidade do direito natural, que pareciam evidentes para GRÓCIO, se verifica, indutiva e empiricamente, com base em vasta amostragem de material, abrangendo o período desde a Antiguidade europeia até a Europa medieval. Esse conjunto procede quase integralmente do contexto da civilização europeia: enquanto CRISTO é citado, BUDA não o é; ARISTÓTELES e CÍCERO são reportados como fontes de autoridade, mas CONFÚCIO não.[1625]

Justamente é essencial entender os textos que influenciaram o desenvolvimento do direito internacional moderno, levando em conta o tempo histórico e o contexto cultural, no qual estes foram escritos.[1626] O que leva a examinar o **De Jure belli ac pacis** de GRÓCIO, bem como o **De Jure gentium et naturae libri octo** de Samuel PUFENDORF, além de VITORIA e VATTEL, como "outros autores importantes".[1627] E depois de ONUMA e seus discípulos estudarem conjuntamente, durante anos, as obras principais de GRÓCIO e de PUFENDORF, bem como considerável literatura secundária a respeito, concluem VITÓRIA teria sido o mais "universal" dentre os modernos internacionalistas europeus, ao fundamentar o seu conceito de direito internacional sobre premissa aceitável para o conjunto dos seres humanos, e não somente para o conjunto das potências europeias.[1628]

1625 Y. ONUMA (op. cit., 1993, *Appendix*, p. 377): "True, there is a distinction between the universality of ideas and the universality of the authorities cited as giving expression to those ideas. But it is obvious that the natural law which GROTIUS insists is the universal law of mankind would not have been recognized as such, for example, in China, or in India at the same period. Moreover, GROTIUS did not insist that the law of nations must be always common to all nations, but was satisfied if it was accepted by a great many nations, 'European nations' or 'nations having the same higher civilization as that of Europe'. Tacitly assumed here is the practice of states within the sphere of European civilization, a civilization going back to the age of the Greek city-states and located in a particular part of the world."

1626 Como se considera no **Tratado** (tomo 20 – **Direito internacional, história e cultura**).

1627 Y. ONUMA (op. cit., 1993, *Preface*, p. V-VII). Cf. **Tratado** (tomos 5 – **Direito internacional no tempo de Francisco de Vitória**, 9 – **Direito internacional no tempo de Samuel Pufendorf**, 12 – **Direito internacional no tempo de Vattel e von Martens**).

1628 Y. ONUMA, *Conclusion: Law dancing to the accompaniment of Love and Calculation* (in ONUMA, op. cit., 1993, chap. 11, p. 333-370).

Além do estudo e do conhecimento do texto de GRÓCIO em si, foi esta obra considerada crucial, para a compreensão do direito internacional moderno. E a partir das transformações e das vicissitudes sofridas por este, passando pelo direito internacional clássico, até chegar ao direito internacional de nosso presente contexto pós-moderno.

Dado central a ser conservado a respeito da contribuição deste jurista, para a história da evolução do pensamento humano, a lição de GRÓCIO se pautava sempre pela humanidade:

> Do mesmo modo que com relação às leis civis, desculpamos aqueles que não tiveram conhecimento ou compreensão das leis, assim também, a respeito das leis da natureza, é justo que aqueles a quem a fraqueza do juízo ou a deficiência de educação são um obstáculo sejam desculpados (MATEUS, X,15; LUCAS, XII, 47-48). Do mesmo modo que a ignorância da lei, se é inevitável, suprime a falta, assim também quando está unida a alguma negligência, diminui o delito.[1629]

GRÓCIO lembrava:[1630] "PLATÃO disse com sabedoria que 'a pena daquele que está no erro é ser instruído'."[1631] Esse espírito humanista e voltado para a perfectibilidade e o aperfeiçoamento do ser, como das sociedades humanas, nos vem em linha direta com a melhor tradição da civilização ocidental, na sua combinação de elementos judaico-cristãos, gregos e romanos, extensamente referidos por GRÓCIO em toda a sua obra.

Deste sucinto exame dos principais elementos da importante obra de GRÓCIO se pode passar às conclusões do presente tomo.

[1629] H. GRÓCIO (op. cit., 1625, ed. bras., 2004, II.XX.XLIII – *Deve-se, no direito de natureza, separar as coisas manifestas daquelas que não o são*, p. 855-856, cit. n. 2, p. 856).

[1630] GRÓCIO (op. cit., 1625, ed. bras., 2004, II.XX.L – *Não contra aqueles que tem falsas opiniões sobre o sentido da lei divina, o que é esclarecido pelas autoridades e por exemplos*, p. 874-878, cit. n. 5, p. 877-878).

[1631] PLATÃO, **República** (intr. e notas de Robert BACCOU, trad. J. GUINZBURG, São Paulo: Difel, 1973, 2 vols., I.11); PLATÃO, **The Republic** (with an English translation by Paul SHOREY, Cambridge, Ma./Londres: Harvard UP/Heinemann, I. Books I-V, LCL 237, PLATO V, 1st. publ. 1930, reprinted 1978; II. Books VI-X, LCL 276, PLATO VI, 1st. publ., 1935, reprinted, 1987, cit. I.11).

CONCLUSÕES

Se chama direito das gentes tanto o que foi aceito por cada nação, sem obrigação mútua, quanto o que contém em si uma mútua obrigação.[1632]
Quanto a mim, sigo aqui e em outros lugares a liberdade dos antigos cristãos que não se haviam comprometido com a escola de nenhum dos filósofos, não porque eles concordassem com aqueles que diziam que nada pode ser percebido pelo conhecimento – o que é o cúmulo da loucura –, mas porque eles pensavam que não existia escola alguma que tivesse contemplado a verdade por inteiro, nenhuma que tivesse percebido senão alguns segmentos da verdade. Por isso, eles julgavam que reunir num conjunto as verdades esparsas de cada filósofo e disseminadas no seio de escolas, nada mais era que fundar um ensinamento verdadeiramente cristão.

H. GRÓCIO (1625, ed. 2004)[1633]

A GRÓCIO e somente a GRÓCIO cabe o mérito supremo de ter proclamado a primazia do direito internacional positivo e objetivo, conservando seu caráter específico, que supõe a independência soberana dos estados particulares vinculados por esse direito. A moderna teoria do direito internacional, em sua busca de novos princípios, tem muito a buscar na doutrina de GRÓCIO, embora o tesouro das suas ideias, sempre profundas, por vezes se exprima de maneira muito sumária e parcialmente.

G. GURVITCH (1927)[1634]

1632 H. GRÓCIO, **De jure belli ac pacis** (op. cit., 1625, ed. 2004, III.I.VIII, p. 1029).
1633 H. GRÓCIO (op. cit., 1625, Prolegômenos, § 42).
1634 Georges GURVITCH, *La philosophie du droit de Hugo Grotius et la théorie moderne du droit international* – à l'occasion du tricentenaire du **De jure belli ac pacis**, 1625-1925 (Revue

> A passagem de quadro referencial do paganismo ao cristianismo tem lugar no século IV constantiniano, mas a visão de uma *Pax romana* cristã, a *Respublica christiana* latina católica, somente foi proposta no século V, na **Cidade de Deus** de santo AGOSTINHO. Santo TOMÁS DE AQUINO e os escolásticos meditaram sobre esse lugar comum católico, de inumeráveis facetas, a *guerra justa*. Eles foram continuados e renovados pelo grande jurista calvinista Hugo GRÓCIO (**De jure belli ac pacis**, 1625), pensador e prático da diplomacia laica europeia, tal como se impôs em 1648 entre estados católicos e estados protestantes, após as longas e fastidiosas negociações de Vestfália, pondo fim à guerra de Trinta anos, e prevalecendo como regra do jogo europeu até a galicana revolução francesa.
>
> M. FUMAROLI (2023)[1635]

É simplista afirmar que GRÓCIO seja o fundador do direito internacional moderno. Tal assertiva é reducionista de todas as demais contribuições de seus coetâneos, bem como de predecessores, ao longo de muitas centenas de anos, oriundas de diferentes tradições culturais. Como ele mesmo se situa, desde o momento em que expõe o seu método de trabalho e de construção de sua fundamentação do direito das gentes. Como

de Métaphysique et de Morale, t. 34, no. 3, juil.-sept. 1927, p. 366-391, publ. Paris: Presses universitaires de France – online https://www.jstor.org/stable/40896476, cit. p. 387): "C'est à GROTIUS et seulement à GROTIUS que revient le suprême mérite d'avoir proclamé la primauté du droit international positif et objectif tout en lui conservant son caractère spécifique, qui suppose l'indépendance souveraine des états particuliers liés par ce droit. La théorie moderne du droit international dans ses recherches de principes nouveaux a beaucoup à puiser dans la doctrine de GROTIUS, bien que le trésor de ses idées, toujours profondes, soit exprimé parfois très sommairement et partiellement."

[1635] Marc FUMAROLI, **Dans ma bibliothèque – la guerre et la paix** (Paris: Gallimard – tel, 2023, *La seconde fondation de Rome et la fin de la République*, p. 96-103, cit. p. 97): "Le passage de témoin du paganisme au christianisme aura lieu au IVe. siècle constantinien, mais la vision d'une *Pax romana* chrétienne, la *Respublica christiana* latine catholique, ne se proposa qu'au Ve. siècle, dans **La cité de Dieu** de saint AUGUSTIN. Saint THOMAS D'AQUIN et les Scholastiques méditèrent sur ce lieu commun *catholique*, aux innombrables facettes de la *guerre juste*. Ils furent continués et renouvelés par le grand juriste calviniste Hugo GROTIUS (**De jure belli ac pacis**, 1625), penseur et praticien de la diplomatie laïque européenne telle qu'elle s'imposa en 1648 entre états catholiques et états protestants, dans les longues et fastidieuses négociations de Westphalie, mettant fin à la guerre de Trente ans, et prévalant au titre de règle du jeu européen jusqu'à la gallicane révolution française."

perfazimento de longa tradição de reflexão sobre a guerra – e os elementos necessários para a guerra justa – que vinha desde os romanos antigos, até o seu tempo histórico e contexto cultural, de enfrentamento de conflitos externos e de violências internas, conjugados no período de consolidação da configuração política das Províncias Unidas, bem como da afirmação da identidade nacional.

Ao mesmo tempo, se reconhece que GRÓCIO ocupa lugar de destaque na evolução do direito internacional no tempo: sua colocação é inestimável. Sempre se há de referir ao estado da matéria, antes e depois dele.

Situação talvez única, na perspectiva do direito internacional no tempo. Por mais que se façam paralelos com VITÓRIA, SUAREZ, ou GENTILI, ou voltando os olhos para o futuro, com WOLFF, VATTEL ou von MARTENS.

Por isso, nenhum exame da matéria pode deixar de considerar GRÓCIO, e apontar a situação do direito internacional que o precede, que o acompanha, e que o sucede. Os desenvolvimentos, por ele aportados, são notáveis. Não somente em sua obra maior, o **De jure belli ac pacis**, mas também nas demais – o **Mare liberum**, separadamente considerado, ou como parte do **De jure praedae**, bem como o **Tratado sobre o poder**. Sem aqui mencionar as obras históricas, teológicas e poéticas.

GRÓCIO ocupa lugar incontornável na história do direito internacional, e na evolução do seu conteúdo. Os principais aspectos foram, aqui, mencionados. Mas, de modo consentâneo com a inserção do direito internacional no tempo histórico e no contexto cultural, não se pode situar e compreender GRÓCIO sem os autores antigos – tanto gregos e romanos, quanto da tradição bíblica –, do enorme aporte à sua obra pelos teólogos e escolásticos medievais, bem como dos tratadistas da guerra – AYALA, BELLI, LEGNANO – estes vão do final da era medieval ao início da moderna – além dos autores modernos – tanto no direito internacional, propriamente dito, tais como VITÓRIA, SUAREZ ou GENTILI, ao lado de outros, como de SOTO e VAZQUEZ DE MENCHACA, bem como de outras áreas do conhecimento, mesmo quando GRÓCIO não os cita diretamente, sentimos a presença destes e de suas obras, na argumentação por ele construída e expendida – como se dá, notadamente, com SUAREZ e HOBBES. Esse diálogo das fontes se produz, mesmo em se tratando de autor que deveria ter sido mais extensamente citado, como se dá em relação a SUAREZ; mesmo sem estar citado, quanto deveria, ou poderia, sua obra dialoga com a de GRÓCIO, mais do que transparece, à primeira vista.

Todo esse conjunto se inscreve em momento crucial para a configuração da identidade nacional neerlandesa, que emergia de oito décadas de luta, pela libertação nacional, rumo ao "século de ouro" holandês, florescendo em inovações na política e na sociedade – tolerante, em relação a terceiros, porém intolerante, nas relações entre subdivisões calvinistas – com extraordinária produção na cultura e nas artes, entidade política que se inscreve como 'república', em meio aos regimes monárquicos, predominantes naquela altura.

Curiosamente, os antigos colonizados logo se lançam como colonizadores – e encetam, ao lado de outras iniciativas, o chamado "Brasil holandês", que pode ter durado pouco mais de um par de décadas, mas deixou profundas marcas, em ambos os lados – dos quadros de REMBRANDT pintados sobre placas de madeira, provenientes da exportação de açúcar do Brasil, à qualidade e quantidade da documentação, coletada e conservada, a respeito desse território, não somente nas obras de Franz POST e Albert ECKHOUT, como também pelos registros científicos, documentação sobre a fauna e a flora – caso único nas Américas, na época em que tal acervo foi constituído.

Pode-se argumentar quanto da obra de GRÓCIO seria o perfazimento da tradição medieval de tratados sobre a guerra – não por acaso, ele denomina seu livro, direito da guerra e da paz – ou inovaria como espécie de protótipo de um manual de direito internacional, tal como passam a ser produzidos a partir do século XVIII, e se multiplicam até nossos tempos pós-modernos. Ambas as leituras são defensáveis, e tem argumentos respaldados por seu conteúdo. Mas o conjunto da obra grociana é mais rico e mais variado, do que somente uma direção aponta.

A riqueza do trabalho de GRÓCIO é justamente permitir que leituras e interpretações tão diversificadas sejam feitas. O legado pode ser discutido e abordado de modos distintos. Não somente em relação ao direito da guerra e da paz, como à liberdade de navegação e ao direito de presas, o direito das gentes voluntário e o direito de legação. Todas essas facetas mostram a enorme presença de GRÓCIO, no direito internacional moderno.

Todas essas facetas podem ser consideradas, quando se trata de avaliar a herança crítica e a repercussão da obra de GRÓCIO. E contribuir para situar GRÓCIO nos limites do direito da guerra. E da perquirição dos elementos que podem tornar justa uma guerra. Como parte de esforço para se restabelecer a paz?

A obra de GRÓCIO permanece presente nos momentos seguintes da evolução do direito internacional no tempo – no assim chamado direito internacional além do paradigma vestfaliano. E na transição do direito internacional moderno, com destaque para seu discípulo Samuel PUFENDORF, se desdobra e se estende no direito internacional clássico, com Cornelius van BYNKERSHOEK, com Christian WOLFF, com Emer de VATTEL.

A presença de GRÓCIO é constante e as remissões ao seu trabalho são inexoráveis, no direito internacional no tempo. Há quatro séculos. Conhecer os elementos básicos e contextualizar no tempo histórico e no meio cultural a gênese, o crescimento e os desdobramentos de sua obra são imperativos, no manejo dos conceitos básicos da disciplina.

A construção do 'direito da guerra e da paz' em GRÓCIO conjuga ecos de tradição que remonta no tempo – o respeito instintivo das leis da guerra e da honra, e o mal estar, diante das violações destas, que se sente, desde a **Ilíada** de HOMERO, entre os combatentes gregos e troianos – como eco distante do direito natural e dos ditames da guerra justa, que perpassa séculos de civilização cristã, com consideráveis oscilações, em sua configuração – desde o pacifismo de CRISTO, até as cruzadas, alegadamente feitas em defesa da fé, até outras 'cruzadas', tanto ou ainda mais espúrias, que se façam contra o 'terror', contra os estrangeiros, contra as minorias, ou em defesa de supostos valores basilares, alegadamente ameaçados, como descontroladamente se multiplicam em nossos tempos de recrudescimento de nacionalismos e visões retrógadas, institucionalizadas como baluartes de proteção de valores – quais valores?

GRÓCIO também viveu e teve de enfrentar tempos conturbados e de mudança de contextos culturais considerados aceitáveis ou desejáveis. Nesse esforço, valeu-se da tradição multissecular do Ocidente, dos legados greco-romano, como também judaico-cristão, para trazer parâmetros de conduta da guerra. O que, exatamente em seu tempo, se vivia ou se vivera – quer internamente, nas Províncias unidas, em luta contra a ocupação e a dominação estrangeira, mas já se projetando como colonizadores, em relação a outros povos, como externamente, em meio às três décadas de conflito armado na Europa, não somente da guerra dos Trinta anos, como de outras, antes, durante e depois desta. E que se prolongam, também até hoje.

Tanto mais fascinante o conjunto, quando se consideram as circunstâncias da vida em relação à obra: ele constrói o seu monumento de direito internacional moderno em meio às atribulações da vida política e das mudanças institucionais das Províncias Unidas de seu tempo, que emergiam da luta pela independência, para se consolidarem política e institucionalmente. Conheceu os revezes da fortuna, viu-se em meio às lutas partidárias conjugadas com controvérsias confessionais entre subdivisões calvinistas, conheceu a expropriação de seus bens e a condenação à prisão perpétua, mas consegue evadir-se – como em romance de aventuras, escondido na sua caixa de livros – passa pelo exílio, e fragilidade de situação na França de LUÍS XIII, objeto de desentendimento e de perseguição pelo poderoso cardeal de RICHELIEU, encontra reconhecimento por parte da rainha CRISTINA da Suécia, e se torna o embaixador sueco junto à corte francesa. Depois de todas essas agruras e percalços, morre aos sessenta e dois anos, em consequência das sequelas do naufrágio do navio, que sofreu quando viajava no mar do Norte.

Algo intrigante e fascinante se destaca do conjunto da trajetória intelectual e vital de GRÓCIO. Um pouco deste é o objeto do presente tomo do direito internacional no tempo.

REFERÊNCIAS

ACCIOLY, H., **Tratado de direito internacional** (com prefácio P. B. CASELLA à terceira edição histórica, Brasília: Funag / São Paulo: Quartier Latin, 2009, 3 vols.)

AGASSIZ, Luiz; AGASSIZ, Elizabeth Cary, **Viagem ao Brasil** 1865-1866 (trad. João ETIENNE Filho, apres. M. Guimarães FERRI, Belo Horizonte: Itatiaia / São Paulo: Edusp, 1975)

AGO, R.; SCHIEDERMAIR, H.; RIPHAGEN, W.; TRUYOL Y SERRA, A.; FEENSTRA, R., **Commémoration du quatrième centenaire de la naissance de GROTIUS / Commemoration of the fourth century of the birth of GROTIUS** (RCADI, 1983, t. 182, p. 371-469)

AGO, Roberto, *Le droit international dans la conception de Grotius* (in **Commémoration du quatrième centenaire de la naissance de Grotius / Commemoration of the Fourth Centenary of the Birth of Grotius**, RCADI, 1983, t. 182, p. 375-398)

AGUILAR, Nelson (org.), **O olhar distante** – a paisagem brasileira vista pelos grandes artistas estrangeiros 1637-1998 (São Paulo: Fundação Bienal de São Paulo – Associação Brasil 500 anos artes visuais, 2000, esp. caps. '*Frans POST (1592-1680)*', p. 76-109, e '*Albert ECKHOUT (1610-1665)*', p. 110-111)

AIRES DE CASAL, Manuel, **Corografia brasílica** ou relação histórico-geográfica do reino do Brasil (orig. publ. 1817, pref. M. Guimarães FERRI, Belo Horizonte: Itatiaia / São Paulo: Edusp, 1976)

ALEXANDROWICZ, C. H., *Grotius and India* (orig. publ. 1954, in **The Law of Nations in global history**, ed. by D. ARMITAGE and J. PITTS, Oxford: Univ. Press, 2017, chap. 7, p. 113-120)

___, *Freitas versus Grotius* (orig. publ. 1959, in **The Law of Nations in global history**, ed. by D. ARMITAGE and J. PITTS, Oxford: Univ. Press, 2017, chap. 8, p. 121-139)

___, **Treaty and diplomatic relations between European and South Asian powers in the seventeenth and eighteenth centuries** (RCADI, 1960, t. 100, pp. 203-322)

ALPERS, Svetlana, **O projeto de Rembrandt** – o ateliê e o mercado (orig. publ. **Rembrandt's enterprise** – the studio and the market, 1988, trad. Vera PEREIRA, coord. Sérgio MICELI, São Paulo: Companhia das letras, 2010)

ALTHUSIUS, Johannes, **Política** (orig. publ. **Politica methodice digesta**, 1603-1614, ed., trad para o inglês e intr. Frederick S. CARNEY, pref. Daniel J. ALAZAR, trad. Joubert de Oliveira BRÍZIDA, Rio de Janeiro: Topbooks – Liberty Fund, 2003)

AMARAL, Sylvino Gurgel do, **Ensaio sobre a vida e obras de Hugo de GROOT (GROTIUS)** (Paris/Rio de Janeiro: H. Garnier, 1903)

AMBRÓSIO [AMBROSIUS], **De officiis ministrorum** (ed. by M. TESTARD, Turnhout, Be: Brepols – Corpus Christianorum, 2001)

ANTONIL, André João [pseudônimo de João Antonio ANDREONI, S.J.], **Cultura e opulência do Brasil** por suas drogas e minas, com várias notícias curiosas do modo de fazer o Assucar, plantar & beneficiar o tabaco, tirar ouro das Minas & descubrir as da Prata, & dos grandes emolumentos que esta conquista da América meridional dá ao reino de Portugal ("texto confrontado com o da edição de 1711, com um estudo biobibliográfico por Affonso de E. TAUNAY, nota bibliográfica de Fernando SALES, vocabulário e índices antroponímico, toponímico e de assuntos de Leonardo ARROYO", Belo Horizonte: Itatiaia / São Paulo: Edusp, 1982, 3ª ed., 1997)

APIANO [APPIAN], **Roman History** (with an English translation by Horace WHITE, Cambridge, Ma. / London: Harvard UP / APPIAN I LCL 2, © 1912, I-VIII.1; APPIAN II, LCL 3, © 1913, reprinted 2005, VIII.2-XII; APPIAN III LCL 4, © 1913, reprinted 2002; APPIAN IV LCL 5, © 1913, reprinted 2000)

ARBLASTER, Paul, **A history of the Low Countries** (orig. publ. 2006, New York: Palgrave Macmillan, 2012)

ARISTÓTELES, **The Nicomachean Ethics** (original grego com tradução em inglês de H. RACKHAM, first publ. 1926, Cambridge, Ma. / London: Harvard UP, LCL 73, ARISTOTLE vol. XIX, reprinted 2003)

___, **Ética a Nicômaco** (trad. de Leonel VALLANDRO e Gerd BORNHEIM da versão inglesa de W. D. ROSÁ, São Paulo: Abril, 1973)

___, **Politics** (original grego com tradução em inglês de H. RACKHAM, first publ. 1932, Cambridge, Ma. / London: Harvard UP, LCL 264, ARISTOTLE vol. XXI, reprinted 2005)

___, **Política** (trad. Nestor Silveira CHAVES, Bauru: Edipro, 1995)

___, **The 'art' of rhetoric** (original grego com trad. em inglês por John Henry FREESE, Cambridge, Ma./ London: Harvard UP, LCL 193, ARISTOTLE XXII, first publ. 1926, reprinted 2006)

___, **Arte retórica** e **Arte poética** (intr. e notas de Jean VOILQUIN e Jean CAPELLE, trad. Antonio Pinto de CARVALHO, São Paulo: Difel, 1959)

ARND, I., ***Ioh. ARNDII* Specimen de Hugone Grotio a commentatoribus iuris belli ac pacis immerito vapulante** (Rostock, 1712)

ARRIANO [ARRIANUS], **ARRIANOU ALEXANDROU ANABASEOS – Anabasis of Alexander** (with an English translation by P. A. BRUNT. Cambridge, Ma.: Harvard U.P. / LCL 236 – ARRIAN I, ed. by E. ROBSON, 1st publ. 1929, rev. text and translation with new introduction, notes and appendixes, 1976, books I-IV e Appendixes; LCL 269 – ARRIAN II, 1st publ. 1933, reprinted 2000, books V-VII)

AULO GÉLIO [AULUS GELLIUS], **Noctes Atticae** (with an English translation by John C. ROLFE, Cambridge, Ma. / Londres: Harvard U. P., 3 vols., LCL 195 AULUS GELLIUS I, first publ., 1927, rev. and reprinted, 1946; LCL 200, AULUS GELLIUS II, first publ. 1927, reprinted 2006; LCL 212 AULUS GELLIUS III, first publ. 1927, rev. and reprinted 1952)

AUSTIN, John, **The Province of Jurisprudence determined** (orig. publ. 1832, Londres: Weidenfeld and Nicolson, 1954)

AUTRAND, Françoise; BÉLY, L.; CONTAMINE, P.; LENTZ, T. (dir. de), **Histoire de la diplomatie française** I. Du Moyen Âge à l'Empire (présentation de Dominique de VILLEPIN, Paris: Perrin – tempus, ed. orig. 2005, reimpr. 2007)

BADRINATH, Chaturvedi, **Mahabharata** – an inquiry in the human condition (Hyderabad, India: Orient Longman P.L., 2007)

BARCIA TRELLES, Camilo, **Francisco de Vitória et l'école moderne du droit international** (RCADI, 1927, t. 17., p. 109-342)

BARREAU, Jean-Claude, **Un capitalisme à visage humain** – Le modele vénitien (Paris: Fayard, 2011)

BARSTON, R. P., **Modern diplomacy** (orig. publ. 1988, Harlow, England: Pearson Longman. 3ª ed., 2006)

BASDEVANT, Jules, *Hugo Grotius* (in **Les fondateurs du droit international public**: leurs œuvres, leurs doctrines, introduction de A. PILLET, Paris: V. Giard & E. Brière, 1904, p. 125-267)

BEC, Christian, **Histoire de Venise** (Paris: PUF, © 1993, 3ª ed., 2005)

BECKER LORCA, A., *Eurocentrism in the history of international law* (in **The Oxford Handbook of the History of International Law**, ed. by B. FASSBENDER e A. PETERS, Oxford: Univ. Press, 2012, chap. 43, p. 1034-1057)

BELLEC, François, **Marchands au long cours** (Paris: Ed. du Chêne / Hachette, 2003)

BÉLY, Lucien, **L'art de la paix en Europe** – naissance de la diplomatie moderne XVIᵉ – XVIIIᵉ siècle (Paris: PUF, 2023)

___, **Les relations internationales de l'Europe** – XVIIᵉ – XVIIIᵉ siècles (orig. publ. 1992, Paris: PUF, 4ᵉ éd., 2013)

___, **La France au XVIIᵉ siècle** – puissance de l'état, contrôle de la société (Paris: PUF, 2009)

BERGERET, Jean, **La violence fondamentale** (Paris: Dunod, 2014)

Biblia Sacra iuxta **Vulgatam Clementinam** (nova editio, logicis partionibus aliisque subsidiis ornata a A. COLUNGA et L. TURRADO, Madri: Biblioteca de autores cristianos, 1977 – esp. Liber Deuteronomii, p. 140-172; Numeri, p. 105-140; II Samuelis (II Regum), p. 247-270)

BLOCH, Ernst, **La philosophie de la Renaissance** (Paris: Payot, 1974)

___, **Vorlesungen zur Philosophie der Renaissance** (Frankfurt: Suhrkamp 1972)

BLOM, Onno, **Young Rembrandt** – a biography (orig. publ. **De jonge Rembrandt**, 2019, translated by Beverley JACKSON, London: Pushkin Press – Nederlands letterenfonds / Dutch foundation for literature, 2019)

BÖCKLER, Ioh. Henr., ***Ioh. Henr. Boecleri* in Hug. GROTII de iure belli et pacis** ad illustrissimum Baronem Boincburgium commentatio (tomo I, Argent., 1663; tomo II, Argent., 1664; nova ed., cum praefatione SCHILTERI, Argent., 1704)

BODIN, Jean, **Les six livres de la République** (orig. publ. Paris: Jacques Du Puys, 1576, edição cf. a 10ª ed., publicada em Lyon: Gabriel Cartier, em 1593, reimpressa em 1594, Corpus des œuvres de philosophie en langue française, Paris: Fayard, 1986, 6 vols.)

BOÉCIO [ANICII MANLII SEVERINI BOETHII], **Philosophiae Consolationis** (ou **Consolation de la philosophie,** edição bilingue, traduction nouvelle en prose et en vers avec le texte en regard par Louis Judicis de MIRANDOL, Paris: Guy Trédaniel / Ed. de la Maisnie, 1981)

___, **La consolation de la philosophie / Philosophiae consolationis** (traduction nouvelle avec une introduction et des notes par Aristide BOCOGNANO, Paris: Garnier, 1937)

BOECLERI, Ioh. Henr., **Diss. de Minöe maris domino** (Argent. 1656 et 1669)

BOEHMER, I. C., ***Iust. Chr. BOEHMERI*** **Dissertationes XV. Grotianae** (Helmstedt, 1703)

BOEHMER, Ioh. Sam. Friedr., **Diss. de servaticio, quod vulgo *Bergelohn* vocant** (Halae, 1743)

BOGDAN, Henry, **Histoire de l'Allemagne** – de la Germanie à nos jours (orig. publ. 1999, Paris: Perrin-tempus, 2003, impr. 2010)

___, **La guerre de trente ans 1618-16148** (Paris: Perrin-tempus, © 1997, ed. 2006, impr. 2010)

___, **Histoire des Habsbourg** – des origines à nos jours (Paris: Perrin-tempus, 2002, impr. 2005)

BOGHICI, Jean (org. & Instituto Cultural França-Brasil), **Missão artística francesa e pintores viajantes** (exposição) (Rio de Janeiro: Fundação Casa França Brasil, 1990)

BOROUGHS, sir John, Keeper of the Records in the Tower of London, **The Sovereignty of the British Seas in the year 1633, proved by records, history and the municipal laws of this Kingdom** (written in the year 1633, ed. with introductory essay and notes by Thomas Callander WADE, Edinburgh: W. Green & Son Ltd., 1920, "the Latin original of 1633 was never published; the English version was not printed till 1651. The present edition is reprinted from the edition of 1651, collated with the Latin and English manuscripts, and with the original documents of the Record Office", online access provided by Berkeley Law Library)

BOXER, Charles Ralph, **Salvador de Sá e a luta pelo Brasil e Angola** 1602-1686 (orig. publ. **Salvador de Sá and the struggle for Brazil and Angola** 1602-1686, em 1952, trad. Olivério M. de Oliveira PINTO, São Paulo: Nacional-Edusp, 1973)

BOZARSLAN, Hamit, **Crise, violence, dé-civilisation** – Essai sur les angles morts de la cité (Paris: Éd. CNRS, 2019)

BRAUDEL, Fernand, **O modelo italiano** (orig. publ. **Le modèle italien**, 1989, trad. Franklin de MATTOS, São Paulo: Companhia das Letras, 2007)

___, **La méditerranée et le monde méditerranéen à l'époque de Philippe II** (orig. publ. 1949, Paris: Armand Colin, © 1966, 8e ed., 1987, 2 vols.)

___, **Civilisation matérielle, économie et capitalisme XVe-XVIIIe siècle** vol. I: **Les structures du quotidien: le possible et l'impossible** (Paris: Armand Colin 1979)

___, ___ vol. II: **Les jeux de l'échange**, Paris: Armand Colin, 1979)

___, ___ vol. III: **Le temps du monde**, (Paris: Armand Colin, 1979)

___ (direction de), **La méditerranée**: espace et histoire (Paris: Flammarion / Champs, 1a ed., 1977, impr. 1985)

___ e Georges DUBY (dir. de), **La méditerranée**: les hommes et l'héritage (Paris: Flammarion/Champs, 1a ed., 1977, impr. 1986)

BRIENEN, Rebecca Parker, **Albert Eckhout – Visões do paraíso selvagem** – obra completa (orig. publ. **Visions of savage paradise: Albert Eckhout** – Court painter in colonial Dutch Brazil, trad. Julio BANDEIRA, Rio de Janeiro: Capivara, 2010)

BRUCKER, Johann Jakob [Iacobi BRUCKERI], **Historia critica philosophiae** a mundi incunabulis ad nostram usque aetatem deducta (orig. publ., Lepizig, 1742-67, 6 vols. traduzida para o inglês por William ENFIELD, **The History of Philosophy from the earliest periods: drawn from BRUCKER's *Historia critica philosophiae***, Londres: printed for P. Wogan, 1791, reprinted 1819 – online https://philarchive.org> ENFTHO)

BULL, Hedley; KINGSBURY, Benedict; ROBERTS, Adam (eds.), **Hugo Grotius and international relations** (Oxford: Clarendon Press, 1990)

BURCKHARDT, Jacob, **The civilization of the Renaissance in Italy**: an essay (orig. publ. **Die Kultur der Renaissance in Italien**: ein Versuch, 1860, trad. C. S. G. MIDDLEMORE, de 1878, Introduction by H. HOLBORN, New York: The Modern Library, © 1954, reimpressão sem data)

BURGI, Petri Bapt., **De dominio rei publicae Genuensis in mari Ligustico Libri II** (Rom. et Bonon., 1641; Genuae 1643).

BURKHARDT, Johannes, **Der Dreissigjährige Krieg** (Frankfurt-Main: Suhrkamp, 1992)

BURLAMAQUI, J.-J., **Principes du droit naturel** (publ. posthume, 1775, ed. Paris: Janet et Cotelle, 1821, ed. facsimilar Caen: Centre de philosophie politique et juridique, 1989)

BUSSIÈRE, Sophie Renouard de, **Rembrandt eaux-fortes** (Paris: Musée du Petit Palais / Musée des Beaux-Arts de la ville de Paris, 2006-2007)

BYNKERSHOEK, Cornelius van, **Quaestiones juris publici libri duo** – quod primum est De rebus bellicis, secundo De rebus varii argumenti (orig. publ. Leiden, 1737, vol. one – "the photographic reproduction of the edition of 1737"; vol. two – "the English translation by Tenney FRANK, and an introduction by Jan de LOUTER", datada de 1922, The Classics of International Law, vol. XIV, ed. by James Brown SCOTT, Oxford: at the Clarendon Press / London: Humphrey Milford, 1930, 2 tomos)

CAESAR, C. Julius, **De bello civili / The civil wars** (with an English translation by A. G. PESKETT, Cambridge, Ma. / London: Harvard UP / LCL 39, CAESAR, 1st. publ., 1914, reprinted 2006)

CAHONE, Lawrence (ed. by), **From Modernism to Postmodernism** – an Anthology (orig. publ., 1996, Oxford: Blackwell, 2nd expanded edition, 2003, reprinted 2004)

CALDEIRA, Jorge, **A nação mercantilista** (São Paulo: Ed. 34, 1999)

CALDEIRA, Jorge; CARVALHO, Flávio de; MARCONDES, Claudio; PAULA, Sérgio Góes de, **História do Brasil** (São Paulo: Companhia das Letras, 1997)

CALÓGERAS, João Pandiá, **Formação histórica do Brasil** (orig. publ.1930, São Paulo: Nacional, 1972)

CAPISTRANO DE ABREU, João, **Capítulos de História colonial** (1500-1800) e **Os caminhos antigos e o povoamento do Brasil** (Brasília: Ed. UnB, 5ª ed., 1963)

CARELLI, Mário, **Cultures croisées**: Histoire des échanges culturels entre la France et le Brésil de la Découverte aux Temps modernes (préface de Gilbert DURAND, Paris: Nathan, 1993)

___, **À la découverte de l'Amazonie**: les carnets du naturaliste Hercule Florence (Paris: Gallimard, 1992)

___, **A descoberta da Amazônia**: os diários do naturalista Hercule Florence apresentados por Mário Carelli (São Paulo: Marca d'Água, 1995)

___, **Brasil-França**: cinco séculos de sedução / **France-Brésil**: cinq siècles de séduction (Rio de Janeiro: Espaço e Tempo, 1989)

___, **Brésil**: épopée métisse (Paris: Gallimard, 1987)

CARVALHO, Nelson F. de, *Arqueologia do consenso* (in **Direito e comércio internacional – tendências e perspectivas**: estudos em homenagem ao prof. Irineu STRENGER, org. L. O. BAPTISTA, H. M HUCK e P. B. CASELLA, São Paulo: LTr, 1994, p. 353-406)

CASELLA, P. B., **Tratado de direito internacional** (tomo 1 – **Direito internacional dos espaços** – conceitos basilares, domínio terrestre, fluvial e marítimo, São Paulo: Almedina, 2ª ed., revista, ampliada e atualizada, 2022)

___, ___ (tomo 2 – **Direito internacional dos espaços** – domínio aéreo, navios e aeronaves, espaços internacionais e recorrências da espacialidade, São Paulo: Almedina, 2ª ed., revista, ampliada e atualizada, 2022)

___, ___ (tomo 3 A – **Direito internacional no tempo antigo** (São Paulo: Almedina, 2ª ed., revista, ampliada e atualizada, 2022)

___, ___ (tomo 3 B – **Gregos, romanos, chineses, indianos**, São Paulo: Almedina, 2ª ed., revista, ampliada e atualizada, 2023)

___, ___ (tomo 4 – **Direito internacional no tempo medieval**, São Paulo: Almedina, 2ª ed., revista, ampliada e atualizada, 2023)

___, ___ (tomo 5 – **Direito internacional no tempo de Francisco de Vitória**, São Paulo: Almedina, 2ª ed., revista, ampliada e atualizada, 2023)

___, ___ (tomo 6 – **Direito internacional no tempo de Suárez, Gentili e Zouch**, São Paulo: Almedina, 2ª ed., revista, ampliada e atualizada, 2023)

___, ___ (tomo 8 – **Direito internacional além do paradigma vestfaliano**, São Paulo: Almedina, 2ª ed., revista, ampliada e atualizada, 2024)

___, ___ (tomo 20 – **Direito internacional, história e cultura**, São Paulo: Almedina, 2023-)

___, Secessão no direito internacional e o Parecer Consultivo da Corte Internacional de Justiça sobre o Kosovo de 22 de julho de 2010 (Boletim SBDI, ano XCVIII, ago.-dez. 2013, n. 119-124, p. 111-126)

___, **BRIC – à l'heure d'un nouvel ordre juridique international** (Paris: Pedone, 2011)

___, **BRIC** – uma perspectiva de cooperação internacional (São Paulo: Atlas, 2011)

___, *Evolução institucional do direito internacional*: à luz do cinquentenário do conceito de direito de HART (1961) (in **Homenagem aos 70 anos do prof. Celso LAFER**, org. T. Sampaio FERRAZ Jr. e L. O. BAPTISTA, São Paulo: IBF- Instituto Brasileiro de Filosofia/Rev. dos tribunais, edição comemorativa, ano 60, vol. 236, jan.-jun. 2011, p. 313-329)

___, *Desenvolvimento do direito internacional na concepção de Cornelius van BYNKERSHOEK* (Rev. FDUSP, vol. 103, 2008, p. 563-592)

___, **Fundamentos do direito internacional pós-moderno** (Prólogo Hugo CAMINOS, São Paulo: Quartier Latin, 2008)

___, **Livro dos ancestrais imaginados e outros ensaios pós-modernos** (Madri: Amaral Gurgel, 2007)

___, **Tratado de Versalhes na história do direito internacional** (São Paulo: Quartier Latin, 2007)

CASSESE, A., **International Law** (Oxford: University Press, 2nd ed., 2005)
CASSIRER, Erich, **Natur- und Völkerrecht im Lichte der Geschichte und der systematischen Philosophie** (orig. publ. Berlim, 1919; reimpr. Aalen: Scientia, 1963)
CASSIRER, Ernst, **Die Philosophie der Aufklärung** (orig. publ. 1932, hrsg. Claus ROSENKRANZ, Einleitung von Gerald HARTUNG, Bibliographie von Arno SCHUBBACH, Hamburg: Felix Meiner, Neuausgabe – E. Cassirer G. Werke, vol. 15, 2003)
CASTAÑON, C. G. F., **Les problèmes coloniaux et les classiques espagnols du droit des gens** (RCADI, 1954, t. 86, p. 557-700)
CAVALLI-SFORZA, Luigi Luca, **Genes, povos e línguas** (orig. publ. **Geni, popoli e lingue**, 2000 e da trad. inglesa de Mark SEIELSTAD, trad. Carlos A. MALFERRARI, São Paulo: Companhia das Letras, 2003)
CELLARIUS, Christophorus, **Historia universalis in antiquam et medii aevi ac novam divisa** (Jena, 1704-1708)
CHALIAND, Gérard, **Les guerres irregulières** XXe-XXIe siècle – guérillas et terrorismes (Paris: Gallimard-Folio actuel 135, 2008)
CHANET, Jean-François; WINDLER, Christian (dir. de), **Les ressources des faibles** – Neutralités, sauvegardes et accommodements en temps de guerre (XVIe-XVIIIe siècle) (Rennes: Presses universitaires de Rennes, 2009)
CHAUMONT, Charles, **Le droit des peuples à disposer d'eux-mêmes**: méthodes d'analyse du droit international – mélanges offerts à C. CHAUMONT, Paris: Pedone, 1984)
CÍCERO, **De officiis** (with an English translation by Walter MILLER, Cambridge, Ma. / London: Harvard UP / LCL 30, CICERO XXI, © 1913, reprinted 2005)
___, **De inventione** (with an English translation by H. M. HUBBELL, Cambridge, Ma. / London: Harvard UP / LCL 386, CICERO II, © 1949, reprinted 2006)
___, **Actiones secundae in c. Verrem liber quartus** (Cambridge, Ma. / London: Harvard UP / LCL 293, CICERO, vol. VIII, 1st publ. 1935, p. 282-467)
___, **De natura deorum / Academica** (with an English translation by H. RACKHAM, Cambridge, Ma. / London: Harvard UP / LCL 268, 1979)
___, **Pro lege Manilia – Pro Caecina – Pro Cluentio – Pro rabirio perduellionis** (with an English translation by H. GROSE HODGE, Cambridge, Ma. / London: Harvard UP / LCL 198, CICERO IX, © 1927, reprinted 2000)
CIJ, **Estatuto** da Corte Internacional de Justiça, integra a **Carta** da ONU (conclusão e assinatura em San Francisco, 26 de junho de 1945; entrada em vigor internacional, 24 de outubro de 1945; no Brasil, promulgação Dec. N. 19.841, 22 de outubro de 1945)
CIJ, **Accordance with international law of the unilateral declaration of independence in respect of Kosovo** (ICJ Reports, 2010, p. 403)
CIMINO, Rosa Maria (edited by), **Ancient Rome and India** – Commercial and cultural contacts between the Roman world and India (New Delhi: Italian Embassy Cultural Centre – India / Istituto Italiano per il Medio et Estremo Oriente, 1994)
COCCEJI, Heinrich Freyherr von, ***Henr. de Coceji*** **Prodromus iustitiae gentium sive exercitationes duae. Liber ad illustrationem prooemii et libri I. Tractatus Grotiani de iure belli et pacis necessarias** (Frcf. ad Viadr. 1719)
COCCEJI, Samuel Freyherr von, ***Henr. de Coceji*** **Grotius illustratus, seu commentarii ad Hug. Grotii de I.B. et P. Libros III. in quibus ius naturae et gentium, item iuris**

publici praecipua explicantur accedunt observationes, *Samuel de Cocceji, Henrici filii* (tomo I, Wratisl., 1744; tomo II, 1746; tomo III, 1747)

___, ***Samuel L. B. de Cocceji* Introductio ad *Henr. de Coceji* Grotius illustratum, continens dissertationes prooemialis XII. in quibus principia Grotiana circa ius naturae per totum opus dispersa ad iustam methodum revocantur, mens Grotio obscura saepius ex ipso Grotio illustratur, et defectus circa eius principia notantur. Duodecima dissertatio exhibet auctoris novum systema iustitiae naturalis et Romanae, in quo universum ius Romanum nova methodo ad artem redigitur**, nova edição revista, Halle, 1748)

___, **Hug. Grotii de I.B. et P. libri III. cum commentariis *Henr. L. B. de Cocceji* nunc ad calcem cuiusque captis adiectis, infertis quoque observationibus *Sam. L. B. de Cocceji* tomi V.** (Lausannae 1751)

CONRINGII, Herman, **Consilium de maris mediterranei dominio et commercis regi Christianissimo vindicandis** (Helmst. 1670)

CORNELIUS AURELIUS, **Cronyke van Hollandt, Zeelandt ende Vriesland** (beter bekend als **Divisiekroniek**, orig. publ. Jan Severz, 1517, conta 53 edições de 1538 até 1802 – online https://link.springer.com)

Corpus Iuris Civilis – vol. primum – **Institutiones** (recognovit P. KRUGER), **Digesta** (recognovit T. MOMMSEN, retractavit P. KRUGER, Dublin / Zürich: Weidmann, 23ª ed., 1973)

COUTO, Jorge, **A construção do Brasil** (Lisboa: Edições Cosmos, 1995)

___, *A gênese do Brasil* (in **Viagem incompleta**: a experiência brasileira 1500-2000 Formação Histórias, org. C. G. MOTA, São Paulo: SENAC, 2ª ed., 2000, p. 45-68)

CROUZET-PAVAN, É., **Renaissances italiennes 1380-1500** (Paris: Albin Michel, 2007)

CRUSOL, Jean, **Les îles à sucre** – de la colonisation à la mondialisation (Bécherel: Les Perséides – coll. 'Le monde atlantique', 2008)

DANTE ALIGHIERI, **De Monarchia** (in **Tutte le opere** a cura di Luigi BLASUCCI, Firenze: Sansoni, 1989)

DEBRET, Jean-Baptiste, **Viagem pitoresca e histórica ao Brasil**, (orig. publ. **Voyage pittoresque et historique au Brésil**, Paris: Firmin Didot & Frères, 1834-39, Belo Horizonte: Itatiaia / São Paulo: EDUSP, 1989, 3 vols.)

___, **Rio de Janeiro, cidade mestiça**: nascimento da imagem de uma nação (ilustrações e comentários de J.-B. DEBRET, org. Patrick STRAUMANN, textos de Luiz Felipe de ALENCASTRO, Serge GRUZINSKI e Tierno MONÉNENBO, trad. Rosa Freire d'AGUIAR, São Paulo: Companhia das Letras, 2001)

D'ENTREVES, Alessandro Passerin, **Natural law – an Introduction to legal philosophy** (New York: Routledge, 3rd ed., 1994, with a new introduction by Cary J. NEDERMANN; eBook publ. 2017 DOI https://doi.org/10.4324/9781315125138)

DENYS, Catherine; PARESYS, Isabelle, **Les anciens Pays-Bas à l'époque moderne (1404-1815)** – Belgique, France du Nord, Pays-Bas (Paris: Ellipses, 2007)

DERRIDA, Jacques, **Force de la loi – le fondement 'mystique' de l'autorité** (Paris: Galilée, 1994)

DESCARTES, René, **Œuvres et lettres** (Paris: Gallimard-Pléiade, 1996)

DIBON, Paul, **La philosophie néerlandaise au siècle d'or** (Paris/Amsterdam: Elsevier, 1954)

DINSTEIN, Yoram, **Guerra, agressão e legítima defesa** (orig. publ. **War, agression and self-defense**, 1988, trad. Mauro R. de MELLO, rev. Guilherme A. de ALMEIDA, Barueri, SP: Manole, 2004)

DIODORO DA SICÍLIA [DIODORUS SICULUS], **Library of History** (with an English translation by C. H. OLDFATHER, Cambridge, Ma.: Harvard U. P. – LCL 279 – DIODORUS SICULUS I – Books 1-2.34, 1933; LCL 303 – II – Books 2.35-4.58; LCL 340 – III – Books 4.59-8; LCL 375 – IV – Books 9-12.40; LCL 384 – V – Books 12.41-13; LCL 399 – VI – Books 14-15.19; LCL 389 – VII – Books 15.20-16.55; LCL 422 – VIII – Books 16.66-17; LCL 377 – IX – Books 18-19.65; LCL 390 – X – Books 19.66-20; LCL 409 – XI – Books 21-32; LCL 423 – XII – Books 33-40 and Index)

DION CRISÓSTOMO [DIO CHRYSOSTOMUS], **Orationes** LXXX (apposita est in extremo libro varietas lectionum, cum orationam índice, Venetiis: apud Federicum Turrisanum, 1551)

D'ORBIGNY, Alcide, **Viagem pitoresca através do Brasil** (trad. David JARDIM, apres. M. Guimarães FERRI, Belo Horizonte: Itatiaia / São Paulo: Edusp, 1976)

___, **Voyage dans l'Amérique méridionale** (Paris: La Découvrance, 2007)

DUPLESSIS-MORNAY Philippe, **Vindiciae contra tyrannos** – o direito de resistir (orig. publ. 1579, sob o pseudônimo 'Stephen Junius Brutus', trad., comentários e edição de Frank Viana CARVALHO, pref. Milton Meira do NASCIMENTO, São Paulo: Discurso editorial – USP, 2ª ed., 2019)

DYKE, Paul A. Van, **Merchants of Canton and Macao** – Politics and Strategies in eighteenth-century Chinese trade (Hong Kong/Kyoto: HK Univ. Press/Kyoto Univ. Press, 2011)

EBERT, Bernd; TAINTURIER, Cécile; BUVELOT, Quentin (dir. de), **Jacobus Vrel** – peintre du mystère (Catalogue raisonné et commenté, Munique: Hirmer / Bayerische Staatsgemälde-sammlungen, Paris: Fondation Custodia – Coll. Frits Lugt, La Haye: Mauritshuis, 2021)

EDWARDS, C. S., **Hugo Grotius, the Miracle of Holland** – a Study of Legal and Political Thought (Chicago: Nelson Hall, 1981)

EDZARD, Henr. **De naufragiis** (Basil., 1686)

EINECIUS, ***Ioh. Gottl. HEINECCII*** **Praelectiones academicae in Hug. Grotii de I. B. et P. libros III** (Berlim, 1744)

ESPINOZA, Baruch de, **Éthique démontrée selon la méthode géometrique** (notice, trad., prés. et annotée par R. CAILLOIS, in **Oeuvres complètes**, Paris: Gallimard-Pleiade, © 1954, impr. 1992, p. 301/596)

___, **Traité des autorités théologique et politique** (orig. publ. **Tractatus theologico-politicus**, 1670, notice par Madeleine FRANCÈS e Raymond MISRAHI, in **Oeuvres complètes**, Paris: Gallimard-Pleiade, © 1954, impr. 1992, p. 597/908)

___, **Traité de l'autorité politique** (notices par Madeleine FRANCÈS, in **Oeuvres complètes**, Paris: Gallimard-Pleiade, © 1954, impr. 1992, p. 909/1044)

Estatuto de Roma do Tribunal penal internacional (conclusão e assinatura, Roma, 17 de julho de 1998; entrada em vigor internacionalmente, 1º de julho de 2002; ratificação pelo Brasil, em 20 de junho de 2002; promulgado pelo Dec. 4388, de 25 de setembro de 2002, online planalto.gov.br)

EYFFINGER, A. C. G. M., **Grotius Poeta** – Aspecten van Hugo Grotius' dichterschap (Haia: s.i.e., 1981)

FALCÃO Neto, Joaquim de Arruda, *Brasil holandês: referência cultural* (in **Imagens do Brasil holandês,** texto de Evaldo Cabral de MELLO, catálogo da exposição realizada no Paço Imperial do Rio de Janeiro, em maio de 1987 e a seguir na Fundação Maria Luisa e Oscar Americano, em São Paulo, Brasília: Ministério da Cultura – Fundação Pró-Memória, 1987)

FASSBENDER, Bardo; PETERS, Anne (ed. by) PETER, S.; HÖGGER, D. (Assistant editors), **The Oxford Handbook of the History of International Law** (Oxford: Univ. Press, 2012)

FAUSTO, Boris, **História concisa do Brasil** (São Paulo: Edusp – Imprensa oficial do estado, 2001)

FEBVRE, Lucien, **Philippe II et la Franche-Comté** (orig. publ. 1912, préface de Fernand BRAUDEL, Paris: Flammarions-Champs, 1970)

FEENSTRA, R., *Grotius et le droit privé européen* (RCADI, 1983, t. 182, p. 453-469)

___, *L'influence de la scolastique espagnole sur Grotius en droit privé: quelques expériences dans des questions de fond et de forme, concernant notamment les doctrines de l'erreur et de l'enrichissement sans cause* (in **La seconda scolastica nella formazione del diritto privato moderno** – [Atti dello] Incontro di Studio, Firenze, 16-19 ottobre 1972, sotto dir. P. GROSSI, Milano, 1973, p. 377-402)

FEJTÖ, François, **Réquiem pour un Empire défunt**: Histoire de la destruction de l'Autriche-Hongrie (Paris: Lieu commun, 1988)

FELDEN, Ioh., ***Ioh. a Felde* Annot. ad Hug. GROTIUM de iure belli ac pacis** (Amsterdam, 1652 et 1653)

___, ***Ioh. a Felde* annotata ad Hug. GROTIUM de iure belli ac pacis quibus immixtae sunt responsiones ad stricturae Graswinckelii** (Ienae, 1663)

FÍLON de Alexandria [PHILO], ***De legatione ad Gaium* / The embassy to Gaius** (with an English translation by F. H. COLSON, Cambridge, Ma. / London: Harvard UP, LCL 379 – PHILON X, © 1962, reprinted 1991)

FONNE, M. Gotthard, **Diss. utrum res accabussatae sive acquis sumissae derelictis sint ascribendae** (Lips. 1689)

FORIERS, Paul, *L'organisation de la paix chez GROTIUS* (la présente édition est la reprise de deux articles parus dans les 'Recueils de la société Jean BODIN pour l'histoire comparative des institutions', avec A. TRUYOL y Serra, *La conception de la paix chez VITORIA et les classiques espagnols du droit des gens*, tome XV "la paix", deuxième partie, Bruxelles: Éditions de la Librairie Encyclopédique, 1961, Paris: Vrin-reprise, 1987, p. 275-376)

FREITAS, Serafim de, **Do justo império dos portugueses na Ásia** (orig. publ. **De justo imperio lusitanorum asiatico**, Valladolid: Tipografia de Jerônimo Morillo, 1625, intr. de Marcelo CAETANO, trad. Miguel Pinto de MENESES, Lisboa: Instituto Nacional de Investigação Científica, 1983, reimpressão, 2 vols.)

FRIEDELL, Egon, **Kulturgeschichte der Neuzeit** – Die Krise der Europäischer Seele von der Schwarzen Pest bis zum Ersten Weltkrieg (orig. publ. 1927-31, Munique: Beck, Sonderausgabe, 2007)

FUMAROLI, Marc, **Dans ma bibliothèque – la guerre et la paix** (Paris: Gallimard – tel, 2023)

FURUKAWA, Terumi, *Punishment* (in ONUMA, op. cit., 1993, chap. 7, p. 221-243).

GAMLATH, Isha, *The Philosopher's Diet in Porphyry's* ***De Abstinentia****: characterizing a historical legacy of minimalism in food consumption* (in Symbolae Philologorum Posnaniensium Graecae et Latinae, vol. XXXI/2, 2021, p. 43-58, ISSN 0302-7384, ISSN (online) 2720-2305 DOI: 10.14746/sppgl.2021.XXXI.2.6)

GANDAVO, Pedro de Magalhães, **Tratado da terra do Brasil** – seguido de História da província Santa Cruz (Belo Horizonte: Itatiaia – São Paulo: Edusp, 1980)

GAURIER, Dominique, **Histoire du droit international** (orig. publ. 2005, Rennes: Presses Universitaires de Rennes, 2e ed., 2014)

GENTILI, Alberico, **Direito de guerra** (orig. publ. **De jure belli libri tres**, 1598, trad. Ciro MIORANZA, intr. Diego PANIZZA, Ijuí: Ed. Unijuí, 2004)

GERDESIUS, Frid., **De naufragis et naufragiorum iuribus** (Gryphw., 1681)

GERSON, Horst, **Rembrandt et son oeuvre** (texte français de Jean CARRÈRE et Jeanine CARLANDER, Fribourg: Medea Diffusion, orig. publ. 1968, impr. 1980)

GERT, Bernard, **Hobbes** (Cambridge, UK: Polity, 2010)

GESTEIRA, Heloísa Meireles, *Da liberdade dos mares: guerra e comércio na expansão neerlandesa para o Atlântico* (São Paulo: USP – Revista História, 2006, n. 154, p. 221-249)

___, **O teatro das coisas naturais do Brasil**: conhecimento e colonização neerlandesa na América, 1624-1654 (Niterói: Universidade Federal Fluminense, tese de doutoramento, 2001)

GIROLIMON, Michael T., *Hugh of St. Victor's De Sacramentis Christianae fidei: The Sacraments of Salvation* (Journal of Religious History, vol. 18, No. 2, December 1994 – online https://doi.org/10.1111/j.1467-9809.1994.tb00231.x)

GIUCCI, Guillermo, **Viajantes do maravilhoso: o Novo mundo** (edição original © 1992, trad. Josely Vianna BAPTISTA, São Paulo: Companhia das Letras, 1992)

GIVE, Bernard de, **Les rapports de l'Inde et de l'Occident** (Paris: Les Indes Savantes, 2005)

GOTHOFREDUS, Iacobus, **De imperio maris et iure naufragii colligendi** (Frf. 1663; tb. Genebra, 1654; reeditado Helmstaedt, 1732)

GOYARD-FABRE, Simone, **Les embarras philosophiques du droit naturel** (Paris: Vrin, 2002)

___, *Avant-propos* (in **Mare liberum / De la liberté des mers**, 1609, trad. Antoine de COURTIN, 1703, "Dissertation d'Hughes GROTIUS pour la liberté des mers, au soutien du droit qu'ont les Hollandais de participer au commerce de l'Inde", Caen: Publications de l'Univ. de Caen, 1990, p. 3-4)

GOYAU, G., **L'église catholique et le droit des gens** (RCADI, 1925, t. 6, p. 123-240)

GRASWINCKEL, Teodh., **Vindicatio maris liberi adversus Guil. Welwoodum, Britannici maris dominii assertorem** (Hagae, 1653)

___, **Vindiciae adversus Petr. Bapt. Burgum, Ligustici maris dominii assertorem** (Hagae 1652)

___, ***Theod. GRASWINCKELII*** **Stricturae ad censuram Ioann. a FELDEN ad libros Hug. GROTII de Iure Belli et Pacis** (Amsterdam, 1653; Jena, 1675 e 1678)

GRAY, Christine, **International law and the use of force** (Oxford: Univ. Press, 3rd ed., 2008)

GRECO, Gaetano; ROSA, Mari (a cura di), **Storia degli antichi stati italiani** (Roma--Bari: Laterza, 1996)

GREEN, Leslie C., **The contemporary law of armed conflict** (Manchester: Univ. Press – Juris Publishing, 1st. publ., 1993, 3rd. ed., 2008)

GREWE, Wilhelm, **Epochen der Völkerrechtsgeschichte** (Baden-Baden: Nomos, 1984)

GRÓCIO, Hugo, **O direito da guerra e da paz** (orig. publ. **De iure belli ac pacis libri tres, in quibus ius naturale et gentium, item iuris publici praecipua explicantur** 1625, intr. Antonio Manuel HESPANHA, trad. de Ciro MIORANZA, col. clássicos do direito internacional, Ijuí: Ed. Unijuí, 2004, 2 vols.)

___, **De jure belli ac pacis** (translated by Francis W. KELSEY et al., based on the last edition by the author, Amsterdam, 1646, in *The Classics of International Law*, ed. by J. Brown SCOTT, New York: Oxford Univ. Press / Carnegie Endowment for International Peace, 1925)

___, **Traité de la guerre et de la paix par Hughe Grotius** (trad. Antoine de COURTIN, Paris, 1687; Amsterdam, 1688; La Haye, 1705)

___, **Le droit de la guerre et de la paix, par Hughes Grotius, nouvelle traduction par I. B., avec les notes de l'auteur même, qui n'avoient point encore paru en françois, et des nouvelles notes du traducteur** (trad. de Jean BARBEYRAC, Amsterdam 1724; segunda edição (falsa) menciona Amsterdam, publicada em Paris, 1729; a (verdadeira) segunda edição, revista pelo próprio BARBEYRAC foi publicada em Amsterdam, 1736; 3ª ed., Basiléia, 1746; 4ª ed., contém a **Vida de Grócio** de BURIGNY, novas notas de BARBEYRAC e extratos do comentário de COCCEJI, Amsterdam, 1754; e 5ª ed., Leiden, 1759)

___, **Le droit de la guerre et de la paix** (I-III, "nouvelle traduction" Paul PRADIER--FODÉRÈ, Paris: Libr. de Guillaumin, 1863 – online: gallica.bnf.fr)

___, **Van regt des oorlogs en vreden** ("vertaelt door" Ian van GEVEREN, "met Amerkingen van den Schryver en van" Ian. Friedr. GRONOVIUS, t'Amstel., 1705)

___, **Drey Bücher von Kriegs- und Friedensrechten** (mit Anmerkungen vieler gelehrten Männer, verteutscht von P. B. SINOLD, gennant von SCHÜTZ, mit Vorrede Chr. THOMASII, Leipzig, 1707)

___, **Vom Rechte des Krieges und Friedens** (übersetzt, und mit Anmerkungen gelehrter Männer versehen, von Joh. Nic. SERLIN, Frankfurt, 1709; reimpressão 1721)

___, **Drei Bücher von Recht des Krieges und des Friedens, Paris, 1625** (Neuer deutscher Text und Einleitung von Walther SCHÄTZEL, Tübingen, 1950)

___, **Mare Liberum** Sive De Ivre Qvod Batavis competit ad Indicana commercia, dissertatio (Lvgd. Batavorvm, Ex Officina Elzeviriana, 1633, contém ainda os textos: Paulus MERULA (1558-1607), **Dissertatio de Maribus**, p. 84-182; Marcus Zuerius BOXHORN (1612-1653), **Apologia pro navigationibus Hollandorum**, adversus Pontum Heuterum, p. 183-213; e o texto do tratado de paz, comércio e navegação, de 1495, entre HENRIQUE VII da Inglaterra e FELIPE da Áustria, ou **Tractatus pacis, mutui commercii, sive intercursus navigationum**, confirmatus Londini anno [1495], inter Henricum Septimum Angliae regem, & Philippum Archiducem Austriae, Burgundiae, &c., p. 214-267)

___, **Mare liberum** (original Latin text, 1609, and modern English translation, ed. and annotated by R. FEENSTRA, Introduction J. VERVLIET, Leiden/Boston: Brill, 2009)

___, **Mare Liberum** Sive De Ivre Qvod Batavis competit ad Indicana commercia, dissertatio / **The freedom of the seas** or the right which belongs to the Dutch to take part in the East Indian trade – a dissertation (translated with a revision of the Latin text of 1633 by Ralph Van Deman MAGOFFIN, ed. with an introductory note by James Brown SCOTT, New York: Oxford Univ. Press – Carnegie Endownment for International Peace, 1916)

___, **De Jure Praedae Commentarius** (ca. 1604, orig. publ. 'ex Auctoris Codice descripsit et vulgavit' H. G. HAMAKER, Hagae: M. Nijhoff, 1868)

___, ___ (with translation by G. L. WILLIAMS and W. H. ZEYDEL, reprinted in Classics of International Law, Oxford, 1950, 2 vols.)

___, **Maris liberi defensio adversus Welwodum** – ou **Defensio capitis quinti maris liberi oppugnati a Guilielmo Welwodo** (manuscript of 1615, remained unfinished, first published as an Appendix to the PhD thesis by S. MULLER Fzn., Amsterdam, 1872.)

___, **Traité du pouvoir du magistrat politique sur les choses sacrées** (1617, orig. publ. **De imperio summarum potestatum circa sacra**, Paris, 1647, facsimilar da edição publicada anonimamente em Paris, 1751, com falsa menção a Londres, na página de rosto, trad. de Charles Armand L'Escalopier de NOURAR, Caen: Publications de l'Univ. de Caen, 1991)

___, **The Antiquity of the Batavian Republic** (orig. publ. **De antiquitate reipublicae Batavae** ou **Liber de Antiquitate Republicae Batavicorum**, 1610, with the notes by Petrus SCRIVERIUS, ed. and transl. by Jan WASZINK et al., Gorcum: Assen, 2000 – PDF online: academia.edu).

___, **Annales et Historiae de rebus Belgicis, ab obito Philippi regis usque ad inducias anni 1609** (Amstelodami: ex typographia Joannis Blau, 1657 – edição in-4, publicada no mesmo ano da edição original in-folio)

___, **De veritate religionis Christianae** (1623, in GROTIUS, **Opera omnia theologica**, Amsterdam, 1679, 3 vols., vol. III, p. 3-96)

___, **Briefwisseling van Hugo Grotius 1597-1645** (Uitgegeven door P. C. MOLHUYSEN, P. L. MEULENBROEK, Paula P. WITKAM, Henry J. M. NELLEN en Cornelia M. RIDDERIKHOFF, Huyghens ING Institut, Jaar van publicatie 1928-2001, vols. I to XVII available on line – digitale versie: resources.huyghens.knaw.nl)

GUEDES, Max Justo, **A cartografia impressa do Brasil: 1506-1922** – os cem mapas mais influentes (Rio de Janeiro: Capivara, 2012)

GUICCIARDINI, Francesco, **Storia d'Italia** (a cura di Silvana Seidl MENCHI, saggio introduttivo di Felix GILBERT, Turim: Einaudi, © 1971, ristampa 2008, 3 vols.)

GUILLAUME DE NASSAU, Prince d'Orange, **Apologie ou défense de très illustre prince Guillaume par la grâce de Dieu prince d'Orange, conte de Nassau** (édition critique Béatrice NICOLLIER DE WECK, Genève: Droz – Cahiers d'humanisme et renaissance, vol. 183, https://humanisme-renaissance.droz.org/book/9782600063531)

GURVITCH, Georges, *La philosophie du droit de Hugo Grotius et la théorie moderne du droit international* – à l'occasion du tricentenaire du **De jure belli ac pacis** (Revue de Métaphysique et de Morale, t. 34, no. 3, juil.-sept. 1927, p. 366-391, Paris: Presses universitaires de France – online https://www.jstor.org/stable/40896476)

HAAK, Bob, **The Golden Age** – Dutch Painters of the Seventeenth Century (translated from the Dutch and edited by Elizabeth WILLEMS-TREEMAN, Londres: Thames & Hudson, 1984)

HAAKONSSEN, Knud, **Natural law and moral philosophy**: from Grotius to the Scottish Enlightenment (Cambridge: Univ. Press, 1st. publ., 1996, digital printing 2003)

HAGGENMACHER, Peter, *Grotius and Gentili – a Reassessment of Thomas E. HOLLAND's inaugural lecture* (in Hedley BULL, Benedict KINGSBURY and Adam ROBERTS (eds.), **Hugo Grotius and international relations**, Oxford: Clarendon Press, 1990, p. 133-176)

___, *Le droit de la guerre et de la paix de GROTIUS* (in **Le droit international** Archives de philosophie du droit, vol. 32, Paris: Sirey, 1987, p. 47-58)

___, **Grotius et la doctrine de la guerre juste** (Paris: PUF / Genève: Publications de l'Institut de hautes études internationales, 1983)

___, *Hugo Grotius* (in B. FASSBENDER e Anne PETERS (edited by), **The Oxford Handbook of the History of International Law** (Oxford: Univ. Press, 2012, cap. 48, p. 1098-1101)

HANDELMANN, Gottfried Heinrich, **História do Brasil** (orig. publ. 1860, primeira edição brasileira, 1930, trad. Lucia Furquim LAHMEYER, anotada por Basílio de MAGALHÃES e Odilon Nogueira de MATOS, intr. Odilon N. de MATOS, Belo Horizonte: Itatiaia – São Paulo: Edusp. 4ª ed., 1982, 2 vols.)

HARRIS, W. V., **Rethinking the Mediterranean** ("Papers from a Conference organized by the Columbia Univ. Center for the Ancient Mediterranean, September 21-22, 2001", Oxford: Univ. Press, 2005)

HART, Herbert L. A., **The concept of law** (orig. publ. 1961, "with a postscript", ed. by Penelope A. BULLOCH and Joseph RAZ, Oxford: Clarendon Press, second edition, 1994)

HASSE, M., ***Mart. HASSII* Conspectus Hug. Grotii trium de I. B. et P. librorum** (Viteb., 1746)

HAYKENS, Haico, **De derelicto in specie de navi in mari glaciali naufragio rupta. a vectoribus abdicata et ab alio inventa** (Franequ., 1747)

HENNIGES, Henr., ***Henr. Henniges* Observationes político Morales in Hug. GROTIUM de iure belli et pacis** (Salisb., 1672 et 1673; reimpress. Norimb., 1673)

HILBER, Wolfgang, **Lexikon der Philosophie** (Königswinter: Tandem, 2009)

HIRSCH, Alfred, **Rousseaus Traum vom ewigen Frieden** (Munique: Wilhelm Fink, 2012)

HOBBES, Thomas, **Leviathan** (1651, ed. by Richard TUCK, Cambridge: Univ. Press – col. Cambridge Texts in the History of Political Thought, 1991)

___, **Leviatã** (trad. de João Paulo MONTEIRO e Maria Beatriz Nizza da SILVA, São Paulo: Abril cult. – Os pensadores vol. XIV, 1974)

___, **Éléments du droit naturel et politique** (orig. publ. **Elements of law natural and politic**, 1650, introduction, notes, bibliographie, index et traduction par Delphine THIVET, Paris: Vrin, 2010)

___, **Do cidadão** (orig. publ. **De Cive**, trad., apresentação e notas Renato Janine RIBEIRO, São Paulo: Martins Fontes, 1ª ed., 1992, 3ª ed., 2002)

HOLANDA, Sérgio Buarque de, **Visão do paraíso**: os motivos edênicos no descobrimento e colonização do Brasil (São Paulo: Nacional / Secretaria da cultura, ciência e tecnologia, 3ª ed., 1977)

HOOGENSEN, Gunnhild, **International Relations, Security and Jeremy Bentham** (Londres e Nova York: Routledge, 2005).

HORNII, G. M., ***Ge. Melch HORNII* Observationes iuris gentium et iuris publici universalis ad Hug. Grotii libros III de I. B. et P.** (Erfurt, 1744)

HUGHES DE SAINT VICTOR, **De sacramentis Christianae fidei / On the Sacraments of the Christian faith** (translated by Roy J. DEFERRARI, Cambridge, Ma.: Harvard Univ. Press, 1951)

___, ___ (na coleção MIGNE, **Patrologia latina**, t. 176, cit. lib. I, P. VI, C. VI-VII)

HUISMAN, Bruno; RIBES, François, **Les philosophes et le droit** (Paris: Bordas, 1988)

HUIZINGA, Johan, **O outono da Idade média** – estudos sobre as formas de vida e de pensamento dos séculos XIV e XV na França e nos Países Baixos (do original **Herfstij der middeleeuwen**, 1919, trad. de Francis Petra JANSSEN, ensaios de Peter BURKE e Francis von der LEM, São Paulo: Cosac & Naify, 2010, 2ª reimpr., 2011)

___, *Hugo Grócio y su tiempo* ("discurso pronunciado en La Haya, ante la Universidad Popular y la Asociación pro Sociedad de Naciones y Paz, el 16 de junio de 1925, en la ceremonia de inauguración de la exposición Hugo Grócio") seguido de *Hugo Grócio en la historia del espíritu humano* ("discurso pronunciado en Gante, en la sesion extraordinaria de la Real Academia flamenca, el 23 de diciembre de 1925", in J. HUIZINGA, **El concepto de la historia y otros ensayos**, trad. Wenceslao ROCES, México: FCE, 1946, 5ª reimpr., 2005, p. 342-360 e 360-369)

HUNTINGTON, Samuel, **O choque de civilizações** e a recomposição da ordem mundial (orig. publ. **The clash of civilizations and the remaking of the world order**, 1996, trad. M. H. C. CORTES, Rio de Janeiro: Objetiva, 1997)

IGLESIAS, Francisco, **Trajetória política do Brasil** 1500-1964 (São Paulo: Companhia das Letras, © 1993, 4ª reimpr., 2001)

Index librorum prohibitorum cum regulis confectis per Patres a Tridentina Synodo delectos, auctoritate Sanctiss. D. N. PII IIII, Pont. Max. Comprobatus (Venetiis, MDLXIIII, https://upload.wikimedia.org/v.... online Index_librorum_prohibitorum... última edição, 1948, somente abolido em 1966)

ISOCRATES, **To Demonicus – To Nicocles – Nicocles or the Cyprians – Panegyricus – To Philip – Archidamus** (with an English translation by George NORLIN, Cambridge, Ma.: Harvard Univ. Press – LCL 209 – ISOCRATES I, 1989)

___, **On the Peace – Aeropagiticus – Against the Sophists – Antidosis – Panathenaics** (with an English translation by George NORLIN, Cambridge, Ma.: Harvard Univ. Press – LCL 229 – ISOCRATES II, 1929)

___, **Evagoras – Helen – Busiris – Plataicus – Concerning the team of horses – Trapeziticus – Against Callimachus – Aegineticus – Against Lochites – Against Euthynus – Letters** (with an English translation by La Rue VAN HOOK, Cambridge, Ma.: Harvard Univ. Press – LCL 373 – ISOCRATES III, 1945)

JANIS, Mark W.; EVANS, Carolyn (ed. by), **Religion and International Law** (orig. publ. 1999, Leiden/Boston: M. Nijhoff, 2004)

JANIS, Mark W., *Religion and the literature of International Law: some standard texts* (in **Religion and International Law**, ed. by M. W. JANIS & C. EVANS, Leiden / Boston: M. Nijhoff, 2004, chap. 7, p. 121-143)

JOHNSON, James Turner, **Ideology, reason and the limitation of war** – Religious and secular concepts 1200-1740 (orig. publ. 1975, Princeton: Princeton Legacy Library, 2016)

JOUANNET, Emmanuelle, ver TOURME-JOUANNET, Emmanuelle,

JOVALEKIC, Slobodan, *Matemática* (in **Les poètes de la Méditerranée** – anthologie – "édition en français et dans toutes les langues originales", préface d'Yves BONNEFOY, édition d'Eglal ERRERA, Paris: Gallimard, 2010, p. 874-879)

KANT, I., **Grundlegung zur Metaphysik der Sitten** (hrsg. von Theodor VALENTINE, Stuttgart: Reclam Univ. Bibl. Nr. 4507, © 1961, impr. 2011)

KASAI, Naoya, *The Laws of War* (in ONUMA, op. cit., 1993, chap. 8, p. 244-275)

KEMPFER, Ioach., **De iure appulsus** – vom Strand- Ruhr- und Grundrechte (Ienae, 1680)

KENNEDY, David, *Primitive legal scholarship* (Harvard Int'l. Law Journal, vol. 27, no. 1, 1986, p. 1-98)

KERAUTRET, Michel, **Histoire de la Prusse** (Paris: Seuil, 2005)

KEUSEL, G. G., ***Ge. Godofr. KEUSELII*** **Exercitationes Grotianae** (Guelph., 1762)

KIMURA, Makoto, *Agreements between Nations: Treaties and good faith with enemies* (in ONUMA, op. cit., 1993, chap. 10, p. 308-332)

KISTEMAKER, Renee; VAN GELDER, Roelof, **Amsterdam** – The Golden Age 1275-1795 (orig. publ. **Amsterdam 1275-1795, Buono governo e cultura in una metropoli di mercanti**, 1982, transl. by Paul FOULKES, New York: Abbeville Press, 1983)

KITTSTEINER, Heinz Dieter, **Die Stabilisierungsmoderne** – Deutschland und Europa 1618-1715 (Munique: Carl Hanser, 2010)

KNAUSS, Paulo; RICCI, Claudia; CHIAVARI, Maria Pace, **Brasil** – uma cartografia (Rio de Janeiro: Casa da Palavra, 2010)

KOSELLECK, Reinhart, **Vergangene Zukunft** – Zur Semantik geschichtlicher Zeiten (orig. publ. 1979, Frankfurt: Suhrkamp, 1989)

KOUTROULIS, Vaios, **Le début et la fin de l'application du droit de l'occupation** (Paris: Pedone, 2010)

KOYRÉ, A., **Do mundo fechado ao universo infinito** (orig. publ. **From the closed world to the infinite universe**, 1957, trad. bras. de Donald M. GARSCHAGEN, Rio de Janeiro: Forense Univ. / São Paulo: Edusp, 1979)

KULPIS, I. G., ***Ioh. Ge. KULPISII*** **Collegium Grotianum super iure belli ac pacis, anno 1682, in academia Giessensi XV Exercitationibus primum institutum** (Frankfurt, 1682 e 1686; Halle 1708; Frankfurt 1714)

LACHARRIÈRE, Guy de, *La réglementation du recours à la force: les mots et les choses* (in **Le droit des peuples à disposer d'eux-mêmes**: méthodes d'analyse du droit international – mélanges offerts à Charles CHAUMONT, Paris: Pedone, 1984, p. 347-362)

LAPOUGE, Gilles, **Utopie et civilisations** (Paris: Flammarion – Champs, 1978)

___, **Belém, Manaus, São Luís**: les capitales englouties (Paris: Hermé, 1996)

___, **La mission des frontières** (Paris: Albin Michel, 2002)

___, **En étrange pays** (Paris: Albin Michel, 2003)

LAUTERPACHT, H., *Grotian Tradition in International Law* (in **International law** – being the Collected Papers of Hersch LAUTERPACHT, systematically arranged and ed. by E. LAUTERPACHT, vol. I – The general works; vol.II – The Law of peace, Part I – International Law in general, Cambridge: Univ. Press, vol. I, 1970; vol. II, 1975, p. 307-365)

LEBEN, Charles, *Hebrew sources in the doctrine of the law of nature and nations in Early modern Europe* (The European Journal of International Law, 2016, vol. 27, no. 1, p. 79-106)

LE FUR, Louis Érasme, **La théorie du droit naturel depuis le XVIIe siècle et la doctrine moderne** (RCADI, 1927, t. 18, p. 259-442)

LEQUAN, Mai, **La paix** (orig. publ. 1998, introduction, choix de textes, commentaires, vade-mecum et bibliographie par M. LEQUAN, Paris: GF – Flammarion, 2013)

L'ESTOCQ, Ioach., **De navibus rebusve ob discrimen tempestatis maritimae pro derelicto habendis vel non habendis** (Regiom., 1744)

LÉVY–STRAUSS, Claude, **Tristes tropiques** (Paris: Plon, 1955)

___, **Tristes trópicos** (trad. Rosa Freire d'AGUIAR, São Paulo: Companhia das Letras, 1996, 3ª reimpr., 2000)

___, **Saudades de São Paulo**: album fotográfico (São Paulo: Companhia das Letras, 1995)

___, **Saudades do Brasil**: album fotográfico (São Paulo: Companhia das Letras, 1994)

LINCK, Ierem. Eberh., **De iure, quo Gallis appellatur *Droit de Varech.*** (Argent., 1729)

LOPEZ, Adriana, **Guerra, açúcar e religião no Brasil dos holandeses** (São Paulo: Ed. Senac, 2002)

MACEDO, Paulo Emílio V. Borges de, **O nascimento do direito internacional** (São Leopoldo: Unisinos, 2009)

MAILLARD, Christine, **L'Inde vue d'Europe** – Histoire d'une rencontre (Paris: Albin Michel, 2008)

MAIMONIDES, Moisés, **Le guide des égarés** (traduit de l'arabe par Salomon MUNK, préf. de Claude BIRMAN) suivi de **Le traité des huit chapitres** (traduit de l'arabe par Jules WOLF, préf. Franklin RAUSKY, nouvelle éd. revue par Charles MOPSICK, Paris: Verdier, © 1979, impr. 1996)

MALANIMA, Paolo, *L'economia* (in **Storia degli antichi stati italiani**, a cura di Gaetano GRECO e Mario ROSA, Roma-Bari: Laterza, 1996, cap. VI, p. 249-295)

MANENT, Pierre, **Les metamorphoses de la cité** – essai sur la dynamique de l'Occident (Paris: Flammarion, 2010)

MARAÑON, Gregorio, **Olivares** – der Niedergang Spaniens als Weltmacht (orig. publ. **El Conde-Duque de Olivares – La pasión de mandar**, s/d, übersetzt und eingeleitet von Ludwig PFANDL, München: Hermann Rinn, s/d, *Published under Military Government Information Control License Nr. US-E-161*)

MASELIS, Patrick, **Dos Açores ao Zaire** – todas as colônias belgas nos seis continentes (1451-1916) (orig. publ. **Van de Azoren tot de Zuidpool**, 2005, trad. Accolade Language Services Vichte, Roeselare, Bélgica: Roularta Books, 2005)

MAURIER, D. du, **Dissertatio super vetere Austriacorum proposito occupandi maris Baltici** (Paris, 1644)

MAUROIS, André, **História de Inglaterra** – vol. II – Época moderna (do original **Histoire d'Angleterre**, s/d, trad. Maria Henriques OSSVALD, Lisboa: Aster, 1976)

MAZARINO, Giulio Raimondo, **Breviário dos políticos** (trad. do francês e apresentado por Roberto Aurélio Lustosa COSTA, Brasília: Alhambra, s/d)

___, **Bréviaire des politiciens** (orig. manuscrito **Breviarium politicorum secundum rubricas Mazarinicas**, 1683, éd. Florence DUPONT, Langres: Café-clima éditeur, 1984)

McCOURBEY, Hilaire, *Natural Law, Religion and the development of international law* (in M. JANIS & C. EVANS, op. cit., 2004, p. 177-189)

MELCHIOR, Ioh. Balth., **De naufragiis naufragiorumque iuribus** (Giess., 1701)

MELLO, Evaldo Cabral de MELLO (org.), **O Brasil holandês 1630-1654** (seleção, introdução e notas de E. C. MELLO, São Paulo: Penguin Classics – Companhia das Letras, 2010)

___, **Olinda restaurada** – guerra e açúcar no Nordeste 1630-1654 (Rio de Janeiro: Forense / São Paulo: Edusp, 1975)

MELLO E SOUZA, Laura de, **O diabo e a terra de Santa Cruz** – feitiçaria e religiosidade popular no Brasil colonial (São Paulo: Companhia das Letras, 1986 – na ficha catalográfica / 1987 – na página de rosto)

METEREN, Emmanuel van, **Belgische ofte Nederlantsche Historien van onser Tijden** (orig. publ. 1599, Jacob Cornelissz Vennecool, online: https://wellcomecollection.org/works/hu3uymr8 original in Koninklijke Bibliotheek, Nationale Bibliotheek van Nederland)

MEYER, Jean, **L'Europe et la conquête du monde** – XVIe-XVIIIe siècle (orig. publ. **Les européens et les autres** – de CORTÉS à WASHINGTON, 1975, Paris: A. Colin, 2009)

MOMIGLIANO, Arnaldo, **As raízes clássicas da historiografia moderna** (orig. publ. **The classical foundations of modern historiography**, 1990, trad. Maria Beatriz BORBA FLORENZANO, Bauru: Edusc, 2004)

MONTESQUIEU, Charles de Secondat, Barão de La Brède et de, **Lettres persanes** (texte présenté et annoté par Roger CAILLOIS, Paris: Gallimard – Pléiade, © 1949, impr. 1990, O. C., vol. I, p. 129-388)

MORVAN, Alain (études réunies par), **Savoir et violence en Angleterre du XVIe au XIXe siècle** (Lille: Publications de l'Université de Lille III – Travaux et recherches, 1987)

MOTA, Carlos G.; LOPEZ, Adriana, **História do Brasil** – uma interpretação (São Paulo: Ed. Senac, 2008)

MOTA, Carlos Guilherme (org.), **Viagem incompleta**: a experiência brasileira 1500-2000 Formação Histórias (São Paulo: SENAC, 2ª ed., 2000)

MOURÃO, Fernando Augusto de Albuquerque, **Continuidades e descontinuidades de um processo colonial através de uma leitura de Luanda** – uma interpretação do desenho urbano (São Paulo: Terceira Margem, 2006)

MUELEN, Guilherme van der, **Hug. GROTII de iure belli et pacis libri III. cum commentariis *Guil. van der Muelen*** (Accedunt et auctoris annotata ex postrema eius ante obitum cura, et Ioh. Fried. Gronovii notae in totum opus, tomo I, Ultraiect., 1696; tomo II, Ultraiect., 1770; tomo III, Amsterd., 1704)

MULIER, Eco Haitsma, *The language of seventeenth century republicanism in the United Provinces: Dutch or European?* (in **The languages of political theory in early modern**

Europe, ed. by A. PAGDEN, Cambridge: Univ. Press – Ideas in context, orig. publ. 1987, edition 1990, cap. 8, p. 179-195)
MÜLLER, I. P., ***Ioh. Phil MÜLLERI* Hug. Grotii liber de I.B. et P. in tabulas redactus** (Frankfurt, 1664)
MUSAEI, S. H., ***Sim. Henr. MUSAEI* Hugo Grotius de I. B. et P. a *SPINAEO* et *HOLTERMANNO* enucleatus, nunc recusus et ad disputandum propositus** (Kiel, 1682)
___, **Hugo Grotius vom Kriegs- und Friedensrechte** (Zürich, 1718)
NAFZIGER, James A. R., *The functions of religion in the International legal system* (in M. JANIS & C. EVANS, op. cit., 2004, p. 155-176)
NASCIMENTO E SILVA, G. E. do; CASELLA, P. B.; BITTENCOURT Neto, O. de O., **Direito internacional diplomático** (São Paulo: Saraiva, 4ª ed., 2012)
NEME, Mário, **Formas políticas no Brasil holandês** (São Paulo: Difel – Edusp, 1971)
NICOLLIER, Béatrice, **Le Saint Empire romain germanique (1495-1648)** (Paris: Ellipses, 2012)
NOLTE, Hans-Heinrich, **Geschichte Russlands** (© 1998, Stuttgart: Reclam Universal Bibliothek, Nr. 18960, 3a. ed., 2012)
NUSSBAUM, A., **História del derecho internacional** (orig. publ. **A concise history of the law of nations**, New York, 1947, trad. Francisco Javier OSSET, adiciones sobre História de la doctrina hispanica de derecho internacional y prólogo por Luís GARCIA ARIAS, Madrid: Revista de derecho privado, s/d [1949])
NYS, Ernest, **Les origines du droit international** (Bruxelles: Alfred Chastaigne / Paris: Thorin & Fils, 1894)
___, **Le droit de la guerre et les précurseurs de Grotius** (Bruxelles et Leipzig: Libr. Européenne C. Muquardt, Merzbach et Falk éds., 1882 – online: gallica.bnf.fr)
___, *Les publications espagnoles du XVIe siècle et et les droits des indiens* (Revue de droit international et de législation comparée, 1889, n. 21, p. 532-560)
OBRECHT, Ulrich, ***Ulr. Obrechti* Annotationes in Hug. GROTIUM de iure belli et pacis** (Argent., 1684)
OLIVE, L., *Wolff* (in **Les fondateurs du droit international**: leurs oeuvres, leurs doctrines, introduction A. PILLET, Paris: V. Giard & E. Brière, 1904, p. 447-479)
OLIVERKRANTZ, I. P., ***Ioh. Paulini OLIVERKRANTZII* Tabulae in Hug. Grotii de I. B. et P. libros, ex edit. *Sim. Henr. MUSAEI*** (Kiel, 1688 e 1690; nova ed., 1706; edição alemã em 1709)
OMPTEDA, Dietrich Heinrich Ludwig von, **Literatur des gesamten natürlichen und positiven Völkerrechts** ("Neudruck der Ausgabe Regensburg 1785", Aalen: Scientia Verlag, 1963)
ONUMA, Yasuaki, **A Transcivilizational Perspective on International Law** (RCADI, 2009, vol. 342; tb. publ. Haia: Pocketbooks of the Hague Academy of International Law, 2010)
___ (ed. by), **A normative approach to war**: peace, war and justice in Hugo Grotius (Oxford: Clarendon Press, 1993)
___, *War* (in ONUMA, op. cit., 1993, chap. 3, p. 57-121)
___, *Contract* (in ONUMA, op. cit., 1993, chap. 6, p. 174-220)
___, *Conclusion: Law dancing to the accompaniment of Love and Calculation* (in **A normative approach to war**: peace, war and justice in Hugo Grotius, edited by Y. ONUMA, Oxford: Clarendon Press, 1993, chapter 11, p. 333-370)

___, *Eurocentrism in the History of International Law* (in **A normative approach to war**: peace, war and justice in Hugo Grotius, ed. by Y. ONUMA, Oxford: Clarendon Press, 1993, Appendix, p. 371-386)

OPPENHEIM, L.; LAUTERPACHT, H., **International Law – a treatise – I. Peace** (Londres: Longmans, Green and Co., 8th ed., 1955)

___ & ___, **International Law – a treatise – II. Disputes, War and Neutrality** (Londres: Longmans, Green and Co., 7th ed., 1952)

ORSENNA, Erik, **L'entreprise des Indes** (Paris: Stock-Fayard, 2010)

OSIANDER, Iohan, ***Ioh. Ad. Osiandri*** **Observationes maximam partem theologicae in Hug. GROTII libros de iure belli et pacis** (Tübingen, 1669, 1674, 1675, 1696, 1711)

OSTERHAMMEL, Jürgen, **Die Entzauberung Asiens** – Europa und die asiatischen Reiche im 18. Jahrhundert (orig. publ. 1998, Munique: Beck, 2010)

PADFIELD, Peter, **Maritime supremacy and the opening of the Western mind**: naval campaigns that shaped the modern world 1588-1782 (orig. publ. 1999, Londres: Random House, 2000)

PAGDEN, A. (ed. by), **The languages of political theory in early modern Europe** (Cambridge: Univ. Press – Ideas in context, orig. publ. 1987, edition 1990)

PALATII, Iohan, **Leo maritimus, sive de dominio maris Libri II. contra Graswinckelium** (Venet. 1663)

PAULI, Theod., **De bonis naufragorum fisci et privatorum acquisitionem effugientibus** (Regiom., 1689)

PIEPER, Dietmar; SALTZWEDEL, Johannes (Hg.), **Der Dreissigjährige Krieg** – Europa im Kampf um Glaube und Macht 1618-1648 (Munique: Deutsche Verlags-Anstalt, 2012)

PLATÃO, **República** (intr. e notas de Robert BACCOU, trad. J. GUINZBURG, São Paulo: Difel, 1973, 2 vols.)

___, **The Republic** (with an English translation by Paul SHOREY, Cambridge, Ma. / Londres: Harvard UP/Heinemann, I. Books I-V, LCL 237, PLATO V, 1st. publ. 1930, reprinted 1978; II. Books VI-X, LCL 276, PLATO VI, 1st. publ., 1935, reprinted, 1987)

PONTANI, Ioh. Isaac, **Discussionum historicarum de mari libero adversus Ioh. Seldeni mare clausum Libri II** (Hardervic., 1637, 1640)

PORFÍRIO [PORPHYRY], **De abstinentia** / On abstinence from animal food (ca. 268-270 AD, translated by Thomas TAYLOR, **Selected works of Porphyry** – containing his four books **On abstinence from animal food**; his treatise **On the Homeric cave of the nymphs**; and his **Auxiliaries to the perception of intelligible natures**, 1823, several reprints available, from the Prometheus Trust, 1994 and also in a Kessinger reprint)

___, ___ (translated and ed. by Gillian CLARK, London: Duckworth, 2000)

POSER, Hans; LI Wenchao (Hg.), **Das Neueste über China** – G. W. LEIBNIZ **Novissima Sinica** von 1697 (Stuttgart: Franz Steiner, 2000)

PRZEWODOWSKI, Oscar, **O século XVII no seu sentido jurídico internacional** – o advento do direito das gentes GROTIUS (Rio de Janeiro: Jornal do Commercio / Rodrigues & Cia., 1941)

PUFENDORF, Samuel, **De jure naturae et gentium libri octo** (Latin text – ed. Amsterdam, 1688 – and English translation by C. H. and W. A. OLDFATHER, Oxford: The Classics of International Law – Carnegie Endowment for Peace, 1934)

QUINTILIANO, **Declamationes / The lesser declamations** (with an English translation by D. R. SHACKLETON BAILEY, Cambridge Ma./London: Harvard U.P., LCL 500, 2006; LCL 501, 2006).

RAPP, Francis, **Le Saint Empire romain germanique**: d'Otton le grand à Charles Quint (Paris: Tallandier, 2000, impr. 2003)

REALE, Miguel, **Horizontes do direito e da história** (São Paulo: Saraiva, 1977)

REDINGER, I. R., ***Ioh. Reinh. REDINGERI*** **Scilimenta philosophiae iuris ex Grotii libris de I. B. et P.** (Giessen, 1699)

REUTER, Paul, **Institutions internationales** (Paris: PUF, 1955)

RICHELIEU, Armand Jean du PLESSIS, cardeal de, **Les papiers de Richelieu** – section politique extérieure / correspondance et papiers d'état – **Empire allemand** tome I, (1616-1629) (par Adolf WILD, préf. Stephan SKALWEIT, Paris: Pedone, 1982)

___, **Empire allemand** tome II (1630-1635) (par Anja Victorine HARTMANN, préfaces Hermann WEBER et Klaus MALETTKE, Paris: Pedone, 1997)

___, **Empire allemand** tome III (1636-1642) (par Anja Victorine HARTMANN, préfaces Hermann WEBER et Klaus MALETTKE, Paris: Pedone, 1999)

___, Index des tomes I, II et III **Empire allemand** (1616-1642) (par Aurélia BERGER, Paris: Pedone, 2003)

___, **Les papiers de Richelieu** – section politique intérieure / correspondance et papiers d'état (par Pierre GRILLON, préf. Roland MOUSNIER, tome I (1624-1626), Paris: Pedone, 1975)

___, ___ – ___ tome II (1627) (Paris: Pedone, 1977)

___, ___ – ___ tome III (1628) (Paris: Pedone, 1979)

___, ___ – ___ tome IV (1629) (Paris: Pedone, 1980)

___, ___ – ___ tome V (1630) (Paris: Pedone, 1982)

___, ___ – ___ tome VI (1631) (Paris: Pedone, 1985)

___, ___ – ___ Index des tomes I, II et III – corrections et additions (1624-1628) (par Pierre GRILLON, Paris: Pedone, 1980)

___, ___ – ___ Index des tomes IV, V et VI – corrections et additions (1629-1631) (par Marie-Catherine VIGNAL avec la collab. d'Eric de LABRIOLLE, Paris: Pedone, 1997)

RODRIGUES, José Honório, **Civilização holandesa no Brasil** (São Paulo: Nacional, 1940, col. Brasiliana, vol. 180)

___, **Historiografia e bibiliografia do domínio holandês no Brasil** (Rio de Janeiro: Instituto Nacional do Livro, 1949)

ROECK, Bernd (hrsg. von), **Deutsche Geschichte in Quellen und Darstellung** Band 4 – **Gegenreformation und Dreissigjähriger Krieg 1555-1648** (Stuttgart: Reclam – Univ. Bibl. Nr. 17004, (c) 1996, impr. 2002)

ROUSSEAU, Jean-Jacques, **Emile ou de l'éducation** (1762, in J.-J. ROUSSEAU, **Œuvres complètes**, dir. de B. GAGNEBIN et M. RAYMOND, Paris: Gallimard – Pleiade, ed. 1969, impr. 1990, vol. IV, **Emile** – première version (manuscrit FAVRE), p. 53-238, **Emile**, p. 239-868, seguidos de notas, variantes e fragmentos, p. 1268-1710)

___, **Discours sur l'origine et les fondements de l'inégalité parmi les hommes** (in **Oeuvres complètes**, ed. cit., Paris: Gallimard-Pleiade, © 1964, impr. 1991, vol. III, p. 109-236 + notes et variantes, p. 1285-1389)

ROVAN, Joseph, **Geschichte der Deutschen** – Von ihren Ursprungen bis heute (do original **Histoire de l'Allemagne** – des origines à nos jours, © 1994, aus dem Französischen von Enrico HEINEMANN, Reiner PFLEIDERER u. Reinhard TIFFERT, Munique: DTV, 3. Auflage, 2001)

___, **Histoire de l'Allemagne** – des origines à nos jours ('édition revue et augmentée par l'auteur', Paris: Seuil, 1999)

SAINT-ÉTIENNE, Christian, **Guerre et paix au XXI**[e] **siècle** – Comprendre le monde de demain (Paris: François Bourin, 2010)

SAINT-HILAIRE, Auguste, **Viagem ao Espírito Santo e rio doce** (do original **Voyage dans le district des diamans et sur le littoral du Brésil** Paris, 1833, caps. VII-XV, trad. de Milton AMADO, pref. Mário G. FERRI, Belo Horizonte: Itatiaia / São Paulo: EDUSP, 1974)

SATOW, Ernest, **Diplomatic practice** (ed. by Sir Ivor ROBERTS, Oxford: Univ. Press, 6th ed., 2009, reprinted 2011)

SAUPIN, Guy, **La France à l'époque moderne** (Paris: Armand Colin, © 2000, impr. 2004)

SAUTER, Johann, **Die philosophische Grundlagen des Naturrechts** (orig. publ. em Viena, 1932; reprinted, Frankfurt-am-Main, 1966 – online: philpapers.org – https://philpapers.org > SAUDPG K460.5268.1966)

SCHAMA, Simon, **Rembrandt's Eyes** (Londres: Penguin, orig. publ. 1999, impr. 2000)

___, **The embarrassment of riches** – An interpretation of Dutch Culture in the Golden Age (Berkeley/Los Angeles/London: Univ. of California Press, 1988)

SCHEELE, Ioh., **Disp. de iure naufragii colligendi** (Argent. 1674)

SCHEFFER, I., ***Ioh. SCHEFFERI*** **Hug. Grotius de I. B. et P. enucleatus, succintis thesibus doctrinam Grotianam complectens** (Stettin, 1693 e 1694; Helmsted, 1712; et ex recensione ***Chr. Gottl. SCHWARZII***, Altstadt, 1718)

SCHEIB, F. C., ***Franc. Chr. von SCHEIB*** **Grotius de I. B. et P. in nuce** (Leiden, 1737)

SCHELEENSTEIN, Gottfr. Nic., **Dissertatio de compendio naufragiorum** (Viteb., 1677)

SCHILLER, Friedrich, **Geschichte des dreissigjährigen Kriegs** (orig. publ. 1792, in F. SCHILLER, Werke in drei Bänden, unter Mitwirkung von Gerhard FRICKE, hrsg. von Herbert G. GÖPFERT, Munique: Carl Hanser, 1966, vol. II, p. 34-320)

SCHNERB, Bertrand, **Armagnacs et bourguignons** – la maudite guerre 1407-1435 (Paris: Perrin, col. tempus vol. 282, 1988, nova ed. 2009)

___, **L'état bourguignon** 1363-1477 (Paris: Perrin, col. tempus vol. 105, 1999, nova ed. 2005)

SCHOENBORN, W., **La nature juridique du territoire** (RCADI, 1929, t. 30, p. 81-190)

SCHOOCKI, Mart., **Ius et imperium maritimum** (Amsterdam, 1654; tb. in M. SCHOOK, **Opera**, Ultraj., 1651)

SCHOTT, C. F., ***Chr. Friedr. SCHOTT*** **Dissertatio I. – sistem. analysin operis Grotiani de I. B. et P. cum observationibus** (Tübingen, 1768)

___, ___ **Dissertatio II.** (Tübingen, 1770)

SCHRADER, Fred, **L'Allemagne avant l'État-nation**: le 'corps germanique' (1648-1806) (Paris: PUF, 1998)

SCHUBACK, Iac., **Diss. de iure littoris – vom Strandrechte** (Goett., 1750)

___, **Commentario de iure littoris – vom Strandrechte** (Hamb., 1751)

SCOTT, James Brown, **The Spanish conception of international law and of sanctions** (Washington: Carnegie Endowment for international peace, 1934)

___, *Introduction* (in F. SUAREZ, **Selections from three works**, ed. cit., 1944).

SELDEN, John [Ioh. SELDENI], **Mare clausum, sive de dominio maris Libri II** *Primo*, mare ex iure naturae sive gentium omnium hominum non esse commune, sed dominii privati sive proprietaris capax pariter ac tellurem esse demonstratur; *Secundo* Serenissimum Magnae Britanniae Regem maris circumstui ut individuae atque perpetuae Imperii Britannici appendicis dominum esse, asseritur (Lond. 1635; 1636; Lugd. Bat. 1637; 1665)

___, **Vindiciae maris clausi contra Graswinckelium** (Lond. 1653)

SÊNECA, Lucius Annaeus, **Naturales quaestiones** (with an English translation by Thomas CORCORAN, Cambridge Ma.: Harvard U.P., LCL – SENECA vols. VII-X, 1st. publ. 1972, reprinted 2004)

___, **De la clémence / De clementia** (texte établi et traduit du latin par François PRÉCHAC, rev., intr. et notes par Paul VEYNE, in SÉNÈQUE, **Entretiens / Lettres à Lucilius**, éd. établie par P. VEYNE, Paris: Robert Laffont, 1993, 3e reimpr., 1995, p. 183-220)

SILIUS ITALICUS, Caius, **Punica** (with an English translation by J. D. DUFF, Cambridge Ma.: Harvard U.P., LCL 277, Books I-VIII, 1st. publ., 1934; LCL 278, Books IX-XVII, 1st publ. 1934)

SIMONSEN, Roberto Cochrane, **História econômica do Brasil** – 1500-1820 ("curso professado na Escola livre de sociologia e política de São Paulo", São Paulo: Ed. Nacional, 8ª ed., 1978)

SLOTERDIJK, Peter, **Stress und Freiheit** (Berlin: Suhrkamp, 1. Auflage, 2011)

SOCIÉTÉ FRANÇAISE POUR LE DROIT INTERNATIONAL, **La nécessité en droit international** – colloque de Grenoble ("Actes du 40e. colloque de la SFDI qui s'est tenu à l'Université de Grenoble, du 8 au 10 juin 2006", Paris: Pedone, 2007)

SOUZA, Miguel Augusto Gonçalves de, **O descobrimento e a colonização portuguesa no Brasil** (Belo Horizonte: Itatiaia, 2000)

SPINOZA, B. ver ESPINOZA, Baruch de,

STAPF, Iohann Sigismund, ***Ioh. Sigism. Stapf* Ius naturae et gentium, in duos divisum tractatus, quorum primus continet ius publicum universale, alter Hugonis GROTII Ius belli et pacis explicatum** (Mogunt., 1735)

STOUPPE, Jean-Baptiste, **La Religion des Hollandais** – "representée en plusieurs lettres écrites par un officier de l'armée du Roy, à un pasteur & professeur en théologie de Berne" (orig. publ. Paris, 1673 – online books.google.com.br – print on demand Kessinger Publ., 2009)

STRACHAN, Hew; SCHEIPERS, Sibylle (ed. by), **The changing character of war** (Oxford: Univ. Press, 2011)

STRAUMANN, Benjamin, **Roman Law in the state of nature** – the classical foundations of Hugo Grotius' natural law (Cambridge: Univ. Press, 2015)

STRUV, G. A., ***Ge. Ad. STRUVII* Grotius enucleatus** (Jena, 1660)

SUAREZ, Francisco, **Tractatus de legibus ac Deo legislatore** in decem libros distributus (orig. publ. Conimbricae: apud Didacum Gomez de Loureyro, 1612)

___, **Tractatus de legibus ac de Deo legislatore / Tratado de las leyes e de Dios legislador** en diez libros (facsimilar da editio princeps, Coimbra, 1612, com versão espanhola de J. R. EGUILOR Muñozguren (S.J.), intr. geral Luis VELA Sanchez (S.J.), Madri: Instituto de Estudios Políticos, 1967-68)

___ et VITORIA, **Contribution des théologiens au droit international moderne** (préface par James Brown SCOTT, Introduction par Yves de la BRIÈRE, Paris: Pedone, 1939, "Deuxième partie: Conceptions majeures du droit des gens d'après Fr. Suarez S.J.", p. 147-208, originais em latim e tradução francesa)

___, **Selections from three works** (1944, **De Legibus ac Deo legislatore**, 1612; **Defensio fidei catholicae et apostolicae adversus anglicanae sectae errores**, 1613; **De triplice virtute theologica, fide, spe, et charitate**, 1621, vol. I. A Photographic Reproduction of the Selections from the original Editions; vol. II. An English version of the texts, prepared by G. L. WILLIAMS, A. BROWN, and J. WALDRON, with certain revisions by Henry DAVIS, S.J.; together with an Introduction by J. Brown SCOTT, an Analytical Table of Contents, Indexes and a Portrait of SUAREZ, Washington: Carnegie Endowment for International Peace – The Classics of International Law / Oxford: At the Clarendon Press / London: Humphrey Milford, 1944)

SUETONIUS TRANQUILLUS, C., **De vitae Caesarum** (with an English translation by J. C. ROLFE, introduction by K. R. BRADLEY, Cambridge, Ma./London: Harvard U.P., vol. I – LCL 31, first publ., 1913, rev. with new introduction, 1998; vol. II – LCL 38, first publ., 1914, reprinted 2001)

SUICER, I. H., ***Ioh. Henr. SUICERI*** **Hugo Grotius de I. B. et P. in compendium redactus** (Tigur, 1682; 1689; 1694)

TACITUS, Cornelius, **Agricola** (edição bilingue com trad. para o inglês de M. HUTTON, rev. R. M. OGILVIE, seguido de **Germania**, trad. M. HUTTON, rev. E. H. WARMINGTON e **Dialogus**, trad. W. PETERSON, rev. M. WINTERBOTTOM, Cambridge Ma.: Harvard U.P., LCL 35, TACITUS I, 1st. publ., 1914, reprinted 2006)

TANAKA, Tadashi, *Grotius's method: with special reference to Prolegomena* (in **A normative approach to war**: peace, war and justice in Hugo Grotius, ed. by Y. ONUMA, Oxford: Clarendon Press, 1993, chap. 1, p. 11-31)

___, *Grotius's concept of law* (in ONUMA, op. cit., 1993, chap. 2, p. 32-56)

___, *Temperamenta (Moderation)* (in ONUMA, op. cit., 1993, chap. 9, p. 276-307)

TAUNAY, Affonso de E., **A missão artística francesa de 1816** (Brasília: Ed UnB, 1983)

TAUNAY, Aimé-Adrien, **Aquarelas e desenhos** (Expedição LANGSDORFF ao Brasil, 1821-1829, vol. 2, Rio de Janeiro: Alumbramento, 1988)

TER MEULEN, Jacob; DIERMANSE, P. J. J., **Bibliographie des écrits imprimés de Hugo Grotius** (Haia: M. Nijhoff, 1950, 1961; Zutphen: Matthys de Jongh, 1995)

TEIXEIRA, Dante Martins, *O diário de viagem de Caspar Schmalkalden ao Novo Mundo (1642-1645)* (in **Brasil Holandês** – A viagem de Caspar Schmalkalden de Amsterdã para Pernambuco no Brasil, Rio de Janeiro: Ed. Index, 1998, 2 vols.)

TESMARI, Iohan, ***Ioh. Tesmari*** **Observationes in Hug. GROTIUM de iure belli et pacis cum auctoris, Ioh. Frid. GRONOVII et Ulr. OBRECHTI notis** (Frankfurt-Main, 1696)

THEVET, André, **Le Brésil d'André Thevet** – Les singularités de la France Antarctique (orig. publ. **Les singularitez de la France Antarctique autrement nominné Améri-**

que et de Plusieurs terres et îles découvertes de notre temps, Paris, 1557-1558, éd. intégrale établie, présentée & annotée par Frank LESTRINGANT, Paris: Chandeigne, 1998, 2e éd. revue et augmentée, 2011)

___, **A cosmografia universal** (orig. publ. **La Cosmographie universelle**, Paris: Pierre L'Huillier, 1575, dois tomos, trad. Raul de Sá BARBOSA, intr. geral Ana Arruda CALLADO, Rio de Janeiro: Fundação Darcy Ribeiro, 2009)

THOMAS, Jacob, ***Iac. THOMASII*** **Specimen tabularum novarum in Hug Grotium de I.B. et P.** (Leipzig, 1670)

TITO LÍVIO, **História de Roma** (introdução, tradução e notas de Paulo Matos PEIXOTO, São Paulo: Paumape, 1989, 6 vols.)

TOMÁS DE AQUINO [THOMAE AQUINATIS, O.P.], **Suma teológica** (escrita entre 1268 e 1273, trad. Alexandre CORREIA, Campinas: Ecclesiae, 5 vols., 2016)

TORKE, Hans-Joachim (hrsg.), **Die russische Zaren 1547-1917** (orig. publ., 1995, Munique: Beck, 4a. ed., 2012)

TOURME-JOUANNET, Emmanuelle, **Le droit international libéral-providence**: une histoire du droit international (Bruxelles: Bruylant / Éd. Univ. de Bruxelles, 2011)

___, **Emer de Vattel et l'émergence doctrinale du droit international classique** (Paris: Pedone, 1998)

___, *La critique de la pensée classique durant l'entre-deux-guerres: VATTEL et VAN VOLLENHOVEN – quelques réflexions sur le modèle classique du droit international* (Site personnel d'Emmanuelle Tourme-Jouannet, cit. 'Abstract' – document crée avec Win2pdf disponible à: http://www.win2pdf.com/fr – https:// etourmejouannet.files.wordpress.com vattel_et_van_vollen...)

TRUYOL y Serra, A., *La conception de la paix chez VITORIA et les classiques espagnols du droit des gens* (la présente édition est la reprise de deux articles parus dans les 'Recueils de la société Jean BODIN pour l'histoire comparative des institutions', avec P. FORIERS, Paul, *L'organisation de la paix chez GROTIUS*, tome XV "la paix", deuxième partie, Bruxelles: Éditions de la Librairie Encyclopédique, 1961, Paris: Vrin-reprise, 1987, p. 275-376)

___, *Grotius dans ses rapports avec les classiques espagnols du droit des gens* (in **Commémoration du quatrième centenaire de la naissance de GROTIUS / Commemoration of the fourth century of the birth of GROTIUS**, RCADI, 1983, t. 182, p. 431-451)

TUCÍDIDES, **História da guerra do Peloponeso** (trad. do grego, introdução e notas Mário da Gama KURY, Brasília: Ed. UnB, © 1982, 3ª ed., 1987)

TUCK, Richard, *The 'modern' theory of natural law* (in **The languages of political theory in early modern Europe**, ed. by A. PAGDEN, Cambridge: Univ. Press – Ideas in context, © 1987, edition 1990, chap. 5, p. 99-119)

VAINFAS, Ronaldo (direção de), **Dicionário do Brasil colonial** 1500-1808 (Rio de Janeiro: Objetiva, 2000)

VALLADARES, Clarival do Prado; MELLO Filho, Luiz Emygdio de, **Albert Eckhout** – a presença da Holanda no Brasil – século XVII (Rio de Janeiro: Alumbramento, 1989)

VANDERPOL, Alfred, **La doctrine scholastique du droit de la guerre** (Paris: Pedone, 1919)

VAN SLOOTEN, Eva Ornstein et al., **Rembrandt e a arte da gravura** (curadores Ed de HEER et al., Brasília / São Paulo: Centro Cultural Banco do Brasil, 2002)

VARNHAGEN, Francisco Adolfo de, Visconde de Porto Seguro, **História geral do Brasil** – antes de sua separação e independência de Portugal (São Paulo: Melhoramentos, 6ª ed. integral, 1959, 6 tomos)

VATTEL, Emer de, **O direito das gentes** (prefácio e tradução V. M. RANGEL, Brasília: IPRI / Ed. UnB, 2004)

VAZQUEZ DE MENCHACA, F., **Controversiarum illustrum libri tres** (orig. publ. Barcelona, 1563, **Controversias ilustres y otras de más frecuente uso expuestas en tres libros**, trad. espanhola de Fidel RODRIGUEZ ALCALDE, Valladolid: Univ. de Valladolid, 1931-1934, 4 vols.)

VECCHIO, Giorgio del, **La société des nations au point de vue de la philosophie du droit international** (RCADI, 1931, t. 38, p. 541-650)

VELTBEM, V., ***Valent. VELTBEMII* Introductio ad Hug. Grotii opus de I. B. et P. ubi simul elementaris scientia de iuris naturae et gentium prudentia cum praecipuis mathem. moral. et polit. uti et quaestionibus controversis** (Jena, 1676 e 1677)

VERDROSS, Alfred von, **Règles générales du droit international de la paix** (RCADI, 1929, t. 30, p. 271-518)

___, **Abendländische Rechtsphilosophie** – Ihre Grundlagen und Hauptprobleme in Geschichtlicher Schau (Viena: Springer Verlag – Rechts- und Staatswissenschaften, Band 16, 1958, 2. Aufl., 1963, online: philpapers.org – https://philpapers.org > VERARZ call number K230.V473.A33.1963)

VERGER, Pierre, **O mensageiro**: fotografias 1932-1962 (« O mensageiro » de Jean Loup PIVIN / Pascal Martin SANT LEON, Salvador: Fundação Pierre Verger, 2002 / re-edição de **Le messager**: photographies 1932-1962, Paris: Editions Revue Noire, 1993)

___, **Orixás**: deuses Iorubá na África e no novo mundo (Salvador: Corrupio, 1981)

___, **Orisha**: les dieux Yoruba en Afrique et au Nouveau Monde (Paris: A-M Métailié, 1982)

___, **Bahia de tous les poètes** (Lausanne: Guilde du Livre, 1955)

___ avec A. BON et M. GAUTHEROT, **Brésil** (Paris: Paul Hartman, 1951)

VERNANT, Jean-Pierre, **Mythe et société en Grèce ancienne** (Paris: F. Maspero, 1974)

VEYNE, Paul, **Les Grecs ont-ils cru à leurs mythes?** (Paris: Seuil, 1992)

VIANNA, Hélio, **História do Brasil** (rev. e atualizada por Américo J. LACOMBE, São Paulo: Melhoramentos – Edusp, 12ª ed., 1975)

VICO, Giambattista, **Principi d'una scienza nuova d'intorno alla commune natura delle nazioni** (1725, ed. definitiva 1744, in G. VICO, **Opere**, a cura di A. BATTISTINI, Milano: Mondadori, 1990, 2 vols., t. I, p. 409-971 e t. II, p. 975-1229)

VILL, Stefano, *A man of intrigue but of no virtue* – Jean-Baptiste Stouppe (1623-1692), a Libertine between raison d'état and religion (Church History and Religious Culture, 101 (2-3), 306-323, https://doi.org/10.1163/18712428-bja10026, online publ. date 21 July 2021)

VILLEY, Michel, **A formação do pensamento jurídico moderno** (do original **La formation de la pensée juridique moderne**, 2005, texto estabelecido por Stéphane RIALS, notas revistas por Eric DESMONS, trad. Claudia BERLINER, revisão técnica Gildo Sá Leitão RIOS, São Paulo: Martins Fontes, 2ª ed., 2009)

VITÓRIA, Francisco de, **De potestate civili** (1528, in **Political writings**, ed. by A. PAGDEN e J. LAWRANCE, Cambridge: Univ. Press – Cambridge texts in the history of political thought, 1991, p. 1-44)

___, **De Indis noviter inventis & De jure bellis hispanorum in barbaros** (ed. by Ernest NYS, translated by John P. BATE, Washington: Carnegie Institution, 1917 – Classics of International Law, reprinted, 1963)
VLUGT, W. van der, **L'œuvre de Grotius et son influence sur le développement du droit international** (RCADI, 1925, t. 7, p. 395-510)
VOINIER, Sarah, **Poison et antidote dans l'Europe des XVIe et XVIIe siècles** (Arras: Artois Presses Univ., 2011)
VOLTAIRE, **Oeuvres complètes** (ed. publicada pela Voltaire Foundation e Universidade de Oxford, **Dix-sept dialogues traduits de l'anglais de Mr. Huet**, OCV, vol. 65 A, 1768, texte ARTFL/Tout Voltaire [archive])
WAECHTLER, C., ***Chr. Waechtleri*** **Lectionum Grotianarum** (Lib. I, Leipzig, 1680; Lib. II, Leipzig, 1682)
WARD, Robert, **An enquiry into the foundations and history of the Law of nations in Europe** – from the time of the Greeks and Romans to the age of Grotius (orig. publ. London: A. Strahan and W. Woodfall, 1795, 2 vols., reprint Clark: The Lawbook Exchange, 2005)
WELWOOD, William [Gugl. WELVODO], **An abridgment of all sea-lawes** – gathered forth of all writings and monuments, which are to be found among any people or nation, upon the coasts of the Great Ocean and Mediterranean Sea. And specially ordered and disposed for the use of all benevolent sea-farers, within his Majesties dominions of Great Britain, Ireland, and the adjacent isles thereof (London: printed by [Thomas Harper for] the assignes of Ioane Man and Benjamin Fisher, 1636 – online Univ. of Michigan Library – http://name.umdl.umich.edu/A14929.0001.001)
___, **De dominio maris juribusque Ad dominium praecipue spectantibus assertio brevis ac methodica** (Hagae, 1653 – reprinted Kessinger Publ., 2010)
WERNHER, I. B., ***Ioh. Balth. WERNHERI*** **Analecta iuris naturae et gentium, seu annotationes succintae ad Hug. Grotium de I. B. et P. et Sam. Pufendorfium de officio hominis et civis. Accederunt fratris *Henr. Lud. WERNHERI* dissertationes eiusdem argumenti** (Viteb., 1721)
WHEELOCK Jr., Arthur K. (editor), **Johannes Vermeer** (Washington: National Gallery of Art / The Hague: Royal Cabinet of Paintings Mauritshuis, 1996)
WILSON, Peter, **The Holy Roman Empire** – a thousand years of Europe's History (orig. publ. 2016, Londres: Penguin, 2017)
WOLFF, Christian, **Jus gentium methodo scientifica pretractatum** (in **Gesamte Werke**, 2nd. ed., Halle, 1749, reprinted Hildesheim, 1972)
___, ___ (Latin texts and translations by J. H. DRAKE, Oxford-London: Coll. The Classics of International Law – Carnegie Endowment for Peace, vols. I-II, 1934)
WOODWARD, E. L., **Uma história da Inglaterra** (do original **A History of England**, orig. publ. 1962, trad. Álvaro CABRAL, Rio de Janeiro: Zahar, 1964)
YANAGIHARA Masaharu, *Dominium and Imperium* (in ONUMA, op. cit., 1993, chap. 5, p. 147-173)
YOVEL, Yirmiyahu, **Spinoza et autres hérétiques** (orig. publ. **Spinoza and other heretics**, 1989, traduit par Éric BEAUMATIN et Jacqueline LAGRÉE, Paris: Seuil, 1991)

ZIEGLER, Caspar, ***Casp. Ziegleri* in Hugonem GROTIUM de iure belli et pacis notae et animadversiones** (Viteb. 1666 et 1669, ibid 1676, Frf. et Lips. 1686; Vitel. 1696; Argent. 1706)

ZIEGLER, Karl-Heinz, **Völkerrechtsgeschichte** (orig. publ. 1994, München: C. H. Beck, 2a. ed., 2007)

ZORZI, Alvise, **Histoire de Venise** (do original **La Repubblica del Leone – Storia di Venezia**, 1979, Paris: Perrin-tempus, 2005)

ZOUCH, Richard [tb. ref. ZOUCHE, ZOUCHEI, ZOUCHAEI, ZOUCHAEUS], **Iuris et iudicii fecialis sive iuris inter gentes et questionum de eodem explicatio qua quae ad pacem et bellum inter diversos principes aut populos spectant ex praecipuis. Historico jure peritis, exhibentur opera. R. Z. Authoris elementorum juris prudentiae** (orig. publ. Oxon, 1650; tb. publ. Leiden, 1651 – Lugd. Batavorum: Philippum de Croy, MDCLI; Haia – Hagae Comit., 1659; e Mainz – Mogunt., 1661 – tb. com o título, **Juris et judicii fecialis sive juris inter gentes et quaestionum de eodem explicatio**)

___, **Solutio quaestionis veteris et novae sive de legati delinquentis judice competente dissertatio in qua Hug. Grotii de ea re. sententia explicatur expenditur et assertitur** – cum notis & animadversionibus Christiani HENELII (Colonia: Impensis Rupert Völckeri, 1669)

ZUMTHOR, Paul, **A Holanda no tempo de Rembrandt** (orig. publ. **La vie quotidienne en Hollande au temps de Rembrandt**, 1959, trad. Maria Lúcia MACHADO, São Paulo: Companhia das Letras, 1989)